禹貢半月刊

顧頡剛等 主編

3

第三卷一至十二期

中華書局

禹貢

第三卷合訂本

北平禹貢學會印行

定價國幣一元七角

禹貢半月刊第三卷總目

第一期

第二期

第三期

第四期

第五期

第六期

第七期

第八期

第九期

第十期

第十一期

第十二期

出版者：禹貢學會。
編輯者：顧頡剛，譚其驤。
出版日期：每月一日，十六日。
發行所：北平成府蔣家胡同三號禹貢學會。
印刷者：北平成府引得校印所。

禹貢

半月刊

The Chinese Historical Geography

A Semi-monthly Magazine

Vol. 3 No. 1 Total No. 25 March 1st 1935

Address: 3 Chiang-Chia Hutung, Cheng-Fu, Peiping, China

價目：每期零售洋壹角。豫定半年一卷十二期，洋壹圓；全年二卷二十四期，洋貳圓。郵費加一成半。國外全年加郵費八角。

第三卷第一期

（總數第二十五期）

民國二十四年三月一日出版

內政部記登證警字第叁肆陸壹號　中華郵政特准掛號認為新聞紙類

The correct translation of this Semi-monthly ought to be "The Chinese-Historical Geography" which will be adapted as the proper English title instead of "The Evolution of Chinese Geography" from the present issue on.

黃帝故事地望考

錢穆

史記言黃帝，謂

黃帝東至於海，登丸山，及岱宗。西至於空桐，登雞頭。南至於江，登熊湘。北逐葷粥，合符釜山。而邑於涿鹿之阿。遷徙往來無常處。

又曰：

余嘗西至空峒，北過涿鹿，東漸於海，南浮江淮矣。至長老皆各往往稱黃帝堯舜之處，風教固殊焉。

黃帝行迹，固若是其窵遠乎，抑史公謬言，俱不足信耶？曰：史公宜亦有受，非盡謬言謊世。然黃帝行迹，亦不能若是遼。蓋古今地望遷移，史公自以西漢疆域說上古傳記。今已不能詳定，姑舉一二較近情者推說之，或轉得古昔傳說之眞象也。

顧炎武郡國利病書五十三引范守已豫談一則，謂

崆峒山在汝禹二州境，上有廣成子廟及崆峒觀，下有廣成墓及城，即黃帝問道處。平涼臨洮各有崆峒山，各云廣成子隱地。第莊子言黃帝問道崆峒，遂言見大隗，迷於襄城之野，其爲此山無疑。閿鄉，古鼎湖地，黃帝采首山之銅，鑄鼎荊山之陽，鼎成，有龍下迎，乘之而去，因名其地鼎湖。案禹貢云：道岍及岐，至於荊山，逾於河，壺口雷首，至於太嶽，則荊山鼎湖之地，固自不相遠也。

嘉慶一統志汝州，

崆峒山，在州西南六十里。莊子黃帝問廣成子在空同之上，往問至道之精。唐汝州刺史盧貞碑，山名崆峒者有三，一在臨洮，一在安定，而莊子述黃帝問道崆峒，遂言遊襄城，登具茨，訪大隗，皆與是接壤，則此爲近是。寰宇記，崆峒山在梁縣西十里，即黃帝問道於廣成子之所。

按汝州又有廣成澤水，水經注廣成澤水出狼皋山北澤中，東南入汝水。魏書地形志，梁縣有廣成澤。又汝州有廣成苑。後漢書注，廣成聚有廣成苑，永元五年，以上林廣成囿假貧民。延嘉元年，校獵廣成，遂幸函谷關。汝州又有堯山洗耳河，乃堯與許由之故事。

又一統志開封府，

大騩山在禹州北，亦曰具茨山。國語，史伯謂鄭桓

公曰：主芣騩而食溱洧，注：芣騩，山名，即大騩也。山海經，大騩之山，其陰多鐵。漢書地理志，密縣有大騩山，水經注，大騩即具茨山也，黃帝登具茨之山。又有大騩鎭，在密縣東南大騩山下。

又許州，

襄城故城戰國時爲魏邑。說苑，襄城君始封之日，服翠衣帶玉佩，徙依於流水之上。即汝水。

則先秦言黃帝登空同，明明在汝許禹密之間，而史公必遠移之隴之西者，史公自以後世疆域地望說古代史迹，故言黃帝西至空同，必在涼境，若汝州空同，尙在中原，不得爲西也。

史公所謂黃帝西至空同者，其行迹既可得而說，則請進而推言黃帝北轍之所至。沈括夢溪筆談卷三，

解州鹽澤方百二十里。久雨，四山之水悉注其中，未嘗溢。大旱，未嘗涸。滷色正赤，在版泉之下，俚俗謂之「蚩尤血」。惟中間有一泉，乃是甘泉，得此水，然後可以聚。

考一統志山西解州，有風后故里，在州東解池西南隅，相傳黃帝得風后於海隅，卽此。又有蚩尤城，在安邑縣南十八里，見太平寰宇記。縣志蚩尤村在鹽池東南二里許。又有濁澤，在州西二十五里，一名涿澤（括地志稱涿水）。則黃帝與蚩尤戰涿鹿之野者，其地望應在此。史記黃帝與炎帝戰於阪泉之野，阪泉亦即夢溪筆談之版泉也。葷粥即玁狁異稱，其先踞地亦在河東，已詳周初地理考及西周戎禍考。解州並亦有堯許由傳說故迹。

黃帝西至空峒，北逐葷粥，而邑涿鹿之阿，其說既然，請再進而論南至江，登熊湘。史記集解裴駰曰：

案封禪書曰：南伐至于召陵，登熊山。地理志曰：湘山在長沙益陽縣。

今按登熊湘乃一山，不得既登「熊」，又登「湘」，而兩山相距千里而遙也。成孺史漢駢枝謂，

封禪書之熊耳山，卽漢志所稱弘農郡盧氏，熊耳山在東者是，今河南宜陽縣西接永寧縣界有熊耳山，後漢建武三年，赤眉積兵宜陽城西與熊耳山齊是。其地東南距召陵岡僅數百里，故桓公至召陵，得登之以望江漢。楚世家，齊桓公以兵侵楚，至陘山，即左傳所謂次于陘是，正義引括地志云：陘山在鄭州西南一百一十里，此山今在新鄭縣西南，與大騩山並峙，適當郾城召陵西北，宜陽熊耳東南，亦其證矣。

考一統志河南陜州，熊耳山在盧氏縣南，又有軒轅陵，在

閿鄉縣南十里鑄鼎原，南北相距，百里之遙。則謂黃帝登熊山，即齊桓之所登，蓋與所謂黃帝上空峒，登具茨，地望皆相近也。至稱熊湘，疑是山本有「湘」名。後人見「湘」字，必謂在江南長沙，故裴駰謂熊湘乃召陵長沙南北兩山矣。江北有湘水，詳楚辭地名攷。又莊子有黃帝張樂洞庭之野，亦在江北，亦見楚辭地名考。

余前論古代關於夏禹傳說之地望，乃起自今之河南西部山地，而北極於黃河北岸今山西之南部。此篇略考黃帝傳說故事，其地望乃與夏禹傳說不期而合。然則言黃帝夏禹者，其殆為古代比較相近之兩民族所傳述也。

夏本紀越王勾踐世家地理攷實

楊向奎

夏本紀 (所引禹貢除外)

舜登用攝行天子之政，巡狩行視，鯀之治水無狀，乃殛鯀於羽山以死。

(1)『羽山』，按，左傳昭七年：『昔堯殛鯀於羽山』。漢志東海郡祝其縣原注：『禹貢羽山在南，鯀所殛』。祝其縣，南朝劉宋廢。今江蘇贛榆縣南有其故城。

禹曰：『予辛壬娶塗山，癸甲生啓』。

(2)『塗山』，索隱：『杜預云，「塗山在壽春東北」。皇甫謐云，「今九江當塗有禹廟」。則塗山在江南也』。按，壽春即今安徽壽縣，西晉時當塗在今懷遠縣南。塗山在壽春東北，地屬懷遠縣境，杜皇甫二說初不相侔，司馬貞以東晉後僑置之當塗釋皇甫之說，大謬。

封皋陶之後於英六或在許。

(3)『英』，索隱『：英地闕(謂地志也)不知所在』。正義：『英蓋蓼地也』。按，漢書地志六安國蓼注：『故國，皋陶後，為楚所滅』。王先謙補注引一統志：『故城今固始縣東北七十里蓼城崗』。

(4)『六』，漢書地志六安國六注：『故國皋陶後，偃姓，為楚所滅』。補注引一統志：『故城今六安州北』。

(5)『許』，索隱：『許在潁川』。正義：『括地志云，「許故城在許州許昌縣南三十里，本漢許縣故許國也」』。按，漢書地志潁川郡許原注：『故國，姜姓，四岳後，大叔所封。二十四世為楚所滅』。不云許為皋陶後，杜預亦云，『許，四岳伯夷之後也』。或周武王於皐陶偃姓之地，又封其苗裔耶？

禹東巡狩至于會稽而崩。

（6）『會稽』，余將草『夏民族考原』，而主夏民族之起當在今山東西南部與江蘇河南之交，由地理及其他方面皆足證此說，而於會稽則頗爲難。守舊說則遠在浙江，守新說則錢賓四先生以之當河東大陽之山，又與說余刺謬。余謂會稽即泰山一帶之山也。今試略論其說。越絕書『禹周行天下，還歸大越，上茅山，大會計，更名茅山曰會稽』；吳越春秋『禹周行天下，還歸大越，登茅山以朝四方羣臣，更名茅山曰會稽之山』；水經注『會稽之山古防山也，亦謂之爲茅山，又曰棟山』。按魯有防山，左傳僖十四年：『季姬及鄫子遇于防』，顧棟高謂防山在兗州府曲阜縣東三十里。又隱公八年經『三月鄭伯使宛來歸祊』，傳『鄭伯請釋泰山之祀而祀周公，以泰山之祊易許田。三月鄭伯使宛來歸祊，不祀泰山也』。祀泰山之田曰「祊田」，亦與吾人以暗示曰『泰山之田』也。何以曰「茅山」，左哀七年『邾茅城子以茅叛』，杜注『高平西南有茅山亭，在今兗州府金鄉縣西北四十里』，與祊地近，是防可以名茅也。曰「棟山」者，果如越絕之言，棟猶鎮也，則尤非泰山莫屬也。且如管子之言古封禪者，皆封泰山而禪則多異，但如「云云」「亭亭」，據注則皆距泰山不遠。獨禹則封泰山而禪會稽，以紹興當之固不可，而如錢先生之說以河東當之亦不可，呂調陽乃別具匠心謂禹封泰山非山東之泰山，不通亦甚，何以其他諸家泰山在東，而於禹則反西乎？此任意去取爲吾人所不取。

益讓帝禹之子啟而辟居箕山之陽。

（7）『箕山』，正義：『按陽即陽城也。括地志云，「陽城縣在箕山北十三里」。又恐箕字誤，本是嵩字而字相似，其陽城縣在嵩山南二十三里，則爲嵩山之陽也』。按張守節謂「陽」卽陽城，實大誤，孟子作『陰』，可見「箕山之陽」即「箕山之南」，張因陽城縣在箕山北，又遷就箕山與陽城之關係，故有此說，實則箕山應在今山東，今山東南部之箕山是。

有扈氏不服，啟伐之，大戰于甘。

（8）『甘』，索隱：『地理志曰，「扶風鄠縣是扈國」，又「夏啟所伐鄠南有甘亭」』。按：鄠縣今長安西。

昆弟五人須于洛汭，作五子之歌。

（9）『洛汭』，按：水之曲處曰「汭」，「洛汭」孔安國謂洛水之北。

迺召湯而囚之夏臺。

（10）『夏臺』，索隱：『獄名，夏曰鈞臺。皇甫謐云，「地在陽翟是也」』。按：漢志潁川郡陽翟注「夏禹國」。

桀走鳴條。

（11）『鳴條』，集解：『孔安國曰，「地在安邑之西」。鄭玄曰，「南夷地名」』。括地志云，『蒲州安邑縣北三十里南坂口，即古鳴條陌也』。按：地志安邑屬河東郡。按：即以夏本紀而言則知夏民族之自東西來之線索甚明，禹父之殛在羽山，江蘇北部山也。禹娶塗山雖到安徽，然娶於是者非必此地之人。吳越春秋『禹三十未娶，行到塗山』，呂氏春秋『禹行見塗山之女』，則知塗山非禹本地也，故不害塗山之稍南。與禹共事之皋陶，傳謂生於曲阜，則亦山東人也，其裔封國英六許在今河南東南部。而會稽箕山則又在山東也。禹征三苗爲逐鹿中原之始，啟乃西遷而有征有扈之事。夫「越」者「夏」也，古音同，且也越之祖先明謂出於禹，故越夏爲一民族，而越乃南移者，因而會稽之山與共南移。因並及越世家。

越王勾踐世家

封於會稽以奉守禹之祀。

（1）『會稽』，錢賓四先生曰：『蓋古人遷徙無常，一族之人，散而之四方，則每以其故居遂而名其新邑，而其一族相傳之故事，亦遂隨其族人足跡所到而遞播以遠焉。』余謂會稽亦絕好一例。

吳師敗於檇李。

（2）『檇李』，集解：『杜預曰，「吳郡嘉興縣南有檇李城」』。地志會稽郡由拳原注，『柴辟故就李鄉，吳越戰地』。應劭曰，『古之檇李也』。由拳今浙江嘉興縣南。

敗之夫椒。

（3）『夫椒』，集解：『杜預曰，「夫椒在吳郡吳縣太湖中椒山是也」』。索隱：『賈逵云，「國語云敗之五湖」，則杜預云在椒山爲非』。稱：五湖即太湖，二說合。

遂伐齊敗之艾陵。

（4）『艾陵』，孔穎達謂在博縣南六十里，今泰安縣東南。

吳王北會諸侯於黃池。

（5）『黃池』，杜預曰：『陳留封丘縣南有黃亭近濟水。

傳曰：「會于黃池」在縣南。「吳子執子服景伯以還及戸牖」，然則黃池當在戸牖西北。或以爲陳留外黃縣東溝，非矣。』按，陳留郡地志屬兗州。今河南省東北部有封邱縣。

遂復棲吳王於姑蘇之山。

(6)『姑蘇』，在今江蘇吳縣西南。上有姑蘇臺。

吾置王甬東君百家。

(7)『甬東』，杜預曰：『甬東會稽句章縣東海中洲也。』按，句章故城在今浙江慈谿縣界。

與齊晉諸侯會於徐州。

(8)『徐州』，今銅山縣。

覆其軍，殺其將，則葉陽翟危。

(9)『葉』，正義：『今許州葉縣』。按地志南陽郡葉注，『楚葉公邑。』今河南葉縣。

(10)『陽翟』，按，地志潁川郡有陽翟。今河南禹縣。

魏亦覆其軍，殺其將，則陳上蔡不安。

(11)『陳』，正義：『陳，今陳州也』。按，地志淮陽國有陳。今淮陽縣爲其舊治。

(12)『上蔡』，正義：『今豫州上蔡邑縣也』。按，上蔡，地志屬汝南郡，今河南上蔡縣。

願魏以聚大梁之下。

(13)『大梁』，今河南開封。

願齊之試兵南陽莒地，以聚常郯之境。

(14)『南陽』，索隱：『南陽在齊之西界，莒之西也』。蓋即孟子『一戰勝齊遂有南陽』之南陽，今山東鄒縣地。

(15)『常』，索隱：『常，邑名，蓋田文所封之邑。』按，未知何地。

(16)『郯』，地志：『東海郡郯注『故國，少昊後，盈姓』，今山東郯城縣。

則方城之外不南。

(17)『方城』，正義：『方城山在許州葉縣西南十八里外』。

商於析酈宋胡之地。

(18)『商於』，按：荊州圖副云：『鄧州內鄉縣東七里於村即於中地也。』通典：『今有於村亦曰於中即古商於地。』商於在今河南淅川縣西。

(19)析酈，括地志云：『故酈縣在鄧州新城縣西北三十里』。按，析酈在今內鄉縣境。

以上二地皆在今河南西南部與湖北鄰近。

(20)『宋胡』，司馬貞謂作『宗胡』乃邑名，汝陰縣北故胡城是。但以上諸地又稱爲「四邑」，則胡爲一地，宋爲一地。集解：『徐廣曰，「胡國今之汝陰」則宋亦宋國，今之河南商丘縣。汝陰今安徽阜陰縣。

以上二地河南安徽鄰近。

北圍曲沃。

(21)『曲沃』，括地志云：『曲沃故城在陝縣西三十二里』。

於中以至無假之關者三千七百里。

(22)『無假』，正義：『按無假之關當在江南長沙之西北』。『於中』見「商於」。

復雠（正義作讎敵之讎。索隱引劉氏謂當作「犨」，邑名。未知孰是。）龐長沙，楚之粟也；竟澤陵楚之材也。

(23)『龐』，不知所在。

(24)『長沙』，今湖南地。

(25)『竟澤陵』，蓋竟陵澤之誤。竟陵故城在今湖北天門縣。地志屬江夏郡。

不上貢事於郢矣。

(26)『郢』，地志南郡江陵注，『故楚郢都，楚文王自丹徙徙此。後九世平王城之，後十世秦拔我郢，徙東』。

范蠡——止於陶。

(27)『陶』，徐廣曰：『今之濟陰定陶』。正義：『括地志云，「陶山在濟州平陰縣東三十五里」，止此山之陽也，今山南五里猶有朱公冢』。按：正義說似是。

梁州沱潛考

陳家驥

沱潛釋名

沱潛二水，並見荆梁二州，然其命名之意固無殊也。茲特臚舉古昔諸家所釋，以見其所以得名之故。

甲 沱

『沱潛既道』，梁州已見其文，而『岷山導江，東別爲沱』，禹貢又發其義矣。後之所釋，罔能逾此：

1. 釋水：『水自江出爲沱』。
2. 召南『江有沱』，毛傳：『沱，江之別者』。
3. 說文：『沱，江別流也，出嶓山，東別爲沱』。（段注，『按今說文衍「流」字，宜删。沱爲江之別，如汸澥爲海之別，立文正同』。）

4. 馬融：『沱，湖也』。

5. 鄭玄：『水自江出爲沱』。（見三國志吳王傳裴松之注。禹貢『荊州沱潛』，孔疏謂『鄭注引爾雅，此下梁州注云二水亦謂自江漢出』。正同）。

6. 僞孔：『沱，江別名』。

驥案，書傳釋沱，並以爲江之別，惟馬融以沱爲湖，獨異諸家。王鳴盛尚書後案云，『說文，「湖，大陂川澤，所仰以灌溉」。沱乃江別，非湖。馬注與爾雅不合，非是』。

乙　潛

沱潛並稱，同爲水別，自來學者尠有異說；惟『潛』有藏義，遂滋異論，紛紛之議，轉啟扞閡矣。史記作『涔』，漢書作『灊』，豈可據以爲釋乎？

1. 釋水：『水自漢出爲潛』。
2. 說文：『潛，涉水也；一曰藏也；一曰漢爲潛』。
3. 馬融：『其中泉出而不流者謂之潛』。
4. 鄭玄：『漢別爲潛』。（水經注引）『漢爲潛』。（三國志裴注引）
5. 僞孔：『潛，水名』。

驥案，孔疏云：『經無潛之本源，故直云「水名」』。豈僞孔作傳尚不及見釋水之文乎？說文『一曰漢爲潛』之說，同于釋水；『一曰潛藏』之義，則近馬融。胡渭禹貢錐指云『言泉出則可，言不流則非』，此又馬注之不見信于後人也。胡氏又因韻會而並以漢別之水，有伏流之義，——韻會『潛，水伏流也』，——其說詳後。

又案沱潛之義，自以江別漢別爲正確命名。其他雖有巧合，可無論已。

沱潛述地

梁州沱潛既與荊州沱潛同名，因有二州沱潛爲一爲二之辨，茲先述其當分者：

甲　沱水之在梁州者，諸家所釋，最爲繁錯：

1. 地理志：蜀郡郫，『禹貢江沱在西，東入大江』。
   蜀郡汶江，『江沱在西南，東入江』。
   巴郡宕渠，『縣有潛水，西南入灊』。
2. 鄭玄　江原有鄗江，首出江，南至犍爲武陽又入江，豈沱之類歟？
3. 郭璞　沱水自蜀郡都水縣揃山，與江別而更流。
4. 水經注　江水篇云，『江水又東別爲沱，開明之所鑿也。郭景純所謂「玉壘作東別之標」者也。縣即汶山郡治，劉備之所置也』。

驥案漢志『江沱』兩見，郭則同于郫江，而酈則同于汶江，俱本漢志爲說。獨鄭氏謂『地理志在今蜀郡郫縣江沱，(「江沱」，江聲尚書集注音疏本作『汶江』，王鳴盛尚書後案本同；今注疏本及孫星衍尚書今古文注疏本仍作『江沱。』驥案，漢志『江沱』並見郫縣汶江，鄭既別據江原𨛬江爲說，則並郫縣汶江之沱而非之矣，宜作『汶江』爲是。且下文云及漢中安陽皆有沱水潛水，沱水既出于下，何必于此煩言『江沱』哉？其爲『汶江』之誤明甚。）及漢中安陽皆有沱水潛水，其尾入江漢耳，首不於此出』。違反漢志，別出新解。王氏後案云，『鄭引地志郫縣之沱，謂非此經之沱者，地志「蜀郡郫縣：禹貢江沱在西，東入大江」；郭璞爾雅音義云，「沱水自蜀郡都安縣湔山與江別而東流」。今成都府灌縣東有都安故城，此即漢志江沱，後人謂之郫江。河渠書，「蜀守冰穿二江成都之中」。注引任豫益州記云，「二江者，郫江流江也」。自漢以來皆以郫江爲沱水，流江爲大江；流江者江之正流，一名檢江。常璩華陽國志曰，「李冰壅江作堋，穿郫江檢江雙過郡下」。水經所敍江水，自都安至成都，考其源委，即所謂流江也。郫水出自山源，而下流爲李冰所穿，後人因其引此江與大江雙過郡下，遂目爲二江，而皆以爲冰所穿，其實冰所穿惟郫江也。此江起今灌縣西南，至雙流縣北岸合流江，所行不過三百餘里，源流短狹，又與沱自江出之義不合，故鄭不取也。又引地志汶江之沱，亦不取者，彼志云，「在蜀郡汶江縣西南，東入江」。近志以威州玉輪江當之。玉輪江卽汶水，出岷山西玉輪坂，非首受江者，不可謂沱。漢志所言，蓋卽緜虒縣界開明所鑿，郭璞云「玉壘作東別之標」者。開明，杜宇相，七國時人，禹時未有。漢志亦不以爲禹貢之沱，故鄭不取也。又云「江原有𨛬江」云云者，地志「蜀郡江原縣：𨛬水首受江，南至武陽入江」。應劭曰，「𨛬，音壽」。元和志，「劍南道蜀州唐興縣，本漢江原縣地，𨛬江一名皂江，聲轉字異。經縣東二里」。在今重慶州。曰「首受江」，正與「江出爲沱」合，故鄭以此爲沱之類也』。王氏申鄭，可謂明晰。然漢志蜀郡二江沱，於汶江不言禹貢，則班氏固已辨開明鑿渠，前古未有，雖冒沱名，不予混淆。而獨於郫繫禹貢者，當必有所承受。胡渭禹貢錐指云，『推尋事理，李冰所穿之二江，一是流江，乃冰所創造；一是郫江，卽禹貢時之沱，時必淤淺，冰復從而濬之，遂幷數爲二江。茲二江者，或稱「內江，外江」，或稱「南江，北江」。彼此參錯，未知誰是。其湔水不經成都縣界，元史河渠志以郫湔爲冰所穿之二江，大謬。郫江之爲沱水，無疑矣；然世皆以灌縣西南，至廣都北岸合流江者爲郫江之起止，則所行不過三百餘里。今按漢志緜虒緜，「湔水東南至江陽入江，行千八百九十里」。水經注云，「緜雒二水與湔水合，亦謂之郫江，郫江者沱水也」。旣與湔水渾濤，則直至瀘州入江矣，安得以五城水口之枝津爲沱水，西合大江之正道哉』？胡於漢志，頗能推闡，信有以解於王氏之短狹郫江矣。其鄭氏以江原鄲江爲沱之說，亦屬擬定，未爲明確，江聲尚書集注音疏云，『鄭以鄲水首出於江，故以當沱，但時俗不目此水爲沱，故言「豈」言「歟」，以疑之也』，是矣。

乙　潛水之在梁州者，名凡數易，其實則同：

1. 漢地理志：漢中郡鬻谷水出西南，北入漢。

隴西郡嶓冢山，西漢水所出，南入廣漢白水，東南至江州入江，過郡四，行二千七百六十里。

2. 鄭玄：潛蓋漢，西出嶓冢，東南至巴郡江州入江，行二千七百六十里（尚書孔疏引）。漢別爲潛，其穴本小，水積成澤，流與漢合。大禹自導漢疏通，即爲西漢水也。（水經注引）

3. 水經：潛水出巴郡宕渠縣。

4. 水經注：潛水蓋漢水枝分潛出，故受其稱耳，今爰有大穴，潛水入焉，通岡山下（騤案，『岡』或作『峒』），西南潛出，謂之伏水，或以爲古之潛水。……劉澄之稱白水入潛，然白水與羌水合入漢，是猶漢水也。

5. 郭璞：有水從漢中沔陽縣南流，至梓潼漢壽入大穴中，通峒山下，西南潛出，一名沔水，蓋俗云即禹貢潛也（孔疏引爾雅音義）。

騤案，王氏後案申鄭曰，『鄭引地志安陽之潛，亦不取者，此鬻谷乃谷名，水名由谷而得，不得直名灊水。水經又以此水爲涔水，（灊，鬵，潛，涔古字通。）曰「漢水東過魏與安陽縣南，涔水出自旱山，北注之」。是尾入漢，非首受漢，故鄭不以爲潛水。史記索隱因夏本記潛作涔，遂以此水當之，非也。爾雅「自漢出爲潛」。馬融云，「其中泉出而不流者爲潛」，是潛與沱不同。沱，分派別行者也；潛，伏流重出者也。西漢水不名潛，而鄭指作潛者，西縣嶓冢所出，雖是西漢，鄭因東漢有別出而伏流之潛從廣漢葭萌入西漢，以達于江，故連西漢始源亦目爲潛也』。其駮水經注引據鄭庾以釋宕渠之謬曰，『案漢宕渠縣故城在今順慶府渠縣界，渠江在縣東，其原出自巴州小巴嶺，西南流逕蓬州，又東南逕營山縣，入縣界，又西南逕廣安州，至重慶府之合州，入嘉陵江。此水雖名爲潛，而出自山源，不出于漢。况酈注所云「入穴通山」云云，卽取郭璞所說漢壽潛水之語順文肊度，而此水實無入穴通山之狀。其所引據之鄭康成庾仲雍二條，鄭云「自廣漢疏爲西漢水」，而漢葭萌屬廣漢，卽漢壽縣。庾云，「出晉壽縣」，而漢葭萌，蜀爲漢壽，晉爲晉壽。是二家所說，正屬漢壽之潛水，全與宕渠無涉。酈乃移彼入此，舛謬殊甚』。胡氏雖指曰，『梁州之潛一而已。漢廣漢郡有葭萌縣，蜀改曰漢壽，屬梓潼郡，故郭璞云「西南流至梓潼漢壽縣入大穴中」；卽樂史所謂三泉，故縣南有大漢水，西流至龍門山，入大石穴者也。晉改漢壽曰晉壽，故庾仲雍云「墊江有別江出晉壽縣，卽潛水」（見水經潛水注）。太元中，分晉壽置興安縣，隋改曰綿谷，唐因之，故隋志云·「綿谷縣有龍門山」。元和志云，「潛水出綿谷縣龍門山」。明改曰廣元縣，故近志「縣東北有龍門山，潛水出焉」。名雖變，其地一也』。此述潛水，頗與王合；其駁孔疏引鄭注謂潛水出隴西嶓冢山，以爲誤由班志；而以水經注引鄭說西漢水爲潛爲勝前說。又云『今渠縣之渠江，源出夔州府太平縣東萬頃池，自南江通江二縣界西南流，至合州，入嘉陵江者也。此水本山源，不出于漢。偏考近志，其地亦無所謂大穴通岡山下者。且漢志云「西南入灊」，灊卽禹貢之潛，而此水與之合，則是班固原不以此水爲禹貢之潛也。水經改云「入江」，故酈撥郭鄭之說以立注，而不知二氏所言主漢壽，與宕渠無涉，移彼入此；舛謬殊甚』。其抨擊酈氏，與王說同；而分疏漢志及水經之異，則較詳焉。然宕渠之水，漢志水經並以潛名，其源雖不可考，其流則與潛同。古今水道變易無方，存疑可也；必謂漢志水經爲誤，尙有未允。且江氏尙書集注音疏云，『西漢與武都之漢，分支別流，故以當潛；但時俗不目此水爲潛，故言「荅」以疑之也』。則鄭氏之時尙有宗漢志水經之說者。說文水部云，『灊水出巴郡宕渠，南南入江』。潛灊古字通，此自古說，不容偏廢。

至以梁荆二州之沱潛爲一者，古今俱有其說。王籍林禹貢譜釋同以梁州沱潛爲上流，荆州沱潛爲下流，蓋取孔傳。今著其說如左：

1. 僞孔：梁州注云，『沱潛發源此州，入荆州』。孔疏申之云，『荅川水從江漢出者皆曰沱潛；但地勢西高東下，雖于梁州合流，還從荆州分出，猶如濟水入河，還從河出』。

2. 項平甫：江漢夾蜀山而行，自梁至荆數千里，凡山南谿谷之水至皆江而出，山北谿谷之水皆至漢而出；其水衆多，不足盡錄，故南總爲沱，北總爲潛。蓋當時之方言，猶今言谿谷云爾。後之讀爾雅者，誤以江漢爲沱潛所出之源，不知其爲沱潛所出之路也。（說見禹貢錐指引）

3.吳幼清：凡江漢支流或大或小，或長或短，皆名沱潛，不拘一處。（說見禹貢錐指引）

4.徐文靖：禹貢言『岷山導江，東別爲沱』。沱，猶它也。蓋江之發源在岷山極西處，自江源而東，凡別水之來會者皆爲此江之沱，不得自爲一水也。今蜀江沿岸溪水合處，猶有鑑沱，勾流沱，明月沱，歸鄉沱之名，尚可想見當時命名之意云。（見禹貢會箋）

駿案，僞傳孔疏，當即禹貢圖上流下流之所本；而項吳徐三氏之說，則並荊梁二州凡與江漢相會之水亦名沱潛。胡渭譏其汗漫，信有然矣。沱潛屢見，似無定名，要以前儒所稱，核其近是，不可泛泛立說，遺誤後來。成蓉鏡禹貢班義述云，『成都由唐迄周，咸爲蜀據，慎靚之世，始滅于秦；蓋自導江之後，王會不通，武王伐商，一與其列，他無聞焉。是以水道遷徙，圖籍無徵。雖漢大儒如班鄭者，或難據信；後儒肊傳，蓋無尤云』。

後漢初省併郡國考

張維華

東漢疆域之制，前承西漢之舊規，後復因時制宜，時有興革。暇嘗取兩書之志，比較觀之，則知東漢一代郡國縣邑更置之繁，光武獻帝兩朝爲甚。蓋光武値新莽離亂之末，獻帝適當權臣割據之際，郡縣分割，無復常規。後書郡國志，論一代興廢之制，脫漏頗多，使後之讀者，不能盡沿革之詳，他日有暇，當爲補正。

光武承新莽之後，以官多役繁，民不堪擾，詔爲省幷，

後書光武帝紀建武六年六月辛卯詔云：「夫張官置吏，所以爲人也，今百姓遭難，戶口耗少，而縣官吏職，所置尚繁，其令司隸州牧，各實所部，省減吏員。縣國不足置，長吏可合幷者，上大司徒大司空二府。於是條奏幷省四百餘縣，吏職減損，十置其一。」又郡國志後序云：「世祖中興，官多役煩，乃命幷合，省郡國十，縣邑道侯國四百餘所。」此爲光武卽位後，因官多役煩，省幷郡縣之證。此於東漢一代地理之變遷關係甚重，當首論之。

又光武所省縣邑道侯國之數，帝紀及郡國志後序均言四百餘所，此乃言其大體，欲考其詳，則當於志中求之。後書郡國志首序舉志郡國之例，謂「凡前志有縣名，今所不載者，皆世祖所幷省也」。如其所言，則取前後兩志相較，而錄後志所缺，卽爲光武所幷省之數

矣。秋浦周明泰作後漢縣邑省併表，卽用此法。表言「凡縣邑道侯國，前漢有而後漢無者，四百五十四所」然後志所缺，未必悉屬光武所省；如前志右扶風之好畤縣，爲後志所缺，然後書耿弇傳稱弇於建武二年，更封好畤侯，食好畤美陽二縣。弇於永平元年卒，子忠嗣，忠卒子馮嗣，馮卒子良嗣，良卒子烝嗣，凡傳四世，未聞有除國之說，可證志中所缺，未必悉屬光武所省。志文與帝紀列傳牴牾者尙多，不能一一舉舉，茲姑舉一例以證之。而後志所載，亦未必盡爲光武時所留存。如前志左馮翊之郃陽縣，後志注云：「明帝永元二年復」，粟邑衙二縣，後志注云：「和帝永元九年復」，凡此等等，又安知非光武時曾省幷之，而後復置之也。其間問題至繁，尙須一一訂正，未敢率爾爲之，茲但就郡國大端，伸述於後。

光武所省郡國，據後書光武帝紀所載，有如下述；

建武十年，省定襄郡，徙其民於西河。

建武十二年，省金城郡屬隴西。

建武十三年，省廣平屬鉅鹿。

省眞定屬常山。

省河間屬信都。

省城陽屬琅邪。

省泗水屬廣陵。

省淄川屬高密。

省膠東屬北海。

省陸安屬廬江。

省廣陽屬上谷。

建武二十年，省五原郡，徙其吏人置河東。

據上所述，則光武時所省者，凡十二郡國。考光武省幷郡國之數，建武十三年帝紀云：「省幷西京十三國」，然其下所舉，僅廣平等九國。章懷太子注云：「據此惟有九國，云十三誤也」，則是十三之數，不足爲據。郡國志後序謂光武中興，「省郡國十」。晉書地理志序謂：「光武投戈之歲，在彫耗之辰，郡國蕭條，幷省者八。」此八郡國，謂卽城陽，淄川，高密，膠東，六安，眞定，泗水，廣陽。王應麟通鑑地理通釋謂廣陽誤，當改作廣平。一則言十，一則言八，均與帝紀十二之數未合。

考帝紀所省十二郡國之數，內有定襄五原金城三郡，後爲光武所復，不當計入省幷之數內。金城郡於建武十三年復，後書是年帝紀云：「復置金城郡，」是其證也。至定襄五原二郡，則當於建武二十六年中復置。後書南匈奴傳載建武二十六年，呼韓邪單于比內附，光武爲置官防守緣邊八郡，因之以復。定襄五原實爲其中之二，故傳稱單于屯單八郡，使當于骨都侯屯五原，郎氏骨都侯屯定襄也。又建武二十六年帝紀云：「南單于遣子入侍，奉奏詣闕，於是雲中五原朔方北地定襄鴈門上谷代八郡民，歸於本土。」蓋東漢建國之初，匈奴盧芳共侵北邊，光武方平諸夏，未遑外事，遂徙幽幷邊人於常山居庸二關以東，至是南單于比內附，北單于不敢南侵，邊患稍息，於是復八郡之地，而徙入其民。此八郡者，雲中朔方北地鴈門上谷代六郡，爲因禍亂棄守，而定襄五原二郡，則先爲朝命所省幷，至是因邊民歸還，始復置之也。顧祖禹讀史方輿紀要卷二論東漢郡國幷州條，謂五原郡於建武二十二年省入朔方，二十年復故，定襄郡於建武十年省入雲中，二十七年復置。當是建武二十二年，爲二十年之誤，二十七年，爲二十六年之誤。

帝紀所載省幷十二郡國之中，既有金城定襄五原三郡，不當計入，則尚餘建武十三年所省之西京九國，然此數仍與郡國志後序及晉志前序之說未合。考西京九國之省併，帝紀所載，與郡國志劉昭之注，未能盡合。河間之省入信都，城陽之省入琅邪，泗水之省入廣陵，廣陽之省入上谷，帝紀均言爲建武十三年事，而昭注則僅言建武中省，未詳其年。六安之省入廬江，帝紀亦作十三年，而昭注則言在建武十年。凡此皆年代之異同，今姑置不論。又史實紀載，亦有不同之處。帝紀菑川省入高密，膠東省入北海，而劉昭於北海國下注云：「景帝置，建武十三年，有(當作省字)菑川高密膠東三國，以其縣屬。」今按後漢書(卷四六)鄧禹傳載其受封之事，曰：「十三年(建武)，天下平定，諸功臣皆增戶邑，定封禹爲高密侯，食高密昌安夷安淳于四縣。……永平元年，年五十七薨，謚曰元侯。」又賈復傳(卷四七)云：「十三年(建武)，定封膠東侯，食郁秩壯武下密即墨挺胡(郡國志作挺)觀陽凡六縣。……三十一年卒。」按鄧禹所封侯國之土，於前漢爲高密國地，賈復所封侯國之土，於前漢爲膠東國地。夫舊國先除，而後新封始立，禹復受封之時，高密膠東二國，必經廢省，其理甚明。帝紀言建武十三年，省膠東入北海，後書郡國志亦以前漢膠東屬縣，改屬北海郡下，按膠東國前書地志言統縣八：即墨，昌武，下密，壯武，郁秩，觀陽，挺，鄒盧，後書郡國志除昌武，郁秩，鄒盧三縣省缺外，餘均改屬北海。是知膠東之省入北海，必無疑義；而其省入之年代，以賈復傳推之，當必在賈復受封之前，或爲同時之事，亦未可知。此膠東國於建武中之省入北海，帝紀所言，似無不合。菑川之省入高密，帝紀亦言在建武十三年，惟於高密之省併北海，一未言及，似高密仍爲舊國，未有省併之事，實則不然。菑川高密舊縣，郡國志亦以改屬北海 按菑川國前書地志言統縣三：劇，東安平，樓鄉。後書郡國志省劇壽鄉，二縣，以東安平改屬北海。高密國，前書地志言統縣五；高密昌安石泉夷安成鄉。後書郡國志除石泉成鄉二縣省缺外，餘均改屬北海。夫郡國志所載，固多不合，然于一代郡國縣邑省併之事，必不至妄舉。是菑川高密之省入北海，固無可疑。高密改封，以鄧禹傳證之，當在禹受封之前，或爲同時事。菑川改屬高密之年代，帝紀所載，是否盡合，未詳，然其與高密之同隸北海，當不在鄧禹受封之後，膠東高密之省入北海，由上推斷，既在禹復受封之前，或爲同時事，而菑川之省并從帝紀言，則必在高密省入北海之先，從昭注言，則即與膠東高密之省入爲同時，故云不在鄧禹受封之後。似可推斷。蓋光武於建國之初，以西京舊立之王國，服屬既疏，不當仍其故封，故或減等封侯，又或省併其地，菑川高密膠東之省併北海，當由於此，而昭之所注，蓋非無所據也。

帝紀所言省併西京之舊國，既有菑川高密膠東三國，曾於建武中省併北海，則是所省九國之數，又當增入高密而爲十國矣，正與郡國志後序之數相合。

郡國志後序之說既明，而於晉志前序之說，又將何以解乎？考晉志所言省併城陽，淄川，高密，膠東，六安，眞定，泗水，廣平（廣平從王應麟說）八國者，蓋指東漢一代之制言，非僅光武一世也。至其語繫光武之世，晉志所載八國省併事，適與光武省併之事合，易使讀者以省併八國事，爲卽光武時省併之事。易使讀者生誤，則爲文字之語病，固非作者之本旨。王應麟通鑑地理通釋云：「今按郡國志『省郡國十』，此云（指晉志言）『幷省者八』，蓋後復河間廣陽。』考河間國於和帝永元二年復，廣陽於和帝永元八年復，均見帝紀，二者均非光武時事，則晉志所言，爲東漢一代之制甚晰，而於光武「省郡國十」之說，固無間也。

編者按：張君附簡於文末，舉屬稿時所發生之二問題，囑爲解答。

(一)列侯封土是否繫屬郡下，若然則鄧禹貢復受封之前，高密膠東二舊國卽已改屬北海，可有實據，否則立論不確。

(二)光武帝紀建武二十八年載「徙魯王興爲北海王，以魯國益東海」，是否魯國卽於此時省併？否則與廣平等國之省併有何區別？

謹就所知，略述如左：

(一)漢制列侯封國例必屬於郡，不屬諸侯王國。故鄧賈封侯，高密膠東等縣必脫離高密膠東王國而別屬漢郡。高密以五縣而去其三，膠東以八縣而去其六，勢非幷省不可。張君謂二王國之幷省必在鄧買受封之前或同時，良是。

(二)建武十七年郭后廢，十九年封郭后子故皇太子彊爲東海王，二十八年就國。帝以彊廢不以過，故特優異之使兼食魯郡，此後魯東海二郡遂同隸於東海王國，非併魯入東海郡也。

又按：晉志謂「幷省者八」，實屬漏列河間廣平二國。王應麟云廣陽當作廣平，而晉志不數廣陽河間者，以其後復置之故。然考志後文又云和置濟北廣陽，則其確以廣陽列爲「幷省者八」中之一，故得至後列入增置之數，非廣平之刋誤明甚。晉志舛謬最甚，其叙前代制度因革，不過千餘言，而脫誤處可以百計，讀史者殊不必免爲彌縫，且斷乎無可彌縫也。

史地學家楊守敬

容肇祖

楊守敬是清末到民國初一位很大的史地學者，眞是著作等身，見高識博。他的一生境況，窮窘之日多，享樂之日少。然而他的享樂，就在他的研究學問，及刋行著述，收羅書籍及金石材料當中。他給黃蕚的信說，『學問一事，敬以前皆毫未聞，自來此(指日本)因縱覽數萬卷書，始知此中門徑。所刻書二十餘部，又爲日本訪書志廿餘卷，若明年無他故，此身必當有五百年之稱，惜未得與仁兄朝夕相見，同此樂也。弟現在所藏書，已幾十萬卷，其中祕本亦幾萬卷，就中有宋板藏書五千六百冊。大約在本朝唯錢遵王藏書可以相並，其他皆不足言也。自幸此身有此奇遇，故一切富貴功名皆漠不關懷。計明年之冬，當返國赴黃岡任，他日必邀仁兄一賞奇也』。這可見他自己覺得他的人生，依然是快樂的滿意的。我們現在凡是作史地學問的人，大概無不對于他的著述及人格作相當的尊敬。

一　少年時期

楊守敬，別字星吾，湖北宜都人。他生在道光十九年(公元一八三九)四月十五日，死在民國四年(公元一九一五)一月九日。他四歲的時候，父親病死了，但是尙有祖父。祖父本來開有兩間店舖的，由他父親掌管，他的父親死了，店舖也閉歇了一間了。他五歲時，就喜歡玩弄古錢。六歲，母親教他識字讀書。八歲，出外念書，四書也能背誦了。

十一歲的時候，祖父因為自己年近七十，店中沒人幫忙，就叫他和他弟弟先三改學作生意，因此送他到姓孫的姑夫店裏去學習。他每日裏雖然專心于買賣上，夜裏，仍舊很用功的念書學文。第二年就回去祖父的店舖裏照料一切了。十四歲，又出館念書，跟朱鳳池學作八股文，明年，先生下鄉去，因此他又回到自己家裏了。十七歲，順承了祖父母和母親的意見結婚。十九歲，跟朱景雲在許家設的館裏附課，這年以府試五場俱第一中秀才。同治元年（公元一八六二），開館授徒，這年中了壬戌科的八十八名舉人，年已二十四歲了。這是他的少年時期。在這時期裏，尚有兩事可注意的。一是十九歲時，在許家書館裏聽見譚大勳述說汪中的緒論，就是他知道清儒學問的開始。一是二十歲時，餘杭鄭蘭避亂到宜都，租他的房子居住，他因鄭蘭纔書看見了六嚴輿地圖，即借歸影繪兩部，這是他治地理學的開始。這兩種的學問，使他畢生從事，置身于清儒之中，到歷史的地理學的最高處，而為我們所佩服的。

二　屢上京會試不第的時期

他于同治元年（公元一八六二）的冬天，即進京會試，由陸路到樊城，到下年的春初，才到北京，寓荊州會館。他在樊城時遇見陳喬森，到京後由陳喬森的介紹，認識了潘存和鄧承脩。二人的學問于他的學問很有影響。後來他自己承認的，是住鄧承脩家時，常與潘存往還，『凡學問流別，及作文寫字，得其指授為多』。至於他住鄧承脩家裏時，飲食租屋的費用，皆承脩擔任。承脩好金石，他們每日游市上，覓得的，精的歸承脩，次的歸他，這是他搜羅金石的開始。又和承脩同著歷代輿地沿革險要圖，這是著作歷史地理學的開始。他這次會試落第了，只買得一些書籍，打陸路回鄉。歸鄉後，由祖父命他與弟先三分產而居。年中的收入，是不夠用的，于是設塾授徒。第二年的冬天，又預備入京會試，于是到漢口鄭蘭處借得百金，他的弟弟先三負債無法償還，不得不分給五十金與先三，而携五十金上京。仍住荊州會館。同治四年（公元一八六五）的會試，他又落第了。各朋友都勸他留京，他自己亦為學問計不再回去。這年四月，考取景山官學教習。鄧承脩招他同住。承脩告假歸粵，即就館于蘇維翰家。蘇家的兒子太笨了，故此承脩回京，即辭館，仍住承脩家裏。同治五年（公元一八六六），教習期滿，引見，以教職用。做官的希望又打斷了。次年，他到山西高平知縣龍汝霖家教讀，一年脩金是六百金的，不到幾月，又因捻匪將要打到，跑回北京，仍住鄧承脩家裏。同治七年（公元一八六八）

的會試，他又落第了，這年祖父亦死了，于是趕回鄉。次年，在家授徒，著論語事實錄，並即刻出。又次年，上京會試。同治十年（公元一八七一）的會試榜裏又沒有他的名字，又歸鄉。這回在京，搜得的漢魏六朝金石文字略備。過汲縣時，已到夜分，于路旁太公廟親自椎拓後魏盧無忌脩太公廟碑。歸家後，日用益窘。次年，又在家授徒。同治十三年（公元一八七四）的會試期又將到了，他于這年前的冬天上京，仍寓鄧承脩家。會試榜出，又落第了。時譚廷獻，李慈銘，袁昶皆在京，與潘存，鄧承脩等，文酒相交，因留他在京。光緒元年（公元一八七五）七月，因爲祖母老病，于是回家。途經天津，賣字所得的筆潤有一百五十元。到上海，遇龔橙，將所携碑版，任龔選購，又略有所得。及得祖母死信，乃回家。二年（公元一八七六），刻望堂金石，住饒敦秩家，同撰歷代輿地沿革險要圖，就是將和鄧承脩同編的增而廣之。三年（公元一八七七），荆州知府倪文蔚續修府志，聘他作編纂員。那時他輯的楷法溯原一書成，得倪及諸友的帮助，於是付刻。次年刋成，携書板到武昌賣書，頗得利益。五年（公元一八七九），帶了家眷上京，依潘存，居住雷陽會館。六年（公元一八八〇）二月，移居東莞進士黄家駒家。他和家駒每日到琉璃廠各帖店抄集帖目錄，成集帖目錄二十卷。二人情意投合，遂約爲婚姻，即以三女嫁家駒的兒子志孚。這年會試，不幸又落第了。統計他由同治二年的一次會試，到這時，共考過六次的會試，都是落第的。這是由二十五歲到四十二歲的時期，他的學問大概在這時將基礎打得很好的。

三　在日本的時期

他在光緒五年的除夕，得了出使日本大臣何如璋的信約他到日本作隨員，他答允于明年會試後方去。會試既然落第，四月，他就携眷由上海轉往日本。到東京，適何如璋調換，接任的是許景澄，亦奏任他爲隨員。許又丁憂，接任的爲黎庶昌，仍留他作隨員。他作『日本訪書緣起條例』，黎感動，於是有刻古逸叢書的意思。他初到日本時，見書店中多有未見過的書，遂將所携帶的漢魏六朝碑版及古錢古印爲日本人所喜歡的賣去，買回那種書籍。到黎庶昌要刻書時，就日日物色，又得到森立之的經籍訪古志抄本。那時立之尚存，按目找求，不惜重價，于是訪古志中的書，給他十分的買到九分了。並且也有訪古志所沒有登載的，大概以醫書類爲多，小學類次之。於是由黎庶昌選擇二十餘種，由他督校督刻，僱到的日本刻字工人，亦由他鑒定。有一次，他在十八工人中，能從刻版上辨別出那是領袖刻的工，大爲日本人所嘆服。光緒八年（公元一八八二），石印初輯寰宇貞石圖成。九年（公元一八八三），部選黄岡縣教諭，黎庶昌行咨文與鄂督，說守敬有經手事件未完，請委人代署。到十年（公元一八八四），古逸叢書始刻成。刻工之精，自謂前無古人。可惜他所得之書，尚有極重要的，而非黎氏所好，置之不刻，他不能力爭，未免有遺珠之歎。這年四月差滿，得家信說母病促歸。他在日本的時期，是四十二歲到四十六歲，他最大的成績，是搜回了不少我國流在海外的古籍。後來他著作爲日本訪書志，給我們一種很好的印象。

四　作教官到作學堂總教的時期

他歸國後即就黄岡教諭任，迎養母親在學署裏。這年由黎庶昌保奏，請以知縣遇缺即選，並加五品銜。光緒十一年（公元一八八五），巡撫彭祖賢修湖北通志，聘他任修沿革一門。後來彭病歿，即停修。十二年（公元一八八六），上京會試，亦不中。自此即絕意科名，專心著述。其年四月，歸家。與門人熊會貞同起草隋書地理志考證。十四年（公元一八八八），纂黄州鄰蘇園藏書。仿嚴可均全上古三代秦漢晉六朝隋文之例，以古詩紀爲藍本，各著所出，缺者補之，譌者删之，成古詩存一百二十卷。十六年（公元一八九〇），與熊會貞參互爲隋書地理志考證第二次稿。十七年（公元一八九一），補嚴鐵橋古文存二十卷成。十八年（公元一八九二），又校隋志爲第三次稿。初刻鄰蘇園帖。次年，續刻鄰蘇園帖。二十一年（公元一八九五），隋書地理志考證刻成。這年他的母親病死了。二十五年（公元一八九九），總督張之洞聘充兩湖書院教習，任地理一門，即赴武昌。二十六年（公元一九〇〇），刻所著漢書地理志補校及晦明軒稿成。二十七年（公元一九〇一），刻日本訪書志及留眞譜成。二十八年（公元一九〇二），改書院作學堂，他被奏保爲勤成學堂總教長。學使蔣式芬奏保稱爲湖北師儒宿學之冠，加四品銜。這年成叢書舉要二十卷，分內外二篇，以醇正典雅的爲內篇，駁雜鴻博的爲外篇。二十九年（公元一九〇三），刻壬癸金石跋。三十年（公元一九〇四）水經注疏稿成，分爲八十卷。刻前漢地圖成。三十一年（公元一九〇五），刻水經注圖成。以水經注疏卷帙浩博，節爲要删八册。三十二年（公元一九〇六）五月，選授安徽霍山縣知縣，辭去。刻禹貢本義，和重訂歷代沿革險要圖春秋地圖成。三十三年（公元一九〇七）改勤成學堂爲存古學堂，仍以他和馬貞榆爲總教。禮部侍郎陳寶琛咨舉他做禮部顧問官。刻三國郡縣表補正及三國地圖成。光緒三十四年（公元一九〇八），他辭存古學堂職，以譯書名目，仍給他薪水。輯漢書二十四家遺注成。以上是他作教官到作學堂總教的時期，由四十六歲到七十歲，重要的著作皆在這時期做成，使他有不朽的名譽。

五　七十以後的時期

他在七十一歲的時候，書法名大起，求寫字的愈多，因此于筆潤頗有所得。這時，石印續輯寰宇貞石圖成，又刻水經注疏要删補遺及續補成。刻戰國，秦，續漢，西晉，東晉，劉宋，蕭齊，隋各地圖成。次年，刻北魏，西魏地圖和明地圖成，補北魏札記，西魏札記各一册。又刻望堂金石二集成，寫定三續寰宇訪碑錄十六卷，未寫定的又有輯古地志三十二卷，及粗成的補漢書古今人表。這年開通志局，以他爲纂校。七十三歲，刻十六國，及梁，陳，北齊，北周，唐，五代，宋，遼，金，元各地圖次第成。這年湖北革命起，反正，他避地上海。十一月，自述生平爲鄰蘇老人年譜。民國元年（公元一九一二），年七十四歲，他仍住上海，將所藏書籍運到上海，校覈所著的水經注疏，仍極勞勤。二年（公元一九一三），他寫信給他的三女蓮貞說道：

湖北數月以來，時有風潮，我家房屋租錢，盡行不

完納，以致三房（案他有三子，長子已死，故此說三房）月費無出。……大約吾家產業盡行廢棄，吾已萬不回鄂城。所幸日本人尚多有求吾寫字者，每月可敷火食。但吾已七十五歲，精力耗減，眼亦昏花，每日不能多寫字。……每月非二百餘元不敷用，若我一旦死去，不堪問矣。……前言每年以八十元接汝，此萬不能辦到，此二十元當作二百元用，以後能再有寄汝否，不可必也。（這信現藏鑒祖處）

這可見他的窘狀，不能不爲袁世凱收買的原故。三年（公元一九一四），袁世凱聘爲顧問，復任爲參政院參政，一切在滬書籍皆搬運到京，費由政府出。在京住址爲西城南魏兒胡同。他給信與羅振玉先生說，這行是謀刻所著書，不是爲做官的。（見五十日夢痕錄）四年（公元一九一五）一月九日，他在北京逝世，年七十七。他自七十歲以後，仍是很努力的，雖避地他處，仍校覈自己所著書，每至通宵不寐。跋涉北上，仍是爲謀刻他自己所著書，這種在著述上『壯心不已』的暮年，也是很值得我們恭維的。

明史佛郎機呂宋和蘭意大利亞四傳註釋提要（一）

王錫昌

民國二十三年六月　哈佛燕京學社出版

著者張維華，一九三四年夏燕京大學史學系研究院畢業生。昔嘗執教於山東齊魯大學，對于中西交通問題，即感興趣，從事研究。二十一年秋，就學燕大，於是專攻明季之中西交通問題，凡平地各大圖書館之有關史料，靡不廣蒐備收。復經專家洪煨蓮，張星烺，與 Philippe de Vargas 諸人之指導，積二年之功，乃成此鉅著，謹就原書，提要略述如左：

書共四卷：第一卷爲佛郎機傳(明史卷三二五，列傳二一三)註釋，論明季葡萄牙人東來事件；第二卷爲呂宋傳(明史卷三二三，列傳二一一)註釋，論明季西班牙人東來事件；第三卷爲和蘭傳(明史卷三二五，列傳二一三)註釋，論明季和蘭人東來事件；第四卷爲意大利亞傳(明史三二六，列傳二一四)註釋，論明季西洋教士東來事件。　末附尤西堂(侗)修明史外國傳佛郎機呂宋和蘭歐維巴四傳原稿，萬(斯同)王(鴻緒)二史稿及明史佛郎機呂宋和蘭意大利亞四傳互校，明史佛郎機呂宋和蘭意大利亞四傳大事年表，與引用參考書目四篇，所引中西圖書百十餘種，凡二百五十六頁，共十餘萬言。

(一)

按中西交通，始自西漢。唯元明以前，海運未開，路行艱難，交開之蹟，時復時斷，考諸史籍，頗不多見。自十五世紀末，新航路發現，海上之交通日繁，歐亞交通遂開一新紀元。

歐人東漸，當以葡人爲始。明正德九年(公元一五一四年)葡人 Jorge Alvares，已至廣東東莞縣之屯門島，於是葡人留居華境，凡百三十一年。然當時中國，海禁甚嚴，開市通商，尙未得便。正德十二年(公元一五一七年)葡人乃遣使 Thomas Pirez (傳作加必丹末，盖爲 Capitaomoor 之譯音，船名，非人名也)復至屯門，得吳廷舉之許，入京請求通商，(傳云：貢方物，請封，飾詞耳)雖蒙召見，終遭非議，護罪而返(正德十六年，押回廣州)。自是以後，葡人時據廣東濱海之地，強與華人通商，嫌怨既結，釁端時起。後漸內侵閩浙，海濱大族，多與勾結。浙江巡撫朱紈，嚴禁通番，致遭讒劾，被逮自殺。此後海禁復弛，林富首許互市，汪柏復允入居，於是葡人築城澳門，遂爲其商業之根據地。

按佛郎機乃明人對葡萄牙人及西班牙人之混稱。傳誤其地近滿剌加，實不明地理之過。後人又多以佛郎機爲法蘭西，蓋亦音近致誤。

(二)

呂宋地居南海，隆慶四年(公元一五七〇)爲西班牙人

Legaspi Salcedo 所據。萬曆二年（公元一五七四）海寇林鳳爲中國官軍所逐，逃亡呂宋，復爲西班牙所驅走，西班牙人遂以助討林鳳有功，謀與中國通好。萬曆三年（公元一五七五），乃遣教士二人，至福建請求通商。中西交往，當自此始。

萬曆二十一年（公元一五九三）西班牙駐守呂宋總督 Don Gomes Perez das Marinas（傳作郎雷敝裏系勝）侵美洛居（即今摩鹿加島），役華人二百五十助戰。華人中途叛變，總督遇害。當時華人之居於呂宋者，多被迫還。

萬曆二十九年（公元一六〇一），奸人閻應龍張嶷，言呂宋機易山素產金銀，採之歲可得金十萬，銀三十萬。乃於翌年，遣人勘查。西人疑華人有異志，遂生戒心。三十一年（公元一六〇三）竟屠華商二萬五千人，崇禎十二年（公元一六三九）復殺華商二萬二千餘人。

按西班牙人東來，志在佔據呂宋，本與中國無關。然其地迫華境，華人之前往經商者，亦頗不鮮，是以兩國關係，由此增繁。且西人洋錢，亦因之流入中國，其於中國之經濟社會，亦多有關。

（四）

和蘭東來，在葡西兩國之後。萬曆二十九年（公元一六〇一）曾至澳門要求通商，因遭葡人之嫉視，終不果行。三十二年（公元一六〇四）和人Wybrand Van Warwick駛至澎湖，再求通商，亦不果行。天啓二年（公元一六二二）和人復駛澎湖，寄泊台灣南端之地，築城立砦，并時犯漳泉近海之地。天啓四年（公元一六二四）南居益撫閩，興師討伐，和人退走澎湖，移居台灣。於是據守台灣，至清順治十八年（一六六一）始爲鄭成功所逐，其間凡三十八年。

按和人東來，志在貿易，與葡人競爭市利之權，自佔有台灣之後，東通日本，西聯中國，南與南洋各島勾結，於是東洋市利，遂由葡人之掌握，盡入於和人之手。

（五）

明季西士傳教中國，聖方濟各沙勿略實開其端。惟伊於嘉靖三十一年（公元一五五二）即死於廣東上川，其教未傳。萬曆七年（公元一五七九）Miguel Ruggiero（羅明堅）來自印度；九年（公元一五八一年）Ricci Matteo（利馬竇）始至澳門，自是其教沾染中士。

利氏先居肇慶，韶州，南昌，南京，蘇州等地開教，二十八年（公元一六〇一）奉禮入覲，頗蒙厚遇。自是利氏久居京都，傳教之功，因之大著。

當是時，西士相繼而來者，日有增加；天主教之勢力，日益澎漲，致遭華人之嫉視。南京教案遂由此而生（嘉靖四十四年，公元一六一六)，禮部沈潅主其事，前後兩次濾捕教徒。西士王豐肅（Alponse Vagnoni）龐迪峨（Didcus de Pantoja）熊三拔(Sabatinde Ursis)謝務祿等，均被繫囚，其他在華西士，亦被逐還澳門，候時回國，於時滿淸崛興，東北禍起，華人欲利用西士鑄礮以禦虜，遂弛教禁，西士乃得復居中土。

崇禎二年（公元一六二九），日食，曆官推算不符。朝命以西法修曆，開局纂修。徐光啟督其事，湯若望（J. Adam Schall Von Bell）羅雅谷（Jacobus Rho）等修其書。七年（公元一六三四」曆書成，名曰：崇禎曆書。

（六）

明季吾國與西歐之交通，大抵如是：以通商開其始，而傳教殿其後。上承前古，下開來世。在交通史中，實爲一重要之樞紐，本書所論，卽以以此期爲限斷。

本書以四傳之文爲綱，廣採各家之說，附註其下，蓋效裴松之註三國志之例，用以網羅羣材，最爲得宜。自序謂註釋之道，約有三例：一曰溯源；二曰輯補；三曰比証。溯源，欲以追尋傳文之所據；輯補，欲以補苴傳文之所鈌；比証，則欲以西文爲對照。

明史纂修，時或取材不愼，致多去取乖謬。如自序所舉：「佛郎機傳所引林富王希文兩疏，蓋據嘉靖實錄之文，然實錄於希文疏屬之九年十月，林富疏屬之八年十月，明史倒置希文疏於林富疏前，致與事實乖舛。」（見頁三）又如：「和蘭傳之稅使李道，蓋據東西洋考所引廣東通志之文，然通志作李榷使，指李鳳言，與李道無關也。明史據其文而改稱李道，誤甚。」（見頁三）大抵此種錯誤，若能「溯源」，則其致誤之由，可以立見，此亦考訂史籍者，應有之法也。

又明史纂修，始於順治，終於乾隆，當時西文之載籍未通，取材概以中文之記載爲據。此於記述中國自身之事件，未爲不可，若用以記述西人之事，則不免有所偏蔽。蓋西人東來事蹟，中西所載互有詳略，必也兼收幷取，始能免於闕漏。卽屬同一事件，亦須取西文對照，始能融會貫道。如佛郎機傳記嘉靖二年葡人寇新會之西草灣事，內有別都盧爲人稱，巴西爲地稱，讀史者多不能考。校諸西文，乃知：「別都盧卽西文之 Pedro Hamen 。巴西卽西文之 Pacem，爲蘇門達拉地；其作今南美之巴西者誤」。（頁三）又如：「兩朝從信錄之韋麻郎，卽西文之 Wybrand 將軍，荷蘭傳作麻韋郎者，爲倒置之誤」。（頁三）又如葡人初至中國之地，西文作Tunmen，西國學者，多誤爲上川，實卽東莞之屯門（見頁一）。此於吾國史籍，言之甚晰。凡此二種，均須待諸雙方對照，史實始能明顯，此「比証」之法，亦爲研究交通史者所當注意者也。

至若「輯補」，傳文本屬簡略，如欲註釋詳明，斯道尤不可缺。

竊意明代中歐交通，前人記述無多，四傳之文，殊嫌簡略；近人所述，亦僅有片面之考訂，而無系統之叙述。此書博引詳徵，實如圖書副刊第五十二期介紹者言：「讀此一篇，明代與歐洲諸國之交通，大致燦然」。(見二十三年十一月十日大公報)法國東方學家伯希和(Paul Pelliot)亦謂「張君對於中文材料，頗能苦心蒐集。」(仝前)雖其間不無誤漏，然大體尚稱賅偹，使讀者於此百數十年之中西交通之跡，得以窺其全豹。此書之作，豈謂小補？更祝張君，繼續努力，由明而清，由清而現代，逐步研究，使歷代中西交通之蹟，得貫成一整個之系統，則其嘉惠於士林，有功於學術，當非淺鮮。

二十四年一月，燕大。

東魏戶口統計表

柳彭齡

魏收魏書地形志所據，係東魏孝靜帝武定中之册籍。蓋收爲北齊人，故視東魏爲正統，而述其末世之制度也。然其時秦雍以西，不在東魏版圖之內，乃錄全魏時孝武永熙中舊簿以足之，一篇之中，所志不以同一時代爲準，遂乖史法。按志凡上中下三卷，其下卷三十三州，即收所謂「淪陷諸州」也，所載永熙戶口之數，僅存三州，其餘三十州並已亡失。今故但以前二卷爲據，作戶口統計表；而冠以東魏之名者，求副其實也。

甲表

州	領郡名	縣數	戶口數 戶	戶口數 口
司州	魏郡	一三	一二二六一三	四三八〇二四
	陽平郡	八	四七四四四	一六二〇七五
	廣平郡	六	二三七五〇	一〇三四〇三
	汲郡	六	二九八八三	一〇二九九七
	廣宗郡	三	一三二六二	五五八九七
	東郡	七	三〇五二一	一〇七七一七
	北廣平郡	三	一六六九一	九一一四八
	林慮郡	四	一三八二一	五二三七二
	頓丘郡	四	一七〇一二	八七〇六三
	濮陽郡	四	一八六六四	五五五一二

州總計 郡	州總計 縣	州總計 戶	州總計 口
一二	六五	三七一六七四 (志作三十七萬一千六百七十五)	一四三〇三三五 (志作一百四十五萬九千八百三十五)

	黎陽郡	三	一一九八〇	五〇四五七				
	清河郡	四	二六〇三三	一二三六七〇				
定州	中山郡	七	五二五九二	二五五二四一	五	二四	一七七五〇〇（志作一十七萬七千五百一）	八三四二一一（志作八十三萬四千二百七十四）
	常山郡	七	五六八九〇	二四八六二二				
	鉅鹿郡	三	二七一七二	一三〇二三九				
	博陵郡	四	二七八一二	一三五〇〇七				
	北平郡	三	一三〇三四	六五一〇二				
冀州	長樂郡	八	三五六八三	一四三一四五	四	二一	一二五六四六	四九六六〇二（志作四十六萬六千六百一）
	勃海郡	四	三七九七二	一四〇四八二				
	武邑郡	五	二九七七五	一四四五七九				
	安德郡	四	二二二一六	六八三九六				
并州	太原郡	一〇	四五〇〇六	二〇七五七八	五	二六	一一二九三三（志作一十萬七千九百八十三）	四七二七四〇（志作四十八萬二千一百四十）
	上黨郡	五	二五九三七	一〇四四七五				
	鄉郡	四	一六二一〇	五五九六一				
	樂平郡	三	一八二六七	六八一五九				
	襄垣郡	四	七五一三	三六五六七				
瀛州	高陽郡	九	三五〇八六	一四〇一〇七	三	一八	一〇九六四九（志作十萬五千九百四十九）	四五一五四二
	章武郡	五	三八七五四	一六二八七〇				
	河間郡	四	三五八〇九	一四八五六五				
殷州	趙郡	五	三一八九九	一四八三一四	三	一五	七七九四二（志作七萬七千九百四十三）	三五六九七六（志作三十五萬七千一十六）
	鉅鹿郡	四	一三九九七	五八五四九				
	南趙郡	六	三二〇四六	一五〇一一三				
滄州	浮陽郡	四	二六八八〇	九八四五八	三	一二	七一八〇三	二五一八七九
	樂陵郡	四	二四九九八	八五二八四				
	安德郡	四	一九九二五	六八一三七				
肆州	永安郡	五	二二七四八	一〇四一八五	三	一一	四〇五八二	一八一六四三（志作一十八萬一千六百三十三）
	秀容郡	四	一一五〇六	四七〇二四				
	鴈門郡	二	六三二八	三〇四三四				
幽州	燕郡	五	五七四八	二二五五九	三	一八	三九五八〇	一四〇九三六（志作一十四萬五百三十六）
	范陽郡	七	二六八四八	八八七〇七				
	漁陽郡	六	六九八四	二九六七〇				
晉	平陽郡	五	一五七三四	五八五七二	一二	三一	二八二五〇（志作二萬八千三百四十九）	一〇三一〇〇（志作一十萬三千三十九）
	北絳郡	二	一七四〇	六二九二				
	永安郡	二	二九三二	一〇五四〇				
	北五城郡	三	二一二	八六四				

州	定陽郡	三	四九八	一九四一				
	敷城郡	一	九〇	三五九				
	河西郡	一	二五六	一一四四				
	五城郡	三	四一一	一六一八				
	西河郡	三	一七六一	四九九七				
	冀氏郡	二	一三〇二	五三一六				
	南絳郡	二	八三六	二九九一				
	義寧郡	四	二四七八	八四六六				
懷州	河內郡	四	九九〇五	四二六〇一	二	八	二一七四〇	九八三一五
	武德郡	四	一一八三五	五五七一四				
建州	高都郡	二	六四九九	二七六三五	四	一〇	一八九〇四	七五三〇〇
	長平郡	二	五四一二	二二七七八				
	安平郡	二	五六五八	一九五五七				
	泰寧郡	四	一三三五	五三三〇				
汾州	西河郡	三	五三八八	二五三八八	四	一〇	六八二六	一一二〇九（志作一萬一千二百一十）
	吐京郡	二	三八四	一五一二				
	五城郡	三	二五七	一一〇一				
	定陽郡	二	七九七	三三〇八				
東雍州	邵郡	四	五二	一五八	三	八	六二四一	三〇四〇〇
	高涼郡	二	四四四五	二一八五三				
	正平郡	二	一七四四	八三八九				
安州	密雲郡	三	二三三一	九〇一一	三	八	五四〇五	二三一四九
	廣陽郡	三	二〇〇八	八九一九				
	安樂郡	二	一一六六	五二一九				
義州	五城郡	三	二一〇〇	一七〇六九	七	一九	三四二八	二三〇六五（志作一萬六千七百二十四）
	泰寧郡	三	二二八	一一二七				
	新安郡	三	三九四	一五九五				
	澠池郡	三	一六六	八二八				
	恒農郡	三	九三	五四三				
	宜陽郡	三	一六九	六八六				
	金門郡	一	二七八	一二一七				
南	北吐京郡	四	八八	三五一	九	一八	一九三二（志作一千九百十二）	七六四八
	西五城郡	三	二四七	一一一八				
	南吐京郡	一	三二	七三				
	西定陽郡	一	四二	一四〇				

汾州	定陽郡	一	五四	一九〇				
	北鄉郡	二	二〇九	七五九				
	五城郡	二	二一四	八八四				
	中陽郡	二	四六八	一六三七				
	龍門郡	二	五七八	二四九六				
南營州	昌黎郡	三	五〇九	二六五八	五	一一	一八一三	九〇三六
	遼東郡	二	五六五	二六三四				
	建德郡	二	一七八	八一四				
	營丘郡	三	五一二	二七二七				
	樂良郡	一	四九	二〇三				
東燕州	平昌郡	二	四五〇	一七一三	三	六	一七六六	六三一九(志作六千三百一十七)
	上谷郡	二	九四二	三〇九三				
	偏城郡	二	三七四	一五一三				
營州	昌黎郡	三	二〇一	九一八	六	一四	一〇二二(志作一千二十一)	四六六四
	建德郡	三	二〇〇	七九三				
	遼東郡	二	一三一	八五五				
	樂良郡	二	二一九	一〇〇八				
	冀陽郡	二	八九	二九六				
	營丘郡	二	一八二	七九四				
平州	遼西郡	三	五三七	一九〇五	二	五	九六七(志作九百七十三)	三七四一
	北平郡	二	四三〇	一八三六				
恆州	代郡	四			八	一四		
	善無郡	二						
	梁城郡	二						
	繁時郡	二						
	高柳郡	二						
	北靈丘郡	二						
	內附郡							
	靈丘郡							
朔州	大安郡	二			五	一三		
	廣寧郡	二						
	神武郡	二						
	太平郡	三						
	附化郡	四						
雲	盛樂郡	二			四	九		

州	雲中郡	二						
	建安郡	二						
	眞興郡	三						
蔚州	始昌郡	二			三	七		
	忠義郡	二						
	附恩郡	三						
顯州	定戎郡	二			四	四		
	建平郡	二						
	眞君郡							
	武昌郡							
廓州	廣安郡				三			
	永定郡							
	建安郡							
武州	吐京郡	二			三	四		
	齊郡	二						
	新安郡							
西夏州	太安郡				二			
	神武郡							
寧州	武康郡				四			
	靈武郡							
	初平郡							
	武定郡							
靈州								
兗州	泰山郡	六	二六八〇〇	九一八七三	六	三〇（志作縣三十一）	八八〇三二	二六六七九一
	魯郡	五	一五一六〇	四七三二九				
	高平郡	四	一一一二四	二五八九六				
	任城郡	三	八〇五〇	二一七八九				
	東平郡	七	二〇七五二	六一八一〇				
	東陽平郡	五	六一四六	一八〇九四				
青州	齊郡	九	三〇八四八	八二一〇〇	七	三七	七九七五三	二〇六五九三（志作三十萬六千五百八十五）
	北海郡	五	一七五八七	四六五四九				
	樂安郡	四	五九一六	一三二三九				
	渤海郡	三	五二七九	一三七〇五				
	高陽郡	五	六三二二	一七六六七				

州	河間郡	六	五八三〇	一四八一八				
	樂陵郡	五	七九七一	一八五一五				
齊州	東魏郡	九	一九一三〇	七三五七〇	六	三五	七七三九一（志作七萬七千三百七十八）	二六七六六二（志作二十六萬九千六百六十二）
	東平原郡	六	一三九二九	四〇四〇三				
	東清河郡	七	六八一〇	二三五七四				
	廣川郡	三	三九四五	一四七二				
	濟南郡	六	二〇〇一七	六八八二〇				
	太原郡	四	一三五六〇	五〇八二三				
鄭州	許昌郡	四	二五三二七	一〇四四六三	三	九	六二一七三	二七四二四二
	潁川郡	三	二二〇四四	一〇五九〇九				
	陽翟郡	二	一四八〇二	六三八七〇				
濟州	濟北郡	三	九四六七	二九三九九	五	一五	五三二一二（志作五萬三千二百一十四）	一三四六〇二（志作一十四萬五千二百八十四）
	平原郡	四	二三二五〇	五九四三七				
	東平郡	二	八八九六	二五一〇三				
	南清河郡	三	一〇一三五	一三九八五				
	東濟北郡	三	二四六四	六六七八				
光州	東萊郡	四	一九一九五	六二〇四四	三	一四	四五七七六	一六〇九四九（志作一十六萬九百五十）
	長廣郡	六	一五八三三	五一五六七				
	東牟郡	四	一〇七四八	四七三三八				
梁州	陽夏郡	五	一六五四九	六三五五九	三	一〇（志作七）	四四三六八（志作四萬三千八百一十九）	一八二九〇三（志作一十八萬一千九百三）
	開封郡	二	八二〇七	三六六〇二				
	陳留郡	三	一九六一二	八二七四二				
豫州	汝南郡	八	一五八八九	三七〇六一	九	三九	四一一七〇（志作四萬一千一百七十二）	九六九一六
	潁川郡	三	八三九六	二〇六四〇				
	汝陽郡	三	七二五四	一五二四五				
	義陽郡	五	一七九〇	四五九五				
	新蔡郡	三	一九一七	四七七八				
	初安郡	四	二〇二六	五九二二				
	襄城郡	三	一四四六	四〇六三				
	城陽郡	五	五四六	一三八八				
	廣陵郡	五	一九〇六	三二二四				
北豫州	廣武郡	五	一五五九六	七四五一九	三	一二	四〇七二八	一八二五六九（志作一十八萬二千五百五十一）
	滎陽郡	五	二一四七二	九二三一〇				
	成皐郡	二	三六六〇	一五七四〇				
徐	彭城郡	六	六三三九	二三八四一	七	二四	三一八一二	一〇七八三七

州	南陽平郡	三	三〇七一	六三五八			（志作三萬七千八百一十二，如以蘭陵郡戶爲一〇四二四，則總數將達四〇八一二，與原數相去更遠矣。）	（志作一十萬八千七百八十七）
	蕃郡	三	四三九二	一八八四二				
	沛郡	三	四四一九	一二二七八				
	蘭陵郡	四	一四二四（志作十千四百二十四，疑係一千四百二十四之誤。）	一五七七六				
	北濟陰郡	三	八五四六	二一九八八				
	碭郡	二	三六二一	八七五四				
西兗州	沛郡	三	七五七一	二〇三一四	二	七	三七四〇七	一〇三八九四
	濟陰郡	四	二九八三六	八三五八〇				
南兗州	陳留郡	五	六二三〇	一六七四九	七	二一	三七一三〇	一一五五三九
	梁郡	二	一〇三五九	二五九九五				
	下蔡郡	四	三三六二	七九七三				
	譙郡	三	五一三二	一二九九一				
	北梁郡	二	八二三一	四一七三八				
	沛郡	二	一八四八	四五六五				
	馬頭郡	三	一九六八	五五二八				
廣州	南陽郡	二	七四八九	二六七二八	七	一五	二八六九六	九六七五〇（志作九萬六千七百八十）
	順陽郡	二	二〇四五	七二五二				
	定陵郡	三	三六九〇	八七五六				
	魯陽郡	二	二四五	七七五				
	汝南郡	二	七八三	二三四四				
	漢廣郡	二	六二〇〇	八〇一七				
	襄城郡	二	八二四四	四二八七八				
膠州	東武郡	三	八六一七	一八七五七	三（志作二）	一四	二六五六二	六〇三八二
	高密郡	五	七五〇五	一六一五三				
	平昌郡	六	一〇四四〇	二五四七二				
洛州	洛陽郡	二	三六五九	一五〇七二	六	一二	一五六七九	六六五二一
	河陰郡	一	二七六七	一四七一五				
	新安郡	三	四九〇	一九一一				
	中川郡	二	二〇七八	八二二五				
	河南郡	一	三六四二	一四七一五				
	陽城郡	三	三〇四三	一一八八三				

南青州	東安郡	三	四六四〇	一六五五一	三	九	一五〇二四	四五三二二
	東莞郡	三	九六二〇	二六五〇六				
	義塘郡	三	七六四	二二六五				
北徐州	東泰山郡	三	五〇〇七	一六三八一	二	五	一四七八一	四〇一二五
	琅邪郡	二	九七七四	二三七四四				
北揚州	陳郡	四	三〇二四	七六六九	五	一九	九八四九（志作九千八百十五）	三二一三八（志作三萬二千一百三十九）
	南頓郡	四	二五二〇	七二六五				
	汝陰郡	三	一七九四	八四九八				
	丹陽郡	四	二一四四	七九三一				
	陳留郡	四	三六七	七七五				
東楚州	宿豫郡	四	一六五五	七三〇七	六	二〇	六五二九（志作六千五百三十一）	二七一九二（志作二萬七千一百三十二）
	高平郡	四	九二〇	三〇九六				
	淮陽郡	四	一六一七	七二七七				
	晉寧郡	四	一二二二	五〇二三				
	安遠郡	二	五八〇	二三八二				
	臨沭郡	二	五三五	二一〇七				
東徐州	下邳郡	六	一一四八	三七三九	四	一六	六七〇一（志作六千二百八十一）	三〇六六五
	武原郡	三	二八一七	二〇〇五五				
	郯郡	四	二一九	三三〇八				
	臨清郡	三	一五一七	三五六三				
海州	東彭城郡	三	八〇〇	三四六九	六	一九	四八七八	二三〇一〇（志作二萬三千二百一十）
	東海郡	四	二四二	五九〇四				
	海西郡	三	八六〇	三九五〇				
	沭陽郡	四	一三九七	七五八三				
	琅邪郡	三	三五六	一三七一				
	武陵郡	二	二二三	七三三				
東豫州	汝南郡	五	一六二九	六四八二	六	一六	二八八七（志作三千九十九）	一〇六九九（志作一萬一千二十一）
	東新蔡郡	四	二四七	六七七				
	新蔡郡	二	四六五	一五一三				
	弋陽郡	一	一三七	五三三				
	長陵郡	三	三八七	一三六三				
	陽安郡	一	二二	一三一				
義州			二一五	三二二			二一五	三二二
潁州	汝陰弋陽二郡	七	一六六五	六〇七八	二〇	四〇	三五六一	一三三四三

州	郡	縣數	戶	口	州郡數	州縣數	州戶	州口
州	北陳留潁川二郡	五	三五一	一二七二			(志作三千六百一)	
	財丘梁興二郡	四	二八三	一〇六九				
	西恆農陳南二郡	三	二三一	八六四				
	東汝南二郡	二	一、四七	六二一				
	清河南陽二郡	三	一三二	五五五				
	東恆農郡	三	一一九	四四〇				
	新蔡南陳留二郡	一	二五七	一二四二				
	滎陽北通二郡	四	一七七	四七二				
	汝南太原二郡	四	八七	四〇六				
	新興郡	四	一一二	三二四				
譙州	南譙郡	四	四七六	一七三四	七	一七	二六一六(志作二千六百一十七)	七八二一
	汴郡	二	二五三	八二九				
	龍亢郡	二	三三三	一〇六六				
	蘄城郡	二	三二四	七〇六				
	下蔡郡	二	三四〇	八七八				
	臨渙郡	三	七〇九	二〇六二				
	蒙郡	二	一八一	五四六				
北荊州	伊陽郡	一	四八	二八三	三	八	九三三	四〇五六
	新城郡	二	三三一	一四八四				
	汝北郡	五	五五四	二二八九				
陽州	宜陽郡	三			二	七		
	金門郡	四						
南司州	齊安郡	三			三(志作二)	七		
	義陽郡	二						
	宋安郡	二						
楚	彭沛二郡	三			一二	二九		
	馬頭郡	二						

州	沛郡	三		
	安定郡	四		
	廣梁郡	一		
	魯郡	三		
	北譙郡	二		
	濟陽郡	四		
	北陽平郡	二		
	鍾離陳留二郡	五		
合州	汝陰郡	二	八	一七
	南頓郡	二		
	南梁郡	二		
	北梁郡	二		
	南譙郡	二		
	廬江郡	三		
	西汝南郡	二		
	北陳郡	二		
霍州	安豐郡	一	一七	三七
	平原郡	一		
	北潁川郡	三		
	梁興郡	一		
	陳郡	三		
	北陳郡	一		
	扶風郡	一		
	北沛郡	五		
	南陳郡	二		
	新蔡郡	三		
	岳安郡	二		
	邊城郡	一		
	西邊城郡	三		
	西沛郡	三		
	淮南郡	三		
	樂安郡	三		
	南潁州郡	一		
睢	淮陽郡	二	五	一二

州	穀陽郡	二		
	睢南郡	二		
	南濟陰郡	二		
	臨潼郡	四		
南定州	弋陽郡	二	五	七
	汝陰郡	一		
	安定郡	一		
	新蔡郡	一		
	北建寧郡	二		
西楚州	汝陽郡	一	三	七
	仵城郡	二		
	城陽郡	四		
蔡州	新蔡郡	二	二	四
	汝南郡	二		
西淮州	淮川郡	二	一	二
譙州	高塘郡	四	四	一五
	臨徐郡	三		
	南梁郡	四		
	新昌郡	四		
揚州	梁郡	二	一〇	二一
	淮南郡	三		
	北譙郡	二		
	陳留郡	二		
	北陳郡	一		
	邊城郡	二		
	新蔡郡	二		
	安豐郡	二		
	下蔡郡	二		
	潁川郡	三		
淮州	盱眙郡	三	四	九
	山陽郡	二		
	淮陰郡	二		
	陽平郡	一		
仁州	臨淮郡	二	一	二
光	北光城郡	二	五	一〇

州	弋陽郡	二						
	梁安郡	二						
	南光城郡	二						
	宋安郡	二						
南朔州	梁郡	一			六	六		
	新蔡郡	一						
	邊城郡	一						
	義陽郡	一						
	新城郡	一						
	黃川郡	一						
南建州	高平郡	四			七	一七		
	新蔡郡	二						
	陳留郡	三						
	魯郡	二						
	南陳郡	二						
	光城郡	三						
	清河郡	一						
南郢州	定城郡	二			三	四（志作七）		
	邊城郡	一						
	光城郡	一						
沙州	建寧郡	一			二	二		
	齊安郡	一						
北江州	義陽郡	一			六	六		
	齊昌郡	一						
	新昌郡	一						
	梁安郡	一						
	光城郡	一						
	齊興郡	一						
湘州	安豐郡	一			三	三		
	梁寧郡	一						
	永安郡	一						
汴州	沛郡	三			二	四		
	臨淮郡	一						
財州								
全國總計					三八七	一一〇〇	二〇〇八四六六	七五九一六五三

(乙)

州名	郡數	縣數	戶數	口數	縣平均戶	縣平均口數
司州	一二	六五	三七一六七四	一四三〇三三五	五七一八·〇六一	二二〇〇五·一五三
定州	五	二四	一七七五〇〇	八三四二一一	七三九五·八三三	三四七五八·七九一
冀州	四	二一	一二五六四六	四九六六〇二	五九八三·一四二	二三六四七·七一四
幷州	五	二六	一一二九三三	四七二七四〇	四三四三·五七三	一八一八二·八六一
瀛州	三	一八	一〇九六四九	四五一五四二	六〇九一·六一一	二五〇八五·六六六
殷州	三	一五	七七九四二	三五六九七六	五一九六·一三三	二三七九八·四〇〇
滄州	三	一二	七一八〇三	二五一八七九	五九八三·五八三	二〇九八九·五八三
肆州	三	一一	四〇五八二	一八一六四三	三六八九·二七二	一六五一三·〇〇〇
幽州	三	一八	三九五八〇	一四〇九三六、	二一九八·八八八	七八二九·七七七
晉州	一二	三一	二八二五〇	一〇三一〇〇	九一一·二九〇	三三二五·一六一
懷州	二	八	二一七四〇	九八三一五	二七一七·五〇〇	一二二八九·三七三
建州	四	一〇	一八九〇四	七五三〇〇	一八九〇·四〇〇	七五三〇·〇〇〇
汾州	四	一〇	六八二六	三一二〇九	六八二·六〇〇	三一二〇·九〇〇
東雍州	三	八	六二四一	三〇四〇〇	七八〇·一二五	三八〇〇·〇〇〇
安州	三	八	五四〇五	二三一四九	六七五·六二五	二八九三·六二五
義州	七	一九	三四二八	二三〇六五	一八〇·四二一	一二一三·九四七
南汾州	九	一八	一九三二	七六四八	一〇七·三三三	四二四·八八八
南營州	五	一一	一八一三	九〇三六	一六四·八一八	八二一·四五四
東燕州	三	六	一七六六	六三一九	二九四·三三三	一〇五三·一六六
營州	六	一四	一〇二二	四六六四	七三·〇〇〇	三三三·一四二
平州	二	五	九六七	三七四一	一九三·四〇〇	七四八·二〇〇
恒州	八	四				
朔州	五	一三				
雲州	四	九				
蔚州	三	七				
顯州	四	四				
廓州	三					
武州	三	四				
西夏州	二					
寧州	四					

靈州						
兗州	六	三〇	八八〇三二	二六六七九一	二八三四·四〇〇	八八九三·三三三
青州	七	三七	七九七五三	二〇六五九三	二一五五·四六四	五五八三·五六七
齊州	六	三五	七七三九一	二六七六六二	二二一一·一七一	七六四七·四八五
鄭州	三	九	六二一七三	二七四二四二	六九〇八·一一一	三〇四七一·三三三
濟州	五	一五	五三二一二	一三四六〇二	三五四七·四六六	八九七三·三三三
光州	三	一四	四五七七六	一六〇九四九	三二六九·七一四	一一四九六·三五七
梁州	三	一〇	四四三六八	一八二九〇三	四四三六·八〇〇	一八二九〇·三〇〇
豫州	九	三九	四一一七〇	九六九一六	一〇五五·六四一	二四八五·〇二五
北豫州	三	一二	四〇七二八	一八二五六九	三三九四·〇〇〇	一五二一四·〇八三
徐州	七	二四	三一八一二	一〇七八三七	一三二五·五〇〇	四四九三·二〇八
西兗州	二	七	三七四〇七	一〇三八九四	五三四三·八五七	一四八四二·〇〇〇
南兗州	七	二一	三七一三〇	一一五五三九	一七六八·〇九五	五五〇一·八五七
廣州	七	一五	二八六九六	九六七五〇	一九一三·〇六六	六四五〇·〇〇〇
膠州	三	一四	二六五六二	六〇三八二	一八九七·二八五	四三一三·〇〇〇
洛州	六	一二	一五六七九	六六五二一	一三〇六·五三八	五五四三·四一六
南青州	三	九	一五〇二四	四五三二二	一六六九·三三三	五〇三五·七七七
北徐州	二	五	一四七八一	四〇一二五	二九五六·二〇〇	八〇二五·〇〇〇
北揚州	五	一九	九八四九	三二一三八	五一八·三六八	一六九一·四七三
東楚州	六	二〇	六五二九	二七一九二	三二六·四五〇	一三五九·六〇〇
東徐州	四	一六	六七〇一	三〇六六五	四一八·八一二	一九一六·五六二
海州	六	一九	四八七八	二三〇一〇	二五六·七三六	一二一一·〇五二
東豫州	六	一六	二八八七	一〇六九九	一八〇·四三七	六六八·六八七
義州			二一五	三二二	二一五·〇〇〇	三二二·〇〇〇
潁州	二〇	四〇	三五六一	一三三四三	八九·〇二五	三三三·五七五
譙州	七	一七	二六一六	七八二一	一五三·八二三	四六〇·〇五八
北荊州	三	八	九三三	四〇五六	一一六·六二五	五〇七·〇〇〇
陽州	二	七				
南司州	三	七				
楚州	一二	二九				
合州	八	一七				
霍州	一七	三七				
睢州	五	一二				
南定州	五	七				
西楚州	三	七				

蔡州	二	四				
西淮州	一	二				
譙州	四	一五				
揚州	一〇	二一				
淮州	四	九				
仁州	一	二				
光州	五	一〇				
南朔州	六	六				
南建州	七	一七				
南郢州	三	四				
沙州	二	二				
北江州	六	六				
湘州	三	三				
汴州	二	四				
財州						
總計	三八七	一一〇〇	二〇〇八四四六六	七五九一六五三	一八四四・〇六〇	五一八二・〇一五

編者按：此文原稿名「北魏郡縣戶口統計表」，收志三卷，並在編錄之中。今擅自削去下卷，更易標題，適非本來面目，實屬逸出編輯者固有權限之舉，謹向作者道歉。

水經注經流支流目（汾水——濟水）

賀次君

汾水 出太原汾陽縣北管涔山，至汾陰縣西北注于河。六，一上。

東溫溪水 水出近溪，入汾水。六，一下。

西溫溪水 水出近溪，入汾水。六，一下。

酸水 水源出少陽之山，東南流注汾水。六，三下。

洛陰水 水出新興郡，西南流注于汾水。六，三下。

洞過水 六，五上。

鄔水（侯甲水，太谷水，慮水） 發源祁縣胡甲山，西注嬰侯之水，北入鄔陂而歸于汾。六，七上。

嬰侯之水 出謁戾之山陰，北入祀水同注汾。六，六下。

祀水（中都水） 出祀山，其水殊源共舍，合嬰侯之水注于汾水。六，六下。

石桐水（綿水） 水出介休縣之綿山，西流注于汾水。六，八上。

彘水 水出東北太岳山（霍太山），西南流注汾水。六，一〇下。

霍水 水出霍太山，西南流注于汾水。六，一一下。

澗水 出穀遠縣西山，西流入汾水。六，一二上。

黑水 出黑山，西流入于汾。六，一二下。

巢水（潏水） 源出巢山東谷，西北流合勞水。六，一二下。

勞水 出牛首之山，合巢水會于黑水。六，一二下。

平水 水出平陽縣西壺口山，東逕平陽縣城南入汾。六，一三下。

天井水 出東陘山西南，其水三原奇發，西北流總成一川，又西流入汾水。六，一五上。

澮水 六，一五下。

古水 水出臨汾縣故城西黃阜下，西南入于汾。六，一六上。

脩水 出縣南而西南流入汾。六，一六上。

華水 水出北山華谷，西南流注于汾。六，一七上。

澮水 東出絳高山（亦曰河南山，又曰澮山），西南流與西南諸水合，謂之澮交；又西至王澤注于汾水。六，一九上。

黑水 導源東北黑山谷，西南入澮水。六，一九上。

北川水 水出平川，南流注黑水。六，一九上。

賀水 東出近川，西南至澮交。六，一九下。

高泉水 出東南近川，西北趣澮交。六，一九下。

紫谷水 出白馬山白馬川，西北至澮交。六，一九下。

乾河故瀆（教川枝水） 六，一九下。

田川水 水出東溪，流入紫谷水。六，二〇上。

于家水 出于家谷，西北流至澮交。六，二〇上。

范壁水 出壁下，與于家水西北流合至澮交。六，二〇上。

絳水 水出絳山東，北流注于澮水。六，二〇上。

涑水 出河東聞喜縣東山黍葭谷（俗謂之華谷），西南流注于河。六，二三上。

洮水 水源東出清野山，西流合涑水。六，二三下。

景水 水出景山北谷，西北流注于涑水。六，二五下。

沙渠水 水出東南近川，西北流注于涑水。六，二六上。

（鹽水） 水出東南薄山，西北流逕安邑故城南，又西流注于鹽池。監鹽縣故城南有鹽池。六，二七下。

文水 出大陵縣西山文谷，東至其縣屈南到平陶縣東北，東南入于汾水。六，三二上。

泌水 水出大陵縣西南山下，東南注文水。六，三二下。

隱泉水 水出謁泉山之上頂，東流瀝石沿注山下，又東津渠隱沒而不恆流，故有隱泉之名，雨澤豐樹則通入于文水。六，三三上。

勝水 水出狐岐之山，東合文水。六，三四上。

陽泉水 水出西山陽溪，東南流注于勝水。六，四上。

原公水 出茲氏縣西羊頭山，東注文湖。文水逕茲氏縣為文湖。六，三四下。

洞過水 出沾縣北山，西入汾。六，三五下。

南溪水 水出南山，西北流注洞過水。六，三五下。

黑水 出西山，三源合舍，同歸一川，西南入洞過水。六，三六上。

蒲水 南出蒲谷，北流注洞過水。六，三六上。

原過水 近北便水源，南流注于洞過水。六，三六下。

洞過澤（涺湖） 洞過水流逕武灌城西北，又西南為洞過澤。六，三七下。

涂水 水出陽邑東北大嵰山涂谷，西南流，與蔣谷水合入洞過澤。六，三七下。

蔣谷水 水自蔣溪西北流，西合涂水，西北入洞過澤。六，三八上。

晉水 出龍山，一名結絀山，東入于汾水。六，三八上。

湛水 軹縣 出南原湛溪，東南逕鄧南流注于河。六，四〇下。

濟水（衍水，沇水，邲水） 重源出軹縣西北平地，有二源，東源出原城東北，南流與西源合，西源出原城西；兩源相合，濟河而南。

東流水 水出西南，東北流注于濟。七，二上。

（濟水故瀆） 出溫城西北，東南合奉溝水。七，四下。

（奉溝水） 上承朱溝于野王城西，東逕平皋城南，又南注于河。七，六上。

柳泉水　出廣武城山下，北流入濟。七，九上。

滎瀆　首受河水，東南流注于濟。七，九下。

宿須水（扈亭水）　水受大河，東南流注于濟。七，一二上。

礫石溪水　水出滎陽城西南李澤（即古馮澤），東北流注于濟水。七，一二上。

索水（旃然水，鴻溝水）　水出京縣西南嵩渚山，與東關水同源分流，逕滎陽縣城東，而北流注于濟水。七，一二下。

器難之水　出少陘之山，入于旃然之水。七，一二下。

梧桐澗水　水出西南梧桐谷，東北流注于索水。七，一三下。

須水（小索水）　水出京城東北二里榆子溝，亦曰柰榆溝，東北流，于滎陽城西南北注索水。七，一四上。

木蓼溝水　水上承京城南淵，世謂之車輪淵，淵水東北流謂之木蓼溝，又東北入于須水。七，一四上。

黃水　水發京縣黃堆山，東南流名祝龍泉，西南流謂之龍項口，一名京水。其水東北至滎澤南分爲二水，一北入滎澤，一東北流即黃雀溝，又東北與靖水支津合，二水之會曰黃淵，北流注于濟水。七，一六下。

魚子溝水　水出石暗澗，西北流注于黃水。七，一七上。

濕濕水　水出西溪，東流注于魚水。七，一七上。

重泉水　水出京城西南少陘山，東北流注于黃水。七，一七上。

靖水枝津　與索水會爲黃淵，北流注于濟水。七，一七下。

菏水　水上承濟水于濟陽縣東，北注于濟瀆。七，二三上。

汜水　西分濟瀆，東合于菏。七，二三下。

黃水枝渠　上承黃溝，東北合菏水。七，二三下。

濮水　水上承濟水于封邱縣，東逕長垣縣故城北，分爲二水，北濮出焉；濮渠水又東流入濟水，與濟同入鉅野澤。八，二上。

別濮水（朝平溝）　水受河于酸棗縣，東北逕酸棗縣故城南北積成同池陂，又東北爲陽清湖，一名燕城湖，東注于濮水。八，二下。

酸水故瀆（百尺溝）首受河于酸棗縣，東南會于濮水。八，三下。

句瀆　首受濮水枝渠于句陽縣，東南流，東入乘氏縣左會濮水。八，六下。

洪水　水上承鉅野薛訓渚，北與濟瀆合。八，六下。

汶水　出太山萊蕪縣，西南入濟。八，七下。

趙溝水　首受馬頰水，東北至須昌縣注濟水。八，八下。

馬頰水　水首受濟水于微鄉東，西北流，又東北流逕魚山南，東注濟水。八，九上。

狼水　出東南大檻山狠溪，西北入濟。八，一〇上。

西流泉　出穀城東近山，西北注狼水。八，一〇上。

湄溝　上承湄湖（濟水右迤遏爲湄湖），北流注濟。八，一二上。

中川水（沙溝水）　水南出山茌縣之分水嶺，北流入濟。八，一三上。

賓溪水　水出南格馬山賓溪谷，西北流合中川水。八，一三上。

玉水（琨瑞水，祝阿澗水）　水導源太山朗公谷，北流注于濟。八，一三下。

濼水（姜娥水）　水出歷城縣故城西南，北流注于濟。八，一四上。

歷水　上承東城歷祀下泉，北流逕歷城東，又西逕歷城北，西爲陂，與濼水會。八，一四下。

歷水枝津　首受歷水于歷城東，北注濼水。八，一四下。

華泉水　出華不注山下，北絕聽瀆，二十里注于濟。八，一五上。

巨合水　南出雞山西北，北逕巨合故城西，又北入于濟水。八，一五下。

關盧水　導源馬耳山，與武原水合，西注巨合水。八，一五下。

武原水　水出譚城南平澤中，合盧關水西注巨合水。

白野泉水　水出臺城西南白野泉，西北流而注右巨合水。八，一六下。

聽水　水上承濼水，東北注于巨合水。八，一六下。

芹溝水　水出臺縣故城東南，西北入于濟。八，一六下。

百脈水　水出土鼓縣故城西，東北流注于濟。八一，七下。

楊渚溝水 出逢陵故城西南二十里，北流注于濟水。八，一七下。

隴水（袁水） 南出齊長城中，北注濟。八，一八上。

般水（左阜水） 水出縣東南龍山，南屈西入隴水。八，一八上。

萌水 水出西南甲山，逕萌山西，東北入隴水。八，一八上。

魚子溝水 水南出長白山東柳泉口，北流注于隴水。八，一八下。

黃溝枝流（界溝） 北注濟水。八，二二上。

鉅野黃水（洹公溝） 水上承鉅澤諸陂澤，有濛淀盲淀，黃湖，水東流，南至方輿縣入菏水。八，二六上。

薛訓渚水 自薛訓渚東注黃水。八，二六上。

禹蹟圖說

桂蕈園

本刊本卷所用封面為禹蹟圖，原圖高廣各三尺四寸二分，偽齊（劉豫）阜昌七年（宋紹興七年，金天會十五年，西元一一三七）四月刻石，沒有寫明在哪裏刻。但另有一華夷圖，和它同樣大小，又和它在一起，是阜昌七年十月刻的，却寫明『岐學上石』，即此可以推測這圖也是岐學刻的。大約是那裏學校當局得了這二圖，先後刻給學生看。這二石現在保存于陝西省城碑林裏，雖已經過八百年，却還不甚損壞。本刊封面所用，是根據一個較舊的拓本。

中國地圖是很古就有的。尚書洛誥裏說周公定東都，『伻來，以圖及獻卜』，可見西周初年已有洛邑的圖。其它如荊軻使秦獻督亢地圖，蕭何入秦收取圖書，漢武帝案古圖書名河所出山曰昆侖，後漢明帝賜王景禹貢圖，陶潛『流觀山海圖』而作讀山海經詩，裴秀自製禹貢地域圖十八篇，可見地圖的制作和流傳是不曾斷過。不幸中國的兵亂太多，所有的古地圖都失傳了。現在存留的最古的地圖，要算這幅禹蹟圖了！看這幅圖，開方計里，海岸綫的屈曲有度，河流的粗細有別，足徵那時製圖術已很進步。一比了明清間刻的禹貢圖和當代圖，就反映出近數百年的退化來了。

這幅地圖有人定為賈耽作的。這因唐書賈耽傳裏說他『又圖海內華夷，廣三丈，縱三丈三尺，以寸為百里。中國本之禹貢，外夷本班固漢書。古郡國題以墨，今州縣題以朱』，而這一幅禹蹟圖，橫方五十二，豎方七十三，每方折地百里，上端又寫『禹貢山川名，古今州郡名，古今山水地名』三行，似乎即是縮小的賈耽作品。但唐書裏說的賈耽圖，是打方格的華夷圖，而岐學的華夷圖却無方格，有方格的乃不名華夷而名禹蹟，也不完全適合。華夷圖上有說明云，『四方蕃夷之地，賈魏公圖所載數凡數百國；今取其著聞者載之。又參考傳記以叙其盛衰本末』。可見他們畫圖，取資于賈耽則有之，若謂即是賈耽的圖，還是臆測之辭。而且把高廣各三丈的圖繪在高廣各三尺的圖裏，以古人工具的不精良，除了大删汰之外再有什麽法子？既經大删汰，就不可算作原圖了。

關于這幅圖，畢沅關中金石記（卷七）曾有考證。他說，『考宋毛晃禹貢指南，稱先儒所刻禹蹟圖，黑水在雍州西北而西南流，至雲南之西南乃有黑水口，東南流而入南海，中間地里闊遠。今此圖黑水與毛說合，是爲宋以前相傳之舊也』。他又批評它所論定的禹貢山水，得嶓冢，漢（潛），黑水，漆沮五條，鈔出如下：

（一）『案圖，嶓冢山在秦州東南，深合漢以來相傳之說。考水經禹貢山水澤地所在言嶓冢在隴西氐道，班固地志理言在隴西西縣：漢氐道及西縣治皆在今秦州。自魏收地形志以嶓冢山爲在華陽郡嶓冢縣，括地志，元和郡縣志並承其誤，山乃移今之寧羌州矣。然唐人猶兩存其說。據魏收以駁班固，自胡渭禹貢錐指始。』

（二）案圖，西漢水出秦州，南至涪州入江；東漢水出興元府，東至漢陽入江：亦合於班固地理志之說。其圖西漢水不通於東漢，則不合於古。何則？余嘗謂禹貢言「嶓冢導漾」，是言水之在今甘肅秦州者也。「東流爲漢」，是言水之在今陝西漢中府者也。「又東爲滄浪之水」，則言水之在今湖北省者也。西漢至寧羌州西北，有水通於東漢，班固所云「東漢水首受氐道水」，郭璞爾雅音義謂之「潛水」，水經注謂之「通谷水」，括地志謂之「復水」，云「出利州綿谷龍門山，今俗以爲燕子河也」。其水于圖，當自興元府南承東漢水，流自利州，北合于西漢；而殊未之及。今四川廣元縣是唐宋利州治，寧羌州是其東北境，龍門山在州北百五十里，即李吉甫所云「利州東北有龍門山」者也。樂史又云「龍門山下有燕子谷」，或水之所以名矣。郭璞既稱舊云「即禹貢沱潛」，缺之非也。』

（三）『案圖，黑水是三危之黑水。黑水實有二。余考「華陽黑水惟梁州」，孔安國言「東據華山之南，西距黑水」。張守節史記正義，「案括地志，黑水源出梁州城固縣西北太山」，以此釋梁州黑水，較長。酈道元案諸葛亮牋，稱「朝發南鄭，暮宿黑水」，即此。諸家解書以二黑水爲一，非也。今水在漢中府城固縣西北五里。』

（四）『案圖，漆沮之洛至同州南入于河。古說皆入渭是洛自宋金時改流入河也。近韓邦靖著朝邑縣志，云「洛水，明成化改流入河」，不察之甚矣。』

（五）『案圖，無漆沮。蓋洛卽漆沮。孔安國書傳，水經（見史記注晉灼所引，今本無之），闞駰，皆言是也。李季卿三墳記石刻亦云「漆沮泛溢，馮翊昏墊」，是唐人猶存其說矣。漢人言漆縣西有漆水入渭，在今麟遊縣，合雍入渭者，爲詩「自土沮漆」之漆，是古但有兩漆水耳。水經注洛水下又有漆水，又通甲開山圖「長安西有漆渠」，俱非禹貢之漆。然自樂史宋敏求以來，所在多漆水矣。』

畢氏據了這幅圖來推定唐宋人的禹貢說，當然很對；但他批評這圖不是的地方卻頗可商。爲什麼？因爲禹貢作者對于山川，有的目覩，有的傳聞，傳聞的當然不一定對。而且二千餘年來，水道變遷的很多，就是我們去實地勘查，也不易斷定禹貢的是非。更不幸的，就是以前講禹貢的人但憑書本，加以臆說，說法一多，就無法得到確定的結論。例如黑水，固然可如畢氏之說爲二水，但何嘗不可如蔣廷錫的說爲三水，也何嘗不可如禹蹟圖的說爲一水？彼此都沒有充分的證據，彼此想像中都有一個比較近于情理的推測，而所謂比較近情理實在只是主觀的見解！所以我們如果要畫禹貢圖在一幅上，而每一個地名只許定在一個地方，則除了用獨斷的態度表示其爲『一家言』之外更無別法。然而既爲一家言，則『此亦一是非，彼亦一是非』，又有什麼法子可以罷訟？所以我們將來畫起禹貢圖來，應當一個地名畫一副，凡是關于這一地名的異說統統整理起來，先分爲幾說，再依時代的先後而定甲乙的次序，有幾家說法就在圖上作幾個註記。我們不想在這紛紛之說中得着定論，我們只想弄清楚這些說法的本身的演變！這固然是一個沒奈何的辦法，但已是唯一的客觀整理的辦法了。

禹蹟圖，除了長安的一片石外，還有一個在山西稷山縣。光緒山西通志金石記（卷九七，頁四六）云，『禹蹟圖石志，今在稷山縣關帝廟。稷山縣志，「石志在保眞觀。石橫二尺五寸，爲方七十一；豎三尺，爲方八十一：共方五千七百五十一。每方折地百里。志禹貢山川名，古今州郡名，山川地名。刊刻極精」。今移砌關帝廟』。又注云，『案關中金石記有此圖，爲僞齊阜昌年所刻。……此石志不詳爲何代所刻，疑亦關中之摹本也。惟彼圖方廣各三尺餘，此石旁糷，非得墨本，不能別其同異也』。那麽，這一石是長方形的，與長安一石作正方形的不同。這圖的拓本，我們尙未得到，希望山西朋友就近替我們一找！

廿四，二，十六。

上海商務印書館各地

紀念總廠被燬三週年

二十四年度日出新書

對折及六折

預約辦法

付少數定洋　享廉價利益

全年新書　任意選購

敝館前爲紀念一二八之役總廠被燬起見，每屆週年，上海發行所必舉行新書廉價一次，冀於紀念之中，稍寓讀書救國之意。惟因此種辦法，期限既不能過長，地域又有限制，好讀書者仍不免有向隅之歎。茲爲便利全國人士購讀新書起見，自一月二十八日起至四月底止，特訂二十四年度日出初版新書預約辦法。上海發行所及各地分館一律舉辦，俾全國讀者及圖書館，先付少數定洋，得就全年內日出新書自由選購，兼獲對折或六折廉價之利益。至年終結算，定洋如有餘存，仍可照數收回，可謂一舉數得。茲謹將預約辦法摘要列下，敬希公鑒！

上海商務印書館謹啓

預約辦法摘要

一、本館在廿四年度內，除星期日及放假日外，規定每日至少出版新書一種，多則二三種。預計全年約出新書五百種，總定價約計四百元。

一、凡在廿四年四月底以前，按左列各項預付定洋者，無論選購前條何種新書，均享有左列優待之權利：

甲、圖書館一次預付定洋一百元　選購新書按定價**對折計算**

乙、圖書館一次預付定洋五十元　選購新書按定價**六折計算**

丙、個人一次預付定洋三十元　選購新書按定價**六折計算**

丁、學生（經肄業學校證明）一次付定洋十五元　選購新書按定價**六折計算**

詳細辦法另印「新書預約簡章」備索

D81(h)—24:1

文奎堂

出售珍本書廣告

尙書注疏二十卷，漢孔氏傳，明江以達刊本，白棉紙二十册，價洋壹百六十元。江以達，明嘉靖五年進士，與李元陽同科。此書刊工甚精，書品潔淨。

皇朝職貢圖九卷，乾隆年殿板，開花紙，書品潔淨，原裝九册，價洋二百元。

具區志十六卷，淸翁澍撰，康熙年刊本，白紙十册，價壹百六十元。又竹紙十二册，價七十元。

天府廣記四十四卷，都門孫承澤著，全書二十册，實價八百元。四庫存目史部地理類稱鈔本，光緒順天府志引用是書亦稱鈔本。順天府志成於近年，所據猶係鈔本，似是未經雕版者也。欲研究北平風土掌故，不可不備之書。

又本店存有滿蒙文書籍不少，印有詳細目錄，函索即寄

北平東四牌樓隆福寺街本堂啓

出版者：禹貢學會。
編輯者：顧頡剛，譚其驤。
出版日期：每月一日，十六日。
發行所：北平成府蔣家胡同三號禹貢學會。
印刷者：北平成府引得校印所。

禹貢

半月刊

價目：每期零售洋壹角。豫定半年一卷十二期，洋壹圓；全年二卷二十四期，洋貳圓。郵費加一成半。國外全年加郵費八角。

The Chinese Historical Geography

A Semi-monthly Magazine

Vol. 3 No. 2 Total No. 26 March 16 1935

Address: 3 Chiang-Chia Hutung, Cheng-Fu, Peiping, China

第三卷第二期

(總數第二十六期)

民國二十四年

三月十六日出版

代售處

北平北京大學史學系楊向奎先生
北平燕京大學哈佛燕京社
北平燕京大學史學系李子魁先生
北平輔仁大學史學系史念海先生
北平清華大學史學系吳春晗先生
天津河北女子師範學院班書閣先生
廣州協和神學院李鏡池先生
濟南齊魯大學史學系張立志先生
杭州之江學院顧敦鍒先生
武昌武漢大學吳其昌先生
成都四川大學文學院劉以塘先生
成都四川大學賀劭于先生
廈門廈門大學史學系鄭德坤先生
北平北平圖書館王以中先生
杭州浙江圖書館夏廷域先生
北平景山東街十七號景山書社
北平東安市場岐山書社
北平西單牌樓南首建設圖書館
北平琉璃廠來薰閣書舖
北平琉璃廠邃雅齋書舖
北平琉璃廠新生命書局
北平隆福寺街修綆堂書舖
北平隆福寺文奎堂書舖
北平隆福寺街文殿閣書舖
北平孝順胡同後滿三號曾紀琳先生
北平成府競進分社
天津法租界二十六號路世界圖書局
天津法租界三十號路大公報代辦部
天津大經路北方文化流通社
綏遠楊家巷十二號綏遠新聞社
開封新書業街龍文書莊
南京中央大學門前鍾山書局
南京太平路中市萃衆圖書公司
南京太平街新生命書局
上海五馬路亞東圖書館
上海棋盤街寶善里新生命書局
上海四馬路上海雜誌公司
上海福州路生活書店
上海九江路伊文思圖書公司周文欽先生
上海四馬路中市羣衆雜誌公司
蘇州五卅路國學小書堆
杭州福緣路抱經堂書局
武昌橫街頭新生命書局
長沙府正街金城圖書文具公司
重慶天主堂街重慶書店
日本京都中京區叢文堂書店
日本東京神田區神保町巖松堂書店

內政部登記證警字第叁肆陸壹號　中華郵政特准掛號認為新聞紙類

商務印書館

影印

綴遺齋彝器考釋

方濬益著　全部十四册

版式：寬二十二公分　高三十三公分

上等宣紙金屬版精印　華裝絲線訂

每部定價三十五元

特價二十四元

郵費掛號費各行省五角

二十四年五月底截止

◀樣張備索▶

本書所錄一千三百八十一器、著者以三十年之心力、蒐羅攷證鉤摹始成此書、其抉擇嚴、故無一僞款、其攷釋必本之經史、不爲臆說、間有新義、往往發前人所未發、嘗自記於筠清館金文册首云頗欲追造天人之際、會通古今之變、論者以爲不誣、至於鉤摹文字、點畫必審、尤便學篆者之臨寫、蓋自薛阮諸家以後、當推此書爲巨擘云、

開明書店

上海福州路二七八號

三湖遊記

孫伏園　孫福熙　曾仲鳴合著　一册　精本八角　平本六角

所謂「三湖」是麗芒湖，安納西湖，蒲爾志湖，都是法國的名勝。據說遊歷法國的人如果沒有遊過三湖，等於不曾去過；這好比你去杭州而沒有遊西湖一樣。——然而，孫伏園，孫福熙，曾仲鳴三先生却替我們彌補了這缺憾，他們把法國名勝的三湖帶到我們眼前了。在這部三湖遊記裏，我們可以看見三湖的艷麗，領略三湖的風光，不單是美妙的遊記，簡直是詩，是小說，是愛情故事，並且有曾仲鳴的長序，方君璧女士等的風景插圖，從而我們可以臥遊勝跡了。

*D83(h)-24:3

子夏居西河考

錢穆

仲尼弟子列傳：『孔子既沒，子夏居西河教授』。索隱：『西河在河東郡之西界，蓋近龍門。劉氏云：今同州河西縣有子夏石室學堂是也』。正義則云：『西河郡今汾州也，子夏所教處。括地志云：謁泉山一名隱泉山，在汾州隰城縣北四十里。注水經云：其山壁立，崖半有一石室，去地五十丈，頂上平地十許頃。隨國集記云，此爲子夏石室，退老西河，居此，有卜商神祠，今見在』。困學紀聞郡國利病書方輿紀要孫星衍校水經注均從正義說。陳玉澍卜子年譜辨之云：『子夏西河，戰國時屬魏，不屬趙。謁泉山今屬文水縣，趙大陵地也。史記趙世家，肅侯十六年，武靈王十六年，皆游大陵。正義曰：括地志云：大陵城在幷州文水縣北十三里。文獻通考文水有大陵城。一統志大陵故城在太原府文水縣東北二十五里。文水縣既不屬魏，則文水西南二十五里之謁泉山，不屬魏國何疑。謁泉山北屬文水，南屬汾州府汾陽縣。汾陽亦趙地。文獻通考輿地廣記寰宇記皆謂汾州春秋時晉地，六國時屬趙是也。謁泉山既與魏無涉，即與子夏之西河無涉。故困學紀聞閻注沈欽韓左傳地名補注皆辨之』。至索隱，蓋本鄭注檀弓，謂『西河自龍門至華陰之地』。水經注河水篇：『細水東流注於崌谷側溪，山南有石室，東廂石上猶傳杵臼之蹟，似是栖遊隱學之所。昔子夏教授西河，疑即此也。而無以辨之』。又云：『河水又南逕子夏石室，東南北有二石室，臨側河崖，即子夏廟堂也。河水又南逕汾陰縣西，又南逕郃陽城東』。故禹貢錐指謂『子夏石室在今郃陽縣界。郃陽縣北爲韓城縣，寰宇記謂子夏石室在韓城者，即水經注所言崌谷之石室也』。然孔子弟子，不出魯衛齊宋之間。孔子死，而子貢居齊衛，子游子張曾子在魯，何以子夏獨僻居郃陽韓城，黃河之西，龍門之附近？其地在戰國初尙無文教可言，謂子夏教授其地，事殊可疑。則韓城郃陽之石室，猶之謁泉之石室，謂子夏居之者，胥出後人附會，不足信也。

考史記孔子世家『衛靈公問孔子，蒲可伐乎。對曰：可。其男子有死之志，婦人有保西河之志。吾所伐者，不過四五人』。索隱曰：『此西河在衛地，非魏之西河也』。集解引王肅曰：『公叔氏欲以蒲適他國，而男子欲死之，不樂適他。婦人恐懼，欲保西河，無戰意。本與公叔同畔者，不過四五人』。據是言之，西河卽指匡蒲迤北之大河而言。渡河乃走晉境，婦人恐懼，無戰守意，欲逃西河，就強援天險自保也。竹書紀年『王放季子武觀於西河，武觀以西河叛，彭伯壽帥師征西河。武觀來歸』。戰國策：『齊伐魏，取觀津』，高注：『故觀邑臨河津，故曰觀津』。漢書地理志東郡有畔觀縣，應劭曰：『夏有觀扈，世祖更名衞國』。是觀在東郡，而據西河以叛，西河亦應近東郡矣。今攷春秋衞蒲邑，在今河北長垣縣境。東郡之觀則今山東觀城縣境。南北相距不二百里。大河故瀆，流經其西。其在當時，殆必有西河之稱。隋圖經『安陽有西河，卽卜子夏田子方段干木所游之地，以趙魏多儒，在齊魯鄒之西，故呼西河』。太平寰宇記亦謂『相州安陽有西河』。胡渭禹貢錐指引『宋李垂上導河形勢書請自汲郡東推禹故道，出大伾上陽三山之間，復西河故瀆，卽酈元所謂宿胥故瀆也。濬縣舊志，故瀆在縣西十里，亦曰西河』。孟子『王豹處於淇，而河西善謳』，河西卽西河也。太平御覽八十三引竹書紀年『河亶甲整卽位，自囂遷於相』，而呂氏音初篇云：『殷整甲徙宅西河』，則子夏居西河，不在西土而在東方相州之安陽可見矣。酈氏水經注不能辨，乃以龍門說之。趙東潛獨舉寰宇記隋圖經駁斥，可爲卓識也。文選任彥昇爲范始興作求立太宰碑表注，引七略『子夏西河，燕趙之間』，下語似未的，然其指東方之西河則一。

又按藝文類聚六十四，文選左太冲招隱詩注，並引尚書大傳，『子夏對夫子云，退而窮居河濟之間』，此又子夏退老在東方不在西土之證。檀弓『子夏喪其子而喪其明，曾子弔之，曰：吾與汝事夫子於洙泗之間，退而老於西河之上。使西河之民疑汝於夫子，爾罪一也』。謂退老於西河之上，卽猶謂窮居河濟之間也。謂西河之民疑汝於夫子，亦決非龍門華陰之西河矣。龍門華陰僻在西土，文教之所不及，儒澤之所未被，無所謂疑汝於夫子。且若子夏僻居郃陽韓城，老而喪子，曾子亦復老矣，豈渠不遠千里而赴弔？若謂退老龍門，又歸於魯而喪子（陳玉澍說如此），則又不得謂之退老。且子夏溫人也，其退老，何不於故鄉文物之邦，而遠至郃陽韓城，荒陬水澨，又復築石室而居？此豈退老之所堪？凡此皆甚不通之說。故知謂子夏退老在龍門附近，河濱石窟之間者，皆後世之妄說也。

史記魏世家『李克謂翟璜曰：魏成子東得卜子夏田子方段干木』。夫稱東得，則又子夏退居，不在西土韓城郃陽之一證矣。且魏文居鄴，魏武居魏縣，亦與子夏居河濟之間者爲近，而與西土龍門之河爲遠。聖門志『子夏墓在山東兗州府曹州西四十里卜堌都』，則子夏之終，亦在東方也。據此諸端言之，子夏居西河教授，决不在龍門華陰之間，而實在東土。當在今長垣之北，觀城之南，曹州以西，一帶之河濱。王制云：『自東河至於西河千里而近』。蓋王制之所謂東河，殆即檀弓所稱子夏退居教授之西河。隋圖經之說，决非偶然。陳玉澍乃以此說古今引者絕少，遂謂殆無足辨，可謂不知別擇矣。

沱潛異說彙考

黃席羣

(一)沱潛之定義

沱潛于禹貢凡五見：荊州云，『沱潛旣道』，『浮于江沱潛漢』。梁州云，『沱潛旣道』，『西傾因桓是來，浮于潛，逾于沔』。導水云，『岷山導江，東別爲沱』。即其文，可知沱從江別，潛自漢分；在荊州者爲荊州之沱潛，在梁州者爲梁州之沱潛。自爾雅有『漢爲「潛」……江爲「沱」』之說，後世學者多以沱潛非專名而爲通名，則凡水之自江漢出者咸得被以此稱。然江漢支流數十，貢禹沱潛未必漫指，故不可以不辨。胡渭禹貢錐指云，『其他沔陽漢陽之境，凡漢水枝津，大抵皆通渠者之所爲，志家槩指爲潛水，眞妄談不足信』。又云，『項平甫云，「江漢夾蜀山而行，自梁至荊數千里。凡山南谿谷之水，皆至江而出；山北谿谷之水，皆至漢而出。其水衆多，不足盡錄。故南總爲沱，北總爲潛，蓋當時之方言，猶今言谿谷云爾。後之讀爾雅者，誤以江漢爲沱潛所出之源，不知其爲沱潛所出之路也」。吳幼清云，「凡江漢支流，或大或小，或長或短，皆名沱潛，不拘一處」。渭按項說大謬，吳說亦汗漫，總由不知荊梁之沱潛實有其處所，遂各爲異義耳』。按胡氏闢通名主專名，其說甚韙。胡氏以後，方埜著禹貢考異八卷（增城紫霞仙館校定本），據漢志水經，定爲梁州潛十，荊州潛五，沱各數十，承襲爾雅，究乖古義。今玆之作，擇鄭注，孔疏，蔡傳，班志，水經及酈注所載沱潛異說，爲之彙集排比，復參証胡渭，邵晉涵，成蓉鏡，王先謙諸家之考訂，取驗于今日之河流；然則通名之義，某弗取焉。

(二)荊州之沱

(1)北江

漢書地理志云，『南郡枝江，江沱出西，東入江』。

水經禹貢山水澤地所在云，『荊州沱水，在南郡枝江縣』。江水篇云，『又東過枝江縣南』，注云，『江水又東逕上明城北（上明城在今松滋縣西），……其地敞夷，北據大江，江汜枝分，東入大江，縣治洲上，故以枝江爲稱。地理志曰，「江沱出西（一本作「出西南」），東入江」是也』。孔穎達書疏引鄭注云，『今南郡枝江縣有沱水，其尾入江耳，首不於江出也』。成蓉鏡禹貢班義述駁鄭注曰，『至鄭氏所稱「沱水尾入江，首不於江出」，則不足以難班氏也。志明云，「江沱出西，東入江」，正謂從江出；如非從江出，志例當云，「沱水出西，東入江，」不必首繫以江也。班氏據元始二年舊志爲書，鄭氏生順帝時，相距百有餘年，或其間水道湮塞，後漢以來，因別指一水以當沱水，故鄭據以爲駁耳』。胡渭云，『枝江沱水爲江州所隔而成，何言不於江出』？二說均足破鄭注之誤。今按江至枝江縣，分爲南北二江。南江即江之正流，江水篇所云『又東過枝江縣南』是也；北江則爲沱。枝江縣百里洲居江沱之間。南江自枝江縣南，東過公安縣西，又東南流爲涔水，涔水逕澧縣東北，東南合澧水，由華容縣南入赤沙湖，又東南逕安鄉縣西，而東南入洞庭湖，與北江合。胡渭云，『此即禹導江「東至于澧，過九江，至于東陵」之道也』。北江自枝江縣北，東逕松滋縣北，又東過江陵縣南，又東逕公安縣及石首縣北，又東逕監利縣南，夏水由此出。北江又東至岳陽縣西北，與洞庭會，蓋即沱也。

（2）夏水

漢書地理志云，『南郡華容……夏水首受江，東入沔，行五百里』。（按漢華容縣在今湖北監利石首二縣境，非湖南之華容。）書疏引鄭注云，『華容有夏水，首出江，尾入沔，蓋此所謂沱也』。水經江水篇云，『又東至華容縣西，夏水出焉』。三說並同，蔡傳亦以此爲沱。邵晉涵爾雅正義，成蓉鏡禹貢班義述，皆承舊說。胡渭獨駁鄭注曰，『華容夏水，自江陵縣東南首受北江，東北流逕監利沔陽，與潛江縣分界；又東北至京山縣東南，而注於漢。此本沱水歧分而爲夏，非出于大江。鄭以爲沱者，蓋北江久已盛大，世目爲岷江之正流，因以其所出者爲沱耳，禹時無此沱也』。通鑑地理今釋云，『夏江自今荊州府江陵縣東南，首受江水，曰中夏口；經監利縣沔陽州界，入漢水。以其冬竭夏流，故名夏水』。席肇按，流經江陵縣南者乃北江（即枝江之沱）而非大江，地理今釋沿舊說之誤，應依胡渭說，則是夏水非沱矣。

（三）荊州之潛

（1）蘆洑河

孔疏云，『潛則未聞』，蔡傳云，『若潛水則未有見也』，俱不詳荆州之潛。欽定書經傳說彙纂曰，『潛水一在今安陸府潛江縣東，由蘆洑腦分流，遶城東南，一支通順河．入沔陽境，今淤；一支南流至拖船埠，入漢水，此荆州之潛也』。胡渭曰，『韵會，「潛，水伏流也。」……荆州之潛雖不如龍門石穴之奇，亦必漢水伏流，從平地涌出，故謂之潛。承天府志云，「漢水自鍾祥縣北三十里，分流爲蘆洑河，經潛江縣東南，復入于漢，即古潛水也」。按潛江縣本漢竟陵江陵二縣地，唐大中十一年，置徵科巡院於白洑（見寰宇記），宋乾德三年升爲潛江縣。……今漢水之分流者名蘆伏，而其地又名白洑，（在縣西四十里）皆取伏流之意。此水起鍾祥縣北，訖潛江縣東南，行可三百里，以爲古之潛水，庶幾得之。蓋禹時本自伏流涌出，復入於漢，及乎後世通渠漢川雲夢之際（見河渠考），則開通上源，以資舟楫之利，禹迹許不可考耳』。席搴按湖北通志輿地志云，『潛江縣漢水……又逕縣治北距城十餘里吳家口（俗名吳家啓），分漢水東南流入縣境，謂之潛水』。又云，『潛水在縣東，東南流逕沔陽州，西北合夏水，今名蘆洑河（淸一統志）。蘆洑河自漢江分流爲排沙渡。又南逕潛江縣城東爲縣河，又南爲總口，又南爲許家口，又東至沔陽州柏口，至柳口會澧河，又東播爲蘷蒿河，又東合夏水，是爲正流。……』（舊安陸府志志十一，頁十七，民國十年刊本）則是蘆洑河自潛江縣分漢水東流，與胡渭所引承天府志，漢水自鍾祥縣分流爲蘆伏（同洑）河者迥異。府志謂經潛江縣東南，復入于漢，通志云東合夏水，自又不同。據湖北通志鍾祥縣有蘆洑長湖在縣南一百二十里（志十一，頁十三上），豈府志誤湖爲潛水與？抑兩縣各有一蘆洑河與？或二水即爲一流，始鍾祥北，迄潛江南與？余未見實際情形，不容妄斷。要之，蘆洑出漢水，足當荆州之潛，大抵無疑耳。

（四）梁州之沱

（1）沱江

禹貢，『岷山導江，東別爲沱』。孔安國傳，『江東南流，沱東行』。書疏引郭氏爾雅音義云，『沱水，自蜀郡都安縣（今灌縣東）湔山與江別更流』。漢志，『蜀郡緜虒，玉壘山，湔水所出，東南至江陽入江，過郡三，行千八百九十里（緜虒即今汶川縣）』。水經江水篇注，『（湔）水出綿虒道．亦曰綿虒縣之玉壘山，……下注江。江水又東別爲沱，開明之所鑿也，郭景純所謂「玉壘作『東別』之標」者也。』又云，『洛（一作維）水與綿（一作緜）水合，水西出綿竹縣，又與湔水合，亦謂之郫江也；……又東逕資中縣，又逕漢安縣（今江安縣東六十里），謂之綿水也。……綿水至江陽縣方山下入江，謂之綿水口，亦曰中水』。席聾按郭氏，漢志及酈注並指今之沱江，因上流有緜湔諸水，故或謂湔水至江陽入江，或謂緜水至江陽入江，其實湔水抵廣漢縣東南會于沱，緜水入廣陽界與雒水合，皆未達瀘縣；至瀘縣入江者，厥爲沱江，即梁州之一沱也。胡渭云，『沱自灌縣至瀘州入江，行千五百餘里』，是矣。

（2）湔水

（3）郫江

漢書地理志，『蜀郡郫，禹貢江沱在西，東入大江。汶江，江沱在西南，東入江』。郫即今四川郫縣，汶江故城在今茂縣北五十里。禹貢山水澤地所在，『益州沱水，在蜀郡汶江縣西南，其一在郫縣西南（志無「南」字）。皆還入江』。成蓉鏡云，『志意謂汶江江沱即郫之江沱，水經析爲二，失班氏之指矣』。胡渭云，『漢志蜀郡汶江縣又有江沱，在西南，東入江。近志以威州玉輪江當之，玉輪江即汶水也，水出岷山西玉輪坂下，非首受江者，不可謂沱。漢志所言，蓋即緜虒縣界開明所鑿，郭璞云「玉壘作東別之標」者也。開明，蜀王杜宇之相，七國時人，始鑿此渠，前古未有也。故蜀郡二江沱於郫繫禹貢，而汶江不言禹貢』。此胡氏以湔水聊當汶江之沱，謂漢志實指雨水也。席聾按，湔水自灌縣西湔堰分岷江東流，東經崇寧，彭縣，新繁，新都，至廣漢南會於雒。自江出，似爲沱；然非禹蹟，不得名沱也。

禹貢錐指載郫江之起止有二說：（一）有以灌縣西南至廣都（故城在今華陽縣東南，華陽又在成都南。）北岸合流江者爲郫江，所行不過三百里；（二）水經注以緜雒二水與湔水合，亦謂之郫江。席聾按，大清一統志云，『古郫江與今沱江，始分中合，末復分。因其中合，故水經湔雒亦有郫江之名』。是第二說之郫江，本非郫江，乃下流至瀘縣之沱（說見前節）。至於第一說所指，即今郫江，一名內江，自灌縣分岷江東流，經郫縣至成都，與流江（一名錦江或外江）合。李冰穿二江成都之中，流江乃冰始作，郫江則禹貢之沱。

（4）鄲水

漢書地理志云，『蜀郡江原縣（今崇慶南三十里），鄲水首受江，南至武陽（彭山縣）入江』。水經注江水篇，『江水又逕江原縣，鄲江水出焉』。書疏引鄭注云，『江原有鄲江，首出江，南至犍爲（今彭山縣東北十五里）武陽，又入江，豈沱之類與』？鄭氏初未作肯定之詞。胡渭曰，『江原縣鄠水，近世謂之大皁江者，則岷江之正流也。而班氏以爲首受江，故鄭康成云，沱之類，鄠與郫俱爲沱，而流江於是乎爲大江矣』。王先謙漢書補注亦云，『鄠水即大江，非沱江』。成蓉鏡但據爾雅『別出爲沱，水決復入爲汜』以駁鄭注，未知鄠水爲江之正流。席群按江水至灌縣，歧分數十，彼此交錯。大清一統志引新津縣志云，『岷江正派曰金馬河，自溫江縣東南，流經雙流縣西，又二十里經縣北界，又南二十里合洋馬河西河，至縣東門外又合南河，又五十里入彭山縣界』。則是鄠江之支流以金馬河爲主幹。總之，鄠江非沱，固明甚也。

(五)梁州之潛

(1)龍門水　(2)西漢水(嘉陵江)

書疏引郭氏爾雅音義云，『有水從沔陽縣(今沔縣)南流，至梓潼漢壽入大穴中，通峒山下，西南潛出，一名沔水，舊俗云，「即禹貢潛也」』。史記正義引括地志云，『潛水一名復水，今名龍門水，源出利州綿谷縣(今廣元縣)東龍門山大石穴下』。元和郡縣志，『綿谷縣，潛水出縣東北龍門山，書曰，「沱潛既道」是也。龍門山在縣東北八十二里』。邵晉涵爾雅正義云，『今四川保寧府廣元縣北龍門山，潛水自此入穴通山，伏流重出，屈曲出至巴縣入大江，即郭氏音義所云「潛水」也』。胡渭曰，『潛自廣元至巴縣入江，行千餘里』，並同。輿地紀勝云，『自朝天驛入谷十五里有石洞三，水自第三洞發源，貫通兩洞，下合嘉陵江，即所謂「入大穴中，通峒山下，西南潛出」者也。自此而下，嘉陵江通謂之潛水矣』。胡渭亦云，『自此以下，歷昭化，劍州，蒼溪，閬中，南部，蓬州，南充，合州，至巴縣入大江，禹通謂之潛，後人稱爲西漢水，至唐又稱嘉陵江，而潛之名遂晦。其水出隴西西縣嶓冢山者，自爲嘉陵江之發源，下流與潛水合，而潛水實不出於彼也』。席羣按龍門水爲潛，可無疑義。

西漢水下流與龍門水合，故亦稱潛。漢志，『隴西郡西縣，禹貢嶓冢山，西漢所出』。書疏引鄭注云，『潛蓋西漢，出嶓冢，東南至巴郡江州入江』。水經潛水篇注引鄭玄云，『漢別爲潛，其穴本小，水積成澤，流與漢合。大禹自導漢疏通，即以爲西漢水也』。郭氏音義之沔水(文見前引)，恐即指此；惟西漢非自沔縣南流，郭氏其以東西兩漢水源本相通，遂致誤耶？要之，鄭郭二氏均以西漢爲潛。方堃曰，『常璩班固所云西漢水，出隴西縣，非禹貢漢水也。特以隴西縣水，下流合漢支流，而名曰漢水；又氐道與隴西縣相去四百里，山脈隱隱相屬，……故同得嶓冢之名耳』。王先謙曰，『潛水西漢水並載，知班氏不復以西漢爲潛矣』。方王並與舊說異，今從之。

（3）宕渠水

漢書地理志，『巴郡宕渠縣（今四川渠縣），潛水西南入江』。水經潛水篇，『潛水出巴郡宕渠縣』。注云，『潛水，蓋漢水枝分潛出，故受其稱耳。今爰有大穴，潛水入焉。通岡山下，西南潛出，謂之伏水，或以爲古之潛水』。漾水注云，『出南鄭縣巴嶺……謂之北水，……又東南流逕宕渠縣，謂之宕渠水，又東南入于漢』。按三者同指一水，然漢志云，『西南入江』，酈注云，『東南入于漢』，此其所不同者。考今渠河爲巴渠二水合成。巴水源出陝西鎮巴縣西北之大巴山，西南流逕四川通江縣東北，與洪口河會；又西南抵縣東南，西河（宕水）源出陝西南鄭縣米倉山來會（巴水西源）；又西南至巴中縣東南之江口鎮，會南江水；又東南至渠縣東北境，通江合前中後三江水自達縣來會；自此以下，爲渠河；西南至渠縣東，會流江河；又西南逕廣安縣東北，又經縣城東，至合川縣東北與嘉陵江會。要言之，此水出于山，而入於嘉陵江，非出于漢，不得云潛。蔡傳據漢志，誤。

（4）鬵谷水

沱潛異說圖

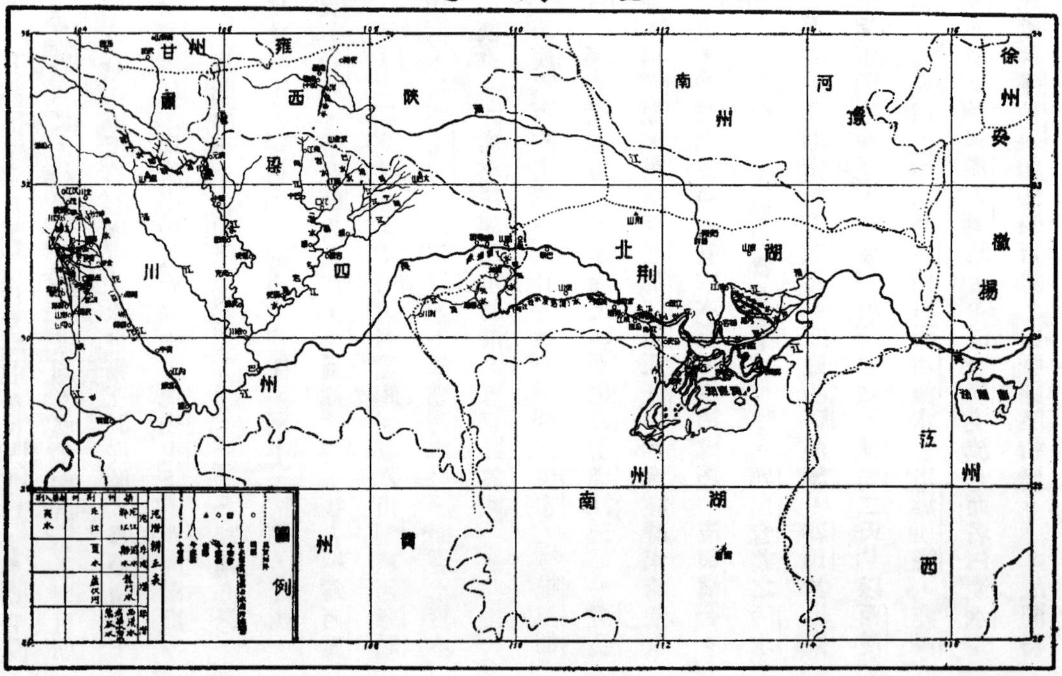

八

漢書地理志云，『漢中郡安陽（今陝西洋縣東北），鬵谷水出西南，北入漢』。水經沔水篇注云，『安陽縣故隸漢中；魏分漢中，立魏興郡，安陽隸焉。涔水出西南，而東北入漢』。書疏引鄭注略云，『安陽之潛，尾入漢耳，首不於此出』。蔡傳據漢志以之當潛。胡渭曰，『今按水經（見沔水篇）作涔水，曰，「漢水（席群按水經無此二字，胡氏意即指沔水言。）又東過魏興安陽縣南，涔水出自旱山北注之」。鄭說良是，潛，涔，鬵，灊，古字或通用，而其水之所出則不可不辨。夏本紀「潛」作「涔」，遂以安陽之涔水當之』。成蓉鏡曰，『志，……初不云即禹貢之鬵』。席群按，鄭胡成三氏均不認鬵谷水為禹貢梁州之潛；蔡傳誤解漢志，不可從。

（六）自梁入荊之沱

（1）夷水

水經江水篇，『（江水）又東過魚復縣南（今四川奉節縣），夷水出焉；……又東南過夷道縣北（今湖北宜都縣），夷水從佷山縣南，東北注之』。注云，『縣有夷溪，即佷山清江也，經所謂夷水出焉』。夷水篇，『夷水出巴郡魚復縣江，東南過佷山縣南，又東過夷道縣北，東入於江』。注云，『夷水又逕宜都北，東入大江，……亦謂之佷山北溪水』。漢志，『南郡巫，夷水東至夷道入江，過郡二，行五百四十里』。胡渭及方堃同以此為由梁入荊之沱。惟胡氏謂，『後魏時水道猶存，下逮唐初，建始之北，遂成斷港。故章懷注西南夷傳云，「今施州清江縣夷水，一名鹽水，源出縣西都亭山（清江廢縣亦在長陽縣界）」。寰宇記云，「夷水自施州開蠻界流入長陽縣」。明一統志云，「夷水源出舊施州開蠻界，流經建始，巴東，長陽，至宜都入江」。蓋不復知此水出西北奉節之大江，而以為西南施州衞之山源矣』。王先謙曰，『案胡渭云，「禹導江不出三峽，泝夷水而東。古時自巴入楚，避三峽之險，皆由此路。夷水受江處不知何時湮塞」。先謙昔奉使雲南，由施南利川出四川萬縣，則利川城外之夷水，道元所謂裁得通船者，實親見之（即宜渡河）。其上里許，有大山巖，橫亙水上，有若飛梁。夷水入巖底而復出，始為通津。自巖以上，時隱遞見。如野三塲等處，絕壑懸險，百道爭流；及前阻大山，則奔注地上，得孔即入，不知所屆，謂之落水洞。邃古如茲，豈有昔通今塞之說？胡氏謬論，疑誤後人多矣。班於巫縣以上不詳夷水之源，酈則魚復以西未著分流之跡，皆緣其地舊陷蠻中，紀述至愼。地理之學非可臆測為能也』。席群按今清江出湖北利川縣西北，屈曲東北，折東，經恩施，建始，巴東，長陽諸縣，至宜都北清江口注於江。則水經之夷水出四川奉節縣南，而酈注之夷水(清江)出湖北利川縣西北，其源異，其尾同，未知孰是。衡之江沱之義，似宜從經說；書此俟考。

(七)結論

彙比既竟，列表後方，以當結論。

水＼州	梁州	自梁入荊	荊州
沱	沱江 郫江	夷水	北江
非沱	湔水 郫水		夏水
潛	龍門水		蘆洑河
非潛	西漢水 宕渠水 鬻谷水		

十六國都邑考

張樹棻　李維唐

一　前趙

劉淵初據離石，稱大單于；

晉書載記，元海至左國城，劉宣等上大單于之號，都於離石。

通鑑，晉惠帝永興元年，淵據離石稱大單于。

歷代地理志韻編，離石，今山西汾州府永寧州治。

案，清永寧州今曰離石縣。

遷於左國城，稱漢王；

十六國春秋(湯球輯本)，元熙元年，遷於左國城，僭卽漢王位。

通鑑，永興元年冬十月，劉淵自稱漢王，都於左國城。

胡三省曰，左國城蓋匈奴左部所居城也。

水經汾水注，左國城在汾州之右介休縣西南。

通典，左國城在石州離石縣。

讀史方輿紀要，左國城，在今永寧州東北二十里。

案：今介休在汾陽東南，離石在汾陽西北，酈說疑誤。

再遷於黎亭；

春秋，元熙二年，離石大饑，遷於黎亭。

案，謂離石大饑，則淵應猶在離石。胡三省云，左國城仍在離石縣境內，其說是也。故通典亦以爲左國城在石州離石縣。

紀要，黎亭，今路安府黎城縣。

案，續漢志上黨郡壺關縣有黎亭，在今長治縣東，當是淵所都處；隋始改漢刘陵爲黎城，紀要說疑誤。

旋入都蒲子，僭即皇帝位；

春秋，元熙四年，淵遂入都蒲子；明年，僭即皇帝位，改元永鳳。

通鑑，永嘉二年秋七月，淵徙都蒲子；冬十月，即皇帝位。

水經注，徐廣晉紀元熙四年，劉淵自離石南移蒲子。

案，元熙四年値晉永嘉元年，通鑑所記與春秋及酈注差一年，疑誤。

韻編，蒲子，今山西隰州東北八十里。

案，隰州今曰隰縣。

再遷於平陽。

懷帝紀，永嘉二年十月，淵僭帝號於平陽。

水經注，永嘉三年，劉淵徙平陽。

載記，永鳳元年，太史令宣于脩之言於元海，蒲子崎嶇，非可久安，平陽勢有紫氣，兼陶唐舊都，請遷都之，從之。

通鑑，永嘉三年，正月，遷都平陽，改元河瑞。

案，淵初僭帝號於蒲子，永嘉三年徙都平陽，永嘉二年猶在蒲子，帝紀誤。

韻編，平陽，今平陽府臨汾縣西南。

十六國疆域志，平陽，劉淵雍州治，有劉淵城，劉淵墓，劉和墓，劉聰墓。

劉曜遷於長安，改國號曰趙。

春秋，光初二年夏四月，徙都長安，國號曰趙。

通鑑，晉元帝太興二年三月，漢王曜還都長安，國號趙。

韻編，長安，今西安府長安縣西北十三里。

二　後趙

石勒初據襄國。

春秋，嘉平二年，張賓說勒云，邯鄲襄國；趙之舊都；依山憑險；形勢之固；可擇此二邑而都，勒於是進據襄國。

通鑑，晉元帝太興二年，石勒即趙王位於襄國。

元和郡縣志，襄國，永嘉六年勒僭號遂定都焉。

案，勒定都襄國在永嘉六年僭號趙王在太興二年，元和志誤。

韻編，襄國今順德府邢台縣西南。

疆域志，襄國有石勒冢。

石虎遷都鄴。

通鑑，永嘉六年，趙主勒營鄴宮。咸康元年九月，趙主虎遷都於鄴，

春秋，建武元年九月，遷都鄴宮。

載記，晉成帝咸和五年，石勒僭號趙天王，旋卽皇帝位，自襄國都臨漳。

案，臨漳卽鄴，晉避懷帝諱改，鄴宮勒所營，虎始都之；載記疑誤。

紀要，鄴，今彰德府臨漳縣西南四十里。

疆域志，鄴有石虎故城，鄴宮，臨漳宮，三臺，石虎冢。

冉閔旣篡立於鄴，石祗劉顯復先後稱帝於襄國。

載記，永和六年，石祗聞鑒死僭稱尊號於襄國。

通鑑，永和七年四月，劉顯弑趙王祗：七月，顯稱帝於襄國。

三　前燕

慕容莫護拔初自塞外入居遼西棘城之北。

春秋，廆曾祖父莫護拔爲司馬宣公討公孫淵有功拜率義王，始建國於棘城之北。

紀要，棘城在今廢大甯衛故柳城東南七十里。

案，大甯衛地當今內蒙古喀喇沁部，卽熱河省平泉赤峯朝陽等縣地。

慕容涉歸遷邑於遼東北。

載記，廆父涉歸以全柳城之功，進拜鮮卑單于，遷邑於遼東北。

案，遼東北義無專指，不知其邑名及故城所在。

慕容廆遷於徒河之青山。

春秋，太康十年，廆又遷於徒河之青山。

通鑑，太康十年，廆以遼東僻遠，徙居徒河之青山。

通典，徒河青山在營州城東百九十里。

太平寰宇記，徒河城漢縣，有廢城在柳城東北，有山曰青山，在郡東北九十里。

五代史四裔附錄考證，徒河魏書作塗河，又稱託獲直水。

案，徒河遼金史作土河卽今大凌河北源圖爾根河也。蒙古游牧記土默特右翼旗東北二十里有波溫羅都爾山，波羅青也，溫都爾高也，猶言青色之高山也，當卽廆所居之青山。

再徙大棘城。

春秋，廆以大棘城卽顓頊之墟也，元康四年，定都大

棘城。

通典，棘城在營州郡城東南一百七十里。

案，當在今朝陽東義縣附近地。

慕容皝稱燕王，遷都龍城。

春秋，八年，皝以柳城之北，龍山之南，所謂福德之地，使陽裕康程等營制規模，築龍城，構宮室宗廟，改柳城爲龍城縣。九年，皝遷龍城。

載記，咸康七年皝遷都龍城。

案，咸康七年值皝之八年，二書所載遷都之年差一歲。通鑑從春秋作咸康八年。

通典，龍城，營州柳城郡，有孤竹國也。慕容皝以柳城之北，龍山之南，福德之地，遂遷都龍城，號新宮爲和龍宮。

日知錄，一統志柳城在永平府西二十里，龍山，在府西四十里。永平府舊志柳城在昌黎縣西南六十里，元省入昌黎爲靜安社。其說與史不同。今府西二十里全無遺跡，而靜安社則嘉靖三十一年立爲堡，然非柳城之舊也。按唐書營州柳城郡下云，城西四百八十里有渝關守捉城。又云，西北接奚，北接契丹界。通典營州柳城郡下云，東至遼河四百八十里，南至海二百六十里，西至北平郡七百里，西北到契丹界七十里，東北到契丹界九十里。而平州北平郡下云，東至柳城郡七百里，西至漁陽郡三百里。東北到柳城郡七百里，是柳城在今永平之東北七百里，而慕容氏之龍城昌黎及魏以後之營州並在其地。

韻編，龍城，北魏縣。今闕，當在盛京錦州府境。

蒙古游牧記，土默特在喜峯口外東北五百九十里，古孤竹國，漢柳城縣，慕容皝建都於此改龍城縣。

案，當從游牧記之說，在今熱河朝陽縣境，韻編謂在錦州，誤。

慕容儁入都於薊；

載記，永和五年，儁即燕王位；明年，攻陷薊，因而都之。韻編，薊，今直隸順天府大興縣西南。

案，即今北平。

旋稱帝，遷於鄴。

載記，永和八年，儁即皇帝位；升平元年，自薊城遷於鄴。

通鑑，升平元年十一月，燕主儁自薊徙都鄴；十二月，入鄴宮。

案，鄴見前。

彊域志，鄴有慕容儁墓。前燕錄儁葬鄴下。晉載記葬號龍陵。通鑑，葬燕主儁於龍陵。胡三省注，陵在龍城，因以爲名。案，疑當從前燕錄說。

兩唐書地理志互勘（關內道　河南道）

史念海

有唐一代享國幾達三百年，其間地理沿革，疆域變化，時有不同；加以國威遠被，異域賓服，羈縻州縣，林立四裔，一代制度，繁雜殊甚。當時言地之書，雖非少數，而今日所存者，則惟杜氏通典州郡之部，李氏元和郡縣志，與夫劉歐二家之唐書地理志等而已。然此數書者，因其所斷之時代不同，所記遂有差異。杜氏之作，本諸開元之制；李氏則以憲宗之時爲依歸，未可以言一代之定制也。至於劉歐二家之書，同屬正史地志之列，宜可以言唐制矣；然二志所載，亦各有不同，其間差別增省，互有長短，試就其區別，約略言之。

地志之作，所記雖爲一代之制，然應斷於一時，孟班堅首創此例，司馬紹統繼後追述，誠以一代制度，變更不常，綜合並載，不僅眉目不分，抑且先後雜亂，故史家多不取焉。惟唐制繁雜，遠過前代，故劉歐二氏均略異乎班馬，雖爲制宜之作，究難辭違例之譏。考唐代制度，抑州等郡，而別於州郡之上，新置諸道，略似兩漢刺史州部；諸道之數，亦因時而異，初非定制，貞觀之時，分宇內爲十道，開元之際，又改爲十五，更後則變亂不常，建置不一，節度之使，觀察之號，紛紛並起。故地志之作，究應以十道爲準，抑應以十五爲則，更或應於唐末別求一可根據之時代，而後著錄，殊成問題。舊志既以天寶爲準，而志文之中，乃首標十道；既分十道，宜不再採十五道之名矣，乃江南山南復分東西，是十五與十，先自混矣。且天寶之時，已罷州稱郡，劉志乃舍郡稱州，自失所據。至諸州之中，更前後不同，元和，長慶，大中，景福，雜然並陳，甚且有天復天祐之號，是名雖依據天寶，實則各朝並載，漫無定準，唐制雖雜，其例先自窮困，無怪先儒之頻頻相譏也。新志所載，雖較劉書爲正；然各道疆宇，本於開元之制，而州郡沿革，則又依乎天祐之時，是亦自歧矣。

且也，二志之載州郡，亦彼此相異。考州郡並稱，遠自漢世；然漢州統郡，實不相等；自隋文帝罷郡以州統縣，其名始混。唐初罷郡爲州，天寶元年又改州稱郡，直至乾元，始復其舊，綜計有唐一代，以郡稱者，不過十六年而已。然不論其爲州爲郡，名雖不同，其實一也。劉志僅載州名，摒郡不錄，新志則州郡並載；雖州郡之地相同，而詳略自異矣。兩志屬縣之數，以舊志爲最亂，然劉氏之書，傳世之後，曾一度亡佚，今本乃明嘉靖間聞人詮據殘本輯補而成者，自非廬山眞面目，故其中魯魚亥豕，在所不免，而地志尤甚，恨不能得劉氏眞本，一細校之耳。

以唐代史事之繁雜，治唐世地理，本不能但憑兩唐書。然不論如何，兩唐志之整理，亦自有其必要，故不揣孤陋，略爲比列，蛇足之譏，自知不免，然能進而廓清唐代地理之諸問題，竊所望焉。(茲篇所列概以竹簡齋二十四史本爲準。)

關內道

京兆府舊志二十三縣京兆府京兆郡新志二十縣

萬年 長安 藍田 渭南 昭應 三原 富平 咸陽 高陵 涇陽 醴泉 雲陽 興平 鄠 武功 好時 奉天 華原 美原 同官

右兩志同者二十縣。

櫟陽新志屬華州華陰郡，天祐三年改隸。 盩厔新志屬鳳翔府扶風郡；乾寧中，一度屬乾州，天復元年改隸。 奉先新志屬同州馮翊郡，天祐三年改隸。案：唐會要，(奉先)，天祐四年閏十二月二十七日割隸同州。當是。

右舊志多者三縣。

華州上輔舊志三縣華州華陰郡上輔新志四縣

鄭 華陰 下邽

右兩志同者三縣。

櫟陽舊志屬京兆府，天祐三年改隸。

右新志多者一縣。

同州上輔舊志六縣同州馮翊郡上輔新志八縣

馮翊 韓城 郃陽 白水 澄城 夏陽

右兩志同者六縣。

朝邑舊志曰河西，屬河東道河中府。朝邑之名，唐初創有；武德三年更名河濱，貞觀時廢，乾元三年復置，更稱河西，改隸河中府，大曆三年復名朝邑，歸屬同州。然新志河中府亦有河西縣，開元八年析河東縣所置，尋省；及大曆時朝邑歸同州後，乃析朝邑河東再置河西，非朝邑也。

奉先舊志屬京兆府，天祐三年改隸。(見前)。

右新志多者二縣。

坊州上舊志四縣坊州中部郡上新志四縣

鄜城　中部　宜君　昇平

右兩志同者四縣。

丹州下舊志五縣丹州咸寧郡上新志四縣

案，唐會典，大曆六年五月丹州升上州。

義川　汾川　咸寧　雲巖

右兩志同者四縣。

門山新志屬延州延安郡，廣德二年改屬。

右舊志多者一縣。

鳳翔府舊志九縣鳳翔府扶風郡赤上輔新志九縣

天興　扶風　寶雞　岐山　郿　麟遊　普潤　虢

右兩志同者八縣。

岐陽岐陽縣本貞觀七年置，二十一年廢省，永徽五年復置，元和三年再省，自此不復置。

右舊志多者一縣。

盩厔舊志屬京兆府，乾寧中屬乾州，天復元年改隸鳳陽府。

右新志多者一縣。

邠州上舊志四縣邠州新平郡緊新志四縣

新平　三水　永壽　宜祿

右兩志同者四縣。

涇州上舊志五縣涇州保定郡上新志五縣

安定新志作保定，蓋安定於廣德元年更名保定也。　靈台　良原　潘源　臨涇

右兩志同者五縣。

案：舊志云：涇州舊領縣五，王鳴盛以縣名爲四，而言五數，斥爲不合（見十七史商榷）。然舊志實爲五縣，特未言明耳。舊志良原縣下曰：「隋陰盤縣，天寶元年改爲潘源縣」。初視似爲良原縣之注文，實乃潘源縣事，特未如新志所言之明顯耳，新志之言曰：「潘原，本陰盤，天寶元年更名」。兩者相較，當可明矣。

隴州上舊志五縣隴州汧陽郡上新志三縣

汧原　汧陽　吳山。

右兩志同者三縣。

南由新志無，蓋元和三年，省入吳山也。　華亭元和三年省入汧原，故新志未載。

右舊志多者二縣。

寧州上舊志六縣寧州彭原郡望新志五縣

案：唐會要：「寧州至德元年十月廿九日升雄州，會昌四年四月升望州。」

定安　彭原　寧貞（新志作真寧）。定平　襄樂

右兩志同者五縣。

豐義（唐末省，故新志不載）。

右舊志多者一縣。

原州中都督府（舊志四縣）原州平涼郡中都督府望（新志二縣）

案：唐會要：「原州乾元三年正月十一日升雄州，會昌四年四月升望州。」

平高　百泉。

右兩志同者二縣。

平涼（新志屬渭州，元和四年改隸）。蕭關（新志屬武州，大中五年改隸）。

右舊志多者二縣。

慶州中都督府（舊志十縣）慶州順化郡中都督府（新志十縣）

安化（新志曰順化，至德元載更名）。樂蟠　馬嶺　方渠　同川

洛原　延慶　華池　懷安

右兩志同者九縣。

案：舊志稱州領縣凡十，而實計之則缺其一；新志所領十縣，除上述九縣外，別有合水一城。舊志：合水縣與安化並在州治，（武德六年）改合水爲合川縣。新志：合水，武德元年置，是年又析置蟠交縣，貞觀元年省合川入弘化（即安化），天寶元年更蟠交曰合水。是合水省入弘化，別以蟠交曰合水，此事既在貞觀天寶之時，舊志未載，明爲遺漏。

合水。

右新志多者一縣。

芳池州都督府（舊志領小州十）芳池州都督府（新志領小州九）

獯州（新志作𤞑州）。王州（新志作玉州）。濮州　林州　尹州　位州　長州　寶州　靜州　寧州（新志靜州寧州合稱寧靜州）。

右兩志同者十州。

安定州都督府（舊志領小州七）宜定州都督府（新志領小州七）

黨州　橋州　西戎州　烏州　野利州　米州　還州

右兩志同者七州。

安化州都督府（舊志領小州七）安化州都督府（新志領小州七）

永利州（新志作永和州）。威州　旭州　莫州　西滄州　儒州　琮州

右兩志同者七州。

芳池，安定（宜定），安化三州都督府，舊志附在慶州都督府後，因其皆寄在慶州界內也；新志則以爲慶州都督府所轄之羈縻州。

鄜州上（舊志五縣）鄜州洛交郡上（新志五縣）

洛交　洛川　三川　直羅　甘泉

右兩志同者五縣。

延州中都督府 舊志九縣 延州延安郡中都督府 新志十縣

膚施　延長　臨眞　敷政　金明　豐林　延水　延川　延昌

右兩志同者九縣。

門山 舊志屬丹州，廣德二年改隸。

右新志多者一縣

渾州 兩志同，無屬小州。

渾州寄治延安郡內，舊志即附於延州下，新志別著於羈縻州中。

綏州下 舊志五縣 綏州上郡下 新志五縣

龍泉　延福　綏德　城平　大斌

右兩志同者五縣。

銀州下 舊志四縣 銀州銀川郡下 新志四縣

儒林　撫寧　貞鄉 新志作眞鄉。　開光 新志作開元。

右兩志同者四縣。

靜邊州都督府 舊志領小州十八 靜邊州都督府 新志領小州二十五

舊志雖云領小州十八，而未載州名。新志之二十五州爲：布州　北夏州　思義州　思樂州　昌塞州　吳州　朝州 朝一作彭， 歸州 歸一作陽 浮州　祐州　卑州　西歸州　嶂州　餝州　開元州　歸順州　淳州　烏龍州　恤州　嵯州　盖州　悅州　迴樂州　烏掌州　諾州。

此都督府舊志卽附於銀州之後，新志別著於羈縻州內，而隸於靈州都督府。

歸德州 舊志無屬州 歸德州 新志無屬州

舊志附此州於銀州後，新志則稱寄治銀州，別隸於靈州都督府。

夏州都督府 舊志四縣 夏州朔方郡中都督府 新志三縣

朔方　德靜 新志作靜德。　寧朔

右兩志同者三縣。

長澤 新志屬宥州，元和十五年改隸。

右舊志多者一縣。

雲中都督府（領小州五：：合利州，思璧州，阿史那州，綽部州，白登州。新志合利州作舍利州，綽部州作綽州。）呼延州都督府（領小州三：：賀魯州，跌跌州，那言州。那言新志作葛邏州。）桑乾都督府（領小州四：：郁射州，執失州，畢失州，叱略州。新志執失作藝失，畢失作卑失。）

右三都督府，舊志皆云寄治朔方，新志則云受羈縻於單于都護府。

定襄都督府（領小州四：阿德州，執失州，蘇龍州，拔延州。）達渾都督府（領小州五：姑衍州，步汔若州，蹛彈州，鶻州，低粟州。）
安化州都督府　寧朔州都督府　僕固州都督府
右五都督府，兩志皆言寄治朔方，新書並言隸於夏州都督府。
靈州大都督府舊志六縣靈州靈武郡大都督府新志四縣
迴樂　靈武　懷遠　保靜
右兩志同者四縣。
鳴沙新志屬威州，咸亨三年改隸。　温池新志屬威州，咸亨三年改隸。
右舊志多者二縣。
燕然州　雞鹿州　雞田州　東皋蘭州　燭龍州　燕山州
右六州兩志皆云寄治靈州境，新志並言受羈縻於靈州都督府。
歸德州舊志寄治銀州　清塞州此下諸州舊志不載　蘭池都督府
芳池都督府　相興都督府　永平都督府　旭定都督府　清寧都督府　忠順都督府　寧保都督府　靜塞都督府　萬吉都督府　樂容州都督府（領州一：東夏州。）
右諸州府，除歸德州外僅見於新志，隸於靈州都督府。別有靜邊州及其所領二十五小州亦隸靈州，舊志則以屬諸慶州，已見前。
鹽州下舊志二縣鹽州五原郡下都督府新志二縣
案：唐會要，永泰元年十一月，鹽州升都督府。
五原　興寧新志曰白池，景龍二年更名。
右兩志同者二縣。
豐州下舊志二縣豐州九原郡下都督府新志二縣
九原，永豐
右兩志同者二縣。
會州上舊志二縣會州會寧郡上新志二縣
會寧　烏蘭
右兩志同者二縣。
宥州舊志三縣宥州寧朔郡上新志二縣
案：唐會要，「宥州，元和九年五月升上州」。
延恩
右兩志同者一縣。
懷德　歸仁以上二縣實應後省去，故新志不載。歸仁縣志誤繫於懷德下，非是，應空一格。
右舊志多者二縣。
長澤舊志屬夏州，元和十五年改隸。
右新志多者一縣。
勝州下都督府舊志二縣勝州榆林郡下都督府新志二縣
榆林　河濱

右兩志同者二縣。

麟州下舊志三縣麟州新泰郡下都督府新志三縣

新泰　連谷　銀城

右兩志同者三縣

安北大都護府舊志一縣安北大都護府新志二縣

陰山

右兩志同者一縣。

通濟

右新志多者一縣。

新黎州　渾河州　狼山州　堅昆都督府　榆溪州　寘顏州

居延州　稽落州　余吾州　浚稽州　仙蕚州　瀚海督府都

金微都督府　幽陵都督府　龜林都督府

右十五州府，舊志不載，新志則爲安北都護府之羈縻州。

商州上洛郡望舊志屬山南西道　新志六縣

案：唐會要，會昌四年五月，商州升望。

上洛　豐陽　洛南　商洛　上津　乾元舊志曰安業　乾元元年更名。

右兩志同者一縣。

渭州舊志無　新志一縣

平涼舊志屬原州，元和四年改隸。

右新志一縣。案：渭州之置，始於元和四年，故舊志不及載之。

武州中舊志無　新志一縣

蕭關舊志屬原州，大中五年改隸。

右新志一縣。案：武州之置，始於大中五年，故舊志不及載之。

威州中舊志無　新志二縣

鳴沙舊志屬靈州，咸亨三年改隸。　溫池舊志屬靈州，大中四年改隸。

右新志二縣。案：威州之置，雖在咸亨三年，然至德後卽沒於吐蕃；大中三年收復故地，再置，故舊志不載。

雄州舊志無　新志有

雄州無屬縣，寄治靈州，乃一行州耳。新志不載始置之年，想亦肅代後所置，故舊志不載。

警州舊志無　新志有

警州亦無屬縣，僑於靈州，與雄州等。雖先天二年卽建置，然不久又廢爲縣，至景福元年再置，故舊志不載。

單于大都護府舊志屬河東道　新志一縣

金河

右兩志同者一縣。案：新志單于都護府轄有雲中　桑乾，呼延三都督府，舊志別附於夏州後，已見前矣。

鎮北大都護府舊志無　新志二縣

大同　長寧

右新志二縣。

河南道

河南府舊志二十六縣河南府河南郡新志二十縣

河南　洛陽　偃師　鞏　緱氏　告成新志曰陽城，告成本隋陽城縣，萬歲登封元年將有事於嵩山，乃改稱告成，神龍元年復故名，二年再改告成，直至唐末天祐二年始再稱陽城，故新志著之。　登封　陸渾

伊闕　伊陽　壽安　新安　福昌　澠池　長水　永寧　密

河清　潁陽　王屋舊志言會昌三年，王屋還懷州，然細檢志文，若河陽等縣亦於此時隸孟州，而孟州條下，即錄之，王屋之還懷州，懷州條下，則未言及。又檢新志，則王屋固仍在河南郡也。疑王屋雖一度改隸懷州，然爲時甚暫，即復原狀，特舊志不及言之耳。

右兩志同者二十縣

案：舊志言河南府二十六縣，乃以天寶之時爲準。其縣名除上述外，尙有河陽，汜水，溫，河陰，濟源，陽翟等六縣。（王鳴盛十七史商榷以河南府舊志之二十六縣乃二十四縣之誤，是未計入濟源，陽翟耳。河陽，汜水，溫，河陰，濟源等五城，屏蔽東都，安史亂後，迭駐重兵，各縣租賦，盡入河陽，河南尹但總其成而已。迨兵事大定，乃升河陽爲孟州，會昌三年定制，因以五縣屬孟州。舊志所述下不至武宗，而志文乃載會昌之事，又標明孟州，豈體例未盡善歟？陽翟一縣，志文亦言會昌三年還許州，然許州諸縣中，並未載及，籍令以許州諸縣所述，乃天寶五城，則河南府中何必言及會昌之事，使人迷離？且舊志諸縣中有「管孝」二字，同於諸縣，而志文又不載建置情形，若以之入諸縣，內則與府屬二十六縣不符，百思不得其解：及閱唐會要，乃恍然大悟，此二字並非縣名，特誤列耳！會要云：『緱氏縣……上元……又置，以管孝敬陵。』而舊志則爲「緱氏　隋縣……上元……復置　管孝　敬陵舊縣治西北澗南……」以上下各空一格即爲一縣例之，豈非管孝縣乎？謬誤之甚，一至於斯，可慨也。

孟州上舊志五縣（新志孟州屬河北道。）

河陽　汜水　河陰　溫　濟源。

右兩志同者五縣。

鄭州舊志七縣鄭州滎陽郡雄新志七縣

管城　滎陽　滎澤　新鄭　中牟　原武

右兩志同者六縣。

陽武

右新志多者一縣。

案：舊志言天寶時鄭州屬縣凡七，而聚實則得六縣。新志鄭州七縣中有陽武一縣，然陽武縣下，明言乃武德四年置，其後未遷徙，亦未廢省，則天寶時當尚存在，而舊志不載，明書缺有間矣。

陝州大都督府舊志七縣陝州陝郡大都督府雄新志六縣

陝　峽石　靈寶　平陸　夏

右兩志同者五縣，

安邑新志屬河中府，元和三年改隸。　芮縣

右舊志多者二縣。

案：新志言陝州屬縣凡六，聚實僅得其五。舊志又有芮城一縣，未言廢併，或新志所遺者，即此縣耶？

虢州望舊志六縣虢州弘農郡雄新志六縣

案：唐會要，虢州，會昌四年四月升雄州。

弘農　閿鄉　湖城　朱陽　玉城　盧氏

右兩志同者六縣

汝州望舊志七縣汝州臨汝郡雄新志七縣

案：唐會要，汝州，會昌四年四月升雄州。

梁　郟城　魯山　葉　襄城　龍興　臨汝

右兩志同者七縣。

許州望舊志七縣許州穎川郡望新志九縣

長社　長葛　鄢陵　扶溝　臨穎　舞陽　郾城

右兩志同者七縣。

陽翟舊志屬河南郡，會昌三年改隸。　許昌

右新志多者二縣。

汴州上舊志六縣汴州陳留郡雄新志六縣

浚儀　開封　尉氏　陳留　封丘　雍丘

右兩志同者六縣。

蔡州上舊志十一縣蔡州汝南郡緊新志十縣

唐會要，元和十四年四月，重定淮西州縣及官吏祿俸，以蔡州爲緊。

汝陽　郎山　遂平　上蔡　新蔡　褒信　新息　平輿　西平　眞陽

右兩志同者十縣。

郾城

右舊志多者一縣。案：郾城一縣，舊志凡二見，一屬許州，一隸蔡州。然許州郾城下言本隸豫州，長慶元年來屬；蔡州郾城下亦言長慶元年以郾城隸許州，是郾城雖二見，其實一也。然郾城移併，固長慶間之事，不當雜入天寶制內。且天寶之時，許州屬縣凡七，蔡州屬縣十一，而二州皆有郾城，是屬縣之數，雖因天寶舊制，亦常有錯誤矣。

滑州望舊志七縣滑州靈昌郡望新志七縣

白馬　衛南　韋城　匡城　胙城　酸棗　靈昌

右兩志同者七縣。

陳州上舊志六縣陳州淮陽郡上新志六縣

宛丘　太康　項城　溵水　南頓　西華

右兩志同者六縣。

亳州望舊志八縣亳州譙郡望新志七縣

譙　酇　城父　鹿邑　眞源　永城　蒙城

右兩志同者七縣。

臨渙新志屬宿州，元和九年改隸（見舊志）。

右舊志多者一縣。

潁州中舊志四縣潁州汝陰郡上新志四縣

案：唐會要，潁州，會昌二年十一月升上州。

汝陰　潁上　下蔡　沈丘

右兩志同者四縣

宋州望舊志十縣宋州睢陽郡望新志十縣

宋城　襄邑　寧陵　虞城　碭山　下邑　穀熟　單父　楚丘　拓城

右兩志同者十縣。

曹州上舊志六縣曹州濟陰郡上新志六縣

濟陰　考城　冤句　乘氏　南華　成武

右兩志同者六縣。

濮州上舊志五縣濮州濮陽郡上新志五縣

鄄城　濮陽　范　雷澤　臨濮

右兩志同者五縣。

鄆州上舊志十縣鄆州東平郡緊新志九縣

唐會要，會昌四年五月，鄆州升緊。

壽張　鄆城　鉅野　須昌　盧　平陰　東阿　陽穀　中都

右兩志同者九縣。案：舊志鄆州領縣凡十，覈實得九，志文誤也。

泗州中舊志三縣泗州臨淮郡上新志四縣

案：唐會要，泗州，貞元二十年正月內升上州。

臨淮　漣水　徐城

右兩志同者三縣。案：舊志天寶屬縣凡六，別有虹（後屬宿州），宿遷，下邳（後屬徐州）等三縣。天寶之後，則餘三縣矣。

盱眙舊志屬淮南道楚州，建中二年改隸。

右新志多者一縣。

海州中舊志四縣海州東海郡上新志四縣

案：唐會要，海州，貞元五年八月六日升上州。

朐山　東海　沭陽　懷仁

右兩志同者四縣。

兗州上都督府舊志十一縣兗州魯郡上都督府新志十縣

瑕丘　曲阜　乾封　泗水　鄒　任城　龔丘　金鄉　魚台　萊蕪

右兩志同者十縣。

案：舊志言兗州屬縣凡十，乃天寶之制也，志文實得十縣，與天寶制不合。蓋州所領本有中都縣，向中都縣又於貞元十四年併入鄆州，故似矛盾也。

徐州上舊志七縣徐州彭城郡緊新志七縣

案：唐會要，會昌四年五月，徐州升緊州。

彭城　蕭　豐　沛　滕　宿遷　下沛

右兩志同者七縣。

宿州上舊志四縣宿州上新志四縣

符離　虹　蘄　臨渙

右兩志同者四縣。

案：宿州之置，始於元和四年，而舊志亦幷及之，是又牽及憲宗之制矣。地志須斷於一時，若前後皆述，殊失地志之法，無怪其縣名前後重復也。且臨渙一縣，已見於亳州，不宜再書於宿州，今亳宿兩見，而亳州臨渙下注「元和九年割屬宿州」，宿州之臨渙下又注「原隸亳州，太和元年割屬宿州」，前後相差竟至十五年之多，究係元和，抑係太和？一文之中，互相矛盾，可怪也。

沂州中舊志五縣沂州瑯琊郡上新志五縣

臨沂　丞　費　新泰　沂水

右兩志同者五縣。

密州中舊志四縣密州高密郡上新志四縣

案：唐會要，密州，貞元五年八月六日升上州。

諸城　輔唐　高密　莒

右兩志同者四縣。

齊州上舊志六縣齊州齊南郡上新志六縣

歷城　章丘　臨邑　長淸　禹城　臨濟

右兩志同者六縣。

案：舊志齊州屬縣中有亭山者，注云：「元和十五年以戶口凋殘，併入章丘縣，因廢亭山。」然齊州中以戶口凋殘而廢省者，固不僅亭山一縣，其他全節，豐齊二縣，廢時亦在元和十五年，但全節附於歷城之下，豐齊歸於長清之內，而亭山獨立，等於諸縣，是何故歟？且齊州文內又云：「舊領縣八，……今管縣六，併縣三也。」然省併三縣，實在元和十五年，所謂「今」者，亦當指元和時，或元和後而言；如是則舊志縣邑之數，又不斷自天寶矣。

青州上 舊志七縣 青州北海郡望 新志七縣

唐會要，大曆九年五月，青州升望。

益都　臨淄　博昌　壽光　千乘　臨朐　北海

右兩志同者七縣。

樂安

右舊書多者一縣。案：舊志，青州屬縣凡七，而縣名則八，實矛盾矣。考樂安縣已於武德八年省入博昌，附於諸縣，蓋未審也。而志文因舊籍，謂領縣七，致成錯誤，想未細校故也。

淄州上 舊志四縣 淄州淄川郡上 新志四縣

淄川　長山　高苑　鄒平

右兩志同者四縣。案：淄州天寶時領縣五，別有濟陽一城。惟此城於元和十五年併入高苑，故志文又改言「今領縣四」也。

棣州上 舊志五縣 棣州樂安郡上 新志五縣

厭次　滴河　陽信　蒲台　渤海

右兩志同者五縣。

萊州中 舊志四縣 萊州東萊郡中 新志四縣

掖　昌陽　膠水　即墨

右兩志同者四縣

登州 舊志四縣 登州東牟郡中都督府 新志四縣

唐會要，大曆九年五月，登州升都督府。

蓬萊　牟平　文登　黃。

右兩志同者四縣

濠州鍾離郡上 新志三縣 （舊志屬淮南道）

唐會要，元和六年九月，濠州升上州。（本下州）元和郡縣志：「濠州本屬淮南，竇參為相，越淮割地隸屬徐州。」趙紹祖曰：「方鎮表：貞元四年置徐泗濠節度。舊書張建封傳亦同。貞元四年竇參未為相……此事當在五年，而郡縣志誤刊作貞元元年，遂無以証明。」（見新舊唐書互證）案：趙說是也。然濠州之屬河南，雖始於此時，尚未成定制。考方鎮表貞元十六年濠州復歸淮南，元和二年再隸河南，咸通四年又歸淮南，至十年乃併入河南，自此不再移徙，因成定制。

右兩志同者三縣。

鍾離　定遠　招義

宋史地理志考異（廣南東路）

聶崇岐

『廣州，……開寶五年廢咸寧番禺蒙化游水四縣。』

九域志九，『開寶五年省咸寧常康番禺四會四縣並入南海。六年復置四會，省化蒙縣入四會。』「蒙化」，諸書皆作「化蒙」。「游水」，太平寰宇記五七，輿地紀勝八九皆作「洊水」。太平寰宇記，九域志，輿地廣記三五皆云游水（或洊水）省入懷集，惟輿地紀勝則云省入清遠。

『縣八，南海，望，隋縣，後改常康，開寶五年復。』

輿地紀勝八九，『開寶五年詔廢僞漢廣州常康咸寧二縣依舊爲南海。』按志及紀勝語，氣似南漢曾以國都關係析南海爲二縣，錫以美名，曰常康，曰咸寧，至宋平南漢，又復合併而復舊名者。

『番禺，上，開寶中廢入南海，皇祐三年復置。』

「開寶中」，諸書皆作「五年」。「皇祐三年」，紀勝作「五年」。

『韶州，……縣五，……仁化，中，開寶五年廢入樂昌，咸平三年復置。』

「三年」，紀勝九〇作「四年」。

『建福，宣和三年以岑水塲析曲江翁源地置縣。』

紀勝九〇，『崇寧元年陞韶州岑水塲爲縣，撥曲江之廉平建福兩鄉，翁源縣之太平鄉隸焉。』

『循州，……縣三，龍川，……宣和三年改龍川曰雷江。』

「江」，紀勝九一作「鄉」。

『興寧，望，舊縣，天禧三年移治長樂。』

「三年」，紀勝九一作「二年」。

『長樂，上。』

紀勝九一，『長樂縣……紹興六年廢爲鎮，十九年復爲縣。』

『潮州，……縣三，海陽，……有橫衡等三錫場。』

「橫衡」，九域志九作「橫衡」。

『連州，下，連山郡，軍事。』

「下」，紀勝九二作「中」。

『梅州，下，……南漢置恭州，開寶四年改。』

「恭」，諸書皆作「敬」。志作「恭」者，蓋宋史官避諱追改耳。

『熙寧六年廢，元豐五年復。』

九域志九潮州條下，『熙寧六年廢梅州，以程鄉縣隸州；元豐五年復。』

『南雄州，……宣和二年賜郡名保昌。』

「二年」，紀勝九三作「四年」。

『縣二，保昌，望。』

紀勝九三，『湞昌，……後避仁宗諱改名保昌。』

『英德府，……宣和二年賜郡名貢陽。』

「貢陽」，紀勝九五作「眞陽」。

『縣二，貢陽。』

「貢陽」，太平寰宇記一六〇作「湞陽」。九域志九，『乾興元年改湞陽縣爲眞陽。』

『浛光，上。』

紀勝九五，『浛洭，……開寶五年以縣名犯太祖御諱改浛光。』

『賀州，……開寶四年廢蕩山，封陽，馮乘三縣。』

太平寰宇記一六一云，省蕩山封陽入臨賀，省馮乘入富川。

『肇慶府，……元符三年升興慶軍節度。』

「元符二年」，輿地廣記三五作「建中靖國元年」。

『縣二，高要，中。』

太平寰宇記一五九，『開寶五年廢平興縣入高要。』

『新州，下，……開寶五年廢平興縣。』

按：平興縣於開寶五年省入高要，已見上條。新州於開寶五年所省之縣爲永順，諸書所記皆同，志云「廢平興縣」者，誤也。

『德慶府，望，縣二，……瀧水，下，舊隸瀧州，州廢，以縣來隸。』

太平寰宇記一六四，『廢開陽建水鎮南縣三入瀧水。』九域志九，『開寶六年廢瀧州。』輿地紀勝一〇一，『開寶六年廢瀧州，尋復。……治平六年廢瀧州，以瀧水縣隸康州。』

『南恩州，……開寶三年廢恩平杜陵二縣。』

輿地廣記三五，『開寶五年省恩平杜陵二縣入陽江。』

『縣二，……陽春，下，熙寧六年廢春州，併銅陵縣入陽春來隸。』

太平寰宇記一五八云，流南羅水二縣於開寶六年入陽春。又廢勤州，以富林縣入銅陵，屬春州。九域志九，『開寶五年廢春州，六年復置，大中祥符九年又併入新州，天禧四年復置。熙寧六年復廢。』

『惠州，下，…郡名博羅。』

通考三三二，『南漢以循州歸善縣置禎州。天禧四年以犯仁宗御名改爲惠州。』「禎」，太平寰宇記一六

一週間西北旅行記

近年常聽得「到西北去」的呼聲，常看到「開發西北」的論文，不知不覺地對於西北的事也漸漸注意；於是「到西北去」這句語，慢慢的在我心中發生了實踐的熱望。事有湊巧，一月十三日北平晨報發表了平綏路發起「西北考察團」的消息，專門以上學校的學生可以隨便參加。那時候的驚喜哦，簡直是哥倫布奉了西班牙女王的上諭。

雖然這次所到的地方，僅只有平綏路沿線的幾個城市，對「西北」二字，不無慚愧；事前又毫無準備，更說不上考察。可是就這麼略略走近一步，接觸到一點塞外的空氣，也就夠我們與高采烈了！事前並未想到作記；況且時間太匆促，又要多到多看，再也沒有筆記的餘暇了。茲就記憶所及，逐日追記如下：

○作「湞」。

『縣四，…海豐，下，有雲溪。』

「雲」，九域志九作「靈」。

『河原，緊，…有永安三錫場。』

「安」，九域志九作「定」。

孫媛貞

二十一日，上午七時以前，在正陽門車站集合。那時候天還沒亮，月色很好。我們全團共二十六人：北大五人，清華十八人，燕京四人，天津匯文二人，中法財商工商育英與天津禮和洋行各一人。備有三等客車及膳車各一節，雖然是二輛破車，却似乎行色甚壯。

十時五十分到青龍橋，下車向長城出發，這天天氣還晴和，風並不大，順着指路牌前進，不久就到城下，關門上有「居庸外鎮」四字，出這重門就是塞外了。所謂萬里長城，在下面看來是一隨山起伏的長牆；登其上，又像是一條又闊又長，忽而上陞，忽又下降的磚砌的梯階；兩旁各有一道高起的短牆，向北的一面築有雉堞。我們一路走，一路兩邊兒看，才知道歷史上所謂長城之險，洵不虛傳，

北面是坦堂堂的一片高原；南面却山陵重疊，險阻非常；中間界上這麼一條堅高亘長的城牆，眞足使塞外驍騎，難於飛渡。登八達嶺，眺望最暢；旋又下城，順着澗道下山，到八達嶺隧道洞口，（山上半面覆着厚厚的黃草，那半面可還積着殘雪，結晶特別粗大。）尋着原路回站。

十五時二十二分再開車，經過西撥子到康莊。停半小時，等車輛全到了，才一齊前進。二十一時到張家口，站長領我們到附近街上參觀了一週。街道很寬廣而整齊，商店也繁盛，蔴菇店皮貨店尤其多。祇是行人極少，據說口外人習慣如此，晚上是不常出門的。二十二時回到車站。宿車上。

二十二日，九時下車，僱一嚮導，出車站指西北方走，過淸河橋，橋面是磚形的木塊砌成的，看去與磚地無二，但是有年輪表明着他的本質。再穿過東關街，大約十里路到賜兒山，山上有雲泉寺，寺內石壁間有兩個泉洞，相距不過幾尺，而右洞終年堅冰，左洞則四時不凍，我們去參觀時，也僅祇有很薄的一層冰而已。問問寺僧，但說是山靈的巧妙，不能道其所以。洞前有聳然亭，寺前，沿山脊有好幾座亭子，都面東立，可以俯瞰張家口全境。最下是察省物產陳列所。山麓有許多遜淸王公貴官們的墓碑，和乞丐住的墊着乾草亂放着什物的土洞子。由此又走了好幾里才到上堡。察省省政府，教育廳，二十九軍司令部，國民日報報館，省立師範學校，以及專爲二十九軍女眷設立的培德女校，都設立在玉帶橋一帶。沿路市廛也很熱鬧，最惹我們注意的是劉把式膏葯店，馬公道剪刀店，青鹽莊，轡駿店等等。好些招牌都是漢蒙文對照的，就是省府門前的佈告也是如此。到大境門稍憩，餓極了，隨便跑進一家飯館就大嚼其燒蔴茹與扒羊肉。果腹而歸，一路所見的新奇事物也不少，譬如剛從大境門進來的滿載行裝的駱駝，和牽着牠們的蒙古人，他們從頭到脚的裝束，我們看來都很新鮮特別；同時他們也在用奇異的眼光打量我們，大概彼此有同感罷？再則上堡下堡，耶蘇堂福音堂之多，恐怕關內那個城市都比不上。門前張掛着蒙文的廣告，這實在是很可注意的事情。

十六時開車，二十二時到大同站。

二十三日，八時下車，改乘長途汽車。由北門進大同城，出西門，不久就入崎嶇的山路。塵土在車後飛揚，汽車顛簸得像隻破浪的海船，每逢險狹處，就只能下車步行。十時左右到雲岡堡。下車就見崖壁峭立，屏風似的展開眼前；岡前樓閣層起，就是石佛古刹了。入寺第一個石窟，就有高樓掩護，鉄鎖嚴把守着。寺僧殷勤招待，我們便先到西邊一個佛籟洞去。這石洞既高深而又廣大。正中是一尊大佛，四壁洞頂，甚至於門框上，都滿滿的刻着石像，或大或小，都活潑潑地表演着各種的姿態，這時寺僧已把護佛樓的樓門開了，於是連忙跑過去，一直跑上三層樓，這兒還祇能看到佛的肩胸；更上一層，這才窺見了佛容。這是七丈多高的大石佛，莊嚴偉大，可歎觀止！但是經後人塗金飾彩，裝點得同泥塑木雕的佛像一樣，未免可惜了！正想往下再細細看察，而下面在催着要關門了，只得又匆匆的出來。在西院許多石窟中，也有不可勝數的石像。大的高幾丈，小的僅幾寸；有經過後人重修的，五光十色，眞相難辨；（我們從一個神像的破損處，看出了他的內部的確是泥木而不是玉石，不覺大爲其他的石像惱恨！）也有保護不周，以致斷頭失臂，而目模糊的；然而大多數還很精美很完整地保存着我國古代藝術的光輝。出寺門往西，還有許多石像，沿崖排立着。其中有一個三丈多高的大佛。因爲雕刻得精，而且又曝露在外面，光線最好。所以攝影者都以他爲標準的對象。我們在他身邊照了好幾張，寺東也有很多石窟，可惜都破壞不堪了。於是轉而上山，到巔上却又是一片平地，而且都是墾熟的田地。恍然悟雲岡這「岡」字之來歷。岡上有一帶土墻，大概就是雲岡堡的園堡了。岡前有一條川流，從西北方流來，邊到岡南，就直往東去。這就是武周川，現在結着厚冰，閃爍地反射着太陽光。回到石佛寺，在一所精美的西式客廳裏喝茶吃硬麵包。十四時乘原車同大同，先到九龍壁，再到民衆圖書館，借一份城市全圖，把游覽的路徑看個明白，然後出發。館中主事先生很熱心指導我們，並且把本縣的縣志也捧出來給我們看，最後說，上次冰心女士也來過，她很賞識南寺的壁畫。我們道謝出來，先到上寺（即大華嚴寺）（登大雄寶殿，殿前有一個八角石柱，上面刻着「佛頂尊勝陀羅尼幢」，是遼太康二年的遺物。據說大殿也是遼代建築，十分宏麗，可惜光線太暗，四邊都漆黑，用電筒一照，滿牆都是很美的壁畫，寺僧說是明時繪的，却一些也沒有損壞。此外還有許多歷代留下的石碑，排立兩旁，可惜未能細讀上面的文字。其次到下寺，又到南寺（善化寺）。途中經過女子師範學校，我很想能和這裏的學生談談，但是全放假同去了。有一位留校的先生領我們參觀校舍，記得禮堂上正中有兩條標語：『女子應該消除虛榮心』，『早晨起來呼吸新空氣』。女子教育的口號如此而已？還是另有深奧的含義呢？南寺的大門緊閉着，須從小門進去。滿眼是頹垣斷壁，祇剩二座灰暗的大殿，一間破敗的鐘樓，孤立其間。西邊有所僅存三堵壁的小屋子，滿地瓦礫，滿牆繪畫，也許就是冰心女士所賞識的繪畫罷。

從一條由南門直達北門的大街走回去。這條街可以分做顯然不同的兩截，中間以四牌樓爲界。南半截是一團古老的鄉土氣，滿街擺着小貨攤，有賣香燭年禡的，賣凍羊頭的，賣各式各樣雜貨的。兩旁是高掛幌子與棉門簾的米鹽店，糖坊，麵館，銅器店，以及牆上用墨大寫着『留人小店，茶水方便，來者通順，去者發財』，等廣告的小客店。街上行人擁擠，間或也看到一二個小脚伶仃的婦女。北半截就大不同了，雜貨攤逐漸減少；高樓大房，各處有大玻璃窗陳列着商品，洋貨店，鐘錶行，電料行，理髮館，新式澡堂，都整整齊齊！像模像樣！城外還有好幾家大旅館。這是何等明顯地表示了鐵道對于城市的影響啊！

快到火車站了，路上又遇到兩個「喇嘛」。和他們攀談起來，知道他們是從蒙古來的，曾經過北平，現在正要到五臺山去進香。他們都很和靄，還教了我們幾個蒙古字，例如母親是「愛琴」，小孩是「霍」(ho)，朋友是「談得來」，謝謝你是「求完啦」，中國人是「蠻子」，眞是有趣。當晚二十二時四十四分，火車由大同站北進，路過平地泉，這裏是平綏路全線最寒冷的地方，我們睡在車上，倒沒有感覺什麼。同行中有姚君曾發奮下車測量寒度，結果水銀柱降到溫度表的最低限度以下，無法測候而歸來了。

二十四日，六點到綏遠，八點半下車，出車站，往南直達新舊二城的康莊大道。成隊的駱駝在和煦的陽光中穩健地前進，道旁齊整地排列着二行樹木，枝頭空空的，另有一種靜默的美，沒有想到塞外的景物，那麼泰然自適。最先到綏遠毛織廠，門前掛着「飛羊牌」大商標。這是省辦的工廠，才開幕了兩個多月呢？出品以毛呢毛線爲主，現在全廠工人只有一百多，而且多數還在練習期中。次之到綏遠省立圖書館，也還沒正式開幕呢。九一八紀念堂與民衆教育館就在斜對面，參觀之後，他們還送我們幾本綏遠省分縣調查概要與河套調查記。入歸化城(舊城)，已是晌午時分。就先上飯館去。飯後到懌園。園在西城民政廳裏邊，慈禧太后幼年時代常住這兒，所以園內有許多太后的遺跡。此外在民廳辦公室前面，有一棵四圍大的大柳樹，據說是五代留下的古物，柳樹而如此長壽，也眞可貴了！從懌園出來，沿着沙溪向南走，再向東穿過幾條街就到大招(無量寺)。殿旁一路擺滿了零食小攤，游人擁擠，和無錫崇安寺，蘇州玄妙觀差不多。再往東到錫拉圖招(延壽寺)與小招(崇福寺)五塔招。錫拉圖招最美觀，小招藏有清聖祖平準部時留下的弓矢甲冑橐鞬等物，我們匆匆走過，也忘了問喇嘛要來看。最後到城南的海窟，那兒有四口井，一個大池，水面都高出於平地一尺多，所以特地築起高高的堤岸同井欄圍着它。人民挑着水桶來此汲水的，絡繹不絕。附近田圃多賴以灌溉。井前有一所小屋子，供着甘泉之神。

從海窟向東北走，就可以到綏遠城(新城)。這時田野裏既沒有植物，溝渠也都結着冰。所以我們能毫無阻礙的取捷徑直抄到新城的西南角上。就踏着一條環城的大冰河前進。左邊站的默默的城牆，右邊一帶細瘦的楊柳，望出去是無邊的荒郊，看不見一個行人；遠遠地在西邊，有一圈白木樁繫着鉄絲網圍住的廣場，這就是有名的綏遠賽馬場，不時有一二疋快馬疾駛而過。

從新城的南門進去，順大街走，不久到西門。天色已垂暮，到農業試驗場也沒有進去參觀，逕回車站。

二十五日，七點十七分從綏遠開車，十一點二十分到包頭。飯後王站長親自領我們出發參觀。最先到東門外轉龍藏觀泉，泉伏在山崖間，由三個龍嘴裏流出來了，直瀉平地，聚成一個大湫。從龍嘴到池面，兩旁岩石上都積着很厚的冰塊冰柱，瓊崖瑤壁，璀璨可觀！趕着騾車前來取水的，轆連踵接，而湫水終是滿滿的。附近的風景也很好，倚山臨水(城濠)，面對城郭，踞坐崖岸，可以俯瞰包城的全景。

入城，先到中央政治學校包頭分校，全校分小學與簡易師範兩部，學生八十餘人，大部是蒙古人，待遇和南京中央政治學校的學生一樣，十分優裕；生活偏重於軍隊化，目的在培養蒙古人材，以鞏固邊防。全年經費是五萬元。據說這樣的分校，除了包頭，還有康定西寧兩處。其他各邊省，也預備次第添設呢。

次之到商會，交通銀行，一路多有很大的商店，不愧是西北貿易的中心。本來還想參觀卍字會的地氈廠的，恰巧工人都放工了。再次到第七十師司令部屯墾督辦處，師長王靖國到山西去了，由某主任等招待，他報告自民國二十一年創辦屯墾以來的概況，說明屯墾在軍事上經濟上的價值。雖然試辦到現在，資本化了三十餘萬元，而收穫所得，僅祗有十二萬，然而屯墾事業還是要努力幹下去。隨後我們略爲詢問些屯墾的實情，就告辭了。

轉彎就到包頭縣政府，屋宇的簡陋，同司令部大有天壤之別哩！坐定後，某科長報告本縣的概況。包頭在前清不過是個小鎮，後來因爲商業逐漸繁盛，民國十四年才又改爲包頭縣，現在又在籌備改『市』了。全縣財政的收入以商稅爲主，田賦有限。當時就有人問，聽說此地鴉片稅的收入很大，不知詳情爲何？回答說，這屬於省稅的收入項下，縣府不知底細。教育方面全縣全年經費僅祇一萬二千餘元，共設有小學八所。最有趣的是包頭人口的流動情形，春夏二季，人民都聚在田裏耕種，加上山西河南等處的游農，也都駕着牛車來此佃耕，這時鄉間的人口，突然增加到八九萬。秋冬之際，農業既已完結，游農回故鄉了，本地人也搬進城了。這時鄉間的人口，就祇有三萬左右。至於城市中人口的變化情形，恰恰與鄉間相反，春夏少而秋冬多。何以這些農人，定要進城過冬呢？這完全是爲了生命財產的安全而已。

最後到第七十師大操塲試騎。綏遠素來多名馬，然而體強性烈，不易駕馭。我們所騎的，都是最馴良的了，尚且橫奔突馳，難於指使。末了我們就請一位善騎的馬夫表演，果然，左右進退，輕快靈活，十分神妙。

傍晚才回到車站。晚餐後段長站長等特備茶點欵待我們。座間有平綏路第七段段長報告平綏路過去的狀況，今後的計劃，與路局對於開發西北的熱心贊助。談到開發西北，他說最大的問題還是在治安。從前非但是鄉村，就是火車站一帶，也時常槍聲不絕的。內地人到此地來墾殖的也很不少，但是五穀剛登塲，往往就被土匪刼掠一空，下次就再也不敢來冒險了。自從第七十師到此駐防以後，地方上已漸趨安靖。然而生活艱難，知識不開，安居的良民，聚合起來立刻就會變成土匪；成隊的土匪，一經窮追，也一霎眼就分散爲老百姓了。這種種都不專是武力所能解決的，必需教育與實業，相輔而行才好。

二十六日，九時，一同向黃河出發。到那裏却但見黃河千里，駝隊往返其間。原來河水早已凍冰，又加上厚厚的一層黃土，簡直就像沙漠了。然而領導的人告誡我們別向中流去，因爲流急處冰還是很脆薄，一失足可沒命了，所以非有熟悉路線的人引導是不能亂走的。於是我們跟着駝隊，走了一程就回。

因爲想嘗嘗黃河鯉魚，所以特地進城吃飯。隨便闖進一家飯館，眞妙！雅片煙具竟公然陳設在餐室裏飯棹子上。我們就問問伙計關於雅片的事，他說：『可惜先生們沒有在夏天來，那時候哦，遍地都是美麗的罌粟花。外來的旅客都爭着爲他照相呢。你們不信，可以到那邊照相館裏去看看』。言下倒頗有北京人誇耀中央公園牡丹花的神氣。可驚可歎！黃河鯉魚，現在祇有凍藏的。其味也不過爾爾。飯後仍慢慢的走回車站，出城時警察遇有形跡稍有可疑的人，就要檢查。十五時就上車東歸。次日十九時二十分回北平正陽門。

當初出發那天，在車上遇見了回宣化去的同學童君，他見我們穿着和在北平差不多厚的衣服，鄭重其事的勸告我們到張家口買一件老羊皮襖，以爲禦寒之計，他又說平地泉一帶地方　到夜裏連爐火都生不着的。再則在野外凍僵了耳朵鼻子，切不能撫摸按摩，否則一定隨手掉落了。我們聽得毛骨悚然，不覺防戒在心。但是在張家口那一夜，氣候十分溫和，就放了一半心。嗣後游歷各地，也始終沒有感到添衣的必要。這大概因爲今年天氣特別溫暖；況且在這一星期裏，沒有遇到風雪，而天天有好太陽。雖說運氣好，但是我們殊以不能領略到西北的寒威爲憾呢！

水經注經流支流目（淸水—洹水）

賀次君

淸水　出河內脩武縣北黑山，上承諸陂散泉，積以成川，東南流入于河。九，一上。

小瑤水　水近出西北窮溪，東南流注淸水。九，一上。

吳澤陂水（八光溝）　水上承吳陂（大陸卽吳澤）于脩武縣故城西北，東流注于淸水。九，二上。

長明溝水　上承野王縣東北界溝，東入吳陂。九，二上。

寒泉水　水出雍城西北，東南注長明溝。九，二上。

蔡溝水　白馬溝之東分，上承州縣北，東會長明溝水。九，三上。

苟泉水　水出山陽縣故脩武城西南，同源分流，裂爲二水，南爲苟泉，北則吳瀆，俱東入吳陂。九，三上。

吳瀆　水出山陽縣故脩武城西南，同源分流，裂爲二水，南爲苟泉，北則吳瀆，俱東入吳陂。九，三上。

皇母泉　在山陽縣東北二十里陸眞阜南，與馬鳴泉合注吳陂。九，三上。

馬鳴泉　在山陽縣東北二十里陸眞阜南，與皇母泉合注吳陂。九，三上。

覆釜堆三泉　覆釜堆有三泉，相去四五里，參差次合，南注吳陂。九，三上。

長泉水（重泉水，鄧瀆，白屋水）　源出白鹿山東南，伏流逕十三里，重源濬發于鄧城西北，東南歷澤注于吳陂。九，四上。

□泉　南流注于長泉水。九，四上。

丁公泉　發源于焦泉之右，合焦，魚鮑，張波三泉爲陶水，南流注清水。九，四下。

焦泉　發源北阜，南流成溪，合丁公泉，魚鮑泉，張波泉竝南注清水。九，四下。

魚鮑泉　合丁公泉，焦泉，張波泉爲陶水，南流注清水。九，五上。

張波泉　與丁公泉，焦泉，魚鮑泉合注清水。九，五上。

安陽陂　與百門陂，卓水陂合謂之清川，南注清水。九，五上。

百門陂　與安陽陂卓水陂合，南注清水。九，五上。

卓水陂　與安陽陂百門陂合，南注清水。九，

磻溪　在汲縣城西北，注清水。九，六下。

倉水（雹水）　水出西北方山，南入于清水。九，七上。

沁水（涅水，少水）　出上黨涅縣謁戾山，或言出穀遠縣羊頭山世靡谷，三源奇注，逕瀉一隍，東南流于武德縣南積爲陂，通結數湖，又東南流入于河。九，九上。

左溪　注沁水。九，九上。

右溪　注沁水。九，九上。

左溪　注沁水。九，九上。

驫驫水　水出東北巨駿山，西南流注于沁水。九，九下。

秦川水　水出巨駿山，引帶衆溪，南流入沁水。九，九下。

濩澤水　水出濩澤城西白澗嶺下，東南注于沁水。九，九下。

清淵水　出陽阿縣北，南入濩澤水。九，一〇上。

陽泉水　水出鹿臺山，南注濩澤水。九，一〇下。

黑嶺水　水出西北黑嶺下，東南注陽泉水。九，一〇下。

上澗水　導源西北輔山，自山陰東入濩澤水。九，一一上。

陽阿水　水出陽阿川，西南流入沁水。九，一一上。

小沁水（臺渟水）　水出北山臺渟淵，南流，東南入沁水。九，一二下。

倍澗水　水北出五行之山，南流注于沁水。九，一二下。

邘水　水出太行之阜（卽五行之山異名），南流逕邘城西，又東南流注于沁。九，一三下。

朱溝枝津　九，一四上。

丹水（源源水）　水出上黨高都縣故城東北阜下，東南流注于沁水。九，一四上。

絕水　出泫氏縣西北楊谷，南入丹水。九，一四上。

長平水　出長平縣西北小山，南流注絕水。九，一四下。

泫水　水導源西北泫谷，東合絕水。九，一五下。

長平白水　水出高都縣故城西，東南流入丹水。九，一六上。

天井溪水（北流泉）　水出天井關，北流注長平白水。九，一六上。

光溝水　水首受丹水，南入沁水。九，一六下。

界溝水　水上承光溝水，南流注于沁水。九，一六下。

白馬溝水　水首受白馬湖（一名朱管陂），湖上承長明溝，南流注于沁水。九，一七上。

朱溝水　水上承沁水于沁水縣，北注于沁水所結湖。九，一七下。

沙溝水　水分朱溝東脈，東南流入于沁水所結湖。九，一七下。

淇水（白溝，淸河）　出慮應縣西大號山，東過內黃縣南爲白溝，又東北過廣宗縣爲淸河。又東逕漂榆邑故城南入于海。九，一九上。

沾水　水出壺關縣東沾臺下，東流注淇水。九，一九下。

金谷水　沾臺西溪也，東北會沾水，注于淇水。九，一九下。

女臺水　水發源西北三女臺下，東北流注于淇。九，一九下。

西流水　水出東大嶺下，注于淇水。九，一九下。

泉源水（肥泉）　有二源，一水出朝歌城西北，東南注淇水。其一源卽馬溝水。九，二〇上。

馬溝水　水出朝歌城北，東流南屈逕其城東，又南流入泉源水，東南注淇水。九，二二上。

美溝水　水出朝歌城西北大嶺下，東南流注馬溝水。九，二二上。

苑水　上承淇水于元甫城西北，東南入淇水。九，二三下。

（蔘溝）　苑水所分，東入白祀陂。九，二三下。

天井溝　苑水所分，西注淇水。九，二三下。

宿胥故瀆　受河于頓邱縣遮害亭東黎山，西北會淇水。九，二四上。

蕩水　九，二五下。

洹水　九，二五下。

新河　桓水枝津，分爲二水。北水西流注于漳，南水東北流，北與台陂合注白溝。九，三七上。

坰溝　上承洹水，北絕新河，東北流注于白溝。九，三七下。

漳水　九，二六上。

張甲屯絳故瀆　九，二九下。

衡漳枝津故瀆　九，三〇上。

大河故瀆　九，三〇上。

（無棣溝）　首承清河于南皮縣，東北逕鹽山東北入海。九，三〇下。

（無棣溝枝瀆）　上承無棣溝，東北注無棣溝。九，三一上。

滹沱別河故瀆　九，三一下。

（浮水故瀆）　首受清河于浮陽縣界，東注于海。九，三二上。

浮瀆　清河枝津。九，三二下。

滹沱別水故瀆　九，三三上。

（清河枝津）　分清河于鄚縣，東注于海。九，三三上。

筒溝故瀆（沽河故瀆）　九，三三下。

蕩水　出蕩陰縣西石尙山，東流注白溝。九，三四上。

羑水　出蕩陰西北韓大牛泉，歷黃澤，入蕩水。九，三五上。

防水　水出西山馬頭澗，東南注于羑水。九，三五上。

長沙溝水（宜師溝，黃雀溝）　導源黑山北谷，東入蕩水。九，三五上。

洹水　出長子縣洹山，東注于白溝。九，三五下。

黃華水（陵陽水）　出于神囷之山，黃華谷北崖上，東流潛入地下，東北十里復出名柳渚，又東入洹水。九，三六上。

葦泉水　水出林慮山北澤中，東南流注黃華水。九，三六上。

雙泉水　出魯般門東，下流入葦泉水，東南流注黃華水。九，三六上。

濱縣小志

林占鰲

我是山東省濱縣人，自十六歲即離鄉就學於外省，雖閒有回里之舉，然對本鄉整個的認識，知者尙不及九牛一毛，僅就平日所留心者，片斷的謹述於下，並繪圖以資參攷。

濱縣與利津爲鄰，黃河流經縣之南部，全縣面積約四千方里，人口十九萬左右，人民全體業農，教育不甚發達，在歷史上除明末及淸初，縣內杜氏稍露頭角外（杜翽杜輸等），餘無名人可言。

土質爲黃河冲積層，大半爲白沙土，地力瘠薄，物產除五穀及棉花以外，別無特別農業物，以土質鬆疎，宜於植棉，故濱州（濱縣在淸代稱濱州，濱州之名始於五代時）之棉，上比美棉，日本棉商專爲濱縣之棉，在膠濟鐵路張店車站設公司以收買之。全縣出口貨只有棉一種，每年出口約六十萬圓左右。縣城在中心偏北。以縣城爲準，縣南縣西爲棉場（係淸同治年間黃河在尉家口萬龍灣決口淤成者），縣北之土質頗遜，縣東則爲一片鹼地，登城樓向東北遠望，數十里無村舍，木樹無有，堪稱不毛之地也。

縣東六十里以外，復爲白沙土，係民國九年（或十年？）宮家壩黃河決口淤成者，在春夏之交，雨量缺乏之時，一片平沙，沙深尺許，大風一起，塵土蔽天，故當淸明節至五月節（舊曆）之間，濱縣利津蒲台靑城數縣，想有天朗氣淸之日不可得也。

縣內無山，並距山甚遠，余於出外就學之前，只見教科書上所畫之山，未與眞山一面也。

縣之東十八里有秦台，高二十四丈許，上有廟宇，相傳爲秦始皇築以望高麗者，據我個人所考，該台成於唐時。當時黃河之道爲濟水之故道，海之濱距縣五十里，潮汐所至之地距城約三十里，築此台所以望風者也。今在秦台附近鑿井，用新式機，曾鑿六十餘丈未得淡水。（民國十四年，道院在秦台開會，佩天津鑿井公司在此地鑿井以建道祖院未成，此張宗昌等所組織者也。)

氣候與濟南相彷彿，春季無雨，自八月初旬至九月中旬，則陰雨連綿，連月不開，全年雨量，八九兩月占十分之八，六七月占十分之一•五。

縣之西境為徒駭河，上流不通，積水不流，魚蝦之利，沿河居民有之，徒駭之鰱魚可與黃河之鯉比美。

縣內除沿黃河及徒駭河兩岸二十里以內外概無甜水(淡水)井，普通所掘之井深七八尺，再深則鹹不可入口，故縣之東北概無深井，此等土井，每逢西南風時則鹹味減，每逢東北風時則鹹味深。

據利津人言，海濱在宋時距利津城僅三十里，今以黃河淤積之故，海濱距利津城九十里餘矣。在濱縣利津之東，淤地之大，計有兩縣面積，無人種植，蘆葦叢生，土匪自大連渡海而來潛居於此，海軍以該地水淺不能剿，陸軍以人煙稀少，不之理，結果此地之匪人竟在去歲將順天輪搶劫。天津以南為魯北之匪，皆以此為避身所。當局終日談開發西北，而在人煙稠密之山東，對此隙地，尚不能開發殖民也！

全縣商業最盛為北鎮，在縣城東南二十五里，與蒲台縣城隔舊河道，僅三里，北鎮為濱縣棉業出口所，為蒲台濱縣利津三縣之金融中心地。

濱縣產藥品車前子，各地藥商每到秋末多到濱縣收買之。

縣內交通，概以牛車，與縣外之交通，貨物之運轉，多賴黃河帆船。

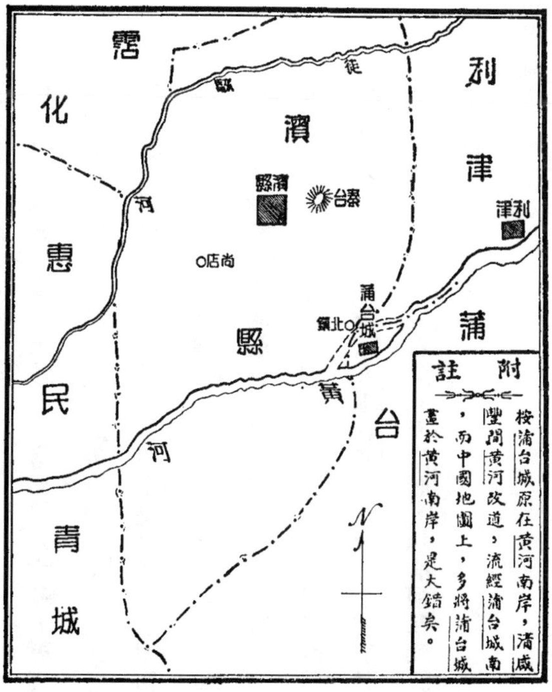

霑
化
惠
民
青
城
利
津
蒲
台
濱
縣
徒
駭
河
黃
河
濱縣
秦台
尚店
北鎮
蒲台城
利津
附註
按蒲台城原在黃河南岸，清咸豐間黃河改道，流經蒲台城南，而中國地圖上，多將蒲台城畫於黃河南岸，是大錯矣。

民風儉樸耐苦，全縣無過二百畝(官畝)之户，無地之民，貧無立椎者亦少，故雖地近匪區，縣內治安尚可維持。

縣之北境與霑化縣毗連處，有一大草原，係清代之馬場，今魯主席韓復榘派兵一旅，屯墾於此。

清代地理沿革討論

于鶴年

甲、

一、天津改州設府年月

天津之改衛爲州，會典事例清通典清通志說在雍正二年，大清一統志畿輔通志天津縣志清史稿說在雍正三年。本刊第一卷第三期譚其驤君清史稿地理志校正於「雍正三年升天津衛爲直隸州」下註云，「會典事例作二年」，蓋存疑未決。第二卷第十期趙泉澄君清代地理沿革表，則逕從會典事例之說作二年。今按東華錄，

(雍正三年二月)，改天津衛爲州，設立知州一，改衛經歷爲吏目，教授爲學正。

(九月)，升直隸河間府所屬天津州爲直隸州，管轄武清靑縣靜海三縣。

可知天津先由衛改爲散州，再由散州升爲直隸州，皆在雍正三年。東華錄爲編年之書，先後有序，脫誤的機會較少，當屬可信，則事例作二年者非也。

由直隸州升府，除事例作雍正八年外，他書都說在九年，譚君校正亦存疑未決，而趙君沿革表則仍從事例之說。今按徐士鑾敬鄉筆述卷七：

華梅莊學博未齋扎記，雍正八年十二月，署直隸總督唐執玉疏稱，天津直隸州係水陸通衢，漕鹽聚泊，旗民混淆，一切巡察防捕及承辦水師營各項軍功，差煩事冗，請升州爲府，附郭置天津縣，專理地方事務。從之。尋定天津新升府曰天津，附郭設縣。檢閱舊邑志地輿，天津自明永樂置衛，國朝初因之。雍正三年改天津衛爲州。(中略)九年設天津府，改州爲縣，永爲畿輔大都會云。(中略)又扎記，唐執玉，江蘇武進人，進士，雍正七年六月署直隸總督，八年十二月疏請天津直隸州升府，九年五月請以廣平府知府李梅賓調補天津府，以清河縣知縣徐而發調補天津縣。

東華錄：

(雍正九年二月)，丙辰，吏部議覆署直隸總督唐執玉奏，天津直隸州係水陸通衢，五方雜處，事務繁多，辦理不易，請升爲府。(中略)附郭置天津縣。(中略)從之。

可知天津升府之動議雖發於雍正八年十二月，然至翌年二

月方得吏部核，准五月方委官；諸書作九年者是，事例作八年非也。

二、寧河置縣年月

寧河置縣，清一統志畿輔通志順天府志寶坻縣志清通典均作九年．趙君沿革表獨從會典事例作元年。今按東華錄，梁城所置寧河縣與天津升府同出於署直隸總督唐執玉之請，同在雍正九年二月得朝廷之許可，當以爲正。

乙、

錢春齋

編輯先生：禹貢第二卷第十期載有趙泉澄先生之清代地理沿革表，雜亂瑣碎之州縣沿革，經其排比，綱舉目張，秩然可觀，讀之佩甚。惟篇中述宣化府屬縣沿革，頗多訛誤，謹爲辨正如左，幸先生垂教之！

延慶州，順治初年仍，領縣一：永寧。十六年，裁永寧縣入州：無屬領。

當作十六年併縣入永寧衛，康熙三十二年裁衛入州。

宣化府　縣八：……開平衛改爲赤城縣。

當作赤城堡改爲赤城縣。

萬全左右衛改爲萬全縣。

左字當刪。

永寧縣改爲西寧縣。

當作順聖西城改爲西寧縣。

按康熙三十二年改宣府鎮爲宣化府，所屬十衛或裁併，或改爲縣：宣化前衛改宣化縣；萬全右衛改萬全縣，龍門衛改龍門縣；懷來衛改懷來縣，蔚州衛改蔚縣；懷安衛改懷安縣，裁併萬全左衛及保安右衛入之；省永寧衛入延慶州；又以赤城堡改設赤城縣，裁開平衛入之；又以蔚州衛屬之順聖西城改設西寧縣，併順聖東城入之。當時稱爲十衛改八縣，係就大體言之，其實十衛之中，永寧一衛與八縣無關，八縣之中，設於故衛治者但有六縣耳。雍正十二年，設獨石口廳於開平衛治之獨石堡，自此故開平衛遂與赤城縣脫離關係矣。趙君所述諸縣沿革除上列數則訛誤外復有脫漏處，因不憚煩爲補敍之。

☆　☆　☆　☆　☆　☆

頡剛先生：

（上略）弟前評史先生一文，太草率，未經推求，即信周氏成說，只可認輸。惟仍有些微抗議，便中乞轉與史先生商榷。

一，後漢無欒城，大部分可信。惟『十三』問題仍無法解決。

二，鄗藏蜚英館石印本後漢書，扞水上未空格。

三，張掖屬國所轄五地，應各視爲一地方行政單位，其如何起原可以不問。

又陳君鐵卿云：禹貢一卷八期所附地圖，菏澤之『菏』誤作『荷』，雖無大關係，如有機會，似應改正。

于鶴年。廿三，十二，二十。

更正

本刊二卷九期頁四三，倒數一行，『授』誤作『受』。又頁四四，八行，『屨』誤作『履』，特此更正。

浙江圖書館館刊

第四卷第一期

本期要目

浙江省立圖書館編輯
中華民國二十四年二月二十八日
（兩月刊）

漢口商業月刊

第二卷第二期

（總第十四期）要目

每册訂價二角五分
國內各大書局均有代售

晨熹旬刊

(中華民國二十四年一月二十五日)

創刊號目錄

開端白
今年之新生活運動　陳立夫
意德印象的一斑　張沖
回教爭教不爭國的檢討　楊德元
土耳其主義的沿革　馬宏道譯
微笑　濟之譯
漢口的街頭(漢口通訊)　宗義
四川安縣教勢一瞥(四川通訊)　馬道德
駐土耳其公使賀耀組氏事略　元
同學們(小說)　辛府
邊疆近聞
世界回教國消息一束
時事日誌
畫刊(七幅)

第二號目錄

(中華民國二十四年二月五日)

以黨治國之主義　林森
回教入中國的回顧與前瞻　楊德元
中國回教徒的出路　雲谷
土耳其主義的沿革　馬宏道譯
緬邊古道漫遊　迪心譯
山東曲阜通訊　健吾
悲壯的憧憬　伊人
毒牛乳　叙公
旬間邊事及國外回教要聞
時事日誌
畫刊(三幅)

全年三十六册國內連郵費一元八角六分
南京白下路三〇五號晨熹社

章實齋方志論文集

◼民國二十三年出版◼

本書係張樹棻先生所編，凡四篇：第一篇，章氏對於方志體例之討論，第二篇，章氏所修諸志序例，第三篇，章氏參修諸志序例，第四篇，方志論叢。章氏集方志學之大成，前人已有定論，凡欲研究其學說者，當以此書爲依據焉。

瑞安仿古印書局

天山月刊

一卷五期要目

讀盛李删電後……趙瑞生
漢商口中之新疆現狀(綏遠通信)……雲飛
巴勒斯登世界回教徒大會……艾沙譯
新疆省農村經濟(附作者來信)……汪江一
開發西北之要點……諸民誼講
回鶻問題研究(續一)……拉得洛夫著　賀啓明譯
新疆省政府令改纏回名稱爲維吾爾佈告……艾沙譯
阿克蘇教育現狀……艾沙譯
古代西方織術東漸考(續完)……國衛著　黎峯譯
西域故事(四續)……李景昭
新疆南路探訪記……新坦因著　王竹書譯

南京大石橋二十五號天山月刊社

食貨 半月刊

民國二十四年三月一日出版

（第一卷第七期）

目錄

定價 零售每冊大洋一角 預定全年國內二元 國外三元郵費在內

發行所 新生命書局 上海四馬路 南京太平路 北平琉璃廠 武昌橫街頭

新蒙古

月刊

第三卷第二期

民國二十四年二月十五日出版

插圖——國民政府軍事委員會委員長蔣中正肖像
蒙旗宣化使大國師章嘉呼圖克圖肖像
外蒙郵票之一斑

編輯兼發行者　北平新蒙古月刊社
社址　北平旗壇寺西大街前當鋪胡同二號
總代售處　北平和平門外民友書局
定價　每份大洋一角五分　半年六期訂閱八角：郵費本埠三分外埠六分　全年十二期訂閱一元五角；郵費本埠六分外埠一角二分
五分以下郵票代洋十足使用

文學山房

蘇州護龍街

書名	卷數	纂修人	刊刻時間	冊數	價格
福建通志 正續	七八	郝玉麟	乾隆二	七二	八十元
河南通志 正續	八十 八十	田文鏡 阿思哈	雍正九 乾隆三二	一百二十	卅元
安徽通志	三百五十	沈葆楨	光緒三	一百二十	卅二元
蘇州府志	一百五十	馮桂芳	同治	八十	廿四元
松江府志 正續	八四 四十	宋如林 博潤	光緒	六四	廿元
文登縣志 山東	十	歐文	道光一九	十	六元
富順縣新志 四川	十七	盧逸叟	宣統	二四	十元
續山東攷古錄	三二	葉圭綬	光緒八	六	五元
虎邱山志	十	顧沺	宣統鉛印	二	一元
湘城小志 蘇州	六	陶小沚	民國	二	一元
蜀典	十二	張澍	嘉慶	四	一元半
清泉縣志	十二	張東壁	同治五	三	一元半
泰伯梅里志	四	吳存禮	道光	四	三元
莫愁湖志	六	馬士圖	光緒	二	六角
臨清直隸州志 山東	十一	張度	乾隆	廿	十元

書名	卷數	纂修人	刊刻時間	冊數	價格
奉賢縣志	廿一	張文虎	光緒	六	四元
奉化縣志	四十	李前泮	光緒	十二	七元
江寧府志 正續	五六 五十	呂燕昭 劉坤一	光緒	廿四	十二元
江蘇全省輿圖		曾國藩 丁日昌	同治	六	八元
鄧尉山聖恩寺志	十八	周永年	民國重印	四	二元
海寧州志稿	四二	查元復	民國	卌二	十二元
焦山志 正續	二六 八	吳雲 陳任暘	光緒	十	三元
寶華山志	十五	劉名芳	乾隆	四	三元
武功縣志	三	康海	光緒	一	六角
善化縣志 湖南	三四	陳國仲	光緒	十四	六元
天童續志	二		光緒重刊	四	三元
仁和縣志	十四	沈朝宣	嘉靖本	六	三元
南岳志	八	高自位	乾隆	十六	五元
盛京通志	四八	雷以誠	乾隆	二十	六元

出版者：禹貢學會。
編輯者：顧頡剛，譚其驤。
出版日期：每月一日，十六日。
發行所：北平成府蔣家胡同三號禹貢學會。
印刷者：北平成府引得校印所。

禹貢

半月刊

價目：每期零售洋壹角。豫定半年一卷十二期，洋壹圓；全年二卷二十四期，洋貳圓。郵費加一成半。國外全年加郵費八角。

The Chinese Historical Geography

A Semi-monthly Magazine

Vol. 3 No. 3 Total No. 27 April 1st 1935

Address: 3 Chiang-Chia Hutung, Cheng-Fu, Peiping, China

第三卷第三期

（總數第二十七期）

民國二十四年四月一日出版

代售處

北平北京大學史學系楊向奎先生
北平燕京大學哈佛燕京社
北平燕京大學史學系李子魁先生
北平輔仁大學史學系史念海先生
北平清華大學史學系吳春晗先生
天津河北女子師範學院班書閣先生
廣州協和神學院李鏡池先生
濟南齊魯大學史學系張立志先生
杭州之江學院顧敦鍒先生
武昌武漢大學吳其昌先生
成都四川大學文學院劉以壎先生
成都四川大學賀幼于先生
廈門廈門大學史學系鄭德坤先生
北平北平圖書館王以中先生
杭州浙江圖書館夏廷棫先生
北平景山東街十七號景山書社
北平東安市場岐山書社
北平西單牌樓南首建設圖書館
北平琉璃廠來薰閣書舖
北平琉璃廠邃雅齋書舖
北平琉璃廠新生命書局
北平隆福寺街修綆堂書舖
北平隆福寺街文奎堂書舖
北平隆福寺街文殿閣書舖
北平孝順胡同後溝三號曾紀琳先生
北平成府競進分社
天津法租界二十六號路世界圖書局
天津法租界三十號路大公報代辦部
天津大經路北方文化流通社
綏遠楊家巷十二號綏遠新聞社
開封新書業街龍文書莊
南京太平街新生命書局
南京中央大學門前鍾山書局
南京太平路中市羣衆圖書公司
上海五馬路亞東圖書館
上海棋盤街寶善里新生命書局
上海四馬路上海雜誌公司
上海福州路生活書店
上海九江路伊文思圖書公司周文欽先生
上海四馬路中市羣衆雜誌公司
蘇州五卅路國學小書堆
杭州福緣路抱經堂書局
武昌橫街頭新生命書局
長沙府正街金城圖書文具公司
重慶天主堂街重慶書店
日本京都中京區彙文堂書店
日本東京神田區神保町巖松堂書店

內政部登記證警字第叁肆陸壹號　中華郵政特准掛號認爲新聞紙類

雷學淇紀年義證論夏邑鄩酄

梁隱

左傳襄四年，哀元年，記夏太康失國，迄於少康中興，其間歷數十年事，曲折甚詳。而史記夏本紀，顧不著一字，則甚矣史公之疎也。故記舊聞，其足與左氏相參證者，頗不多，（馬驌繹史卷十三少康中興，歷引諸書，而獨不錄左傳，則亦馬氏之疎。）而獨汲冢紀年載其事爲詳備。今本紀年雖非舊物，然亦異乎全無所受，憑虛臆撰者。淸代治其書者，前後無慮十許家。獨通縣雷氏之書用力最深，而流傳轉最狹。陳逢衡集證，不辨眞僞，取材雖博，別擇未精。朱右曾存眞，限斷嚴，別擇精矣，而采納不富，闡發自少。（王國維古本輯校，卽朱書而去其闡說，則秋水盡而寒潭竭，益不足以昭攬物象。今本疏證如陳詩集注，然今本雖僞，亦有來歷，一概抹殺，則貌似謹嚴，而情益疎曠也。）惟雷書能辨本書之眞僞，而又能存其僞中之眞。能博采羣言以相闡，而又能剷去羣言之僞。兼陳朱兩家之所長而較無其短者，庶其在是。顧雷書刋行者曰紀年考訂，僅十四卷，又非定本。其後爲義證四十卷，寫定未刋，余曾見其稿本，洵可謂卓出諸家之上矣。而其釋地尤精善。獨惜以畢精萃力之書，而身後未獲刋布，遂不爲學人所知。因姑摘取其論夏太康少康時事地望者，備嘗鼎之一臠。亦以見紀年所載，不僅以戰國事爲可信。（余著諸子繫年，備論紀年載戰國事可信，勝於史記處。）卽記三代以上，亦時資多聞，其書不僅以散見唐以前稱引者爲可恃（卽如王氏古本輯校所錄），卽今本紀年，亦未嘗全不足取也。若謂古史當斷自殷墟物證，自玆以往，全等臆測，則曲士之拘篤，余與雷氏，甘同譏焉。（以下皆摘錄雷書）

帝啓放季子武觀於西河（按此條見今本）

觀國名，韋昭楚語注，謂卽洛汭之地。沈約附注，取左傳杜注說，謂今頓邱衞縣。愚案，觀卽灌也，亦作酄。觀乃本字，因爲國都，故曰酄。因其近河，故曰灌。又曰觀津。季子居之，故曰武觀。因其以西河叛，故曰叛觀。且本陸終後斟姓之墟也，故曰斟灌。世本及漢晉人記傳，皆謂斟灌氏姒姓（世本見夏本紀索隱）。卽季子之國也。……韋杜說，元凱爲是。洛汭止近斟尋，無所謂觀，北海之酄灌，乃自河洛往遷者，無與于此。戰國策曰，『齊伐魏，取觀津』。高注云，『故觀邑臨河津，故曰觀津』。漢書地理志，東郡有畔觀縣。應劭注云，『夏國也，東漢爲衞國縣』。水經曰：『浮水故瀆，又東逕衛國縣故城南，古斟觀』。世紀曰，『斟觀，衛地』。臣瓚漢書注云：『汲郡古文，相居斟灌，東郡灌是也』（水經巨洋水注）。晉廢東郡立頓邱，改曰衛縣，見晉書地理志。後遂因之。隋以後改觀城縣，今山東曹州屬縣之西古觀城是也。西河亦地名，……鄭康成禮記注云：『西河龍門至華陰之地』。蓋自龍門以南至於華陰，近河左右之邑，皆曰西河，不專大河之西矣。（按雷氏說西河猶誤，參讀拙作子夏居西河攷。）

夏太康即位居斟尋

斟尋，古國名。字本作尋，以爲國邑，故作鄩。祝融後斟姓居之，故曰斟尋。斟姓無後，夏人以封同姓，故世本曰斟尋氏姒姓（見左傳疏及夏本紀吳世家索隱）。地之所在，有三說焉。漢書地理志曰：『北海郡斟縣，古國，禹後』。又有平壽壽光二縣，應劭於平壽注云：『古斟尋，禹後，今斟城是也』。於壽光注云：『古斟灌，禹後，今灌亭是』。蓋東漢省斟縣，分其地入平壽壽光，故應氏云云。杜氏春秋傳注，京相璠春秋土地名，司馬彪漢書郡國志，皆同應說。璠又謂『二斟相去九十里』（見水經巨洋水注，通志引作七里）。此謂斟尋在山東，即今萊州濰縣西南八十里之斟城，西與青州壽光縣東四十里之斟灌城迫近者也。此一說也。傳瓚漢書音義云：『斟尋在河南，蓋後遷北海也』。（此句據夏本紀正義引改，今漢書地理志顏氏集注作不在此也，蓋承應說言之故易其文。）汲冢古文云：『太康居斟尋，羿亦居之，桀又居之』。尚書序云：『太康失邦，昆弟五人，須於洛汭，此卽太康所居爲近洛也。』（史記夏本紀正義）此謂斟尋在河南，即左傳所謂『郊鄩潰』，杜注所謂『鞏縣西南有地名鄩中』，括地志所謂『鞏縣西南五十八里故鄩城』（張儀列傳正義），是也。此又一說也。二說之外，有謂斟尋在衛者，水經河水篇云：『浮水故瀆，又東逕衛國縣故城南，古斟觀』。又巨洋水注，引世紀云：『夏相徙商邱，依同姓之諸侯斟灌斟尋氏』。史記正義引世紀云：『相徙于商邱，依同姓諸侯斟尋』。此謂尋近帝邱。（商邱皆帝邱之訛，王應麟謂誤出帝王世紀也。）在東周時之衛地者也。此又一說也。是三說，水經酈注兼取之，謂『既依斟尋，明斟尋非一居矣。（節）蓋寓其居而生其稱，宅其業而表其邑。縱遺文沿褫，亭郭有傳，未可以彼有灌目，謂專此爲非，捨此尋名，而專彼爲是。以土推傳，應氏之據，亦可按矣』。蓋酈又終袒應說也。今案周地有尋而無灌，衛地有灌而無尋，世紀與左傳注說皆誤也。觀下紀傳言依鄩侯，賈逵左傳注依斟觀而國等說，可知相之徙居，未嘗依于斟尋。杜元凱謂『依于二斟』（見襄四哀元左傳注），蓋誤用應氏之說也。其寔傳應二義，瓚說較長。斟縣之灌尋，乃從河洛往遷，被名海澨者。即酈氏所謂寓其居而生其稱，非初國矣。不然，使帝居近海，何乃畋于洛南？尋不遷都，何以戰於濰水？考驗紀文，知傳爲得寔。班志應注皆得半遺半耳。且太康之居。漢以前無明文，惟書序之言，紀年與之合。蓋洛汭即洛水入河處，須謂處于其地，待其至焉之謂也。鄩城即在洛汭西南五十餘里，傳云『居爲近洛』，此之謂也。

帝王世紀云，『夏太康五弟，須于洛汭，在鞏縣東北三十里』（漢書郡國志注）。此晉以前之鞏縣，水經注所謂鞏縣故城者是，在今縣西南亦三十里。古時洛汭在今縣正北，（諸家地志謂隋大業始置今縣，誤。）所謂洛口者是。諸地志謂之什谷口，非是。什谷口乃尋口也。尋邑故址在今鞏縣西南五十八里，在古縣故城西南二十八里，在東訾故城西南十八里（左傳尹文公焚東訾），在郾師縣東北十三里。尋本水名，漢書郡國志，鞏有尋谷水是也。其說亦不一。嘗合京相璠土地名，徐廣史記音，酈道元水經注，魏王泰括地志，及唐宋以後地書考之，蓋尋水發源于古縣東北之尋谷，（史記謂之斜谷，徐廣曰，一作尋谷，水經注謂之北山尋谿，即諸志所言什谷也。即斜谷之誤。）其水西南流至鄩城，共行五十餘里，是謂上鄩。又曰北鄩。（見土地名，酈氏謂其水南流，當是傳脫西字。）即元和輿地等志謂偃師東北十四里有鄩谿者也。亦謂之溫泉水。其邑即斟尋。所謂鄩中也。尋水自鄩城東北，又折而東南流，至訾城西北，是爲下鄩。又曰南鄩。于是東入于洛。其入洛處謂之尋口，猶洛水入河處謂之洛口也。徐廣曰『鞏縣有尋口』，史記謂之斜谷之口，京相璠所云『鞏洛渡北』者也。自唐宋以來，水經注傳本，多將洛水注北山尋谿下即什谷也三十六字，誤置謂之洛汭下，于是諸家地志，皆謂洛入河處爲什谷之口。此非酈書之誤，傳酈書者誤也。不寧惟是，酈注什谷，乃圤谷之誤。玉篇曰，『圤鄩，古國名』。史記張儀傳作『斜谷之口』，戰國策作『轘轅緱氏之口』。蓋轘轅關北與鄩口相値，故史遷易轘轅爲斜谷，寔又斟谷之誤也。因斟姓嘗國於尋，故尋谷亦曰斟谷。姓旣被于國土，故尋口又曰斟谷之口也。韋昭國語注，謂觀在洛汭，亦斟谷之名誤之耳。斟谷非洛水所出，則洛口安得被以斟尋之名乎？世之傳史記者，誤斟爲斜，而刋酈注者，又誤斜爲什。斟斜斗圤什轉寫益訛，久乃忘返。觀于斟谷尋谷，愈知太康所居，河南爲是。蓋邑與口因水得名，國與谷以姓得名。而世本謂姒姓有斟尋氏，又因所居之國邑得名也。

太康畋於洛表，羿入居斟尋

水內爲汭，外爲表。洛表，洛之南也。夏書序曰：『太康失邦，昆弟五人，須於洛汭，作五子之歌』。春秋襄公四年左傳曰：『昔有夏之方衰也，后羿自鉏，遷於窮石，因夏民以代夏政。恃其射也，不修民事，而淫于原獸』。又曰：『在帝夷羿，冒於原獸，忘其國恤，而思其麀牡』。……楚辭離騷篇曰：『啓九辨與九歌兮，夏康娛以自縱。不顧難以圖後兮，五子用失乎家衖。羿淫游以佚田兮，又好射乎封狐』。……愚案『不顧難以圖後』，謂縱欲往畋。羿襲其後，入居斟尋，代夏政也。觀下云『又好』，知太康卽以此失國，而羿復不戒之，故左傳曰『羿猶不悛』也。說與竹書符合。帝王世紀曰：『河南西有郲鄏陌，太康畋於有洛之表，今河之南岸傳有負犢山(見漢書郡國志劉昭注)，此皆古人相傳舊說，可以參證者。……羿者，有窮之君。……以善射聞，及夏之衰，自鉏遷於窮石，因夏民以代夏政(見夏本紀正義)。窮石與鉏，傳注皆不言所在。史記正義引括地志云：『故鉏城在滑州衛城縣東十里，即今衛輝府滑縣東十五里之鉏城也』。又引晉地記云：『河南有窮谷，本有窮氏所遷』。此說與傳記書序並合。窮谷卽左傳『單武公劉桓公敗尹氏于於窮谷』者。定七年杜注云：『周地，不詳其處』。說者謂因其名不美，舉相反者易之。華延洛陽記云：『城南五十里有通谷』(文選洛神賦注)，即是。然則窮在劉尹二邑間，與斟尋實偪處矣。(杜注劉在鬷氏西北，路史云，『尹在鞏西南，近偃師』，謂亦杜說。水經注謂窮在鬲縣，今德平東十里』。薛季宣謂窮在刪丹，今甘肅西竟。路史謂窮在安豐，今英山縣地。三地去斟尋皆遠，與左傳因夏民之說不合，與寒浞殺羿烹之以食其子，死于窮門之說尤不合。蓋羿(按此處原文似脫一窮字)接壤，羿乘帝之出獵，襲居帝城，擁有尋土，使其子仍居窮邑以爲聲援，故左氏云云也。世若窮距帝都千餘里，或數千里，傳說之謂何矣。)

仲康卽位居斟尋(按此條見今本)

居斟尋者，夷羿入居後，自立爲相，挾天子以令諸侯，故滅伯封，用寒浞，棄武羅伯因熊髡尨圉以自逞。今太康陟而立仲康，已仍相之，故仲康亦居斟尋。

世子相出居帝邸

依鄘侯(按此處鄘字，今各本俱作邳)。帝邸舊訛作商邸。左傳曰：『衛顓頊之虛也』(昭十七)。又曰：『衛遷于帝邸，卜曰三百年。衛成公夢康叔曰，『相奪予享，公命祀相，甯武子不可』。杜注曰：『夏后啟之孫居帝邸，今大名開州西南三十里濮陽故城卽是』(帝邸見僖三十一)。相出居帝邸者，迫于羿也。……依鄘侯者傳文，鄘卽武觀國，所謂斟灌也。……賈逵左傳注亦云：『相依斟觀而國』(吳世家集解及左傳哀元年疏)。可知周末相傳其說如此。賈君猶有得於師承者。

寒浞殺羿，使其子澆居過(按此條見今本)

寒，國名。左傳杜注曰：『北海平壽縣東有寒亭』，今故址在萊州濰縣東北五十里，西南至斟尋城百里也。寒浞，羿臣寒君伯明之族子也。世本曰：『寒，邳姓』(路史國名紀)，蓋羿之同族也。……澆，論語作奡。左傳曰：『處澆于過』，即此事。杜注云：『東萊掖縣北有過鄉』，今在萊州府城北，西南至寒亭二百三十許里。又西南至斟尋百餘里。浞之處澆于此，豈以斟尋來遷，恐爲寒患，故使澆圖之歟。

相居于斟灌

此寒浞僭立遷相于斟灌也。灌本武觀國，尋乃禹之子姓所封也。自太康居尋，而尋遷平壽。今后相居灌，故灌亦遷壽光也。應氏劭杜氏預京相璠謂二斟在平壽壽光，蓋非其初國矣。傅氏漢書注曰：『尋本在河南，後遷北海。斟灌當亦然也』。

按雷氏謂相居帝邱，即依斟觀而國，又謂后相居灌，而灌亦遷壽光，是俱然矣。然紀年云：『后相居帝邱』(見御覽八十二，帝譌商)，又云：『相居斟灌』(見水經巨洋水注，漢書地理志注，路史後紀十三引臣瓚)，今本紀年舊注：『斟灌之墟，是爲帝邱，后緡方娠，逃出自竇，歸於有仍』。則相居帝邱與居斟灌，即是一地。相之見弒，后緡之出逃，亦卽在斟灌之墟之帝邱也。似今本僞紀年，拾掇舊文，未能董理，而妄加比次，遂謂帝相元年居商邱(卽帝邱字譌)，九年居斟灌。則顯分帝邱與斟灌爲兩地。然則，豈相居帝邱之斟灌，而斟灌遷邑於壽光。其後相又見逐，乃自帝邱斟灌又遷依壽光之斟灌乎？苟依此說，則舊注『斟灌之墟是爲帝邱』一節，又難通矣。又此注今本在二十八年寒浞使澆弒帝，后緡歸于有仍之後。而陳氏集證移斟灌之墟是謂帝邱八字於九年相居于斟灌之下，則於元年相居帝邱一條仍難說。蓋今本紀年雖未必全無據，而其以意安排，決非本眞。本不能一一就文證說也。雷氏此條，下語含混，蓋亦悟其難通，而未能抉出今本之僞。故此引紀年，皆去其標年之語，而特獻所疑，爲雷氏進一解焉。

寒浞滅戈(按此條見今本)

左傳曰：『浞因羿室，生澆及豷。處澆于過，處豷于戈』。杜注云：『戈在宋鄭之間』(襄四)。今歸德開封二府，即宋鄭界。開封之杞縣東北，有地名玉帳，或謂即宋鄭隙地之玉暢也。戈當去此不遠。

寒浞使澆帥師滅斟灌，澆伐斟鄩，大戰于濰，覆其舟滅之。（按此條見今本）

此斟灌斟鄩，卽從河洛來遷者。濰水名，漢地志云：『維出箕縣』。淮南子曰：『維出覆舟』。說文曰：『濰出箕山』。水經注曰：『出濰山』。名異寔同也。左傳：『浞使澆用師，滅斟灌及斟鄩氏』，即此。戰于濰，覆其舟者，用舟師也』。論語曰：『奡盪舟』。楚辭天問曰：『覆舟斟鄩，何道取之』。卽此事。後名濰山爲覆舟，亦以此也。

后緡歸於有仍（按此條見今本）

左傳曰：『昔有過澆殺斟灌以伐斟鄩，滅夏后相。后緡方娠，逃出自竇，歸于有仍，生少康焉』（哀元）。……今按古文任仍通，故仍叔穀梁作任叔。仍國卽太昊風姓後，今山東濟寧州是。傳曰：『任宿須句顓臾，風姓也』（僖二十一）。又曰：『夏桀爲仍之會』（昭四），皆指此。仍叔之邑，則傳謂次于任人者矣』（昭二十二）。

按自帝邱之斟灌逃至濟寧之仍，亦較謂自壽光之斟灌者爲近情。

少康自仍奔虞（按此條見今本）

左傳謂『少康爲仍牧正，惎澆能，戒之，澆使椒求之，逃奔有虞，爲之庖正，以除其害，虞思于是妻之以二姚，而邑諸綸，有田一成，有衆一旅，能布其德，而兆其謀，以收夏衆，撫其官職』。賈注云：『有虞，帝舜之後，綸，虞邑』。杜注云：『梁國有虞縣，思，有虞君也。姚，虞姓』。漢書續志曰：『梁國虞有綸城，少康邑。今虞縣故城在歸德府虞城縣南三里，綸城在縣西三十五里』。博物志謂『綸在汾陰』，世紀謂『虞城在河東大陽縣西山上』，俱非是。

伯靡殺寒浞，少康自綸歸于夏邑（按此條見今本）

左傳曰：『靡自有鬲氏，（國名，在今山東德平縣東十里。）收二國之燼以滅浞，而立少康』（襄四）。夏邑，即禹爲夏伯時所封國。水經注謂：『潁水東出陽關，歷康城南，又東南逕上棘城西，又屈逕其城南，城西有故堰，潁水自堰東逕陽翟縣故城北，夏禹始封于此，爲夏國』。十道志云：『陽翟有少康城』（路史注）。洛陽記云：『夏少康故邑也』（寰宇記許州）。寰宇記謂卽康叔之故城，在今禹州西北三十里。

戰國時宋都彭城攷

錢穆

（一）

史記秦本紀：『造父以善御幸於周繆王，得驥温驪驊騮騄耳之駟，西巡狩，樂而忘歸。徐偃王作亂，造父爲繆王御，長驅歸周，一日千里以救亂。』韓子五蠹：『徐偃王處漢東，地方五百里，行仁義，割地而朝者三十有六國。荆文王恐其害己也，舉兵伐徐，遂滅之。』淮南人間訓：『徐偃王好行仁義，陸地之朝者三十二國，王孫厲謂楚莊王曰：「王不伐徐，必反朝徐」。楚王曰：「善」。乃舉兵而伐徐，遂滅之。』後漢書東夷傳：『偃王處潢池東，地方五百里，行仁義，陸地而朝者三十有六國。穆王得驥騄之乘，乃使造父御以告楚，令伐徐，一日而至。於是楚文王大舉兵而滅之。偃王仁而無權，不忍鬥其人，故致於敗。乃北走彭城武原縣東山下，百姓隨之者以萬數，因名其山爲徐山。』唐韓愈衢州徐偃王廟碑即本此爲說。此徐偃王之故事也。史記正義引古史考云：『徐偃王與楚文王同時，去周穆王遠矣。且王行有周衛，豈得救亂而獨長驅，日行千里乎？並言此事非實。』崔述豐鎬攷信錄亦辨此事，謂：『前乎穆王者，有魯公之費誓，曰，徂茲淮夷，徐戎並興。後乎穆王者，有宣王之常武，曰：震驚徐方，徐方來庭。則是徐本戎也，與淮夷相倚爲邊患，叛服無常，其來久矣。非能行仁義以服諸侯，亦非因穆王遠遊而始爲亂也。且楚文王立於周莊王之八年，上距共和之初已一百五十餘年。自穆王至是不下三百年，而安能與之共伐徐乎？』今按謂荆文王伐徐者韓非也，謂楚莊者淮南也，謂周繆王者史記秦本紀也。混韓子史記爲一談者，後漢東夷傳也。繆王之事，不載於周紀而見諸秦本紀，此自秦人稱其祖造父，欲神其技，大其功，因附會於偃王之事。趙世家又載繆王使造父御，西巡狩，見西王母，此本以著異聞，非以爲信史。故滅之於周紀，而存之於兩家。史公之意，至愼至顯也。（馬氏繹史亦云：『史稱造父御王巡狩，見西王母，徐偃王反，日馳千里馬，攻破之。豈王之貳車，遂足以制勝？抑六師之衆，咸有此捷足哉？史不錄於周本紀，亦不過雜采異說，以傳疑。』此說發明史例，極爲有見。余辨史載蘇張傳縱橫傳說之妄，亦用此例。）至楚文王時，考之春秋傳及楚世家，均無徐偃王事。（楚成王伐徐，齊桓公救之，徐恃救而敗，見左傳僖十五年。徐爲吳滅，徐子章羽奔楚，見左傳昭三十年。）此韓說之妄。然稱徐偃王以仁義滅國，則二說皆同。余疑徐偃王即宋王偃，其見滅時惟淮南楚莊王之說得之。宋稱徐者，余考戰國時宋都蓋遷彭城。韓世家『文侯二年伐宋，到彭城，執宋君』。年表亦載此語。其時宋當休公世，蓋已遷彭城，而史闕不載。蓋宋都商丘，其地四望平坦，無險可守。彭城俗勁悍，又當南北之衝，自楚拔彭城以封魚石，晉悼圍之，重以畀宋，而彭城乃爲形勝所必爭。宋之徙都，實與趙徙邯鄲，韓徙鄭，魏徙梁同意，皆就衝要以自鎮。故宋亦稱徐，即指新都彭城而言。如韓稱鄭，魏稱梁是也。（彭城晉立徐州，至今猶稱淮夷徐戎，素屬商。故商宋亦得徐稱也。）又史記封禪書：『周之九鼎，沒於泗水彭城下。』始皇本紀：『二十八年，過彭城，齊戒禱祠。欲出周鼎泗水』，亦宋都彭城之證（語詳後）。韓非五蠹稱徐偃王處漢東，疑淮東字訛。淮東卽淮北也。後漢東夷傳稱偃王處潢池東，水經濟永篇有黃水黃溝，其東爲沛，秦之泗水郡，劉備徐州治此。又南爲彭城，東爲武原徐山。此卽偃王之國矣。云其地方五百里者，宋策墨子說楚，亦言『宋方五百里』也。王偃者，疑乃偃王之倒。考謚法無偃。秦本紀集解引尸子曰：『徐偃王有筋而無骨。』駰謂號偃由此。此語無稽，而可以證偃之非謚。梁玉繩志疑云：『偃身死國亡，未必有謚。然國策墨子呂覽新序諸書俱以偃謚康王，而荀子王霸篇稱爲宋獻。楊倞注曰：『國滅之後，其臣子各私爲謚，故不同。』則是王偃謚康謚獻，本非通行於當時，故野人小民，遂乃倒王之名以爲稱。莊子列御寇：『曹商爲宋王使秦』，釋文：司馬云『偃王也』則王偃後人固亦稱之偃王矣。謂其見滅，惟淮南楚莊王之時得之者，楚兩莊王，一在春秋時，一在戰國時。頃襄王又稱莊王。史記六國表，宋滅當楚頃襄王十二年，故淮南以爲莊王也。宋亡於齊，其後楚得其淮北徐地。當時盛毀之者，擬之桀紂，蓋出諸列國之君卿。而宋之小民，則口道仁義不能忘。凡今先秦書記宋偃之不道者，皆本列國史記。而宋以國亡無史，其仁義之設施，已不足自傳於後世。惟野民小人之所稱譽，謂徐偃王行仁義而亡國者，其流傳失眞，乃誤以爲春秋之徐。或乃以謂在楚文王時，或乃以爲當周繆王之世。傳者弗深考，乃不知其即宋王偃矣。古事流傳，其漫迤流衍如此者多，不足怪也。

（二）

六國表周顯王三十三年秦下，書『宋太丘社亡』。封禪書：『或曰；宋太丘社亡而鼎沒于泗水彭城下，其後百一十五年，而秦并天下。』亦自顯王三十三年起算。漢書郊祀志：『或曰，周顯王之四十二年宋太丘社亡而鼎淪沒於泗水彭城下。』此均無稽之談，然有可以推覘宋偃稱王時傳說之一斑者。社亡，王先謙曰：『索隱引應劭曰：「云亡淪入地，非也」。案亡，謂社主亡也。』宋策謂康王射天笞地，斬社稷而焚滅之，此謂康王暴悖自絕於天，因是有社亡之說，謂天示以將亡之兆也。鼎淪者，鼎為國家有天下之禎祥。左氏稱楚子問鼎輕重，而不敢有。今鼎乃入宋而淪於泗水彭城之下。彭城宋都也。此亦宋德不足有天下之證。（史記周本紀『威烈王二十三年，九鼎震』，命韓魏趙為諸侯，乃周失天下之先階，故有鼎震之兆。）然此雖毀譏之辭，必當時乇有周鼎歸宋之說，乃云其淪沒於泗水。則鼎淪之毀，實承鼎歸之譽而生。鼎本商物，周人有之。周德既衰，商行仁義，乃重歸商。慮當時宋康行仁政，愚民厚德者，當有此言。故諸侯之忌嫉益甚，乃於其稱王後之一年，而曰鼎淪於泗水矣。蓋宋之稱王，在周顯王四十一年。漢書記四十二年社亡鼎淪，實承舊史記載而來。（封禪書云：『商周德衰，宋之社亡，鼎乃淪沒，伏而不見』，是謂商周之德均不足以復有天下也。亦以社亡鼎淪並言，惟未著年代。又年表附宋於齊，而此事書於秦表，或由史公採之秦史而未經移正耶！又考秦本紀稱武王與孟說舉鼎絕臏而死。甘茂傳稱武王竟至周而卒於周。合兩說而論，武王既卒於周知舉鼎亦在周。孟子疏引帝王世紀謂『秦王於洛陽舉周鼎，烏獲兩口血出』，是其證。余疑此亦當時傳說，猶如楚子問鼎輕重，而王孫雒謂在德不在鼎。秦武欲通三川以窺周室，竟如其願，身至於周而卒。時人遂謂武窺周鼎，而德不堪之，遭譴而死，因譏曰，舉鼎絕臏死矣。其事與鼎淪之說相隔十九年，而推尋根源，實出一致，因附辨之。）又按周本紀：『周君王赧卒，周民東亡，秦取九鼎寶器。』此秦人之誇詐也。既已不得周鼎，猶且誇詐於諸侯，曰我得周鼎矣。乃以著之史，而史公承之。又始皇紀：『十八年，還過彭城，齋戒禱祠，欲出周鼎泗水。』此秦人之貪愚也。既已詐於天下，曰我得周鼎矣，而猶不忘情於真取，而信其真沉於泗水，乃不覺忘其前言，過彭城則祠以求之，而史公則據以為載。今史記正義及通攷乃謂一飛入泗水，八入於秦中，則既為秦人所詐，又過秦人之愚矣。夫漢得秦寶，不聞有鼎，此乃秦未得鼎之驗。水經泗水注：『始皇使數千人沒水求之，不得，乃謂鼐伏。』此乃鼎未淪泗之驗。沈欽韓曰：『九鼎之亡，周自亡之，虞大國之數甘心也，為宗社之殃。又當困之時，銷毀為貨，謬云鼎亡耳。』此雖虛臆，最為有情。余謂宋都彭城，王偃行仁政，小民心向，列國君卿忌嫉，甚加毀誣。又其稱王在顯王三十二年，及其國亡，遺民猶傳徐偃王，蓋亦會於虛而知之。（太丘屬沛，在河南永城境，距商邱彭城略相等。)

（三）

余考戰國時宋都彭城，又別有說以爲證者。水經睢水注：『睢水又東逕睢陽縣故城南，周成王封微子啟於宋，以嗣殷後，爲宋都也。秦以爲碭郡，漢高祖嘗以沛公爲碭郡長。天下既定，五年，爲梁國。文帝十二年，封少子武爲梁王。』漢以睢陽爲梁，蓋承戰國地理言之。宋亡已在戰國晚世。竊疑睢陽爲梁，猶在宋亡之前。蓋宋先已遷都而東矣。故漢乃以睢陽爲梁國。此戰國時宋東遷，不都睢陽之證，一也。又泗水注：『黃水東流逕外黃縣故城南，於春秋爲宋之曲棘里，故宋之別都矣。』漢志外黃補注：『王先謙曰：春秋宋黃邑，戰國屬魏。故國策蘇代曰：決白馬之口，魏無黃濟陽。亦稱外黃，見魏世家，太子申過外黃。張耳爲魏外黃令，見耳傳。』是外黃在齊魏馬陵之戰時，固已屬梁，否則魏軍不得踰人之別都以爲戰。(集解云：『外黃時屬宋』，非是。宋策云：『過宋外黃』，蓋襲史文而增宋字，不足據。)外黃與睢陽相近，外黃既爲魏有，睢陽之西蔽已失，敵氛及於國都，宋決不安。此宋在戰國時東遷，不都睢陽之證，二也。泗水注云：『泗水又南過平陽縣西』，注『縣卽山陽郡之南平陽縣也。竹書紀年曰：『梁惠成王二十九年，齊田肸及宋人伐我東鄙，圍平陽。』朱右曾云：『平陽故城在兗州府鄒縣西三十里』，其時梁之東鄙，已遠及鄒兗。若宋都睢陽外黃，則爲近在梁肘腋之裏，何緣及齊同師？魏策蘇秦說魏合從，亦曰：『魏地東有淮潁沂黃，煮棗無疎。』若宋都睢陽，魏境不得遠包淮沂。又韓世家集解引紀年『齊宋圍煮棗』，其事在魏哀王七年。後漢郡國志『煮棗在濟陽郡宛朐縣』。魏境是時猶東達今山東之曹州。此以地勢言之，又知其時宋必東遷，不都睢陽之證，三也。又淮水注：『惠成王十七年，宋景敾衛公孫倉，會齊師圍我襄陵。十八年，王以韓師敗諸侯師於襄陵。』漢志襄邑，師古曰：『圈稱云：襄邑宋地，本承匡襄陵鄉也。宋襄公所葬，故曰襄陵。』史記正義：『襄陵今歸德府睢州也。』(程恩澤國策地名考：『襄陵在歸德府睢州西一里。』又齊策：『犀首以梁與齊戰於承匡』，程氏地名考：『承匡在睢州西三十里。』)今考惠成十七年，田期伐魏東鄙，敗魏於桂陽，遂乘勝深入，而宋衛會之，至於襄陵。時襄陵已屬魏。襄陵在外黃睢陽間，距睢陽甚近。宋於其時殆已避梁而東矣。此宋東遷不留睢陽之證，四也。又淮水注：『王以韓師敗諸侯師於襄陵，齊侯使楚景舍來求成。』戰國策『邯鄲之難，楚使景舍起兵救趙。邯鄲拔，楚取睢濊之間。』此蓋即一時事。程恩澤國策地名考云：『睢濊，二水名。水經注睢水出陳留縣西浪蕩渠，東南流至宿遷縣，合泗，亦曰睢口。即汴水支流也。濊水本名渙水，由永城縣東南流入宿州西南境，又睢水支流。二水之間，今在今商邱（古睢陽縣）寧陵睢州一帶。魏之東南境，楚之東北境也』。據此則睢濊之間，實逼宋都。楚魏接壤，宋非遷居無以自安。其證五也。齊策蘇秦（按字作當代）勸齊王釋帝而舉宋，其言曰：『有宋，則衛之陽城危。有淮北，則楚之東國危。有濟西，則趙之河東危。有陰平陸，則梁門不啓。』此言宋之疆域甚備。且宋偃之世，宋土方廓。然今考之，陽城史記作陽地。集解裴駰云：『濮陽之地』。（程氏地名考濮陽今在大名府開州西南三十里。）淮北，史記正義『徐泗也』。（地名考云：『沛即淮北』。）東國，正義謂下相，（張氏釋地：『下相故城在今宿遷縣北七十里』。）僮（『釋地在睢寧縣境。』）取慮（釋地：『在靈壁縣北』。）也。陰，史作陶，正義『陶，定陶。今曹州也。』平陸，正義『兗州縣也』。然則宋之邦域，西不及於歸德商邱，否則為言乎有陰平陸而梁門不啓哉。此宋東遷不留睢陽之證，六也。又秦策或人之說秦王曰：（今誤作黃歇。）『秦楚之兵構而不離，魏氏將出兵而攻留方與銍胡陵碭蕭相，故宋必盡』。程氏地名攷『方與，今山東濟寧州魚臺縣北，胡陵今魚臺縣東南六十里，留今沛縣東南五十里，碭今徐州府碭山縣東三里，蕭今縣北十里，相今宿州西北，銍今宿州西南九十里。』則所謂故宋者，北及濟寧，南至蕭宿，中包沛碭，襟帶徐彭，爲之藩翼，而獨不及睢陽。睢陽豁在西陲，縱列版圖，未可甯居。此宋都東遷，不在睢陽之證，七也。張氏琦國策釋地云：『宋地自今歸德府以東，江蘇之徐州府，安徽宿亳二州，北有山東曹州府之菏澤曹縣定陶單縣城武鉅野，濟寧之金鄉魚臺，皆是。』夫疆場之間，一彼一此，固已無常。然諸家言宋地，終不及歸德以西。則又宋都東遷，不留睢陽之證，八也。故當時言宋，列諸泗上十二諸侯之列。楚策張儀爲秦連衡，說楚王曰：『破宋而東指，則泗上十二諸侯盡王之有。』高誘以十二諸侯爲魯衛曹宋鄭陳許之君（見秦策注）。齊策亦云：『今大王之所從十二諸侯，非宋衛也，則鄒魯陳蔡。』又曰：『舉五千乘之勁宋，而包十二諸侯。』宋列泗上，與鄒魯滕薛郳莒費郯同稱，則其都東遷，不留睢陽之證，九也。又齊策：『淮北宋地，楚魏之所同願也。』史記正義：『淮北謂徐泗等州。』顧祖禹方輿紀要云：『自沂兗以南，古所稱淮北地也。』宋在徐泗淮北，此東遷不留睢陽之證，十也。史記張儀傳：『儀與齊楚魏三國相會齧桑』。徐廣曰：『在梁與彭城之間』。顧觀光七國地理攷云：『漢志沛郡有山桑，即留桑也，在今蒙城縣北三十七里。』張儀與齊楚魏三國會，諒不在宋地。此又宋已東遷，不留睢陽之證，十一也。睢水注：『睢水又東逕相縣故城南，宋共公之所都也。國府園中猶有伯姬黃堂基，即伯姬燔死處也。城西有伯姬塚。』共公前爲文公。楚人圍宋，易子而食，析骸而炊，則爲文公十七年。文公二十二年死，共公立，宋遷而東，蓋當都城殘破之後，兼以避敵。非在文公之晚世，即共公之初年矣。共公十三年卒，平公立，三年，楚伐彭城，封魚石。四年，晉誅魚石，歸宋彭城。以宋都相，彭城近之，故楚伐彭城而置魚石以逼宋。若宋都睢陽，則彭城僻遠，不足患矣。此宋都自春秋時已徙而東，證十二也。又春秋襄十年傳：『晉荀偃士匄請伐偪陽而封宋向戌』。偪陽尙在彭城東北，正以宋都東遷，故其朝臣得遠封至此，證十三也。桓司馬石槨亦在桓山，近彭城。（程氏地名考云：『在徐州府東北二十七里，下臨泗水。』）證十四也。說苑立節：『宋康公攻阿，屠單父，成公趙曰：趙在阿而宋屠單父，則是趙無以自立也。且往誅宋。趙遂入宋，三月不得見。期年，宋康公病死，成公趙曰：廉士不辱名，信士不惰行，今吾在阿，宋屠單父，是辱名也。事誅宋王，期年不得，是惰行也，吾若是而生，何面目見天下之士？遂立槁於彭山之上。』竊疑彭山者，彭城之山。康公即康王。稱其病死者，國策云：『逃倪侯之館，得病而死也』。是又宋都彭城不都睢陽之一證，證十五也。又觀於六國表『韓文侯伐宋到彭城，執其君』。與夫鼎淪泗水彭城下之說，則宋都彭城，不都睢陽，斷可定矣。（楚策：『昭奚恤彭城君議於王前』。高注：『彭城屬楚』。又孟嘗君列傳，索隱引紀年『田嬰初封彭城』，疑齊楚彭城非一地，蓋如巴蜀分屬秦楚，上黨分屬三晉之類。）

又按史記宋世家云：『齊楚魏滅宋而三分其地』。漢志亦云：『宋爲齊楚魏所滅，參分其地。魏得其梁陳留，齊得其濟陰東平，楚得其沛。』吳師道注國策辨之曰：『蘇代說燕曰：齊南攻楚，西困秦，又以餘兵舉五千乘之勁宋。又說秦曰：齊強，輔之以宋，楚魏必恐，恐必西事秦。使當時齊與楚魏合，其言豈若是乎？史稱齊南滅宋，既割楚之淮北，西侵三晉。是乘滅宋之強，幷奪楚魏地。而謂與之分宋地，豈其實哉？樂毅謂燕昭王曰：王欲伐齊，莫若結於趙。且又淮北宋地，楚魏之所欲也。史表燕破齊之年，書楚趙取齊淮北。則楚魏分地，當是樂毅破齊後事。』張琦戰國策釋地不信吳說，謂：『假使齊獨有宋，則齊界至開封，詎聞有是乎？』余謂張駁固是，而吳辨更的。齊界固不至開封，其實宋界早已不至開封也。漢志所謂魏得其梁陳留者，當戰國初年，宋早已東移。魏之有梁陳留，不俟齊滅宋時。如此庶得當時情實也。

又按水經濟水注引劉成國徐州地理志云：『徐偃王治國，仁義著聞。欲舟行上國，乃通溝陳蔡之間』。全祖望經史問答本此，謂：『開鴻溝，通淮濟，始於徐，繼於吳。』余意春秋諸國，城築都邑時有之。至於掘溝通渠，舟行千里，則事殊少見。自魏文侯時，西門豹爲鄴令，引漳水溉鄴。梁惠王十年，入河水於圃田，又爲大溝而引圃水（水經濟水注引紀年）。又云：『瑕陽人自秦導岷山青衣水來歸』（水經青衣水注引紀年）。魏襄王時，又有史起爲鄴令，亦引漳水溉鄴。又史記趙世家：惠文王十八年，漳水大出。二十一年，徙漳水武平之西。二十七年，又徙漳水武平之南。八年之中，再徙巨浸。而稍後秦亦有李冰鄭國。史記河渠書謂：『九川既疏，九澤既灑，諸夏艾安，功施於三代。自是之後，榮陽下引河，東南爲鴻溝，以通宋鄭陳蔡曹衞，與濟汝淮泗會。於楚，西方則通淮漢水雲夢之野。東方則通鴻溝江淮之間。於吳，則通渠三江五湖。於齊，則通菑濟之間。於蜀，蜀守冰鑿離碓，辟沫水之害，穿二江成都之中，此渠皆可行舟，有餘則用溉浸。百姓饗其利。至於所過，往往引其水，益用溉田之渠，以萬億計，然莫足數也』。此下又叙韓人水工鄭國，爲秦鑿涇水，秦以富強。大抵水利之事，盛興於戰國。竊疑鴻溝之成，蓋戰國梁宋之力爲多。亦必東方水道日闢，而陶衞處其中心，遂成一大都會，乃有陶朱公以鉅富著。（此未必在越句踐時，未必即范蠡，余另有辨。）全氏以鴻溝遠推春秋時徐偃王，未必是。而若徐州志所記可信，則余論徐偃王即宋王偃，疑其都彭城，又得一證。而宋偃通溝陳蔡之間，又可補故宋文獻之一節也。

漢魏時代東北之文化

馮家昇

東北民族，祇在周末及秦時，稍與金屬文化接觸；在全體上說，未能追隨中國文化之發達，而仍居于金石雜用時代。因金屬文化之大量傾注，一躍而脫出石器文化圈，乃是兩漢武力擴張之結果。自紀元前一世紀迄紀元後四世紀，四五百年來，東北爲中國之領土。雖爲邊郡，而一切設施同于內地，檢漢志，其戶口數量幷不亞于內地，亦可證其非荒凉之區。西漢末，王莽作亂，東漢末，羣雄互鬨。內地不寧，而一般學行高超，不甘同流合污之士大夫反以東北爲避難之所也。政府設施既不以其邊鄙而異于內地，士大夫亦不以爲化外而每流寓。流風餘韻，所過必化，馴致兩漢燦爛之文化爲東北民族所浸浴矣。

一　文獻方面

王仲　琅邪人，好道術，明天文。諸呂作亂，齊哀王襄謀發兵而數問於仲。及濟北王興居反，又欲劫爲將，仲乃浮海東奔樂浪山中，因家焉。景是朝鮮王氏之鼻祖，東漢之王閎，王景即其後裔。後漢書卷一百六王景傳

按民國十四年，原田淑人等在大同江南岸土城內掘出「王扶印信」銅印一枚；又在古墳羣，掘開一塚，係王盱之柩。王扶王盱或即王仲之後，亦未可知，惜史無明文，不可考矣。

逢萌　字子慶，北海都昌人，家貧，給事縣爲亭長。時尉行過亭，萌候迎拜謁。既而擲楯歎曰，「大丈夫安能爲人役哉」？遂去之長安，學通春秋，明陰陽之術。王莽殺其子宇，逃於遼東。後書卷一百十三本傳

宋京　意之父。以大夏侯尙書教授，至遼東太守。後書卷七十一宋意傳

崔駰　字亭伯，涿郡安平人。年十三，通詩，易春秋，博學有偉才，盡通古今訓詁百家之言，善屬文。少游太學，與班固，傅毅同時齊名。初爲竇憲賞識，後稍疏遠，出爲長岑樂浪屬縣長。駰自以遠去不得意，遂不之官而歸。後書卷八十二本傳

陳禪　字紀山，巴郡安漢人。通詩禮。安帝時，爲玄菟候城障尉候城在遼東。會北匈奴入遼東，追拜爲遼東太守。禪於學行禮，爲道說義，以感化之。後書卷八十一本傳

宋漢　字仲和，京兆人。以經行著名。順帝永建元年爲度遼將軍。盛京通志卷三十

馬續　字季則，博觀羣籍，兼善九章算術。順帝永和元年，遷度遼將軍。盛京通志卷三十

公沙穆　字文乂，北海膠東人，習韓詩公羊春秋，尤銳思河洛推步之術。桓帝永壽元年，遷遼東屬國都尉，善得吏人歡心。後書卷一百十二下本傳

涼茂　字伯方，山陽昌邑人，少好學，論議常據經典以處是非，曹操辟爲司空，轉爲樂浪太守。公孫度在遼東，留之不遣。三國志卷十一本傳

國淵　字子尼，樂安人，師事鄭康成，篤學好古，與邴原

管寧等避難遼東。淵講學山中，士人多推崇之。魏志十一本傳

邴原　字根矩，北海朱虛人。少與管寧俱以操尙稱。黃巾起，原將家屬入海，遂至遼東。原在遼一年，往歸者數百家。游學之士，教授之聲不絕。魏志卷十一本傳

管寧　字幼安，北海朱虛人，少與邴原相友，俱游學異國，並敬善陳仲弓。天下大亂，聞公孫度令行海外，遂與原及王烈等至遼東。與度語唯經典，不及世事。因山爲廬，鑿坏爲室。越海避難者，皆來就之，旬月成邑。遂講詩書，陳俎豆，飾威儀，明禮讓，非學者無見也。由是度安其賢，民化其德。魏志卷十一本傳

王烈　字彥方，平原人。好學正直，與管寧邴原齊名。董卓之亂，避地遼海，躬耕疏食，不改其樂，東域之人奉之若君。使遼東強不凌弱，衆不暴寡，有信讓之風。公孫度諮訪政事，屈之以官，烈居商賈以自穢，乃止。後書卷一百十一本傳，魏志卷十一管寧傳

上述諸人，或爲士宦，或爲隱逸，皆能以其所學化及一方。如邴原得遺錢繫樹，士人以爲神樹而愈繫之。管寧以汲井鬬訟，多買器物，而士人相責。鄰牛暴其田，寧牽凉處，牛主大慚，若犯嚴刑。王烈贈布與盜牛者，而盜牛者改過遷善。所謂「韶樂九成，虞賓以和，人能有感，乃至於斯」也。王烈語

王景　字仲通，樂浪誹邯人。少學易，廣闚衆書，又好天文術數之事，沈深多伎藝。光武永平十二年，以嘗修浚儀，功業有成，賜山海經，河渠書，禹貢圖。景以爲六經所載，皆有卜筮，作事舉止，質於蓍龜，而衆書錯糅，吉凶相反。乃參紀衆家數術文書，冢宅禁忌，堪輿日相之屬，適于事用者，集爲大衍玄基。後書卷一百六本傳

殷馗　遼東人，精天文。桓帝時，有黃星見楚宋之分，馗言後五十歲，當有眞人起於梁沛閒，其鋒不可當。及魏武破袁紹，冀州諸郡多舉城降。盛京通志卷四十

公孫瓚　字伯珪，遼西令支人，爲郡門下書佐，有姿儀，大音聲，太守器之，以女妻焉。遣詣涿郡盧植讀經，後復爲郡吏，遷幽州刺史，稱雄一隅。魏志卷八本傳

公孫度　字升濟，遼東襄平人。少時，玄菟太守公孫琙愛之，遣就師學，爲取妻，舉有道，擢遼東太守。每延凉茂，國淵，邴原等講學，士子爭附之。魏志卷八本傳及凉茂等傳

以上諸人，或籍隸樂浪，或籍隸遼東遼西，皆以篤學

起家，其先祖之爲漢人，抑爲外族，雖不可考王景係西漢王仲之八世孫，東漢王閎之子。要皆受內地影響者也。漢書藝文志，遼東太守蘇季賦一篇，東暆令延年賦七篇，師古曰「東暆，縣名，暆音移」初屬臨屯後改樂浪，昭明子釣種生魚鼈八卷昭明屬樂浪，蘇某或係漢人，至東暆令，昭明子大抵皆東人也。

軻比能　小種鮮卑，以勇健，斷法平端，不貪財物，衆推以爲大人。部落近塞，自袁紹據河北，中國人多亡叛歸之，教作兵器，鎧楯，頗學文字，故其勒御部衆，擬則中國，建立旌麾，以鼓節爲進退。魏志卷三十本傳

按比能與鮮于輔書曰，「夷狄不識文字，故校尉閻柔保我於天子。……我夷狄雖不知禮義，兄弟子孫受天子印綬，牛馬尙知美水草，況我有人心邪？將軍當保明我於天子」。「不識文字」，「不知禮義」，蓋爲胡夷一般之眞情，史稱比能「頗學文字」，亦以漢人之教耳。

此所舉雖僅一條，然亦可知塞外鮮卑自是亦通中國文字，實開後日五胡洞達中國文學之先聲也。

二　考古方面

文獻方面，關於東北文化之紀載，片鱗隻爪，語焉不詳。自日人從地下發掘(尤其在朝鮮西北，遼東半島)，揭開光明之一頁，於是世人始知千數百年前東北之文化矣。而其文化完全爲漢式，由金，石，土，玉，木，漆等器可以看出。

(一)金　發掘所得，種類頗多，如銅鐵刀劍，印，五銖大泉五十，貨泉，小泉直一等物，而其最要者則爲民國九年(大正九年)十月中旬，在平壤大同江對岸船橋里車站附近發現之孝文廟銅鐘，及二三十年來發掘之銅鏡。

(甲)銅鍾　上鐫十九字，其文曰：

孝文廟銅鍾容十升，
重卌七斤，
永光三年六月造。

鍾酒器，端方陶齋吉金錄有漢一石鍾，段玉裁說文解字注謂「古貯酒大器。自鍾而注於尊，自尊而勺於觶，後因稱酒巵曰鍾。」此既爲孝文廟物，則知樂浪必有孝文廟矣。漢志，遼西郡且慮有高廟而未云有孝文廟。檢史記孝文紀：「景帝元年，詔郡國諸侯各爲孝文皇帝立太宗之廟」，孝文廟之立至早始自景帝，然樂浪郡之置，始于武帝時，則廟必立于武帝以後也。永光爲元帝年號，三年當西紀前四十一年，去郡之開已六十七年。或孝廟先立而鍾後鑄，抑廟與鍾爲同時之物，均不可知。漢書元帝紀又謂，「永光

四年冬十月乙丑，罷祖宗廟在郡國者」，則此鍾之鑄，在罷廟之前一年，廟廢而鐘棄，千餘年後復現于人間，亦可珍矣。夫樂浪爲邊郡，政府不以其邊郡而設施異於內地，由此一例可以想見也。

（乙）鏡　三十年來，日人在東北發掘，得鏡至二百數十面之多，以朝鮮平安道及黃海道爲最。東洋學報第十四卷第三號有梅原末治北朝鮮發現之古鏡，又第十五卷第一號有再論北朝鮮發見之古鏡。斷定均爲兩漢及魏晉之物。歸納得下列十數種：

1 內行花紋鏡　異式內行花紋鏡
2 異式方格丁字鏡
3 細線式四神鏡　細線式鳥紋鏡　細線式禽獸紋鏡
4 四乳雙禽鏡　細線式諸鏡　細線式獸帶鏡
5 百乳畧雲鏡
6 光明式銘帶鏡
7 夔鳳鏡　絲卷形飛禽鏡
8 盤龍鏡
9 鳳凰紋鏡
10 畫象鏡
11 半肉刻神獸鏡
12 半肉刻獸鏡
13 半圓方形帶獸鏡　帶異形鏡
14 方格規矩四神鏡
15 異體字銘內行花紋式鏡
16 鉄鏡

由銘文可考見當日之思想風俗，由花紋可以考見當日藝術之發達。其地受漢化之深，由此可見一斑。

（二）石　民國二年（大正二年）今西龍在朝鮮平安南道龍岡郡海雲面龍井里雲坪洞發現一碑，高四尺三寸七分，廣三尺六寸，厚四寸，花崗石製。文字剝蝕，不可讀。關野貞朝鮮古跡調查特別報告第四冊樂浪郡時代之遺跡上冊。朝鮮金石總覽上冊。

□元和二年四月戊午秥蟬長□
□建丞屬國會□□□
□□神祠刻石辭曰
□平山君德配代嵩威如□□
□佑秥蟬興甘風雨惠閏七田
□百□姓壽考五穀豐成盜賊不起
□□□臧出入吉利咸受神光

按秥蟬，漢志作黏蟬，續志作占蟬，屬樂浪郡。關于年號，內藤虎次郎，小田，關野貞諸人以次不一其說：有謂章帝元和二年者，有謂安帝永初二年者，有謂靈帝光和元年者，有謂光和二年者。大致元和二年之說較當。後漢書章帝紀：『元和二年二月甲寅詔曰，「今山川鬼神應典祀者，尚未咸秩，其議增修羣祀，以祈豐年」』，語意與碑文相合。舊稱東北石刻以毌丘儉征高句麗，好太王二碑最古，今此碑尚早數百年，考據家當奉為瓌寶也。

(三)土

(甲)封泥　漢代往來公文書牘，多用竹簡木簡。以麻繩束之，加封黏土，然後印以圖章，防人竊窺。往年斯坦因在新疆所獲與柯智洛夫在外蒙古所得，體式大都相同，日人在東北所得，有：

1「樂浪太守章」

2「朝鮮右尉」

3「詌邯長印」

4「秥蟬長印」

5「長岑長印」

以上五物皆由大同江南岸土城里所獲，不僅藉此可以考見各地之古址，並可證明漢代郡縣之官制。按樂浪為郡名，以下皆屬縣，而朝鮮為樂浪郡之治所，可見楊守敬朝鮮縣在大同江南岸說之有據，而那珂白鳥諸氏謂北岸之無稽。後漢書百官志，每置太守一人，二千石，每縣邑道大者置令一人，其次置長四百石，小者置長三百石。又云武帝於邊郡置農都尉，主屯田殖穀，又置屬國都尉，主蠻夷降者。建武六年，省諸郡都尉，并職太守；而邊郡往往置都尉及屬國都尉，稍有分縣，治民比郡云云。

(乙)塼　明治四十四年，日人關野貞在朝鮮黃海道鳳山郡沙里院附近發掘一塼墓，發現帶方太守張撫夷塼，載在朝鮮古蹟圖譜第一冊，大正以來，黃海道屢有發現。梅原末治集而為朝鮮北部出土紀年塼紀錄一文（支那學第七卷第一期），可補陸心源千甓亭古塼圖釋之缺。

1「光和五年韓氏造□」

2「興平二載□月貫氏造▣」

3「嘉平二年二月五日起（側面）（戶上口）」

4「嘉平二年▣王氏塼▣」

5「景元元年七月廿三日」

6「泰始四年三月日□□造」

7「泰始七年□月▭」

8「泰始七年四月（小口）」

9「泰始十年杜奴材（側面）晉故（小口）」

10「泰始十年七月廿二日造」

11「泰始十一年八月□」別有「八月吳氏造塼」，疑非一物。

12「咸寧元年三月造」（側面）五官彖作（小口）」

13「咸寧元年三月十四日起造」

14「咸寧元年三月六日己丑造」

15「太康元年三月六日」

16「太康元年三月八日王氏造」

17「太康三年吳氏造（側面）七月吳氏（小口）」

18「太康四年三月廿七日圖」

19「太康四年三月昭明王長造」

20「太康七年三月癸丑作」

21「君以大康九年二月卒國記之」

22「大歲在戊漁陽張撫夷塼」

23「大歲在申漁陽張撫夷塼」

24「使君帶方太守張撫夷塼」（端銘）「天生小人供養君子千人造塼以葬父母既好且堅典覓記之（側面二行）」

25「哀哉夫人奄背百姓子民憂感夙夜不寧永側玄宮痛割人情（側面二行）張吏君（端銘）」

26「元康三年三月十六日韓氏」

27「元康五年八月十八日乙酉造」

28「建始元年韓氏造塼」

29「太興二年」

03「永嘉□年」

31「泰寧五年三月造」

32「建興四年會景□造」

33「咸和十年大歲乙未孫氏造」

34「建元三年大歲在己八月孫造」

35「建武九年三月三日王氏造（側面）奉車□（小口）」

36「建武十六年大歲在□」

37「永和八年二月四日韓氏造塼」

38「永和九年三月十日遼東韓玄菟太守領佟利造」

93「元興三年三月廿日王君造」

其中最可注意者厥有三事：（一）昭明，帶方，前人聚訟紛紜，不一其說。自從黃海道鳳山郡文井面掘出帶方太守張撫夷塼後，推定同郡跨於西鍾文井兩面之古唐城為帶方郡治遺址，今鳳山郡亦即帶方縣。近年黃海道信川郡北部面西湖里發現「太康四年三月昭明王長造」塼銘，則昭明舊址亦因此了然矣。（二）塼銘之韓，賈，王，吳，張，孫均爲漢姓，可見當日漢人殖民之盛況。(三)晉愍帝建興元年(西紀三一三)，樂浪帶方二郡已亡于高句麗，越百年之久，而當地人民仍奉中國正朔，而不紀高句麗年號(東晉安帝元興三年當高麗廣開土王(或作好太王，自稱永樂大王)永樂十三年)。可見中國文化與政治之潛勢力，深入民間之久也。

(丙)瓦　土城里發現若干煉瓦，有花紋者較有銘文者多。有銘文者如：

1「千秋萬歲」

2「萬歲」

3「樂浪禮官」

4「樂浪富貴」

5「大晉元康」

其質細，花紋亦佳，由此可以考見當日陶冶業之發達及人民之習俗。

(四)木　從朝鮮黃海平安兩道與遼東半島發掘之棺槨，固能考見兩漢之葬制，而其最可注意者厥爲木製「占天地盤」。此是一圓一方木片合成，圓片上畫十干十二支，中心畫北斗，正中有孔，爲中軸。方片上畫八卦，廿八宿，十干，十二支，圓片合在方片上面可以轉動，殆即史記日者傳所謂之「旋式」。索隱曰，「式之形，上圓以象天，下

方以法地，旋轉占卜，故名旋式」。又龜策傳有「運式」，亦占卜之器，大致與此同。漢書王莽傳，「時莽紺袀服，帶璽韍，持虞帝匕首，天文郎按栻於前，(師古曰，栻所以占時日，天文郎今之用栻者也。)日時某，莽旋席隨斗柄而坐曰，「天生德於予，漢兵其如予何！」所謂栻或即「旋式」，蓋有道家思想存焉。今由朝鮮平安南道發現此物，更足表示漢代人之思想深入其地也。

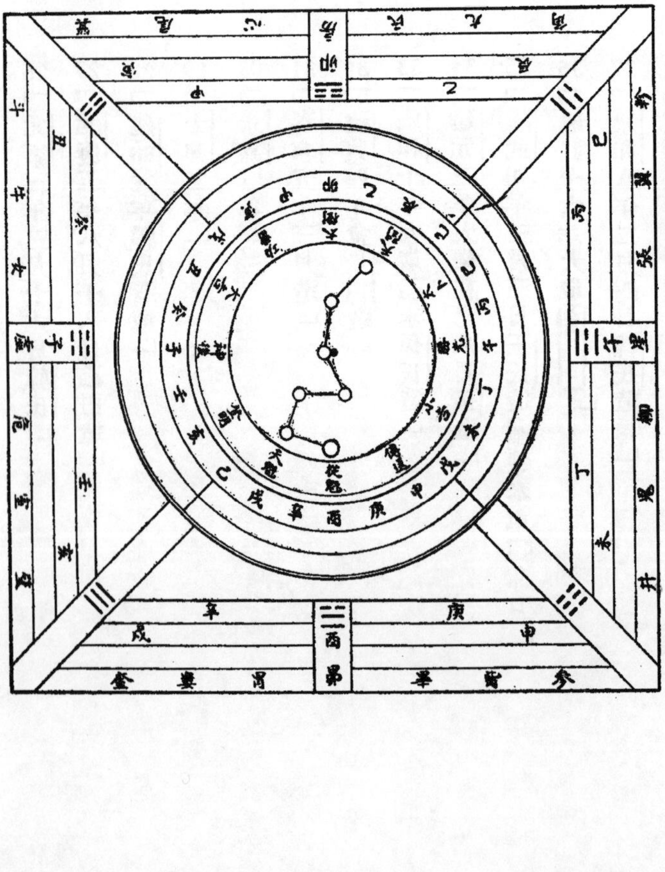

占天地盤圖見樂浪一一二頁

（五）漆　斯坦因在樓蘭發現過漢代漆器殘片，柯智洛夫在外蒙古發現「建平五年」漆器，均莫若朝鮮發現之完整。

昭和九年七月東方學報第五册頁二〇七至二二二載有梅原末治漢代漆器紀年銘文集錄，今擇其關于東北者錄出如次：

1 前漢昭帝始元二年漆耳杯(85.B.C.)(其一)
2 始元二年漆耳杯(其二)
3 始元二年漆耳杯(其三)
4 漆耳杯殘器
5 元帝永光元年漆耳杯(43.B.C.)
6 永光元年漆器片
7 成帝河平三年夾紵漆槃片(26.B.C.)
8 昭帝陽朔二年金銅釦漆扁壺(23.B.C.)
9 永始元年漆槃(16.B.C.)(其一)
10 永始元年漆槃(其二)
11 綏和元年銅釦漆盒(8.B.C.)
12 平帝元始三年漆耳杯(3.A.D.)
13 元始四年漆盒蓋(4.B.C.)
14 元始四年漆器斷片
15 元始四年夾紵耳杯
16 夾紵漆槃殘缺(元始四年？)
17 居攝三年漆槃(8.A.D.)(其一)
18 居攝三年夾紵漆槃(其二)
19 居攝三年夾紵漆槃(其三)
20 居攝三年夾紵漆槃(其四)
21 居攝三年木心漆耳杯殘缺(其五)
22 王莽始建國元年漆槃(9.A.D.)
23 始建國五年漆耳杯(13.A.D.)
24 漆器破片(王莽時代？)
25 後漢光武建武二十一年漆杯(45.A.D.)
26 建武二十八年漆杯(52.A.D.)
27 明帝永平十二年漆槃(69.A.D.)
28 永平十二年神仙龍虎畫象漆槃
29 永平十四年漆耳杯(71.A.D.)
31 漆器斷片(元始—建平？)
32 漆槃殘缺(建平？)
33 漆槃殘缺(永始？)
34 漆槃殘缺(建平？)
35 漆槃破片(元始四年？)

36刻漆畫杯殘缺(建平)

37漆盤殘片

38漆耳杯殘片

漆器之發現者以飲食器具居多，如杯(二耳)，槃，盂，椀，匕勺。槃上銘文有「永平十二年」字樣，係東漢明帝時物，繪西王母像，道教思想由此表現。居攝三年漆器銘文曰：

居攝三年　蜀西工　造乘輿　髹　洀　畫　紵　黃釦果槃　髹工廣　上工廣　銅釦黃塗工充　畫工廣　洀工豐　淸工平　造工宜　造護工卒史章　長良　守丞巨　掾親　守令史嚴主

髹同䰍，　塗漆之謂，　洀爲彤之通用字，漆器上施以彤畫也。紵者以苧布數層貼之也。黃釦爲渡金之覆輪。物名曰「果槃」。以下皆工師名，意卽蜀工所製之御用器，塗以漆，彤畫文彩，而口緣以金覆輪之果物槃也。按蜀工官在漢代最有名，漢書貢禹傳，「蜀廣漢主金銀器，歲各用五百萬三工官，官費五千萬」。如淳曰，「地理志，河內懷，蜀郡成都，廣漢皆有工官，工官主作銀器者也」。當時漆器最講究，鹽鐵論，「一杯棬用百人之力」，其精巧可以想見。貢禹傳又謂，「臣禹嘗從之東宮，見賜杯案，盡文畫金銀飾，非當所以賜食臣下也。東宮之費亦不可勝計，天下之民所爲大饑餓者是也」，則當日奢靡之狀已盡情寫出焉。

以上所述，不過略舉東北文化最明顯之數例，至其風俗，思想，藝術亦可藉以考見矣。

參考書

一　關野貞朝鮮古蹟調查特別報告第四冊樂浪時代之遺蹟(本書共三冊，圖版二冊本文一冊)

二　原田淑人樂浪

三　濱田耕作原田淑人牧羊城

四　河島八木森修南山裡

五　八木森修營城子

六　劉承幹海東金石苑補遺(秥蟬神祠碑文與總覽等文有出入)

七　支那學第七卷第一期梅原末治朝鮮北部出土紀年博集錄

八　朝鮮金石總覽上冊(所載神祠碑文與他書略異，或書出較早之故。)

九　地學雜誌十八年一期祁蘊璞譯樂浪郡之遺蹟

十　北大國學月刊一卷一號馬衡原田淑人關于朝鮮樂浪古墓發掘之通信　容庚譯樂浪遺跡出土之漆器

銘文。容庚樂浪遺器銘文攷

十一　東洋學報第十四卷第三號梅原末治北朝鮮發現之古鏡第十五卷第一號再論北朝鮮發現之古鏡

十二　東方學報第五冊梅原末治漢代漆器紀年銘文集錄

兩唐書地理志互勘（河東道　河北道　山南道）

史念海

河東道

河中府舊志十一縣河中府河東郡赤新志十三縣

河東　河西　臨晉　解　猗氏　虞鄉　永樂　寶鼎　龍門　萬泉

右兩志同者十縣。

聞喜新志屬絳州，絳郡。

右舊志多者一縣。

案：天寶之時，河中府領縣八，而元和時則領縣十一，舊志所載，乃元和之制度非天寶之縣名也。天寶諸縣中，當無河西（卽朝邑），萬泉，龍門（？）三縣。

安邑舊志屬陝絳州，元和三年改隸。襄陵舊志屬州，太和元年改隸。稷山舊志屬絳州，唐末改隸。

右新志多者三縣。

絳州舊志五縣絳州絳郡雄新志七縣

曲沃　絳　垣

右兩志同者三縣。

稷山新志屬河中府，唐末改隸。襄陵新志屬河中府，太初元年改隸

右舊志多者二縣

正平　太平　翼城　聞喜舊志屬河中府。

右新志多者四縣。

晉州舊志八縣晉州平陽郡望新志八縣

臨汾　洪洞　神山　岳陽　霍邑　趙城　汾西　冀氏

右兩志同者八縣。

案：晉州天寶之時領縣凡九，八縣者，元和之制也。天寶諸縣，除上述八縣外，他一縣無考。

隰州下舊志六縣隰州大寧郡下新志六縣

隰川　蒲　大寧　永和　石樓　温泉

右兩志同者六縣。

汾州上舊志五縣汾州西河郡望新志五縣

西河　孝義　介休　平遙　靈石

右兩志同者五縣。

慈州上舊志五縣慈州文城郡下新志五縣

吉昌　文縣　昌寧　呂香　仵城。

右兩志同者五縣。

潞州大都督府舊志十縣潞州上黨郡大都督府新志十縣

上黨　長子　長留　潞城　襄垣　黎城　涉　銅鞮　武鄉

右兩志者同九縣，

壺關

右新志多者一縣。案：舊志潞州領縣十，實得九縣，似遺其一。然上黨縣下云：「漢壺關縣，隋分置上黨，州所治。壺關，武德四年分上黨置。……」是上黨壺關舊志並載，特傳鈔譌誤，致兩縣合一，使人迷離耳。

澤州上舊志六縣澤州高平郡上新志六縣

晉城　端氏　陵川　陽城　沁水　高平

右兩志同者六縣。

沁州下舊志三縣沁州陽城郡下新志三縣

沁源　和川　綿上

右兩志同者三縣。案：舊志沁州綿上縣誤繫於和川縣下，應空一格，方合體例。

遼州舊志四縣遼州樂平郡下新志四縣

遼山　榆社　和順　平城

右兩志同者四縣。

北平太原府舊志十三縣太原府太原郡新志十三縣

太原　晉陽　太谷　文水　榆次　盂　清源　交城　陽曲

壽陽　廣陽　樂平　祁

右兩志同者十三縣。

代州中都督府舊志五縣代州雁門郡中都督府新志五縣

雁門　五臺　繁畤　崞　唐林

右兩志同者五縣。

蔚州舊志三縣蔚州興唐郡下新志三縣

靈丘　飛狐　興唐

右兩志同者三縣。

忻州舊志二縣忻州定襄郡下新志二縣

秀容　定襄

右兩志同者二縣。

嵐州下舊志四縣嵐州樓煩郡下新志四縣

宜芳　靜樂　合河　嵐谷

右兩志同者四縣。

憲州下舊志三縣憲州下新志三縣

樓煩　玄池　天池

右兩志同者三縣。

石州舊志五縣石州昌化郡下新志五縣
離石　平夷　定胡　臨泉　方山
右兩志同者五縣。
朔州舊志二縣朔州馬邑郡下新志二縣
善陽　馬邑
右兩志同者二縣。
雲州舊志一縣雲州雲中郡下新志一縣
雲中。
右兩志同者一縣。
單于都護府舊志一縣（新志屬關內道）
金河。
右兩志同者一縣。
武州舊志無，新志一縣。
文德
右新志一縣。
新州舊志無，新志四縣。
永興　礬山　龍門　懷安
右新志四縣。

河北道

懷州雄舊志五縣懷州河內郡雄新志五縣
河內　武德　武陟　修武　獲嘉
右兩志同者五縣。
衛州望舊志五縣衛州汲郡望新志五縣
汲　新鄉　衛　共城　黎陽
右兩志同者五縣
相州舊志十一縣相州鄴郡望新志六縣
安陽　鄴　湯陰　林慮　堯城　臨漳
右兩志同者六縣
洹水新志屬魏州，天祐三年改隸。成安新志屬魏州，天祐三年改隸。
內黃新志屬魏州，天祐三年改隸。臨河新志屬魏州，天祐三年改隸。
右舊志多者四縣。案：舊志相州屬縣十一，實得十縣，十一縣者，誤也。
魏州雄舊志十縣魏州魏郡大都督府雄新志十四縣
貴鄉　元城　魏　館陶　冠氏　莘　朝城　昌樂
右兩志同者八縣。
臨黃大曆七年幷入澶州清豐縣。見唐會要。
右舊志多者一縣。
臨河　洹水　成安　內黃上四縣，舊志屬相州，天祐三年改隸。宗城舊志屬貝州，天祐三年改隸。永濟屬大七年置，本屬貝州。天祐三年改隸。

右新志多者六縣。

案：舊志魏州天寶時屬縣十縣，而志文實九，其一當誤遺。且臨黃一縣，見於魏州，又見澶州，雖爲大曆七年改隸，究非定例；志文旣載大曆七年臨黃改隸之事，何不言及同年所置永濟縣？明誤矣。

澶州舊志四縣澶州上新志四縣

頓丘　清豐　觀城　臨黃

右兩志同者四縣。

博州上舊志六縣博州博平郡上新志六縣

聊城　博平　武水　淸平　堂邑　高唐

右兩志同者六縣。

貝州舊志九縣貝州淸河郡望新志八縣

淸陽　淸河　武城　臨淸　經城　漳南　歷亭　夏津

右兩志同者八縣。

宗城新志屬魏州，天祐三年改隸。

右舊志多者一縣。

案：唐會要，「貝州大曆七年正月升望州。」

洺州望舊志六縣洺州廣平郡望新志六縣

永年　平恩　臨洺　鷄澤　肥鄉　曲周

右兩志同者六縣。

案：舊志：「洺州天寶領縣十……今領縣六。」志載會昌時省淸漳洺水二縣，他二時不可復考矣。淸漳洺水旣省於會昌之後，則所謂「今」者，當更後矣。

磁州舊志四縣惠州上新志四縣

滏陽　邯鄲　武安　昭義

右兩志同者四縣。案：新志，「天祐三年以磁慈聲一，更名（惠州）。」

邢州上舊志九縣邢州鉅鹿郡上新志八縣

龍岡　沙河　南和　鉅鹿　平鄉　任　堯山　內丘

右兩志同者八縣。案：舊志邢州屬縣凡九，誤也。志文實得八縣，

趙州舊志九縣趙州趙郡望新志八縣

平棘　寧晉　昭慶　柏鄉　高邑　臨城　贊皇　元氏

右兩志通者八縣。案：舊志趙州屬縣九縣，亦誤增一縣也。

鎭州舊志十一縣鎭州常山郡大都督府新志十一縣

眞定　槀城　石邑　九門　靈壽　行唐　井陘　獲鹿　平山　鼓城　欒城

右兩志同者十一縣。

案：舊志，「鎭州天寶領縣九，今領縣十一。」攷天

實諸縣，原無鼓城欒城。鼓城初隸定州；欒城先屬趙州，大歷二年三年始先後來屬，不能混入天寶制中也。其事俱見新志文內。

冀州上舊志九縣冀州信都郡上新志九縣

信都　南宮　堂陽　棗強　武邑　衡水　阜城　蓨

右兩志同者八縣。案：舊志冀州屬縣九縣，誤也。

武強舊志屬深州，唐末改隸。

右新志多者一縣。

深州舊志四縣深州饒陽郡上新志七縣

陸澤　饒陽　束鹿　下博　安平　博野　樂壽

右兩志同者七縣。

武強新志屬冀州，唐末改隸。

右舊志多者一縣。案：舊志深州屬縣凡八，志文言天寶領縣四者，誤也。

滄州上舊志十一縣滄州景城郡上新志七縣

清池　鹽山　長蘆　樂陵　饒安　無棣　乾符

右兩志同者七縣。

南皮臨津上二縣，新志屬景州。

右舊志多者二縣。案：舊志滄州屬縣十一，覈實僅得九縣，志文誤矣。

景州舊志三縣景州上新志四縣

弓高　東光

右兩志同者二縣。

安陵新志屬德州。安陵本德州縣，景福初，一度屬景州，尋復故。

右舊志多者一縣。

臨津　南皮上二縣，舊志，屬滄州。

右新志多者二縣。

德州舊志七縣德州平原郡上新志六縣

安德　平原　長河　將陵　平昌

右兩志同者五縣

安陵舊志屬景州，景福初一度改隸，尋復故。

右新志多者一城。案：舊志德州屬縣七，而實得五縣，七縣者誤也。

定州上舊志十一縣祁州中舊志二縣定州博陵郡上新志十縣

安喜　義豐　北平　望都　曲陽　陘邑　唐　新樂　無極

深澤

右兩志同者十縣。

安險

右舊志多者一縣。

案：舊志：定州，舊領縣十一。然覈實縣數，僅得七縣，不足凡二。祁州下又云：景福二年，定州節度使王處存奏請於本部無極縣置祁州。析縣二，無極之外，又有深澤焉。是定州所領十一縣，乃天寶之制，及景福時別立祁州，劃出二縣，前者尚依天寶冊籍，後者又因景福新制，故易使人迷離。其後又省祁州入定州，故新志不載。今爲便利計，姑並錄之。

易州中舊志六縣易州上谷郡上新志六縣

易　容城　遂城　淶水　滿縣新志作滿城。五廻新志作五回。

右兩志同者六縣。

案：舊志：「易州天寶領縣八，今領縣六」。而志文所載縣名，亦僅六縣。考天寶之時，尚有樓亭板城二縣，天寶後即廢省，故後世僅得其六。

瀛州上舊志五縣瀛州河間郡上新志五縣

河間　高陽　平舒　東城新志作東縣，景城

右兩志同者五縣。

莫州上舊志六縣莫州文安郡上新志六縣

莫　清苑　文安　任丘　長豐　唐興

右兩志同者六縣。

幽州大都督府舊志九縣幽州范陽郡大都督府新志九縣

薊　幽都　廣平　潞　武清　永清　安次　良鄉　昌平

右兩志同者九縣。

涿州舊志五縣涿州上新志五縣

范陽　新昌　歸義　固安　新縣

右兩志同者五縣。

案：唐會要，「大曆五年十一月升上州。」

薊州舊志三縣薊州漁陽郡下新志三縣

漁陽　三河　玉田

右兩志同者三縣。

檀州舊志二縣檀州密雲郡新志二縣

密雲　燕樂

右兩志同者二縣。

嬀州舊志一縣嬀州嬀川郡上新志一縣

懷戎

右兩志同者一縣。案：舊志懷戎縣下又有「嬀州」二字，上下各空一格，似同諸縣，實乃衍文。嬀州升上州，事在貞元七年五月七日。見唐會要。

平州舊志三縣平州北平郡下新志三縣

盧龍　石城　馬城

右兩志同者三縣。

順州下（新志作順州順義郡。縣一：賓義。）歸順州（新志作歸順州歸化郡。縣一：懷柔。）

右二州乃隸於幽州都督府之羈縻州，其初本屬營州，

李盡忠亂後 乃改隸。

營州上都督府舊志一縣營州柳城郡上都督府新志一縣

柳城

右兩志同者一縣。

燕州（縣一：遼西。此州新志不載。），濱海沃州（新志亦不載。），

威州（縣一：威化。），愼州（縣一：逢龍。），玄州（縣一：靜蕃。），

崇州（縣一：昌黎。），夷賓州（縣一：來蘇。），師州（縣一：陽

師。），鮮州（縣一：賓從。），帶州（縣一：孤竹。），黎州（縣一：

新黎。），沃州（縣一：濱海。），歸義州（縣一：歸義。新志作歸義

州歸德郡。）。，瑞州（縣一：來遠；來遠，新志作來遠。），信州（縣

一：黃龍。），青山州（縣一：青山。），凜州，昌州（縣一：龍

山。）；順化州（縣一：懷遠。自順化州以下，舊志皆不載。），奉

誠都督府（領州五：弱水州，祁黎州，洛瓌州，太魯州，渴野州。），

松漠都督府（領州八：峭落州，無逢州，羽陵州，白連州，徒何州，萬

丹州，疋黎州，赤山州。），渤海都督府，安靜都督府。

右諸羈縻州，初屬營州都督府，及李盡忠陷營州，乃

皆內徙，後復還故地，神龍二年改隸幽州都督府。

安東都護府舊志安東上都護府新志

新城州都督府，遼城州都督府：哥勿州都督府，建安州都

督府：南蘇州，蓋牟州，木底州，代那州，倉巖州，磨米

州，積利州，黎山州，延津州，安市州（以上諸州新舊兩志皆

載之），衞樂州都督府，舍利州都督府，居素州都督府，越

喜州都督府，去旦州都督府，諸北州，識利州，拂涅州，

拜漢州（以上諸州舊志不載，僅新志載之。）

右諸羈縻州隸於安東都護府。

孟州望舊志屬河南道，新志五縣。

河陽 氾水 河陰 濟源 溫

右兩志同者五縣。

山南道

山南西道

梁州興元府舊志六縣興元府漢中郡赤新志五縣

南鄭 褒城 城固 西 三泉

右兩志同者五縣。

金牛寶歷元年省入西縣，故新志不載。

右舊志多者一縣。

鳳州下舊志四縣鳳州河池郡下新志三縣

梁泉 兩當 河池

右兩志同者三縣。

黃花寶曆元年省入梁泉，故新志不載。

右舊志多者一縣。

興州下舊志三縣興州順政郡下新志三縣

順政　長舉

右兩志同者二縣。

鳴水長慶元年省入長舉，故新志不載。

右舊志多者一縣。

利州下舊志六縣利州益昌郡下都督府新志六縣

綿谷　胤山　嘉川　葭萌　益昌　景谷

右兩志同者六縣。

案：利州升都督府，事在大曆十四年十一月七日。見唐會要。

通州上舊志八縣通州通川郡上新志九縣

通川　永穆　三岡　石鼓　東鄉　宣漢　新寧　巴渠

右兩志同者八縣。

閬英此縣置於天寶九載，未知舊志何以不載。

右新志多者一縣。

洋州下舊志五縣洋州洋川郡雄新志四縣

西鄉　黃金　興道　眞符

右兩志同者四縣。

洋源寶歷元年省入西鄉，故新志不載。

右舊志多者一縣。

案：唐會要，「洋州永泰元年二月升上州，興元元年十一月七日升雄州。」

合州下舊志六縣新志屬劍南道

石鏡　新明　漢初　赤水　巴川　銅梁

右兩志同者六縣。

集州下舊志三縣集州符陽郡下新志三縣

難江

右兩志同者一縣。

符陽新志屬璧州，永泰元年改隸。　地平永泰元年省入大牟，故新志不載。

右舊志多者二縣。案：舊志集州天寶時領縣二，然天寶時集州實領三縣，志所載縣名亦不誤，二縣者譌也。

大牟舊志屬巴州，永泰元年改隸。嘉川嘉川一縣，新志凡二見，一在利州，一在集州，然嘉川實以永泰元年改隸集州，不應再見於利州。新志亦誤載矣。

右新志多者二縣。

巴州中舊志十縣巴州清化郡中新志九縣

化城　盤道　清化　曾口　歸仁　始寧　奇章新志作其章。

恩陽　七盤

右兩志同者九縣。

大牟新志屬集州，永泰元年改隸。

右舊志多者一縣。

蓬州下舊志七縣蓬州蓬山郡下新志七縣

良山　大寅新志作蓬池，廣德元年更名，後一度廢省，開成元年復置。

儀隴　伏虞　宕渠　咸安新志作蓬山，至德二載更名。

右兩志同者六縣。

大竹至德二年割屬潾山郡，寶歷元年省入潾水，故新志不載。

右舊志多者一縣。案：舊志以大竹附於咸安下，乃傳鈔之誤，當非原書之譌。或不察志文，而斥所言「天寶縣七」爲縣六之誤，殊屬非是。

朗池舊志屬果州，寶應元年改隸，寶曆元年省，開成二年復置。

右新志多者一縣。

壁州下舊志四縣壁州始寧郡下新志五縣

諾水新志作通江，天寶元年更名。廣納　白石　巴東新志作東巴。

右兩志同者五縣。

符陽舊志屬集州，永泰元年改隸。

右新志多者一縣。

商州舊志六縣新志屬關內道

上洛　豐陽　洛南　商洛　上津　安業新志曰乾元，乾元元年更名。

右兩志同者六縣。

金州舊志六縣新志屬山南東道

西城　洵陽　淯陽　石泉　漢陰　平利

右兩志同者六縣。

開州舊志三縣開州盛山郡下新志三縣

盛山　新浦　萬歲

右兩志同者三縣。

渠州下舊志四縣渠州潾山郡下新志三縣

流江　潾山　渠江

右兩志同者三縣。

潾水寶曆元年省入潾山，故新志不載。

右舊志多者一縣。

渝州舊志四縣新志屬劍南道

巴　萬壽　江津　南平

右兩志同者四縣，

成州同谷郡下舊志屬隴右道，新志三縣。

同谷　上祿

右兩志同者二縣。

漢源舊志無

右新志多者一縣。

案：元和郡縣志，「（成州）本屬隴右道，貞元五年節度使嚴震奏割屬山南道。」

文州陰平郡下舊志屬劍南道，新志一縣。

曲水

右兩志同者一縣。

扶州同昌郡舊志屬劍南道，新志四縣。

同昌　帖夷　萬全　鉗川

右兩志同者四縣。

閬州閬中郡上舊志屬劍南道，新志九縣。

閬中　晉安　南部　蒼溪　西水　奉國　新井　新政　岐坪

右兩志同者九縣。

果州南充郡中舊志屬劍南道，新志五縣。

南充　相如　流溪　西充　岳池

右兩志同者五縣。

案：新書方鎮表，「興元元年山南西道節度使增領果閬兩州。」趙紹祖曰，「（閬，果）割屬或在斯時。」（見新舊唐書互證）

宋史地理志考異

廣南西路

聶崇岐

「靜江府……大觀元年為大督都府。」

「大督都府」，九域志九作「下督都府」。

「縣十，……南渡後無永寧縣。」

按：輿地廣記三六，輿地記勝一〇三皆有陽朔縣無永寧縣，志則無陽朔縣。

「容州……寧遠軍節度。」

九域志九，「容州，唐經略防禦，皇朝開寶二年升寧遠軍節度。」輿地廣記三六，「容州，五代為南漢所有，升為寧遠軍節度。」

「開寶五年廢欣道渭龍陵城三縣。」

太平寰宇記一六七云，廢欣道渭龍入普寧，陵城入北流。

「縣三，普寧，上，開寶五年廢繡州，以棠林……三縣並入焉。」

「棠林」，諸書皆作「常林」，又繡州一名常林郡，志作「棠林」，誤也。

「陸川，中，開寶五年廢順州，省龍豪……龍水四縣入焉。」

「龍豪」，通考三二三作「龍淳」，餘書與志同。

「龍水」，諸書皆作「龍化」。

『北流，中，開寶五年廢高禺州，以峩石，扶萊，羅辨，陵城四縣地入焉。』

按「高禺州」之「高」字爲衍文。禺州四縣，通考三二三作峩石，温水，陸川，扶桑。

『邕州，……永寧郡。』

「永寧」，太平寰宇記一六六作「朗寧」。輿地廣記三六，「朗寧郡」，……皇朝曰永寧郡」，蓋大中祥符時避諱所改者。

『開寶五年廢朗寧封陵思龍三縣。』

太平寰宇記一六六云，廢朗寧入宣化，封陵入武緣，思龍入如和。「開寶五年」，輿地紀勝一〇六作「六年」。

『縣二，宣化，下，景祐二年廢如化縣入焉。』

「二年」，九域志九作「三年」。「如化」，諸書皆作「如和」。

『武緣，下，景祐二年廢樂昌縣入焉。』

「二年」，九域志九，輿地廣記三六皆作「三年」。九域志九，『開寶五年改晉興縣爲樂昌。』「樂昌」，輿地紀勝一〇六作「昌樂」，餘書與志同。

『金場一，鎮乃。』

「鎮」，九域志九作「愼」。

『羈縻州四十四，……思誠州。』

「思」，九域志九作「恩」。

『安平州』

續通鑑長編一六六，皇祐元年四月壬申，『改邕州管內溪峒波州爲安平州。』

『勤州』

九域志九，「勤」作「勒」。

『融州……清遠軍節度。本軍事州，大觀……三年……賜軍額。』

「大觀」，輿地廣記三六作「政和」。

『縣一，融水，中。……熙寧七年廢武功……縣來隸。』

「武功」，諸書皆作「武陽」。

『南渡後增縣一，懷遠，下。紹興四年，……廢爲砦，……十四年復爲縣。』

「十四年」，輿地紀勝一〇五作「五年」。

『象州，……景德四年升防禦。』

「景德」，輿地紀勝一〇五作「景祐」。

『縣四……來賓，中下，舊隸嚴州；州廢，來屬。開寶七年又以廢嚴州之歸化入焉』。

九域志九，『開寶七年廢嚴州』。輿地廣地三六『唐……立嚴州，又置歸化縣，皇朝開寶七年州廢，省歸化入來賓。』

『武化，下，熙寧七年廢武化縣入來賓，元祐元年復。』

「七年」，續通鑑長編及輿地紀勝均作「四年」。

『昭州，……開寶五年廢永平縣。』

太平寰宇記一六三云，廢永平入平樂。

『縣四……立山，中，熙寧五年廢蒙州，以連區蒙山二縣入焉。』

太平寰宇記一六三，「蒙州，蒙山郡，縣三，立山，正義，東區」。輿地廣記三六，『皇朝太平興國中改正義曰蒙山，熙寧五年省東區蒙山入立山』。「連區」，諸書皆作「東區」，志蓋誤矣。

『龍平，中，開寶五年廢富州，以縣來隸，……熙寧八年又隸梧州，元豐八年復來隸。』

「元豐八年」，諸書皆作「元豐三年」。

『梧州……縣一，蒼梧，下，熙寧四年省戎城縣爲鎮入蒼梧』。

九域志九，『開寶五年省孟陵，戎城二縣入蒼梧，六年復置戎城。』太平寰宇記一六四，『孟陵縣，開寶四年併入蒼梧。』

『藤州，下。……開寶三年廢寧風，感義，義昌三縣。』

「三年」，諸書均作「五年」。太平寰宇記一五八云，『廢寧風，感義，義昌三縣入鐔津。』

『縣二，……岑溪，下。熙寧四年廢南儀州爲縣隸州。』

太平寰宇記一六三，『義州，開寶四年廢入竇州，六年復置。其三縣仍併爲一縣。太平興國初改爲南儀州。……連城永業二縣入岑溪。』

『龔州，……開寶五年廢陽川武陵隨建大同四縣。』

輿地廣記三六，『……陽川……武陵，……隨建，……大同，……皇朝開寶六年四縣皆廢入平南。』「開寶五年」諸書皆作「六年」。

『縣一，平南，中，開寶五年以思明州之武郎來屬。嘉祐二年廢武郎縣入焉。』

輿地廣記三六，『思唐州……開寶五年改曰思明。六年州廢，省思和入武郎來屬。』

『潯州，……開寶五年廢皇化縣。』

輿地廣記三六，『……皇化縣……開寶五年省入桂平。』

『貴州，下，懷澤郡軍事。』

「軍事」，輿地紀勝一一一作「防禦」。

『縣一，鬱林，中下，隋鬱平縣，開寶四年改。』
輿地廣記三六，『懷澤縣，…潮水縣，…義山縣，…皇朝開寶五年省三縣入鬱林。』

『慶遠府，…縣四，龍水，上，淳化五年以柳州洛曹來隸。』
「五年」，諸書皆作「元年。」

『有懷遠思立二砦，後改宜山。』
「後」，輿地記勝一二二作「宣和元年。」

『思恩，下。熙寧八年自環州來隸，徙治帶溪砦。』
輿地記勝一二二，『大觀二年以帶溪砦為溪州，以思恩縣隸焉。四年廢溪州。』

『南渡後增縣一，河池。』
輿地記勝一二二，『河池縣本羈縻智州之地，治平三年來隸，省富力縣入焉。大觀元年置庭州，以縣為懷德縣，隸焉。四年廢庭州。』

『賓州…開寶五年廢州琅琊石城二縣。』
「石城」，太平寰宇記一六五，輿地廣記三六皆作「保城」，輿地紀勝一〇五作「寶城」。

『領縣三，…遷江，本邕州羈縻州，天禧四年置。』
輿地紀勝一〇五，『思剛州，唐為羈縻州，天禧四年改遷江縣。』

『上林，中下，開寶五年自邕州來屬，廢澄州，正戈賀水無虞入焉。』
太平寰宇記一六五，「澄州，開寶六年併為上林一縣，屬邕州，當年復置。」九域志九，邕州條云，『開寶五年廢澄州，以上林縣隸州。端拱三年以上林縣隸賓州。』

『橫州，…開寶五年廢樂山從化二縣。』
「從化」，通考三二三作「淳風」，九域志九，輿地紀勝一一三皆與志同，太平寰宇記一六六，「開寶五年併淳風樂山嶺山三縣入寧浦」。輿地廣記三六，「從化縣本淳風，…正觀元年更名」。是淳風在唐時已名從化，通考及寰宇記皆誤也。

『縣二，…永定，下，開寶六年廢巒州，武靈羅竹二縣入焉。』
「巒州」，輿地廣記三六作「蠻州」。「武靈羅竹」，諸書均作「武羅靈竹」。

『化州，…開寶中廢陵羅縣。』
太平寰宇記一六七，『廢陵羅龍化羅辯三縣入石龍』。輿地廣記三六無羅辯廢入石龍之文。

『縣二，……吳川，下，本屬羅州。州廢，開寶五年來隸。』

通考三二三，『羅州，……領縣五，羅城，吳川，南河，招義，零綠。開寶四年廢羅州，以其地併爲吳川一縣入化州。』太平寰宇記一六七作四縣，無羅城南河招義，而有廉江幹水。輿地廣記三六，「幹水縣，……本石龍，唐改曰招義，又改曰幹水」。

『高州，……開寶五年廢良德縣。』

太平寰宇記一六一云廢良德保定二縣入電白。輿地廣記三六，「保定」作「保寧」。

『縣三，……信宜，中下，……熙寧四年廢竇州，以……縣來隸。』

通考三二三，『……熙寧四年廢竇州，以其懷德，潭峩，特亮併入信義。』太平寰宇記一六三，『懷德潭峩特亮三縣，開寶中入信義。』

『茂名，下，開寶五年自潘州來隸。』

通考三二三，『潘州領縣三，茂名，南巴，潘水。開寶五年廢潘州，以其地併入茂名。』

『欽州，……開寶五年廢遵化欽江內亭三縣。』

太平寰宇記一六七云，廢遵化欽江內亭三縣入靈山縣。

『縣二，……安遠，……安京，景德中改今名。』

「景德中」，九域志九作「景德三年」。

『白州……開寶五年廢南昌建寧周羅三縣，政和元年廢州，以其地隸鬱林。』

續通鑑長編一三，開寶五年四月廢白州。九域志九，『白州，開寶五年廢，隸廉州，七年復置。』輿地廣記三六，『開寶五年廢白州，省周羅建寧南昌三縣入博白，屬廉州，七年復置。』

『鬱林州，……開寶中，廢鬱平興德二縣。』

九域志九，『開寶五年，廢鬱平興德二縣入興業。』

『縣二　南流，中下，舊隸牢州，州廢來隸。又以……黨州客山懷義撫康善牢入焉。』

太平寰宇記一六五，『開寶七年併黨州之容山，懷義，撫康，善勞四縣入南流。』輿地廣記三六，『開寶七年廢黨牢二州。』

『廉州，……開寶五年廢封山蔡龍大廉三縣。』

太平寰宇記一六八云廢封山蔡龍大廉三縣入合浦。

『縣二，合浦，上，有二砦。』

九域志九，『太平興國八年省合浦縣入石康。咸平元年復。』

『石康，下，本常樂州，宋併爲縣。』

輿地廣記三六，『石康縣，本常樂州，南漢立，及置博電零綠鹽場三縣。皇朝開寶五年廢州省縣，以其地置石康縣來屬。』

『南寧軍……縣三，宜倫。』

輿地紀勝一二五，「省富羅洛場二縣入宜倫」。

『萬安軍，……熙寧七年廢爲軍。』

「七年」，續通鑑長編二四八，在「六年十一月」，輿地紀勝及輿地廣記作「六年」。

『吉陽軍，本朱崖軍，即崖州。』

九域志九，『唐振州，延德郡，開寶五年改崖州。』續通鑑長編一三，開寶五年六月戊子朔，「徙崖州於振州，遂廢振州。」

『紹興十八年廢軍爲寧遠縣，十三年復。後改名吉陽軍。』

輿地紀勝一二七引廣州志，『政和七年改朱崖軍爲吉陽軍』。志於「紹興六年廢軍……十三年復」下繼云，「後改名吉陽軍」，似吉陽更名乃在紹興十三年以後者，年代相差，未免太甚矣。

清代地理沿革表（續，山東省）

趙泉澄

二 山東省

濟南府—順治初年仍，領州曰：泰安，武定，德，濱；縣二十六：歷城，章丘，鄒平，淄川，長山，新城，齊河，齊東，濟陽，禹城，臨邑，長清，肥城，青城，陵，新泰，萊蕪，德平，平原，陽信，海豐，樂陵，商河，利津，霑化，蒲臺。

雍正二年，泰安州升爲直隸州，新泰，萊蕪，長清三縣往屬；武定州升爲直隸州，陽信海豐樂陵三縣往屬；濱州升爲直隸州，利津，霑化，蒲臺三縣往屬；八年，平原，禹城，臨邑，陵四縣往屬高唐直隸州；十二年青城，商河二縣往屬武定府；十三年泰安府之長清縣還府屬；肥城縣往屬泰安府；高唐直隸州之平原禹城臨邑陵四縣還府屬：領州一，縣十五。

光緒三十年，開濟南爲商埠：仍領州一，縣十五。

兗州府—順治初年仍，領州四：曹，濟寧，東平，沂；縣二十三：滋陽，曲阜，寧陽，鄒，泗水，滕，嶧，金鄉，魚台，單，城武，曹，定陶，嘉祥，鉅野，鄆城，汶上，東阿，平陰，陽穀，壽張，郯城，費。

雍正二年，曹州升爲直隸州，曹，定陶二縣往屬；濟寧州升爲直隸州，鉅野嘉祥鄆城三縣往屬；沂州升爲直隸州，郯城，費二縣往屬。七年降濟寧直隸州爲州，暨所屬鄆城縣還府屬。八年東平州升爲直隸州，東阿平陽陽穀壽張四縣往屬。十三年鄆城，單，城武三縣往屬曹州府；東平直隸州之陽穀，壽張二縣還府屬；曹州府之嘉祥縣還府屬：領州一，縣十三。

乾隆三十九年濟寧州復升爲直隸州，汶上，魚臺二縣往屬，四十一年嘉祥縣往屬濟寧直隸州，四十五年金鄉縣往屬濟寧直隸州，濟寧直隸州之汶上縣還府屬：領縣十。

東昌府—順治初年仍，領州三：臨清，高唐，濮；縣十五：聊城，堂邑，博平，茌平，清平，莘，冠，丘，館陶，恩，夏津，武城，范，觀城，朝城。

雍正八年，高唐州升爲直隸州；濮州升爲直隸州，范，觀城，朝城三縣往屬；十三年高唐直隸州降爲州，還府屬：領州二，縣十二。

乾隆三十九年臨清州升爲直隸州，丘，夏津，武城三縣往屬：領州一，縣九。

青州府—順治初年仍，領州一：莒；縣十三：益都，臨淄，博興，高苑，樂安，壽光，昌樂，臨朐，安丘，諸城，蒙陰，沂水，日照。

雍正八年，莒州升爲直隸州，蒙陰，沂水，日照三縣往屬；十二年析益都縣及濟南府之淄川縣，泰安府之萊蕪縣地，置博山縣，來屬：領縣十一。

登州府—順治初年仍，領州一：寧海；縣七：蓬萊，黃，福山，棲霞，招遠，萊陽，文登。

雍正十二年，改成山衞爲榮成縣，改大嵩衞爲海陽縣，來屬：領州一，縣九。

咸豐八年，登州府屬之之罘開爲商埠：仍領州一，縣九。

光緒二十四年，英國租登州府屬之威海衞：仍領州一，縣九。

萊州府—順治初年仍，領州二：平度，膠；縣五：掖，濰，昌邑，高密，即墨。

光緒二十四年，德租萊州府屬之膠州灣；二十五年膠海關開爲商埠；三十一年膠州升爲直隸州，高密即墨二縣往屬：領州一，縣三。

泰安州，泰安府—雍正二年濟南府之泰安州升爲直隸州，濟南府之新泰，萊蕪，長清三縣來屬；領縣三。十三

朝 1875—1908	省	府 1,15	府	府	府	府 1,9	C 府 31-1,3	府	府		府	州	府					州	州 0,2
1—3 宣統朝 1909—1911	山東省	濟南府	兗州府	東昌府	青州府	登州府	萊州府	泰安府	武定府		曹州府	濟甯州	沂州府					臨青州	膠州

年，泰安直隸州升爲府，於所屬三縣外，增置泰安縣；降東平直隸州爲州，暨所屬東阿平陰二縣來屬；又濟南府之肥城縣來屬；長清縣往屬濟南府：領州一，縣六。

武定州，武定府—雍正二年濟南府之武定州升爲直隸州，濟南府之陽信，海豐，樂陵三縣來屬：領縣三。十二年武定直隸州升爲府，於所屬三縣外，增置惠民縣；降濱州直隸州爲州，暨所屬利津，霑化，蒲臺三縣來屬；濟南府之青城商河二縣來屬：領州一，縣九。

濱州—雍正二年，濟南府之濱州升爲直隸州，濟南府之利津，霑化，蒲臺三縣來屬：領縣三。十二年，濱州直隸州降爲州，暨所屬利津，霑化，蒲臺三縣，往屬武定府。

曹州，曹州府—雍正二年兗州府之曹州升爲直隸州，兗州府之曹，定陶二縣來屬；七年濟寧直隸州之嘉祥，鉅野二縣來屬，領縣四。十三年曹州直隸州升爲府，於所屬四縣外，設菏澤縣，降濮州直隸州爲州，暨所屬范，觀城，朝城三縣來屬，又兗州府之鄆城，單，城武三縣來屬，嘉祥縣往屬兗州府：領州一，縣十。

濟寧州—雍正二年，兗州府之濟寧州升爲直隸州，兗州府之嘉祥，鉅野，鄆城三縣往屬；七年，濟寧直隸州降爲州，暨所屬鄆城縣還屬兗州府，所屬嘉祥，鉅野二縣往屬曹州直隸州。

乾隆三十九年，兗州府之濟寧州復升爲直隸州，兗州府之汶上，魚台二縣來屬；四十一年，兗州府之嘉祥縣來屬；四十五年兗州府之金鄉縣來屬，汶上縣還屬兗州府：領縣三。

沂州，沂州府—雍正二年兗州府之沂州升爲直隸州；兗州府之郯城，費二縣來屬；領縣二。十二年，沂州直隸州升爲府，於所屬二縣外，增置蘭山縣；降莒州直隸州爲州，暨所屬沂水，蒙陰，日照三縣來屬：領州一，縣六。

東平州—雍正八年，兗州府之東平州升爲直隸州，兗州府之東阿，平陰，陽穀，壽張四縣來屬；領縣四。十三年，東平直隸州降爲州，暨所屬東阿，平陰二縣往屬泰安府，陽穀壽張二縣還屬兗州府。

高唐州—雍正八年東昌府之高唐州升爲直隸州，濟南府之平原，禹城，臨邑，陵四縣來屬：領縣四。十三年，高唐直隸州降爲州，還屬東昌府，所屬平原，禹城，臨邑，陵四縣還屬濟南府。

濮州—雍正八年，東昌府之濮州升爲直隸州，東昌府之范，觀城，朝城三縣來屬：領縣三。十三年，降濮州直隸州爲州，暨所屬范，觀城，朝城三縣往屬曹州府。

莒州—雍正八年，青州府之莒州升爲直隸州，青州府之蒙陰，沂水，日照三縣來屬：領縣三。十二年，莒州直隸州降爲州，暨所屬蒙陰，沂水，日照三縣往屬沂州府。

臨青州—乾隆三十九年，東昌府之臨青州升爲直隸州，東昌府之丘，夏津，武城三縣來屬：領縣三。

膠州—光緒三十一年，萊州府之膠州升爲直隸州，萊州府之高密，卽墨二縣來屬：領縣二。

大秦傳中所見之漢人思想

日本白鳥庫吉著　仇在廬譯

漢人自古所稱爲西域諸國之中，其自早爲西人所注意而又熱心研究之者，殆莫如大秦國。此蓋以漢人所見，實位於世界之極西；又其文物昌明，貨財殷富；而又爲景教盛行之地；凡此皆足以誘西人之好奇心而促其研究也。然以漢魏時代史籍觀之，則關於此國之記載，方位，道程似皆錯雜；又其制度，風俗，物產等，亦感異樣，與西方任何國皆不能契合一致。于是關於此國之探索，遂成爲學者間之難題。秘密深鎖，不可猝破。自一八八五年夏德(F. Hirth) 著China and the Roman Orient，遂譯關於此國之史料，施以精細之考證，確定幾多之事實，而此難題始告解決，故其意見幾被信爲定論。以相距半世紀之今日觀之，依之以得確定之事項，亦仍不尠。如以Roman Orient名大秦國之大體論，尤爲莫能與爭之卓見。故此書所貢獻于學界之功績，實可謂亘永刼而不泯。然自另一方面觀之，則漢文之迻釋，不能無謬誤，制度文物之解釋，不能無附會；地理之攷定，亦不能謂無牽強之處。要之此大秦國者，依然爲一難解之問題，並未由夏德之研究而盡冰釋。然則此問題果以何而艱困若此乎？以鄙見言之，蓋由于向來學者，目大秦傳中之紀事，悉爲漢人聞見之實錄，而未悟有漢人思想上湧出之虛談，攙雜其間之故。余熟玩此傳之結果，認爲其中實含有漢人實地聞見之事實，與編者案頭懸想之空談兩者，故余于此論文之外，別草「從大秦國傳所見之西域地理」一文，於考察大秦國地理之際，明示以今日之地理，校核漢魏時代中國人對於西域所懷想之地理，實爲必要。此方法亦得應用之於地理以外之他方面，故在本文，卽專舉大秦傳中可目爲漢人虛想所成之事項，而以其方法解釋之。此方法之果當與否，自不能不任之讀者之判斷。然區區之私，竊願讀者勿僅付之一笑，而加以嚴格之批判；庶此多年難問題之解決，得以前進一步也。

前漢時代，位于亞細亞之極西，而流行希臘文化之地方，漢人稱之曰犂軒，此已由夏德之研究而闡明。希臘文化之移植傳播，直迄于 Fuphrates 河流域之 Mesopotamia, Chaldea 等地，此固為世人所熟知；然漢代中國人所稱之犂軒，其地域果包括此方面與否，則不明瞭。若以為此國範圍，直及于此，則史記大宛傳安息（Parthia）之西，僅舉條枝者何也？且自其下「北有奄蔡犂軒」觀之，則認 Mesopoctania 之地，不涵於犂軒一名之中，當屬不誤。果爾，則犂軒之名，自廣義言之，當指 Syria 與池中海沿岸之 Syria, Phönicia, Palestina, Egypt 等地；自狹義言之，則當僅指地中海沿岸之諸國。此不問其確當何者，要之犂軒之名，其始必非呼其全域之土稱，而實為其中位于交通之要路極殷富強大之地方或都市之名稱。及既流傳，漢人乃即推用及于其全境。故夏德以為接近 Arabia 灣頭，當東西交通之要樞，為 Syria 之門戶之 Petra 市，其俗語曰 Rekem；漢人聞之，乃以犂軒兩字譯出。然犂軒兩字之音為 Li-Kien (Lei-Kian) 與 Sekem 之名，聲音上略有差異，故今日學者間尚有異議。魏略述汜復（即今日自 Damascus 以至紅海之交通路綫）時，于 Petra 之邊，但記一表示土地性質之名稱，即所謂積石者，而並不舉所謂 Rekem 之都會。由此觀之，則此 Petra 市者，尚未能以犂軒之名聞于漢人，可以推知。漢代西域方面占世界交通之要樞者，無過於 Egypt 之 Alexandria。此都會一方面集地中海沿岸之貨物，他方則又輸入阿非利加，阿剌伯，波斯，印度，支那等之財貨，即謂當時世界之財寶，悉集于此，亦決非過言。降至羅馬時代，此都城雖在格式上位于羅馬府之次，而其殷富則無有能與之匹敵者。故余于明治三十七年四月，曾以「大秦國及拂菻國」之文，揭載于史學雜誌。其中即提出犂軒為 Alexandria 略譯 (A) lek(s) an(dria) (lekan) 之說。（第十編第四號 pp. 25-26）而伯希和於一九一五年發表「Li-kien. autre nom du Ta-ts'in」于通報 (vol. xvi. pp. 690-700)，與余所論全同。（譯者按，此文有馮承鈞氏譯本，載史地叢攷中。）其後藤田博士草一題為「Li-hsüan 犁軒 et Ta-ch'in 大秦」之論文，乃發表新說，謂犂軒為位于波斯北部之 Rhaga 之對音 (Memoires of the Faculty of Literature and Palitics Taihoku Imperial University, vol. 1. No.1-pp. 57-58)。然在漢代，此 Rhaga 之地，當目為安息國之一部，故求與此國劃然別異之犂軒國於其領域，實無理之說也。

依史記與漢書之文意，而欲確切推定犂軒國之範圍，固爲艱困之舉，然相傳爲其別稱之大秦國之疆域，則依魏略後漢書所記，略能爲明白之推定。以魏略細考之，則漢魏時代之中國人，於亞細亞之西部，Taurus 山脈以南，東自 Zagros山脈，西至地中海之地域，分爲海東，海北，海西，三大區。其中海西之一區，相當於自 Lebanon 山脈以達地中海之地域，故海西國(即大秦國之本地)當亘此山脈以西之Syria與Phonicia, Palestina, Egypt 等地，可以推想。又據此書，相當于Sittake之思陶國，相當於Ura之于羅國，相當於 Mesene Kharasense 之條支國，相當于 Ruha之驢分國，相當于 Palmyra(Tadmôra) 之且蘭國，相當于 Damascus之汜復國，相當于 Hicrosolema 之賢督國，皆爲大秦國之屬國，則其國之本地，實限于稱爲海西之一區，亦可以推知。大秦國都城之在 Alexandria，但略讀魏略文意，早無致疑之餘地。是犂軒之名，不過爲 Alexandria 之略譯，而魏略及後漢書以犂軒爲大秦國之一名，亦皆可信。犂軒國即大秦國果無誤，則其疆域亦可目爲無大誤。惟前漢時代之犂軒國，爲希臘政教所加之亞細亞地域，而後漢時代之大秦國，則更加以羅馬之政教而已。犂軒國與大秦國之都城皆爲 Alexandria，其彊域亦殆全同，則犂軒者，乃其國之土稱；而大秦者乃漢人所加之稱謂，此固盡人所能想像者。然退而考之，則漢人者，自來尊大之國民也。稱己國曰中夏，中國，稱外國曰戎，狄，蠻，夷，當無以大秦之美稱與西戎一國之理。故大秦之名，殆亦必如犂軒然，爲其國稱呼之音譯。余嚮著大秦國攷時，確懷此想。十九世紀之初，E. J. Hager 抱 Serica 與 Sina 爲同名之意見。以爲前者之名。乃希臘人崇仰蠶絲，用以指北支那；而後者之名則淵源于統一此國之王朝之名。Chavalier de Paravey 氏引伸此說，謂始皇帝之一族乃 Syria 之殖民，蒙古人及此類蠻民不能發 r音，故呼Seres謂 Sin或 Tsin。此名旋傳於亞細亞諸民族間，遂訛爲 Din 或 Tchin。中國方面之所以稱大秦曰 Syria 者，蓋即自殖民地反稱祖國之名稱也。此大秦爲 Syria 之說，其後雖被信于學者間者甚久。然 H.Cordier則目爲Tarsis 之對音。Parker, Kingsmill, Paravey 諸氏書中，皆表贊成之意。又Edkins氏則以爲大秦之指羅馬，雖無可疑，惟其名稱，在當時則爲Afghanistan及印度一般用以呼羅馬之名。(H.Havret, La Stèle Chrétienne de Si-ngan-fou. pp. 370-371) 又夏德在Syrisch-Chinesischen Bezichungen 文中亦解釋秦字，謂此實表散見于古典之 Ser 或 Seres

之音，同時又表希伯來語Tsur或sur之音（p. 442. Note 3)。凡此諸說，皆有牽附之嫌，不足憑信。其在我國，藤田博士亦主張大秦爲士語音釋之一人。由其說言之，則古波斯語稱左與西曰dasina，故大秦兩字，常爲此語之對音。其所依據，則魏略大秦條言「在安息條支之西，大海之西」，其後又有「其國在海西，故俗謂之海西」之句。漢人之得知有大秦，始于和帝永元九年(97A.D.)班超遣甘英至條支時安息人所告語，爾時安息稱羅馬帝國及其東方領土曰Dasina，故漢人即以大秦二字譯之(Li-hsün 犂軒 et Ta-ch in 大秦 pp. 71-72)。關于海西之名，已如余他文所證，漢代之中國人，誤解 Arabia 半島爲海洋，犂軒國在此海之西，故呼之爲海西國。然則稱大秦國爲海西國，只限于漢人，若安息人及 Arabia 人等則雖夢寐之中，亦無此稱謂。且波斯人及阿剌伯人呼羅馬帝國爲西國即Darina國，在史上亦絕無左證也。

（未完）

新疆公路視察記

侯仁之譯述

一九三五年三月十八日斯文赫定氏 Sven Hedin 在清華大學公開演講，原題作"Sing-Kiang Highway Expedition for the Government of China.

我第一次到新疆，已經是四十五年前的事了。那時是一八九一年，我藉道俄羅斯，經過喀什噶爾(Kāshgar)而至於大瑪海戈壁 (Takla Makan Desert) 大瑪海戈壁也就是新疆大戈壁的一部份。嗣後又曾經遍歷了塔里木河(Tarim R.) 流域與羅布泊 (Lop-nor) 一帶地方。

這一帶地方第一次爲中國所知悉，是在漢武帝的時候。那時大探險家張騫出使西域，第一次發現了沙漠綠洲中的四十六國。我前後幾次在新疆的遊行中，依然可以遇到牠們的遺跡。張騫在政治上雖然沒有達到極大的成功，然而他在地理的發現上，可說是立下了不可磨滅的功績。

嗣後法顯玄奘等人，亦嘗數度經此沙漠，登帕米爾(Pamir)高原，跨喜馬拉亞山(Himalaya Mt.)至印度(India)求取佛經。

至於這一帶地方在歷史上的統治者，則是變動不居的。時而爲東土耳其(Turkish)，時而爲亞拉伯人(Arabs)，時而爲何奴，時而爲中國。但是從紀元後二六〇年以至三三〇年則完全受治於中國。

當我第三次來到新疆的時候，在一九○○年三月初偶然發現了樓蘭古城的遺跡(註一)，又幸而尋得了一百五十件鈔稿文件，就中有十六件甚至註明了某年某月某日，所以很能使我們推測到某一日的精確程度。此等發現物品，交由孔好古氏(Conrady)繙譯評註，成一巨著(註二)；其後洪天通(Ells wor th Huntington，按係美地學家，一九○五至此）斯坦因氏(Sir Aurel Stein 按係英考古家，一九○五，一九一四，一九一五三次到此)諸氏先後而來，各有所獲。

在紀元後三世紀時，塔里木河由西而東流，注入羅布泊。樓蘭城即位在塔里木河入注羅布泊的地方。直到一八七六年，歐洲所有的地圖上，都載了塔里木河是先向南流之後在大瑪海戈壁的南部才起始折而東流。中國地圖的記載也是如此。一八七六年俄國探險家柯斯羅夫上校(Cotonel Koslcff) 自俄羅斯經新疆伊犁至塔里木河，這時他才起始發現了地圖的錯誤，而證明塔里木河乃是由西而東流，橫跨大瑪海戈壁的北部。德國地質學家李希霍芬氏 (Ferdinand von Richthoten) 的土壤地層分析也證明了這點。事實上，河在大瑪海戈壁的南部與北部都曾流過，所以中西地圖的記載與柯斯羅夫所見都非錯誤。一三一三年塔里木河起始改道東南流，放棄了原來的東西河床。我在第二次到新疆去時，曾經考察過這種變遷的原因，知道塔里木河入羅布泊的三角洲，對於沙漠的水平極其敏感。經數百年淤積的結果，遂構成了河流改道的原因。當樓蘭城的繁榮時期，沙漠的北部較南部爲低，所以河是東西流的。一九二八年我再到新疆去時又從土人那裏聽說河水又改北道流了。

一九三○到一九三一年間，我們曾經從東部來勘查過羅布泊，更繪製了由尉犂縣以至羅布泊的塔里木河全部的精細地圖。到現在，關於塔里木河流域的地形地質，我們可以說是已經詳悉無遺了。

樓蘭城在歷史上的地位，可以說是保護東西貿易大道的一個堡壘。在耶蘇生時的前後，潼關，西安，樓蘭，疏勒，喀什噶爾，葱嶺，波斯，亞拉伯以至羅馬，乃是東西貿易交通的一條大道。貿易物品即是絲。絲之貿易那時乃是全世界上最大的貿易，中國絲在羅馬是很受歡迎的。以後塔里木河改了道，大路所通過的這一帶地方便變成了沙漠，於是大陸上絲的貿易便從此割斷。哈密，吐魯番，樓蘭以及和闐也就相繼湮沒無聞了。水去了，樓蘭也隨着去了！

到十三世紀意大利的大旅行家馬哥孛羅 Marco Polo

東來的時候，這座古城已經在沙漠中寂然無聞地沉睡了已近千年，而他則簡直似乎連「樓蘭」這個名字都沒有聽見說過。直到六五〇年之後，我才又很幸運地把牠自湮沒無聞中發掘出來。

一九二七年出發的中瑞探險隊(Sino-Swedish Expedtion)，可說是在中亞完成了最大的科學工作。隊中包括了二十六位學者，四位學生。全隊所從事的工作範圍極廣，從勘查路線，繪製地圖起，直至氣候調查，重力測量以及考古等止，無不具備。隊中原有以飛機輔助工作進行的計劃，如地圖的攝取，山途的察勘，有非於地面所能完成者。我曾以此事商諸蔣總司令，答謂苟允我在彼處使用飛機，則毗隣的國家亦將藉口飛航，結果為種種不便，未能准許使用。因此我們也只好局限於地面以上的工作了。

此次探險隊的創獲甚多而且重要。就中當以清華大學教授袁希淵(復禮)所發現之「孔龍」等最為重要，現正經他研究。

貝格滿博士(Dr. Folke Bergman)發現了一萬餘件文件，等於前此發現者的十倍。原來我曾發現了一百五十一件，就中一百二十一件係書於紙上，三十件書於木簡上，已如上述。此後斯坦因氏找獲了九百餘件。貝格滿尋獲所得，現都存於北平 Sinological Institute 由專家整理分類，就中有一位是著名的瑞典漢學家高本漢教授(Prof. Bernhard Karlgren)。整理工作一朝完畢後，對於明瞭當時的軍事政治情形，當皆有極大裨益(註三)。貝格滿氏的尋獲中尚有七十五簡的一冊，以帶繫於一起，大概要算世界上現在一冊最古的書籍了。劉復教授——我對他的去世實抱莫大的遺憾——曾對此書作過簡略的敘述及介紹。

我以為中國本部與西部連絡的唯一辦法就是修築道路。這樣的事自然只有政府能辦。前者我曾以此意向政府建議，派員勘察路線。政府以我曾經數度來此，情形已甚熟習，即以此事相託。一九三一年秋即攜同人八位，僕役八位共十六人乘汽車出發。同人中有政府工程師二人，陳君(Parker C. Ch'en)，貝格滿博士以及其他兩位瑞典人等。由百靈廟至哈密途中，曾遇盛馬之亂，汽車屢被借用。因為他們對我們的安全不負責任，我們只能躲入沙漠中藉以考察塔里木河下流可否實施灌溉工程。二千年前這兒本有大規模的運河灌溉工程，水道遷移後，乃隨之而湮沒。現在水道既又復來，我們也可從新開闢，把牠作為中國的殖民地。

我的計劃第一步是先修築兩條大道。一為南路，由西安經蘭州而達哈密。一爲北路，由綏遠寧夏以至哈密。現在從中國本部到西部去，須用三個月的工夫，如想節省時間，便只有乘西伯利亞鐵路。這種到本國領土而必須走外國道路的事，眞是古怪之極！

這兩條大路成功後，第二步驟便是沿南路敷設鐵道，由西安經蘭州，羅布泊以至喀什噶爾與俄相接而直到歐洲彼岸，與西伯利亞鐵路，並駕齊驅。溝通東西大陸，黃白人種，而重新恢復中亞古代的繁榮！

現在新疆一帶的貿易，完全爲他國所把持，中國簡直不能與之相提並論。如果上述的計劃可以完成，中國始得有希望與外國競爭而鞏固其西部邊疆。不但此也，這幾次行經甘肅等省，老實說，那兒的生活程度極低極低。因此，上面計劃的完成，不但直接可以解決西部的邊疆問題，同時沿途甘肅等處也可間接受益了。

這種工作的完成，每人都可參加一臂之力。如果這種意見能成爲多數人的意見，那末結果自然可以形成一種輿論，如此便離成功不遠了。諸君萬勿以爲自己只是一個學生，能作什麽事？因而自暴自棄。我决心以探險作我終身事業的時候，也只是一個學生而已，一出校門，便帶了一個空空的錢袋登上了中亞的征途。如果我們能早早地在我們面前懸起了高尙的鵠的，始終前進不肯懈弛，那麽結果一定可以在歷史上也留下一條印痕！

（註一）：關於樓蘭城發現的詳細經過，可參看赫定先生亞洲腹地旅行記第四〇章「無水穿行戈壁沙漠」及第四一章「樓蘭—長眠城」二章。（頁三六一——三七六）

（註二）：詳情亦見前書四一章，孔好古氏此等文件的德文譯本，已於一九二〇年發表。

（註三）：以上關於貝格滿氏之發現，赫定氏有專文發表曰："The 'Black City' of the Gobi Desert"，拙譯爲「黑城探險記」載在本刊第一卷第九期，可供參考。

復興月刊

四川專號

第三卷第六七期合刊要目

本期零售每冊大洋三角

發行所 新中國建設學會出版科 上海市中心區政府路淞滬路口
總經售處 生活書店 上海福州路三八四號

現代史學

第二卷　第三期

目錄

編輯發行者 國立中山大學史學研究會
總代售處 廣州現代書局
本期定價三角

方志月刊

第八卷第一二期

目錄

通訊定報處：南京鍾山書局
定價：每期二角，本期四角

*D82(b)-24:3

出版者：禹貢學會。
編輯者：顧頡剛，譚其驤。
出版日期：每月一日，十六日。
發行所：北平成府蔣家胡同三號禹貢學會。
印刷者：北平成府引得校印所。

禹貢

半月刊

價目：每期零售洋壹角。豫定半年一卷十二期，洋壹圓；全年二卷二十四期，洋貳圓。郵費加一成半。國外全年加郵費八角。

The Chinese Historical Geography

A Semi-monthly Magazine

Vol. 3 No. 4 Total No. 28 April 16th 1935

Address: 3 Chiang-Chia Hutung, Cheng-Fu, Peiping, China

第三卷第四期

（總數第二十八期）

民國二十四年四月十六日出版

代售處
北平北京大學史學系楊向奎先生
北平燕京大學哈佛燕京社
北平燕京大學史學系李子魁先生
北平輔仁大學史學系史念海先生
北平清華大學史學系吳春晗先生
天津河北女子師範學院班書閣先生
廣州協和神學院李鏡池先生
濟南齊魯大學史學系張立志先生
杭州之江學院顧敦鍒先生
武昌武漢大學吳其昌先生
成都四川大學文學院劉以塘先生
成都四川大學賀幼于先生
廈門廈門大學史學系鄭德坤先生
北平北平圖書館王以中先生
杭州浙江圖書館夏廷域先生
北平景山東街十七號景山書社
北平東安市場岐山書社
北平西單牌樓南首建設圖書館
北平琉璃廠來薰閣書舖
北平琉璃廠邃雅齋書舖
北平琉璃廠新生命書局
北平隆福寺街修綆堂書舖
北平隆福寺街文奎堂書舖
北平隆福寺街文殿閣書舖
北平孝順胡同後溝三號曾紀琳先生
北平成府競進分社
天津法租界二十六號路世界圖書局
天津法租界三十號路大公報代辦部
天津大經路北方文化流通社
綏遠楊家巷十二號綏遠新聞社
開封新書業街龍文書莊
南京太平街新生命書局
南京中央大學門前通山書局
南京太平路中市羣衆圖書公司
上海五馬路亞東圖書館
上海棋盤街復善里新生命書局
上海四馬路上海雜誌公司
上海福州路生活書店
上海九江路伊文思圖書公司周文欽先生
上海四馬路中市羣衆雜誌公司
蘇州五卅路國學小書堆
杭州福緣路抱經堂書局
武昌橫街頭新生命書局
長沙府正街金城圖書文具公司
重慶天主堂街重慶書店
日本京都中京區彙文堂書店
日本東京神田區神保町巖松堂書店

內政部登記證警字第叁肆陸壹號　中華郵政特准掛號認為新聞紙類

文學山房

蘇州護龍街

書名	卷數	纂修人	刊刻時間	册數	價格
震澤縣志 江蘇	三十八	陳和志	光緒	八	七元
臺灣府志	二十二	覺羅四明		卅二	十六元
吳郡甫里志	二十四	彭方周	乾隆	十二	八十元
邯鄲縣志 河北	十二	王烱	乾隆	八	六元
防海備覽	八	薛傳元	乾隆	八	六元
縉雲縣志	十七	何雅堂	光緒	十	八元
鞏縣志	念	李述武		八	六元
剡錄 嵊縣志書也	十	宋高似孫	同治	六	三元
青浦縣志	三十三	龔壽圖	光緒	十二	五元
海鹽縣志	二十四	徐用儀	光緒	十六	八元
剡源鄉志	二十四	趙霈濤	民國	十	三元
嘉興梅里志	十八	楊謙	道光	六	五元
新安志	十	羅源	光緒	八	三元
金山縣志	三十	龔寶琦	光緒	十六	六元
秣陵集 金陵舊志也	六	陳文述	道光	八	二元
武進陽湖縣志	三十	董似穀	光緒	二十	六元
邳州志	二十	魯一同	咸豐	四	二元
淮關統志	十四	元成	光緒	十二	五元
蜀中名勝記	三十	曹學佺	明板近印	十	四元
乾隆府廳州縣圖志	五十	洪亮吉	乾隆	十六	三元
黑龍江述略	六	徐宗亮	光緒	六	三元
慧山記 正續	四 四	邵文莊公 邵涵初	咸豐	六	二元
木瀆小志	六	張郁文	民國	二	一元
乾道臨安志	三	周淙彥	道光	二	一元半
七國地理攷 附戰國編年一卷	七	顧觀光	道光	八	十元
闕里文獻攷	百		乾隆	八	三元
忠武祠墓志	八	虛白道人	同治	四	二元

蘇州 百擁樓書倉

護龍街塔倪巷中電話二百十號

練湖志	十卷	黎世序	民國刊	竹紙	十二册	三元
木瀆小志	六卷	張郁文	民國刊	白紙	二册	一元
光福小志	十二卷	徐傅	民國刊	白紙	二册	一元
黃埭志	四卷	程錦熙	民國刊	白紙	二册	一元二角
尉鄧山聖恩寺志	十八卷	周永年	影印明本	竹紙	四册	二元

正風

半月刊

第一卷 第八期

總發行所 天津法界三十三號路 正風社

中國史上之南北强弱觀

錢穆

歷代塞外蠻族，不斷的向南侵犯，和好幾次南北分峙的局面下，大半由北方吞併了南方。中國史上之所謂『北強南弱』說，幾乎爲一般人所信受。又因此而造出種種的解釋，關於山川形勢，氣候物產，民族文化，各方面都有。似乎就中國史的經過論，北方強於南方，是一種顯然的事實。然苟仔細論之，則亦有未盡然處。前漢和盛唐，豈不大大的懾服了北方的蠻族。春秋時的吳楚，豈不淩駕中原，稱霸一時。項羽劉邦劉秀劉裕朱元璋，亦全是起於南方而戰勝了北敵。以至於最近的革命，大體說來，亦可以算是南方的勝利。可見中國史上告訴我們的未必在北便強，在南便弱。軍事的勝敗，民族的盛衰，應該還有其他的說明。本文只就一個小小的觀點上，來對本問題試作一種另一方面的考察。

茲爲便於行文，先述本篇所欲提出之結論，而後及於其事實之證據。竊謂兩個民族和國家間的盛衰強弱，往往有時祇取決於幾次軍事的勝敗。而雙方軍事勝敗的關鍵，和其軍隊附帶之武裝常有頗重要之關係。中國史上之南北軍事勝敗，在當時往往有一種武裝的問題佔其極重要的因素，而漸漸爲後來讀史者所忽略。本篇舉的即是軍隊中之馬匹一項。大抵軍隊中有馬匹，而其馬匹又多又精壯的，其軍隊常佔勝利。其軍隊中若少馬匹，及雖有而不多又羸弱的常易失敗。這一點雖若小節，然有時足以推翻或改定上述種種關於山川，形勢，氣候，物產，民族，文化各方面的南北強弱觀之解釋。

從春秋時代的戰事觀之，似乎騎兵作戰還未發現。隱公九年左傳，北戎侵鄭，鄭人患之，說：『彼徒我車，懼其侵軼我』。可見當時的戎狄是步戰的，而中原華族則係車戰。直至昭公元年，晉中行穆子與羣狄戰，魏舒說：『彼徒我車，所遇又阨，請皆卒』，乃毀車以爲行（行即步隊）。可見那時的羣狄，還只是徒步作戰，而中原華族則猶還是車戰。（宋李覺謂唐堯暨晉，皆處河北，而北虜不能爲患，由馬之多也。此自居宋人見地言之，春秋以前，馬之爲用尚不如李氏之所言也。）及戰國趙武靈王胡服騎射，以滅中山，開林胡，則知當時趙北三胡（林胡，樓煩，東胡）已習得騎射作戰的技術，所以趙王下令胡服，招騎射，略胡地至榆中，而林胡王獻馬。（見史紀趙本紀）馬匹在當時，遂爲國際鬬爭所重視。

史記匈奴傳，說：

匈奴畜之所多，則馬牛羊，其奇畜則橐駞，驢贏，駃騠（徐廣曰北狄駿馬。），騊駼（徐曰，似馬而青。），驒騱（說文云，野馬屬。）。兒能騎羊，引弓射鳥鼠。士力能彎弓，盡爲甲騎。

可見匈奴是一個騎馬的民族，而其軍隊則全是騎兵。第一次有名的漢匈奴之戰事，爲白登之圍。

冒頓佯敗走誘漢兵，漢兵逐擊冒頓。冒頓匿其精兵見其羸弱，於是漢悉兵，多步兵，三十二萬北逐之。高帝先至平城，步兵未盡到，冒頓縱精兵四十萬騎圍高帝於白登。……匈奴騎，其西方盡白馬，東方盡青駹馬，北方盡烏驪馬，南方盡騂馬。（史記匈奴列傳）

這一役雙方軍事利鈍勝敗的關鍵，史公已又詳細而又扼要的描寫出來，似乎不在乎南人之與北人，而在乎多馬之與少馬。

漢匈奴壤地相接，縣延數千里。雖說『長城足以限馬足』，究竟防多力分。匈奴祇要從一處奪關而入，待漢援至而胡騎已去。邊境不勝其擾。若長守和親政策，年年以縉絮米蘗種種禮物結其懽心，則中國財力日弊，而匈奴貪慾難饜。澈底的辦法，惟有改防禦爲邀擊。只把匈奴主力擊破，使其大大的膽寒，則一勞永逸，可以有一百年數十年的安寧。這是漢武馬邑之謀之由來。馬邑之謀既敗，漢匈奴和局破裂，漢廷遂決計大舉出塞邀擊，而首先的問題便是組織騎兵隊。有了騎兵，不僅可以出塞，而且可以絕漠。元朔六年，

漢……乃粟馬，發十萬騎，負私從馬凡十四萬匹。（史記匈奴傳。正義，謂負擔衣糧，私募從者凡十四萬匹。）

大舉出擊。是後『匈奴遠遁，而漠南無王庭』。

然漢馬死者十餘萬。匈奴雖病遠去，而漢亦馬少，無以遠往。（仝上）

那時漢的國力與其對匈奴之政策，幾乎可以把馬之耗息來代表。史公說：

漢興……自天子不能具鈞駟，而將相或乘牛車，……馬一匹則百金。……七十餘年之間，……衆庶街巷有馬，阡陌之閒成羣，而乘字牝者擯而不得聚會。（見史記平準書，又漢書食貨志，天子爲伐胡，盛養馬，馬往來食長安者數萬匹。唐文粹卷二十二張說開元隴右監牧碑頌，謂漢武廐馬有四十萬匹。而烏氏居塞，致馬數千羣，橋桃居塞，致馬千匹。邊塞牧事之盛亦可見。）

逮後患馬乏，乃

著令封君以下至三百石以上吏，以差出牝馬。天下亭亭有畜牸馬，歲課息。（仝上）

而漢廷之通烏孫，伐大宛，亦全有馬的背景。

後漢時，西羌爲患尤劇。任尙屯三輔，臨行，虞詡說之曰：

使君頻奉國命，討逐寇賊。三州屯兵二十餘萬人。棄農桑，疲苦徭役，而未有功效。……今虜皆馬騎，日行數百，來如風雨，去如絕弦，以步追之，勢不相及。所以曠而無功也。爲使君計者，莫如罷諸郡兵，各令出錢數千，二十人共市一馬，如此可捨甲冑，馳輕兵，以萬騎之衆，逐數千之虜，追尾掩截，其道自窮。便人利事，大功立矣。（後漢書西羌傳）

任尙遂以立功。

五胡之亂，起自中國內地，而步馬之勢爲當時強弱分判的一種重要因素，其事依然顯著。通鑑說：

石勒帥輕騎追太傅越之喪，及於苦縣寧平城，大敗晉兵。縱騎圍而射之，將士十餘萬人，相踐如山，無一人得免者。（晉書越傳作數十萬衆，勒以騎圍而射之，相踐如山，王公士庶死者十餘萬。）

這是當時胡夏鬬爭的一個榜樣。石勒帶領的是胡人騎兵，而東海王越的部下十餘萬衆，大概多是步兵。

此後桓溫北伐，

軍糧竭盡，溫焚舟步退，自東燕出倉垣，經陳留，鑿井而飲。行七百餘里，（慕容）垂以八千騎追之，戰於襄邑，溫軍敗績，死者三萬人。（晉書溫傳）

這是有名的枋頭之敗。桓溫以數萬人步行七百里，爲八千騎追及而致敗績。當時

慕容德率勁騎四千，先溫至襄邑東，伏於澗中，與垂前後夾擊。（晉書慕容暐載記）

故桓軍遂致大敗。正因當時北軍多騎，南軍多步，所以南師北伐，北軍可以避銳遠引。及南軍糧盡自退，北軍則以勁騎追躡。步卒遇馬兵，只可有大敗而不能有大勝。此等處全在有馬之與無馬，而不關南人之與北人。（劉裕臨朐之勝，以車四千兩方軌徐進，敗慕容超鐵騎萬餘，然超敗即引衆走，裕軍斬獲千計，與桓溫之一敗而死三萬人者大異，此非超巧而溫拙，仍在騎步之懸殊也。以後屢有主張以車戰禦胡人之騎隊者，實乃迂濶之見耳。）

歷朝畜馬之盛，無如元魏。

世祖平統萬，定秦隴以河西水草善，以爲牧地，馬至二百餘萬匹，橐駝半之。太延二年，先已於雲中置野馬苑。

孝文卽位後，復以河陽爲牧場，恒置戎馬十萬匹，以

擬京師軍警之備。每歲自河西徙牧并州，漸南轉，欲其習水土，無死傷，而河西之牧彌滋。（魏書食貨志六元魏有馬二百餘萬匹，而南朝江淮間祗十萬，（此語出處一時忘却）。數量相差遠甚。南方不能并北。而終爲北方所并，只看馬數的統計已夠。

唐初武功，說者每推美於唐之兵制，其實唐代兵府制度未必與唐代武功有十分的關係，（此層須另論，非此所能詳。）而唐代武功之又一個原因，則在其畜馬之盛。張說云：

自貞觀成於麟德，四十年間，馬至七十萬匹。置八使以董之。設四十八監以掌之。跨隴西金城平涼天水四郡之地，幅員千里，猶爲隘狹，更析八監，布於河曲豐曠之野，乃能容之。

王氏玉海云：

唐世牧地，皆與馬性相宜，西起隴右金城平涼天水，外暨河曲之野。內則岐豳涇寧，東接銀夏，又東至樓煩，此唐養馬之地也。（卷一百四十九。按王氏此條乃歐陽修說。）

此等只是官馬。唐初去元魏未久，諒來黃河流域一帶，民間私馬一定亦甚盛。（文獻通攷引林氏駉曰：唐府兵之制，當給馬者官與其直市之，每匹錢二萬五千。刺史折衝果毅歲閱不任戰者之，鬻以其錢更市，不足則府供之。此全是民間私馬也。至府兵漸壞，府兵貧難致，乃給以監牧之馬，則爲官馬矣。唐府兵改而爲彍騎，可見府兵重騎隊。）

唐代武功，頗賴於騎兵的戰績，如

貞觀四年正月，李靖率驍騎三千，襲破定襄。二月，李靖與李世勣謀，選精騎一萬，齎二十日糧，往襲頡利。遂滅突厥。

此等隨處皆是，無煩縷舉。直到安史作亂，河北藩鎮，亦還有馬的關係做其背景，安祿山以內外閑廐都使兼知樓煩監，陰選勝甲馬歸范陽，故其兵力傾天下，而卒反。（文獻通攷）杜牧說：

冀州產健馬，下者日馳二百里，所以兵常當天下。（罪言。按唐中葉後既失河北，而河隴以西亦爲吐蕃所陷。唐馬皆市之回紇，盡駑劣也。

宋代的積弱，亦與馬匹有關。幽燕寧夏產馬之地，全入異族之手。太宗時，國子博士李覺上言：

夫冀北燕代，馬之所生，胡戎之所恃也。故制敵之用，實兵騎爲急。議者以爲欲國之多馬，在乎啗戎以利，使重譯而至焉。然市馬之費歲益，而厩牧之數不加者，蓋失其生息之理也。且戎人畜牧轉徙，旅逐水草，騰駒游牝，順其物性，由是寖以蕃滋也。曁乎市易之馬，至於中國，則縶之維之，飼以枯槀，離析牝牡，制其生性，元黃虺隤，因而耗減，宜然矣。（文獻通攷卷十六）

其後歐陽修亦言，

唐世養馬之地（按其詳已見前），以今考之，或陷沒夷狄，或已爲民田。

而當時牧事，一馬占地五十畝，所以惜費與爭利者，又爭侵牧塲爲農田。宋之馬政終難發展。（宋祁謂朝廷與虜相攻，必不深入窮追，驅而去之，及境而止，不待馬而步可用，請損馬益步，馬少則騎精，步多則鬬健。此亦不得已而爲之論也。）天聖中，牧馬至十餘萬，已稱盛況。祥符六年，樞使陳堯叟言，洛陽監馬五千匹，頗費芻粟。上曰：馬數及萬匹可止。蓋宋都河南一則地狹不宜養多馬，二則氣非高寒，馬亦不易繁息。及官馬日耗，而有戶馬之法。自此而宋之馬政益壞。蔡條國史補云：

金人犯闕，詔盡括內外馬及取於在京騎軍，不及二萬。（文獻通攷引）

今謂宋之積弱，少馬爲其一因，諒無大誤。

至宋之外敵遼金，其戰馬之盛，恰恰與宋成反比。茲據遼史兵衛志所載遼太祖會李克用於雲中，已有兵三十萬。十一年總兵四十萬伐代北。

遼國兵制，凡民年十五以上，五十以下隸兵籍，每正軍一名，馬三匹。而二帳十二宮一府五京，有兵一百六十四萬二千八百。只以皮室軍三十萬騎，屬珊軍二十萬騎，御帳親軍已五十萬。加之宮衛騎軍十萬一千。合六十萬一千。一正兵三匹馬，已應有馬一百八十餘萬匹。（食貨志，天祚初年，馬猶有數萬群，每群不下千匹。舊制常選南征馬數萬匹牧於雄霸清滄間以備燕雲緩急。復選數萬給四時游畋。餘則分地以牧。遼人亦全是一個馬國。）宋人以全國不滿二十萬匹馬的軍隊，如何與遼相校。

金人初起，在宋徽宗政和四年，兵始滿萬。而此下十三年，宋竟覆滅不救，卒於南渡。據呂頤浩高宗時所上論禦虜十事云：

自金人犯邊以來，百戰百敗。非止百戰百敗，往往望風奔潰，不暇交鋒者。……臣頃在鄜延環慶路見我師與夏人接戰，每迭勝迭負，未有敗衂如今日之甚者。蓋鄜延環慶皆山險之地，騎兵非所利故也。金人起燕薊，歷趙魏，絕大河至汴宋，皆平原曠野。騎兵馳突，四通八達，步人不能抗，此所以多敗也。

又曰：

臣嘗考近年以來，胡人入寇，我師遇之，不暇成列，輙奔潰敗走者，以平原廣野，我之步人不能抗彼之騎兵故也，又虜人遇中國之兵，往往以鐵騎張兩翼前來圍掩。……

又曰：

近時之敗，以我師每爲騎兵衝突，措足不定，所以敗也。（據唐荊川右編卷二十七引）

李綱亦言：

金人專以鐵騎勝中國，而吾之馬少，特以步兵當之，飄暴衝突，勢必不支。（論進兵劄子）

又說：

自金人憑陵以來，未聞諸將有與之對壘而戰者，率皆望風奔潰。間有略布行陣，爲其突騎所衝，一散而不復合。

李呂二人，都是身經行陣，目擊之言，而他們所陳宋金兵事強弱。亦著眼在步馬之異便。

宋既南渡，馬政更難發展，於是竟有主全用步卒者。

洪邁云：

國家買馬，南邊於邕管，西邊於岷黎，皆置使提督。歲所綱發者蓋踰萬匹。使臣將校得遷秩轉資。沿道數十州驛程券食厩圉薪芻之費，其數不貲，而江淮之間本非騎兵所能展奮。又三衙遇暑月，放牧於蘇秀以就水草，亦爲逐處之患。（按名臣奏議，黃幹奏曰：國家所用之馬，西取於蜀，南取於廣，皆在數千里以外。博易之費，道里之費，一馬之入，動數百千，其所得甚艱，所費甚巨。一有緩急，無馬可用。與洪說略同。）因讀五代舊史云：唐明宗問樞密使范延光，內外馬數，對曰，三萬五千匹。（按其時馬數，只及契丹之十一，宜乎常爲耶律氏所憑陵矣。）帝嘆曰：太祖在太原，騎軍不過七千，（按此亦所以見欺於突厥也。）先皇自始至終，馬纔及萬。今有鐵騎如是，而不能使九州混一，是吾養士練將之不至也。延光奏曰，國家養馬太多，計一騎士之費，可贍步軍五人，三萬五千騎，抵十五萬步軍，既無所施，虛耗國力。帝曰，誠如卿言。肥騎士而瘠吾民，民何負哉。明宗出於蕃戎，猶能以愛民爲念。李克用父子以馬上立國制勝，然所蓄只如此。今蓋數倍之矣。尺寸之功不建，可不惜哉。（按金世宗時，羣牧所蕃息之久，馬至四十七萬。宋馬大概在十萬左右，如何相敵。遑責其不建尺寸之功，亦不知彼我之言也。）且明宗都洛陽，正臨中州，尚以爲騎士無所施。然則今雖純用步卒，

亦未爲失計也。（容齋續筆卷五）

立國江淮以南，旣難多養馬匹，且大隊騎兵亦無展布餘地，無從訓練。而要恢復中原，却又不得不先養大量的馬隊，這似乎也是南宋終於不振的一因。

元人崛起漠北，『以弓馬之利取天下』。蒙古人之武力，大部有賴於其馬隊，此層已爲一般所曉，可無贅述。

明代『奄有四海之大，凡中國所謂宜馬之地，皆在焉』。其馬政『兩京畿及山東河南牧之於民，山西陝西遼東牧之於官。在官者有名而無實，在民者有損而無益』。（此邱濬大學衍義補卷一百二十四語。明代戶馬之弊，顧炎武天下郡國利病書亦詳載之。）明代馬政不如漢唐，而明之武功亦較漢唐爲差。『自萬曆以來，馬政益壞，而邊牧廢弛愈不可問』。（明史兵志）

熊廷弼經略遼東，上疏云：

良馬數萬，一朝而空。今太僕寺所存寄之馬，旣多瘦小，騾馬更矮小。兵部主事王繼謨所市宣府大同馬，並無一匹解到。即現在馬一萬餘匹，半多疲損，率由軍士故意斷絕草料，設法致死，圖充步軍，以免出戰。甚有無故用刀刺死者。以此馬愈少而倒損甚多。皇上以爲馬匹如此，能戰乎，能守乎！

後遼東督師袁崇煥又以缺馬，請於兩京州縣寄養馬內折三千匹價買之西邊。明廷用太僕卿涂國鼎言，終卻其請。（事詳明史兵志）遼東軍事之不振，馬匹缺少仍是其重要之一項目。

清代武功亦恃馬匹，魏源聖武記謂

我朝騎射長於西北，故金川西南之役，難于新疆；安南緬甸之功，讓於西藏。將毋吉林索倫之勁旅，其技不宜於南方，故事有難易，功有劣優歟？（卷十一）

此已說透此中消息矣。清代牧場設在察哈爾，康熙四十四年上諭謂：

歷觀宋明時議馬政者皆無善策。牧馬惟口外爲最善，今口外馬廠，孳生已及十萬，牛有六萬，羊至二十餘萬。若將如許馬與牛羊驅至內地牧養，即日費萬金不足。口外水草肥美，不費餉而馬畜自然孳息。前巡行塞外時，見牲畜彌滿山谷間，歷行八日，猶絡繹不絕也。（東華錄康熙七十五）

魏源曰，此制遼金元同，而明不同者，懼北寇之鈔掠也。（聖武記卷十一）

茲扼要言之，把中國農民的耕地來牧養馬匹，此在中國農民自所不願。然沒有馬匹，對於北方蠻族，便只能小懲，不能大創。只能薄伐，不能窮追。蠻族勢力的壓逼，依然存在。若一旦蠻族入主，黃河流域的農場大半化做牧地，黃河流域的農事日就退化，而江淮以南，因無適宜牧場，更難以步卒在中原與北騎爭衡。此恐是中國史上南北強弱一大原因也。

『自槍礮既興，騎兵難以必勝，或反足爲累。』（薛福成書科爾沁忠親王大沽之敗語）又鐵道火車既通，而南人之涉北土，亦無需乎馬匹。於是中國史上南弱北強之說，漸不可恃。（洪楊勢力未能深入黃河流域，尙受軍隊少馬之影響。至民國以來，南北屢次戰事，未見南弱北強之象。）茲篇所舉，固屬小節，亦可矯正論史者關於政治，軍事，民族，文化，幾許可免之游談也。

崔邁之禹貢遺說

顧頡剛

頡剛輯點崔東壁先生遺書，忽忽十餘年矣。賴大名人士之輔助，發見新材料頗不少；然皆詩文書牘之類，固得藉此以深悉其生活，而與其學術貢獻猶無直接之關係也。前年輾轉傳聞，知尙有東壁之弟德皋先生（邁）所作之尙書辨僞藏於廣平縣某家。雖切囑大名友人探詢，卒未覓得。頡剛遍檢東壁遺書及其他傳狀，德皋所作僅有訥庵筆談等數種，無所謂尙書辨僞者，意傳者之非眞也，亦置之矣。去冬在北平，接張文炳先生自成安漳河店貽書，知廣平楊氏藏有德皋全集之原鈔本，大喜欲狂，亟覆書請索寄。今年二月在杭，得平寓轉寄張先生函，發之，分量之重遠出我想像，凡訥庵筆談二卷，尙友堂詩說一卷，文集二卷，寸心知詩集二卷，綜七萬言，是誠一大創獲也！筆談之上卷爲書經辨說，皆駁辨書序，僞古文與宋人經說者，既列書首，覽者易見，其有尙書辨僞之傳訛，宜矣。此一卷中，辨禹貢者八條：首條論九州之賦；二，四，五，六諸條論三江；三條論彭蠡；七條論弱水，八條論『四海』之義。又文集中有朱子彭蠡辨疑一篇，則擴充筆談之說者。其持論廉悍，與乃兄同。其歷史見解亦至相似，於以知考信錄一書雖成於東壁晚年，而早已定型於昆季同學之時代。又考信錄中固亦明引訥庵筆談以證成己說，然亦有襲用其言而未揭之者，如唐虞考信錄（卷四）之於三江，夏考信錄（卷一）之於彭蠡是也。推此而論，必有德皋於坐談之頃，直抒其疑古之見，而未著之於書，遂爲東壁所採摭者，惜其事不可詳耳。東壁年七十七而德皋年僅三十九，學之成與不成，豈非天哉！德皋遺書，今已鈔點，將付上海亞東圖書館排印之；而先將其禹貢說發表於此，供研究古地理者之快覩焉。二十四年三月十六日，頡剛記於杭州。

一　訥庵筆談中之禹貢部分

三山林氏謂『三代取民皆什一，而禹貢有九等之差者，蓋州有廣狹，民有多寡，其賦稅所入之總數有不同，不可以田之高下而準之。』此說大誤；而馬端臨文獻通考采之，蓋以爲然矣。余謂果以九州所入之總數而分爲九等，則其數有定矣，又安得有所謂『上上錯』，『下上上錯』，『錯上中』，『下中三錯』者乎？田有肥瘠，定賦者必視其田以爲賦；若不論其田之肥瘠而一概取之，此乃後世苟且之法耳。三代什一之制，蓋孟子大概言之。然或五十而貢，或七十而助，或百畝而徹；而田又有一易再易之分，法又有鄉遂都鄙之異：是三代不同而一代又自不同也。况禹貢乃堯舜之時之制，豈得以三代爲比哉！且『厥賦』皆蒙『厥田』之文而言，田既分爲九等，而賦豈不分爲九等乎！如林氏之言，田不當言上中下而當言多寡也。且『厥載貞，作十有三載乃同』，又何以解乎？林氏泥於三代皆什一之法，而遂爲此支離之說也。

禹貢曰『三江既入』；又曰『東爲北江，入於海』，『東爲中江，入於海』。夫曰北江，曰中江，則有南江明矣。三江自指此三者而言，文義甚明，但偶未指言南江耳。鄭康成謂『左合漢爲北江，右合彭蠡爲南江，岷江居其中則爲中江』，故書稱『東爲中江』者，明岷江至彭蠡幷與南合，始得稱中也。孔□□蘇子瞻實遵其說。然以經文『東爲北江』，『東爲中江』，與『東流爲漢，又東爲滄浪之水』，『東別爲沱』文勢證之，則自『匯澤爲彭蠡』，『會于匯』以東始有北江中江之名，必截然爲三水；非果如所云，合漢爲北江，合彭蠡爲南江也。朱子云，『問諸吳人，震澤下流實有三江以入於海。彼既以目驗之，恐其說之必可信，而於今尙可考也』。蔡注遵之，引庾仲初吳都賦注，『松江下七十里，分流東北入海者爲婁江，東南流者爲東江，幷松江爲三江，其地今亦名三江口』。夫謂震澤自有三江，則潯陽不有九江乎？何潯陽之九江非禹貢之九江，而震澤之三江獨即禹貢之三江乎？說者曰，『二句文相蒙，三江入海而後「震澤底定」也』。夫禹貢九州，用『既』字者甚多，下文未嘗必相蒙也。『震澤底定』豈必承『三江既入』之文，而乃必以三江屬之震澤耶？且震澤下流之三江，當明歸有光議開松江時，已言『東江婁江之跡滅沒不見，而松江亦與支流無別』。自宋至明二三百年間，三江已幾於皆不可見；而况禹貢之三江，數千年來安知其不湮沒而改易也？蔡氏之說皆本之朱子，其病在於執鄱陽為彭蠡。至參校不合，遂謂『鄱漁仲謂「東匯澤為彭蠡，東為北江，入於海」十三字為衍文者，得之』。又云，『南方地偏水急，禹或遣官屬往視，而是時三苗方負固，往視者亦未必敢深入也』。朱子此說甚為可笑。不可解則以衍文置之，亦何不可以為衍文乎！止見今日一江入海，遂謂禹貢時必非三江入海，導河條云，『播為九河』，而今亦已無九河，則又何不可謂河自大伾以下止為一河入海，而『播為九河』亦係衍文乎！且即以十三字為衍文，於導江亦不可通。若不云『東匯澤為彭蠡』，則『會於匯』何說？不云『東為北江』，則亦不當云『東為中江』。且彭蠡在南，亦不當云『東迆北會於匯』也。是又必以『會於匯，東為中江』七字為衍文，而直以『東迆北入於海』為一句，方合今之形勢。夫已不能解而遂疑聖人之不親見，官屬之以不知為知，經文之錯誤；淺視聖賢，余不敢以為然也。

彭蠡卽鄱陽，無確據，而與經文不合，則彭蠡或非鄱陽也。漢書地理志彭澤縣下注云，『禹貢彭蠡澤在西』，而蔡注云，『彭蠡，地志在豫章郡彭澤縣東』。謂在彭澤縣東，則鄱陽可以為彭蠡；旣曰『在西』，則鄱陽未必為

彭蠡矣。漢志又言水入湖漢者八，入大江者一，而湖漢一水自雩都東至彭澤入江，行千九百八十里，則湖漢似卽今鄱陽湖，與彭蠡澤各為一地。故以地理志考之，而知彭蠡非鄱陽也。朱子謂漢志不知湖漢之卽為彭蠡而兩言之；余則謂班固去古為近，而水道改易亦多，不當深疵其說也。

有中江則必有南有北，有中江北江則必有南，書法自明，文義前後相蒙，但南江未之及耳。歸震川乃謂『自孔安國以下，以中江北江為據，失之泥』。夫謂『三江』非中江，北江，是『九州攸同』亦非荆，梁，雍，豫，徐，揚，青，兗，冀，也。震川又言『三江，惟郭景純以為岷江，浙江，松江，為近』。又言『先儒謂「三江自入，震澤自定，文不相蒙」。而吳淞一江之入，「震澤底定」實係於此，經文簡略不詳耳』。此說尤自相矛盾。既謂震澤之定由於三江之入，則不當以浙江，岷江，松江為三江。既謂三者為三江，則於『三江既入，震澤底定』之文不合；不得已而遂謂經文簡略不詳。夫上句言『三江』而下句止承一江而言，經書有此文法乎！夫言中江北江而不及南江，乃眞簡略不詳者也。不彼之求而此之穿鑿，其亦異矣！

論三江者，惟大猷陳氏之言為能闕疑。其說曰，『古

有九河，後合爲一。古有榮澤，後堙爲地。安知彭蠡之下，禹平水時不有三江而後或合爲一乎！酈道元謂「東南地卑，萬水所湊，觸地成川；故川舊瀆，難以爲憑」。禹迹之不可考者多矣，凡捨經文而指後世流派之分合，水道之通塞，地名之同異以爲說者，以論後世之地理則可，以論禹迹之舊則難也』。然彭蠡終可疑。

朱子云，『有欲以揚州之「三江」即爲荆州之「中江」「北江」，而猶病其闕一，乃顧彭蠡之餘波，適未有號，則姑使之僭冒「南江」之名以足之』。余按，南史王僧辨傳，『陳霸先率衆五萬，出自南江』，即贛水也。鄭氏所謂『右合彭蠡爲南江』，蘇氏所謂『豫章江爲南江』，皆指此也。可見南江之名，其來已久；不得以彭蠡之餘波未有名號而使之僭冒南江也。又『東爲北江入于海』，『東爲中江入于海』，入海者即中江北江也。今以中江北江屬之荆州，則豈入海亦在荆州之境乎！朱子必欲言中江北江非三江，故遂爲此異說也。

弱水當以在删丹者爲是；通鑑所言當另爲一水。柳子厚所言『不能負芥』者，原未嘗言爲禹貢之弱水。其云『西海有水』，固謂在西域也。若指删丹弱水，則他所言『閩有水』，『秦有水』，『雍之西有水』，皆明言其地，不當弱水獨作浮廓語也。吐蕃造藤橋，年餘而後成，其不能載物有明徵矣。蔡傳因『弱』字相同，遂誤引之。吾郡成北樵先生于役甘州，有弱水詩云，『黑水既西流，弱水亦同派，一則可行舟，一則不負芥。胡爲共此流，強弱不相貸？折枝投清流，載浮了無碍。理豈今昔殊，書每辭意害。驅車過橋頭，惟頌禹功大。』此爲蔡注所誤也。又按蔡注引柳文作『西海之山有水焉』，與今本不同。

『東漸于海，西被于流沙，朔南暨，聲教訖于四海』，『四海』者，類言之也。古之疆域惟東至于海，無論西北二方去海遼遠，即南境亦不過衡山，未嘗至于海也。閩中南越之地，在堯舜之時不通中國；聖人不務遠略，非如秦皇，漢武，唐之太祖，明之成祖，以長駕遠馭爲快也。侯，綏，要，荒之服，禹當時蓋已盡其封略而治之矣，益稷篇所謂『弼成五服，至于五千』也。『暨』者，及也。東至于海，西至于流沙，南北二方所及者，皆聲教之所被也。『四海』云者，概言之也，猶中庸所謂『天之所覆，地之所載，日月所照，霜露所墜』也，猶後世所謂『天涯地角也；蓋古有其語，相承以爲言耳。益稷云，『予決九川距四海』，孟子云，『盈科而後進，放乎四海』，是皆豈眞至于四海哉！春秋傳云，『寡人處南海』，楚豈眞在南海哉！禮記王制云，『西不盡流沙，南不盡衡山，東不盡東海，北不盡恆山』。大約堯舜三代方域所及，不過此耳。宋林之奇謂『揚州曰「淮海惟揚州」，是揚州之界抵於南海。冀州「夾右碣石入于河」，河之入海在碣石之右，則冀州之界抵於北海。故曰「朔南暨，聲教訖于四海」。朔南不言其所至者，連下文而互見也』。此說大誤。北海僅青州之北，冀州之東，一隅之水耳；亦謂之渤海，渤海者，海之別支也，以其在青州之北，自齊人言之則謂之北海。以其入於青兗冀三州之間，則謂之渤海。漢之二郡，因相近以爲名。冀州東西二千里，北海不在其北，僅處於東北一隅，未可云『冀州之境抵於北海』也。且所謂『朔』者，自兼雍冀二州而言。東西數千里，而以區區之北海爲境，不知置雍州於何地也？至揚州之界抵於南海，亦未必然。禹貢所叙山水，衡山以南無一語及之；今江西浙江之地，自敷淺原而外亦不他及也。其地蠻荒險阻，不通於上國，禹未之至也。故『荆及衡陽惟荆州』者，北至荆山，南至衡陽也。『淮海惟揚州』者，西北至淮，東南至海也。或疑揚州之境，其南遼遠，不當不言其所至。不知聖人於蠻荒之國，視同鳥獸，未嘗必收之疆域之中；然亦羈縻勿絕，不肯明棄之於聲教之外：故不言其所至。猶之衡山以南，皆爲衡陽，而不明言其所至，惟概以『衡陽』，則語有蘊藉，使近者奉天子之威靈，遠者亦不疑聖人之棄擲。此正帝王撫馭之方，亦禹貢書法之妙。若必以後世疆域所及爲當時之境，則粤西之地屬荆州（欽定書經地理今釋，荆州揚州之境，無今廣東廣西），且將跨交趾而南。若必以不言其所至者爲州境廣闊，則北方窮荒沙漠不毛之地，烏桓匈奴之國，皆雍冀二州之境矣。然乎，不然乎？又熊氏禾謂『閩越雖上古未通，亦當在要荒之服。禹會諸侯於塗山，會稽又禹迹之所至矣』。既云『上古未通』，又云『亦當在要荒之服』，猜度可笑。至禹會塗山，不在會稽，昔人有言之者矣。

二　朱子彭蠡辨疑

彭蠡之名，始見禹貢，而禹貢所記彭蠡似在江之北也。吳起言『三苗氏左洞庭，右彭蠡』，固未詳其所在。漢書地理志彭澤縣下注云，『禹貢彭蠡澤在其西』，語亦不詳；然未嘗言在江之南，卽今鄱陽湖也。至鄭康成始有『左合漢爲北江，右合彭蠡爲南江』之言，似謂彭蠡在江之南矣；猶未明言卽鄱陽湖也。以鄱陽爲彭蠡者，不知始自何人。後世相沿爲說，而朱子彭蠡辨遂據以駁禹貢，謂

『彭蠡在大江之南，以方言之，宜曰「南會」而不應曰「北會」』，獨鄭漁仲謂「東匯澤爲彭蠡」十三字爲衍文者得之』。愚按以後世地形與禹貢較，誠有可疑，然祇當疑後世地有改易，而不當疑經爲衍文也。鄱陽之爲彭蠡，書無確據。地志言『彭蠡在彭澤縣西』，又言水入湖漢者八。後漢書地里志云，『鄱陽縣有鄱水』。以此觀之，湖漢似即鄱陽湖，而彭蠡與鄱陽，非一地也。大概彭蠡在江北而少西，鄱陽在江南，其勢遙相聯接；後彭蠡淤塞無跡，而鄱陽遂冒彭蠡之名也。

蔡氏以鄱陽不合，欲以巢湖當之，又謂『不應舍此錄彼，記其小而遺其大』。巢湖固不可代彭蠡，而謂舍此錄彼，記小遺大，亦有不必然者。蓋禹貢所記山水，皆以其致力者言之；視今之地形，則爲詳於西北而略於東南。荆州之境，衡山以南無一語及之。揚州之境，如今江西浙江之地。自敷淺原而外亦不他及。是故，北條之北山入海而止；而南條之南山止於敷淺原。導河則洚水，大陸，九河，逆河，所敍甚詳；導江漢則止於中江，北江，東南以往，記者略矣。意當時衡山以南，及今江西浙江之地，山高水緩，患害不深，兼以蠻荒負固，地險且遠，禹不至其地，未嘗致功，故止言彭蠡而不言鄱陽，止言中江北江而不及南江也。且荆，揚，徐，兗之境，爲湖者衆矣，不之及者甚多，原不能徧及也。即以山論，廬山高且大於敷淺原而不之及，蔡氏亦知之矣。然則鄱陽不及，亦無疑於舍此錄彼，記其小而遺其大也。

夫『鄱』古作『番』，鄱陽縣以番水而名。『番』者『播』也，猶『播爲九河』之播，言一水播爲數水，故名之曰番水。今之洞庭，在當時爲九江，而在今爲湖獨深廣盛大，非鄱陽太湖所能敵，則安知鄱陽湖在禹時不亦爲數江安流，而至後世始盛乎！又地形北高而南下，而水道日趨於南，北乃益高。黃河遷於宿遷，南遏淮水，而淮揚之間遂成巨浸，羣湖連蔓，則又安知非江漢之匯本在北，其後江遷而南，合於豫章江，而彭蠡遂爲平地，南江遂遏而爲湖乎！朱子言『今彭澤至冬天水涸，亦止數條江水在其中』，則是鄱陽與洞庭正同。洞庭在當時謂爲九江而不謂之澤，則鄱陽亦必不謂之澤也。此漢志所以鄱陽縣有鄱水而無彭蠡，而禹貢所謂『匯澤爲彭蠡』者知必非鄱陽矣。

蓋嘗以漢志所言思之，不曰『有彭蠡澤』，亦不曰『彭蠡澤在其西』，而曰『禹貢彭蠡澤在其西』，必舉禹貢者，見當時已無彭蠡，而古地名相傳可識也。余按地形，必當在今武昌以東，蘄州廣濟以南，潯陽宿松以西。

考之地圖，證之記載，其地亦多瀦水，而九江爲尤近之；別於鄂陵，會於江口，上下三百餘里。大約自潯江以西皆古彭蠡澤，其地望既合於禹貢，亦合於漢志。夫古之九江爲今之洞庭，安知古之彭澤非今之九江乎！彭澤爲縣，去鄱陽湖遠而潯陽江近，是古之名縣以此不以彼，故漢志不曰『彭蠡澤在其南』而曰『在其西』也。潯陽江中有彭郎磯，『彭郎』未必非『彭蠡』之誤。又九江有湓水，湓江，湓城，湓浦諸名，記者謂『九江有井如盆，故名』。夫一井豈可謂之水，而以之爲地名江名乎！（今地志及圖，九江有清湓山，湓水所出，與古九江記異。）湓者，彭之音訛也。寘，文，庚，青數韻之字，相傳而訛者多矣。

或謂彭蠡既江漢所滙，不應塞爲平地，則亦不然。澤者，水草交厝之所，大約其地窪下，水盛則聚，水殺則涸，易於瀦水，亦易於湮塞。禹貢所言諸澤，若大陸，雲夢，則當時已可耕治矣；雷夏，大野，滎波，菏澤，孟豬，豬野，則皆塞爲平地：後世指其地者，亦多出於億度，人自爲說。彭蠡亦澤也，獨不可塞爲平地乎！今現有鄱陽湖與江相連，而地頗相近，遂必指爲彭蠡；若無鄱陽，吾知其必求之江北而謂塞爲平地矣。

且地之改易有可證者，潯陽九江，昔所謂『江分九派』者，今止一江，無九江之迹。九江可變爲一江，彭蠡澤獨不可變爲九江乎！名之改易亦有可證者。洞庭本太湖之名，湖中山有石穴深洞，無知其極者，因洞以名山，因山以名湖；吳起所謂『三苗氏左洞庭』者是也。後世謂洞庭者乃禹貢九江，是九江冒洞庭之名也。九江之洞庭相遠，而洞庭自若，猶且冒其名；況鄱陽在江南，彭蠡在江北，勢既遙相聯接，而彭蠡又無形迹，其以鄱陽冒彭蠡之名亦何足怪乎！

朱子確信鄱陽爲彭蠡，既謂經爲衍文，又謂禹遣官屬致誤，又謂漢志不知湖漢之即爲彭蠡而兩言之。豈禹與班固皆誤，而朱子獨不誤乎！疑經畔古，非余之所敢安也。昔酈道元有言，『東南地卑，萬水所湊，觸地成川；故川舊瀆，難以爲憑』。故禹貢所言，其不合於今者，闕疑可矣。若必欲以後世之地形證古人之是非，幾何其不疑黃河未至於洚水大陸；而岳陽，荆州之境，其與太原相遠耶！

華史徵倭略

馬培棠

「九一八」之變，舉國激於義憤，叫囂跳踉，不勝紛紛。余固非甘心吾族沈淪者，亦嘗投書捐餽，攘臂東指；比及疲坐靜思，乃知其無濟於事。爰着手華史徵倭，藉以窺得其「履霜」之漸，雖曰無補於既往，或可乞命於方來，有志如此，抑亦可悲矣。乃改卷生涯，殊少暇日，博參詳證，諸多未能，週年且過，未竟厥功，僅一小部分苟得完成，徐福故事之演化卽其第一節中文字也。不得已，乃撮取其大概，縮寫爲一篇，名之曰華史徵倭略。文成至今，業經兩載，裘葛勞人，國難如故，重把玆文，惘悵何已。二十四年三月五日，附記。

吾族厥初，由雍梁而豫冀，夏后商周未濟於海。比及島嶼可居，燕齊並起；騶衍始倡大九州之說，方士繼作三神山之論：於是泛滄溟，闚龍蛇，以求仙草者，接踵而起。更經齊宣，燕昭，秦皇，漢帝之提倡，航海之業日益發達，航海之學亦日益精進。按漢書藝文志術數天文載海中星占驗等凡六種，合計一百三十六卷，繫於漢日食月暈雜變行事占驗十三卷之後，則此諸書爲漢人所論著也無疑。海中天文之研究既已如此，則海中地理之知識，其成績自益著。故東海祕密，至西漢一旦豁然，始知裨海之外尚有異域。漢書地理志曰：

樂浪海中，有倭人。

攷倭人命名之意，古無碻說，如淳注漢志曰：「如墨委面」，以「墨」爲義，抑其語原乎？按吾國古刑，其一曰墨，周禮秋官司刑曰：「墨罪五百」，鄭玄注曰：「墨，黥也，先刻其面，以墨窒之」。是倭者，蓋黥面之謂也。長老傳言「異面之人」，有由來矣。雖然，倭人黥面，非其族皆以罪刑，蓋「東西夷，或以墨劓爲俗」（周禮鄭注）。惟倭俗用墨，非僅黥其面，且以文其身；而獨以面舉者，卽着服時言之也。故三國志東夷傳載倭「男子無大小，皆黥面文身」。又載「倭，水人，好沈沒捕魚蛤，文身亦以厭大魚水禽，後稍以爲飾」。如是之族，字息於「帶方東南萬里」者不知曾幾何代，直至方士之入海，東西始少相知。漢書地理志僅錄倭事十九字，附於燕地之下，蓋初得之傳聞，知之未悉，無可詳述也。後漢書東夷傳乃謂倭「自武帝滅朝鮮，使驛通於漢者三十許國」。此不見於武帝本紀，他處更無明文，似不可據。眞正通使，當自後漢始。後漢書光武本紀載中元二年，

東夷倭奴國王遣使奉貢。

東夷傳亦載：

倭奴國，奉貢朝賀，使人自稱大夫。……光武賜以印綬。

安帝永初元年，復來使。終後漢之世，可攷者僅二次而已。至魏通使乃繁，明帝景初二年，廢帝正始四年，各有

獻見。我所賜甚厚，受封號，稱藩屬焉。

此後倭奴國情，稍得其詳。自後漢書爲之立傳，三國志繼之（三國志實出後漢書之前，茲所云者，乃指二書所據之史料。），於是晉書，宋書，南齊書，梁書，陳書，或有傳，或無傳，或詳載，或略載：要之「江左歷宋，齊，梁，朝聘不絕」（北史倭國傳）。斯時也，倭奴文化太低，事我維謹，俯首帖耳，唯命是從。故我史官贊之，目爲東夷。漢書地理志曰：

東夷，天性柔順，異於三方之外，故孔子悼道不行，設浮於海，欲居九夷，有以也。

後漢書東夷傳亦曰：

王制曰：「東方曰夷」。夷者，柢也，言仁而好生，萬物柢地而出，故天性柔順，易以道御，至有君子不死之國。

中國之譽之也如此，倭奴亦巧自攀援，擬高躋於黃炎貴冑。後漢之初，倭始來朝，適徐福故事成熟之期，因謂徐福率童男女來居熊野浦，族類漸大。不意吳大帝尋澶州之秦裔，乃云「卒不可得至」。是固不以倭國爲澶州，倭奴爲秦後也。按倭本不與我同族，故徐福故事雖在演變之中，決不引倭奴以證其實，寧使徐福入於玄虛，聽神仙家演其餘緒，倭奴因未達其秦人之夢想。然而後漢書東夷傳倭奴後尙附有徐福求仙事；倭之西海道尙有徐福壟丘也。則業經附會之跡猶有可玩味者。（參看徐福故事之演化，茲不繁辨。）

倭奴既不得逞於徐福，因轉而之他。我國沿海，有吳越者，斷髮文身，同一風尙。左傳哀七年曰：

太伯端委以治周禮；仲雍嗣之，斷髮文身，臝以爲飾。

莊子消遙遊曰：

宋人資章甫，適諸越；越人短髮文身，無所用之。

按「斷髮」「短髮」，與墨子公孟篇之「剪髮」，春秋穀梁傳之「祝髮」，淮南齊俗訓之「劗髮」，說苑奉使篇之「翦髮」，其意正同。要皆斷髮使短，不束而下垂。故禮記王制曰：「東方夷，被髮文身」。然絕鮮見黥面文身語。戰國策趙策曰：「黑齒雕題，鯷冠秫縫，大吳之國也」。「雕題」二字似少帶有黥面意味。總而言之，斷髮文身與黥面文身極相近似，故三國志東夷傳以倭與越連類而及。

夏后少康之子，封於會稽，斷髮文身，以避蛟龍之害。今倭，水人，好沈沒捕魚蛤，文身亦以厭大魚水禽，後稍以爲飾。

三國此文，非出有心，固未認二者有何關係也。孰意竟爲倭奴進身之階。三國而還，晉祚不永，司馬南遷，北方淪陷，中原文物，集中江左，倭奴奉獻，幾拜輿鑾，則吳越舊風，更有觸景生情之感。且吳稱周胤，越號夏裔，夏周之德極華史光榮之葉。有機如此，無心者失之。惜越業經三國志之比照，無從增飾；於是越外之吳，東海有後矣。晉書四夷傳曰：

倭……男子無大小，悉黥面文身，自謂太伯之後。

梁書諸夷傳亦如之：

倭者，自云太伯之後，俗皆文身。

嗚呼！倭奴用心亦極苦矣。野蠻民族，每攀緣文明以自尊榮；弱小民族，每攀緣強大以求保護。及其野蠻漸文明，弱小漸強大，則對所攀緣者漸次疏遠。及其既文明，既強大，則對所攀緣者行將以爲恥而反噬之矣。

倭自通漢，直至齊梁，受封貢獻，含垢忍辱，力效華風，從事制作，內部充實，早具國家之形式。宋書蠻夷傳載倭王武之表文曰：

自昔祖禰，躬擐甲胄，跋涉山川，不遑寧處。東征毛人五十五國，西服衆夷六十六國，渡平海北九十五國，王道融泰，廓土遐畿，累葉朝宗，不衍於歲。

此雖不免增飾之詞，有意誇耀；而其羽翼既豐，昭然可攷。故至隋統，倭奴之傲氣漸萌，僭志始現，多事之秋，履端乎此。隋書東夷傳載文帝開皇二十年：

倭王遣使詣闕，上令所司訪其風俗。使者言：「倭王以天爲兄，以日爲弟：天未明時，出聽政，跏趺坐；日出，便停理務，云：『委我弟。』」

中國「皇極」之道，亦不過「天子作民父母，以爲天下王」（書洪範）。作民父母以爲天下王者，僅自稱天子，敬天如父。倭奴以藩夷，竟敢弟日兄天，則其目無上國也明矣。故文帝怒之曰：「此大無義理！」於是訓令改之。改之與否，史無明文，縱或改之，孰見其心。隋書東夷傳隋煬帝大業三年，倭王遣使朝貢，其國書曰：

日出處天子，致書日沒處天子無恙云云。

此雖華夷比肩，俱稱天子；然而自居日出，日沒擬隋。後漢書西南夷傳載遠夷慕德歌曰：「蠻夷所處，日入之部，慕義向化，歸日出主」。四夷所以頌中國者，倭奴竟自頌不疑，心懷意氣溢於言外，盛衰消息寓乎文詞矣。乃煬帝「覽之不悅，謂鴻臚卿曰：『蠻夷書有無禮者，勿復以聞』」。噁！是何言哉！不思所以懲之，而曰「勿復以聞」，勿復以聞，其如蠻夷何？豈非自甘蒙愚者乎！翌年，「遣文林郎裴清，使於倭國」。吾不知其將何以自稱與稱人？嗚呼！煬帝以蓋世之才，誇西域，征林邑，開青海，伐琉球，擊高麗，攻遼東，而於倭奴乃大度處之，豈非禍源哉！倭於裴清之使，亦「遣使隨貢方物」。此蓋爾以禮來，我以禮往，爾禮不來，我禮乃斷，故「此後遂絕」。

唐代隋興，國勢大張，而倭卒不來者二十餘年。忽於太宗貞觀五年，「遣使獻方物，太宗矜其道遠，敕所司勿令歲貢；又遣新州刺史高表仁，持節往撫之。表仁無撫遠之才，與王子爭禮，不宣朝命而還」（舊唐書東夷傳。按新唐書所載，與此小有異）。嗚呼！表仁其果無綏遠之才乎？度其所以來貢者，蓋有以探我之新態度也。乃「詔有司勿令歲貢」，卒引起「爭禮不宣朝命」，倭膽益壯矣。故新唐書東夷傳載高宗咸亨之際，

> 倭……稍習夏音，惡倭名，更號日本。使者自言：「近日所出以為名」。或云：「日本乃小國，為倭所併，故冒其號」。使者不以情，故疑焉。又妄夸其國都方數千里，南西盡海，北限大山，其外即毛人云。

「日本」之名雖晚出，實早伏於隋文之世。使者不以情告，而妄誇其國都，使乎！使乎！長安，開元，天寶，貞元，元和，開成中，亦敷衍來使，要皆注意於文化。有宋而還，國使乃絕，往者概屬商人，來者率皆僧衆。元則征伐開始，師出無功，寇來內地。明則防務不嚴，南京頻危，朝鮮再陷。清季尤懦，割地濟兇。民國以來，更無論矣。

今按秦漢而上，倭奴未聞於中國，固本篇所不及；唐宋而後，倭奴改號曰日本，亦本篇所不具。惟此漢唐之間，八百餘年，華倭關係，三經變態：倭之於我，初自處於藩屬，繼自處於子姓，終自處於宗主；我之於日，初被視為上國，繼被視為祖父，終被視為蠻夷。倭雖後起，然而有目的，有步驟，慘澹經營，何患不躋於強大；我雖先進，然而無戒懼，無防檢，游閒暇豫，烏能不陷於衰微。故曰：力治者昌，苟安者亡。榮辱之分，理有應得；升降之際，事非偶然。損益既知，可推百代。則今日之膾截吾疆土，又何怪乎？乃舉國上下，際此窮愁悲憤，不思所以自救之方，每借「倭奴」以訕日本，吾恐其信諸口而未諳於心也，爰徵舊史，草就是篇，不及詳練，組具大略而已。若其訂補，待之來日。（寫於九一八週年紀念日）

兩唐書地理志互勘

（山南道 淮南道 江南道）

史念海

山南東道

鄧州舊志七縣 鄧州南陽郡上新志六縣

穰 南陽 向城 臨湍 內鄉 菊潭

右兩志同者六縣。

新野乾元元年省入穰縣，故新志不載。

右舊志多者一縣。

唐州上舊志七縣 泌州淮安郡上新志七縣

北陽新志作比陽。 慈丘 桐柏 平民 湖陽 方城 泌陽

右兩志同者七縣。案：唐州更名，在天祐三年，因朱全忠之請也。

均州下舊志三縣 均州武當郡下新志三縣

武當 鄖鄉 豐利

右兩志同者三縣

房州下舊志四縣 房州房陵郡上新志四縣

房陵 永清 竹山 上庸

右兩志同者三縣。

隋州下舊志四縣 隋州漢東郡上新志四縣

隋 光化 棗陽 唐城

右兩志同者四縣。

案：唐會要，「隋州貞元十五年四月升上州。」

郢州舊志三縣 郢州富水郡上新志三縣

京山 長壽 富水

右兩志同者三縣。

復州舊志三縣 復州竟陵郡上新志三縣

沔陽 竟陵 監利

右兩志同者三縣。

案：唐會要，「復州，郢州並元和六年九月升上州。」

襄州緊上舊志七縣 襄州襄陽郡望新志七縣

襄陽 鄧城 穀城 義清 南漳 宜城 樂鄉

右兩志同者七縣。

案：唐會要，「襄州會昌四年五月升望州。」

荊州江陵府舊志七縣 江陵府江陵郡新志八縣

江陵 當陽 長林 石首 松滋 公安

右兩志同者六縣

長寧新志無，蓋已於大曆六年廢省。

右舊志多者一縣。

枝江舊志無，蓋置長寧時，廢省枝江，及長寧廢，乃復置之。荆門貞元廿一年置。舊志不載。

右新志多者二縣。

硤州下舊志五縣　硤州夷陵郡中新志四縣

夷陵　宜都　長陽　遠安

右兩志同者四縣。

巴山天寶八載省入長楊，故新志不載。

右舊志多者一縣。

案：唐會要，「硤州建中二年四月三十日升中州。」

歸州舊志三縣　歸州巴東郡下新志三縣

秭歸　巴東　興山

右兩志同者三縣。

夔州下舊志四縣　夔州雲安郡下都督府新志四縣

奉節　巫山　雲安　大昌

右兩志同者四縣。

萬州舊志三縣　萬州南浦郡下新志三縣

南浦　武寧　梁山

右兩志同者三縣。

忠州舊志五縣　忠州南賓郡下新志五縣

臨江　豐都　南賓　墊江　桂溪

右兩志同者五縣。

澧州澧陽郡上舊志屬江南西道，新志四縣。

澧陽　安鄉　石門　慈利

右兩志同者四縣。

朗州武陵郡下舊志屬江南西道，新志一縣。

武陵　龍陽

右兩志同者二縣。案：新志朗州屬縣二，而志文僅言一縣，誤矣。

金州漢陰郡上舊志屬山南西道，新志六縣。

西城　洵陽　淯陽　石泉　漢陰　平利

右兩志同者六縣。

案：金州改隸事，在貞元元年五月。見唐會要。金州於會昌四年五月升爲上州，亦見會要。

涪州涪陵郡下舊志無，新志五縣。

涪陵　賓化　武龍　樂溫　溫山

右新志五縣。

淮南道

揚州大都督府舊志七縣　揚州廣陵郡大都督府新志七縣

江都　江陽　六合　海陵　高郵　揚子　天長

右兩志同者七縣。

楚州中 舊志五縣 楚州淮陰郡緊 新志四縣

山陽 鹽城 寶應 淮陰

左兩志同者四縣。

盱眙 新志屬泗州建中二年改隸。

右舊志多者一縣。

滁州下 舊志三縣 滁州永陽郡上 新志三縣

清流 全椒 永陽

右兩志同者三縣。

和州 舊志三縣 和州歷陽郡上 新志三縣

歷陽 烏江 含山

右兩志同者三縣。

案：唐會要，「滁州，和州並元和六年九月升上州。」

濠州下 舊志三縣，新志屬河南道。

鍾離 定遠 昭遠

右兩志同者三縣。

廬州上 舊志五縣 廬州廬江郡上 新志五縣

合肥 愼 巢 廬江 舒城

右兩志同者五縣。

壽州中 舊志五縣 壽州壽春郡中都督府 新志五縣

壽春 安豐 霍山 盛唐 霍丘

右兩志同者五縣。

光州緊中 舊志五縣 光州弋陽郡上 新志五縣

定城 光山 仙居 殷城 固始

右兩志同者五縣。

案：唐會要，「光州大中四年六月升爲上州。」

蘄州中 舊志四縣 蘄州蘄春郡上 新志四縣

蘄春 黃梅 廣濟 蘄水

右兩志同者四縣。

案：唐會要，「蘄州元和六年九月升爲上州。」

申州中 舊志三縣 申州義陽郡中 新志三縣

義陽 鍾山 羅山

右兩志同者三縣。

黃州下 舊志三縣 黃州齊安郡下 新志三縣

黃岡 黃陂 麻城

右兩志同者三縣。

安州中都督府 舊志六縣 安州安陸郡中都督府 新志六縣

安陸 孝昌 雲夢 應城 吉陽 應山

右兩志同者六縣。

舒州下 舊志五縣 舒州同安郡上 新志五縣

懷寧 宿松 望江 太湖 同安 新志曰桐城，至德二載更名。

右兩志同者五縣。

江南道

江南東道

潤州上 舊志六縣 潤州丹陽郡望 新志四縣

丹徒　丹陽　延陵　金壇

右兩志同者四縣。

上元 新志屬昇州，乾元元年改隸。 句容 新志屬昇州，乾元元年改隸。

右舊志多者二縣。

常州上 舊志五縣 常州晉陵郡望 新志五縣

晉陵　武進　江陰　義興　無錫

右兩志同者五縣。

案：唐會要，「潤州常州均於會昌五年四月升爲望州。」

蘇州上 舊志六縣 蘇州吳郡雄 新志七縣

吳　嘉興　崑山　常熟　長洲　海鹽

右兩志同者六縣。

華亭 舊志不載。天寶十年析嘉興置。舊志既以天寶十一載爲準，而不載此城，實疏漏也。

右新志多者一縣。

案：唐會要，「蘇州大曆十三年二月十一日升爲雄州。」

湖州上 舊志五縣 湖州烏興郡上 新志五縣

烏城 新志作烏程。 武康　長城　安吉　德淸

右兩志同者五縣。

杭州上 舊志九縣 杭州餘杭郡上 新志八縣

錢塘　鹽官　餘杭　富陽　於潛　臨安　新城　唐山

右兩志同者八縣

紫溪 大曆三年廢省，故新志不載。

右舊志多者一縣。

越州中都督府 舊志六縣 越州會稽郡中都督府 新志七縣

會稽　山陰　諸暨　餘姚　剡　蕭山　上虞

右兩志同者七縣。案：舊志越州七縣，志文所言天寶時領縣六，誤也。

明州上 舊志四縣 明州餘姚郡上 新志四縣

鄮　奉化　慈溪

右兩志同者三縣。

翁山 大曆六年省入鄮縣，故新志不載。

右舊志多者一縣

象山 舊志屬台州，廣德二年改隸。

右新志多者一縣。

台州上 舊志六縣 台州臨海郡上 新志五縣

臨海 唐興 黃巖 樂安 寧海

右兩志同者五縣。

象山 新志屬明州，廣德二年改隸。

右舊志多者一縣。

婺州 舊志六縣 婺州東陽郡上 新志七縣

金華 義烏 永康 東陽 蘭溪 武成 浦陽

右兩志同者七縣。案：舊志天寶時婺州領縣六，而實則七縣，似相衝突。舊志縣名雖七，而浦陽下注「置」，示不在六縣之列也。新志，天寶十三載析義烏等縣置浦陽。蓋舊志乃据天寶十一載而言也。

衢州 舊志五縣 衢州信安郡上 新志四縣

信安 新志作西安，蓋咸通中更名。 龍丘 須江 常山

右兩志同者四縣。

盈川 元和七年省入信安，故新志不載。

右舊志多者一縣。

信州上 舊志四縣 新志屬江南西道

上饒 貴溪 玉山 弋陽

右兩志同者四縣。舊志弋陽縣上下均未空一格，非是。

睦州 舊志六縣 睦州新定郡上 新志六縣

建德 清溪新志作青溪。 壽昌 桐廬 分水 遂安

右兩志同者六縣。

歙州 舊志五縣 新志屬江南西道

歙 休寧 黟 績溪 新志作績溪。 婺源

右兩志同者五縣。

處州 舊志六縣 處州縉雲郡上 新志六縣

麗水 松陽 縉雲 青田 遂昌 龍泉

右兩志同者六縣。

案：舊志，處州天寶領縣五，今領縣六。考龍泉縣下注云，「乾元二年越州刺史獨孤嶼奏請於括州龍泉鄉置縣，以龍泉爲名，從之。」是龍泉之置，乃在天寶之後，不得上混入天寶制內也。

溫州上 舊志四縣 溫州永嘉郡上 新志四縣

永嘉 安固 橫陽 樂成

右兩志同者四縣。

福州中都督府 舊志八縣 福州長樂郡中都督府 新志十縣

閩 侯官 長樂 福唐 連江 長溪 古田 永泰 梅青

新志作梅溪。

右兩志同者九縣。案舊志福州屬縣八縣，蓋天寶之制也。天寶無梅青，証以通典，知不誣也。新志，梅溪置於貞元元年。舊志並載，似於天寶制度不合。若除

此二縣，則又與屬縣數不符，兩者必有一失。

尤溪 舊志無。

右新志多者一縣。

泉州中 舊志四縣 泉州清源郡上 新志四縣

晉江　南安　莆田　仙遊

右兩志同者四縣。

建州中 舊志六縣 建州建安郡上 新志五縣

建安　邵武　浦城　建陽　將樂

右兩志同者五縣。

沙 新志屬汀州，大曆十二年改隸。

右舊志多者一縣。

漳州 舊志二縣 漳州漳浦郡下 新志三縣

漳浦　龍溪

右兩志同者二縣。

龍巖 舊志屬汀州，大曆十二年改隸。

右新志多者一縣。

汀州下 舊志三縣 汀州臨汀郡下 新志三縣

長汀　寧化

右兩志同者二縣。

龍岩 新志屬漳州，大曆十二年改隸。

右舊志多者一縣。

沙 舊志屬建州，大曆十二年改隸。

右新志多者一縣。

昇州江寧郡 舊志無，新志四縣。

上元　句容 上二縣，舊志屬潤州，乾元元年改隸。溧水　溧陽 上二縣舊志屬宣州，光啓三年改隸。

右新志多者四縣。案：新志，「昇州江寧郡，至德二載置，上元二年廢；光啟三年復置。」

唐折衝府考拾補

谷霽光

曩勞笙士（經原）作唐折衝府考載鄦齋叢書內，羅叔言（振玉）繼是爲唐折衝府攷補及拾遺載遼居雜著乙編丙編。二氏考訂均極精詳，府名蒐錄尤富。近閱唐代碑志，得前人未著錄者二十餘條，用先刊布，以供參考。日後仍當續加補正，俾竟全功。

龍栖府 右武衛京兆府

元振墓誌，授京兆府龍栖府別將。北平圖書館藏拓

駱賓王文集，有右武衛龍西府，應是一府。（參看鄦齋叢書

卷四頁四四）

武亭府右衛京兆府

崔智墓誌，授京兆府武亭府折衝。北平圖書館藏拓

長安志，武功縣有武亭川府，因川得名，當在武功縣境。

白渠府右衛京兆府

孟貞墓誌，遷雍州白渠府左果毅。北平圖書館藏拓

新唐書地理志，高陵縣有古白渠。元豐九域志同。此府當因渠而名。按涇陽縣亦有太白渠中白渠南白渠。疑非屬涇陽。

崇節府京兆府

李夫人墓誌，卒於雍州始平縣崇節府官舍。北平圖書館藏拓

壽城府京兆府

元振墓誌，遷西畿壽城府別將。北平圖書館藏拓

按應屬京兆府。

渭南府京兆府

潘卿墓誌，父富周任華州渭南府果毅。北平圖書館藏拓

按新唐書地理志，京兆府有渭南縣，武德元年隸華州，五年還隸雍州。疑渭南府以地得名，當屬京兆府。又潘卿卒于永徽二年，則潘富周爲渭南府折衝，時或在武德元年至武德五年之間，故隸華州渭南府。

望苑府京兆府　唐志屬鳳翔府，今改正。

趙越寶墓誌，秩滿，授東宮左司禦衛率府錄事參軍。下云「望苑之中，親從鶴籥，搖山之下，虔奉龍樓」。此府疑在長安。

平鄉府右衛京兆府

趙潔墓誌，授右衛京兆府平鄉府折衝都尉。北平圖書館藏拓

金義墓誌，祖師在隋爲平鄉府校尉。北平圖書館藏拓

按唐志京兆府有平香府，香即鄉字之誤，是亦承隋之舊。

溫陽府左武衛同州

李璘墓誌銘，爲溫陽府長上折衝。北平圖書館藏拓

按京兆府已有溫湯府，唐志，同州亦有溫湯府，疑同州溫湯府爲溫陽府之誤。又按河南府有溫縣，故此有溫陽府。又隋虎符有右屯衛溫陽府，知此亦承隋之舊。

邵吉府鳳翔府

程□墓誌銘，祖滿爲岐州邵吉府折衝。清華圖書館藏拓

敦煌名族志殘卷，有岐州邵吉府別將。歐陽表氏墓誌，天興縣有邵吉原。北平圖書館藏拓是府當在天興縣。

積善府右衛鳳翔府

李懷墓誌，任右衛扶風郡積善府左果毅，仍留長上。北平圖書館藏拓

杜陽府 左衛鳳翔府

高德墓誌，轉鄜州之龍交，岐州之杜陽兩府果毅。北平圖書館藏拓

文苑英華，吉義福爲左衛杜陽府左果毅都尉。元和郡縣志，麟遊縣本漢杜陽縣地，隋於此置西麟州營仁壽宮。義寧元年唐高祖輔政廢宮，是年獲白麟于宮所，因置縣。

臨濟府 河南府

李渙墓誌，調授汝州龍興；潞府銅鞮，河南臨濟三府果毅都尉。北平圖書館藏拓

按唐志，河南府有饒濟府。臨濟因水得名，非饒濟之誤。

中川府 河南府

馮安墓誌，有中川府校尉。北平圖書館藏拓

隋書地理志，河南郡嵩陽縣舊有東魏中川郡，後周廢。嵩陽在唐名登封（神龍二年）。是府應屬河南府。

湨梁府 河南府

李渙墓誌，累遷河南府湨梁府折衝。北平圖書館藏拓

舊唐書地理志，武德二年置西濟州，又分置湨陽蒸川邵原三縣。四州廢，濟州及邵原蒸州湨陽三縣入濟源，是元豐九域志濟源縣有湨水。是府當在濟源境內。

魯山府 汝州

□仝志墓誌，曾王父爲汝州魯山府別將。北平圖書館藏拓

元和郡縣志，魯山縣本漢魯陽縣魯山，在縣東北十里。

按汝州又有魯陽府，應均在魯山縣內。

期城府 汝州

鄭仁顥墓誌，轉白澗府別將，加上柱國期城上黨二府果毅。北平圖書館藏拓

新唐書地理志，武德元年以襄城置汝州，並置汝墳期城二縣。貞觀元年州廢，省汝墳期城。按魏置期城郡，隋省入郟城。故郟城期城二府，均應屬汝州。

圉谷府 汴州

勞氏羅氏均補有圉谷府，但未知何屬。按隋書地理志，梁郡圉城舊曰圉，後齊廢。開皇六年復置內圉城，有谷水。此府當屬汴州。

雙池府 隰州

淥唐墓誌，授隰州雙池府折衝。北平圖書館藏拓

八諫府 右領軍衛緜州

張說之集卷二奉和賜崔日知往潞州，「川橫八諫澗，山帶五龍長」，此府疑在潞州。

潞州府左衛潞州

士如珪墓誌，轉潞州潞川府別將。北平圖書館藏拓

水經注，有潞縣，亦有潞川。諸道山河略殘卷，潞府有濁漳水一名潞水。

德仁府晉州

李琦墓誌，父敬忠爲游擊將軍，歷晉州德仁府果毅。清華圖書館藏拓

唐志作仁德，未知孰是。

崇儒府汾州

八瓊室金石補正四一，三門主劉承恩等題名，有汾州崇儒府左果毅。鄭仁穎墓誌，爲汾州崇儒府折衝都尉。北平圖書館藏拓

儒字唐碑作儒，或作儒，唐志之崇德，乃崇儒之誤。

宜陽府懷州

孟貞墓誌，遷懷州宜陽府右果毅。北平圖書館藏拓

鄴城府相州

韓通墓誌銘，爲鄴城府校尉。清華圖書館藏拓

元和郡縣志，故鄴城在相州鄴縣東五十步。按東魏孝靜帝都鄴城，高齊受禪，始改名魏尹，此府當在相州。

媯泉府右衛媯州

陳秀墓誌，加定遠將軍，俄遷左衛媯泉府右果毅都尉。北平圖書館藏拓

嘉川府利州

金石苑載利州刺史畢公栢堂菩提瑞象頌碑側，有嘉川府右果毅李善等及隊副賈昭道宗等題名。又碑側，有嘉川縣丞□□□題名，是嘉川府因縣得名。新唐書地理志，嘉川縣屬利州。

□平府文州

敦煌名族志殘卷，有文州平府別將，疑平字上有脫字。文州本陰平郡，或即陰平府。

行成府洮州

逯君□墓誌，父烈爲洮州行成府果毅。北平圖書館藏拓

洮字磨泐，幾不可辨。

連闤府廓州

逯君□墓誌，授上柱國游擊將軍廓州連闤府果毅。北平圖書館藏拓

建安府廓州

徐買墓誌銘，父徐大爲廓州建安府左果毅都尉。北平圖書

館藏拓

香林府 左威衛和州

張雲墓誌銘，任和州香林府長史。北平圖書館藏拓

陶英夫人張氏墓誌，有左威衛和州香林府折衝都尉。北平圖書館藏拓

寶城府 安州

郭夫人楊氏墓誌，父任安陸郡寶城府鷹揚郎將。北平圖書館藏拓

永泰府 吉州

馮安墓誌，其父爲永泰府果毅。北平圖書館藏拓

元豐九域志淸江縣有永泰鎭。新唐書地理志，福州有永泰縣，但永泰縣爲永泰年分置，以年號爲名（新書作咸通二年析連江及閩縣所置）。疑永泰府屬吉州。

神鼎府

八瓊室金石補正五七，大奉國寺守忠龕記，有神鼎府左果毅。

弘仁府 左金吾衛

安思節墓誌，祖遮左金吾衛弘仁府折衝。北平圖書館藏拓

按新唐書宰相世系表，有玄江府，元和姓纂作引仁，通志氏族略作洪仁，當弘仁爲是。

附唐以前兵府

青林府 滁州

唐安度墓誌，祖陁齊任滁州青林府鷹擊郎將。北平圖書館藏拓

長春府

董榮墓誌，祖業爲北齊長春府統軍。淸華圖書館藏拓

開方府

董師墓誌，董嵩爲開方府鷹揚。北平圖書館藏拓

雪山府

唐王貞墓誌，祖順爲雪山府別將。北平圖書館藏拓

權胡府

王道智墓誌，曾祖思冲爲權胡府長史。北平圖書館藏拓

淸宮府 右屯衛

楊炯唐上騎都尉高君神道碑，曾祖冲北齊鷹揚郎將，周右屯衛淸宮府別將。

伊川府

賈德茂墓誌，有隋伊川府校尉及長史。北平圖書館藏拓

東陽府

羊君墓誌銘，有東陽府鷹揚郎將。淸華圖書館藏拓

河山府

八瓊室金石補正卷三八，豫州刺史淮南公碑，祖洪祭任河山府司士。

洛汭府

楊士達墓誌，爲洛汭府長史。北平圖書館藏拓

眞化府雍州

祖夫人墓誌，有隋雍州眞化府鷹揚。北平圖書館藏拓

進德府右屯衛

張雲墓誌銘，在隋任進德府司馬。北平圖書館藏拓

温池府

李譖墓誌，有隋温池府。北平圖書館藏拓

按隋書地理志無此，新唐書地理志，威州有温池縣。

堯臺府

蓋蕃墓誌，有隋堯臺府。北平圖書館藏拓

興城府

張夫人門氏墓誌，父卿爲興城府校尉。北平圖書館藏拓

龍泉府弘化郡

孔長寧墓誌，在隋任弘化郡龍泉府司馬。北平圖書館藏拓

臨江府

李尙貞墓誌，祖惠隋大都臨江府司馬。北平圖書館藏拓

『史記貨殖列傳新詮』地理正誤

賀次君

潘吟閣著　商務印書館國學小叢書

史記貨殖列傳在古史中的重要，其價值等同漢書的食貨地理二志，太史公在那裏一面敘述社會經濟與人類的關係之密切，一面把時代的背景，和人民的經濟生活，盡量的托出於讀者的面前。

史公敘述貨殖傳的方法極精密，他用地理作骨幹，他將各地特殊的物產舉出來，又詳其交通的大概。那麽在某一個區域裏面，是受着某種物產和經濟的支配，再由物產與經濟的力量，遂造成了一個人口繁雜的都會。另一方面用歷史的眼光去說明各地的風俗習慣，因爲那些都是與經濟有關的。太史公用他靈活的文筆，超絕的理智，去描寫社會，描寫人生，現在我們讀了那篇傳，所留下的印象是多麽的深刻。

但二千年前的地理和我們現在是有極大的不同的。所以讀太史公的書，不可不瞭解太史公時代的地理狀況。我讀潘君史記貨殖列傳新詮，覺得他對地理方面便有好幾條

錯了。地理一錯，其他的便易連帶著錯誤。茲舉數例如下：

『夫自淮北沛，陳，汝南，南郡，此西楚也』。潘釋云：『漢之沛郡，陳縣，汝南縣及南郡之地爲西楚』。考漢無汝南縣，志亦不載。汝南者，汝南郡也。高帝置。郎今河南舊汝寧陳州二府和安徽的潁州府，正是楚地。潘云『汝南縣』，不知何據。陳是陳國，即淮陽，不當云縣，雖漢無陳國，而爲史公當時連用的語句，如言『梁宋』也。舉陳以賅淮陽，其地甚廣，不能以一縣視之。

『江陵故郢都，西通巫巴，東有雲夢之饒』。潘釋雲夢云：『雲夢古澤名，在長江北者爲雲，在江南者爲夢，在今洞庭之北，湖北枝江縣以東，安陸縣以南，湖南華安縣以北，皆其地』。按雲夢之名，說多紛歧，其地望所在，亦各執一辭，至今未決。司馬長卿上林賦『楚有七澤，嘗見其一曰雲夢，方九百里，特其小小者耳』。此誇詡之辭，不足憑。清胡渭作禹貢錐指，博集衆說訂爲『東抵蘄州，西止枝江，京山以南，青草以北』，足比司馬相如之言。其然與否，我們不必管他，現在要求解的是貨殖傳的雲夢，我覺得貨殖傳的雲夢，並不是禹貢的『雲土夢』，應據漢志，『南郡華容縣，雲夢澤在南，荆州藪』爲準，潘君依胡氏言解釋貨殖傳，恐誤。史記說江陵『西通巫巴，東有雲夢』，華容在其東。若謂雲夢西至枝西，則江陵在雲夢之內，何能言『東有雲夢之饒』呢？

『陳在楚夏之交』。潘君以夏爲夏口，說『沔水至南郡爲夏水，至江夏郡入口，沔水與夏水漢水本一水，故夏水入江處謂之夏口，亦謂之漢口』。恐亦誤。楚指楚國而言，西楚，東楚，南楚均包括在裏面，夏是指諸夏而言，除了荆蠻以外的都是夏人。史公說陳國在中間，其南則楚，其北則夏也，那裏是就夏口而言。夏口已屬楚地，何能言『楚夏之交』。

『衡山，九江，江南豫章，長沙，是南楚也』。那是說江北的衡山國，九江郡和江以南的豫章郡，長沙郡等地是南楚的範圍。潘君謂『衡山，今湖南衡陽縣一帶』又誤。漢志江夏郡下云『衡山王吳芮都』，即史公所言的衡山。衡山是王國。在江夏，史公言南楚，江北舉衡山國，九江郡，江南舉豫章郡，長沙郡。若衡陽之衡山自屬於長沙郡則不用再舉。還有『江南豫章長沙』的『江南』二字，潘君以爲衡山九江豫章長沙都是地名，中間夾着一個『江南』，一定也是地名，於是襲集解引徐廣曰：『江南者，丹陽郡也』，而言『江南指丹陽郡。治宛陵，今安徽宣城縣是也』。徐廣之誤張守節正義已辨之云：『上言吳有章山之銅，明是東楚之地，此言大江以南，豫章，長沙二郡是南楚之地耳。徐（廣）裴（駰）以爲江南丹陽郡屬南楚，誤之甚矣』。此論最塙。蓋丹陽郡即東楚裏所說的廣陵，漢初屬荊國，後屬吳國，景帝四年置江都國更屬江都，武帝元狩二年國除爲廣陵郡，元封二年別爲丹陽郡，自是東楚之地，不會跑到南楚來。史公敍述漢的經濟區域，一點不亂，其地望可按圖而得之，豈能衡山國之爲湖南衡山，江以南之爲丹陽郡耶？

顧實著穆天子傳西征講疏評論

張公量

商務印書館二十三年九月初版　每冊定價大洋壹元五角

一

去年春天，顧頡剛先生跟譚其驤先生創刊禹貢。起初稿子不多，我們同學就由先生分發題目去找材料。我一次分得以穆天子傳與山海經合看比較穆王西征的路線，就寫成第一卷第五期的穆傳山經合證。又一次分得古人想像中的昆侖。此題已經搜好若干材料，但不知何種原由，至今不曾寫好。這是我莫明其所以然的和穆天子傳的一段緣分。從此我就對於這方面下些工夫。第二卷第六期有一篇穆傳之版本及關於穆傳之著述，便是我開始搜求的結果。後來，見到山東省立圖書館印行的海嶽樓祕笈叢刊之一的穆天子傳。這是楊氏海源閣藏的黃丕烈校本，非常珍貴，使我認識穆傳的許多面目，最可喜的是那五行結銜，爲一般刊本所沒有的。後來，看到盧文弨和王國維的校本，使我知道唐寫本修文殿御覽也引有穆天子傳，這要謝謝趙萬里先生一番借鈔的厚意。後來，看到將要說的這部穆天子傳西征講疏，把我做『穆天子傳集解』的念頭一縷輕烟的衝散了！什麼材料，都扱取淨盡，幹麼做集解？我曾以此告訴頡剛先生，先生以爲然。顧實先生對於穆傳是一生專攻的，他以前曾出過一冊穆天子傳今地攷，我雖在穆傳山經合證裏表示過不滿。而此次的講疏，卻覺得他完統縝密，不敢置喙。

過了許久，細玩幾遍，終於顧實先生給我的信仰漸次減卻了。『穆天子傳集解』的念頭，又抬起來了。當時寫下一篇書評送大公報圖書副刊社，遷延又遷延，在第七十期上發表了，只像專門挑剔人家的啟示條。這次『評論』，雖不是前次的『啟示條』，而『挑剔人家』，似乎始終一貫。不是別的，我總覺顧實先生這册書的方法，根本上就該提出討論。

二

穆天子傳西征講疏，包括五部分，(一)讀穆傳十論，三〇頁。(二)穆傳西征年曆，一四頁。(三)穆傳西征地圖，七幅。(四)新校定本穆天子傳，一〇頁。(五)穆天子傳西征講疏，四卷一九一頁。卷首冠漢刻周穆王見西王母畫象，明繪西王母畫象兩幀。自序一篇，例言二十二條。卷尾附錄穆天子傳知見書目提要，凡列朝著錄及刊本抄本校本，近代諸家注本及學說，關於穆王及西王母之文件，日英法德譯穆傳及關於穆王西王母之文件四篇，又附錄參考用書目，中英對照穆天子傳西征全解(另本刊行)，補遺(穆天子傳知見書目)三篇。

讀穆傳十論是講疏的導言，是作者苦心所寄。他說，『讀穆傳十論乃洞悉三古遺制，綜合當今羣言，融會貫通，而爲此透達一切之談。庶幾讀余講疏者，見繁重奧博之考據，容有難色，得此爲導言，將無不人手一編而津津有味矣』(例言四，頁二)。從學術方面講，這一部分全是贅纍，這不過民族復興史觀的發揮，行文雖通暢，郤等於做策論，種種見地，詳在講疏，原可不需。

穆傳西征年曆別出講疏之外，自詡其功說，『明於六曆三統之曆元，以考古之年月日，誠所謂巧曆，至可驚人者也。雖孫仲容(詒讓)劉申叔(師培)諸公之不作，當今非無能者，欲辨穆傳之眞僞，尤可於此年曆而證其不僞矣』。我對於曆法完全門外，壓根兒沒有弄過。且古代曆法，只有大戴記夏小正，史記天官書，漢書律曆志等幾篇比較可考，而爲千百年來聚訟不淸的。但顧實先生的這篇年曆，主旨是證明穆傳用的周正，進一步證明穆傳爲周史官所記。他以穆傳卷五『孟冬，鳥至』，郭注『鴈來翔也』，爲用周正的唯一證據。但穆傳卷四又有『孟冬，壬戌，至於雷首，……雷水之平寒』，如果孟冬是周正十月，當夏正八月(夏正以正月……周正以十一月)，雷水不至於寒吧。又卷五，『季冬，……丙辰，……大寒，北風雨雪，有凍人』。如果季冬是周正十二月，當夏正十月，恐怕也沒有這個凍天。不知道顧實先生有什麼解釋。我總覺得用曆法來判定古書的眞僞，遠不如地理。就說穆傳，丁謙以爲是夏正，顧實先生詆爲妄誕。其實春秋戰國時的社會，夏正周正，列國間採用，本沒有一定標準，而且混淆不堪，請參看趙翼陔餘叢考卷二「春不書」諸條，就很瞭然，這裏不及抄錄。夏正也罷，周正也罷，都不是判定穆傳眞僞不易的根據，我不必辨了。

穆傳西征地圖確是驚人的發見。顧實先生說，『凡辨古書之眞僞，一年歷，二地理。天地古今，道途方向，無一可虛造者』。這話很對。但作者繼續着說，『故此地圖，亦可證穆傳之必眞而不僞矣』。然這圖由講疏來，而講疏的荒謬，按圖尤爲顯著。

新校定本穆天子傳，於講疏爲重出，亦無意義。

最可稱道的郤是那知見書目，參考用書目，藉以窺見伊古迄今，周穆王見西王母故事的演變之一斑。

以上把穆天子傳西征講疏的全書內容，簡括的交代完畢。就開始檢討講疏的考證方法，中心觀念。略爲估計其價值。

三

講疏最値得批評的是剛纔說的考證方法和中心觀念兩點。

先說中心觀念。這可從作者的上古黃種優勢觀，也就是中國民族復興史觀去看。春秋作，亂臣賊子懼，著書而有宗旨，本不必反對。但要看著的什麽書，什麽題目。

顧實先生大概是憧憬原始文化的，是主張今人不如古人的，他這部書發現『上古我民族在人文上之尊嚴』，他要『誠使四百兆男女同胞，人手一編，以激發其志氣，庶幾今後吾民族將恢張其本來活動之能力，以與世界共進於無窮之景運』，所以他著書的體例有一條說，『案語次重文化，三千年前之大地，黃人到處皆是，與今日爲白人世界，大可撫古而增慨。』（例言十五）這是他得到的古代黃種文化優勢說。我們跟着就尋幾個例來看看：他解釋『載立不舍』說道：

不舍者，言不爲舍以休止也。……韋爾斯（H. G. Wells）世界史綱曰『西方之北歐（Nothern Europe）遊牧民族，與東方之蒙古（Mongolia）遊牧民族，相遇錯居。比諸蠻夷之所居，與其居地，關係極疏，其所居爲幕爲車而非屋』（第二十三章二十七頁）。然則車可爲舍，而載立不舍，則人不下車，故不舍也。蓋上古自黃帝四征不庭，堯舜五載巡狩以來，爲天子者，皆居國而兼行國之生活，以維持中國優勢。誠不可不重視也。（卷一，頁六）

天子授河伯璧，『祝沈牛馬豕羊』，而郵韓氏犬戎胡皆作『犬馬牛羊』，於是就推論道：

是必華夏尙牛，彼俗尙犬，所以殊化也。……今社會學家言『動物與人類文明之關係』，洵不誣也。

假定言之，則尙牛者，牛的文化也。尙犬者，犬的文化也。更據李思倫白萬國通史，則希臘羅馬人古皆食豕，惟哈米的(Hanitie)之埃及(Egypt)人不食豕，而塞米的(Semitic)之阿喇伯(Arabia)人蓋效之。則中國古俗又與希臘羅馬人相近矣。(卷一，三二)

解釋『栢夭旣致河典，乃乘黃之乘，爲天子先，以極西土』一節道：

……大抵穆王西征，非依河伯之圖典不能行，是河伯實爲交通四方之大負責人，而河卽爲西方交通之一大機關也。夷考太古人類交通之開始，必爲山岳交通。其時山岳方陂陀而隆高，不如今日經數千年之風雨所剝蝕而尖削崎嶇不易行也。及其更進，必爲河流交通，同時山岳河流並行交通。故禹貢載雍州貢道云：『浮於積石，至於龍門西河，會於渭汭，織皮崑崙析支渠搜，西戎卽叙』。此足明中國古代山岳河流並行之交通久矣。河宗氏當穆王之世，而行其典禮，不亦宜乎！雖然。今日東西文化之不同，於此可得而微論者，東方開化較早，其君長以仁孝臨天下，故不敢自暇自逸，多有踰葱嶺而西行者。西方不然，荒曠久遠，其豪酋自始卽石城金室而居，務以安富尊榮，縱恣自娛爲極，故罕有踰葱嶺而東來者。則其文化之根本不同，未可漠視也。抑中國古代行於平地之大車多駕牛，惟行於山地之車曰輂，則駕馬。禹乘四載，已用輂矣。故東方由陸路，憑馬力而通西方，自古而已然。不待蒙古民族崛起，而始馳騁於歐亞兩洲也，今也西方由洋海，藉舶輪及蒸汽之力而來東方，交通之方法，又根本不同。此則東方民族所宜急起效法而圖強。以勿陷於長爲被壓迫之民族者也。(卷一，四一)

這眞是『洞悉三古遺制，綜合當今羣言』的『透達一切之談』！這眞是『開拓萬古之心胸，推倒一時之豪傑』！這種東萊博議式，或者還夠不上東萊博議式的講疏，其荒謬，其腐臭，無以復加。簡直在賣弄筆墨，瀆亂古書。借古人的題目，發自己的牢愁。這種全不根據史實，而託諸空言。以二十世紀極文明的人類社會，加於兩千年前極不文明的人類社會而津津樂道之，既不是採科學的態度，去闡明古代的民族與文化；也不是採藝術的態度，來講述古代的傳說與神話，對於這，我們是無法批評的。

四

例言十四，明白的表示作者的研究的心得和態度。他說，『案語最重考地，地理本爲專門之學，余旣半生研習，尤以通古語而釋古地，爲余之心得。凡一地名之下，必先釋今地所在，然後援引古今羣籍，語不離宗。數十字至數千字，多寡不等，絕不作游騎無歸之談也。在今本國境內之地名，國民應知，原不易誤。惟一至域外，譯名紛歧，除極普通者之外，俱易滋訛。故附西文，互相對照。』若不是看到原書的內容，豈不以爲這個則完全對呢，完全眞呢。研究古史，地理就是其中最關重要最相聯繫的科學。顧實先生旣經半生研習，自然對於穆天子傳裏的問題，可以大半的，很快的，充分的解決了。然而事實又是使我們覺到怎樣的失望。顧實先生因爲發現了上古東西方交通的孔道，以爲周穆王西征，是中國文化（東方文化）的西流，周穆王就是媾通東西方文化的偉大人物。我們把顧實先生對於西征路線考查的結果，引在這裏，他說：

大抵穆王自宗周瀍水以西首途，踰今河南直隸山西，出雁門關，由歸化城西，繞道河套北岸，而西南至甘肅之西寧，入青海，登昆侖。復下昆侖而走于闐，升帕米爾（Pamir）大山，至興都庫士山，（Hindukush Mts.）再折而北，東還至喀爾噶爾河，循葉爾羌河，至羣玉之山。再西踰帕米爾，經達爾瓦茲（Daruvrz），撒馬爾干（Samarkand），布哈爾（Bokhara），然後入西王母之邦，即今波斯之第希蘭（Teheran）也。又自今阿拉拉特（Ararat）山，踰第弗利斯（Tibris）之庫拉（Kura）河，走高加索山之達和尼耳（Dariel）峠道，北入歐洲大平原。蓋在波蘭（Poland）華沙（Warsaw）附近，休居三月，大獵而還，經今俄國莫斯科（Moscow）北之拉獨加（Ladoga）湖，再東南傍窩爾加（Volga）河，踰烏拉爾（Wral）山之南端，通過裏海（Cospian Sea）北之乾燥地（Ard region），及今阿拉爾海（Aral Sea）中，循吹（Chu）河南岸，至伊錫克庫爾（Issik Kul）湖南，升廓克沙勒山，而走烏什阿克蘇焉耆。再由哈密，長驅千里，還歸河套北，踰陰山山脈而南，經烏喇特旗歸化城，走朔平府右玉縣，而南踰洪濤山，入雁門關之旁道，南升井陘山之東部，通過翟道太行山而還歸宗周。（讀穆傳十論，頁二四）

眞是一大驚人奇蹟！尤其可以稱快的，是『未經滄桑之變遷，依然今日之山河』，是『雖隔三千載，而猶歷歷如昨』！聰明的讀者是要問：他用什麼辨證的邏輯，去求得這海闊天空，充周而不窮，杳冥而不測的周穆王遊程呢？

以上所列外國地名與穆傳地名的對比，是這樣。

舂山——今帕米爾(Pamir)(頁八一)。

舂山之澤——今新疆莎車之大帕米爾湖(頁八三)。

赤烏——今阿富汗境內(頁九〇)。

舂山之虱——即興都庫士山(頁九二)。

剞閭氏——今帕米爾西之達爾華茲(Darwarz)(頁一一七)。

鄄韓氏——今撒馬爾干(頁一一九)。

西王母之邦——今波斯之第希蘭(Teheran)(頁一三〇)。

以上卷二

溫山——今阿拉拉特(Ararat)山(頁一六九)。

溽水——今庫拉(Kwra)河(頁一七〇)。

羽琌——今波蘭華沙(Warsaw)(頁一七五)。

䲹子之澤——今拉獨加(Ladoga)河(頁一八二)。

獻水——今窩爾加(Volga)河(頁一八三)。

瓜纑之山——今烏拉(Ural)山(頁一八四)。

沙衍——今裏海北都乾燥地(Ard region)(頁一八五)。

積山之邊——今阿拉爾(Aral)海中(頁一八七)。

以上卷三

洎水——吹(Chu)河(頁一九一)。

濁繇氏——今哈薩克(Cossack)人種(頁一九二)。

蘇谷——今伊錫克庫爾(Issik Kul)湖(頁一九二)。

長淡——伊錫克庫爾湖南之廓克沙勒山脈(Kok-Shal M. T. S.)(頁一九六)。

以上卷四

這些地名，有的遠在歐洲(波蘭華沙)，有的遠在中亞細亞(積山之邊，長沙)。夠我們驚嘆了。其實穆天子傳的地名，在穆天子西征圖裏，安排得更整齊，更有條理的。我們不忙統計它，我們先看看顧實先生用的辨證的邏輯且舉兩個例子來說明。

第一，西王母之邦。

西王母之邦在那里這一個問題，是很不容易解答的。西王母最早的記載，恐怕要算竹書紀年，郭璞引它說，『穆王西征至昆侖丘，見西王母』。但一般傳說，西王母在虞舜時就來獻過白環玉玦的(世本，尚書大傳，大戴禮，漢書律歷志，說文……)。秦漢之間，西王母的故事，不論在朝市，在民間，一定是人們嘴邊最樂道，耳邊最樂聽的。和昆侖一樣，漸次的展開，漸次的擴大，種下深厚的傳說根基，成就綿密的傳說系統。大荒西經說，『西海之南，赤水之後，黑水之前，有大山名曰昆侖之丘。有人戴勝，虎齒，有豹尾，穴處，名曰西王母』。河圖玉版故說，『西王母居昆侖之山』。這是西王母近在昆侖，而昆侖即在赤水之後，黑水之前，乾脆說，西王母不能出今新疆境內的。所以顧實先生就發明了西王母有兩處，剛纔說的是舊邦，是虞舜時的西王母；還有一處新邦，『宜遠在其西』。他說：

證之穆傳，有留骨之邦，而其本名爲長肱，爲鴻鷺，故此西王母之邦，宜亦有其本名，曰沃民之國，曰三危之國也。

這是從本名上推求，確是能夠把問題岔開去。那末，沃民之國，三危之國何以是西王母的本名呢？他從呂氏春秋本味篇的『流沙之西，丹山之南，有鳳之丸，沃民所食，水之美者，三危之露』。求人篇的『西至三危之國，巫山之下，飲露吸氣之民，積金之山』。淮南子墜形篇的『樂民拏閭在昆侖弱水之洲，三危在樂民』。時則篇的『西至三危之國，西城金室，飲氣之民，不死之野』。斷定『沃民三危皆在昆侖弱水之西』，又舉大荒西經的『有西王母之山，壑山，海山。沃民之國，沃民是處。沃之野，鳳鳥之卵是食，甘露是飲。凡其所欲，其味盡存，爰有甘華，甘柤，白柳，視肉，三騅，璇瑰，瑤碧，白木，琅玕，白丹，青丹。多銀鐵，鸞鳥自歌，鳳鳥自舞。爰有百獸相處。是謂沃之野。有三青鳥，赤首黑目，一名曰大鶩，一名曰青鳥』。西次三經的『三危之山，三青鳥居之』，郭注的『三青鳥爲西王母所食，別自棲息於此山。竹書曰「穆王西征，至於青鳥所解」』，就說：

蓋穆傳西征至於西王母之邦，即竹書紀年西征至於青鳥所解也。然則西王母也，沃民也，三危也，非皆明有不可分離之關係乎？而安得不推定西王母之邦，當本名曰沃民之國，曰三危之國耶？大抵謂曰沃民之國者，以其民族而名之也。謂曰三危之國者，以其都居而名之也。謂曰西王母之邦者，則以一婦人爲主權者而名之也。（講疏卷二，頁一三〇——一四三）

這已把西王母邦就是沃民之國，就是三危之國的一個大前提決定了。他繼續提交他的論證，第一步，是沃民之國即西方伊蘭說：

據淮南子墜形訓曰：『西方金丘，曰沃野』。高誘注云：『沃，白色也』。說文曰：『鋈，白金也』。詩秦風毛傳同。鋈本從沃得聲，聲亦有義，則知沃民者必爲西方之白色民族也。更以西方語言之意義及聲音而求之，則世界史綱言『伊蘭』(Iranor Eran)民族衍爲馬太(Media)人，波斯(Persia)人，印度(India)人』，故古代波斯人自稱曰伊蘭，而謂北方諸國，即中央亞細亞之黃種人曰土蘭(Turan)。伊蘭者，義言光明也。土蘭者，義言黑暗也。惟白色者光明，此伊蘭一語，已與沃爲白色之義合矣。況其聲音，則伊蘭之伊，西方爲I或E，皆可轉爲沃。如日本之イイ卽ヨイ，古塞米的(Semitic)語之Ireb or Erob轉而爲Europe，皆其證也。然則沃民之沃，確卽西方伊蘭之伊，西方爲多節語，中國爲單節語，故中文往往存西方之一語音也。

這眞是『大膽的假設』！若問證據，則世界史綱是也，威爾斯可謂顧實先生的大功臣，淮南子說文西方白色的『沃』字說，就是沃民之國，姑且不論；竟從世界史綱而更證明是伊蘭族，風馬牛不相涉也，無參驗而必之者誣也，我們能相信麽？最後，他說：

今既考知沃民即伊蘭族，則三危即伊蘭高原也。故可斷定西王母之邦當在今波斯也。

費了好大的勁兒去求證，而『又未嘗不字字著實，語語謹嚴』，我們讀穆傳的人，應該奉爲圭臬，作爲根據的。然而不能。按西王母之邦在那里，郭璞在一千多年前，全不知道，僅僅於第三卷『天子賓于西王母』下，注云，『西王母如人，虎齒，蓬髮，戴勝，善嘯』這是引山海經的，又引紀年云，『穆王十七年西征至昆侖邱，見西王母，其年來見賓于昭宮』，卻不曾注出西王母之邦的所在。從來注解山海經的人，自十六世紀(明)的楊愼(作山海經補注)，王崇慶(作山海經釋義)，十八世紀(清初)的吳任臣(作山海經廣注)，汪紱(作山海經存)畢沅(山海經新校正)，十九年世紀的郝懿行(作山海經箋疏)，也都不曾指明西王母的所在。他們頂多引一引闞駰的十三州志，以爲『赤水西有白玉山，山有西王母堂室』(吳任臣)，引一引漢書地理志的臨羌西北塞外的西王母石室，以爲在今甘肅肅州西七十里，昆侖的連麓，只相信爾雅尚書大傳，荀子，莊子，淮南子的話，而其餘傳記所說，斥爲荒謬無取(畢沅，郝懿行皆持此態度)，檀萃(作穆天子傳注疏)陳逢衡(作穆天子傳補正)也還以西王母只是四荒之一而已。二十多年前，丁謙著穆天子傳地理攷證，纔以西王母之邦爲亞西里亞(Assyria)，十多年前，劉師培著穆天子傳補釋，纔以爲西王母之邦，是亞西里亞國的尼尼微城(Nineveh)。而顧實先生還嫌不夠遠，竟藉航岔的力量，推廣到波斯了。這個功勞，是要歸於中國海禁的開放的，是要歸於西洋民族文化史智識的輸進的，是要歸於帝國主義國家壓迫的逼緊的。這都是一貫的過去的排外思想以至於現在的媚外思想下的學術防制政策，顧實先生正是一位集大成的『聖人』！

西王母之邦，郭璞不注，是他的卓識。但漢書地理志所云臨羌西北有西王母石室，本很清楚，無需冥索。西山經西王母住的玉山，往西有三危之山，就是顧實先生所謂『以都居而名之』的西王母之邦，郭璞注，『今在敦煌郡』，也很清楚，而顧實先生竟異想天開，強作聰明，以爲非而別之。古代的地名，隨民族遷徙而遷徙，固然很多，但總不越出國境。疆土使然，交通使然。漢志所云西王母，或者已是晚起之說，比較遠了。顧實先生分成波斯的西王母之邦，甘肅的西王母之邦，而以前者爲周穆王所至。如果二十世紀也有個周穆王，纔有可能，但也不至於這般無聊。如果顧實先生眞是照開宗明義所說『余書之作，將爲我民族復興也』（例言二十二），那何必定要借重穆天子傳這樣一部荒唐的小書呢？

先是推論，次是引世界史綱或萬國通史等來作證，下面又是一例。

第二，羽琌

羽琌即羽陵，這是郭璞的話，顧實先生是相信的。羽陵，郭璞也沒有說。顧實先生因爲前有羽陵（卷二，『□之人潛時，觴天子于陵之上』），後有羽陵（卷三，天子勒七萃之士于羽琌之上，）就眼明手快，說是前一羽陵在今英吉沙爾，後一羽陵在波蘭黃沙。他是從穆王西征的路線上推出來的。他說：

此羽陵以下文之東歸所經今地而證之，當在今波蘭(Poland)華沙 (Warsow) 之間乎？穆王踰春山而西，有兩大都會，第一都會在鄄韓氏，今中央亞細亞也。第二都會在此，今歐洲大平原也。此亦天然之形勢，古今不變者也。在鄄韓氏既大饗正公諸侯王，故在此亦宜大饗正公諸侯王也。大概兩次大饗，必有黃白人種同躋一堂之盛況。

這是他的推論與假設，次是他的證據：

世界史綱曰：『阿利安民族與蒙古民族互相混合，游牧，動輒數百里，在黑海北岸一帶，或達裏海之北。蓋自中歐(Central Europe)及中北歐諸原始條頓 (Teutonic) 民族之牧場，以達伊蘭民族之牧地，皆係混雜民族之草原，此諸民族之內情，荒渺難稽』。（卷三，一七六）

此與穆傳原文『天子大饗正公諸侯王，勒七萃之士于羽琌之上，乃奏廣樂』二十多字，似是牛頭對馬嘴，而顧實先生郤說，『此尤可與穆傳證合無間，而穆王至於西北大曠原，至即入今歐洲大平原，愈確不可移矣。惟其尚爲曠荒不常居之草原，故有羽琌者，羽族所居之丘陵也。則穆王所饗之正公諸侯王，當皆隨從狩獵而往者，非必土著之民族也』(頁一七六)。可謂盡附會之能事矣。

以上雖僅是撫拾幾個例子，但够說明講疏全書的邏輯了。他或者未讀穆傳以前，已經把周穆王西行的行程，擺布妥當，給就地圖了。不然，穆傳不是『萬靈丹』，總不應該那樣『放諸四海而皆準』的。我們可以把顧實先生此種歷史觀，題作顯微鏡式的歷史觀，不惟於穆傳沒有積極的合理的解釋，反而消極的增多意外的葛藤，給後人以無數擺廓的麻煩。這是我對於顧實先生穆天子傳西征講疏的總評價。

廿四年三月廿四日寫畢。

附世界史綱引見表

顧實先生證明穆傳地名之爲歐洲地名者，其根據多建在威爾斯世界史綱李思倫白萬國通史二書之上。引世界史綱者十餘處，引萬國通史者亦十餘處（見 P. 32, 98, 119, 140, 150, 160, 172, 176, 199, 204）至於本國書上自堯典王制，下至魏源海國圖志，許景澄帕米爾圖說等無論矣。博洽透闢，誠非學貫中西，數十年研習地理如顧實先生者不辦。他怎樣引書，怎樣說明，這都是值得問的題目，我們就鈔成一張表，讓大家看看，可靠不可靠，應該不應該。因爲世界史綱比較普通，梁思成早已譯成中文在商務印書館出版，容易查勘，就先做世界史綱引見表。但禹貢的篇幅是很寶貴的，這一張表已佔了很多，而且舉一隅可以三隅反，我不想再做萬國通史引見表了。

世界史綱文	講疏的證說	穆傳本文
西方之北歐(Northern Europe)游牧民族，與東方之蒙古(Mongolia)游牧民族，相遇錯居。此諸蠻夷之所居，與其所居地，關係極疏，其所居爲幕爲車而非屋。（第二十二章二十七頁）	然則車可爲舍，而載立不舍，則人不下車，故不舍也。蓋上古自黃帝四征不庭，堯舜五載巡狩以來，爲天子者，皆以居國而兼行國之生活，以維持中國之優勢，誠不可不重視也。（卷一，頁六）	載立不舍
新石器(Neolithic)初期，農業開始，而狩獵業尚占重要地位，然	由此言之，則凡穆傳西征途中，有獻食馬者，皆黃色民族，而非	珠澤之人，乃獻白玉石，□隻，□角之一，□三，可以□沐，乃

以陶器之製造與烹飪，馬已不作食品。(第十章六二頁)古阿利安人不騎馬，亦不用馬，與馬幾無關係，馴鹿時代人用馬，新石器時代之阿利安人則用牛，食牛肉而不食馬肉。(第二章一九八頁)

阿利安民族也。以白色阿利安民族不食馬肉，可為鐵證也。況中國當周季秦穆公時之人，猶食馬肉，更可推而知也。(卷二，頁七七)

進食，口酒十，口姑劓九。口亓味中麋胃而滑。因獻食馬三百，牛羊三千。

即就東土耳其斯坦民族之骨格觀之，猶可見北歐民族之血胤。(第二十八章四〇八頁)

此北歐民族即屬阿利安語系，而非黃色民族也。或曰『長肱者，人名也。猶春秋時人有名曰黑肱黑臀者，而此族以長肱名者也』。要無論其為黃族白族，必嘗與周締婚，如赤烏氏者，故封長肱以為周室主。(卷二，頁一一一)

天子乃封長肱于黑水之西河。是惟鴻鷺之上，以為周室主。是曰留胥之邦。

試一覽中亞地圖，可見亞洲南西東三面之人民，各為高山峻嶺所隔絕。自其主脈分三大支東行，希馬拉亞(Himalaya Mts.)東南行於西藏之南，崑崙東行於西藏北境，天山東北行與阿爾太山(Altai Mts.)合，再北則為大平原，天氣寒而乾燥。天山崑崙之間，則為塔里木河盆地(Tarim Bagine)所謂西域東部，河流多而無入於海者，悉流於沼澤，或斷續澤湖之中。昔日此盆地，較今日者為肥沃。盆地西邊有高山，

斯言也，吾人更試掩卷思之，古人山川形勢不移，不適可為穆傳作鐵板注脚耶！惟是穆王所饗正公諸侯王，果得蒙古人幾分，阿利安人幾分，實不明白。無已，就穆傳而證之，則或恐黃白未分，或恐雖分而白人尙未露頭角耳。(卷二，頁一二四)

巳酉，天子大饗正公諸侯王，吏七萃之士于平衍之中。

然可逾之。有數通行道路，下達西域西部，可沿崑崙之北山麓，或由塔木里河流域西行，以至喀什噶爾各路總匯處。逾山以達浩罕(Kokand)撒馬爾罕，及布哈爾等大城。此處遂成阿利安人及蒙古人，天然相聚之所矣。(第二十八章四〇七頁)

阿利安語發源於多惱河流域，及南俄中間之一區域內，由是而分布於黑海之南北兩岸，迨諸海乾縮之後，再分佈於裏海之東北，遂開始與烏拉阿爾泰(Ural-Altai)語羣中之蒙古種人，互相衝突，互相混合。蒙古民族本亞洲中部草原中之牧馬民族，阿利安民族之用馬爲騎，及用馬作戰，殆傳自蒙古種。歐亞兩洲之馬，在未有紀載以前，凡有三四種。唯生長於草原上，及半沙漠地上之馬，其體格之效用，不僅以資人肉食爲限。(第二十章一九三—一九六頁)

由此言之，則未有紀載以前，馬有三四種，而穆傳有食馬、良馬，野馬，豪馬，已具四種。此穆傳之古可見也。又謂用馬爲騎，及用馬作戰，出於蒙古種，而阿利安人效之，則穆傳中之鄄韓智化文山及犬戎胡，獨知良馬與騶馬，尤可證其當俱爲黃色民族也。(卷二，頁一二五—一二六)

鄄韓之人無鳧乃獻良馬百匹，服牛三百，良犬七十，牥牛二百，野馬三百，牛羊二千，穄麥三百車。

伊蘭(Iranor Eran)民族衍爲馬太(Media)人，波斯(Persia)人，印度(India)人。(第二十章一九六頁)

故古代波斯人自稱曰伊蘭，而謂其北方諸國，即中央亞細亞之黃種人曰土蘭(Turan)。伊蘭者，義言光明也。土蘭

癸亥，至于西王母之邦。

者，義言黑暗也。惟白色者光明，此伊蘭一語，已與沃爲白色之義合矣。況其聲音，則伊蘭之伊，西方爲I或E，皆可轉爲沃，如日本語之イイ即ヨイノ古塞米的(Semitic)語之Ireb or Erob轉而爲Europe皆其證也。然則沃民之沃，確即西方伊蘭之伊，西方爲多節語，中國爲單節語，故中文往往存西方之一語音也。今既考知沃民卽伊蘭民族，則三危卽伊蘭高原也。故可斷定西王母之邦當在今波斯也。（卷二，頁一三四）

新石器時人於礦物最初應用者爲黃金，次則黑玉與琥珀。（第十章六三頁）

是穆傳有黃金與黑玉矣。（卷三，頁一四八）

乃執玄圭白璧，以見西王母。

紀元前約二千年，舊大陸中心之氣候漸冷，使小亞細亞及希臘之獅象絕滅。歐洲東南部及小亞細亞之獅象，是否爲氣候變化所驅逐，殆難決定。此種動物，日漸消滅之原因，在於人類獵獸武器之發達。紀元前四世紀時，巴爾幹（Palkan）半島尙有象。獅之不見於亞洲西部，或在紀元前八世紀。德國南部在新石器時代

然則亞洲西部之獅象絕滅，蓋較歐洲西部爲早，穆王西征，正値其時歟？（卷三，頁一六三）

西王母又爲天子吟曰，但彼西土，爰居其野。虎豹爲羣，於鵲與處。嘉命不遷，我惟帝女。彼何世民，又將去子，吹笙鼓簧，中心翺翔。世民之子，惟天之望。

尙有獅，較今爲大云。（第二十一章二二一頁）

爰有囗藪水澤。爰有陸衍平陸。

更分釋之，囗藪水澤，與陸衍平陸，相對爲文，則囗藪二字，班固典引云：『肴覈仁義之林藪』，此古以林藪連言之證。然則囗藪者，即世界史綱所屢言『俄南之森林』也。（卷三，頁一七二）

天子三月舍於曠原。

然則穆王西征時，歐洲有如此氣候及物產，宜乎隆冬而舍於曠原三月哉！（卷三，頁一七四）

三四千年前，歐洲及西亞，氣候似較今爲溫和，其植物草木之生命，亦較今爲繁多，南俄及今之西土耳其斯坦，昔皆森林，今祗草原及沙漠耳。（第二十一章二二一頁）

天子大饗正公諸侯王，勤七萃之士于羽琌之上，乃奏廣樂。

此尤可與穆傳證合無間，而穆王至於西北大曠原，正即入今歐洲大平原，愈確不可移矣。惟其尙爲曠荒不常居之草原，故有羽陵者，羽族所居之丘陵也。則穆王所饗之正公諸侯王，當皆隨從狩獵而往者，非必土著之民族也。（卷三，頁一七六）

阿利安民族與蒙古民族互相混合，游牧，其遷徙甚速，輒動數百里，在黑海北岸一帶，或達裏海之北。蓋自中歐（Central Europe）及中北歐諸原始條頓（Teutonic）民族之牧塲，以達伊蘭民族之牧地，皆係混雜民族之草原，此諸民族之內情，荒渺難稽。（第二十章一九六頁）

六師之人大畋九日，乃駐于羽陵之囗，收皮效物、賃車受載。

由此言之，則穆王必不借車於阿利安人，以其車既笨，而又不能駕以馬也。六師有車五百乘，但賃車幾何，今不可考知耳。（卷三，頁一七八）

各阿利安語言中，皆有車字輪字，可知古阿利安人曾製車。然幅廓軸等字，在阿利安語言中，則無公共語根。可知古阿利安人所製之車輪，不與今同，蓋截樹幹而爲之，橫貫以軸耳。以牛引車，不用馬。以人民逐草原而遷移，載貨於牛車中，有如今日南非荷蘭農人Boer。特其車之笨重，今世已無其匹。（第二十章一九八頁）

其時北方一帶之情狀，蓋自多腦河流域，直貫南俄至裏海之北，橫越其原，以至裏海之東，直達帕米爾高原，再東至中國，今新疆省之塔里木河Tarim流域，此一大片地之中，方滿布多數相類似之蠻族，其文化程度略同。其族姓泰半

斯言也，後於穆王西征六百餘年，乃與穆傳所記，適得其反。穆傳所記，多黃色人種，即所謂蒙古種也。詎料五六百年而轉見其少，固由游牧無定所，然亦可驚白人東侵之速矣。（卷三，頁一九）

罰余之人命懷，獻酒於天子。天子乃賜之黃金之嬰，貝帶朱丹七十裹。命懷乃膜拜而受。

屬阿利安語系而爲北歐種。城市極少，蓋多游牧之民也。然時或暫居一地而耕耘之，其在中亞者，固已與時蒙古種混雜。惟其時蒙古種尚不甚多。（卷二十三章二七七頁）

自未有記載之時以來，此間於多腦河舉中國間之一片地，實民族集散之淵叢。在西方進化史中，已提及塞種人(Scythians)之名，以區別息米立亞人(Cimmerians)撒馬提亞人(Sarmatians)米塔人，波斯人，安息人(Parthians)，哥德人(Goth)，

雖然，此亦後乎穆傳者之言也。試細即穆傳所記而論之，則當時南俄及中亞之沼澤森林，猶未盡退而成草原。此可得諸地理形勢上之鳥瞰者，一也。食物有馬牛羊，有稌米麥，而絕未發現以牛乳爲重要食物，此可得諸民族文化上之鳥瞰者，二

辛巳，天子東征。癸未，至於蘇谷，骨飦氏之所衣被。

以及徘徊於多腦河，中央亞細亞間弧地之其他民族，或其他之阿利安人。當阿利安人之數族南遷，而得發展其文化時，其同種之他族，則發展其動性及游牧，而習受帳宿車運畜牧之生活。亦習以牛乳爲重要食物，漸不事農，即易孰之穀，亦漸不欲植矣。其發展也，且得天氣漸變之助，南俄及中亞之沼澤森林，已成草原，有此大牧塲。而健康無定居之生活，始得安然實現。惟因夏多不能繼續牧畜，故每年有

也。然則穆傳中之白色民族，殆不可得而見也。無已，則當數及彼臂長特異之長肱乎？抑此見天子而傲不爲禮之𩨭胡氏濁繇氏骨飦氏乎？然而眞相亦甚難明矣。（卷四，頁一九五）

移殖之需要。此種人民略具政治之最低形式，時分時合，各種族有相同之習慣，故不能以嚴格方法區別之。今中國北與西北邊外之蒙古族，亦正相類。（第二十八章四六頁）

出版者：禹貢學會。
編輯者：顧頡剛，譚其驤。
出版日期：每月一日，十六日。
發行所：北平成府蔣家胡同三號禹貢學會。
印刷者：北平成府引得校印所。

禹貢

半月刊

價目：每期零售洋壹角。豫定半年一卷十二期，洋壹圓；全年二卷二十四期，洋貳圓。郵費加一成半。國外全年加郵費八角。

The Chinese Historical Geography

A Semi-monthly Magazine

Vol. 3 No. 5 Total No. 29 May 1th 1935

Address: 3 Chiang-Chia Hutung, Cheng-Fu, Peiping, China

第三卷第五期（總數第二十九期）

民國二十四年五月一日出版

內政部登記證警字第叁肆陸貳號　中華郵政特准掛號認為新聞紙類

淮南九州之前身後影

馬培棠

鄒說再起

九州一詞，初僅爲分配方位之一種觀念而已，以冀州爲中央，因而推及其四方與四隅，總其面積，亦不過河南有限之地。東周而後，諸侯力爭，開疆擴土，方域乃九倍於昔，於是「新九州」以生。中央一位，仍呼曰冀，實已擴及「古九州」之全積。鄒衍雖謹守此論而勿失，但對於冀州之名，並不十分留戀，蓋「冀」乃自古以來之舊稱，「新九州」爲周人所獨有，自應另立新名，以符其實。若以五行爲次，周德爲火，故命中央曰赤縣神州。

孟軻亦論九州，但漸舍往日之板滯觀念，趣向於國際地理之分合。魏史繼之，因有禹貢九州之出現，以寓其復仇撫世之思想。呂不韋又不滿禹貢之腰截秦土，而更有有始九州之文。鄒衍所保守之舊式九州說，幾若絕響。

但至西漢，有打破孟軻以來之九州論，而重復鄒衍之九州論者，實爲地學史上又開一新境界。武帝朝，淮南王劉安招致賓客方術之士數千人，共撰淮南子，其墬形曰：

東南神州，曰農土；正南次州，曰沃土；西南戎州，曰滔土；正西弇州，曰并土；正中冀州，曰中土；西北台州，曰肥土；正北泲州，曰成土；東北薄州，曰隱土；正東陽州，曰申土。

按此整齊如畫之九州，雖未明白告我出自鄒衍，但一望而知其爲鄒衍所承受之古人九州觀念。蓋劉安好數術，鄒衍實爲數術界之宗師，故淮南著書，喜托重於鄒衍。漢書楚元王傳載「淮南有枕中鴻寶苑秘書，言『神僊使鬼物爲金之術，及鄒衍重道延命方』。」此其尤彰明較著者。

雖然，淮南九州，固取諸鄒衍，然有與鄒大不同者，又不可不加注意。史記孟荀列傳引鄒衍之說曰：

儒者所謂中國者，於天下乃八十一分居其一耳。中國名曰赤縣神州；赤縣神州內，自有九州，禹之序九州是也，不得爲州數。中國外，如赤縣神州者九，乃所謂九州也，於是有裨海環之。人民禽獸，莫能相通者，如一區中者，乃謂一州。如是者九，乃有大瀛海環其外，天地之際焉。

其「大九州」與「古九州」姑勿深論；其「新九州」之「中」國，實名曰赤縣神州，直周畿雒陽一帶之地；雖，士之中也，故鄒衍之赤縣神州，原以呼中央。中央王畿，貴於天下，則赤縣神州，又居九州之首。（詳見本刊二卷八期，禹貢與禹都。）

然而驗之淮南，中央曰冀，居於第五；東南爲首，其名神州：此何故也？按九州本爲王者之至寶，得其至寶，始可以御天下，故一般另有心腸者，每借文字上之分合九州，以快一時之意，以預遠大之猷。淮南九州，何莫非此。

淮南王劉安，厲王長子也；長，高皇帝之子也。史記淮南列傳曰：「高祖十一年十月，淮南王黥布反，立子長爲淮南王，王黥布故地，凡四郡。」黥布列傳曰：「布遂剖符爲淮南王，都六，九江廬江衡山豫章郡，皆屬布。」然則淮南四郡，即九江廬江衡山豫章四郡之地矣。漢書地理志曰：

九江郡，屬揚州。

廬江郡，屬揚州。

豫章郡，屬揚州。

惟衡山郡不見地志中，但有「六安國，故楚。高帝元年，別爲衡山國；五年，屬淮南。文帝十六年，復爲衡山。武帝元狩二年，別爲六安國。」是六安故地，當即衡山，但又未說明所屬何州。據續漢書郡國志，知六安屬揚州。顧頡剛先生兩漢州攷附西漢州郡圖，亦以屬揚州。揚州轄郡六，而淮南有其四，誠一大邦也。厲王既死，三子分封。史記淮南列傳曰：「阜陵侯安爲淮南王，安陽侯勃爲衡山王，周陽侯賜爲廬江王，皆復得厲王時地三分之。」（後徙衡山王王濟北，廬江王王衡山，淮南王如故。）雖劉安少於厲王之舊封，而一仍淮南之舊號；且兄弟比隣，患難相共，氣通勢結，依然虎踞於揚州。呂氏有始曰：「東南爲揚州」，則淮南九州自東南起，重其國也。

當漢家正盛之際，劉安不以天子之畿爲九州首，而起自身處之處，得非僭乎？按淮南跨四郡，疆土遼闊；又加以其地漸闢，便於耕桑，故淮南稱之「農土」，因而居其地者，每不安分。黥布之反，尚可謂受逼而然。若厲王者，實自恃其勢力之浩大，欲以有爲，不得其死。安復「好讀書鼓琴，不喜弋獵狗馬馳騁，亦欲以行陰德，拊循百姓，流譽天下，時時怨望厲王死，時欲畔逆，未有因也。」（史記淮南列傳）其心懷意氣既如此，則其發爲文章，當有所披露，故遂以揚州爲九州首，且錫之以嘉名。蓋古人以王都所在，稱之曰冀，彼既採用鄒衍之說，則王畿之冀，固已爲赤縣神州所壓倒。但赤縣神州之名，又苦其太長，於是截取「神州」，以與次州台州等七州相比配。但鄒衍神州，實以呼中央，茲神州既去，中央不得無名，蓋中央已成爲二重名，揭去神州，其底層原有冀州在，改中央一仍其冀州之稱。是淮南九州，劉安野心所寄託也。

鄒說失眞

淮南墜形，大體根據呂氏有始，如九山九塞九藪八風六川，所述名次，莫不皆同；獨九州迥異，是知其故意改九州也。但亦必有所本，以示其立言非虛；否則自我作古，縱彼不諱叛逆，將何以邀人之寵信乎？是故鄒衍之書，爲所利用。然而二者詞意，未能盡同，又何以爲自圓之方？吾因疑劉安之徒，有改竄鄒書之舉。

鄒衍之書，司馬遷時尙無定本。史記孟荀列傳曰：「終始大聖之篇，十餘萬言」，則終始大聖云云者，蓋兩篇名，特舉之以爲十餘萬言之代表；猶韓非列傳以「孤憤五蠹之書」，代表韓非之所著也。是韓非所著，鄒衍之書，司馬遷時，尙無總名，足見其未臻固定之境。及成帝時，劉向歆父子，相繼校書，散漫篇章，多經條理，班固因之而著漢書藝文志，則見法家不復繁稱孤憤五蠹之書，而曰韓子五十五篇；陰陽家不復繁稱終始大聖之篇，而曰鄒子四十九篇，鄒子終始五十六篇矣。淮南著書，遠在史記之前，鄒衍之書，必尤散漫而易竄亂。又加以鄒衍之術，傳之者，多藉以謀貴取寵。史記封禪書曰：「燕齊海上之方士，傳其術不能通，然則怪迂阿諛苟合之徒，自此興，不可勝數也。」劉安好數術，有異謀，藝客踵至，得非「海上方士」之流乎？淮南列傳曰：「諸辨士爲方略者，妄作妖言諂諛王。王喜，多賜金錢。」又何怪僞書之相繼出現。故淮南撰祕苑，而鄒衍有重道延命之方；談地形，而鄒衍有東南神州之句。王充論衡談天曰：

> 鄒衍之書，言「天下有九州。禹貢之土，所謂九州也；禹貢九州，所謂一州也，若禹貢以上者九焉。禹貢九州，方今天下九州也。在東南隅，名曰赤縣神州。復更有八州，每一州者，四海環之，名曰稗海。九州之外，更有瀛海。」

按此與史記所引者，極其類似，可確信爲王充所見鄒書之原文。但充生當後漢，鄒衍之書，已有定本，何以所引不稱鄒子或鄒子終始，而稱鄒衍之書，則其必非向歆校定本，而爲民間流行本。再按其原文，不詳言「古九州」，意在使禹跡擴大，以禹貢之士爲「新九州」，鄒衍而知禹貢，則此民間本，必出於僞竄無疑。又改「中國名曰赤縣神州」，爲「在東南隅，名曰赤縣神州」，更明告僞竄者，其爲淮南之徒。且談天所論，除由禹貢而憶及山經之外，獨舉淮南地形與鄒書相較。雖謂淮南「不言更有九州」，然殊與吾人一種暗示，即二書之在當時，尙能使充發生聯想。

王充對於「大九州」，固嘗譏其「詭異」矣；但對於東南赤縣神州之名，並無若何疑問。以充學識之博，何以並鄒書眞僞而不知。按淮南著書甚多，當時所進者，只今本淮南子。漢書淮南列傳曰：

初安入朝，獻所作內篇，新出，上愛秘之，使爲離騷傳。

是武帝覽其書，果知其有異謀也；惟以「安屬爲諸父」，只得陽示以愛，而終秘之。且使傳離騷，抑亦默示警告之意歟？安卒不悟，以致身死。兩世亂天下，則政府之銜之也，可謂至極，其書更不易流布。司馬遷史記淮南列傳，於安著書，隻字不及，蓋與不爲世家同一用意。內篇尙如此，其他散在淮南者，政府更無顧念收藏之事。故鄒衍之論九州，史記不見淮南改竄本。其後，桓寬鹽鐵論論鄒，所述鄒衍九州，亦與史記同。及成帝求遺書，淮南書始稍稍出；鄒書兩種，亦於是時定名著錄，其果與淮南改竄本有關係否，苦難稽考。要之，淮南一地，必曾爲淮南羣書之秘府，一如王充論衡不傳中土，而入吳者，得之固甚易也。王充會稽上虞人，近淮南之化，遠上國之風，因讀鄒書改竄本，似有未可厚非者。

雖然，王充固一極推崇史記及鹽鐵論者，鹽鐵論姑置之。論衡對作曰：「五經之興，可謂作矣；太史公書劉子政序班叔皮傳，可謂述矣。」是五經而後，首推遷書，何以並孟荀列傳而不讀，又終不能爲充恕。

鄒說再變

王充之於鄒書，既誤僞以爲眞，復不愼於句讀，致生僞中之僞。談天所引，本極明白，曰：「禹貢九州，方今天下九州也。在東南隅，名曰赤縣神州。」此爲兩句所組成：上句總言天下九州；下句特言九州中，東南隅之一州，名曰赤縣神州。下句之性質，有若夾注，意在特表今天下中之赤縣神州，位在東南，以爲淮南墜形之根據。乃充誤讀爲一句，於是今天下九州在「大九州」之東南隅，今天下九州總名之曰赤縣神州矣。

但「方今天下，在東南隅」，實不足以昭示其在「大九州」之東南隅。故談天後文，直易鄒衍之言曰：「方今天下，在地東南，名赤縣神州。」改「在東南隅」，爲「在地東南」，以與「方今天下，得地之廣少矣」相呼應，則「地」云云者，至狹亦「大九州」之地矣。鄒衍之說，重增霧障。

然終以不能通，而與吾人一求是之間。「新九州」本在「大九州」之中央，赤縣神州本在「新九州」之中央。乃淮南偏謂赤縣神州在「新九州」之東南，已大背鄒衍之初說；而王充又誤以赤縣神州爲「新九州」，在「大九州」之東南，即鄒書改竄本，亦無由貫其意矣。論衡難歲曰：

儒者論天下九州，以爲東西南北，盡地廣長，九州之內五千里，竟三河土中。周公卜宅經曰：「王來紹上帝，自服於土中。」雒，則土之中也。（按此儒者所論九州，當即禹貢九州，下文分禹貢九州爲三組，以與三河土中相並論，可以知之。）鄒衍論之，以爲九州之內五千里，竟合爲一州，在東東位，名曰赤縣州；自有九州者九焉，九九八十一，凡八十一州。

按此節傳鈔有誤，「在東東位」，第二「東」字，宜爲「南」字。下文曰：「天下九州，在東南位」，與此正同。又「赤縣州」，亦應增爲「赤縣神州」。夫既以鄒衍之論，爲九州之內五千里，竟合爲一州，在東南位，名曰赤縣神州，不直子午。而又以儒者之議，直雒以南，對三河以北，爲豫荆冀；雍梁列其右，青兗徐揚列其左；禹貢九州，直土之中。土中，東南，地形乖異，歲其難矣，將何以自解其所誤解之「禹貢九州，今天下九州也」，在東南隅，名曰赤縣神州」？若赤縣神州即禹貢九州，則禹貢九州當在東南；若禹貢九州直土之中，而不在東南，則赤縣神州必爲方今天下九州中之一州。淮南改竄鄒書，固明白告人曰：「禹貢九州，方今天下九州也」，直土之中，特其「東南隅，名曰赤縣神州」耳。王充既無以自解其所誤解，乃反責鄒衍曰：「以極言之，不在東南，鄒衍之言非也」（談天）。厚誣古人，其孰云當。後漢書王充傳曰：「好博覽而不守章句」，則其誤解鄒衍之書，非偶然者矣。

鄒衍九州，至王充而變極；又加以眞僞鄒書，並遭亡佚，後人更無由檢其誤，與誤中之誤；實則後人亦不思檢之，正喜沿流揚波，呼方今天下曰赤縣神州。蓋「大九州」之說，日漸有驗，則時人之地理知識，已由「新九州」而躍至「大九州」，固不惜「新九州」中之赤縣神州，增大九倍而爲「大九州」中之一州。王充之誤，既應合此時代之要求，尙何暇深思其妄；且將更進一步，並其他八大州而亦名之。致此「不經」之談，一躍而爲上古至德之典。賈公彥周禮職方疏曰：

自神農以上。有大九州，桂州迎州神州之等。至黃帝以來，德不及遠，惟於神州之內，分爲九州。

此雖未盡列「大九州」之名，但已知有名者，不只東南一州。又桂州迎州之名，蓋本之河圖緯括地象。其言曰：「正南卬州；又曰：「西北桂州」。「迎」爲「卬」之筆增，「桂」爲「柱」之形近而誤，此皆傳鈔不慎，以致參差。誠如是按而推之，其餘六大州，名亦可得。括地象曰：

東南神州，曰晨土；正南卬州，曰深土；西南戎州，曰滔土；正西弇州，曰开土；正中冀州，曰白土；西北柱州，曰肥土；北方元州，曰成土；東北咸州，曰隱土，正東揚州，曰信土。

吾於是恍然悟，此文者乃全襲淮南墜形。緯書之出甚晚，漢書藝文志不予著錄，是必興於向歆之後，淮南書既已稍見流傳，括地象因得取而據之。雖詞字間微有不同，而神州冀州及九州次弟，並無小異。故賈疏所引州名，逕謂來自淮南，亦無不可。特較淮南諸州，各大九倍而已。

王充誤解者，鄒衍之書；而賈疏增益以淮南九州之名。則吾所謂王充所據鄒衍之書，淮南有改竄之嫌者，於此又多一線索，至賈疏置「大九州」於神農之上，乃「大九州」漸驗後，用以尊古之結果。其託愈古，入人愈深，以日知錄之精博，九州一條，尙不辨晚說之匪眞。

總之，鄒衍之書論九州，惟「新九州」以當時地理知識作其背景，中央周畿，八州環列。乃淮南有意亂其眞，寄託異志，因而改竄本行於東南。王充既得改竄本，而又不求其句讀，任情誤解，益亂其眞。爾後「大九州」之論起，即以淮南論衡爲根據，雖曰鄒說之卒得成功，亦終有所不幸矣。

蘇秦說秦辨僞

——蘇張遊說辨僞之一

張公量

秦策一，蘇秦始將連橫，說秦惠王曰，「大王之國，西有巴蜀漢中之利，北有胡貉代馬之用，南有巫山黔中之限，東有肴函之固，田肥美，民殷富，戰車萬乘，奮擊百萬，沃野千里，蓄積饒多，地勢形便，此所謂天府，天下之雄國也」。史記蘇秦列傳，秦孝公卒，說惠王曰，「秦，四塞之國，被山帶渭，東有關河，西有漢中，南有巴蜀，北有代馬，此天府也」。這一段蘇秦說秦的故事，太史公既緊接於孝公之卒，而秦策復有蘇秦稱惠王「今之嗣主』云云，則說者繫之惠王元年(1)，大致可信，相差亦不甚遠(2)。那末，可以說惠王即位之初，秦國疆土的開拓，已這樣隆遠。但若夷考其沿革，就觸處抵牾了。試各為疏證如左。

(一)巴——巴的歸秦之年，雖史無明文，而在惠王後元，與蜀相當，則不難知。史記張儀列傳，苴蜀相攻擊，各來告急於秦，同時韓又侵秦。惠王從司馬錯之議，先行伐蜀。集解，「譙周曰，益州天苴讀為苞黎之苞。音與巴相近，以為今之巴郡」。索隱從之。而華陽國志別苴於巴，謂，「昔蜀王封其弟於漢中，號曰苴侯，因命之邑曰葭萌。苴侯與巴王為好，與蜀為讎。故蜀王怒，伐苴。苴奔巴求救於秦。秦遣張儀從子午道伐蜀。王自葭萌禦之，敗績，走至武陽，為秦軍所害，遂滅蜀。因滅巴蜀二郡」。這是說巴與蜀同時滅於張儀。水經江水注也有「秦惠王遣張儀等救苴侯於巴，儀貪巴苴之富，因執其王以歸，置巴郡」的話，雖不及蜀，而張儀救苴滅巴之說則一。滅蜀在惠王後元九年(參下)，那末巴也應在這一年入秦。但秦策秦本紀祇說張儀司馬錯爭論伐蜀韓先後，並沒有說苴，更沒有說巴。苴是否即巴，這里暫且不問，而巴的出現，確後在秦始皇本紀，始皐卽位時，「秦地已并巴蜀漢中一語」始。這更足證明巴為秦有之說之後。

(二)蜀——蜀是秦惠王後元十四年，當紀元前三百十一年滅有的。秦本紀說惠王後元九年司馬錯伐蜀，滅之。又十四年伐楚，取召陵，丹黎臣蜀，相壯殺蜀侯來降，是其正式歸秦的一年。所以水經江水注云，「秦惠王二十七年，遣張儀司馬錯等滅蜀，遂置蜀郡」。惠王十四年改元，後元十四年合前十三年，恰是二十七年。所不同的，是秦策秦本紀單說司馬錯伐蜀，華陽國志索隱引秦惠本紀單說張儀伐蜀，而此並有二人。

(三)漢中——漢中為楚地，秦本紀說惠文後元十三年，「庶長(魏)章擊楚於丹陽，虜其將屈匄，斬首八萬。又攻楚漢中，取地六百里，置漢中郡」。楚策張儀說楚王，「楚嘗與秦構難，戰於漢中，楚人不勝，通侯執珪死者七十餘人，遂亡漢中」，(楚世家懷王二十年，齊湣王遺楚王書，有「王欺於張儀，亡地漢中」的話)楚世家也說楚懷王十七年，「與秦戰丹陽，秦大敗我軍，斬甲士八萬，虜我大將軍屈匄，裨將軍逢侯丑等七十餘人，遂取漢中之郡」。樗里子甘茂列傳也說，秦惠王二十六年，「使樗里子為將，助魏章攻楚，敗楚將，取漢中地」，又「甘茂因張儀樗里子而求見秦惠王，王見而悅之，使將而佐魏章略定漢中地」。

可知漢中是在秦惠王二十六年，也就是後元十三年，當楚懷王十七年，紀元前三百十二年始歸秦的。當時參戰的大將是魏章，樗里子，甘茂三人。

（四）胡代——秦策的「胡貉代馬」，大概指的胡地貉，代地馬而已。趙世家蘇厲說趙武靈王，「代馬胡犬不東下，昆山之玉不出，此三寶者非王有已可證。趙策一記爲蘇秦，在武靈王十六年。蘇秦死於燕王噲之立，在趙武靈九年，故趙策文不可信。其下胡犬作胡駒。總之，貉恐即犬的一類，或馬的一類，故或稱胡貉，或稱胡犬，或稱胡駒，與代馬同爲珍畜。因以產馬貉著名，後世就有貉國馬郡之說（3），這里不及細敘。蘇秦列傳獨以「代馬」，與「巴蜀」對稱馬確係地名，但總不出乎代境的。趙世家武靈王二十年，西略胡地至楡中，二十七年西北略胡地。惠文二十六年取東胡，歐代地。是胡代之漸漸入趙可知。匈奴傳說趙武靈王北破林胡樓煩，而置雲中，雁門，代郡，尤爲明白（4）。趙武靈王即位的一年，是秦惠王十三年改元的前一年。終秦惠武及昭之初葉，秦的勢力，未嘗伸入胡代。秦本紀，昭襄王二十七年，「白起攻趙，取代光狼城」，代始有秦的屬城。秦置代郡，則更在始皇二十五年時候，（5），而蘇秦說秦在惠王初年，竟已「北有胡貉代馬之用」了。

（五）巫山黔中——巫山黔中，皆楚地。蘇秦在楚威王七年（6），爲趙合從說楚威王曰「楚地西有黔中巫郡」。蘇秦此說本來不錯，但前此四年對秦惠王說秦「南有巫山黔中之限」，就大錯了。史記不載極是。巫山在今四川，楚世家，懷王三十年，當秦昭襄王八年，秦留楚王，要以割巫，黔中之郡，這是秦伺巫，黔中之始。秦本紀，昭襄王二十七年使司馬錯發隴西，因蜀攻楚黔中，拔之，這是秦侵巫，黔中之始。三十年，蜀守張若伐取巫郡，及江南爲黔中郡。又楚世家頃襄王二十二年，正秦昭襄王三十年，「秦復拔我巫，黔中郡」，這是秦取巫，黔中最後的成功。事當紀元前二百七十七年。

（六）肴函——秦本紀，惠王六年，魏納陰晉。九年渡河與魏王會應，圍焦，降之。十一年歸魏焦，曲沃。十三年張儀取陜，出其人與魏。後元十一年樗里疾攻魏焦降之。魏世家也說襄王五年秦圍我焦，曲沃。六年與秦會應，秦取我焦。八年秦歸我焦曲沃。十三年秦取我曲沃。哀王五年秦使樗里子伐取我曲沃。襄王五年當秦惠王八年，六年當秦惠王九年，八年當秦惠王十一年，十三年當秦惠王後元三年，哀王五年當秦惠王後元十一年，正相一致。這是從惠王六年至後元十一年，前後十八年，秦始有河外濱洛一帶之地。陰晉，今之華陰。陝即陝州。焦城在陝州城內東北百步(7)，曲沃在陝州西南三十二里(8)，陰晉東至陝，正是所謂肴函之道(9)，是惠王後元十一年才完全克服的。

我們可以明白了。蘇秦是秦惠王元年，當紀元前三百三十七年說秦的，而他所列舉的秦的四境，有遲到三百十四年，相隔二十三年以後才入版圖的(肴函)。有遲到三百十二年，相隔二十五年以後才入版圖的(漢中)。有遲到三百十一年，相隔二十六年以後才入版圖的(巴蜀)。更有遲到二百八十年，相隔五十七年以後才入版圖的(代)。更有遲到二百七十七年，相隔六十年以後才入版圖的(巫，黔中)。都不是秦惠王即位之初所有的疆土，都不是蘇秦當時所能預知的地理。可見造這段故事的，最早不得過於秦昭襄王三十年，當紀元前二百七十七年。這顯然是莫須有的事，顯然出於後世策士們的依托。

關於蘇秦張儀等從橫家的故事，全謝山經史問答，張琦戰國策釋地已就地理上稍稍獻疑，至近錢賓四先生更就戰國中葉的國際形勢，根本推翻故事自身的存在，可謂一大發明。玆篇單就蘇秦說秦的地理考之，殆無一不剌謬者。他如張儀說燕亦然，當陸續抉出之，使千餘年來晦霾的戰國史蹟，重新顯現。廿四年四月二日夜十時公量記。

(1) 呂祖謙大事記(一一七二)卷三，周顯王三十一年，當秦孝公二十四年，「蘇秦說秦連橫，不受」。下註，「以列傳皇極經世修」。按史記蘇秦傳明說秦孝公卒，蘇秦說惠王。蓋呂氏所繫乃惠王未改元以前。張琦戰國策釋地逕云，「蘇秦說秦在惠王元年」。

(2) 蘇秦始說秦，繼說燕。燕召公世家燕表皆記燕文公二十八年蘇秦始來見說。燕文公二十八年當秦惠王四年，故說秦惠王，縱不在元年，必在四年以前。

(3) 參看顧尚之七國地理考(道光三十年刊)卷三，頁一七。

(4) 參看史記趙世家。

(5) 參看史記秦始皇本紀。

(6) 楚策一鮑注。

(7) 史記秦本紀正義引括地志。

(8) 仝上。

(9) 參看張琦戰國策釋地上(廣雅書局刊)。張氏以策文「或後來增飾」。賈誼過秦論，「秦孝公據肴函之固，擁雍州之地」，同一錯誤。漢人蓋已不甚明白秦國的地理沿革。

四月十四日附註

清初東北土人的生活

周　信

一・前言

本文範圍時間，是指滿清肇興以後，至雍乾以前，約即西曆十七十八二世紀的期間；地域是指尼布楚條約後的東三省，包括現在我國的遼寧，吉林，黑龍江三省，蘇俄的阿穆爾沿海州二省和日俄分轄的庫頁島。

為行文方便起見，今以盛京，寧古塔，黑龍江三將軍轄境為單位，分區敘述之。（其實奉天東境與吉林的滿族，吉黑二省交界，松花黑龍二江兩岸的赫哲族是一个單位，是不應分開的。）

本文所取材料，自然以雍乾以前的為準；但是關於烏蘇里黑龍二江以東的地方，前人到過者極少，記載也極寥寥。乾嘉以後，才稍見記載；並且其地土人，與外方接觸甚少，文化極低。其遲滯不進，常一二百年無甚變化。所以乾嘉以後的材料，也一並引用之。

「東北」可稱地大物博，本應早已開發，但因滿清排禁漢人，放任士人，以致這天府之國的饒美地域，數百年來極少進步。始而引起日俄二國的覬覦，一削再削，最後終為日人所劫奪。今日吾人痛定思痛，欲謀後日的收復，不能不對往日的種種，加以研究。本文只輯述關於士人生活方面的有趣情況，用以引起全國志士作進一步邊疆學的研究。

二・盛京將軍轄境內的士人生活

遼寧的西南境，即柳邊以內，因久受漢族的直接統治，人民生活方式已和關內相近，尤其是瀋陽的西南。至於東境的滿族，西北境的蒙古族，他們生活的方式，那就各自不同了，並且相差的很遠。

1.西南境人民的生活：

承德縣　性樸實，氣剛健，近習禮讓，雅尚詩書。（盛京通志卷二五風俗）

興京　性情勤樸，不事文飾，射獵尤嫻。（同上）

遼陽州　勇悍，喜騎射，淳樸，力農。(同上)
海城縣　性剛，好獵，質多而少文。(同上)
蓋平縣　氣質勇敢，勤於種藝，漸成幹止。(同上)
開原縣　賦性質實，務農習射。(同上)
鐵嶺縣　風成剛果，習尚敦龐。(同上)
錦縣　人多慷爽，操氣節，近復絃誦成風。(同上)
寧遠州　習俗渾樸，敦本而不逐末。(同上)
廣寧縣　賦性質直，亦習文藝。(同上)
鳳凰城　俗尚簡略，騎射足多。(同上)
金州　擅魚鹽，勤耕作。(同上)

由上可知瀋陽以西，人多農耕，並且已經讀詩書，習禮讓。而瀋陽以東，至柳邊，人多射獵，不事文飾，又略近于滿族的生活了。

2.東境滿族的生活：

關於他們的社會組織：淸太祖時，還是部落氏族的組織，還過着漁獵的生活。

是時(太祖)，諸國分裂：滿洲國之部五：曰蘇克素護河，曰渾河，曰完顏，曰棟鄂，曰哲陳。長白山國之部二：曰訥殷，曰鴨淥。東海國之部三：曰渥集，曰瓦爾喀。曰庫爾喀。扈倫國之部四：曰葉赫，曰哈達，曰輝發，曰烏拉。皆金代部落之遺，城郭土著射獵之國，非蒙古行國比也。各主其方，爭相雄長，強凌弱，衆暴寡。(開國龍興記小方壺齋輿地叢鈔一帙)

赫臣……初率族衆來歸，奉命往羅多羅部落招降其衆。(皇朝通志卷二)

西林覺羅氏……國初，率族屬來歸。(同上)

先是我國凡出兵較獵，不計其多寡，各隨族黨屯寨而行。獵時，每人各取一矢。凡十人設長一，領之。各分隊任其長，稱爲牛彔額眞。(八旗通志卷一滿州佐領起源)

因此，他們部落酋長全是世襲的，並且後來是長房繼承。

從前八旗承襲世職，官員佐領……原立佐領人員之子孫管理，佐領之人由其長房管理。佐領出缺時，將出缺人之子孫擬正，次房之子孫擬挑，選陪列名。若出缺人，或無子孫，或獲罪革職，補放佐領時，其子孫不應入挑。乃于出缺之長房，相視其人材普律挑選。(八旗通志卷一)

關於他們的禮俗：

我滿州之禮，凡祭神祭天，犧牲俱用整齊全備者；稍有殘缺，即斥而不用。是以祭祀之犧牲供獻神位，不稍留剩。即胆與蹄甲，亦取置碟內，陳于旁案。初我滿

洲在本處，圍場既近，所獲之獸，可乘其鮮好，背鐙以祭。(八旗通志卷八九典禮十二)

滿洲各姓亦均以祭神爲重，雖各姓祭祀皆隨土俗，微有差異，大端亦甚不相遠。(同上)

至若滿洲人等均於各家院內向南以祭，又有建立神杆以祭者(同上)。

凡滿洲各姓祭神，或用女司祝，亦有用男司祝者。……從前內廷主位及王等福晉皆有爲司祝者。(同上)

大內，春秋立杆祭神後，祭馬神二日，各用猪二；王公等祭馬神一日，用猪一。(同上)

滿洲人等又有因子女出痘，因避以猪餻祭者謂之痘祭，以餻祭天者謂之餻祭。昏夜於室西牆外，以小猪祭天者謂之去祟。……又滿洲人等久居屯莊，有欲祭神者，於臥室內以繒貫於新衣，飾如神幔，照平日祭神之禮，以酒餻與豬祭之。(同上)

至於祭天之禮，滿洲人等於所至之地皆可舉行。但尋潔淨之木以爲神杆，或置祭斗，或縛草把，購猪灑米以祭。(同上)

凡遇喜慶之事，各以財物獻神，如有應禱祝之事亦以財物獻神求福。(同上)

聘女，先期取壻家財物獻於神位，以之獻神。(同上)

凡祭祀行禮時，主祭之人皆免冠以致誠敬。(同上)

凡滿洲人等祭祀，所用之酒與餻，皆自釀造，並不沽之於市。(同上)

單姓寒門並無另室之家，於祭期之前，整理祭品後，洗滌鍋缸封閉，以備祭祀之用。是以舊俗，當此時或比鄰，或戚眷，以整理祭器之家已封閉鍋竈，各備飯餕送往至祭神。祭天之期，凡送飯之人，俱邀請共食祭肉。(同上)

再從前在本處祭祀時，不得上好淨紙。是以各家或以夏布，或以麻苧擣至熟爛，入水浸泡，拌以糠粃，掛於簾幔，以造紙焉。(同上)

至於滿洲人等自昔遵用祭祀諱忌規：凡神位必供於正室，背鐙祭祀之肉，例得出門；其朝祭之肉除皮骨外，一概不准出戶。凡祭肉雖奴僕經家長使役，亦不得口含嚼咀以踰戶閾，必下咽，方准出祭室之門。亦有人家祭肉俱准出門者，又有人家即背鐙祭肉亦不准出者。其祭祀用猪；滿洲人家如遇墓祭喪祭，皆不用猪。凡滿洲豢養牲畜人家，不令猪入祭室院內；倘有走入者，即省其猪以祭。言省者避宰割之辭，猪死則謂之氣息。凡祭祀背鐙所用之猪，皆曰犧牲。……若已整理祭品，又已釀酒，則不入有服之家；倘遇不得已之事，必須往者，已污其目，則不卽入祭室；必俟新更月建後始入焉；或易其衣冠沐浴過三日後，亦可入。滿洲人等如本家遇有孝服者，必請出神位暫安於潔淨之室。若族中孝服，則在大門外釋去孝衣，始入院內；如無另室家，則淨面洗目，焚草越火，而過之，始入。……祭神之室，及院不准持鞭以入，祭室之內不准露置財帛，不准妄行垂淚，不綴纓緯者不准其入，不責處人，不語傷心事，不言忌諱惡，擇嘉祥吉慶事言之。(同上)

滿洲舊規最重渥轍庫祧神祭祀之禮，大凡供神立神杆之家，如遇有從外面跑入驢騾猪馬等様牲畜及馬鞭等物，所有穿孝戴白毡帽戴纓帽之人概不准進神堂院內，神堂屋內。……遇有吉凶之兆，總在渥轍庫上磕頭，雖度清滅，亦按時祧神。(滿洲四禮集滿洲祭祀總序)

其祭堂子者，乃祭尙錫神之東南隅，又聞係長白山發神之始。再滿洲開國之初，每逢征討無不先走告祭於天……所以今有次日祭天之禮。其早間祧神原係滿洲住居東土時，因忽遇瘟疫最盛，曾經在前明，請去關帝菩薩二像祭供。供後，皆蒙庇感。所以立世世不忘至今祭供，以成報本之行耳。……滿洲肇基始祖，原係天降神女降生，屏有背鐙之禮。(同上)

又有行路以祭者。(同上)

或祭七星。(同上)

舊規，牲皆親自宰省。(同上)

祭祀時，用薩莫(卽司祝)讀祝詞以降神。(同上)

祭祀必夫婦皆親與其事。(同上)

祭祀無酒，即用滲水灌猪耳。(同上)

祭祖，告牲之前搖神刀。(同上)

獻俎必親切肉。(同上)

凍河時，取鯉魚以薦。(同上)

凡八旗長白舊族跳神之儀，……宗室王公家每祀神一日前於神房，敬造旨酒用黍米糟麴。……前三日，每日朝暮獻牲各二，名曰烏雲(華言引祀也)。前一日，敬製餻餌，用黃黍米以椎擊碎，然後蒸饋。日五鼓獻餻，……主人吉服向西跪，……巫人(用女使)吉服舞刀祝詞。……暮時，供七仙女，長白山神及遠世始祖。……舞刀進牲祝辭如儀，惟伐銅鼓作淵之聲。……次早，設位於庭院神杆前，位北向。主人吉服如儀，用男巫致詞。……再明日，於神位前祈福，供以餅餌，以五色縷供神前；祝詞畢，以縷繫主人胸前，以爲受福。凡三日，祭乃畢。其長白滿洲舊族近與京城者，其祀典禮儀皆同，惟不於明堂報享焉。惟舒穆祿氏供昊天上帝，……又供貂神於神位側。納蘭氏……其巫用銅鈴繫腰以跳舞，以鈴墜爲宜男之兆焉。(嘯亭雜錄卷之九滿洲跳神儀)

以上是他們的祭儀：由此可知他們所祭之神有天，「昊天上帝」，始祖長白山神。關帝菩薩，馬神，貂神。關帝菩薩是由中國傳入的；其餘全是他原始的神。至於拜馬神，貂神，那是由于感到馬貂對他們關係之重要。他們的祭品是獸，魚，酒，餻，而巫並占一個重要的脚色。

至於他們的喪葬禮俗，有剪髮，放髮，留髮之俗。

子爲父母，以辮橫度至口角剪之。孫爲祖父母，稍剪二三寸。妻爲夫，剪與肩齊。爲公姑，爲祖父姑，俱稍剪二三寸。同胞兄弟及胞姪俱剪一二寸。親姪孫與弟婦，及姪婦，俱稍剪寸許。室女嫁女俱不剪髮。夫在軍中，其妻不剪髮，家人爲家長，爲主母，亦剪與口角齊。(滿洲四禮集喪終集男婦剪髮)

子婦爲公姑，妻爲夫，當時皆放髮，殮後收起。供髮即放髮，殯曰放髮，至葬處收起，百日內至墓前即放髮。僕婦同。嫂爲叔爲弟婦，當時放剪，殮後收起，即不再放。(同上婦女放髮)

不論服之輕重，有服即不剃髮；服除，髮隨剃之。(同上男子留髮)

太祖諭弗遇喪過哀。(滿洲老檔秘錄上編天命八年九月)

以上是他們的喪葬禮俗。「太祖諭弗遇喪過哀」，大概是因滿族當時正在武力向外發展時期，遇喪過哀有傷體魄，於戰爭上不利。

至於婚嫁禮俗：

滿洲氏族罕有指腹定婚者，皆年及冠笄，男女家始相聘問。男家主婦至女家問名，相女年貌。意既洽，贈如意，或釵釧諸物，以爲定禮，名曰小定。擇吉日，男家聚宗族戚友同新壻往女家問名，女家亦聚宗族等迎之庭中。位左右設，男家入，趨右位，有年長者致詞曰「某家男某雖不肖，今已及冠，應聘婦以爲繼續計。聞尊室女頗賢淑，著令名，願聘主中饋以光敝族」。女家致謙詞以謝。若是者再，始定婚。令新壻入拜神位前，及外舅父母如儀。既進茶，女家趨右位，男家據賓席，或設酒讌以賀。改月擇吉，男家下聘，用酒筵衣服，……諸物，名曰過禮；女家款待如儀。男家贈銀于婦家，令其跳神以誌喜焉。既定婚期，前一日女家贈粧奩嫁貲，視其家之貧富，壻乘騎往謝。五鼓，鼓樂娶婦至男家，竟夜笙歌不絕。……新婦既至，新壻用弓矢對輿射之。新婦入，……用宗老吉服致祭庭中，奠羊酒諸物，宗老以刀割肉致吉詞焉。禮畢，新婿新婦登牀行合巹禮，男女爭坐被上，以為吉兆，因交媾焉。（嘯亭雜錄卷之九滿州婚嫁禮儀）

以上是他們的婚嫁禮俗。

又表示親敬，則行抱見禮：清太祖東征，三臣行抱見禮，太宗與蒙阿骨行抱見禮。（均見朔方備乘車海諸部內屬述略）

關於衣食器用

由上邊各段記載中，可以看出最初是以射獵為主要的生產，食料多為肉類。後來向西發展，與西部農業區接觸，乃稍有農產物，所以祭品中有饍，有米酒；並且太祖天命六年有計口授田之諭（滿州老檔秘錄上編）。不過此諭是在遷都柳邊內所發，不是專指滿人，而並包遼瀋居民在內。且滿族是射獵之民，根本不喜農耕，所以農業生產在滿族中始終未占主要地位。他們吃肉並且全是自己動手割食，所以太宗上諭說，「寬衣大袖待人割肉而後食，與尙左手之人無異」。（滿州源流攷卷十八國俗）

他們的衣服原料和紬緞自己生產，也是太祖時代的事。

天命元年，國中始育蠶繅絲，以製綢緞，植棉以織布。（滿州老檔秘錄上編）

派七十三人織蟒緞補子，其所織之蟒緞……上覽畢，嘉獎曰，「織蟒緞補子於不產之處，乃至寶也」！遂令無妻之人，盡給妻奴衣食，免其各項官差及當兵之役，就近養之，織蟒緞若干。多織，則多賞。……若有做金線火葯之人亦至寶也，即賞其人，與織蟒緞者同等。（滿州老檔秘錄上編天命八年二月）

這是滿族開始育蠶，植棉，織綢緞的時候。大概這種事業還是遼瀋居住的漢人的工作，滿人不過坐享罷了。

他們的器用：紙是用夏布，麻苧擣爛浸泡，拌糠粃以製造的。其瓷器還是後來才漸有的。

海州所屬析木城之鄉人，獻所製綠瓷器盎之屬三千五百十件，上曰，「……此真有益於國家，勝珠玉金銀萬萬矣！鄉民操此良技不可不予此賞賚，用予鼓勵。（滿州老檔秘錄上編天命六年六月）

這個鄉人大約也是漢人。

施函，斵本為筩，因其自然虛中以受物，貯水釀酒皆

用之。視束鐵，編篾攢木片爲器者，天質爲勝。(滿州源流攷卷二十國俗)

以上是滿族生活的概況。

3.西北境蒙古族的生活

他們的飲食以肉類和獸乳爲主，而以穀糧爲副。

農作非蒙古本業，今承平日久，所至多依山爲田。旣播種，則四出游牧射獵。秋穫，乃歸。耘耨之術皆所不講，俗云靠天田。(蒙古吉林土風記小方壺齋輿地叢鈔二帙)

乳筩，以皮爲之，平底豐下，稍銳其上，將乳盛之，於取攜爲便。(同上)

他們的禮俗：

蒙古不建祠廟，山川神示著靈應者，壘石象，山冢懸帛以致禱。報賽則植木表，謂之鄂博，過者無敢犯。(蒙古吉林土風記小方壺齋輿地叢鈔二帙)

骨占，炙羊肩骨，視其兆以占吉凶，猶古龜卜。(同上)

轉經，蒙古奉佛法，惟幢木輪中貫鐵樞，可轉動，集梵經於輪間。大者支木架以手推之；小者持而搖之，旋轉如風。謂一轉，功德與持誦一過等。(同上)

有蒙古跳神用羊酒。(嘯亭雜錄卷之九)

他們的器用，除上述的乳筩外，還有：

革囊，以革爲之，用代筐筥罌盎，食用鉅細無所不納。行汲或以貯水。涉川，則挾之肘間，亂流以濟。或謂皮餛飩，蓋俗呼也。(蒙古吉林土風記小方壺齋輿地叢鈔二帙)

柴車，取材於山，不如刻斲，輪轅略具。以牛駕之，則鴉軋有聲，如小舟欵乃。(同上)

馬竿，生駒未就羈勒，放逸不可致，以長竿繫繩縻致之，蒙古最熟其伎。(同上)

兒版，兒生在襁褓中，令臥版上？韋束其兩臂，倚氈廬壁間。啼則搖之，徙居則懸之駝裝之後。(同上)

灰簡木，削兩簡，編韋聯之，稍空其中，塗油而布以灰。作字畢，則拭去，而更布之，有古漆簡之風。(同上)

竹筆，蒙古產毫穎，而未得縛筆之法。削竹木，漬墨作書。(同上)

口琴，製如鐵鉗貫鐵絲其中，銜齒牙間，以指撥絲成聲，宛轉頓挫，有箏琶韻。(同上)

以上是蒙古族的生活概況。

三，寧古塔將軍轄境內的土人生活

本區土人大約可分東西二部：西部多滿族，生活情況略相彷彿；東部皆水濱野人，其生活另是一種情況。玆分述於下：

1.西部士人的生活

A衣履

陳敬尹爲予言曰，「我於順治十二年流寧古塔，尚無漢人。滿洲富者，緝麻爲寒衣，擣麻爲絮；貧者衣麅鹿皮，不知有布帛，有之自予始」。余曾以疋布易稗子穀三石，穀三石五斗。有撥什庫某，得余一白布縫衣，元旦服之，人皆羨焉。今居寧古塔者，衣食粗足，則皆服綢緞矣。（楊賓柳邊紀略小方壺齋輿地叢鈔一帙）

大發哈魚，俗呼打法哈子，若梧桐子，色正紅，噉之鮮水耳。其皮色淡黃，若文錦，可爲衣裳，爲履襪，爲綫。本產阿機各喀喇走山，寧古塔之貧者多服用之。（同上）

有草名烏腊草，出近水處，細長溫輭。用以絮皮鞋內，雖行氷雪中足不知冷。（吳振臣寧古塔紀略方小壺齋輿地叢鈔一帙）

[illegible]他姑兒哈非烏喇草也（即烏腊草）。塞路多石磧，復易沮洳，不可以履，縫革爲履，名烏喇，烏喇堅，足不可裹。澤於草柔細如絲，摘而捶之，實其中。草無名因用以爲名。（扈從東巡附錄小方壺齋輿地叢鈔一帙）

薩喇，木板鞋也。長尺許，以皮鞔之，歷雪磧峻嶺逐獸如飛。（同上）

其衣，富者不過羔裘，紵絲，細布，貧者惟粗布及猫犬獐鹿牛羊之皮，間亦有以大魚皮爲衣者。（扈從東巡日錄小方壺齋輿地叢鈔一帙）

B.飲食

開闢以來，不見稻米一顆。有粟，有稗子，有鈴鐺麥，有大麥。稗則貴者食之，賤則粟耳。近亦有小麥，卒不多熟。蕎麥亦堪與小麥亂也。瓜，茄，菜，豆，隨所種而獲，霜遲則皆登于俎矣。絲瓜扁豆較難熟，亦不能得子。……有小菱，有蓮子，滿人素不識，因遊東京者往尋蓮陂，土人遂擷之以市。（絕域紀略小方壺輿地叢鈔一帙）

川有魚，不網而刀。月明燎火，櫂小舟，見魚而搖之。……鷄，豚，鵝，鴨，視所畜，客至則操刀而剸，豕隨地即充庖焉。（同上）

地極肥饒，五穀俱生，惟無稻米。四月初播種，八月內俱收穫矣。（寧古塔紀畧小方壺齋輿地叢鈔一帙）

寧古塔地不計畝，而計晌，晌者盡一日所耕之謂也，約當浙江田二畝零。一夫耕二十晌，晌收穀自一石至二石。以土之厚薄爲等殺。穀凡十種：曰稗子，曰小麥，曰大麥，曰粟（小米也），曰秫（黏穀也，用以造酒），曰黍（大黃米也，作餰亦可爲酒），曰稷，曰高粱，曰蕎麥，曰穬麥，而以稗子爲最，非富貴家不可得。地之佳者，晌價十兩，稗子穀石五兩，小麥石三兩，大麥石二兩，粟，秫，黍，稷，高粱，蕎麥，石各二兩，穬麥石一兩三錢。凡一石可當通州倉二石五斗。（柳邊紀略）

桃花水草，本狀若楊梅而無核，色紅，味甘，質輕脆，過手即敗。五六月間，遍地皆是。居人擇最多處，設帳房，或棚子，醵分載酒，男女各爲群爭采食之，明日又移他處，食盡，乃已。（同上）

寧古塔燒酒曰湯子酒，斤銀四分，黃酒斤銀三分，燒酒家爲之，惟黃酒多沽飲。（同上）

哈食馬拉姑，水族也。似蝦有螯，似蟹無甲，長寸許，產溪間，土人謂之天廚之珍。（扈從東巡附錄）

一兒噶木克，花兒水也，因色以名。碧葉敷地，實綴葉上，淺紅而鮮，望之如落花片片。其味甘多汁，人爭食之。（同上）

交烏郎，麅子尾也。菌屬巨木，雨餘所蒸，含苞而秀，若芝，味甘膩。土人間見不出乎獸，故名。（同上）

伽爾密，蓼芽菜也。烏喇地寒，及秋，即無生菜。取蓼花之濕者，覆以剉草，置炕側，煖蒸生芽如綫。色微紅，其味辛辣。（同上）

諸申木克，滿洲水也，滿洲舊稱諸申，呼水爲木克。法取蔬作齏，置木桶中，和鹽少許，以水溢之，其汁微酸，取以代醯。（同上）

飛石黑阿峰，黏穀米餻也。俗重跳神，祭品此爲上獻。色黃如玉，味膩如脂，頗香潔。跳神之家，主婦主鬯，而男擊鼓佐之。無親疎，男女環觀。祭畢雜坐，分餻。如受餕，餽遺鄰里，若重貺然。（同上）

詹冲努力，米兒酒也，或即醴酒。炊穀爲糜，和以麴糵，須臾成醞，朝釀而夕飲。味少甘，多飲不醉。（同上）

希福百勒，稗子米也。塞田墝瘠，粳稻不生，故種蒖稗，亦自芃芃可愛。需火焙而始舂，脫粟成米，圓白如珠。（同上）

嗎龍膩盟，蘇子油也。種若紫蘇，而葉不紫。列畦如樹，穀實離離。擷而舂之，炊熟置葦籠中，載以木盤，

壓以巨石斗，實得油數升。(同上)

有打餻，黃米爲之，甚精，有餅餌無定名，但可入口，即曰佳也。(絕域紀略)

多洪有蜂蜜，貴家購之，以佐食下，此不數數得。(同上)

寧古塔有土鹽(盛京通志)。

鹽取給於高麗之會寧府。(寧古塔紀略)

C.屋舍

土地無疆界，無域郭，枕河而居，樹短柴棚環三里，闢四門，而命之曰城。(絕域紀略)

房屋大小不等：木料極大：只一進或三間五間，或有兩廂。俱用草蓋，草名蓋房草，極長細，有白泥，泥牆極滑可觀，牆厚幾尺。然冬間寒氣侵人，視之如霜。屋內南西北接繞三炕，炕上用蘆蓆，蓆上鋪大紅氈。炕闊六尺，每一面長二丈五六尺。夜則橫臥炕上，必並頭而臥，即出外亦然。櫥箱被褥之類，俱靠西北牆安放。有南窗西窗，門在南窗之旁，窗戶俱從外閉，恐夜間虎來，易於擡進。靠東邊間以板壁隔斷，有南北二炕，有南窗即爲內房矣。無椅杌，有炕桌，俱盤膝坐。客來俱坐南炕，內眷不避。(寧古塔紀略)

攤他哈花上，麻布紙也。烏喇無紙，八月即雪。先秋擣敝衣中敗苧入水，成毳漉蘆簾爲紙，堅如革，紉之以蔽戶牖。(扈從東巡附錄)

拉哈土壁堵間，綴麻草，下垂緣以施圬，此國初過渭芮鞠間故俗也。(蒙古吉林土風記)

烟囪多以完木之自然中虛者爲之，久之碎裂則護以泥，或藤縛之，土人呼爲摩訶郎。(柳邊紀略)

摩呼郎，烟囪也。相木之竅穴者截如柱，樹炕外引爨烟出之，覆以筐，以蔽雨雪，若巨表然。(扈從東巡附錄)

宮室象鳥獸而爲巢，爲營窟。木頗材，而無斧鑿，即樵以架屋，貫以繩，覆以茅，列木爲牆，墐之以土，必向南近陽也。戶樞外而不鍵，避風也。室必三炕：南曰主，西曰客，北曰奴。牛馬雞犬與主伯亞，旅共寢處一室焉。近則漸分別矣。漸障之，成內外矣。漸有牖，可以臨窗坐矣。漸有廡廬矣。有小室焉，下樹高柵曰樓子，以貯衣皮；無柵而隘者曰哈實，以貯豆黍。(絕域紀略)

(烏喇)：其居聯木爲柵，上覆以板，復加以草，牆壁亦以木爲之，汚泥其上。地極苦寒，屋高僅丈餘，獨東南扉一室之內，炕周三面，熅火其下，寢食起居，

其雖盛夏，如京師八月。(扈從東巡日錄)

周斐樺木之皮厚者盈寸，取以爲室，上覆爲瓦，旁爲牆壁。戶牖體輕而工省，逐獸而頻移，山中所產不可勝也。(蒙古吉林土風記)

D.交通

自鶻哥關凡一千八百里而始至，惟三屯：一曰灰扒，一曰多洪，一曰株龍。多洪屯各廬屋不滿十行，差卒換馬之地。(絕域紀畧)

自混同江至寧古塔窩集凡二：曰那木窩集，曰色出窩集，那木窩集四十里。色出窩集六十里。各有嶺界中央，萬木參天，排比聯絡，間不容尺。近有好事者，伐山通道，乃漏天一綫。而樹根盤錯，亂石坑呀，秋冬氷雪結，不受馬蹶。春夏高處泥淖數尺，低處滙爲波濤，或數日，或數十日不相達。蚊蝱白戟之類攢嘬人馬，馬畏之不前，乃焚青草，聚烟以驅之。夜據木石燎火自衛。山魈野鬼嘯呼，墮人心胆。餒則咽乾糧，糧盡又或射禽，野燒而食之。(柳邊紀畧)

邊外驛站相去不一：或百里，或百餘里，或七八十里。七八十里者，三九月間，亦必走馬竟日乃得到；行稍遲，或冬日短，發不早，鮮有不露宿者(土人謂之打野盤)。露宿必傍山依林，近水草。年少而賤者，持斧伐木燎火自衛。或聚爲竈，出銅鍋作粥，人持一木椀啜。雨雪至，無從避，披裘凍坐而已。(柳邊紀畧)

自此入山(柳邊附近)詰曲登陟，無復斥堠，但以馬行紀道里。(扈從東巡日錄)

駐蹕庚格，白草黃雲，瀰漫一狀，牧人遺火，野燒橫烟，頃刻異觀矣。(同上)

駐蹕阿爾灘訥門，由開原至烏喇驛道也。自嘉祐禪至此，罕有人徑。地湫濕，黑壤，落葉積雪，窮年相仍，漸成淤泥。深者二三尺，淺者尺餘，兩山積水洸滯不流，色如鐵鏽，濺衣則赤，土人謂之紅鏽水。山谷之間，淀水渟瀦，集草凝塵，積塵生草，新者上浮水際，腐者退入淤泥，游根牽惹，壘纍成墩。馬踏其上則不陷，失足則墮水；下馬步行，庶免蹉跌，土人謂之塔兒頭。(同上)

由上邊看來，可知交通是如何的困難。而交通的工具，除陸行乘馬外，還有扒犂和水行的船隻，但全都是極簡陋的。

法喇似車無輪，似榻無足，覆席爲龕，引繩爲御，利

行氷雪中，俗呼扒犂，以其底平似犂，蓋土人爲漢語耳。（蒙古吉林土風記）

江中往來，俱用獨木船，名威呼。（寧古塔紀畧）

寧古塔船有二種：小者曰威弧，獨木銳首尾，可受三四人；大者四五板船，三艙，合五板爲之，合處不用灰麻，釘以木，水漬則以青苔塞之，可受十餘人。賁一人執青苔以俟，不遑他顧，他顧則水入船矣。槳長數尺，兩頭若柳葉而圓其中，人執之，左右櫂若飛。五板船，富者乃有之；威弧，隨處皆有，秋冬則以爲馬槽。（馬，春夏皆放青，秋冬始喂於家。）（柳邊紀略）

E.交易

（寧古塔城內）餘地種瓜菜，家家如此，因無買處，必須自種。（寧古塔紀畧）

不用銀錢，銀則買僕婦田廬或用之，錢則外夷來貢時，求作頭耳之飾。至粟豆交易，或鍼或綫或烟筒，大則布，裕如也。……有則與之，無則拒之，不懟也。受所與，必思有以酬之。相遇必歡歎自道，一酬即泰，一臠酬布帛所不計矣。（絕域紀畧）

鹽取給於高麗之會寧府，……無故禁往來。每於十月，到彼買並貨物易牛馬紙筆扇鉄稻米等項，稻米至寧古塔，每升須銀二三錢，惟讌客用之。（寧古塔紀畧）

窩稽人不貴貂鼠，而貴羊皮，凡貂爪袖合縫鑲邊處，必以黑羊皮一綫飾之。……康熙初，易一鐵鍋，必隨鍋大小布貂於內，滿乃已，今且以一貂易兩鍋矣。易一馬，必出數十貂，今不過十貂而已。馬良者乃十四五，亦不以上貂易也。上貂皆產魚皮國，歲至寧古塔交易者二萬餘，而貢貂不與焉。（柳邊紀畧）

康熙錢行至船廠而止，與順治及明錢，大小並用。船廠東至寧古塔則只知用銀。銀椎扁若書帕，色足九六七以下便不用。（同上）

寧古塔交易，銀數不計奇零。如至兩，則不計分厘，至百十則不計錢分。食用之物索於所有之家，無勿與；直一兩以上者償之。不則稱謝而已。若有而匿不與人，或與而不盡，則人鄙之。（同上）

烏喇地方，……其市以銀，不以錢。（扈從東巡日錄）

由上邊看來，可知寧古塔附近各地，還是自給自足的社會。交易極不發達，近於物物交換。而且所交易的各物種類，也很有限，所以有的根本還不買賣，而貨幣種類也少，又不計奇零，並且有時還是以投報之形式出之。

F.習俗

(a)操作習性

最重健婦力僕，盡一室之人爭奉之。若大家，則擇一人爲莊頭，司一屯之事，羣僕惟所指使。炕四時無斷薪，薪在五十里外，五更飯牛，日暮乃歸。採薪之僕尤司一家之命，於羣衆更異數焉。(絕域紀畧)

寧古塔無閒人，而女子爲最。如糊窗則搥布以代紙，燒燈則削麻入腐糠以代膏，皆女子手。不碾而舂，舂無晝夜。一女子舂，不能供兩男子食。稗之精者至五六舂。近有碾，間稾粟以就碾。舂餘，即汲霜雪井溜如山。(絕域紀略)

冬則河水盡凍，厚四五尺。夜間鑿一隙，以火照之，魚輒聚。以鐵叉叉之，必得大魚。(寧古塔紀略)

廣村居人二千餘戶，皆八旗壯丁。夏取珠，秋取蔘，各取貂皮以給公家，及王府之用。男女耕作，終歲勤動。亦有充水手拏舟，漁戶捕魚，或入山採樺木者，其食鄙陋。……珠蚌生支江山溪中，人於五六月間，入水採老蚌，割取最大者貢。其色微靑，不甚光瑩，亦不常有。……亦往往有得細珠者，不敢私取，仍水中。採人蔘，……以四月及七月，裹糧入山。其草一莖直上，獨出衆草，光與曉日相映，則刨取其根。一窠或四五歧，或二三歧者。種有紫團白條羊角等名，惟黃潤堅實，俗名金井玉闌者，體實味甘，斯爲最勝。然秋冬採者堅實，春夏採者虛輭，故採蔘多在七八月云。(扈從東巡日錄)

凡掘蔘之人，一日所得，至晚便蒸，次早晒於日中。晒乾後，有大有小，有紅有白……故土人貴紅而賤白。(寧古塔紀略)

十月，人皆臂鷹走狗捕禽獸，名打圍。按定旗分，不拘平原山谷，占一處名曰圍場。無論人數多寡，必分兩翼，由遠而近，漸次相逼，名曰合圍，或曰一合，再合。所得禽獸，必餽親友。(柳邊紀略)

寧古塔城臨虎兒哈河，冰開後，無貴賤大小，以捕魚爲樂。或釣，或網，或以叉，或以槍。每出，必車載而歸。(同上)

寧古塔，薪不須買，二十年前，門外即是，今且在五十里外，必三四鼓蓐食往。健者日致兩車，弱者致一車(俗以伐木爲第一勞苦)。每年氷雪中，運一年之薪，積於舍南。若出二三月，凍開，不可運矣。富者奴任之，貧者子若孫任之，或無子孫，則傭倩人。間有買者，率二鏹一事。冬春所燒皆濕木，然入炕即爇，夏秋則不乾不爇矣。（柳邊紀略）

吉林烏喇精騎射，善捕捉，重誠實。（盛京通志卷二五風俗）

寧古塔性直樸，善佃獵。（同上）

伯都訥俗貴直誠，人精騎射。（同上）

三姓諳水性，喜佃獵。（同上）

阿爾楚哈勤耕作，嫻圍獵。（同上）

琿春儉樸相尚，佃獵擅長。（同上）

琿春舊無丁，民亦無外來。民戶皆熟國語，捕打海參海菜爲生，少耕作，春夏秋多射獵無虛日，尤嫻於槍。（吉林外紀卷八風俗）

寧古塔人最善於揹蹤，人畜經過，視草地便知，能揹至數十里，但一經雨水，便失之矣。（寧古塔記略）

伯都訥風氣醇古，人樸厚，好騎射。常於馬上擲木棒捕野兔山猫，百發百中。（木捧長一尺，徑寸餘。）（同上）

三姓好直爽，善騎射，槍技嫻習。（同上）

隨山可耕，官給耕地。田畝一行，如中華五畝，無賦稅焉。貴開荒：一歲鋤之猶荒也，再歲則熟，三四五歲則腴，六七歲則棄之而別鋤矣。（絕域紀略）

東山草昧，陵谷溝塹，險阻異常。土人不重耕織，以木植爲上，採薓次之，打牲又次之。（長白徵存錄卷四）

(b.)各種禮俗

關於婚嫁的禮俗：

婦人多顏色，即貴人亦舄而步於衢。一男子率數婦，多則以十計。生子或立或不立，惟其意也。其憚婦甚者倍於恒情，有棄婦者亦倍於恒情。結髮老矣，曾無他嫌，男子偶有悅於東家女，女父母曰必逐而婦，歸遂不動色而逐之。即兒娶婦，女嫁婿，亦不敢牽衣而留。新婦入，兒女遂以事其母者事之。棄婦他日適後夫，過故夫廬而問新婦。相見無怍容，無懟言也。（絕域紀略）

婚姻：擇門第相當者，先求年老爲媒。將允，則男之母徑至女家視其女，與之簪珥布帛。女家無他辭，男之父乃率其子至女之姻戚家叩頭。姻戚家亦無他辭，乃率其子姪羣至女家叩頭，金志所謂男下女禮也。女家受而不辭，辭則猶未允也。既允之後，然後下茶，請筵席，此男家中事也，女家惟賠送耳。結婚多在十

歲內，過期則以爲晚。（柳邊紀略）

滿蒙舊俗不用婿書，納聘日，婿必親至婦家，謁婦父母及尊長，謂之磕頭，婦家酬以幣帛鍼黹文繡等物。（吉林通志卷二七風俗）

關於喪祭的禮俗：

喪事：將入歛，其各親友俱集名曰守夜，終夜不睡，喪家盛設相侯，歛後方散。七七內，必殯，火化而葬。棺蓋尖而無底，內墊麻骨蘆紫之尖，仍用被褥，以便下火。父母之喪，一季而除，以不薙頭爲重。（寧古塔紀略）

病不問醫，無醫安問？死則以歛般爲棺，三日而火。章京則以紅緞旌之，撥什庫則以紅布，再下則紅紙。俗賤紅而貴白，以爲紅乃送終具也。男子死，則必有一妾殉。當殉者卽於生前定之，不容辭不容僭也。當殉不哭，艷裝而坐於炕上，主婦率其下，拜而享之。及時，以弓扣環而殞；倘不肯殉，則羣起而縊之死矣。（絕域紀略）

此種殉葬的惡俗，在滿族中一定是狠流行，所以太宗天聰八年定下禁止逼妾殉葬的條例。

（太祖崩）太妃以身殉焉，……又有二庶妃亦殉焉。（東華錄）

（太宗殯天）時章京敦達里安達里二人願殉（東華錄）

天聰八年二月壬戌，定喪祭例，妻願殉夫葬者許之，仍予表揚，逼侍妾殉者，妻坐死。（東華錄）

由上條，可知當時逼侍妾殉葬者必極流行，而部族酋長們也感覺到此種逼殉的惡習，所以才有禁條的規定。

清明掃墓，富貴者騎馬乘車，貧賤者將祭品羅列炕棹上，女人戴於頭上而行，雖行數里不用手扶而自不傾側，卽平日米糧箱籠俱以頭戴。（寧古塔紀略）

舊俗崇信鬼神，設祭之時，歌舞飲酒，晝夜不休。尤好祀山神，遇有盟會，必先祭山谷之神而後歃血。此俗至今猶存，每出遊至深絕澗，類架木板爲小廟，廟前豎木爲杆，縣彩布……供山神。（長白彙徵錄卷四風俗）

關於巫醫的習俗：

滿人有病必跳神，亦有無病而跳神者。富貴家或月一跳或季一跳，至歲終則無有弗跳者。未跳之先，樹丈餘細木於墻院南偶，置斗其上，謂之曰竿，祭時著肉斗中，必鴉來啄食之，謂爲神享。跳神者或用女巫，或以冢婦，以鈴繫臀後，搖之作聲，而手擊鼓。鼓以單牛皮冒鐵圈，有環數枚在柄，且擊且搖，其聲索索然，而口致頌禱之詞，詞不可辨。禱畢，跳躍旋轉有老虎回回諸名色，供祭者，腊肉及飛石黑阿峰。飛石黑阿峰者，黏穀米餻也，色黃如玉，質膩糝以豆粉，蘸以蜜。跳畢，以此徧餽隣里親族，而肉則拉人於家食之。以盡爲度，不盡以爲不祥。(柳邊紀略)

有疾病用草一把，懸於大門，名曰忌門，雖親友探望只立於門外，問安而去。(寧古塔紀略)

凡大小家庭前立一木棍，以此爲神。逢喜慶疾病則還願，擇大猪，不與人爭價，宰割列於其下。請善誦者名叉馬向之念誦。家主跪拜畢，用零星腸肉懸於木竿頭，將猪肉頭足肝腸收拾乾凈，大腸以血灌滿，一鍋煮熟，請親友到炕上，炕上不用棹，鋪設油單，一人一盤，自用小刀片食不留，餘不送人。如因病還願，病不能愈，即將此木擲於郊外，以其不靈也。後再逢喜慶疾病，則另樹一木。(同上)

有跳神禮，每於春秋二時行之。半月前釀米兒酒，⋯味極甜，磨粉作餻，餻有幾種，皆略用油煎，必極其潔凈。猪羊雞鵝畢具，以當家婦爲主，衣服外繫裙，裙腰上周圍繫長鐵鈴百數，手執紙鼓敲之，其聲鏜鏜然，口誦滿語，腰搖鈴響，以鼓接應。旁更有大皮鼓數面，隨之敲和，必西向。炕上設炕棹，羅列食物，上以綫橫牽，綫上挂五色綢條，似乎祖先依其上也。自早至暮日跳三次。凡滿漢相識及婦女，必盡相邀，三日而止，以祭餘相餽遺。(同上)

跳神猶之乎祝先也，率女子爲之，頭帶如兜鍪，腰繫裙纍纍，帶諸銅鐵，搖曳之有聲，口喃喃，鼓嘈嘈，以竿綰紬布片於炕而縛一豕，以酒灌其身與鬣，耳鬣動，卽吉。手刃之，取其腸胃而手拚之，亦有吉凶兆。女子韶秀者亦如歌舞狀，老則厭，男子更厭矣。馬神則牽馬於庭中，以紅綠布帛絲繫其尾鬣，而喃喃以祝之云。跳畢，則召諸親戚啖生肉，酌以米兒酒，盡醉飽，不許懷而出其戶，曰神怒也。尋常庭中必有一竿，竿頭繫布片，曰祖先所憑依，動之如掘其墓。割豕而羣烏下啖其餘臠，則喜曰，祖先豫；不則愀然曰，祖先恫矣，禍至矣。(絕域紀略)

關於宴會的禮俗：

滿洲人家喜筵宴，客飲至半酣時，婦女俱進飲。以大碗滿斟，跪於地，奉勸。俟飲盡，乃起。(寧古塔紀略)

滿洲有大宴會，主家男女必更迭起舞，大率舉一袖於額，及一袖於背，盤旋作勢曰莽式。中一人歌，衆皆以空齊二字和之，謂之曰空齊，蓋以此爲壽。每宴，客坐南炕，主人先送烟，次獻乳茶，名曰奶子茶，次注酒於爵，承以盤。客年差長，主長跪以一手進之，客受而飲，不爲禮。飲畢，乃起。客年稍長於主，則亦跪而飲，飲畢，客坐，主乃起。客年小於主，則主立而酌客，客跪而飲，飲畢，起而坐。與席少年欲酌同飲者，與主客獻酬等。婦女出酌客。……多跪而不起，非一爵可已。又客或懼醉而辭，則主不呼婦女出，出則萬無不醉者矣。凡飲酒時，不食；飲巳，乃設油布於前，名曰劃單，即古之單也。進特牲，以解手刀割而食之。食巳，盡賜客奴，奴席地叩頭，對主食不避。(柳邊紀略)

太宗翔鳳樓論羣臣云，若廢騎射，寬衣大袖待他人割肉而後食，與尚左手之人何異耶？(長白彙徵錄卷四)

由上可知，人皆自以刀割肉而食，不論是主是客。

(未完)

讀前漢書西域傳札記

高去尋

玉門陽關——地志謂均在敦煌郡龍勒縣境，徐松以爲皆在今敦煌縣治之西南；丁謙則以爲玉門在敦煌縣西北百餘里；陽關在玉門南，陽關故址在今敦煌縣西一百二十里紅山嘴地。王靜安根據西人沙畹考古之結果謂太初以前之玉門關當在酒泉郡玉門縣，如在東經九十四度北緯四十度間，則仍在敦煌西北，而太初以後之玉門關則當在唐壽昌縣故址，西北百一十八里之廢址也。王氏之說較前者爲精確矣。

金城——徐松曰：金城郡昭帝始元六年置，今甘肅蘭州府西界。

于闐——今和闐地。兩漢書魏書梁書周書隋書新舊唐書新舊五代史宋史明史皆作于闐，闐或作窴。西域記作瞿薩旦那，匈奴謂之于遁，諸胡謂之豁丹，印度謂之屈丹。

西城——于闐古都，即新唐書之西山城。經斯坦因等之調查，謂在今和闐縣治西Borazan回莊之Yatkan地方。

扜泥城——鄯善國都。水經注俗謂之東故城，即新唐書之石城鎮，在蒲昌海南，今置婼羌縣，取漢婼羌國名，實非其地也。

且末——國名。伽藍記作左末大唐西域記作沮末，又作折馱那，亦即賈耽四夷路程之播仙鎭。王先謙謂當在蒲昌海西南大戈壁中，其都城曰且末城。丁謙據水經注載謂故城當在塔里木河南車爾成河東岸，惟其地今已淪入喀喇布朗湖中。但斯坦因以爲地當今且末縣治 Grenard 以爲在今縣治及 Tartrang 之間。

伊循城——徐松謂在樓蘭國西界。丁謙據唐書謂當在國之東北，又據水經注謂在羅布泊南庫爾干河下游。馮承鈞氏以爲地屬且末縣，在 Abdel 之南；並引四夷路程及沙州圖經謂伊循伊脩七屯城屯城小鄯善皆屬一地之稱，又非斯坦因以伊循即樓蘭王都扜泥城之說。

車師前王庭——卽交河城。北魏迄唐爲高昌國都，唐爲西州交河縣治。唐書徐氏補注，今廣安城西二十里雅兒湖有故城周七里，卽古交河城。

車師後國——丁謙謂在今烏魯木齊東，其治務塗谷地在今阜康縣東二百里烏爾圖河濱。馮承鈞謂爲今之孚遠縣與丁說相合也。

扜零城——小宛國都，今地不詳。丁謙考小宛國當在阿勒騰塔格山南。

精絕城——精絕國都。後漢書云，出玉門，經鄯善且末至精絕。又云，精絕爲鄯善所併，後復之。水經圖說云，當在今和闐極東大戈壁中。丁謙謂精絕地在今車爾成西一帶，北近戈壁。馮承鈞云精絕國今之尼雅城，屬于闐縣在尼雅河北入沙磧處。

卑品城——戎盧國都。王先謙曰，後漢書戎盧爲鄯善所幷。後復立；魏志注，三國時屬于闐。西域圖考云，在渠勒之東，今淪爲戈壁。丁謙以爲在今車爾成東南，烏魯克河源處，故城址不詳。

扜彌城——扜彌國治扜彌，史記作扜架，後漢書作拘彌，伽藍記作捍麼，西域記作媲摩，新唐書之汗彌建德力城，五代史之紺州。丁謙以爲今克里雅地，一作克勒底雅，近置于闐縣於北。馮承鈞以爲其地在今于闐縣策勒村北沙中。

鞬都城——渠勒國都。王先謙曰，後漢書渠勒爲于闐所統後復立。西域圖考云，今淪爲戈壁。丁謙謂渠勒當在今和闐東南之波魯地，城地不詳。

皮山城——皮山國都。皮山魏略作皮亢北，魏書作蒲山國。即西域圖志固滿，今屬皮山縣。

烏秅城——烏秅國都。烏秅後魏爲權於摩國，唐爲烏鎩。丁謙謂烏秅蓋今拉達克部地。

盧城——無雷國都，丁謙以爲無雷國當在今郎庫里西阿克蘇河地。

循鮮城——罽賓國都。唐書作脩鮮。丁謙曰今稱懷勒一作拉虎爾，唐地理志修鮮都督府，以罽賓國遏紇城置，遏紇卽勒懷拉虎之轉音。

番兜城——安息國都。古波斯語稱安息爲 Partava，中世波斯語作 Partu。安息國王治番兜城。又烏弋山離傳，北與樸桃接。北宋本三國志之排，特此三名，馮承鈞疑爲其對音，丁謙亦作如是說。

監氏城——大月氏國都，史記大宛傳作藍布城，或藍市之誤。丁謙以爲今布哈爾城也。

輪台——史記作侖頭，漢都護治所之烏壘城。斯坦因疑在今縣治。

渠犂——今屬輪台縣，其南爲漢渠犂國地。

疏勒——今之喀什噶爾，兩漢書魏書隋書兩唐書宋史並此稱疏勒；元秘史作乞思合兒元史作合失合兒，明史作喀什葛爾。今於舊城設疏附縣，新城設疏勒縣。

莎車——魏略魏書作渠沙國，西遊錄作雅爾堪，元史有鴨兒看押兒牽也里虔諸譯，明史作牙兒干，清時名葉爾羌，置莎車府，今爲莎車縣治。

高昌壁——馮承鈞以爲漢時高昌壁唐時爲高昌縣，宋元時高昌回鶻國都，遼史爲和州回鶻，其地即今吐魯番縣屬之哈喇和卓城。

危須——馮承鈞曰，西域圖志庫隴勒，新疆識略庫爾勒，斯坦因謂卽漢之危須國。

員渠城——焉耆國都。今焉耆縣治南十八里。斯坦因以爲卽焉耆古都員渠地。

龜茲——亦作鳩茲，其名並見兩漢書晉書魏書梁書周書隋書新舊唐書宋史明史及高僧傳續高僧傳。水經注引釋氏西域記作屈支。新唐書一曰丘茲，一曰屈茲，唐移安西都護府於此，亦曰安西。元史作曲先，又作苦叉。今設庫車縣。

西晉以下北方宦族地望表

賀次君

自魏晉立九品，僭中正，以閥閱取士，官有簿狀，私有譜系，官之選舉必由於簿狀，私之婚姻亦正於譜系，使貴有常尊，賤有等威。六朝因之。於是下品無勢族，上品皆預清流矣。徐堅初學記云：『秘書郎與著作郎，江左以來，多爲貴遊起家之選』。謝宏微傳：『晉世名家身有國封者，起家多拜散騎侍郎』。當其入仕之初，高下已判，豪族子弟，遂蟬冕奕世矣。齊明帝禁寒人用四幅繖。梁武帝制甲族以二十登朝，後門以通立始試吏。蓋寒素衣冠，界限分明，不曾良賤之不可紊越也。北魏起自遐方，貴其種姓。而亦重中正之選。於是崔盧李鄭之族，弁冕中土，蹈蕁相承，至於終唐之世，猶歟盛哉。

當時人尙譜系之學。家藏譜系之書，賈弼王弘王儉王僧儒之徒，各有百家譜。魏書高諒傳謂『諒造親表譜錄四十餘卷』，亦家譜也。代北之人隨後魏遷居河南，著河南官氏志。及唐太宗命諸儒選氏族志一百卷，譜系之學，以此爲最。而自『五季以來，取士不問家世，婚姻不問閥閱，故其書散佚而其學不傳』。（通志卷第二十五）以致舊家世系，無從參稽。且南北朝時，中原割裂，右姓望族，屢遭遷徙。孝文作洛，用夏變夷，代北異類，率皆改易華姓，援附舊族。故北魏三十六族，九十九姓（魏書帝紀序）寔前此所未有，此一番大更換，殊堪注目。惜今日譜籍弗傳，不能糾正其濫也。

淸周嘉猷氏就南北史錄出其中源流可溯者，綴姓別族，著爲南北史世系表，繩繩秩秩，各歸其宗，足稱巨制。賓四師命余就晉書載記暨十六國春秋中，錄其人地可知以與北朝氏族相配合。（著北朝仕族根據北史及周氏南北史表暨新唐書宰相世系表）由此可窺其世族之繼序，大抵源出趙燕秦涼，入仕北魏以逮於隋唐。類其地望，以北人爲多。新興之族如遼西宇文，昌黎豆盧，西平源氏，隴西李氏等，俱風流標映，與瑯琊淸河相埒。爰及隋唐，盛稱數世。豈皆代不乏賢，蔭藉俱美哉？竊以爲人才之消長，莫不與當時政治相表裏，而人物之消長，又可覘一時一地之豐悴。北魏以異族統治中土，其種人多居河南，而早已失其本姓，唐爲李陵之後似成問題，此千餘年湮源斷緒之舊案，今而後亦有好學深研之士，爲之澄本正源乎？

斯表所錄，僅限與北魏氏族一系相承者，南朝仕宦則不與焉。其郡望均附以今名，俾覽者一目了然，毋勞鉤稽。一族一姓，僅取其爲首之一人，蓋從簡也，讀者可參讀南北史表。

（凡有★號者，其子孫入唐爲宰相，參閱唐書宰相世系表。）

國名／地域	前趙　後趙	前燕　後燕　南燕	前秦　後秦　西秦	前涼　後涼　西涼　北涼　南涼	魏
北海（今山東益都等地）	劉敏元（仕前趙）	逢羨（仕前燕）	王猛 王永（前秦丞相二世憲仕魏）		王憲（幷州刺史，仕魏四世）

清河（今山東淄川等地）	傅遘（石虎太常） 崔悅（石虎司徒右長史，三世宏仕魏）	崔瑱（慕容垂車騎屬，五世亮仕魏） 崔遵（慕容垂少府，子模仕魏） 房諶（慕容德太尉，四世法壽仕魏）		崔彤（仕沮渠氏，子剖仕魏）	傅豎眼（梁州刺史，仕魏二世） *崔宏（天部大人，仕魏四世） *崔亮（侍中僕射，仕魏三世） *崔模（武城男，仕魏四世） 崔剖（涼州刺史） *房法壽（涼州刺史，仕魏四世） *張幸（青州刺史，仕魏六世） *孫靈懷（清河太守，仕魏四世）
平原（今山東武定等地）		劉鑽（仕前燕） 宋該（仕前燕）			劉休賓（樂陵令）
高陽（今山東臨淄等地）		許茂（慕容氏高陽太守，三世彥仕魏）			許彥（相州刺史，仕魏七世）
東平（今山東東平等地）					畢仲敬（兗州刺史，仕魏五世）
曲阜（今山東曲阜）		孔纂（仕前燕）			*孔乘（崇聖大夫） *孔碩（治書侍御史）
濟陽（今山東定陶縣西北）					江悅之（梁州刺史，仕魏四世）
城陽（今山東濮縣西南）					婁拔（南部尚書，仕魏三世）
蘭陵（今山東嶧縣）		繆愷（仕前燕）			
瑯琊（今山東舊兗清沂萊四府及膠州地）					*王肅（楊州刺史，仕魏三世）
濮陽（今山東濮縣）					*杜模（濮陽太守，仕魏三世） 徐謇（大鴻臚卿，仕魏三世）
館陶（今山東館陶縣）					*魏彥（光州長史，仕魏三世）

樂陵（今山東樂陵縣）		王觀（仕前燕）			
上谷（今河北保定宣化等府）		公孫鳳（仕前燕）	寇修之（前秦東萊太守，三世讚仕魏）		寇讚（南雍州刺史，仕魏三世）
					張袞（給事黃門侍郎，仕魏四世）
范陽（今河北涿縣）	盧諶（後趙中書監，三世玄仕魏）	盧偃（慕容氏范陽太守，二世玄仕魏）			*盧玄（散騎常侍，仕魏四世）
	魏豹（仕後趙）	祖敏（慕容垂平原太守，六世孝隱仕魏）			祖孝隱（散騎常侍）
		酈紹（慕容寶濮陽太守，二世嵩仕魏）			酈嵩（天水太守，仕魏四世）
		李產（慕容德太子太保，三世崇仕魏）			李崇（幽州刺史，仕魏二世）
		李績（仕前燕）			張平（漁陽太守，仕魏四世）
河間（今河北獻縣）		，			邢祐（平原太守，仕魏五世）
趙郡（今河北趙縣）	張賓（仕石勒）	李義			李彥林（大中大夫，仕魏五世）
					李融

		燕司空長史，四世融仕魏）			（中書侍郎）
博陵（今河北安平等地）		崔懿（慕容氏秘書，四世鑒仕魏）			崔鑒（東徐州刺史，仕魏五世）
廣平（今河北雞澤縣）		宋恭（仕慕容，二世隱仕魏）			*宋隱（行臺右丞，仕魏六世）
				程肇（呂光民部尚書，三世駿仕魏）	程駿（秘書令，仕魏三世）
		游鱓（慕容垂樂浪太守，三世明根仕魏）			游明根（大鴻臚卿，仕魏三世）
		游邃（仕前燕）			
勃海（今河北滄縣諸地）	石樸（仕石氏）	封抽（仕前燕）			
		封孚（仕南燕）			
		封放（燕吏部尚書）			
		封弈（慕容氏太尉，二世懿仕魏）			*封懿（都坐大官，仕魏四世）
		高慶（北燕太子詹事，二世展仕魏）			*高展（黃門侍郎，仕魏五世）
		高泰			*高湖

		（北燕吏部尚書二世湖仕魏）、高瞻（仕慕容廆）			（寧西右將軍仕魏五世）
鉅鹿（今河北平鄉等地）					魏懽（光州刺史，仕魏三世）
灌津（今河北武邑縣東南）		韓恆（仕慕容儁）			
冀州（今河北信都等地）	張諡（仕後趙）				
北平（今北平）	陽裕（仕慕容皝） 陽耽（仕前燕後藻仕魏） 陽鶩（仕慕容暐） 西方虔（仕前燕）				陽藻（瀛州安東府長史，仕魏三世）
襄平（今遼寧遼陽縣等地）		公孫永（仕前燕）			
遼東（今遼寧東南境遼河以東）		李根（後燕中書令，三世貴仕魏） 李振（慕容垂黃			*李貴（征東將軍，汝南公，仕魏三世） *李永（大中大夫）

		門郎，五世永仕魏）			
樂浪（今朝鮮咸境平安二道地）		王波（前燕太宰四世珍仕魏）			王珍（黃門侍郎，仕魏四世）
昌黎（今熱河淩源縣等地）	孫輝（後趙射聲校尉）	孫周（後燕高陽王文學三世伯華仕魏）			*孫伯華（秘書監仕魏三世） *豆盧萇（柔玄鎮將） *費也頭倨與敦（沃野鎮軍主）
遼西（今熱河土默特右翼）					*宇文阿若諺（都牧主開府儀同三司）
廣牧（今綏遠河套內）					斛斯呂（太傅侍中尚書仕魏三世）
朔州（內蒙古鄂爾多斯地綏遠南境）					斛律倍利侯（爵孟都公）
北地（今甘肅寧縣等地）	傅暢（仕後趙）				*侯植（仕孝武帝）
西平（今甘肅西寧縣）				郭黁（仕後涼）	*源賀（太尉，隴西宣王，仕魏三世）
略陽（今甘肅秦安縣）			趙整（仕前秦）	郭荷（仕前涼）	

隴西（今甘肅蘭州、鞏昌、秦州諸地）	酒泉（今甘肅酒泉）	武威（今甘肅舊涼州）
辛欽（後趙吏部尚書，四世歡，仕魏） 辛謐（仕後趙）		
		賈代（仕前燕） 賈潤（慕容垂代郡太守，後元壽仕魏）
王嘉（仕前秦）		
辛淵（李歆饒將軍，二世紹先仕魏） 李暠（涼武昭王，三世重耳，仕魏） 李弁（仕前涼）	祈嘉（仕前涼）	張譚（仕北涼）
*辛歡（隴州刺史） *辛紹先（下邳太守，仕魏三世） 李重耳（私農太守，仕魏五世） *李富（西寧將軍，仕魏五世） *許亘明（侍中，仕魏三世） *鄭曄（建威將軍，仕魏四世） 傅羲（西兗州刺史，仕魏三世）		*難孫陀婆羅（按唐表云本安息國後，裔孫抱玉始賜姓李） 賈元壽（中書侍郎）

（續前）	敦煌（今甘肅敦煌）	安定（今甘肅故平涼及固原涇州地）
	單開道（仕後趙）	
		皋甫眞（仕前燕） 皇甫岌（仕前燕，後和仕魏）
	索泮（仕前燕）	
	索紞 索襲（仕前涼） 索纖（仕前涼） 氾騰（仕前涼） 氾昭（仕前涼） 宋繇（仕前涼） 令狐亞（涼從事中郎，後歸魏） （前涼西海太守，五世虯仕魏） 張質（涼金城太守，三世銑仕魏）	
*段紛（晉興太守）	宋繇（西河王丞相，仕魏四世） 令狐虯（敦煌太守） 令狐嗣（郡守，仕魏三世） 張銑（征西參軍，仕魏五世）	皇甫和（本州從事） *牛元（侍中工部尚書）

姑臧（今甘肅武威等地）			段暉（乞伏熾盤御史大夫，二世承根仕魏）	段信（仕沮渠後歸魏）	段承根（著作郎） 段信 段連（安北府司馬，仕魏三世） *王叡（尚書令中山宣王，仕魏四世） *李承之（滎陽太守，仕魏三世）
天水（今甘肅天水）	趙昌（石勒黃門侍郎，二世溫仕魏） 楊柯（仕後趙）		尹緯（仕後秦）		趙溫（仇池令，仕魏三世） 趙超宗（河東太守，仕魏三世） 趙諒（秦州刺史） *趙瑤（河北太守） *姜明（兗州刺史，天水郡公）
允吾（今甘肅皋蘭縣西北）					*騫敬（金城郡守，仕魏二世）
扶風（今陝西咸陽諸地）					蘇穉（中書侍郎，玉門郡守，仕魏三世）
咸陽（今陝西咸陽）					*馬默（雍州刺史，仕魏三世）
京兆（今陝西長安以東至華陰之地）	韋謏（仕劉曜，後仕石虎）	杜嶷（慕容垂祕書監，子銓仕魏）	杜冑（符堅太尉長史，三世銓仕魏） 杜瑾（仕後趙） 王墮（仕前秦後罷仕魏） 韋逵（慕容垂大長秋卿，二世閬仕魏）		*杜銓（中書侍郎仕魏七世） *王龍（雍州刺史，仕魏二世） *韋閬（咸陽太守，仕魏四世） *韋惠度（成陽太守，仕魏四世，
馮翊（今陝西大荔等地）			吉默（仕後秦）		*郭徽（同州司馬）
晉昌（今陝西石泉縣）				唐輝（前涼臨江太守，四世諮仕魏） 唐宏（西涼武興太守，四世元達仕魏）	*唐諮（晉昌太守，仕魏五世） *唐元達（華州刺史，仕魏八世）

漢中（今陝西南鄭等地）					李壽（湖州戶曹從事仕魏二世）
始平（今陝西興平等地）			周寶（仕後秦）		祝侯（中散大夫，仕魏四世）
太原（今山西太原）	王宏（石季龍二千石）	王牢（慕容德上谷太守）			*王慧龍（滎陽太守，仕魏四世）
	王苗（石季龍二千石）				孫賁（驃騎將軍，仕魏五世）
	*狄伯支（後秦樂平侯）				郭逸（徐州刺史，仕魏五世）
					*白邕（太原太守）
河東（今山西晉縣諸地）	裴憲（後趙尚書，四世景惠仕魏）				*裴景惠（州別駕，仕魏三世）
		裴開（前燕太常卿五世道子仕魏）			裴道子（南涼州刺史，仕魏三世）
			裴恒（前秦大鴻臚二世天恩仕魏）		*裴天恩（武都太守，仕魏四世，）
				裴嗣（西涼都尉太守，四世叔業仕魏）	*裴叔業（豫州刺史，仕魏四世，）
					*呂鈞行（東平太守）

				敬歸（南涼抱罕太守，三世頻仕魏）	敬頻（北絳太守）
					*裴雙虎（河東太守，仕魏六世）
	柳恭（後趙河東太守，五世僧習仕魏）				柳僧習（北地穎川二郡守，仕魏三世）
					柳懿（車騎大將軍，汾州刺史，仕魏三世）
	薛公偉（前秦大司徒子辨仕魏）				薛辨（雍州刺史，仕魏三世）
					*薛休達（鎮西將軍，仕魏四世）
平陽（今山西臨汾縣南）	韋忠（仕劉聰）				*路濤（青州刺史，仕魏四世）
上黨（今山西襄垣等地）	崔游（仕前趙）				堯暄（司農卿，平陽伯，仕魏四世）
	朱紀（仕前趙）				
	續咸（仕後趙）				
神武（今山西壽陽諸地）					賀拔尒頭（本鎮軍主，仕魏三世）
河中（今山西永濟縣）		楊結（慕容氏中山相，二世珍仕魏）			*楊珍（上谷太守，仕魏六世）

代郡（今山西大同諸地）		魯昌（仕前燕）			尉古眞（定州刺史，仕魏四世） 陸幹（上黨太守，仕魏八世） *于栗磾（外都大官，仕魏七世） 侯莫陳興（侍中將軍羽林監）
河南（今河南舊鄭州汝州等地）				趙武（仕沮渠，後歸魏）	趙武（賜爵金城，仕魏三世） 趙[illegible]（高平太守，仕魏二世） 房倫（殿中尙書） *閭滿（諸曹大夫，仕魏六世） *劉庫仁（南部大人，仕魏三世） 穆崇（太尉仕魏六世） 賀若貸（都官尙書，仕魏三世）
河內（今河南舊河北道地）		楊鈜（燕北平郡守子元壽，仕魏）	常珍（苻堅南安太守，三世爽仕魏）		*楊元壽（武川鎭司馬，仕魏四世，其後爲隋） 常爽（宣威將軍，仕魏四世） *楊國（中散大夫） *溫裕（大中大夫，仕魏二世）
潁川（今河南舊許州陳州汝州等地）	荀綽（仕後趙）				*鍾源（永安太守，仕魏二世）
魏郡（今河南臨漳縣西南）	申鍾（石虎軍司） 冉閔（仕後趙）				*戴景珍（司州從事）
滎陽（今河南滎澤縣）	鄭系（仕後趙）				毛修之（外都大官，仕魏三世）
弘農（今河南靈寶縣諸地）	董景道（仕前趙）				
丹陽（今河南項城縣東北）				李文度（西涼安定太守，子權仕魏）	*李權（河泑二州刺史）
武陽（今河南西平縣南）					*李琰之（文簡公，仕魏二世）
赭陽（今河南葉縣西南）					*韓延之（魯陽侯，仕魏三世）
汝南					周裴

（今河南汝寧陳州地）					（少府）
中山（今河南登封等地）	劉摯（仕後趙）		*張忠（仕前秦）		甄凝（中散大夫仕魏三世）
洛陽（今河南洛陽）					*竇彪（定安扶風二郡守） *長孫紹遠（大司空） *獨孤羅辰（河南令）
南陽（今河南南陽府湖北舊襄陽府地）					韓瑚（平原太守，仕魏四世） 韓耆（常山太守，仕魏二世）
江夏（今湖北黃陂縣諸地）	李懋（石季龍東安太守中郎將）	李先（幕容永秘書監）			
沛（今安徽定遠縣西北）					*劉慶（東徐州刺史）
譙郡（今安徽亳縣）					*李善權（譙郡太守）

廬江（今安徽廬江縣）					何楨（光祿大夫，仕魏六世）
頓丘（今安徽黔縣諸地）					李方叔（夕成皇后父，仕魏四世） 李彪（御史中尉，仕魏二世）
下邳（今江蘇邳縣）		垣遵（仕慕容超） 桓苗（仕慕容超）	垣敞（符氏長樂國郎中令）		
彭城（今江蘇同山縣）					劉芳（太常卿）
尉氏（今江蘇六合等地）					*劉通（建威將軍）
吳興（今浙江吳興縣）		成都公（仕前燕）			沈保冲（下邳太守）
會稽（今浙江紹興縣）		朱左車（仕前燕）			

兩唐書地理志互勘

江南西道

宣州　舊志七縣　宣州宣城郡望　新志八縣

宣城　當塗　涇　廣德　南陵　太平　寧國　旌德

右兩志同者八縣。

溧陽 溧水 上二縣，新志屬昇州，光啓三年改隸。

右舊志多者二縣。案：舊志，「宣州天寶時領縣九，今縣十」。蓋因旌德一縣，置於寶應二年，遠在天寶之後，故徵異耳。

池州下 舊志四縣 池州池陽郡上 新志四縣

秋浦 青陽 至德 石埭

右兩志同者四縣。

案：唐會要，「池州會昌四年五月升爲上州。」

饒州下 舊志四縣 饒州鄱陽郡上 新志四縣

鄱陽 餘干 樂平 浮梁

右兩志同者四縣。

案：唐會要，「饒州元和六年九月升爲上州。」

洪州上都督府 舊志六縣 洪州豫章郡上都督府 新志七縣

鍾陵 新志曰南昌，貞元中更名。 豐城 高安 建昌 新吳 武寧 分寧

右兩志同者七縣。案：舊志屬縣六縣，縣名凡七，似又衝突，實則天寶制中亦誤混入後世之名稱也。（分寧乃貞元十六年置，新志作十五年。）

虔州中 舊志七縣 虔州南康郡上 新志七縣

贛 虔化 南康 雩都 信豐 太康 新志作大庾 安遠

右兩志同者七縣。

案：舊志，「虔州天寶領縣六，今縣七。」蓋因安遠一縣，置於貞元四年故耳。

撫州中 舊志四縣 撫州臨川郡上 新志四縣

臨川 南城 崇仁 南豐。

右兩志同者四縣

案：唐會要，「虔州撫州並元和六年九月升爲上州。」

吉州上 舊志五縣 吉州廬陵郡上 新志五縣

廬陵 太和 安福 新淦 永新

右兩志同者五縣。

江州中 舊志三縣 江州潯陽郡上 新志三縣

潯陽 都昌 彭澤

右兩志同者三縣。

至德 此即池州之至德，舊志誤兩載之，而與「領縣三」一語衝突。

右舊志多者一縣。

袁州下 舊志三縣 袁州宜春郡上 新志三縣

宜春 新喻 萍鄉

右兩志同者三縣。

案：唐會要，「袁州元和六年九月升爲上州。」

鄂州上 舊志七縣 鄂州江夏郡緊 新志七縣

江夏　永興　武昌　蒲圻　唐年　漢陽　汊川

右兩志同者七縣。

案：唐會要，「鄂州會昌四年五月升爲緊州。」

岳州下　舊志五縣　岳州巴陵郡中　新志五縣

巴陵　華容　沅江　新志曰橋江，乾寧中更名。　湘陰　昌江

右兩志同者五縣。

案：唐會要，「岳州大曆五年六月升爲中州。」

潭州中都督府　舊志六縣　潭州長沙郡中都督府　新志六縣

長沙　湘潭　湘鄉　益陽　醴陵　瀏陽

右兩志同者六縣。

衡州中　舊志六縣　衡州衡陽郡上　新志六縣

衡陽　常寧　攸　茶陵　耒陽　衡山

右兩志同者六縣。

澧州下　舊志四縣　新志屬山南東道

澧陽　安鄉　石門　慈利

右兩志同者四縣。

朗州下　舊志二縣　新志屬山南東道

武陵　龍陽

右兩志同者二縣。

永州中　舊志三縣　永州零陵郡中　新志四縣

零陵　祁陽　湘源　灌陽

右兩志同者四縣。案：舊志永州之屬縣數及縣名兩不相符，蓋又以後世之名稱混入天寶制度中矣。（灌陽縣雖爲隋縣，然武德中一度廢省，至上元二年始再置，志文混列爲一誤矣。）

道州中　舊志五縣　道州江華郡中　新志五縣

弘道　延唐　永明　江華　大曆

右兩志同者五縣。

案：舊志道州所領五縣，乃天寶以後之制，天寶領縣實四縣也。考大曆縣下注云：「大曆二年湖南觀察使韋貫之奏請析延唐縣於道州東南二百二十里舂陵侯故城北十五里置縣，因以大曆爲名。」是大曆之置，明在天寶之後也。

郴州中　舊志八縣　郴州桂陽郡上　新志八縣

郴　義章　平陽　資興　高亭　義昌　臨武　藍山

右兩志同者八縣。

案：舊志以資興附於平陽之下，是以傳寫之誤，非所言「天寶領縣八」一語之謬也。論者或言本有七縣，誤稱八縣，是以不誤爲誤矣。

召州　舊志二縣　邵州邵陵郡下　新志二縣

召陽　武岡

右兩志同者二縣。

連州 舊志三縣 新志屬嶺南道

桂陽　陽山　連山

右兩志同者三縣。

黔州下都督府 舊志六縣 黔州黔中郡下都督府 新志六縣

彭水　黔江　洪社 新志作洪杜　洋水　信寧　都濡

右兩志同者六縣。

牂州（縣三：建安，賓化，新興。）　琰州（縣五：武侯，望江，應江，始安，東南。）　莊州（縣七：石牛，南陽，輕永，多樂，樂安，石城，新安。）　充州（縣七：平蠻，東停，韶明，牂牁，東陵，辰水，思王。）　應州（縣五：都尙，婆覽，應江，陁隆，羅恭。）　矩州　明州　鸞州　勞州　羲州　福州　犍州　邪州　清州　峩州　蠻州（縣一：巴江。）　歐州　濡州　琳州（縣三：多梅，古陽，多奉。）　鸞州　令州　那州　暉州　都州　總州　敦州　殷州（縣六：武寧，溝水，古質，昆川，叢燕，孤雲。）　般州（縣五：殷川，東公，龍原，韋川，賓川。）　候州　晃州　樊州　稜州　添州　普寧州　功州　亮州　茂龍州　延州　訓州　卿州　雙城州　整州　懸州　撫水州（縣四：撫水，古勞，多蓬，京永。）　思源州　逸州　南平州　勳州　襲州　寶州　姜州　鴻州（縣五：樂鴻，思翁，都部，新庭，臨川。）

右五十一羈縻州新志屬黔州都督府，舊志不載。

右兩志同者五縣。

案：辰州升爲都督府，事在大曆四年六月。見唐會要。

錦州下 舊志五縣 錦州盧陽郡下 新志五縣

盧陽　招諭　渭陽　常豐　洛浦

右兩志同者五縣。

施州下 舊志二縣 施州淸化郡下 新志二縣

淸江　建始

右兩志同者二縣。

巫州下 舊志三縣 敍州潭陽郡下 新志三縣

龍𣲖 新志作龍標。 朗溪 新志作郎溪。 潭陽

右兩志同者三縣。案：巫州更名，事在大曆五年。

業州下 舊志三縣 奬州龍溪郡下 新志三縣

峩山　渭溪　梓薑

右兩志同者三縣。案：業州更名，事在大曆五年。

夷州下 舊志五縣 夷州義泉郡下 新志五縣

綏陽　都上　義泉　洋川　寧夷

右兩志同者五縣。

播州下 舊志三縣 播州播川郡下 新志三縣

遵義　芙蓉　帶水

右兩志同者三縣。

思州下舊志三縣思州寧夷郡下新志三縣

務川　思王　思印新志作思邛。

右兩志同者三縣。案：舊志思州所屬之縣，縣名除上而外，尚有寧夷一縣。實則誤也。寧夷本屬夷州，雖貞觀元年一度來屬，開元二十年又歸隸夷州，同書之中，既於夷州條下言之矣，何故又記於思州之下，而況又誤言之耶！王鳴盛十七史商榷中亦以思州所領四縣，而譏志文三縣爲譌，是亦誤矣。

費州下舊志四縣費州涪川郡下新志四縣

涪川　多田　扶陽　城樂

右兩志同者四縣。

南州下舊志二縣南州南川郡下新志二縣

南川　三溪

右兩志同者二縣。

溪州下舊志二縣溪州靈溪郡下新志二縣

大鄉　三亭

右兩志同者二縣。

溱州下舊志二縣珍州下舊志三縣溱州溱溪郡下新志五縣

榮懿　扶歡上二縣，舊志屬溱州。　夜郎　麗皐　樂源上三縣，舊志屬珍州。

右兩志同者五縣。

歙州新安郡上舊志屬江南東道，新志六縣。

歙　休寧　黟　績溪舊志作積溪，　婺源

右兩志同者五縣。

祁門舊志無。永泰二年置。

右新志多者一縣。

信州上舊志屬江南東道，新志四縣。

上饒　弋陽　貴溪　玉山

右兩志同者四縣。

『宋史地理志考異』後記

聶崇岐

宋史蕪穢，早就爲人所公認了；它的地理志，當然也逃不出這個例外。不過，宋史地理志的蕪穢，究竟到了什麼程度？這決不是一兩句話所能說淸的。

去年春天，顧頡剛先生向我徵稿，叫我把宋史地理志校正一下，看看它到底蕪到什麼地步，穢到什麼樣子，以便在禹貢上發表。當時因爲事情太忙，過了一個多月才能着手。我先取浙江書局本宋史爲根據，就它地理志的部份，和宋代四種地理總志之類的書——太平寰宇記，元豐九域志，輿地廣記，輿地紀勝——按着州府軍監縣鎭城砦，依次勘對一遍；然後又取續資治通鑑長編，玉海，文獻通攷，和其他幾部書，把有關地理變遷的記述，摘錄下來，整理排比，成了一篇「考異」。

因爲作「考異」的緣故，自然不得不一個字一個字的把宋史地理志細讀一遍。結果，對它遂得到了一種比較清切的認識，覺得它的缺點之多，決不是蕪穢二字所能包括。現在我且把他大概的說一說。

宋史地理志的第一個缺點，就是錯誤的地方太多。例如：應天府條下，把睢陽郡誤作河南郡；磁州條下，誤云舊名慈州，到政和三年才改名磁州；威州條保寧縣下，誤云縣名爲南唐所改；新州條下，誤云廢永順縣爲廢平輿縣；……，諸如此類，眞是舉不勝舉。

宋史地理志的第二個缺點，就是脫漏的地方太多。例如登州，代州，黎州，雅州，……在舊日全是都督府，到宋初才先後取消，而地理志則一字未提。又如兗州，鄭州，蔡州，同州，……的節度，全是到宋朝才升復的，而地理志也隻字未道。又如金州條下說『乾德五年改昭化軍』，而沒有提出它的昭戎軍舊名；滑州條下說『太平興國初改武成軍節度』，也沒有提它的義成軍舊名。又如眞定府條下說，『開寶六年廢九門石邑二縣』，而沒有說二縣省併到那幾縣裏。淮陽軍條下說，『太平興國七年…建爲軍，並以宿遷來屬』，而沒有說宿遷是從哪一州撥隸過來。像這些有尾無頭，有頭無尾的地方，統計起來，恐怕不下一百多處。

宋史地理志的第三個缺點，就是有好些地方，敘述過於簡略。例如總序中述南渡後地理變遷大概道：『高宗蒼黃渡江，駐驛吳會，中原陝右，盡入於金，……其所存者，……十五路而已。有戶一千三百六十六萬九千六百八十四。建國左右，又百五十年。迨德祐丙子，遂歸於我皇元版圖。…』它把南宋歷朝對於地理變革的大概，可以說一句也沒有提，這未免太馬虎了！

宋史地理志的第四個缺點，是敘事太不淸楚。例如靑州條下說，『靑州，望，北海郡，鎭海軍節度。建隆三年以北海縣置軍。淳化五年改軍名。』這幾句話。驟然一看，多半都要以爲是北海縣於建隆三年建軍，到淳化五年才改爲鎮海軍，哪會想到青州本爲節鎮，舊名平盧軍，到淳化五年改稱鎮海軍，而北海縣所置之軍，就是後來的濰州呢！

宋史地理志第五個缺點，就是體例太爲駁雜。例如宋代君主，即位後，每多把自己的潛藩潛邸升爲府或升爲節鎮，以示紀念。地理志，在慶元府，瑞安府，嘉興府，安慶府，隆興府，寶慶府，建甯府，崇慶府，嘉定府，順慶府，隆慶府，咸淳府，重慶府，德慶府，靜江府，慶遠府，等條下，全部把爲什麼升府或節度的原因說明，而在濟南府，襄陽府，潁昌府，順昌府，延安府，慶陽府，鎮江府，建德府，壽春府，德安府，肇慶府等條下，則一概未說明因爲什麼緣故升府或升節度。例之不純，未免過甚。

宋史地理志的第六個缺點，就是對宋史官因避諱而追改的字，多半沒有給改歸正字。例如眞州條揚子縣下的永正縣，本應爲永貞縣，宋史官因避仁宗嫌名，追改貞字爲正，而地理志並沒有改爲貞字，又如梅州條下說，『本潮州程鄉縣，南漢置恭州。』其實南漢所置的乃敬州，並不叫恭州，恭字是宋史官避翼祖諱追改的，地理志也沒有予以改正。宋史修於元代，對前朝君主，本已無避諱的義務；但諸位編修官們，似乎並沒有注意到這件事，完全依樣葫蘆，絲毫不予改變。這雖是末節，但也可見修史時候的草率了。

總而言之，宋史地理志的缺點，雖然不至於罄竹難書，但也可以說是連篇累牘，實在應當細加勘正，以免把研究地理沿革的人，因材料本身的錯誤，引入歧途！

大秦傳中所見之漢人思想（續）

日本白鳥庫吉著　仇在廬譯

然則此大秦之名，果爲土語歟？抑爲漢人呼之之稱歟？欲決此疑，第一須精讀漢士史籍中記述此名號由來之文意。魏略大秦國條言，『其俗人長大平正，似中國人而胡服。自云本中國一別也。常欲通使于中國而安息圖其利，不能得過。其俗能胡書，其制度公私宮室爲重屋，旌旗擊鼓，白蓋小車，郵驛亭置如中國』。又後漢書西域傳大秦國條言，『其人民皆長大平正，有類中國，故謂之大秦』。又晉書西戎傳大秦國條言，『亦有白蓋，小車，旌旗之屬，及郵驛，制置，一如中國。其人長大貌類中國人而胡服』。又北史西域傳條亦言，『其人端正長大，衣服車旗擬像中國，故外域謂之大秦』。由此諸傳觀之大秦之秦，即稱中國之秦，以其人物風俗與中國相似而得名，爲事至顯白。然此秦字雖確爲稱中國之名號，而漢代之中國人，則未見有自稱爲秦人者。北史言：『外域謂之大秦』，此更可見西域之人，呼其國曰大秦，故亦有主張此名非漢人方面所加者。秦之一名，自始皇帝時傳於外國，成爲 Čina. Činastana. 此夙爲西方學者所攷論。其後伯希和氏又加以確證，已無可疑。然在中國方面，漢魏時代之中國人，果猶自稱爲秦人與否，則爲疑問。東西學人，似皆信爲無此事者。然余竊以爲有反證在。漢書匈奴傳言：『單于（壺衍鞮）年少初立，母閼氏不正，國內乖離。常恐漢兵襲之，於是衞律爲單于謀，穿井築城，治樓以藏穀，與秦人守之』。此秦人果當作何解？顏師古注雖言：『秦時有人亡入匈奴，者今其子孫尙號秦人』。然秦代逃入匈奴之漢人，至漢昭帝時，其子孫尙存其地，且盡忠于單于，此實過於想像之解釋，不能爲吾人所首肯。故王先謙漢書補注引顧炎武云：『顏說非也。彼時匈奴謂中國人爲秦人，猶後世言漢人耳』。以「秦」爲爾時匈奴人呼漢人之稱，實較顏說爲進步。又漢書西域傳尙有一例：『匈奴縛馬前後足置城下，馳言秦人我匈若馬』。此處顏注亦自改其說，言：『謂中國人爲秦人，習故言也』。徐松西域傳補注申之曰：『通鑑注云漢時匈奴謂中國人爲秦人，至唐及國朝，則謂中國爲漢，如漢人漢兒之類，皆習故而言』。蓋作通鑑注之胡三省，其所見正與淸顧炎武同。此就文意觀之，當指漢代之匈奴人稱中國人爲秦人，正與後世之外國人呼中國人爲漢人同例。然伯希和則遮撥此說，謂秦人與漢人之間，實有根本的差異。後者爲中國人之自稱，而前者乃匈奴人所加於中國人者（L'originedu nom de "chine" T'oung Pao Vol.XIII P. 739 譯者按。此文馮承鈞氏有譯本，載西域南海史地攷證譯叢中）。南海之馬來人及印度人其得聞秦朝之名，遠在其後，猶常以Čina 人呼中國人，則始皇帝時受大打擊之匈奴人，牢記其王朝之名，雖至漢代，猶相沿不變，呼中國人爲秦人，決非無理之事。然匈奴西域兩傳所見之「秦人」，似不能專目爲直寫匈奴人呼中國人之稱。漢魏時代之中國人，在鄭重稱其本國之際，雖用「中國」之名；而有時亦或簡稱「秦」若「漢」。故今假定漢代之匈奴人，在呼漢人之時，用其一種特別之名稱，而漢人譯之，書爲「秦人」，亦殊不能謂爲無理。吾人于此，得舉一適例，以證此說之無誤。史記大宛傳言：『貳師與趙始成李哆等聞宛城中新得秦人，知穿井而其內食多』前漢書李廣利傳則作『貳師聞宛城中新得漢人，而其內食尙多』。蓋史記作「秦人」者，漢書作「漢人」。王先謙補注言：『史記漢人作秦人，外夷稱中國，秦漢一也』，是其意以爲大宛傳之「秦人」，李廣利傳之「漢人」，均爲匈奴人呼中國人之稱。然此說果諦當乎？以上二例比照觀之，則可立見漢書之文，實全襲史記之文，並未加以何等之新事實，惟以「秦人」易爲「漢人」而已。李廣利攻大宛城之際，若彼國人實呼爲「秦人」，則漢書之改爲「漢人」，可謂杜撰。縱如王先謙之說，大宛人呼中國人爲秦人，亦或爲漢人；然李廣利攻城之際，正呼爲秦人，此有史記明文在，漢書亦不能任意改爲漢人。故史記大宛傳及漢書匈奴西域兩傳所見之秦人或漢人，若以爲外國人呼中國人之稱，則有如上之矛盾；若以爲漢代中國人之自稱，則一切可以冰釋矣。

由前項之例證，得知漢代之中國人，除自稱「中國人」而外，亦或稱爲「秦人」，則大秦國之秦，其義亦當不外此。然以 Chavannes 之精通漢文，宜其亦解大秦之秦爲支那。然何爲以此名呼西域之一國，則求其說而不可得（T'oung Pao Vol.VIII P.181 note 1）。自歷史上觀之，以全盛時代之中國人，爲外夷命名，而選其本國之「秦」字，已極可怪。且於其上更冠以大字，與其尊大之國民性相反，尤難索解。此國號之所以爲學界之難問，且無法予以解釋，蓋非偶然。以吾人觀之，此雖爲歷史上之故實，然已早非事實之問題，而爲思想上之問題。故吾人于此，以爲欲釋此疑，有先取漢代之思想界加以審視之必要。（未完）

新蒙古

月刊

民國二十四年十月五日出版

第三卷第二期

編輯發行者　新蒙古月刊社
社址　北平旃壇寺西大街前當鋪胡同二號
總代售處　北平和平門外民友書局
定價　每期大洋一角五分。半年六期,訂閱八角。郵費本埠三分,外埠六分。全年十二期,訂閱一元五角,郵費本埠六分,外埠一角二分。郵票代洋,五分以下十足使用。

食貨

半月刊

第一卷第十期目錄

民國二十四年四月十六日出版

國學小書堆方志目錄

蘇州五卅路

山西介休縣志	嘉慶本	白紙初印	八冊	八元
山西平遙縣志	光緒本	白紙初印	八冊	八元
山西太谷縣志	光緒本	白紙初印	八冊	八元
京口三山志	金山焦山北固山		二十六冊	十元
蘇州府雅志	乾隆本		三十二冊	合售七十五元
蘇州府石志	道光本	皆初印	六十四冊	
蘇州府馮志	同治本		八十冊	
江陰縣志	附圖六帙	最初印	十二冊	十四元
爛柯山志			四冊	三元
淳熙新安志			四冊	三元

關於補各史表志的重要著作的總結集

二十五史補編

敝店爲供應讀史者的需求，搜輯歷來史學家補訂各史表志的名著，刊行二十五史補編。全書總目的擬訂，爲愼重起見，曾與各地專家商討，經他們鑒定，然後發表。發表以後，他們還源源指敎，並繼續代我們採訪。這種好意是很可感激的。現在把鑒定本書總目諸家姓氏和決定增輯的九種書名刊布如下：

鑒定本書總目諸家

顧頡剛先生　顧起潛先生（廷龍）
鄭振鐸先生　鄧文如生先（之誠）
趙斐雲先生（萬里）　賀昌羣先生
章式之先生（鈺）　張慕騫先生（崟）
陳叔諒先生（訓慈）　陳乃乾先生
徐積餘先生（乃昌）　徐中舒先生
柳翼謀先生（詒徵）　姚石子先生（光）
胡樸安先生　周予同先生
吳向之先生（廷燮）　呂誠之先生（思勉）
牟潤孫先生（傳楷）　向覺明先生（達）
毛子水先生（準）　王佩諍先生（謇）
丁稼民先生（錫田）

增輯各書一覽

補晉書藝文志　近人黃逢元
補宋書藝文志　近人聶崇岐
補南齊書藝文志　近人陳述
南北史補志未刊稿　清汪士鐸
補南北史藝文志　近人徐崇
唐折衝府考校補　近人谷霽光
建文遜國之際月表　清劉廷鑾
殘明宰輔表　清傅以禮
殘明大統曆　清傅以禮

上列九書中，補宋書藝文志、補南齊書藝文志、南北史補志、補南北史藝文志、唐折衝府考校補等五種都是稿本，南北史補志尤其名貴。原書共三十卷，稿本在太平天國時散失。同治年間給定遠方氏買到，交淮南書局刊行，但止刊出十四卷。未刊稿有十三卷歸江都李氏收藏着，獨藝文志三卷不知去向。現在這十三卷未刊稿已給我們訪求到，並收得近人徐子高所補南北史藝文志，跟淮南本十四卷合在一起，可算是完璧了。

出版者：禹貢學會。
編輯者：顧頡剛，譚其驤。
出版日期：每月一日，十六日。
發行所：北平成府蔣家胡同三號禹貢學會。
印刷者：北平成府引得校印所。

禹貢

半月刊

價目：每期零售洋壹角。豫定半年一卷十二期，洋壹圓；全年二卷二十四期，洋貳圓。郵費加一成半。國外全年加郵費八角。

The Chinese Historical Geography

A Semi-monthly Magazine

Vol. 3 No. 6 Total No. 30 May 16th 1935

Address: 3 Chiang-Chia Hutung, Cheng-Fu, Peiping, China.

第三卷第六期

（總數第三十期）

民國二十四年五月十六日出版

代售處

北平北京大學史學系楊向奎先生
北平燕京大學哈佛燕京社
北平燕京大學史學系李子魁先生
北平輔仁大學史學系史念海先生
北平清華大學史學系吳春晗先生
天津河北女子師範學院班書閣先生
廣州中山大學董紹良先生
廣州協和神學院李鏡池先生
濟南齊魯大學史學系張立志先生
武昌武漢大學吳其昌先生
厦門厦門大學史學系鄭德坤先生
北平北平圖書館王以中先生
杭州浙江圖書館夏廷棫先生
北平景山東街十七號景山書社
北平西單牌樓南首建設圖書館
北平琉璃廠來薰閣書舖
北平琉璃廠邃雅齋書舖
北平琉璃廠新生命書局
北平隆福寺街修綆堂書舖
北平隆福寺街文奎堂書舖
天津大經路北方文化流通社
天津法租界二十六號路世界圖書局
天津法租界三十號路大公報代辦部
濟南濟南雜誌社
綏遠楊家巷十二號綏遠新聞社
開封新書業街龍文書莊
南京太平街新生命書局
上海四馬路中華雜誌公司
上海四馬路開明書店
上海五馬路亞東圖書館
上海棋盤街寶善里新生命書局
上海四馬路上海雜誌公司
上海福州路生活書店
上海九江路伊文思圖書公司周文欽先生
上海四馬路中市羣衆雜誌公司
蘇州五卅路國學小書堆
蘇州宮巷時代雜誌服務社
杭州福緣路抱經堂書局
蕪湖文林書畫發行所程啓明先生
武昌橫街頭新生命書局
長沙府正街金城圖書文具公司
重慶北新書局
重慶天主堂街重慶書店
西安大公報西安分館
日本京都中京區彙文堂書店

內政部登記證警字第叁肆陸壹號　中華郵政特准掛號認為新聞紙類

新青海

三卷五期要目

青海農村經濟破產的幾個主要原因……松幹
為旅省外學生代請津貼……民魂
值得紀念的龍錫慶……農人
青海女子教育之回顧與前瞻……宋積璉
由美洲開發說到開發西北……張得善
從民族復興的觀點再論青海師範教育改革問題……志育
領袖獨裁與民族復興……應麟
青海青年不要忘記東北……岳永泰

帝國主義者的衝突與中國前途……方既白
中國農業概觀……趙長年
青海水利灌溉調查……安漢
赴蘇實習工藝記……鄒國柱
西和脫險記……樂天
青海紀遊……李自發
痛苦萬分的青海老百姓……成勳
一月來之青海……積璉
編輯後記……積璉

總發行所　南京曉莊　新青海社
定　　價　每冊一角　預定半年六冊六角
全年十二冊一元　國外預定全年二元五角(郵費在內)
代售處　全國各大書坊
代訂處　全國各地郵政管理局及一二三等郵局

漢口商業月刊

第二卷第三期(總第十五期)要目

(A)專載
湖北省會市政建設計劃綱要……方剛
(B)論文
(一)一年來漢口市場之回顧……鄒宗伊
(二)洋米入口與我國民食問題……王維新
(三)荷印政府施行輸入限制法令之現勢……費振東
(四)經濟的分期……范奔公譯
(C)工商調查
武漢之工商業(五)——代辦雜貨業——食品製造業——本社調查部
(D)本埠金融及商品市況——(甲)金融　(乙)商品
△本會第二屆第一次代表選舉大會特輯▽
(E)特載
本會三機關公讌第二屆滿任執監委員紀
(F)服務部公佈欄
(1.)河南郭店欲購辦汽力軋花機　(2.)鍾祥洋梓欲購辦製電池原料　(3.)咸寧官埠橋欲購辦小織布機
編輯後紀……李肇民

第二卷第四期(總第十六期)要目

(A)論文
(一)最近漢口糧價跌落的檢討……王維新
(二)漢口推行度量衡新制之過去與現在……劉天民
(三)從商品的供給與需要上觀察中日經濟提携……愛廬
(四)中國棉紡工業之變遷及其現態……鮑幼申
(五)統制貿易之匯兌清算制……劉洪康譯
(六)二十年來的日本經濟……楊勇超譯
(七)我國近世產業發達小史(續完)……羅伯倫譯
(八)經濟的分期(續完)……范奔公譯
(B)工商調查
武漢之工商業(六)——華洋百貨業——京蘇廣貨業——本社調查部調查—漢口之牛羊皮業—華中經濟調查社調查—湖北省之土布業…朱靜一陳志恒調查
(C)本埠金融及商品市況——(甲)金融　(乙)商品
(D)商業講座
企業資本講話……朱鴻鈞
編輯後紀……李肇民

▲每冊訂價二角五分　國內各大書局均有代售▼

元陝西四川行省沿革攷

譚其驤

世祖中統元年，八月已酉，始立秦蜀行中書省，治京兆。（本紀，廉希憲傳，商挺傳）

憲宗七年遣左丞相阿勒達爾參知政事劉太平會計京兆河南錢穀，此爲以省臣行事陝西之始。惟其時省臣責有專任，地方庶政猶總於宣撫司，不得即以視同中統後之行省也。九年，憲宗崩，時劉太平霍魯海在關右辦集糧餉，亦稱行尚書省事。

初，四月戊戌，以巴崇廉希憲商挺爲陝西四川等路宣撫使，五月乙未，分漢地爲十道，併陝西四川爲一道，以希憲爲京兆等路宣撫使，此爲秦蜀劃爲一政區之始。至是改宣撫司爲行中書省，進希憲爲右丞，以挺爲僉行省事。

始建省以秦蜀爲名，紀傳相合。獨百官志稱「秦蜀五路四川行省」，大誤。既曰「秦蜀」，無庸復贅以「四川」；金分陝西爲五路，稱陝西五路則可，稱秦蜀則非祇五路也。

旋改稱陝西四川行省。

改稱之確時不可考。百官志謂在中統三年，今按本紀中統二年八月已見此稱，疑不始於三年也。紀三年三月以平章政事馮穆特廉希憲參政商挺斷事官稷蘇行中書省於陝西四川，志蓋據此以爲改名之始。地理志據此以爲建省之始。

陝西四川疑係簡稱，正式全名當爲「陝西五路西蜀四川行省」，見紀至元六年九月，八年九月，張炤傳。

時一稱陝蜀行省，見紀中統二年十二月；一稱陝西行省，見於紀者始中統三年六月；而秦蜀之名，猶因仍未廢，見紀至元元年八月，二年閏五月。

至元二年，閏五月癸亥，移省治於興元。（紀）

三年，十二月辛酉，自興元移利州。（紀，百官志）

初京兆設行省，利州設四川行樞密院，至是詔罷行院，移行省治利州，以賽典赤也速帶兒簽行中書省事。

自移治後一稱四川行省，見紀至元三年十二月，五年七月；然仍有稱陝西行省者，見紀至元四年正月二月。

五年，七月丙午，還治京兆。(紀)

自還治後仍有稱四川行省者，見紀五年十二月，八年二月。

八年，二月己亥，再移治興元。(紀)

九月丙寅，罷陝蜀行省，以陝西諸路直隸尙書省，改立四川行省。(紀)

四川境內獨立行省始此。中統二年六月庚申，宋瀘州安撫使劉整舉城降，以整行夔府路中書省事，然其時元猶未有夔路　行省蓋設於軍前耳，無地方之任。三年整入朝，授行中書省於成都潼川兩路，時元有之而不全。同列嫉整功，將謀陷之，整懼，請分帥潼川，改授潼川都元帥。紀載授行省事在七月，傳載授都元帥亦在七月，則行省蓋未及開署，卽以整遷官而作罷矣。

十一月丙戌，四川行省自興元移治成都。(紀)

時一稱川蜀省，見紀十年正月。

九年，正月庚辰，京兆復立行省(紀)，旋罷。

罷期當在同年十月，時封皇子忙哥剌爲安西王，卽以王相府代行省統治陝西諸路。紀十年二月又見「川陝行省」，不可解。

十年四月辛丑，四川行省罷。(紀)

李忽蘭吉傳至元十年六月將兵赴成都，與察不花同權省事，與此不合，未知孰是。

十五年，復置四川行中書省於成都。(汪良臣傳)

是年川蜀悉平，以汪良臣爲中書左丞行四川中書省事。紀九月癸未，省東西川行樞密院，設成都潼川重慶利州四處宣慰司。行省建立，當即在此時。

四川行省一稱西川行省，見紀十六年七月，十八年十二月，十九年十二月等。

十六年七月戊申，罷。(紀，汪良臣傳)

汪良臣改授安西王相，不赴。

十七年十月壬午，復立陝西四川等處行中書省，治安西。(紀，李德輝傳，汪惟正傳)

紀同年七月，立行省於京兆，以前安西王相李德輝爲參知政事；蓋未及開省，至是更以不花爲右丞，李德輝汪惟正並左丞。

十五年七月，改京兆府爲安西府；十六年，升路。然京兆之稱，因仍未廢。

時一稱安西行省，見李德輝傳，紀十八年二月三月；一稱京兆行省，見紀二十年三月；一稱京兆四川行省，見紀十八年七月；一稱秦蜀行省，見汪惟正傳。

十八年分省四川（汪惟正傳，百官志），旋立爲行省。

志傳但作以陝西四川行中書分省四川，今按紀本年十二月見「西川行省」，明年九月見「四川行省」，十二月又見「西川行省」，則陝西未罷省以前，四川固已視同獨立行省矣。

二十年三月己未，陝西行省罷。（紀）

紀二十二年五月甲申，立汴梁宣慰司，依安西王故事汴梁以南至江親王鎮之；以是知罷省後立京兆宣慰司，以安西王鎮之。京兆宣慰司見紀二十年十一月。

二十二年，復置陝西四川行省。（汪惟正傳）

當在二四月間，以紀二月猶見「西川行省」，兵志四月見陝西行省，故也。

二十三年，分爲陝西四川二省。（百官志，地理志）

月份不可考。陝西行省一稱安西省，見紀二十四年六月，八月，十月等；一稱京兆省，見紀二十七年十二月。

二十五年，五月癸丑，四川行省移治重慶。（紀）

二十七年，三月庚申，還治成都。（紀）

成宗大德三年，二月丁巳，罷四川行省，改立宣慰司。（紀）

七年，六月己丑，罷四川宣慰司，復立行中書省。（紀）

附沿革簡表

中統元年	三年	至元二年	三年	五年	八年二月
秦蜀行省	陝西五路西蜀四川行省				
京兆	京兆	興元	利州	京兆	興元

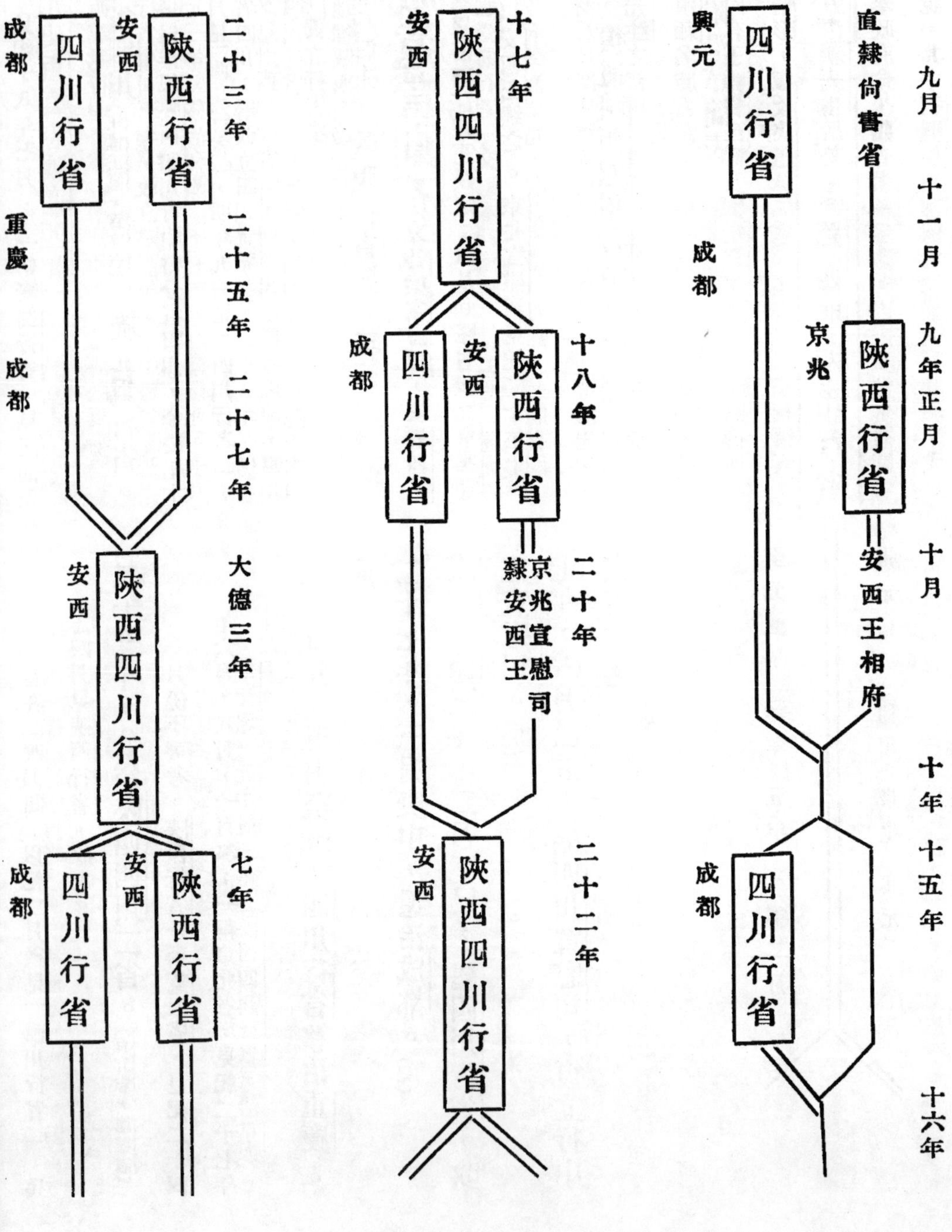
九月
直隷尙書省
興元
四川行省
成都
十一月
九年正月
京兆
陝西行省
十月
安西王相府
十年
十五年
成都
四川行省
十六年
十七年
安西
陝西四川行省
十八年
成都
四川行省
安西
陝西行省
二十年
京兆宣慰司
隷安西王
二十二年
安西
陝西四川行省
二十三年
安西
陝西行省
成都
四川行省
二十五年
重慶
二十七年
成都
大德三年
安西
陝西四川行省
七年
安西
陝西行省
成都
四川行省

附錄元史百官志陝西四川二省沿革

陝西等處行中書省　中統元年，以商挺領秦蜀五路四川行省事；三年，改立陝西四川行中書省，治京兆。至元三年，移治利州；十七年，復還京兆。十八年，分省四川；尋改立四川宣慰司。二十一年，仍合爲陝西四川行省。二十三年，四川立行樞密院；本省所轄之地惟陝西四路五府。

四川等處行中書省　國初其地總於陝西。至元十八年以陝西行中書分省四川，二十三年始置四川行省署成都，統有九路五府。

附錄元史地理志陝西省沿革

奉元路　元中統三年立陝西四川行省，治京兆。至元二十三年四川置行省，改此省爲陝西等處行中書省。

威遠營刻石考補正

李苑文

拙著威遠營刻石考一文，本甚淺薄，在禹貢二卷九期中發表後，乃承李希泌先生賜書，指示有加，並將有關係材料天南片羽及景邃堂題跋見贈，不勝欣幸。希泌先生乃騰衝李根源先生之哲嗣，景邃堂題跋爲根源先生所著，其中所記多屬滇緬名勝古蹟，一事一物得之親見親聞，殊翔實而可貴。內有王驥誓江碑及劉綎誓衆碑，考定該碑所在地址與今昔情形，復收集題詠二家，多可以補正拙稿者。天南片羽爲尹澤新先生所著，尹先生爲根源先生妹夫，于民國十九年奉政府命，調查滇緬界務，因攝取當地有關各片，繫以敘說，其中劉綎誓衆碑圖說均甚清晰詳明，尤足珍貴。因參考李尹兩先生所得材料，補正拙稿，並于此謹誌謝意。

劉綎事迹及其平雲南後刻石紀功始末，拙稿前已略述之矣，但前所釋碑文稍有挂漏及錯誤處，應補正如下：

一，六慰拓開　六慰曰車里，曰緬甸，曰木邦，曰孟養，曰八百大甸，以上五軍民宣慰使司無誤。惟老撾軍民宣慰使司，其地東南有三關與安南界，西北距雲南布政司（在昆明）有六十八程之遙，岳鳳結諸酋叛變時，當未與其事，明史劉綎傳及緬甸傳亦均不述及，似不能列入六慰之內。考永樂三年四月，設八百軍民宣慰使司二，以土官刀招你爲八百者乃軍民宣慰使，其弟刀招散爲八百大甸宣慰使，然則八百者乃軍民宣慰使司應列六慰之內，似無

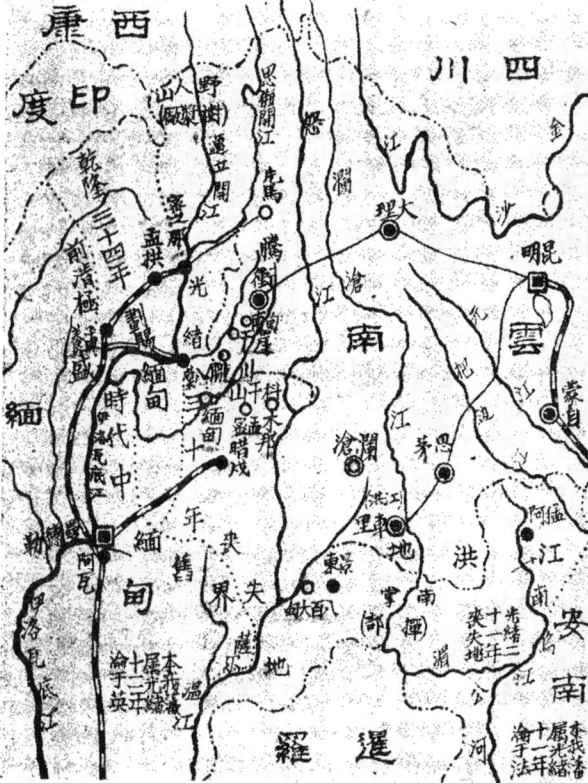

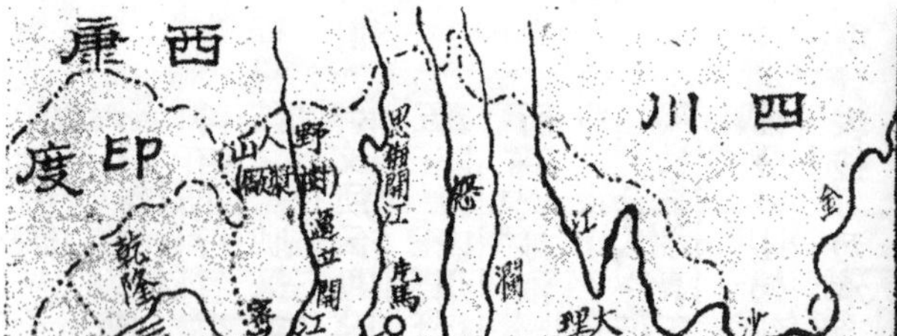

此圖參考楊守敬明地理圖及屠思聰中華新局形勢圖內雲南圖合繪。

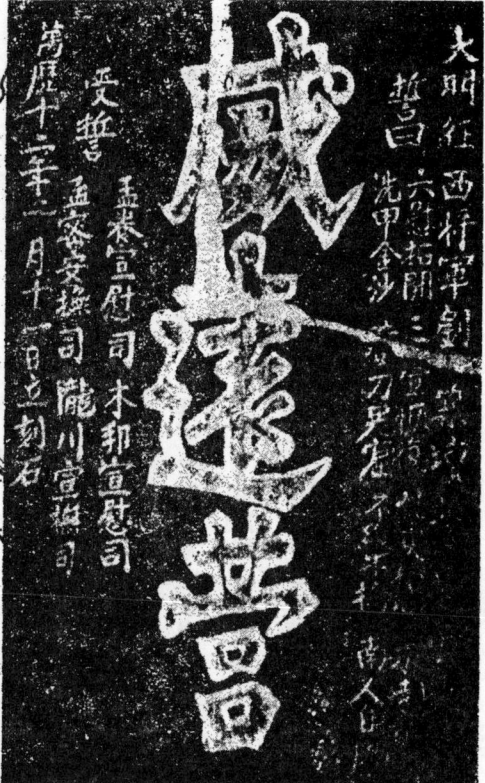

此碑見天南片羽三十二葉，高九尺餘，廣五尺，厚八寸。

疑也。

二，三宣恢復　三宣者，南甸，干崖，隴川三宣撫司也。前未列干崖而列孟密，玆查孟密本安撫司，成化二十年六月始析木邦地置，至萬曆十三年劉綎平雲南後始升爲宣撫司，不宜預列于三宣之內。至干崖宣撫司本于正統九年六月由長官司升，直隸布政使司，當岳鳳結緬酋盜應裏及諸土酋叛變時，又曾攻破干崖，肆行殺掠，應在三宣恢復之內，似亦無可疑也。

三　洗甲金沙　金沙江有二，其源出青海巴顏喀喇山之陽，曲折東南流二千數百里，經四川西徼之巴塘，南流入雲南西北邊，經麗江縣北，曰麗江，俗稱金沙江，此即小金沙江也。劉綎誓衆立碑之處，則在大金沙江之上，此江英文名 Irawadi，譯爲伊洛瓦底江，上游曰龍川江，其正源曰邁立開江，源出西藏喀木部南珞瑜野番山內，南行橫斷山脈之雪山谷中，入緬甸八莫地方，又西與雲南之龍川江相會，合而南流，又南至緬甸之孟養，古稱之爲大金沙江，禹貢黑水，佛經信渡河，蓋即指此。自孟養再流入仰光，分道入孟加拉灣，全長約一千五百哩。

四，藏刀鬼窟　鬼窟爲孟養天險。正統十一年王驥帥師十五萬征麓川，直抵金沙江，賊柵西岸，官軍造浮橋以破之；賊又柵鬼哭山巔，驥連破其十餘寨，墜死者萬計。碑文所云鬼窟，當即鬼哭山也。

五，王驥誓江碑記略　王驥事迹載明史一百七十一，茲不具述。其所立碑（與麓川土會思任發子思陸立誓之碑）在大金沙江東岸，光緒乙酉（十一年）英人踞我緬甸，及吞我素不屬緬之孟養，孟密，蠻莫，猛拱諸土司地，碑之所在遂非我有。庚子（二十六年）之冬，英兵徇江北上，闢三鴉硔爲密芝那府，修築鐵路，竟捶碎之，沈之江中，地既不保，史蹟亦無望幸存矣，可慨也。（景遂堂題跋語）

六，劉綎誓衆碑記略　萬曆十年十月，岳鳳殺隴川宣撫多士寧，据其地，結合緬酋莽應裏及諸夷，共起兵衆數十萬內侵，雲南巡撫劉世曾及巡按董裕告急，朝命劉綎爲騰越遊擊將軍，復移參將鄧子龍于永昌，各提兵五千赴勦，並調諸土軍應援，綎與子龍大破之，招降岳鳳，遂率鳳父子往攻下蠻莫，盡復三宣六慰之地，乘勝直搗阿瓦，緬酋莽瑞體之弟猛勺詣軍門降，朝廷晉綎爲總兵官。會朝命班師，綎遂去阿瓦至蠻莫，揚兵于金沙江，築將臺于王驥故址，受各土司誓，振旅而還。其築將臺立碑之處，在老蠻莫故址，今名新店之瑞亭山，位大盈江之東岸，距八莫二十四英里。年久碑仆，掩埋土中，民國十六年冬，土人掘出，爲騰衝商人李發昌所識，旋爲瑞亭山寺僧移置寺中。尹澤新先生于十九年奉中樞命，調查滇緬界務，親履其地，見豐碑字蹟宛然（參看圖），以其爲南中瓌寶，且有關界務，因拓數葉以歸（參考天南片羽）。前見許地山先生所得一幅，字蹟頗有模糊不辨者，當是後來所拓，稍失其眞矣。

七，威遠營刻石題跋　騰衝李希白先生（根源先生之兄）得尹澤新先生所寄威遠營刻石拓本，以其有關國土與史蹟，爲長歌紀其事云：『緬酋猖獗亂邊徼，烽火連天似秋燒。將軍殺賊攀枝花，夜雨天陰鬼哭叫。往昔邊將可憐生，聞賊欲來心膽驚。縱使天兵肆撻伐，深入不踰太公城。將軍偏師至阿瓦（緬都），羣蠻肉袒盟城下，大佛寺（緬名卜鴉舉，在阿瓦）裏犒從官，小明山（距阿瓦城北二里）頭立戰馬。中朝不識邊糾紛，誇功戮降誤將軍，功敗垂成足可惜（綎旋師後，諸夷多復叛），南方從此多邊氛。退軍蠻莫亦暇逸，緬酋雖獷不敢逼，旌旗紅映金沙江，將臺恢復尙書蹟。至今人士談邊功，嘗以將軍比臥龍，武侯降獲定南服，將軍納凰入緬宮。聲威遠讋衆土舍，椰酒雞豚共迎迓，將軍推腹置其心，不叛不侵歸王化。八募之區新店村，將軍誓師碑猶存，碑高九尺廣五尺，征西將軍劉誓言。中鐫威遠營三字，大書深刻鬱生氣，左書盟語意深長，右列受誓土司四。孟密安撫隴宣撫，木邦孟養兩宣慰，臨江高築受盟壇，萬曆十二年間事。吁嗟乎，三宣六慰我藩籬，歷世扞衞滇南陲，指碑試問舊版圖，隴川而外皆陵夷（今孟養，孟密，本邦皆淪于英）。強鄰尚自眈眈視，鯨吞蠶食更未已，一寸國土一寸金，不知誰是克家子』。（見天南片羽）

章炳麟先生跋云：『明征西將軍劉綎威遠營誓衆碑發于民國十六年，時其地早歸英有，緬人于蠻莫掘土得之，爲騰衝商人李發昌所識，至二十年界務專員尹明德拓得墨本以歸。緬甸蠻莫于明時本屬雲南行省，緬人雖數作不靖，討之恒立大功，劉公當明末造，其功又過于王靖遠。至清時則當乾隆全盛之世，勞師遠征，反爲緬屈，百年以後，遂爲英人襲奪。世人謂明之戰功，北不如南，清之戰功，南不如北，誠篤論也。是碑已淪異域，吾曹猶得覩其墨本，較之好大王碑，價復十倍矣』。（見景遂堂題跋）

八　附錄劉綎征緬甸露布

綎于萬曆十一年春平雲南，盡復三宣六慰之地，明年春遂進兵征緬甸，爲露布以聞曰：『爲仰仗天威，蕩平巨寇，恢復三宣六慰，傳露布以報大捷事。伏以王靈不振，恩威暨及于邊陲，天命維新，聲教復施于荒服。幸膚功之克捷，占景運之重熙。恭照逆夷岳鳳等，原以土司部落，糞草賤夫，狐媚欺孤，謀主奪印，雄吞六慰，威刼三宣，馴至結連逆黨，吞食諸夷，遂及勾引莽酋，憑陵中夏。上歲殺傷官軍，肆無忌憚，近年侵占內地，實屬伺窺。蓋謂騰越永昌，皆彼邱隴所在，碧雞金馬，亦其桑梓故墟。是以蜂屯蟻聚，謀爲不臧，輒敢鴟突鴞張，志非在小。憑孽狐之坵，跳梁見怪，恃狡兔之穴，跧伏偸安。以爲威弧不射，容知天網難逃。本職奉命以來，神飛智勇，足蹈心馳，自奮與賊勢不俱生，恨不滅此而後朝食。爰以萬曆癸未（十一年）十一月二十六日橫槊誓師，分道並進，披歷險隘，直抵賊巢：元惡當即倒戈就擒，脅從悉皆俯首受縛，月射千山，喜獲田禽之利，風行六詔，載揚霜隼之威。惟時大義結于衆心，勝氣騰于千里，神武龍驤于七校，歡聲雷動于九天，誰不鼓舞戎行，虔恭師律。戈戟連雲，直欲移烟塵于海島，鼓鼙動地，還期洗兵甲于天河。鬼蜮盡在目中，凱旋指諸掌上。虎穴笑談平，功收不戰，狼烟呼吸息，績底咸寧。據金沙，城蠻哈，言有大而非誇，通寶井，跨南溟，信無行而不利。士地充拓者不下數千餘里，擄掠奪回者概不計數萬餘人。緣相機宜，薄施措置，撫岳鳳而姑縱之，欲南夷聞風而懷服，討蠻莫而隨宥之，欲逆黨畏威而創懲，招猛密褒其母之慈賢，招猛養表其兄之忠憤，縛罕氏以復干崖故土，納木邦以慰殘蠻來歸，誘洞吾之憤爭，使之自相屠戮，諭阿瓦之欲附，使之反面仇讎，襲賊將於猛密，剪黠夷之羽翼，擒莽婿于猛養，出巨寇之爪牙；至于芒市賜跋猛甸遺氓之失業已久，則招安之以厚我之藩籬，南甸雷弄盞達黔首之顚連尤極，則賑貸之以固騰永之門戶。切雲霓之思者望風而嚮應，避水火之厄者襁負而爭先，當鋤強戡暴之威，存問死扶傷之惠，試兵甫及二月，犂掃爲之一空，遂使海濱梟雄，咸謂天威莫測，遐陬臣庶，共獻聖壽無疆。第念疆宇雖已廓淸，莽酋猶然肆大，若不亟加剿滅，終爲禍根蔓延，際可乘之時而經略，譬若建瓴，假彈壓之威以剪除，勢如破竹。卽于甲申年二月十一日糾合諸夷，歃血威遠營部，符定縱連橫進討；盖雖不殺止殺，實則以夷攻夷，財不費而國威愈張，師不煩而軍威愈振，共集堂堂之陣，用成赫赫之功。俟蕩平之後，另圖改土歸流，於平定之餘，更宜築關建堡，設大將旗鼓以控制要衝，立諸司衙門而相爲犄角，遂行屯田之策以足食，而財可以富，保障堅於未形，及練士著之民以足兵，而力可使強，么麽庶幾無患。由是雨霽雲開，見隴樹蒼山之色，風淸庭靜，斷羌絃番管之聲，俾滇南之安永保，萬世無虞矣。地方幸甚，國家幸甚。敬馳露布以聞』。（見景邃堂題跋引騰志）

觀露布所云云，可知綖在威遠營中立碑誓衆，所以招諸夷同受誓者，盖欲使之以夷攻夷，期不勞師，不費財，其計至善。俟蕩平之後，改土歸流，練士著以足兵，行屯田以足食，使邊陲長治久安，亦見經國之大計。當其由隴川猛密長驅直抵阿瓦，岳鳳父子先之，諸土司翼之，緬人畏懼，莽瑞體之弟猛勺知不敵，詣綖軍降，平緬之功在于旦夕，使得展才略，則露布所云云，誠「言雖大而非誇」也。乃當事者但知以獻俘爲功，日促解岳鳳，且有蜚語，謂綖與鳳有同鄉誼，故庇之，意叵測，綖不得已乃縛鳳父子獻于朝，遂班師。綖去則前日與誓諸夷亦解體，且多復叛，緬事愈不堪問矣，惜哉。至萬曆末，緬勢漸弱，又屢被暹羅所攻，中國莫能援，自後貢使遂絕。明南都亡後，永明王逃入滇，復爲吳三桂兵所逼，黔國公沐天波護之走蠻莫，緬酋遣人迎之。居久之，不堪供億之煩，且亦無尊帝意，因詭辭請帝幸望海樓，黔國公隨行，緬酋僞設盟，強帝與隨從飲咒水，黔國公遂遇害。無何三桂師逼緬，賂于緬酋，俘帝歸滇，帝自縊，明遂盡亡矣。南明一脈，覺于絕續存亡之間，斷送于緬酋之手，夷虜之反顏事仇雖不足責，然于此益令人念劉綎之未克平全緬，改土歸流，而遺此無窮之恨也。(參考明史緬甸傳，南明野史永曆帝紀。)

九，附論滇緬劃界問題　劉綎誓衆立碑之地(蠻莫)早已見吞于英，孟養，孟拱，孟密相繼不保，我之保境無方，人之蠶食未已，由是片馬騰衝有關國防要隘者，亦岌岌可危矣。觀于英之入野人山江心坡，久已視片馬以西之地爲其所有，法自滇越鐵路築成後，沿線駐兵，又威脅于南，疆界未清，強鄰環伺，苟不善爲之計，則西南國防尚堪問耶！

查清光緒二十三年(一八九七)中英兩國在北京簽訂中英續議緬甸條約，隨後中英互派專員，勘定疆界。自光緒二十三年至二十五年，先後勘定界址三段：其一，由紅蚌河(南奔江)流入大盈江(太平江)處起，北至尖高山止一段，計長一千餘里，于二十三年至二十四年劃定，立有界石三十九號。其二，由紅蚌河與大盈江相會處起，南至南帕河與南定河相會處公隆渡止，計長二千餘里，于二十四年冬至二十五年春劃定，立有界石九十七號。三由附近猛阿之南馬河流入南卡江處起，至南阿河流入瀾滄江處止，計長一千餘里，亦于二十四年至二十五年間劃定，立有界石六十二號。此外自尖高山以北(北緯二十五度三十五分之北)一段邊界，與由瀾滄縣屬南帕河流入南定河處起，至猛阿之南馬河流入南卡江處止(卽南段已定界之北)一段界址，俱未勘定。前者稱爲北段未定界，後者稱爲南段未定界。在北段未定界中，片馬江心坡均屬要隘；而班洪則南段未定界中之要隘也。

至光緒三十一年，中英重勘滇緬界線(卽北段未定之界)，英人欲以高黎貢山爲界，其目的不僅在据我片馬，實思佔据野人山全境，爲侵略滇康之地步。其時我國所派勘界專員愚昧無知，竟許以小江爲界，若然，則江以西野人山地宜爲緬之屬土，而不必爭執矣。當時外部尚能据理力爭，遂成懸案。乃英人野心不死，擅于宣統二年派兵侵佔片馬，且自密芝那築馬路通之，居然視爲領土。進而經營浪速，球夷，坎底，江心坡，野人山諸地，蠶食未已，則大理麗江兩府亦有脣亡齒寒之慮。是則北段界線應早日交涉勘定，不待言矣。近日我外交當局與英交涉滇緬劃界問題，經多次折衝之結果，得英政府同意，于二十四年四月九日交換照會，決定合組委員會重勘舊界，此誠吾國國防之重要問題，爲國人所應注意者。但查英使送達之照會，此次所勘界線乃指南段未定界而言，于北段未定界如何解決，全未提及，不知我政府之意是否須待南段界務問題解決，然後再交涉北段，抑因北段諸要隘英人已佔据有年，歸還無日，即默認現在已定之事實，而不欲過問也？若交涉有待，似應保留北段界再行勘定之聲明；不加聲明，豈不等于放棄交涉權利乎？即今南段劃界，折衝之間，所繫得失甚大，能保証不喪失國土與否，未可必也。縱不致失尺寸之地，而北段界務問題尙足爲隱憂，仍不可稍忽。吾因念大明征西將軍劉綎誓衆立碑之處，早淪爲異域，追懷先烈，愧恨交集，故并述目前滇緬劃界問題，望我當局與全國民衆共注意及之。

『覃懷』考

郭豫才

書禹貢，『覃懷厎績』。傳曰，『「覃懷」，近河地名』。疏曰，『地理志河內郡有懷縣，在河之北。蓋「覃懷」二字共爲一地，故云「近河地名」』。

酈道元水經注云，『河水……逕懷縣南，濟水故道之所入，與成皋分河』。

李吉甫元和郡縣志云，『懷州，禹貢冀州之域，「覃懷」之地。周爲畿內，及衛邶鄘三國。春秋時屬晉。七國時屬韓魏二國。秦……滅韓爲三川郡，滅魏爲河東郡。今州爲三川郡之北境，河東郡之東境。楚漢之際，項羽立司馬卬爲殷王，王河內；高帝二年降，以其地爲河內郡，…………理懷。……晉河內郡移理野王。隋罷郡，置懷州』。宋於此地置武陟縣。今懷縣故城在清河南懷慶府武陟縣西，即『覃懷』也。

曾旼云，『「覃懷」平地，當在孟津之東，太行之西。懷襄之時，平地致功爲難，故曰「厎績」』。(禹貢錐指引。)

金履祥通鑑前編云，『覃，大也。懷，地名。太行爲河北脊，脊上諸州並山險，至太行山盡頭地始平廣，田皆腴美，俗稱「小江南」，卽古「覃懷」也』。

王應麟通鑑地理通釋云，『沁水出沁州沁源縣(漢穀遠縣，後魏改，今屬威勝軍)羊頭山世靡谷，至懷州武陟縣入河』。

又『覃懷』共爲一地之名，說惟見梅傳，故近儒謂『從覃之「禫」讀「導」，「禫服」爲「導服」，則「覃懷」爲「導懷」。古本尙書凡「導」皆用「覃」，梅氏改篆，凡「覃」字皆爲「導」字。今「覃懷厎績」仍用「覃懷」者，是其遺蹤耳』。

綜觀上文，知漢時『覃懷』連用，不知其究厎。漢唐以來，『懷』名單行，而『覃』讀漸失。今豫人多『沁懷』連稱：『沁』，沁水也；『懷』，古地名也。開封猶有覃懷會館，士人習而不察，以稱『覃懷』者，意取古義而已。

今案釋『覃懷』者凡有三說：一以覃懷共爲一地之名；二謂覃乃狀況之詞，沃壤平衍之意；三則云覃卽導字。覃懷共爲一地之名，因其未加詁釋，依隨沿用，自不能成爲碻論。覃爲狀況詞者，統觀禹貢全文，無此語法。至謂覃卽導者，雖於禹貢文例相合，然禹貢惟有於山川言導（山如導岍導嶓冢，水如導河導江），懷非山川，言導非義。

攷懷城在今武陟縣西，上文已言之。舊時沁水由此東南屈折行，至陽武境入河。審聲脈水，意『覃』卽沁也。說文從覃聲之字：『簟』叶『寢』音，見詩斯干；『潭』叶『心』音，見楚辭抽思；淮南注『撏』讀『覃』；漢書注『鐔』音『淫』：是古音從覃從尋從心從𡈼之字皆可通假。今北人呼覃姓猶作『沁』音，是乃古之遺音。沁覃均在侵部，古無齒頭音，沁覃皆端透紐，二字音同，實古今字耳。禹貢導川，於冀境入河之川特詳，不應舉漳而遺沁。漳沁均挾泥沙難治，『覃懷厎績』殆爲治沁言也。今人不知覃卽沁字，多謂河水平地難以致功，甚不義也。沁上游，春秋左氏傳作少水，杜預解少水卽沁水。或釋『少』乃『心』之壞篆，顧無他顯證。國策『少曲』，舊釋少水之曲。然則懷爲覃所㝡，故亦謂覃懷歟？自漢以來，『沁』行而『覃』失其讀，雖以司馬貞世居覃水之側，亦熟視而謂無驗矣。

『覃懷』經史通語，人多不解，故草撰此文，以揭其隱。願就大雅敎正焉。

此文多蒙張中孚先生啓示與指正，特此誌謝。

古地理演化三例

賀次君

（地名來歷——地名遷徙——方向轉移）

古代地名山川名，其先皆通名也。後乃漸漸轉變而爲專名。通名者，因地相義，隨義得稱，如山之以橫列而名橫山，衡山，方山，水之以清澄而名瀓水，淢水，灉水，湘水是也。其始名無定處，相遞而下，遂成專名。此余師錢賓四先生(穆)之創論也。賓師於古史地理之考釋如有神助，每一引論，莫不啟發愚蒙，俾豁然開朗。嘗謂治古史者以考詳地理爲一絕大要端，惟古史地名往往錯出，如商人都亳，亳有數處，而推其原因不過二端，或則通名變爲專名，或則地名隨民族之遷徙而更其地望。古代民族以移居爲常事，一族之人散而之四方，則每以其故居遂而名其新邑，而其族之人相傳之故事亦隨其足跡所到而遞播遞遠焉。（賓師周初地理考，古三苗疆域考，楚辭地名考等，均以此例論古史地名。）苟能用此方法以治學，則古史中最難解答之問題，有如堅冰之渙釋，可以縱一葉之所如矣。

今請就地名而論。

地之有名，言者以禹主名天下山川，此實非定論。周官大司徒云：

掌天下土地之圖，周知九州地域廣輪之數，辨其山林，川澤，邱陵，墳衍，原隰之名物。

其謂古人於地之命名，亦有官司，疑亦未可盡恃。畢沅山海經新校正序云：

禹與伯益，主名山川，定其秩祀，量其道里，類別草木鳥獸，今其事見於夏書禹貢，爾雅釋地及此經南山經以下三十四篇。爾雅云：『三成爲昆侖丘。絕高謂之京。山再成，英。銳而高，嶠。小而衆，巋。屬者，嶧。獨者，蜀。上正，章。山脊，岡。如堂者，密。大山宮小山，霍。小山別大山，鮮。山絕，陘。山東曰朝陽』，皆禹所名。按此經有昆侖山，京山，英山，高山，歸山，嶧皋之山，獨山，章山，岡山，密山，霍山，鮮山，少陘山，朝陽谷，是其山也。

山川之名，固非出自禹益，畢氏之言自不足信。然即此可窺見古代地名均有其特殊之意義，並其由通名而轉爲專名之痕跡也。

地名之來歷，今於爾雅書中略可尋見。雖其書蒐采雜辭，成於漢代，（劉歆西京雜記，張揖進廣雅表等謂爾雅出於周公。西京雜記又云爾雅爲孔子與其弟子所作，以釋六藝者，鄭玄駁五經異義同其說。顧頡剛先生有文辨之，證其書出於西漢末年，載史學年報二卷一期。）而牢籠名物，博極古今，誠眇義之淵藪也。如釋山云：

山大而高曰崧。

詩大雅崧高：

崧高維嶽，

釋文『崧』字又作『嵩』，嵩，竦也，高之義。說文：

高，崇也。

國語周語云：

融降於崇山。

韋昭注：

崇，高也。

是崧，嵩，崇古訓相通，言其高也。山之高者俱可被以崧山，嵩山，崇山之名。始則通名，其後遂專以指河南登封之中岳嵩山，崇山之名遂不聞矣。又釋丘：

丘一成爲敦丘，再成爲陶丘，三成爲昆侖丘。

成，重也。詩衛風氓曰：

至于頓丘。

『頓』與『敦』通，見毛詩正義及釋名。水經注卷九引爾雅：

山一成爲頓丘。

字亦作頓。郭璞云：

江東呼地高堆者爲『敦』。

郝懿行爾雅義疏云：

敦之爲言堆也，敦訓爲厚，厚重義近，故一重之丘因以爲名。

是『頓』之義卽土堆，凡一重之丘皆可取是以爲名。陶者，說文：

再成丘也。

書禹貢正義引李巡曰：

再成，其形再重也。

陶從匋，累爲瓦器，凡丘形重累似之。後漢書明帝紀注引孫炎云：

形如累兩盂也。

蓋象匋形。漢書地理志濟陰郡定陶西南有禹貢陶丘，今山東定陶縣南七里有陶丘亭，水經濟水注引墨子以爲釜丘，古釜以匋爲，匋釜相通，既名陶丘，又兼釜丘之名也。

敦丘，陶丘既得，再說昆侖。今吾人一見昆侖之名，意識所嚮，便爲河所出山，西王母之所居，而不知實昧於昆侖之通名之初誼也。凡山形之三重三累者均可稱曰昆侖。水經河水注引昆侖說云：

昆侖之山三級，下曰樊桐，一名板桐；二曰玄圃，一名閬風；上曰層城，一名天庭。

又昆侖山記云：

崑崙山，一名崑丘，三重，高萬一千里。

此皆昆侖爲三重之義。水經注卷四云：

橫溪水出三累山，其山層密三成，故俗以三累名山。案爾雅『三成爲昆侖丘』，斯山豈亦昆侖丘乎？

累亦重也，其山既名三累，斯亦可以名昆侖，故字雖殊而義實相通。又如楚之巫山，有武山，舞山，熊山，洪山之名，後人寫定爲巫山，則武山，舞山，熊山，洪山之名遂不傳。（賓師楚辭地名考舉例甚豐。）故若橫溪水所出之山，寫定其名爲昆侖，則三累之名亦卽湮晦矣。

今之頓丘，陶丘，昆侖是否如爾雅所言一成再三成，良不可曉，要皆古義如此。凡一地名之由來必淵原有自，其衍變多可尋究，非務出游辭，強爲汎說者也。

地名既得，請再論地名之遷徙。

地名之遷徙，蓋與故事之流傳相足，而故事流傳所至，亦必造其地名以實之。『昔者禹朝諸侯之君會稽之上，防風氏後至而禹殺之。』（韓非子釋邪篇。）越絕書云：

禹，始也憂民救水，到大越，上茅山，大會計，爵有德，封有功，更名茅山曰會稽。及其王也，巡狩大越，……因病亡死，葬會稽。

禹爲神人，廣傳生靈之耳目，凡考地理探禹蹟者，皆以會稽爲其故事之中心，言其地望則莫不曰在今浙江紹興。今其地且有禹冢，有禹廟焉。然禹之地域，以古史眞相言之，當限於黃河流域而止，不能越大江而至浙江紹興以會諸侯，雖不智者亦可知之也。會稽果何在？茲略據師說以明之：

水經注：

會稽之山，古防山也，亦謂之茅山，又曰棟山。

茅山者，左傳文公三年：

秦伯伐晉，自茅津濟，封殽尸而還。

水經河水注云：

河水東過陝縣北，河北有茅城，故茅亭，爲茅戎邑，津取名焉。

茅山卽會稽，其地望以茅城茅津推之，正在河北大陽，所謂大夏之虛也。吳越春秋：

禹還歸大越，登茅山，以朝四方羣臣。

後人習見揚越，遂信其必在浙江。而不知河北晉地固亦有越。逸周書世俘解：

呂他命伐越。

此越卽商邑近畿國，必非揚越矣。禹之足跡不出黃河流域，則其所至之越自不能遠在浙江。（賓師論會稽不在浙江見周初地理考。吾友張公量先生有古會稽考，亦主賓師說，載禹貢第一卷第七期。）孔子曰：『禹，吾無間然矣』（論語）。大禹爲諸夏崇仰之祖先，治洪水，定九州，種種傳說皆歸之，其故事亦隨夏人足跡之所至而流播；會稽之在浙江，以越人之自稱夏後而來也。余早年至四川巴縣，見其地有塗山，禹穴，禹廟，春秋佳日，香客絡繹不絕，儼然禹之神靈在焉。禹蹟之在四川，是亦地名隨傳說而遞播之一證也。

古史中此類問題夥夥，苟知地名遷徙之原則，而使用此方法以探檢之，則往往可得意外之收穫。如屈原居漢北，今日相傳屈原之故事則在湖南。滄浪，湘，沅，澧等水見於湖南，而漢北之跡轉晦。此地名之遷徙，亦云奇矣。吾師著楚辭地名考，以屈原居漢北，考證楚辭地名實在淮漢之間。倘不經此一番爬梳，則其蹟永湮矣。然屈原故事在湖南，自史記而後相承無異，又經千百年之造就，循環相成，一無罅漏，今一旦根本推翻，當不能禁讀者之驚奇也。但爲此論者，既有大例可循，又復切近古史眞相，苟能平心觀之，自知其非鑿空耳。

與地名之轉變遷徙甚相近而極有關係者，則爲方向之轉移。吾國疆域之漸漸擴大，乃歷史上不掩之事實。疆域擴張之於方向遷徙，自有莫大之關係。古代之所謂『南方』，僅至淮水。後漢書東夷傳曰：

> 厲王無道，淮夷入寇。王命虢仲征之，不克。

虢仲盨曰：

> 虢仲與王南征，伐南淮夷。

無㠱毁曰：

> 隹王十又三年，正月初吉，壬寅，王征南淮夷。

是淮水流域在周時爲南，其地種人則曰南淮夷也。樂記曰：

> 舜作五絃之琴以歌南風。

詩小雅鼓鐘之詩曰：

> 淮水湯湯，……鼓鐘欽欽，鼓瑟鼓琴，以雅以南，以籥不僭。

淮水之歌即南風也。故江漢汝淮間詩，名曰二南。楚自若敖蚡冒，篳路藍褸，以啟山林，其勢日盛；至於春秋，最爲強國。而經傳言南，皆指荆楚。左傳成公九年：

> 晉侯觀于軍府，見鍾儀，問之曰，『南冠而縶者誰也？』有司對曰：『鄭人所獻楚囚也。』使稅之，召而弔之，再拜稽首。……使與之琴，操南音。

楚之疆域，較周時『二南』則稍移而南矣，然最南亦不踰大江。『二南所詠，曰江漢，曰汝墳，曰南山，曰河州。約略言之，則自南陽襄鄧，向西以至商雒漢中，向東及光黃汝穎，蓋皆二南之所逮也』。（楚辭地名考論楚辭疆域源流。）楚之一名亦自西而東，春秋時在漢域，而戰國末年乃至漢初則在淮域，故項劉皆稱楚。後吳王濞招致四方游士，吳嚴忌，淮陰枚乘之徒雲集，開漢代辭賦之先。劉安王淮南，又繼其風，其羣臣賓客皆出江淮間。武帝詔使爲離騷賦，旦受詔，食時畢，則楚辭與淮南地域，血脈相貫也。後世南疆開闢，地域擴大，乃目今之湖南廣東等地爲南。於是見古史南字，亦每每誤以江南乃至嶺南之地說之。其於西北也亦然。賓師論楚辭，既定其出於淮漢之上流；賓師論春秋西戎北狄，亦與舊說異解。驟視若新奇，細審則見平實。蓋方向之轉移，與地名之遷徙，固在同一大例之下也。

兩唐書地理志互勘（隴右道，劍南道）

史念海

隴右道

秦州中都督府舊志五縣秦州天水郡中都督府新志六縣

上邽　成紀　伏羌　隴城　清水

右兩志同者五縣。

長道舊志屬成州，咸通十三年改隸。

右新志多者一縣。

馬邑州舊志不載

右新志秦州都督府所領羈縻州一。

成州下舊志三縣新志屬山南西道

上祿　同谷

右兩志同者二縣。

長道新志屬秦州，咸通十三年改隸。

右舊志多者一縣。

渭州下舊志四縣渭州隴西郡中都督府新志四縣

襄武　隴西　渭源　鄣

右兩志同者四縣。

鄯州下都督府舊志三縣鄯州西平郡下都督府新志三縣

湟水　龍支　鄯城

右兩志同者三縣。

蘭州下舊志二縣蘭州金城郡下新志二縣

五泉　廣武新志曰金城，乾元二年更名。

右兩志同者二縣。

臨州下都督府舊志二縣臨州狄道郡下都督府新志二縣

狄道　長樂

右兩志同者二縣。

保塞州

右臨州都督府所領羈縻州一，兩志均載。

河州下舊志三縣河州安昌郡下新志三縣

枹罕　大夏　鳳林

右兩志同者三縣。

武州下舊志三縣階州武都郡下新志三縣

將利　覆津新志曰福津，景福元年更名。　盤堤新志作盤隄。

右兩志同者三縣。案：武州更名，事在景福元年。

洮州下舊志二縣洮州臨洮郡下新志一縣

臨潭

右兩志同者一縣。案：舊志洮州本一縣，而志文言領縣二者，誤也。

密恭縣

右洮州所轄之羈縻縣一，兩志均載。

岷州下舊志三縣岷州和政郡下新志三縣

溢樂　枯川新志作祐川。　和政

右兩志同者三縣。

廓州下舊志三縣廓州寧塞郡下新志三縣

廣威　達化　米川

右兩志同者三縣。

疊州下都督府舊志二縣疊州合川郡下新志二縣

合川　常芬

右兩志同者二縣。

宕州下舊志二縣宕州懷道郡下新志二縣。

懷道　良恭

右兩志同者二縣。

涼州中都督府舊志五縣涼州武威郡中都督府新志五縣

姑臧　神烏新志作神鳥。　昌松　天寶　嘉麟

右兩志同者五縣。

案：舊志涼州中都督以下諸州郡，別稱河西道，然乃由隴右道分出，不在十道之內，故不別列。

吐渾部落新志僅有閤門州。　興昔部落新志作興昔部督府。　閤門州新志作閤門州。　皐蘭府新志作皐蘭州。　盧山府新志作盧山都督府。　金水州　蹛林州　賀蘭州

右涼州所領羈縻州，兩志同者八州。

甘州下舊志二縣甘州張掖郡下新志二縣

張掖　刪丹

右兩志同者二縣。

肅州下舊志二縣肅州酒泉郡下新志二縣

酒泉　福祿

右兩志同者二縣。

玉門

右新志多者一縣。

瓜州下都督府舊志二縣瓜州晉昌郡下都督府新志二縣

晉昌　常樂

右兩志同者二縣。

伊州下舊志二縣伊州伊吾郡下新志三縣

伊吾　柔遠　納職

右兩志同者三縣。案：舊志屬縣凡三，志文言二縣者，誤也。

沙州下舊志二縣沙州燉煌郡下都督府新志二縣

燉煌　壽昌

右兩志同者二縣。

案：唐會要：「沙州，永徽二年五月升爲都督府」。

西州中都督府舊志五縣西州交河郡中都督府新志五縣

高昌新志作前庭，寶應元年更名。　柳中　交河　蒲昌　天山

右兩志同者五縣。案：舊志以交河附於柳中之下，微誤。

北庭都護府舊志三縣北庭大都護府新志四縣

金滿　輪台　蒲類新志曰後庭，寶應元年更名。

右兩志同者三縣。

西海舊志無。寶應元年置。

右新志多者一縣。

鹽治州　鹽祿州　陰山州　大漠州　輪臺州　金滿州（以上六州兩志均爲都督府。）　玄池州　哥係州　咽麪州　金附州　孤舒州　西鹽州　東鹽州　叱勒州　迦塞州　馮洛州（以上十州新志皆都督府，舊志則否。）　匐陵　潔山　雙河　鷹娑　嗢鹿州　沙陀州　答爛州（以上七都督府僅見於新志，舊志不載。）

濛池都護府　昆陵都護府　特伽州　雞洛州　（以上二都護府二州亦僅見於新志。）

以上諸羈縻州皆隸於北庭都護府。

安西大都護府新舊兩志相同。

龜茲都督府（領州九，州名闕。）　畋沙（新志作毗沙）都督府（領州十，名闕。）　焉耆都督府　疏勒都督府（舊志無領州，新志領州十五，州名闕。）

右安西都護府所統之四鎮，兩志所載略同。

月氏都督府（舊志領州二十四，州名闕，舊志以下至寫鳳諸都督府之州均缺。新志領州二十五：藍氏，大夏，漢樓，弗敵，沙律，媯水，盤越，忸密，伽倍，粟特，鉢羅，雙泉，祀惟，遲散，富樓，丁零，薄

知，桃槐，大檀，伏盧，身毒，西戎，蔑頡，疊仗，苑湯。) 大汗都督府(新舊志領州皆爲十五，新志州名爲：附墨，奄蔡，依耐，犂，榆令，安屋，劉陵，碣石，波知，烏丹，諸色，迷密，盼頓，宿利，賀那。) 條支都督府(舊志八州。新志九州：細柳，虞泉，犂靳，崦嵫，巨雀，遺，西海，鎮西，乾陀。) 大馬新志作天馬都督府(舊志三州。新志二州：洛那，束離。) 高附都督府(舊志三州。新志二州：五翎，休蜜。) 修鮮都督府(舊志十一州。新志十州：毗舍，陰米，波路，龍池，烏弋，羅羅，檀特，烏利，漠，懸度。) 寫鳳都督府(兩志皆爲四州：嶰谷，冷淪，悉萬，鉗敦。) 悅般新志有州字都督府(領雙靡州，兩志同) 奇沙州(領沛隸，大秦二州，兩志同) 和默州新志作姑墨州(領粟弋州，兩志同) 拔摋州新志作旅獒州。 昆墟州 至拔州新志作至拔州。 烏飛州新志作鳥飛州。 王庭州自奇沙州至此，新志皆爲都督府。 波斯都督府。

右安西都護府所領十六都督州府，兩志所載略同。

烏壘州　和墨州　溫府州　蔚頭州　遍城州　耀建州　寅度州　豬拔州　達滿州　蒲順州　郢及滿州　乞乍州　嫣塞都督府　渠黎都督府

右安西都護府所轄之羈縻州府，僅見於新志，而舊志不載者，十二州二府。

劍南道

成都府舊志十縣成都府蜀郡赤新志十縣

成都　華陽　新繁　犀浦　雙流　廣都　郫　溫江　靈池　新都

右兩志同者十縣。案：舊志以新都誤連於華陽之下，故似九縣，其實不誤。

漢州上舊志五縣漢州德陽郡上新志五縣

雒　德陽　什邡　綿竹　金堂

右兩志同者五縣。

彭州上舊志四縣彭州濛陽郡緊新志四縣

九隴　濛陽　導江

右兩志同者三縣。

唐昌

右新志多者一縣。案：舊志彭州屬縣四，而志文僅得三縣，是又誤遺一縣也。新志有唐昌縣，注，儀鳳志文作鳳儀，誤。二年析九隴導江郫置，長壽二年日周昌，神龍元年復故名。是唐昌之置，遠在天寶以前，舊志不載，非也。

蜀州舊志四縣蜀州唐安郡緊新志四縣

晉源　青城　唐安　新津

右兩志同者四縣。

眉州上舊志五縣眉州通義郡上新志五縣

通義　彭山　丹稜　洪雅　青神

右兩志同者五縣。

綿州上舊志九縣綿州巴西郡上新志八縣

巴西　昌明　魏城　羅江　神泉　鹽泉　龍安　西昌

右兩志同者八縣。

涪城新志屬梓州，大曆十三年改隸。

右舊志多者一縣。

劍州舊志八縣劍州普安郡上新志八縣

普安　黃安新志曰普城，唐末更名。永歸　梓潼　陰平　武連
臨津　劍門

右兩志同者八縣。

梓州上舊志八縣梓州梓潼郡下新志九縣

郪　射洪　通泉　玄武　鹽亭　飛烏　永泰　銅山

右兩志同者八縣。

案：新志梓州爲下，疑誤，會要：「梓州，會昌四年升爲緊州」，可証。

涪城舊志屬綿州，大歷十三年改隸。

右新志多者一縣。

閬州舊志九縣新志屬山南西道

閬中　晉安　南部　蒼溪　西水　奉國　新井　新政　岐坪

右兩志同者九縣。

果州中舊志六縣新志屬山南西道

南充　相如　流溪　西充　岳池

右兩志同者五縣。

郎池新志屬蓬州，寶應元年改隸。

右舊志多者一縣。

遂州中舊志五縣遂州遂寧郡中都督府新志五縣

方義　長江　蓬溪　青石　遂寧

右兩志同者五縣。

案：遂州升爲都督府，事在大曆二年二月，見唐會要。

普州中舊志四縣普州安岳郡中新志六縣

安岳　安居　普康　崇龕

右兩志同者四縣。

普慈　樂至

右新志多者二縣。

陵州中舊志五縣陵州仁壽郡中新志五縣

仁壽　貴平　井研　始建　籍

右兩志同者五縣。

資州上舊志八縣資州資陽郡上新志八縣

盤石　資陽　牛鞞新志作淸溪，天寶元年更名。　內江　月山

龍水　銀山　丹山

右兩志同者八縣。

榮州中舊志六縣榮州和義郡中新志六縣

大牢新志曰應靈，天寶元年更名。　公井　威遠　旭川　資官

和義

右兩志同者六縣。

簡州舊志三縣簡州陽安郡下新志三縣

陽安　金水　平泉

右兩志同者三縣。

嘉州中舊志八縣嘉州犍爲郡中新志八縣

龍遊　平羌　峩眉　夾江　玉津　綏山　羅目　犍爲

右兩志同者八縣。

邛州上舊志七縣邛州臨邛郡上新志七縣

臨邛　依政　安仁　大邑　蒲江　臨溪　火井

右兩志同者七縣。

雅州下都督府舊志五縣雅州盧山郡下都督府新志五縣

嚴道　盧山　名山　百丈　榮經

右兩志同者五縣。

壽梁州新志作東嘉梁州，西嘉梁州。　東石孔州　西石孔州　林波州　涉邛州　汶東州　金林州　費林州　徐渠州　會野州　雅州　中川州　鉗矢州　強雞州　長臂州　楊常州　林燒州　當仁州　當馬州

右雅州都督府所屬羈縻州，兩志同者十九州。

羅巖州舊志屬黎州都督府　雉州　椎梅州　三井州　東鋒州　名配州　鉗恭州　斜恭州　畫重州　羅林州　籠羊州　龍逢州　敢川州　驚川州　楇眉州　作燭州　當品州　嚴城州　昌磊州　鉗井州　木重州　楇林州　三恭州　布嵐州　欠馬州　羅蓬州　論川州　讓川州　遠南州　卑廬州　夔龍州　耀川州　金川州　鹽井州　涼川州　夏梁州　甫和州　槪查州舊志屬黎州。

右雅州都督府所領羈縻州，新志多者三十八州。

黎州下舊志三縣黎州洪源郡下都督府新志三縣

漢源　飛越　通望

右兩志同者三縣。

索古州　秦上州新志作奉上州　輒榮州　劇川州　合欽州　蓬州新志作蓬口州　栢坡州　博盧州　明川州　胣胈州新志作胣胈州　蓬矢州　大渡州　米川州　木屬州　河東州　諾莋

州新志作諸柞州　甫嵐州　昌明州　歸化州　象川州　叢夏
州　和良州　和都州　附樹州　東川州　上貴州　滑川州
比川州　吉川州　甫藁州新志作雨孿州　比地州新志作北地州
蒼榮州　野川州　邛陳州新志作邛凍州　貴林州　護川州
牒琮州新志作牒珍州　浪彌州　郎郭州　上欽州　時蓬州
儼馬州　邛川州　護邛州　腳川州　開望州　上蓬州　北
蓬州新志作比蓬州　剁重州　久護州　瑤劍州　明昌州

右黎州所屬羈縻州，兩志同者五十二州。

羅巖州　櫷查州上二州，新志隸雅州。

右黎州所屬羈縻州，舊志多者二州。

瀘州下都督府舊志六縣瀘州瀘川郡下都督府新志五縣
瀘川　富義　安江新志作江安。　合江　綿水

右兩志同者五縣。

涇南後省入瀘川。

右舊志多者一縣。

納州舊志八縣納州都寧郡新志八縣
羅圍　播羅　施陽　都寧　羅當　羅蘭　都口　胡茂

右兩志同者八縣。

薛州舊志三縣薩州　黃池郡新志二縣
黃池　播陵新志作播陽。

右兩志同者二縣。

枝江新志作支江，屬定州。

右舊志多者二縣。

晏州舊志七縣晏州羅陽郡新志七縣
思峩　柯陰　新賓　扶來　思晏　多岡　羅陽

右兩志同者七縣。

鞏州舊志四縣鞏州因忠郡新志五縣
多樓　波員新志作波婆。　比求　播郎

右兩志同者四縣。

都擿。

右新志多者一縣。

順州舊志五縣順州新志五縣
曲水　順山　靈巖　來猿　龍池

右兩志同者五縣。

奉州舊志三縣奉州新志二縣
柯里　羅蓬新志作邏逢。

右兩志同者二縣。

柯巴新志屬高州。

右舊志多者一縣。

思莪州舊志二縣思莪州新志二縣

多溪 洛溪新志作洛溪。

右兩志同者二縣。

龍州舊志四縣能州新志四縣

寧新志作長寧。來銀 菊池 猿山

右兩志同者四縣。

淯州舊志四縣淯州新志四縣

新定 淯川 固城 居牢

右兩志同者四縣。

浙州舊志四縣浙州新志四縣

浙源 越賓 洺川 鱗山

右兩志同者四縣。

高州舊志無，新志三縣

牁巴舊志屬奉州 移甫 徒西

右新志三縣。

宋州舊志無，新志四縣

牁龍 牁支 宋水 廬吾

右新志四縣。

長寧州舊志無，新志四縣

婆員 波居 靑廬 龍門

右新志四縣。

定州舊志無，新志二縣

支江舊志作枝江，屬薛州。 扶德

右新志二縣。

右自納州以下，直至定州，其間凡十有四州，大抵皆儀鳳以後，招撫苗猺，大開山洞，因而置建者，無實土，無戶口；其先尙等於內地諸州郡，稍後以其地荒鄙，漸次省廢，先天以後遂等於羈縻州矣。總此十四州郡，皆隸於瀘州都督府。

茂州都督府舊志四縣茂州通化郡下都督府新志四縣

汶山 汶川 石泉 通化

右兩志同者四縣。

翼州下舊志二縣翼州臨翼郡下新志三縣

衞山 翼水

右兩志同者二縣。

雞川 昭德此二縣乃開生獠所置，不在天寶二縣之列，二縣後入滇州。

右舊志多者二縣。

峨和

右新志多者一縣。

維州下舊志二縣維州維川郡下新志三縣

薛城　小封新志曰通化，咸亨後更名。

右兩志同者二縣。

歸化

右新志多者一縣。

塗州（縣三：臨塗，端源，悉憐。）　炎州（縣三：大封，慕仙，義川。）

徹州（縣三：文徹，俄耳，文進。）　向州（縣三：貝，左，向貳。）

冉州（縣四：冉山，磨山，玉溪，金水。）　穹州（舊志未載縣名，新志五縣：小川，徹當，璧川，當博，恭耳。）　笮州（縣三：遂都，亭勸，北思。北思新志作比思。）　蓬魯州舊志自此以下不錄　姜州　恕州

葛州　勿州　鞮州　占州　達州　浪州　邠州　斂州

補州　賴州　那州　舉州　多州　爾州　射州　鐸州　平祭州　時州　箭州　婆州　浩州　質州　居州　可州　岩州　歸化州　奈州　竺州　卓州

右茂州都督府以下諸州，乃武德以後開夷獠所置，其後維翼二州，升爲正州，同於內地，所餘諸州則並爲羈縻。他若塗，炎，徹，向，冉，穹，笮七州，舊志雖云繼翼維而後升爲正州，然新志尚歸於羈縻之列，今從新志。

戎州中都督府舊志五縣戎州南溪郡中都督府新志五縣

僰道　南溪　義賓　開邊　歸順

右兩志同者五縣。

協州（縣三：東安，西安，胡津。）　曲州（縣二：朱提，唐興。）

郎州（新志曰黎州。兩志皆屬縣七：味，同樂，升麻，同起，新豐，隴堤，麻泉。麻泉，新志作泉麻。）　昆州（新志曰南寧州。兩志皆屬縣四：益寧，普寧，安寧，秦臧。普寧，新志作晉寧。）　盤州（縣三：附庸，平夷，盤水。附庸，新志作附唐。）　黎州（新志作昆州。兩志皆屬縣二：梁水，絳。）　匡州（縣二：勃弄，匡川。）　髳州（新志作髳州。兩志皆屬縣四：湠水，青蛉，歧星，銅山。）　尹州（縣五：馬邑，天池，鹽泉，甘泉，涌泉。甘泉，新志作百泉。）　曾州（縣五：曾，三部，神泉，龍亭，長和。）　鈞州（縣二：望水，唐封。）　縻州（縣二：磨豫，七部。）　裒州（縣二：揚彼，强樂。）　宋州（新志作宗州。兩志皆屬縣三：宗居，石塔，河西。）　徽州（新志作微州。兩志皆屬縣二：深利，十部。）（自協州至徽州，共間除宋州外，舊志皆爲下州，新志則不列等第。）　望州（自此以下舊志皆不載。）　諺羅州　麻州

英州　聲州　勤州　傍州　求州　丘州　覽州　咸州　瀘

慈州　歸武州　嚴州　湯望州　武德州　奏龍州　武鎮州

南唐州　連州（縣六：都寧，邏遊，當爲，羅龍，加平，清坎。）　南州（縣三：播政，百榮，洪盧。）　德州（縣二：羅遇，萬嚴。）　爲州（縣二：扶僧，羅口。）　洛州（縣四：臨津，賓夷，曾城，葱樂。）　移州（縣三：移當，臨河，湯陵。）　悅州（縣六：甘泉，青賓，臨川，悅

水，夷鄰，胡播。）　鏡州（縣六：夷郎，賓唐，溪琳，琮連，池臨，野井。）　錡州（縣八：鹽水，錡山，羅余，臨居，澄灡，臨崑，唐川，尋源。）　志州（或作總州。縣四：浮萍，雞惟，夷賓，河西。）　盈州（縣四：盈川，塗賚，播陵，施燕。）　武昌州（縣七：洪武，羅矼，琅林，夷朗，來賓，羅新，綺婆。）　扶德州（縣三：宋水，扶德，阿陰。）　播朗州（縣三：播勝，從顏，順化。）　信州　居州　炎州　馴州（縣五：馴祿，天池，方陁，羅藏，播騁。）　騁州（縣二：斛木，羅相。）　浪川州（縣五：郎浪，郎達，何度，郎仁，因閣。）　靖州（縣三：靖川，分協，口口。）　播陵州　鉗州　哥靈州　禞州（縣三：拱平，掃宮，羅谷。）　切騎州（縣四：柳池，奏祿，際託，通識。）　品州（縣三：八秆，松花，牧口。）　從州（縣六：從化，昆池，武安，羅林，梯山，南寧。）　牱連州（縣三：牱連，羅名，新戍。）　磯衛州（縣三：麻金，磯衛，涪麻。）

右自協州以下凡州六十三，縣一百四十六。舊志雖錄此數（案舊志稱有三十六州，一百三十縣，似誤），而所載者不過十餘州，四十餘縣。誠以地既荒梗，又鮮人口，不過名稱而已。凡此諸州皆受羈縻於戎州都督府。

姚州舊志二縣　姚州雲南郡下新志三縣

瀘南　長明

右兩志同者二縣。

姚城

右新志多者一縣。

于州　異州　五陵州　袖州　和往州　舍利州　范鄧州

野共州　洪郎州　日南州　眉鄧州　澄備州　洛諾州

右十三州，乃武德四年開蠻夷所置，並隸於姚州都督府，為羈縻州。新志載其名稱如右；舊志僅錄其數，然所錄為二十二，與此不合，恐誤。

嶲州中都督府舊志七縣　嶲州越嶲郡中都督府新志九縣

越嶲　邛都新志作邛部　臺登　蘇祁　西瀘　昆明　會川

右兩志同者七縣。

和集　昌明

右新志多者二縣。

思亮州　杜州　初漢州　孚川州　渠川州　丘盧州　祐州

計州　龍施州　月亂州　浪彌州　月邊州　團州　櫃州

威川州　米羌州

右十六州見於新志，而舊志不載；亦羈縻州之類，而隸於嶲州都督府者。

松州下都督府舊志三縣　松州交川郡下都督府新志四縣

嘉誠　平康　交川

右兩志同者三縣。

鹽泉

右新志多者一縣。

文州舊志二縣 新志屬山南西道

曲水

右兩志同者一縣。

長松

右舊志多者一縣。

扶州舊志四縣 新志屬山南西道

同昌　帖夷　萬全　鉗川

右兩志同者四縣。

龍州下舊志二縣 龍州應靈郡中都督府新志二縣

油江　清川

右兩志同者二縣

當州下舊志三縣 當州江源郡下新志三縣

通軌　和利新志作利和。 谷利新志作谷和。

右兩志同者三縣。

悉州舊志一縣 悉州歸誠郡下新志二縣

左封　歸誠

右兩志同者二縣。案：舊志悉州所領二縣，志文僅有一縣，則二縣誤矣。

靜州舊志二縣 靜州靜川郡下新志三縣

悉唐　靜居

右兩志同者二縣。

清道

右新志多者一縣。

恭州下舊志三縣 恭州恭化郡下新志三縣

和集　博恭　烈山

右兩志同者三縣。

柘州下舊志無領縣 柘州蓬山郡下新志二縣

柘　喬珠

右新志二縣。

保州下舊志二縣 保州天保郡下新志四縣

定廉　歸順　雲山

右兩志同者三縣。案：舊志保州三縣，而志文誤言二縣，非是。

安居

右新志多者一縣。

眞州下舊志三縣 眞州昭德郡下新志四縣

眞符　雞州　昭德

右兩志同者三縣。

昭遠

右新志多者一縣。

霸州下舊志一縣霸州靜戎郡下新志四縣

信安新志作安信

右兩志同者一縣。

牙利　保寧　歸化

右新志多者三縣。

案：舊志：「(文州以下)十一州，舊屬隴右道；永徽已後，割屬松州都督府，入劍南道」。細審諸州建置之初，多爲羌人所居；即其後收入版圖，亦皆因其人而置官，不與正州等，是亦羈縻之州也。然新志龍州文內，則又云：「初爲羈縻，屬茂州(?)；垂拱中爲正州」。又新志之敍上列諸州也(自龍州以下)，皆同諸正州，不與羈縻州等，是知諸州稍後固均升爲正州矣。

崌州(縣二：江源，落稽。)　闊州(縣二：闊源，落吳。)　麟州(縣七：陝川，和善，斂具，陝源，三交，利恭，東陵。斂具，新志作劍具。)　雅州(縣三：新城，三泉，石龍。)　叢州(縣三：寧遠，臨泉，臨河。)　可州(縣三：義誠，清化，靜方。)　遠州(縣二：羅水，小部川。)　奉州(縣三：奉德，思安，永慈。)　巖州(縣三：金池，甘松，丹嶺。)　彭州(縣四：洪川，歸遠，臨津，歸正。)　軌州都督府(縣四：遍川，玉城，金源，俄徹。)　直州(縣二：集川，新川。)　肆州(縣四：歸唐，芳叢，邇水，磨山。)　蛾州(縣二：常平，那川。)　(上各州新舊兩志皆載之。)　懿州(縣二：吉當，唐位。)　諸州(縣三：諸川，歸德，羅滑。)　盍州(縣四：湘水，河唐，曲嶺，枯川。)　位州(縣二：位豐，西使。)　玉州(縣二：玉山，帶河。)　漳州(縣四：洛州，顯川，桂川，顯平。)　祐州(縣二：廓川，歸定。)　臺州　橋州(上諸州僅舊志載及。)　研州　探那州　怛州　毗州　河州　幹州　瓊州　犀州　龕州　陪州　如州　麻州　霸州　磵州　光州　至涼州　嶂州　思帝州　統州　穀印州　達違州　萬卑州　慈州　融洮州　執州　答針州　稅河州　吳洛州　齊帝州　苗州　始目州　悉多州　質州　兆州　求易州　託州　志德州　延避州　略州　索京州　拓剛州　明桑州　白豆州　瓚州　會和州　和昔州　祝州　索川州　拔揭州　鼓州　飛州　索渠州　目州　寶劍州　津州　拓鍾州　紀州　徽州　拱州　劍州(上諸州僅新志載及。)

右所述諸州隸松州都督府，皆武德貞觀之時，招降黨項羌夷諸蠻族所置，其間叛降不常，故制置亦不一。新志所載諸州，除雅，蛾，拱，劍外，皆在隴右道內，舊志之二十五州亦然，蓋始置之時如此也。

合州巴川郡中舊志屬山南西道，新志六縣。

石鏡 新明 漢初 赤水 巴川 銅梁

右兩志同者六縣。

渝州南平郡下舊志屬山南西道，新志五縣。

巴 萬壽 江津 南平

右兩志同者四縣。

璧山舊志無。至德二載析巴，江津，萬壽置。

右新志多者一縣。

案：新書方鎮表：「乾元二年東川節度使增領昌，渝，合三州」。趙紹祖曰：「（渝，合）割屬，或在斯時」。（見新舊唐書互証）

昌州下都督府舊志無，新志四縣

大足（本合州昆川地） 靜南 昌元 永川本渝州璧山縣地

右新志四縣。案：新志：「昌州下都督府，乾元二年析資，瀘，普，合四州之地置。……大曆六年州縣廢，其地各還故屬。十年復置」。是昌州之置過晚，舊志不及載耳。

乾州下舊志無，新志二縣

招武 寧遠

右新志二縣。案：乾州置於大曆三年，故舊志亦不及載。

保寧都護府舊志無，新志有

案：保寧置於天寶八載，以之領吐番，牂牁，未知舊志何以不載。

蒙古的盟部與旗

美國拉丁摩著 侯仁之譯

Owen Lattimore 氏生長中國，並識蒙藏語文。因受美國學術機關委託，曾遍遊滿蒙新疆以及西藏，專事研究中國邊疆問題。著有 High Tartary (1930), Manchuria, Cardle of Conflict (1932), Chinese Colonization in Iuner Mongolia (1932), The Gold Tribe, "Fishskin Tartars" of the lower Sungari (1933), China aud the Barbarians (1934), The Mongols of Manchuria (1934) 諸書。其夫人 (Eleanor Holgate Lattimore) 著有新疆遊記 (Turkestan Reunion) 一書，亦頗饒趣味（四卷一期文學新年號有簡略之介紹）。氏現任太平洋情報 (Pacific Affairs) 主筆。

本文即係譯自 Mongols of Manchuria 一書之第七章。前六章就歷史上剖析漢滿蒙三族間之相互關係，演變及其經過。自第五章而後，則詳論蒙人在滿洲之種族的分佈與地理的沿革。茲擬自第五章起，將涉及蒙人之地理分佈部份，陸續繼譯介紹，以供國人參考。

書之前六章中，作者以歷史學者之立場，縱論蒙人之史實命運，立論頗有大膽獨到之處。但氏最近於本年第一期 Pacific Affairs (Vol. VIII. No. I. March 1935) 發表一文，題曰："Prince, Priest and Herdsman in Mongolia"。本書前六章之精華幾盡凝集其中。嗣當抽暇迻譯，以代此前六章，所以省篇幅與讀者時間也。

——譯者

在詳細討論蒙古人在滿洲的目下組織之前，首先須把用於蒙古種族單位和行政分割上的名詞說明一下，特別是因爲「部落」一詞在前面諸章中用得頗有些濫。

所謂部落，若把牠當作一個種族單位來看，正如滿洲的科爾沁族或郭爾羅斯族一樣，是一個 aimak。（佔外蒙古人一大部份的喀爾喀族，正確地說來也是一個 aimak，而其本身很早就分作了四個 aimak。不過外蒙第五個 aimak——主要由西蒙人形成——在種族上却與喀爾喀族有別，與中國土耳其斯坦的 Ölöts 有關係）。如果當 aimak 的規模擴大成民族（nation）時，特別是當牠在擴充的過程中吸收了其他 aimak 時，便成功 olos。Ölöts 人原來也只是 aimak，日後才漸漸升到 olos 的地位。十八世紀這個 olos 崩潰後，Ölöts 人實際上才歸於滿淸帝國的治下。

部落隨從了一個王公的統治——那就是，滿淸分割了各部落的界限，而把這等種族的單位變作類似的小王國之類的東西——便是 hoshio【旗】。（這字寫時作 hoshigo，最普通的漢文音譯是 ho-shao。這字有時也可在英文中見到，是從俄文音譯轉譯過來的，作 hoshun）。一個 aimak 可以只包括一個 hoshio，也可以包括好幾個 hoshio；此等 hoshio 彼此也可以毗連，也可以相隔很遠。舉例說，昭烏達盟裏的阿魯科爾沁 hoshio 便是和哲里木盟裏的六個科爾沁 hoshio 隔得很遠的。

Hoshio 在英文普通譯作 Banner；但這實在並非原來蒙古字的繙譯，而是自漢文「旗」字轉譯過來的。原來的蒙古字有多種解釋，如「點」，「峯巔」，「犂的鐵尖」等等。漢名顯然是有一種極特殊的意義的，大概是軍事的涵義，即「派在一位酋長名下的戰士」之意，漢譯「旗」與英譯 Banner 都不大合適，因爲二者都不能表示蒙旗與滿旗的分別。

滿旗沒有部族的涵義在內。固然旗制之起源也許出於部族的結合，這並非不可能。滿人的旗制，即在入主中華以前，也只是一種軍隊組織。(Regimental Formation)。

最初原只有四旗，以後增至八旗，後來又增設京營(Palace Banners)，牠們在本質上都不是軍事組織，社會地位也較低。到入主中華之前夕，又復擴大，每旗增設一個漢軍「營」(Battalion)和蒙古「營」，這樣實際上實在就有了二十四旗了。八旗又分作左右兩翼，左翼(Left Wing)四旗(實在是十二旗)，右翼(Right Wing)四旗(實在也是十二旗)。

滿清入主中華以後，其旗制因設置戍營的需要也更日趨複雜。駐紮在北京的有八旗兵士，各由滿洲營，漢軍營，蒙古營三營合成，此外還附加有京營。在奉天，吉林等處，也設有平行的組織；有些是完整的八旗，有些多於八旗(但少於十六旗)，有些少於八旗，有些附有漢軍「營」，或蒙古「營」，有些沒有。形成滿旗中「營」的蒙旗，已經失掉部族的意味；其戰士雖係出自蒙人部落，但已與其部落組織脫離關係而變成了世襲的職業軍隊。

舉例說：在北京的正白旗滿人和吉林的正白旗滿人之間，也沒有任何種族的血統關係。誠然，在每個戍營中心的地方，在滿旗與滿人家庭之間也發生了一種世襲繼承的關係，但這只是逐漸演成的，並沒有先前的血統根據。在法律上，一切滿人都有受徵當兵的義務；其法律地位與世襲的職業兵士相同。實際上，舉例說在北京，每年只有一定數目指定可領旗中的軍餉；其餘的叫作閒散(hsiensan)，意即「未受任命者」「與旗無關者」。但因為旗中的軍餉還包括兵士全家的生活費，所以自旗中領取軍餉的滿人，其子弟須自認忠於該旗，除非他們在每一年的比武競賽中，當選為另一旗的份子。不過每年雖有以比賽選拔士兵的辦法，因為北京的滿人已發展成功一個有閑階級，在某種意味上也是失業階級，所以引用私人的惡弊發生了；旗中兵士的子弟可以繼續被選為旗中兵士，以免失去俸餉。

蒙旗，或hoshio，則與此完全不同。蒙旗的起源，無疑地可以追溯到個人的隨從單獨的酋長，一羣有關係的酋長部下的隨從者，便形成了一種較大的團體叫作「部族」(tribe)。這種個人隨從(personal following)的基本觀念，曾經歷過幾番改變，先是在蒙古史還自獨立的時候，以後又在滿人的影響下變動過。在滿清成立之前，蒙古史上有兩種勢力在作用着：第一，大領袖統一了小領袖部下的個人隨從者(personal followers)，第二，到大領袖死後，此等雜和的「部族」復又分而重歸於小領袖的領導下。此等「部族」的分裂與重新結合是異常容易，這可由也速該(成吉思汗之父)死後，成吉思汗自己尚幼而未能任事時的部族史來證明。舉例說：

「彼時諸弟兄【按指成吉思汗弟兄而言】尚幼，其領下各部族【按即aimak】見Taijigot族盛強可依，遂皆先後叛變走散。追太祖【按即成吉斯汗】之近隨名Holjan者，亦欲叛而他之。太祖持其袖，且泣且乞，阻之去；Holjan曰——『海已枯矣，石已爛矣，子尚欲留我何如也？』乃甩其臂率衆而去」。(按元史太祖紀Taijigot譯作泰赤烏，Holjan譯作脫端火兒眞)。

如果湊巧有合適的領袖出現，戰敗散亂的部族殘餘也可以形成新的部族。例如當遼(起源於滿洲)衰微時，皇族中的一位王公率衆沿內蒙的邊界西下，直至中國土耳其斯坦；在西伯利亞與中國土耳其斯坦的邊界上建一新朝，叫作Khara-Khitai。此一新族，推情度理是絕不會由大部的滿洲Khitan或Khitai(複數爲Khitat)補充成功的。牠一定是由於好冒險的個人戰士所形成，在由滿洲至土耳其斯坦的途中由各部族中召集起來的。不過一般講起來時，總是拿牠當作建立遼的契丹人之一支。最重要的區別是在於Khara-Khitai的名稱，Khara一字即黑，包涵了「普通」或「平常」的意思——意即非出於帝遼也(the Non-Imperial Liao)。

在研究當代蒙古部族的集合與形成時，我們須把滿淸的政策時刻記取在心。牠嚴格地劃定了各部族的疆域分界，期以阻止蒙古部族戰爭中「滾雪球」式的新部族之形成，又極力阻止部族分裂爲更小單位的反向過程。

前面曾經提過，蒙古的血統繼承的制度如何變作王族的選舉與部族的默認，以及滿淸如何保持了認可繼任王公的特權。由於滿淸的此種干涉，所以目下蒙古王公間有兩大主要階級：負有實銜的王公與僅有空銜的王公。有些王族內的王公次支(cadet branches)具有世襲的榮譽空銜，普通皆是爲了先輩給滿淸立過大功，或是由於與滿淸皇族的通婚。但每旗中只有一位王公被公認爲執政的王公(ruling prince)，他持有印信以証明他的職守；因此旗內其他僅有榮譽空銜的王公往往被稱作「無印」王公。如有執政王公撤職時，其繼位者往往可以不自他的直接家屬內委任，而自同一王族中其他次支的「無印」王公中選拔。近年來因爲此種制度的硬性在中國政府下未能保持，所以執政的爵位有時是由旗內一些相互有關係的王公輪流來作的。

但在許多旗內，實際情形和理論並不一致。如果上面沒有政府的管轄，一旗之內往往可以有好幾個王公同時並立，各据部族之一部而治之。此等王公實際上對於其屬民具有某種的統治權，並不受該旗執政王公的干涉；但在上的政府只承認一個執政王公，因此，如果政府有公事傳於

「無印」王公時，不能直接行之，而須經過執政王公的轉遞。

這種王公由其屬民承認爲實際獨立的統治者的現象，在滿洲的蒙古人間特別普通，這是因爲受賜特殊名銜（因曾與滿清帝室通婚）的王公特別多的緣故。近年來此種現象且更得到一種助力，即滿洲的蒙古人近來有按照「王公土地契約」（在部族內當局註册了的）區分部族的遺產於私人佔有下的趨勢。當土地被這樣區分之後，「無印」王公的依附者便可定居於一起，更可確保他們的社會黏合性。

各王公不必有同一的名銜；王公的稱呼普通是用滿淸賜與的榮譽頭銜。舉例說，人稱呼某位名金雷的王公時並不說金雷王，而以其榮譽名銜大汗王（獨立王公之意）呼之。此等名銜，許多並沒有令人滿意的譯名，這樣，有些執政王公被叫作「王」（蒙古人用中國的王字），而有些則被叫作「公」（也是中國字）。

除去增加蒙旗制度的硬性以外，滿淸又添設了一種全新的行政單位，期以削弱蒙人的部族黏合力。此即所謂 chigolgan，意即「集合」，在中文爲「盟」，在英文爲 "league"。盟中的官吏一部分係自盟內選出，一部分係由政府委派。此種制度的目的，就是使一部族的事務受其他部族的官吏的相當監視，以收各部各旗交互箝制，交互均衡之効。普通的盟包括好幾個部族，但有時不同的旗也許是由同一的部族形成，而各旗又各隸屬於不同的盟下。

在外蒙古，因爲承認滿淸的統治較晚，而滿洲的勢力實際上也從未達到過像在內蒙那樣的程度，所以盟制根本就沒有成立起來，代替盟的是 aimak。即使在內蒙，也有多部蒙人部族未加入盟內。在滿洲此等部中最重要的即巴爾虎地帶的蒙古人(Barga Mongols)，不過在這兒因了部族的混合，以及其半滿洲式的組織，再無需有盟制的作用了。

最後，我們尙須一提根本沒有世襲王公的蒙古部族，像張家口以北的察哈爾部，以及滿洲境內的巴爾虎部。察哈爾部之所以沒有世襲王公，因爲牠乃是被滿人征服了的少數部族之一。滿人革除了他們原有的王公，另立一種特殊的旗制，這可說是蒙人的半部族式的旗制與滿人的軍隊組織式的旗制的妥協。察哈爾內各旗都是軍事的組織，其官吏是委任的，但是牠們還像原來的蒙旗一樣，被派在一個永久的固定區域內。

巴爾虎部的旗與察哈爾相彷彿，皆早已處於滿人的勢力之下，按照滿制組織成功，沒有王公，但各旗同時也自為一部族。巴爾虎部王公中也有具世襲的爵號的；不過他們却非其部族的世襲統治者，他們只是被公認作自然的領袖，也永遠列於本部官吏之間。

在一般所謂滿洲本部——即東三省，包括奉天（在國民黨治下時曾改為遼寧）吉林與黑龍江——境內，有哲里木盟，巴爾虎及其他一些部族。在熱河——一九二九劃為行省，歸為東北第四省，後日本進軍佔領，併入（偽）滿洲國內——有卓索圖盟與昭烏達盟。現在，我們可以把蒙人在滿洲的各種旗盟對於（偽）「滿洲國」的關係，對於滿洲舊日三省的關係，以及對於新設的（偽）興安省的關係，考慮一下。

秦臺與濱縣地理

林占鰲

禹貢第三卷第二期載有本人濱縣小志一篇，蓋倉卒間拉雜寫成者，恐不免淺陋之譏。今更以濱縣小志中之古蹟秦臺為中心，重為論述如次，以供讀者之參考；錯誤之處，敬祈指正。

秦臺在山東濱縣城東十八里，臺周里許，高二十餘丈，相傳為秦始皇所築以望高麗者。臺上有廟宇三所，建築年代在清代中葉乾嘉間，但書有「重修」二字。以前究竟始於何時，無碑碣可考；就院中槐樹之形狀而斷，殆非近一二百年所植。

秦臺附近，俱為平原，無溝壑山崖。登臺而望，但見平地坦蕩，直至於海（距海百餘里）。自濱縣城起經秦臺至利津境，皆為鹼地。（利津境內以黃河每年泛濫，淤土數尺，地可種植，今魯省政府將兗曹饑民移墾於此。）樹木稀少，禾苗不生。除夏秋兩季生長鹵蓬（可用以煮鹽）外，別無植物可言，堪稱不毛之地。秦臺四周，村落甚少，數十里無人煙；每值秋雨之後，地面起鹼，憑臺以望，如白銀世界。縣內貧民多在此刮地皮以煮鹽，藉為謀生之術。

濱縣即古之濱州，州治之創，始於五代，舊城址在現城北里許，今尚存舊城牆一堵。唐代以前是否曾設州治，史籍不載，無從考證；秦臺之有無，則更不可知矣。

據民間傳說，秦始皇築此臺以望高麗，故名；然考之史書，未見此記載。今縣內居民大部為明初由河北棗強縣遷去者，小部分是由浙江福建泛海而來者（明初錢塘九姓漁戶）。明代以前之土人，黃河以北無有一家。據傳說，此地為元（蒙古）人駐軍牧馬之所（清初亦以濱縣霑化之間地為馬場，此戮近理），本地居民皆其奴隸。明徐達率軍北來，常遇春（今黃河南岸尚有常家樓，相傳為常遇春駐節之地）搜索海邊諸郡，蒙古人北退，將佃奴一齊帶走，餘剩之老者遂為明軍所殺，少者為常遇春擄去，一片荒場，渺無人煙。故洪武間，政府由冀強移民於此。考縣內住戶各家之祖譜，最早者始於洪武年，今之居民之世系俱在十八，十九，二十，二十一代之間。

濱縣僻處海濱，自古不為重要之地，故史書對秦臺之故事均無記載。縣志記載秦臺，亦不甚詳。縣志之修，始於清初，所記秦皇築臺之故事與民間之傳說同，蓋即取自民間傳說者。

據予個人所考，秦臺約建於唐初，蓋兵士所建而非居民所築，乃藉此以望海風者也。敢將所擬之理由，述於左方：

（一）秦臺為唐代兵士所築　據民間傳說：『秦始皇東征高麗，兵士由此登船，每一兵積一帽之士，以成此臺，始皇帝登之以望高麗』。按史記秦始皇本紀『窮成山，登之罘』，秦臺應在煙臺或榮成，不應在魯北平原。且始皇當時無高麗之名，亦為傳說之破綻。高麗之名，始於五代（王建建高麗國傳三十二世四百七十三年，至明時為李成桂所篡，改國號為朝鮮），但五代時並未有征高麗之舉。按高麗即高句麗，征高句麗之舉，隋煬帝（從涿州進兵），唐太宗，唐高宗均

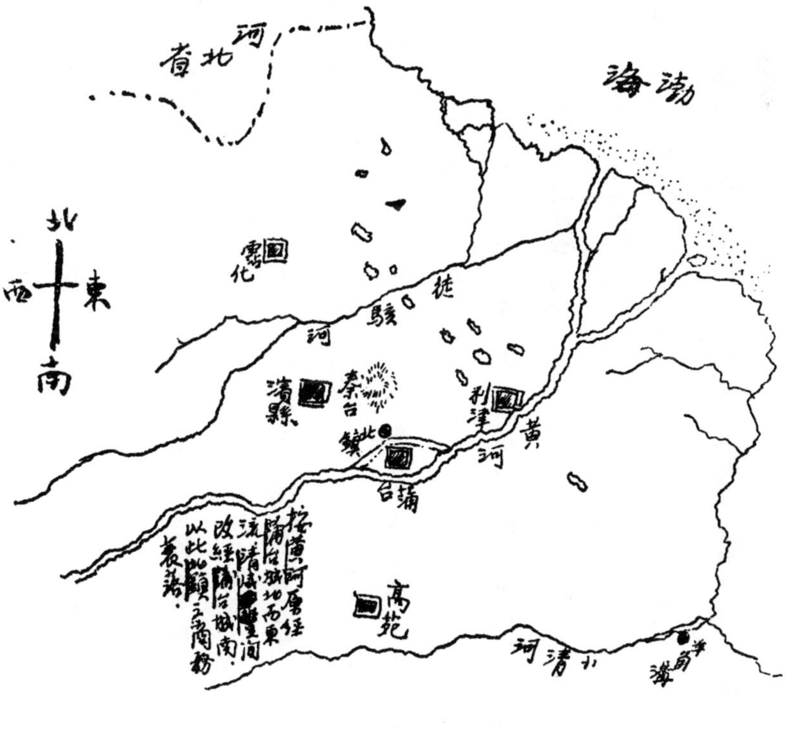

有之，故竊疑秦臺為唐軍所築。

（二）為望風象而築此臺　黃河未奪濟水（大清河）河道入海以前，濟水之水量甚大，河道亦甚深。余幼時曾聞老人傳說（余家距河僅二十餘里），濟河之水為清水，往時常有南方大船及關東糧船停泊北鎮（在濱縣城東南三十里，舊河道正經此地），可知黃河未改道以前（按黃河改道係在清咸豐五年，當西曆一八五五年），濟水航行甚便，大船可由此出海。道光年間海水有一次大潮，潮曾至濱州境內。按濱州轄地以城東三十五里為限，清代中葉，海潮尚至濱境，可知以前秦臺距海濱僅咫尺耳。（按黃河自一八五五年改道，距今僅八十年，而利津以東淤出之地已約一萬方里，依此推之，將來渤海直有變成桑田之可能。）

按地形圖（參看丁文江翁文灝：中國分省新圖），濱縣東北與利津城平行綫之地帶，尚有湖沼之形跡甚多，該地即為原來之海濱，地勢甚低。該地帶以東，即為黃河改道後淤積而成者，地勢反較該地帶為高。既證明海濱在一八五五年之前距秦臺甚近，復證明濟水可行大船，史載唐高宗（六六〇年）遣蘇定方自成山（今山東文登縣）渡海攻百濟，依我推想，唐初東征之水軍盡由濟水出口。且唐都長安，兵士東來，係順大河流域，訓練水師有賴江河，彼時濟水沿岸之濟南濟陽清河（黃河北岸之清河鎮）俱為可觀之都市，船隻由濟水出口，沿海邊航行至成山附近，再行東渡，似為近理。故唐時以此為出海要口。其後人口漸稠，迄唐末乃設濱州治。當時出入海口之船隻既多，則築臺於此以望風險亦為可能之事。不然，在平地築臺，費去鉅工鉅資而毫無功用，居民又何為而為此耶？

以上種種推想，自當更求歷史上積極之根據，茲不過就其地之形勢推論其大概而已。博洽之士苟能以有關此題之確實史事見教，無論反對或贊成吾說，均所歡迎也。

一九三五，四，四，北平。

讀李氏方志學

瞿兌之

李泰棻著，二十四年一月商務印書館出版，定價大洋壹元伍角

方志在今日究竟應該采用什麼形式，什麼體裁，這是不容易解答的問題。其所以不容易解答，有下面幾個原因。

第一：方志之要修訂是大家所知道的，然而方志究

竟應該多少年修一次，我們修志是結舊賬呢，還是替後人也留記賬之餘地呢？

第二：方志的內容是不是舊志這些門類所能賅括？是不是僅僅增加些門類就可以了事？增加時又應該增加些什麽？

第三：方志既然是地方史，則史是不容阿曲的。從前修志的人所謂有美無刺，隱惡揚善，現在事實上能否一反其所爲？

第四：修志的人是不是都受過科學化的訓練可以担任各地方的方志？假如定出一個標準，是不是各地方修志的人都能循守？

所以我們研究方志的人覺得要制定一個標準體裁，實在不容易。在上述這些問題未曾思索決定以前，只好眼睁睁看着一部一部的劣書災梨禍棗而已。縱然有人來顧問，我們也只有敬謝不敏。

不客氣的說，中央政府對於修志這件事，只是發一紙公文到各省，各省也只是照例催各縣。至如這志是怎樣修法，幾時修完，永遠沒有人問的。每省每縣請上一兩位年高望重的耆紳作個幌子，支上幾千塊錢的局用。究竟修志有什麽用處？就是修成了以後又何嘗不是望圖書室裏一交，原封不動的擺在架上。過上若干年之後，偶然遇着我們這類的呆子從這裏面往復搜尋那極稀微淡薄的材料，徒然掩卷長吁，追恨修志者之無史識而已！

假如政府當局還有心不忍看着修出來的志糟到萬難的地步，則不如趕快回頭，簡直將修志的事情停止，另外想別的辨法。什麼辦法呢？以國民政府主計處担任搜集材料之責，以中央研究院担任整理之責，然後再與各省的學術機關分別訂立合作的方法，叫他們實地參考研究。分之則爲一縣一縣的志，合之則爲一省一省的志，再合之則爲全國一覽。經過這一次大舉之後，便可以每年出一種年鑑，以紀載流動的事實；其他的事也可以在這裏附帶的補充修正，使其日異而月新。

也許有人說：『這個辦法雖也不錯，但是以全國之大，各縣之多，而叫一個機關來包辦，恐怕未必能正確』。這話固然不能完全否認。然而你要知道，正惟全國之大，各縣之多，所以希望他們一縣一縣的修志是不可能的。凡是走過幾縣的，都應該知道，有許多的縣城裏連一本書都買不到。試問焉能希望他們修得出滿意的志書？中央機關包辦這事固然不可，不過他們可以多派人旅行調查，可以直接與各縣發生密切的合作關係。假如各縣有眞能修志的人，也不妨仍舊委托他作。不過有了一個中心機關，有了一定標準，便不至於濫耗物力而結果還是無用。

這個辦法如果辦不到，我以爲更可以乾脆停止修志。但須由中央製定一種鈔送史料的格式，每一地方限定他們若干時期必須送來多少史料。只請他們鈔而不請他們作；只求現在僅有的史料不再損失而不遽求史料之整理。與其嚷了多少年的修志而仍是一字無存，倒不如多鈔點書，猶爲慰情勝無。

讀了李泰棻君的方志學以後，更使我低回感慨而不容不一吐上面的議論。李君是親身參加綏遠通志之役者，他担任總纂兩年，搜輯了六十萬言的初步資料，擬訂了體例門類，再有半年便可以大致完成。而政府突然中止李君的工作；不願意李君的半年成書而反願意別人的延期兩年。其結果是不是『汗青無日』，自然『無待蓍龜』。李君未必是因爲受人排擠遂憤而著書來駡人。他對於我在上面所述的各種情形也曾看到的。他說：

> 明清兩代因修一統志而令各省修志以備取材，而各省又令各府州縣修志以備參用。……倘朝廷於事先有規定門目頒布各省，無論其文字若何，資料多寡，而各地志書大體絕不致如今日風馬牛不相及之情形也。然計不出此，朝廷但令修志，而志之體例門目毫無標準規定焉。故吾國地方志書良莠不齊，匪特不能成一系統，甚且笑話百出。此其原因，一由中朝無所領導於先，一由方吏敷衍塞責於後。但有志書，不顧內容。即至今日，內政部通咨各省省政府轉飭各縣，催促修志，令急如火。而各省當局對之根本不感興趣，奉行明令，組織志館，或借此以位置士紳，或借此以任用私人。數稔以還，但見各省志館紛紛成立，而館長總纂爲全國士林所共仰者尚未之聞。……或則志館經費亦吝而不籌，但爲敷衍中央，月撥少許，以現任省府秘書長或廳長兼館長，以各廳能草等因奉此之科員兼編纂，另聘一二老儒濫竽總纂。大都設館不編，編亦抄襲舊志，撏拾新材，體例系統，並無可觀。即能完成，亦屬贅累。（本書序文）

李君這部書，還是講方志學的第一部完整著作。我從前所作的方志考稿，僅僅是一種讀書雜記，現在看來，幼稚錯誤的地方很不少，而李君這書裏還再三的徵引，且加以稱道，實不勝其慚愧。我很希望李君這書不脛而走，使一班從事於此的人稍得一個明燈的引導，至少可以減少點一班方志的笑話。

李君此書的用意，也是爲一班修志者說法，所以他大半說的修志者必具之知識。其自己的修志主張僅於第六第七兩章見之。然而話說回來，我們無論如何，總難定出一個大家可以共同遵守之例。我從前曾經短期担任過河北通志館長，也曾經有所規畫（事詳河北月刊第一卷第四期河北省通志館近況紀一文中）。爲供給關心此事者參考起見，將李君所定之門類與河北省通志館民國二十二年所定之例並列如左：

李目

攝影：古蹟類　名勝類　古物類　金石類　特產類　其他類

附圖：疆域圖　沿革圖　山川圖　分縣圖　水利圖　省城平面圖　各縣城平面圖　各名市平面圖　物產分佈圖　鑛產分佈圖　其他應附圖

卷一　地理：疆域　沿革　山脈　河流　氣候　地蘊　土質　港灣

卷二　建置：關隘　城市　津梁　衙署　館會　街衢　學校　公共場所　醫院

卷三　勝蹟：故都　故城　宮殿　陵墓　廟祠　名勝

卷四　民族：漢族　滿族　蒙族　回族　藏族　苗族　戶口

卷五　爵職：封爵　職官

卷六　政治：財政——田賦　鹽権　雜稅　銀行　貨幣　交通——驛站　郵電　鐵路　汽車路　車駝路　水路　空路　建設——水利　工廠　其他　教育——學校教育　社會教育　留學　墾務——歷年放墾之經過　放墾後已耕地之數目　放墾後未耕地之數目　未放墾地之數目　軍政——省防之佈置　駐軍之沿革　警政——保甲　警察　司法——歷代司法情形　司法獨立時期　地方習慣法　監獄　自治——縣自治　市自治　村鎮自治　民團　儲恤——倉儲　養育　官渡　義園　選政——國會議員之選舉　省會議員之選舉　其他類似之選舉

卷七　黨社：會社　政黨

卷八　法團：農會　工會　商會　教育會　律師公會　其他法團

卷九　議會：省議會　縣議會　市議會

卷十　產業：農業　工業　商業　鑛業　漁業　林業　野產　牧業

卷十一　禮俗：冠　婚　喪　祭　祀　卜　筮　命　相

卷十二 生活：衣飾 飲食 居處 娛樂 語言 歌謠

卷十三 宗教：道教 佛教 喇嘛教 摩訶末教 基督教 多神教

卷十四 人物：仕宦 文苑 理學 忠義 德行 孝友 貞烈 方技 僑寓 隱逸 科第 議員 革命 劣紳 方外 游人

卷十五 學藝：學術 本省人之著作 省外人有關本省之著作 國外人有關本省之工作 藝術 書法 繪畫 雕刻

卷十六 古物：龜甲之屬 吉金之屬 陶器之屬 石刻之屬 磁器之屬

卷十七 前事：巡幸 恩遇 軍事 天災 人禍 徵發 怪異 其他

卷十八 掌故：典則 陋規

卷十九 文徵：散文 韻文

而我在河北省通志館所擬之總目則如下：

疆土之屬 凡自然界之紀述屬之

疆域廣輪 地質 山脈 水系 氣候 鑛物 動物 植物

黨務之屬

行政之屬 凡地方行政之事屬之

民政

行政區域及沿革 土地 戶籍 議會及選舉 地方自治 衞生 警務 保衞 郵政 其屬於慈善事業者入社會之屬 倉儲 禁毒 銓吏

財政

國稅 省稅 縣稅 賦役 鹽法 貨幣 債券 銀行 官產 歲計

司法

法制 司法行政 律師 監獄 要案

教育

學校 書院 學產 圖書館 文化事業

外交

條約 租界 外人租地

軍備

練軍 駐軍 軍械 馬政 海防 空防

建設之屬 行政以外凡興利之事業屬之

交通 水利 工業 商業 農林 礦業

建置之屬 城市坊巷園林公私建築之類屬之

社會之屬 人民活動之類屬之

文化出版事業　慈善救濟事業　人民問題　民族　宗法　勞工　商業狀況　市集　宗教事業

民生狀況　物價

民俗之屬　民間風俗之類屬之

語言　禮儀　樂歌　信仰　娛樂

文獻之屬

人物　經籍　古物（金石）　傳聞　大事記　年表　舊志索引

此外尚有王重民傅振倫諸君所擬之大綱則如下：

疆理攷　記地文地理之地理環境與歷史環境

名稱及建置沿革　位置疆界及經緯度　面積　地形　山川　地質　氣候　自然物產　形勝　古蹟存目而已，其詳見文物攷。

紀

通紀　記政治經濟文化學術社會諸方面之興革事變。

雜紀　凡通紀不能備載而舊志特詳，如災異之類，則於此存之，仿禮記雜事例也。

建設略　記人事之建置興修，此門或列教育後。

城垣　公務機關行政，司法，軍事，自治，黨務，外國　文化機關孔廟，書院，學校，圖書館，博物院，教育館……　宗教建築佛道寺觀，祠宇，回耶教堂，離教公所　慈善機關倉廒，醫院，養濟所，留養所，孤兒院，粥廠，義學，漏澤園　市塲商店　娛樂處所　宅第苑囿　街巷　河務疏濬，隄壩　交通郵傳，電政，路政，航政，橋梁　墾務　礦政

政務略

首述河北在政治上之地位，次略述各代官制，次以官師表及名宦政績此以事爲本，與以人爲主之名宦傳不同，再次述行政之區分，司法之概況；租界領事館諸事亦應附於編末。

自治與黨務略

財務略

述歷代民戶丁漕及各項課稅，省欵支出如官吏俸給，地方支公用，中央解欵，協濟他省，以及官產公欵並及焉。

選舉與教育略

上編概論歷代選舉制度，書院學校亦應敘入，並附選舉及封爵等。

下編述現代學制，學校教育，社會教育，及教

育機關，社會並詳焉。

治安略　記軍警團練制度及概況。

禮儀略　記歷代禮教，迄民國十七年止。

氏族攷

民生略上　記社會經濟

生產方面　人口，資生事項，職業。

交易方面　對外貿易及交通情況。

分配方面　社會富力，社會金融，工資。

消費方面　衣，食，住，行，器用，娛樂，物價升漲。

民生略下　記社會普通情形

黨務活動　新聞事業　教育　衛生　救濟事業

民俗略

首述歷代風俗概略。次述社會組織社會階級，家族，結社，公會，附以禮儀。又次述現代風俗婚喪酬應，歲時記。再次述人民心靈的態度普通心理。平民文藝—謠諺，謎語，歇後語，急口令，半歷史的故事。語言文字—方言，方音，俗字，秘語。宗教信仰—秘密教，迷信，家人語。藝術雜技—建築，雕刻，鑄造，刺繡，編織，繪畫，書法，音樂，歌劇，舞蹈。

文物攷　記本省一切史料

壹　藝文

一　專記述河北各縣事蹟之書目索引志乘，專書，報章。

二　本省士女著作書目及序釋。

三　公私家藏書目。

四　本省流行最盛之書目。

五　文存：分文徵，論說，舊志詩文等門，此就章氏永清志例而稍加變通者也。

貳　傳聞　章氏叢談之體也。

叁　古蹟　古物　建築城池，亭臺，宅第，祠宇，金石。

列傳

前編記本籍士女，分政略經濟，循吏，捍禦，師儒，懿行先賢，忠節，孝義，武技，高逸，學術儒林，文苑，藝術；後編述名宦，參酌正史傳目，兼采章氏之法；通志不志流寓，亦用章氏例也。

縣市概略

關於水經注之通信

熊會貞

余年來研治水經，知箇芝先生繼承乃師楊惺吾氏之遺志，年高益壯，疏釋酈注，無間寒暑，期於必成，至所欽佩。近屢得其教誨，頗以爲幸。禹貢半月刊向余徵稿，遂將此三函公諸有志於酈書者。

鄭德坤識。民二四，三，九。

（一）

德坤仁兄青鑒：外寇深時，人人危懼，近已協定，暫可苟安！接讀惠函，並大箸二種，具悉兄志學精勤，確有心得，非俯仰隨人者比，撰述良堪傳世。近復致力水經注，欲將所見勒成一書，又重編新式水經注圖，以便觀覽，極盼早成，先覩爲快。

水經注疏要删有補遺（此二種分本各有多少，文則同），又有續補（約百葉）。兄止言補遺，未及續補，不知架上有此種否？如無，當印寄請教。要删各種皆是作疏之材料，楊師因年老，恐疏不能成，陸續草草付印；不惟校對未精，中有錯字（未再校），即文亦多紕繆，後彙入疏中，删改不可枚舉。自楊師下世，會貞繼續編纂，無間寒暑，志在必成（大致就緒，尚須修改）。如告竣，則要删等可廢也。酈氏引書目，楊師曾云俟疏成當編之，故尚未著手。王本凡例所稱林氏說，未知見何書；楊師在日，會貞曾問及，師云未見。前年友人徐行可（極好書）寓湖州劉氏藏書樓（聞有三十萬卷）數月，託查亦未得。兄英年力學，的是畏友；將來所造，吾烏乎測其所至！肅復，恭頌

撰安！

弟熊會貞拜上。六月十一號。

（二）

德坤仁兄大鑒：接讀華函，敬悉已有高就。承示禹貢山川攷，其中多條獨抒己見，不曲徇前人，有膽有識。

要删續補止百葉之譜，因但刷一部，工人遷延，久之未果，乃囑小孫等於學堂課餘影鈔以踐言；茲另寄上，乞正之。

注疏宜詳，楊師初擬將全趙戴說全載入，後又以太繁者當加删節，而不失其意。初稿將成，於三家文（止誤字，衍字，或改或删，未動文詞）尚未動一字。閣下高明，有筆削之才，如有意從事，弟當購王本一部，呈作草稿。肅此，恭叩

教安！

弟熊會貞載拜。中秋日。

（三）

德坤仁兄閣下：去冬兩次接讀大著，得悉研究酈書，用力至勤。版本攷元元本本，殫見洽聞，益我良多。引得極便，檢閱宜常置座右。又重編地圖，引書攷，故事鈔等，甚盼速成，先覩爲快。疏稿辱蒙綺注，今草創已就，惟倘須修改方敢問世。……肅此，恭頌

撰安！

弟熊會貞拜上。新春八日。

介紹中華民國疆域沿革錄

編者

北平圖書館王念倫先生新著中華民國疆域沿革錄一書，茲已出版。其書具列今日省縣自清季以來之變革，或因舊，或併合，或析置，或改名，逐一注錄。每省之末，又作一因革之總記。書尾附錄二篇，一爲縣名檢查表，一爲中華民國建元以來廢改縣名表，皆極便檢查。吾國年鑑之業不發達，當代之事恒苦無所尋覽，得此一編，足爲我研究沿革地理之同志解決困難不少，是必讀本誌者所樂聞也。其書價格及發行處所，並見本期廣告中。茲將其凡例及各省市縣沿革之大凡一篇轉載於此：

凡例

一各省市沿革下稱舊制者，皆係前清宣統末年之制，以清史稿地理志所載爲斷。史稿亦間有錯誤，皆分別參考，爲之訂正。

一自民元以後之增改損益者，皆按年月分別注明，未詳者闕之，留待續考；不敢以臆塡注。

一各省市縣之沿革，皆遵內政部全國行政區域表所列爲斷。其有各省新設未經呈準，或經呈準而未設治，及置廢在後未及列入區域表者，均爲博考注明。

一國立北平圖書館於二十三年中爲編輯地誌目錄之參考，曾通函各省調查現在縣市名稱。除東北四省淪陷，與西康迄無復文外，餘均復函到館，亦爲本編重要之參考。

一本編所列，以二十三年十二月底之調查爲限；以後之增改留待續考。

一本編所列，仍恐有錯訛遺漏；倘承識者詳示，俾得更正補輯，至爲企盼。

各省市縣沿革之大凡

有清地方制度，於各省分設若干府，府下分設廳州及縣。大抵邊疆要地，或夷漢雜處者，爲廳；地居衝要者，爲州；餘均爲縣。廳州不爲府轄，而直隸於布政使者，爲直隸廳，直隸州。府均設附郭縣；邊省則有無附郭縣而直

轄疆土者。（東三省雲貴及新疆等省，又直隸之承德府均無附郭縣。）直隸州有屬縣而無附郭縣。（僅江蘇太倉直隸州有附郭縣。）直隸廳皆不領縣。（廣西之百色直隸廳，雲南之永北直隸廳皆有屬縣，是爲特制。）光緒宣統之際，疆理邊圉，新置之州縣益繁。

改革以還，省自爲政，不相統屬。廣東於紀元前九月即裁撤各府，并改廳州爲縣。繼之者爲湖北（元年一月），江蘇（元年一月），安徽（元年一月），浙江（元年二月），山西（元年五月），江西（元年十月）等省。而湖南，廣西，貴州則裁各府之附郭縣，乃留府廳州之制，且有升廳州爲府者。二年一月，政府頒布畫一現行各縣地方官廳組織法，凡各府直轄地及廳州均改爲縣，各省因次第裁改，如現制。（四川，直隸，山東，河南，奉天，陝西等省，二年二月改。福建，吉林，黑龍江等省，二年三月改。雲南，甘肅，新疆等省，二年四月改。廣西省，二年六月改。湖南，貴州兩省，二年九月改。）

三年一月，前內務部爲避重複計，呈請以各省同名之縣，皆留一而革其餘。計全國二縣同名者七十四，三縣同名者十二，四縣同名者四，五縣同名者三，六縣同名者一。除舊布新，共改一百二十七縣。而京兆與川邊之懷柔，奉天與甘肅之金縣，仍略而未改。蓋依李兆洛氏地理韻編之舊，以爲準則，其後設者，當時未經覺察；後乃改易，已歷數載，識者笑之。自是無大改革。間有以名不雅馴而另錫嘉名者，亦局部之事，無關通制也。

又有清末葉於新闢之地及改土歸流未能遽設縣治者，則先派員治理，以爲設治之先河，國初踵行之，是爲『設治局』，其制至今不革。市制起於十年以後，蓋亦仿歐美之成規，初無成法。自國民政府成立，始定市制，先分『特別市』『普通市』二級；十九年七月，定直轄於行政院者爲直隸市，統於省政府者爲普通市。其組織權限，則大都相若。

此市縣沿革之大略也。其詳皆具於篇，不復及。

文瀾學報

第一集

中華民國二十四年一月出版

目次

編印者　浙江省立圖書館
總定閱處　杭州大學路浙江省立圖書館
代售處
南京　鍾山書店（太平街三二二號）
上海　開明書店（四馬路）
蘇州　國學小書堆（蘇州五卅路北首言橋南）
北平　國立北平圖書館　景山書社（北平景山東街）
山東　午夜書店（濟南芙蓉街西）
漢口　新時代書店（漢口交通路）
天津　大公報社（法租界路三〇號）
四川　成都世界書局（成都熙春路）
定價　第一集壹圓整　郵費加一成

景印明朱刻本歷代鐘鼎彝器款識二十卷

薛尚功歷代鐘鼎彝器款識一書集宋代彝器銘文之大成自來傳世木刻本有四（一）明萬歷十六年萬岳山人硃印本隨意刪節譌舛已甚（二）嘉慶二年阮刻本其所據鈔本未能完善脫誤仍多（三）劉世珩刻本係據孫星衍鈔本惟孫氏嚴可均影寫古篆筆畫肥蠢且有臆改之處其石鼓文係屬偽造尤非薛書之舊（四）此次所印係根據明崇禎六年朱謀垔刻本有趙孟頫柯九思諸家之鑒定則朱氏所據者自係薛氏真蹟其篆書與近世已發現之零星石刻本絕相類阮氏刻書時尚未見此本南北各藏書家目錄亦鮮有載及之者則此本之可貴不待言矣研究經學史學文字學器物學者固不可不人備一編也

裝訂四冊　定價八元

代售處　北平琉璃廠來薰閣直隸書局隆福寺文奎堂天津直隸書局上海中國書店南京保文堂各省大書坊

『雙劍誃新著二種』于省吾著

吉金圖錄　雙劍誃所藏彝器古兵百餘種皆係近代出土精品用珂羅版影印末附考釋　裝訂兩鉅冊定價二十元

吉金文選　此書係搜羅自來出土鐘鼎彝器銘文四百餘篇皆三代高文鉅製于君以數載之力寫成釋文加以註解　定價六元

尚書新證　四卷裝訂二冊定價二元五角　此書係根據古籀及漢魏石經近世發現隸古定本考求眞義所獲創解二百餘條尚書字句疑難問題已解決十之七八此種空前發明實開治經者之新紀元而爲留心國學者所必讀之書也

代售處北平琉璃廠來薰閣直隸書局及各省大書局

地學雜誌

民國廿四年第一期

發行者：北平北海公園團城內中國地學會　電話東局三七九三號
定價：每季一期　報紙本二角五分　道林紙本三角五分　全年四期　報紙本壹元　道林紙本一元四角

二十五史補編

本刊主編顧頡剛先生說

近十年來，致力於史學之研究者日多，亦益分工，所析科目既細，搜集史料乃可十得六七，此學術界好現象也。頡剛濫廁大學講席，諸生時以專史材料見詢。恆告之曰：材料固無窮盡，上自金石文字，下至閭閻傳說，無不有其用，然而足爲治學基礎者宜莫如各史書志，以其整理專史材料最有系統，且直接史料存留於今日者至鮮，此已爲最可信據者也。故研究學術史者宜讀藝文志，研究經濟史者宜讀食貨志，研究地理沿革史者宜讀郡國溝洫諸志，研究宗教史社會史者宜讀郊祀禮儀諸志，其研究政治制度史者則職官選舉兵刑諸志莫不當取而熟習之焉。至於史事本身，表譜爲尚，蓋紀傳所載不免紛繁，讀者心目每爲迷亂，史家以表譜濟其窮，遂使條理清朗，若振衣而得領。不可喜耶？諸生聞之，欣然受誦。不久，輒有請益者，曰：各史不皆有書志表譜亦不悉備，將如何而補之乎？各史表志中誤文缺文及漏義皆甚多，非我輩學力可得而舉論，又將如何而正之乎？予因告以清代史學前無古人，其所作考訂校補之工作半見於廣雅書局所刻書中。若前修所未及，則諸君當積學以成之。必舊史整理既竟，始可望新史有精博之創作；漫言中國通史，茲猶非其時也。頃以事南來，見開明書店二十五史補編之緣起與擬目，輯錄書志表譜之補正考證，凡百數十種，卷帙倍於廣雅，其中多難得之本，又有未刊之稿如姚振宗諸書，卽爲三十年來學人所想望而未盡見者，其有助於專史之研究進展自不待言。學者得此，不勞奔走傳鈔，而數百年來此一部分之總成績卽已具在左右，可以自審其所當爲，上接清代學者之步武而完成其志，豈非一大盛事耶！書肆事業，常急近利。青年感染其風，易趨於苟且；至於提倡文化之責，則向繫之於達官貴人。在昔阮元總督兩廣，刊學海堂經解，王先謙督學江蘇，刊南菁書院經解，後人研讀經書，遂得無上之便利，張之洞督粵，立廣雅書局，所刊書以史學爲多，今所稱廣雅叢書是也。自時厥後，秉政者遂與風雅絕緣；士不悅學，又何譏乎！開明書店此舉，承廣雅之業而益恢廓之，洵足媲美南菁，爲藝林垂一鉅典。以書肆而肯肩此奠定史學之重任，不尤可貴耶？頡剛聞其事而喜之，願爲介紹，因重述舊語，以爲今日就讀大學而有志研究國史者告焉。

發售預約

▼預約期　第一期　六月底截止

▼定價　全部四十四元

▼預約價　第一期　二十六元

▼出書期　緊接二十五史從本年十月起每月十五日出書一本至明年二月十五日全部出齊

——郵包費另加——

樣本備索

開明書店

出版者：禹貢學會。
編輯者：顧頡剛，譚其驤。
出版日期：每月一日，十六日。
發行所：北平成府蔣家胡同三號禹貢學會。
印刷者：北平成府引得校印所。

禹貢

半月刊

價目：每期零售洋壹角。豫定半年一卷十二期，洋壹圓；全年二卷二十四期，洋貳圓。郵費加一成半。歐美全年郵費計洋二元四角。

The Chinese Historical Geography

A Semi-monthly Magazine

Vol. 3 No. 7 Total No. 31 June 1st 1935

Address: 3 Chiang-Chia Hutung, Cheng-Fu, Peiping, China.

第三卷第七期（總數第三十一期）

民國二十四年六月一日出版

內政部登記證警字第叁肆陸壹號

中華郵政特准掛號認爲新聞紙類

水利

北方大港專號

第八卷第六期

二十四年六月出版

要目

北方大港之現狀及初步計劃
北方大港籌備工作之回顧
北方大港至唐山鐵路計劃
北方大港至灤縣公路計劃
北方大港港址地質鑽探報告
北方大港氣象概況

總發行所

南京國府路梅園新村三十號

中國水利工程學會出版委員會

定價

每期二角全年十二期國內二元四角國外三元六角郵費在內補購舊刊加倍一卷至七卷合訂金字精裝本洋二十一元

地學雜誌

民國二十四年第一期

（本誌第一百七十三期）

目錄

本會啓事

一 本會印行之地學雜誌，自本年起，改爲每年四期，分在三，六，九，十二，四個月內出版。

二 本會以前所缺各期地學雜誌，現已全數補印出版。計自第一期起，至本期止，共計一百七十三期，一百三十九冊，全份定價國幣四十九圓。存書無多，購者從速。

編輯兼發行者：中國地學會 北平北海公園團城內 電話東局三七九三號

定價：

	報紙本	道林紙本
每季一期	二角五分	三角五分
全年四期	壹元	一元四角

述肅愼系之民族

馮家昇

肅愼系之民族爲三大通古斯之一，其名稱雖代有變更，而其種屬則爲一系，如先秦之肅愼，漢魏之挹婁，南北朝之勿吉，隋代之靺鞨，唐代之渤海，宋元明之女眞，近代之滿淸是也。

其住地距中國較遠，接受中國文化亦晚；又以交通不便，信使較稀，故中國文化不能源源流入，時而入金屬文化，時而恢復其石器時代之舊態。

一　肅愼與挹婁

肅愼自漢以來未通中國，雖以武帝遠拓東北，於今吉林西南隅置蒼海一郡，然史未云其來貢。晉書九七東夷傳云：「……爾後千餘年，雖秦漢之盛，莫之致也」。蓋當時爲夫餘高句麗等民族所沮閡，三國志謂「自漢以來臣屬夫餘」，即此意耳。

至其住地，史僅言其大較。後書云，「在夫餘東北千餘里，東濱大海，南與北沃沮接，不知其北所極」。按夫餘在吉林西南隅，東北千餘里大約在今寧安，東旣濱大海，則今俄屬東海濱省皆屬之。北沃沮在今延吉，其三境約略可知。晉書東夷傳，「在不咸山北，去夫餘可六十日行，東濱大海，西接寇漫汗國，北極弱水，其土界廣袤數千里」。由此知其北爲弱水，西隣寇漫汗國。按夫餘，後書亦謂其北有弱水，則二國之北爲一水。今驗地圖南松花江與嫩江合而東北流，則弱水殆即松花江也。惟寇漫汗國，晉書裨離國條又云去肅愼數萬里，或亦大較之辭乎？

合後書，魏志，晉書觀之，肅愼民族猶在石器時代：茹毛飲血，巢居穴處，盛食以陶器，兵以石器，以馬爲財產，以女人爲貨物，十足表顯其野蠻之生活。然按唐書地理志附錄賈耽入四夷道里記云，「又經渤海長嶺府千五百里至渤海王城，城臨忽汗海（今瑚爾哈河），其西南三十里古肅愼城」，洪皓漠松紀聞云，「古肅愼城四面約五里餘，遺堞尚在，在渤海國都（上京龍泉府，在今寧安）三十里，以石累城脚」，似肅愼亦知城池之修，顯與前史所云巢居穴處皆不合矣。蓋晉以前在最野蠻之狀態中，晉以後與他民族接觸之結果，乃較文明耳。魏文帝黃初中叛夫餘，獨立自成一國；夫餘雖數伐之，不能勝。歷三國至南北朝，每來朝貢。

一，魏明帝靑龍四年　（A.D. 236）

二，魏陳留王景元三年（A.D. 262）

三，西晉武帝咸寧五年（A.D. 279）

四，東晉元帝太興二年（A.D. 319）

五，後趙石勒建平元年（A.D. 330）東晉成帝咸和五年

六，後趙石虎建武六年（A.D. 340）東晉成帝咸康六年

七，宋孝武帝大明三年（A.D. 459）

八，北齊文宣帝天保五年（A.D. 554）

北齊天保五年以後，史不云其來貢，蓋勿吉崛起，肅愼併入其領域焉。

挹婁始見魏志，後書晉書以爲肅愼之別名，其言似是而非。魏志謂挹婁「無大君長，邑落各有大人」。可知其部分若干小部落，亦如靺鞨之有粟末，伯咄，安車骨，拂涅，號室，黑水，白山等七部也。蓋一部強盛則他部屬之，非一部強盛而他部盡爲所滅也。丁謙謂「挹婁不過肅愼境中一部族，並不足以名國，第因生齒繁衍，分布各方，而肅愼主權日就衰替，不足以制馭之，其人遂據地自擅，互相雄長。於是肅愼一國，竟在若存若亡之間」。斯說甚爲碻當。大抵挹婁在魏晉之間，曾一度強盛，時人以其住地在肅愼領域，風俗習慣及來貢之楛矢石砮又與肅愼相同，遂混而爲一國云。

二

按挹婁，新唐書靺鞨傳作虞婁，當渤海之定理安邊兩府地。滿洲語巖穴曰yeh-lo，魏志，「常穴居，大家深九梯，以多爲好」，「其地多山險」，晉書，「居深山窮谷，其路險阻，車馬不通，夏則巢居，冬則穴處」云云，或因此而得名歟？丁謙以爲即唐書渤海傳之奧婁，在今敦化縣境。今檢地圖，其地有白山脈，老松嶺，牡丹嶺，岡巒起伏，車馬難通，或爲其地亦未可知。要之，挹婁係肅愼之一部，范蔚宗誤以爲古肅愼之國，遂將肅愼全部疆域作爲挹婁住地，晉書因之，馴致後人對二國莫能辨耳。

此外尙有十國，大抵在今黑龍江省與俄屬阿穆爾省，因史文未詳，不知其確地。

一，裨離國　在肅愼西北，馬行可二百日，領戶二萬。

二，養雲國　去裨離馬行又五十日，領戶二萬。

三，寇莫汗國　去養雲國又百日，領戶五萬餘。

四，一羣國　去寇莫汗又百五十日，計去肅愼五萬餘里。

寇莫汗即肅愼西之寇漫汗，所謂馬行若干日，係約略之辭，五萬餘里之路程亦言其遠耳。不然，由吉林至北冰洋亦不過萬餘里，馬行不過數百日，安得如所言耶？寇莫

汗，丁謙謂即魏書之豆莫婁。按豆莫婁雖在今黑龍江省，特其音不符，大約可在今黑龍江省嫩江流域也。裨離國，滿洲源流考謂即遼史集州，古裨離郡地，金屬貴德州，今撫順附近，似有可據。此四國于晉武帝泰始三年（西紀二六七）來貢中國，其風俗土壤不詳。

五，牟奴國

六，模盧國

七，末利國

八，蒲都國

九，繩余國

十，沙樓國

此六國於武帝太熙元年（西紀二九〇）各遣使詣東夷校尉歸化。太平御覽（卷七八七四夷部八）牟奴七國條有：「牟奴國，模盧國，末利國，卑離國，蒲都國，繩余國，沙樓國」。晉起居注曰，「太熙元年正月，牟奴等國大小十七萬九千餘人各遣正副使，詣護東夷校尉何龕，上獻方物」。按卑離即裨離，晉書傳，太熙初來歸化者僅牟奴等六國，御覽則增卑離爲七國。檢晉書武帝紀，太熙元年二月，有「東夷七國朝貢」，則傳文蓋脫裨離一國耳。

至此六國之住地，史更未詳，其方位不可考矣，大約總在今黑吉二省或附近之地。

二　勿吉與靺鞨

勿吉始見于北魏，亦謂之靺鞨。故魏書爲勿吉傳，隋書爲靺鞨傳，而北史則云勿吉一名靺鞨，其實爲一名之異譯。太平寰宇記，隋初靺鞨國有使來獻，謂即勿吉也。大抵北魏時代專用勿吉；唐武德以前靺鞨勿吉兼用；武德以後則黑水一部獨強，分爲十六部，始專稱靺鞨。丁謙謂「遼水東北大小森林，土人呼爲窩集，亦曰烏稽，一作渥集（國初有渥集部），皆勿吉之轉音」，殆因住地之狀態而得名者與？

其地在高句麗北，舊肅慎地也。元魏時，部族蟄伏于今瑚爾哈流域；其後併肅慎，逐夫餘，部落繁滋，土地張大。隋唐時代分數十部，東濱海（日本海），西突厥（遼寧西北），北室韋（黑省東北）。按魏書本傳，當時與魏交通路程如左：

（甲）由和龍（今朝陽）至勿吉

「自和龍北二百餘里，有善玉山；山北行十三日至祁黎山；又北行七日至如洛瓌水，水廣里餘；又北行十五日至太魯水；又東北行十八日到其國。國有大水，闊三里餘，名速末水。」

按和龍今朝陽；善玉祁黎二山無考；如洛瓌水即西喇

木倫；太魯水今洮爾河；速末水今南松花江。從朝陽動身，經過二山至西喇木倫，渡河，越沙漠至洮爾河下流，乘船入松花江達其國。

（乙）由勿吉至和龍

「初發其國，乘船泝難河；西上至太㳥河，沈船於水，南出陸行；渡洛孤水；從契丹西界達和龍。」

按難河即今嫩江；太㳥河即太魯水，今洮爾河；洛孤水即如洛瓌水，今西喇木倫。此乃北魏孝文帝太和二年（西紀四七八）勿吉使者乙力支之語，史臣錄之于書耳，故同在一傳而前後名稱不一。先從松花江逆流西向，入嫩江，轉洮爾河，舍船陸行，南渡西喇木倫。其時契丹居土河流域，故經其西界，乃至朝陽。當是時也，高句麗甚強，北濱圖們，西臨遼水，橫斷往古大路，故勿吉貢使不得已而如此紆繞也。

分數十部，酋各自治，其著者曰：

一，粟末部　南抵長白山與高句麗接，勝兵數千多驍勇，依粟末水（南松花江）居。

二，伯咄部　在粟末東北，今伯都訥。

三，安車骨部　在伯咄東北，今阿勒楚喀。

四，拂涅部　在安車東，呼爾哈河。

五，號室部　在拂涅東，綏芬穆倫二河。

六，黑水部　在安車北，烏蘇里與黑龍江合流後之地。

七，白山部　在粟末東南，據今松花江上流，長白山。

其中以黑水獷鷙，部分南北，善步戰，喜射獵，渠帥曰「大莫弗瞞咄」，隋文帝開皇初，曾來貢獻，其使臣自謂即古之勿吉也。黑水部歷隋唐至五代後唐明宗長興三年（西紀九三二）來請封，自後不見。蓋黑水強盛，佔有舊肅愼故地，由肅愼而轉訛爲女眞焉。

以上七部外，又有：

八，思慕部　在黑水西北，俄屬阿穆爾州。

九，郡利部　在思慕北，俄屬阿穆爾州。

十，窟說部　在郡利東北，黑龍江入韃靼海口。

十一，莫曳皆部　在窟說東南，韃靼海峽。

十二，虞婁部　今俄屬沿海州中部。

十三，越喜部　今俄屬沿海州東部。

十四，鐵利部　今俄屬沿海州伯力附近。

十五，率賓部　今綏芬河一帶。按唐書靺鞨傳不載；渤海傳則云，「率賓故地爲率賓府」，是原爲一部也。遼爲率賓府；金爲恤貧路。其中鐵利，虞婁，越喜等部至遼代仍存，大抵爲零星部族，不關重要。惟粟末與黑水二部佔極重要之地位，中唐以後之渤海即出自粟末，南宋時代之女眞即出自黑水。

參考書：

一，丁謙晉書以下諸四夷傳考証。

二，滿洲源流攷卷二部族，卷八，九疆域。

三，滿鮮地理歷史研究報告第十三冊池內宏肅愼考，對於漢魏以來關于肅愼之文獻，考核極詳細。

四，滿鮮地理歷史研究報告第一冊津田左右吉勿吉考，謂勿吉與靺鞨非一部，不見精彩，不過略爲攏攏而已。

張儀說齊，說趙，說燕辨僞

張公量

一

齊策一：

張儀爲秦連横(說)齊王曰：『……臣聞之，齊與魯三戰而魯三勝，國以危亡隨其後。雖有勝名而有亡之實，是何故也？齊大而魯小。今趙之與秦也猶齊之於魯也。秦趙戰於河漳之上，再戰而再勝秦；戰於番吾之下，再戰而再勝秦。四戰之後，趙亡卒數十萬，邯鄲僅存。雖有勝秦之名而國破矣。是何故也？秦強而趙弱也。今秦楚嫁子娶婦，爲昆弟之國：韓獻宜陽；魏効河外；趙入朝澠池，割河間以事秦。大王不事秦，秦驅韓魏攻齊之南地，悉趙涉河關，指博關，臨淄即墨非王之有也。國一日被攻，雖欲事秦，不可得也。是故願大王熟計之！』

齊王曰：『齊僻陋隱居，託於東海之上，未嘗聞社稷之長利；今大客幸而教之，請奉社稷以事秦，獻魚鹽之地三百於秦也』。

這是張儀說齊的故事。趙策二：

張儀爲秦連横說趙王曰：『弊邑秦使臣敢獻書於大王御史。大王收率天下以儐秦，秦兵不敢出函谷關十五年矣。大王之威，行於天下。山東弊邑，恐懼懾伏，繕甲厲兵，飾車騎，習馳射，力積粟，守四封之內，愁居懾處，不敢動搖，唯大王有意督過之也。今以大王之力，西舉巴蜀，幷漢中，東收兩周而西遷九鼎，守白馬之津。秦雖僻遠，然而心忿悁含怒之日久矣。今宣君(史記作秦)有微甲鈍兵，軍於澠池，願渡河踰漳，據番吾，迎戰邯鄲之下，願以甲子之日合戰以正殷紂之事；敬使臣先以聞於左右。……今楚與秦爲昆弟之國，而韓魏稱東藩之臣，齊獻魚鹽之地，此斷趙之右臂也。夫斷右臂而求與人鬬，失其黨而孤居，求欲無危，豈可得哉！今秦發三將軍：一軍塞午道，告齊使興師度淸河，軍於邯鄲之東；一軍軍於成皋，毆韓魏而軍於河外；一軍軍於澠池：約曰，四國爲一以攻趙，破趙而四分其地。是故不敢匿意隱情，先以聞於左右。切爲大王計，莫如與秦遇於澠池，面相見而身相結也。臣請案兵無攻，願大王之定計！』趙王曰：『先王之時，奉陽君相，專權擅勢，蔽晦先王，獨制官事；寡人宮居，屬於師傅，不得與國謀。先王棄羣臣，寡人年少，奉祠祭之日淺，私心固竊疑焉：以爲一從不事秦，非國之長利也，乃且願變心易慮，剖地謝前過以事秦。方將約車趨行，而適聞使者之明詔』。於是乃以車三百乘，入朝澠池，割河間以事秦。

這是張儀說趙的故事。燕策一：

張儀爲秦破從連橫謂燕王曰：『大王之所親，莫如趙。……夫趙王之狠戾無親，大王之所明見知也。且以趙王爲可親邪？趙興兵攻燕，再圍燕都而劫大王，大王割十城，乃卻以謝。今趙王已入朝澠池，效河間以事秦，大王不事秦，秦下甲雲中九原，驅趙而攻燕，則易水長城非王有也……』。燕王曰：『寡人蠻夷僻處，雖大男子裁如嬰兒，言不足以求正，謀不足以決事。今大客幸而教之，請奉社稷西面而事秦，獻常山之尾五城』。

這是張儀說燕的故事。史記張儀列傳所載除齊王易爲齊湣王，燕王易爲燕昭王外，其餘文字大都相同，而且這就是照史記的排列次序排列的。這三個故事，司馬光(1)呂祖謙(2)鮑彪(3)跟着一致的繫之周赧王四年，即齊湣王十三年，趙武靈王十五年，燕昭王元年，當紀元前三一一年。過二年，張儀客死於魏。殊不知趙邯鄲之圍在秦昭王四十八年，趙孝成王七，年當前二五九年；番吾之戰在秦始皇十五年，趙王遷四年，當前二三二年。秦楚結好，一次在秦昭王二年，楚懷王二十四年，當前三〇五年(秦迎婦於楚)；又一次在秦昭王十五年，楚頃襄王七年，當前二九二年(楚迎婦於秦)。韓失宜陽，在秦武王四年，韓襄王五年，當前三〇七年。梁效河外，在秦昭王十七年，魏昭王六年，當前二九〇年。趙會澠池，在秦昭王二十八年，趙惠文王二十年，當前二七九年。趙割河間，在秦始皇十五年，燕王喜二十三年，當前二三二年。肴函之道，秦惠王十一年始克有之，至張儀說趙僅有三年。秦滅兩周在秦莊襄王楚元年，當前二四九年。韓梁稱臣，一在秦始皇十四年，當韓王安六年，前二三三年；一在秦始皇十六年，當魏景湣王十二年，前二三一年。這等事實，統在張儀死後。張儀這三個遊說的故事，統是後人胡扯的，揑造的！

(1)資治通鑑卷三〇。

(2)大事記卷四，周赧王四年，『楚囚張儀而報之，儀遂說楚，韓，齊，趙，燕，連橫事迄』，下註『以通鑑列傳修』。

(3)戰國策補註，齊策，『儀傳連橫在鄭袖出儀後，說楚，說韓，齊，趙，卒說燕，歸報而惠王死』，則此當秦惠王十四年，齊湣王十三年。而吳師道以爲說齊在湣王二年，誤。

二

張儀說齊湣王所謂『秦趙戰於河漳之上』，當指邯鄲之圍的前後。史記趙世家說，『(孝成王)七年，廉頗免而趙括代將。秦人圍趙括，趙括以軍降，卒四十萬皆阬之。王悔不聽趙豹之計，故有長平之禍焉。王還，不聽秦，秦圍邯鄲，武垣令……』。又說，『八年，平原君如楚請救，及魏公子無忌亦來救，秦圍邯鄲乃解』。秦圍邯鄲，及邯鄲圍解，實在孝成王九年，這裏誤記在七年八年，前人已經改正(1)。秦本紀也說，『秦昭王……四十七年，秦攻韓上黨，上黨降趙。秦因攻趙。趙發兵擊秦，相距。秦使武安君白起擊，大破趙於長平，四十餘萬盡殺之』。又說，『四十八年……十月，五大夫陵攻趙邯鄲。四十九年正月，益發卒佐陵；陵戰不善，免。王齕代將』。又說，『五十年……十二月益發卒軍汾城旁，武安君白起有罪死。齕攻邯鄲不拔，去還奔汾』。魏世家也說，『魏安釐王……二十年，秦圍邯鄲，信陵君無忌矯奪將軍晉鄙兵以救趙，趙得全』。這事在信陵君列傳裏說，『魏安釐王二十年，秦昭王已破趙長平軍，又進兵圍邯鄲。公子姊爲趙惠文王弟平原君夫人，數遺魏王及公子書，請救於魏。魏王使將軍晉鄙將十萬衆救趙』。楚世家也說，『考烈王六年，秦圍邯鄲，趙告急楚，楚遣將軍景陽救趙。七年至新中，秦兵去』。這事在春申君列傳裏說，『考烈王…四年，秦破趙之長平軍四十餘萬。五年圍邯鄲，邯鄲告急於楚；楚使春申君將兵往救之，秦兵亦去』。燕召公世家也說，『武成王十三年，秦敗趙於長平四十餘萬。……孝王元年，秦圍邯鄲者解去』。田敬仲完世家也說，『齊王建六年…秦破趙於長平四十餘萬，遂圍邯鄲』。這邯鄲之圍，假如可信，眞是一塲強烈的國際戰爭，所以文獻特別多。關於白起打敗趙括(2)，和平原君出救邯鄲的經過(3)，這裏不及細敘。我想這就是

(一)假造張儀者遊齊湣王說的『秦趙戰於河漳之上』。長平，括地志云，『長平故城在澤州高平縣西二十一里』(4)，即今山西晉城一帶。武垣，徐廣云，『河間有武垣縣，本屬涿郡』(5)，即今河北河間縣一帶。又白起列傳，『秦昭王……四十七年……六月，陷趙軍，取二鄣，四尉』，正義引括地志云，『趙漳故城，一名都尉城，今名趙東城，在澤州高平縣西二十五里。又有故穀城，此二城即二鄣也』。長平二鄣在南，武垣在北，邯鄲居中，正臨河漳之上。

(二)假造張儀者又說『四戰之後，趙亡卒數十萬』，而趙括在長平被白起打敗，正以軍降，兵卒四十萬盡被阬殺。

(三)假造張儀者又說，『邯鄲僅存』，這句話一點不錯。秦圍邯鄲，趙請救楚魏，然後得全。最後的勝利終屬於趙的，所以假造張儀者又說，『再戰而再勝秦』。

這是邯鄲之圍，也就是河漳之戰，在秦昭王四十八年，趙孝成王七年，當前二五九年之證。其事距張儀說齊已五十二年，張儀死已五十年。

(1)集解徐廣曰，『在九年』。又正義，『年表云，「九年，公子無忌救邯鄲」，圍在九年，其文錯誤耳』。

(2)史記白起列傳敘白起打敗趙括的經過，『(秦昭王)四十七年，秦使左庶長王齕攻韓取上黨，上黨民走趙，趙軍長平，據上黨民。四月，齕因攻趙，趙使廉頗將。趙軍士卒犯秦斥兵(索隱『謂犯秦之斥候兵也』)。秦斥兵斬趙裨將茄。六月陷趙軍，取二鄣四尉。七月趙軍築壘壁而守之。秦又攻其壘，取二尉，敗其陣，奪西壘壁。廉頗堅壁以待秦。秦數挑戰，趙兵不出。趙王數以爲讓。而秦相應侯又使人行千金於趙爲反間，曰：「秦之所惡，獨畏馬服子趙括將耳。廉頗易與，且降矣」。趙王既怒廉頗軍多失亡，軍數敗，又反堅壁不敢戰，而又聞秦反間之言，因使趙括代廉頗將以擊秦。秦聞馬服子(趙括封號)將，乃陰使武安君白起爲上將軍，而王齕爲尉裨將；令軍中有敢泄武安君將者斬。趙括至，則出兵擊秦軍，秦軍詳敗而走，張二奇兵以劫之，趙軍逐勝追造秦壁，壁堅拒不得入，而秦奇兵二萬五千人絕趙軍後，又一軍五千騎，絕趙壁，間趙軍，分而爲二，糧道絕，而秦出輕兵擊之，趙戰不利，因築壁堅守，以待救至。秦王聞趙食道絕，王自之河內賜民爵各一級，發十五歲以上悉詣長平，遮絕趙救。及糧食至，九月，趙卒不得食，四十六日，皆內陰相殺食，來攻秦壘，欲出爲四隊，四五復之，不能出，其將軍趙括出銳卒自搏戰，秦軍射殺趙括，括軍

敗，卒四十萬人降武安君。武安君計曰：「前秦已拔上黨，上黨民不樂爲秦而歸趙，趙卒反覆。非盡殺之，恐爲亂」。乃挾詐而盡阬殺之，遺其小者二百四十人歸趙。前後斬首虜四十五萬人，趙人大震』。又廉頗藺相如列傳，『趙括既代廉頗，悉更約束，易置軍吏。秦將白起聞之，縱奇兵詳敗走，而絕其糧道，分斷其軍爲二。四十餘日，軍餓，趙括出銳卒自搏戰。秦軍射殺趙括，括軍敗，數十萬之衆遂降秦，秦悉阬之。趙前後所亡凡四十五萬』。

(3)史記平原君列傳叙平原君出救邯鄲的經過，『秦急圍邯鄲，邯鄲急且降。平原君甚患之。邯鄲傳舍吏子李同說平原君曰：「君不憂趙亡邪？」平原君曰：「趙亡則勝爲虜，何爲不憂乎！」李同曰：「邯鄲之民，炊骨易子而食，可謂急矣。而君之後宮以百數，婢妾被綺縠，餘粱肉，而民褐衣不完，糟糠不厭。民困兵盡，或剡木爲矛矢，而君器物鐘磬自若。使秦破趙，君安得有此？使趙得全，君何患無此？今君誠能令夫人以下編於士卒之間，分功而作，家之所有盡散以饗士，士方其危苦之時易德耳」。於是平原君從之，得敢死之士三千人。李同遂與三千人赴秦軍，秦軍爲之卻三十里；亦會楚魏救至，秦兵遂罷，邯鄲復存。李同戰死』。

(4)趙世家正義引，而白起列傳正義，『長平故城在澤州高平縣西北二十一里』，微異。

(5)趙世家集解引。

三

番吾之戰，歷史上記得很明白。史記趙世家說，『幽繆王遷……二年，秦攻武城，扈輒率師救之，軍敗死焉。三年，秦攻赤麗宜安。李牧率師與戰肥下，卻之，封牧爲武安君。四年，秦攻番吾，李牧與之戰，卻之』。廉頗藺相如列傳也說，『趙悼襄王元年，……居二年，……後七年，秦破趙，殺趙將扈輒於武遂城，斬首十萬。趙乃以李牧爲大將軍，擊秦軍於宜安，大破秦軍，走秦將桓齮。封李牧爲武安君。居三年，秦攻番吾，李牧擊破秦軍，南距韓魏』。兩處所叙時間，頗有出入。不過趙悼襄王在位九年，故『居二年』加上『後七年』，已入趙王遷元年；再『居三年』，恰是趙王遷四年：這一年秦攻番吾是一致的。番吾，正義云，『番又作蒲』[1]，漢書地理志常山郡有蒲吾縣。括地志云，『蒲吾城在恒州房山縣東二十里』[2]，即今河北正定府平山縣東南二十里[3]。漢志河間有武遂縣。宜安在恒州槁城縣西南二十里[4]，肥纍故城在恒州槁城縣西七里[5]。這些地方都在今河北山西之間，與番吾同有李牧的戰功。假造張儀者遊齊湣王說，『(秦趙)戰於番吾之下，再戰而再勝秦』，是熟聞這戰爭的詳細情形的。

這是番吾之戰，在秦始皇十五年，趙王遷四年，當前二三二年之證。其事距張儀說齊已七十八年，張儀死已七十六年。

(1)趙世家。

(2)趙世家正義引，而廉頗藺相如列傳正義作『在相州房山縣東二十里』。

(3)張琦戰國策釋地。

(4)趙世家正義引，而廉頗藺相如列傳正義恒州作亘州。

(5)趙世家正義引括地志。

四

秦楚聯盟，張儀在說楚懷王時僅作假設的語勢，至此則十分確定了。總之秦迎婦於楚，乃是秦昭王二年，楚懷王二十四年的事。楚世家說，『楚懷王二十四年，倍齊而合秦；秦昭王初立，乃厚賂於楚，楚往，迎婦』。六國表楚表楚懷王二十四年也說，『秦來迎婦』。樗里子甘茂列傳也說『齊使甘茂於楚，楚懷王新與秦合婚而驩』，索隱徐廣說，『昭王二年時，迎婦於楚』。而秦本紀，秦昭王二年說，『庶長壯與大臣諸侯公子爲逆皆誅，及惠文后，皆不得良死』，集解徐廣說，『迎婦於楚者』。原來秦國的宮廷，爲了娶楚國的皇后，也出過一陣亂子。

楚迎婦於秦，乃是楚頃襄王七年，秦昭王十五年的事。楚世家說，『頃襄王……七年，楚迎婦於秦，秦楚復平』。太史公把這件事編入趙表，說，『迎婦秦』。根本趙秦沒有嫁娶之事，因爲頃襄王七年的上一格恰是趙表惠文王七年，相隔近，紀年又同，所以偶爾編錯了。從楚懷王二十四年嫁女於秦，頃襄王七年迎婦於秦，兩國成立和約之後，還不斷的會盟。楚世家說頃襄王十四年，與秦昭王好，會于宛，結和親。十六年，會於宛，其秋復會鄢。知道這個外交形式，才有『秦楚嫁子娶婦，爲昆弟之國』的申明；但距張儀說齊說趙已十九年，張儀死已十七年了呢！

五

次是『韓獻宜陽』。秦拔韓宜陽有二次：一次在惠王三年，即張儀說齊前二十四年；一次在武王四年，即張儀說齊後四年。張儀遊齊滑王說，『今秦楚嫁子娶婦約爲昆弟之國。韓獻宜陽』。可知韓獻宜陽，與秦楚聯盟同時，或稍後。所以我想他所指的不是前二十四年，而是後四年。這一次，韓世家說，『昭侯二十四年，秦來拔我宜陽。……襄王四年與秦武王會臨晉；其秋，秦使甘茂攻我宜陽。五年，拔我宜陽，斬首六萬』。秦本紀也說，『武王三年，與韓襄王會臨晉外；其秋使甘茂庶長封伐宜陽，四年拔宜陽，斬首六萬』。秦表韓表，所載並同。樗里子甘茂列傳也說，『武王……卒使丞相甘茂將兵伐宜陽，五月而不拔。樗里子公孫奭果爭之；武王召甘茂欲罷兵。甘茂曰：「息壤在彼」。王曰：「有之」。因大悉起兵，使甘茂擊之，斬首六萬，遂拔宜陽』。『獻』是飾詞，『拔』是事實。

這是韓失宜陽，在秦武王四年，韓襄王五年，當前三〇七年之證。其事距張儀說齊已四年，張儀死亦已二年。

六

梁效河外也很明白。梁自武侯(擊)十一年(西元前三七五)與韓趙三分晉地，滅其國以後，遂有河東西兩岸之地(如上郡，少梁，平周，安邑等)(1)。襄王五年曾一度把河西(2)一帶送給秦國，至此復送河外了。這河外，一說，『河外，河之南邑，若曲沃，平周等也』，又一說，『謂同，華州也』(3)，同爲不可信。而胡三省的解釋最核，他說，『河外，秦蓋以河東爲河外，梁則以河西爲河外，張儀以秦言之也』(4)。那末，這也是一件很晚的事。魏世家說，『昭王……六年，予秦河東四百里』。秦表秦昭王十七年，『魏入河東四百里』。魏哀王昭王時代，當秦昭王時代，國勢日漸削弱了。哀王五年(西元前三一四)雕陰之敗，十六年(西元前三〇三)蒲坂陽晉封陵之失守，而且常受秦國的侵略，至此乃有四百里的斷割，不是反映出秦國國勢的蒸騰而不可犯麽？連橫者就振振有辭了。但距張儀說齊已二十一年，張儀死已十九年了呢！

(1)魏世家正義，『自華州北至同州，並魏河北之地』。

(2)張儀列傳索隱。

(3)張儀列傳正義。

(4)資治通鑑卷三，周紀赧王四年，張儀說齊，『梁效河外』句註。

七

秦趙澠池之會，更是當日外交史上重要的關目，有明文可徵的。趙世家說，『惠文王……二十年，廉頗將攻齊王，與秦昭王遇西河外』。趙表惠文王二十年也說，『與秦會澠池，藺相如從』。有扈從，有軍官，這是多麽鄭重的談判。再看廉頗藺相如列傳，『其後，秦伐趙，拔石城。明年復攻趙，殺二萬人，秦王使使者(1)告趙王，欲與王爲好，會於西河外澠池。趙王畏秦，欲毋行。廉頗藺相如計曰：「王不行，示趙弱且怯也」。趙王遂行，相如從。廉頗送至境，與王訣曰：「王行度道里會遇之禮畢，還，不過三十日。三十日不還，則請立太子爲王，以絕秦望」。王許之。遂與秦王會澠池』。其下敘藺相如折秦全趙的悲壯故事。拔石城在趙惠文王十八年，明年會澠池爲十九年，與趙世家趙表相差一年，恐有脫誤。總之，這是趙惠文王二十年，秦昭王二十八年。當前二七九年的外交局勢，距張儀說齊已三十二年，張儀死已三十年。

(1)資治通鑑卷四，周赧王三十六年載此事，亦作『秦王使使者告趙王』云云。

八

等到趙割河間，秦始皇的一統便將成功了。樗里子甘茂列傳說，『秦始皇帝使剛成君蔡澤於燕，三年而燕王喜使太子丹入質秦。秦使張唐往相燕，欲與燕共伐趙，以廣河間之地。……秦始皇召見，使甘羅於趙。趙襄王郊迎甘羅。甘羅說趙王曰：「王聞燕太子丹入質秦歟？」曰：「聞之」。曰：「聞張唐相燕歟？」曰：「聞之」。「燕太子丹入秦者，燕不欺秦也。張唐相燕者，秦不欺燕也。燕秦不相欺者，伐趙，危矣。燕秦不相欺，無異故，欲攻趙而廣河間。王不如齎臣五城，以廣河間。請歸燕太子，與彊趙攻弱燕」。趙王立，自割五城以廣河間。請歸燕太子』。讀了這段故事，還不明白麼？燕召公世家燕王喜二十三年，太子丹質於秦歸燕。燕表同。趙悼襄王是死於燕王喜十九年的，所謂『趙王立』，已是亡國的幽愍王遷四年了。

燕王喜二十三年，是秦始皇十五年。河間之割，距張儀說齊說燕已七十九年，張儀死已七十七年。

九

秦之及於函谷關，要在惠王改元十一年以後(1)，到張儀說趙不過三數年，那有『秦兵不敢出函谷關十五年』的事？秦昭王四十一年，范睢憤慨於『至今閉關十五年，不敢窺兵於山東者』，是由秦王之計有所失，穰侯的爲謀不忠，羣臣的不稱職(2)，雖屬規勵之詞，也還有可能性。或即爲造張儀說趙文者所襲。

(1)參蘇秦說秦辨僞。

(2)史記卷七十九范睢蔡澤列傳。秦策三，范睢說秦昭王文，與此異。閉關句作『今反閉而不敢窺兵於山東者』。

十

張儀說趙，謂秦『東收兩周(1)而西遷九鼎，守白馬之津』。西周入秦在秦昭王五十一年。秦本紀，『(昭王)五十一年，……西周君背秦，與諸侯約從，將天下銳兵出伊闕，攻秦，令秦毋得通陽城。於是秦使將軍摎攻西周君。西周君走來自歸頓首受罪，盡獻其邑三十六城，口三萬。秦王受獻，歸其君。五十二年，周民東亡，其器九鼎入秦，周初亡』。東周入秦在莊襄王楚元年。秦本紀，『莊襄王元年……東周君與諸侯謀秦。秦使相國呂不韋誅之，盡入其國。秦不絕其祀，以陽人地賜周君，奉其祭祀』。這一年始收兩周，所以燕召公世家說，燕王喜六年，秦滅東西周，置三川郡。燕王喜六年，即秦莊襄王楚元年。距張儀說趙已六十二年，張儀死已六十年。

(1)舊以秦惠王後元十一年服韓魏爲解，如胡三省通鑑注，誤。

十一

最後，韓梁稱爲東藩之臣，也不可信。蘇秦游韓魏亦云，『稱東藩，築帝宮，受冠帶，祠春秋』，更不可信。雖然秦昭王十九年，即齊湣王三十六年，前者稱過西帝，後者稱過東帝，但僅僅兩個月(1)，入戰國國體衍變之第三階段(2)。所以這游說，最早不得過於秦昭王十九年。但是絕無其事。我想還要遲到秦始皇一統之後。因爲只能在那時找得撒謊的根證。秦始皇本紀，始皇二十六年下令丞相御史，說各國初服，繼畔，終誅的情形，說韓是『異日韓王納地效璽，請爲藩臣；已而倍約，與趙魏合縱畔秦，故與兵誅之』，說魏是『魏王始約，服入臣；已而與韓趙謀襲秦，秦兵吏誅，遂破之』。那末，韓魏之臣服明在秦始皇時代。而且很清楚，始皇十四年，『韓非使秦，秦用李斯謀，留非。非死雲陽，韓王請爲臣』。十六年，『魏獻地於秦，秦置麗邑』。這不是很明顯的事實麼？

至於其他可疑之點尚多(3)，在此未暇一一檢舉了。

(1)見秦本紀，田敬仲完世家，魏世家，穰侯列傳。

(2)戰國國體的衍變，第一階段大夫稱侯，如周威烈王二年之魏武侯，十八年之韓景侯，趙烈侯。第二階段，由侯稱王，最著的是周顯王三十五年之齊宣王魏襄王會徐州諸侯相王。第三階段，乃稱帝，爲期甚暫。

(3)胡三省以爲張儀說趙時，齊並無魚鹽之獻。說，『此時齊未嘗獻地於秦，張儀詭設以恐動趙耳』。又說，『當時趙於山東最强，且主從約。張儀說之，亦費辭矣』。又以說燕爲虛言，『張儀自趙至燕，借此氣勢，而爲是虛言以動燕耳』。並見資治通鑑卷三注，其對於策文，皆持懷疑態度。

二十四年五月六日夜十時寫畢

按：我想對於戰國縱橫家的遊說加以系統的辨正，使復其眞。現在但從地理沿革下手，顯見其矛盾難信。寫好一篇，即在禹貢上發表。希望 讀者切實指教！ 公量附記，北京大學。

戰國疆域沿革考(周，韓)

鍾鳳年

周

地理志曰：『周地……今之河南，雒陽，穀城，平陰，偃師，鞏，緱氏，是其分也』。

『河南，鞏』周本紀云：『考王封其弟於河南，是爲桓公。……桓公卒，子威公代立。威公卒，子惠公代立；乃封其少子於鞏』。（但同時韓亦有鞏，說見彼。）

『雒陽』蘇秦傳曰：『蘇秦者，東周雒陽人也』。

『緱氏』顧祖禹大事表六上云：『河南偃師縣南二十里有緱氏城，爲滑國，……後屬晉，……又屬周。定六年鄭伐周馮，滑，胥，靡，皆此滑國也。周人又謂之緱氏。昭二十二年子朝之亂，晉師軍于緱氏，即此』。按緱氏至戰國已不見周尙據有之迹。秦策一及張儀傳儀與司馬錯論伐蜀雖有『塞轘轅緱氏之口』一語，而地究誰屬，無從辨明。白起傳則云『昭王四十六年，秦攻韓緱氏，藺，拔之』，是則於時宜爲韓地。

又班氏所舉諸地，河南等六縣盡在洛北；獨緱氏在洛南，當伊水入洛處。疑周韓自此係以洛水分界，而緱氏屬韓也。

『平陰，穀城，偃師』三縣於戰國亦乏確屬周之證。僅考諸左傳，昭二十三年晉定王子朝之亂云：『晉師在平陰，……王使告閒，庚戌還』，又定八年云：『單子伐穀城，……以定王室』，昭十六年云：『劉人攻王城之師于尸氏』，及二十七年『召伯逆王于尸』，杜註曰：『尸在……偃師城』，得藉知春秋時三縣爲周地而已。不過依地勢言之：平陰爲今河南孟津縣，地北臨河，南値河南雒陽之間；穀城在今洛陽縣西北十八里；偃師在緱氏之北，東北爲鞏，西北爲雒陽：且悉居洛水以北，戰國時似仍屬周。

國策所書周地，如『伊闕，唐，乘軒里』之類，於漢俱在河南雒陽二縣境，茲無須言及。

韓

地理志曰：『韓地……分晉得南陽郡及潁川之父城，定陵，襄城，潁陽，潁陰，長社，陽翟，郟，東接汝南，西接弘農，得新安，宜陽，皆韓分也。……鄭國，今河南之新鄭，……及成皋，滎陽，潁川之崇高，陽城，皆鄭分也。……自武公後二十三世，爲韓所滅』。

『南陽』

燕策二及蘇秦傳秦召燕王，蘇代約燕王曰：『秦欲攻魏，重楚；則以南陽委於楚曰：『寡人固與韓且絕矣；殘均陵，塞鄳阸，苟利於楚，寡人如自有之』。

今因蘇代語，可知韓實有南陽；然韓固未悉據有漢全郡之地也。舉證若下：

西周策韓魏易地章，『魏有南陽，……則楚方城之外危』。秦策四楚魏戰於陘山章，『魏戰勝，楚敗於南陽』。魏策四穰侯攻大梁章，『君攻楚，得宛穰以廣陶』。

秦本紀昭王八年，『齊……魏……韓……共攻楚方城』（地理志南陽郡葉縣，班注曰：『葉公邑：有長城，號曰方城』）。十五年，『攻楚取宛』。二十八年，『大良造白起攻楚，取鄢鄧』。

越世家王無彊時，『越王曰：「……願魏以聚大梁之下，……則方城之外不南。……商，於，析，酈（索隱曰：『四邑竝屬南陽，楚之西南是也』），宋胡之地……不足以備秦』。

楚世家肅王十年，『魏取我魯陽』。

『宛，葉，穰，鄧，酈，魯陽』於漢俱隸南陽郡。『方城』位於南陽，人所共知。此均足證楚亦有地於南陽也。

漢南陽郡之地勢，葉（今河南縣）在郡之東北，近於潁川。酈（於漢有南北二城，此爲北酈，見水經淯水注，今爲內鄉縣地）在郡之西北，近於弘農。方城微在二縣以南。宛，穰，鄧則包於方城之內。魯陽居於郡之北邊，與河南郡之梁縣接界。是楚已幾盡據南陽全郡，韓於其間所有蓋無幾矣。

越世家，齊威王使人說越王曰：『韓之攻楚，覆其軍，殺其將，則葉，陽翟危』。韓氏此『葉』，依地理度之，似當在南陽。而孟嘗君傳，蘇代爲西周謂田文曰：『君以齊爲韓魏攻楚，九年而取宛葉以北』，事後於齊說越三十餘年，又知茲時韓尚未得葉。唯越世家之文亦不類虛妄；殆彼『葉』與楚所有者弗在一地。上述與魯陽比鄰之梁縣，高誘云即韓之南梁。梁縣地勢甚闊，東連潁川，西接弘農；而魯陽之西猶有一部地，莫能舉其名，且不辨誰屬，亦鄰於梁縣；疑韓氏之葉即居其間。迨及孟嘗君攻楚時，方得抵楚宛葉以北。但君乃爲韓魏而興師，所獲楚地，魏亦應分而有之；是則韓氏所益仍無多也。斑氏以南陽全郡界之，必誤。

『潁川之父城，定陵，襄陵，潁陽，潁陰，長杜，陽翟，郟』

『父城』即春秋時楚平王寘太子建之城父。至戰國如何入於韓，無攷。縣所屬之應鄉，濱於汝水；秦策三有『應侯失韓之汝南』章，韓非子定法篇有『應侯攻韓八年，成其汝南之封』二語；范睢所封之汝南，蓋即指『應鄉』而言。其地在父城之西南；彼於昔既爲韓有，則居其東北之父城自宜屬韓。

又西周策周君之秦章，『謂周最曰：「不如譽秦王之孝也，因以原爲太后養地」』之『原』，周本紀赧四十八年之文作『應』。考之者因『原』於春秋業已入晉，遂羣依史謂即父城之『應鄉』。按應鄉於韓已將屆南邊；弱小之周，何能及之？春秋大事表五於『原』云：『僖二十五年，王以其地賜晉；晉遷原伯貫於冀。此後原伯見於傳者甚多（宣十六年，『晉侯使士會平王室，定王享之；原襄公相禮』，昭十八年『葬曹平公；往者見周原伯魯焉』，俱在原已入晉後），或曰遷邑於河南』。考古之世卿，未有無封地者。周既以原賜晉，原伯之子孫當無即食邑於晉所遷地之理。大事表『或曰云云』，似覺近是。國策之『原』疑即原伯續封之邑，仍在周境；止其地闕，言之者遂俱誤從史爾。

『定陵』　漢於潁川汝南二郡各有定陵；二地相鄰，何者屬韓，無從覓證。第在汝南者較近於韓都；在潁川者則居於魏氏襄城舞陽之間，然亦莫能證其屬魏。茲姑從班氏列入韓地。

『襄城』　此於前已論爲魏地。

『潁陽，潁陰』　二縣於春秋俱爲許地。元和郡縣志卷第八於『許州』云：『周末爲晉地；三卿分晉　其地屬韓』。案潁陽至唐爲許州之許昌縣。潁陰爲州之長社縣（此與漢縣有異，彼於唐爲長葛）。二地去陽翟俱不遠，似宜屬韓。

『長社』　此於前亦已證爲魏地；第縣境之宛亭或屬韓，說見後。

『陽翟』　地乃韓都，自無可議。

『郟』　地於春秋屬楚；至唐爲郟城縣。元和郡縣志卷第八於縣云：『七國時屬韓』。按其地東北鄰陽翟，西接河南之梁縣，南爲父城；彼既盡爲韓地，此自亦應隸之。

『新安，宜陽』

『宜陽』　此爲韓地，屢見於國策史記，無待舉證。

『新安』　縣乃漢置。今縣志云城至宜陽縣城五十里。更參以甘茂傳茂對秦武王『宜陽，大縣也。……名曰縣，其實郡也』之文，當日宜陽之區域蓋大於常縣；新安舊殆爲彼所領也。

『河南之新鄭，……及成皋，滎陽』

『新鄭』　韓世家哀侯二年『滅鄭，因徙都鄭』。地理志河南郡新鄭縣班注曰：『……鄭……武公所國；後爲韓所滅，韓自平陽徙都之』。

『成皋』　韓策一三晉已破智氏章『段規謂韓王曰：「分地必取成皋，……則韓必取鄭矣」。……至韓之取鄭也，果從成皋始』。

又『成皋』即鄭之『虎牢』。今依韓策之語，是三家未分晉前，地已爲晉有。班氏謂韓滅鄭始得之，恐誤。

『滎陽』　韓世家桓惠二十四年，『秦拔我成皋，滎陽』。

『潁川之崇高，陽城』

『崇高』　史漢武帝本紀，封禪書，郊祀志上俱云『元封元年，帝幸緱氏，登嵩高；以山下三百戶置崇高邑』。文穎曰：『嵩高山在陽城』。則『崇高』舊乃陽城地。

『陽城』　韓世家文侯二年，『伐鄭，取陽城』。又桓惠十七年，『秦拔我陽城』。

班氏所遺韓地。

『上黨』　秦策一張儀說秦王章，『趙氏……悉其士民，……以爭韓之上黨』。趙策一秦王謂公子他章，『趙王喜，召平陽君而告之曰：「韓不能守上黨，……今馮亭令使者以與寡人」』。韓世家桓惠十年，『秦擊我上黨，我上黨郡守以上黨降趙』。

班氏蓋即因襲是類傳說，遂於趙地云：『西有……上黨。上黨本韓之別郡也，遠韓近趙，後卒降趙』。按韓自初分晉至桓惠十年，據有上黨，業一百九十一年。而攷諸白起傳，上黨於秦昭四十五年降趙，四十八年秦復定之，先後隸趙僅四年，爲期甚暫，且未能安然據有。況韓桓惠二十六年尚有『秦悉拔我上黨』之語，是徵初降趙者亦只其一部；則焉得以是歸之？可證班說大誤。

韓上黨之區域，元和郡縣志於河東道云：

『晉州　戰國時屬韓；後韓將馮亭以上黨降趙，又屬趙。』

『潞州　戰國時屬韓，爲別都。』

『澤州　戰國時屬韓魏，後屬趙。』

『沁州　戰國時屬韓；在秦爲上黨郡地。』

『儀州　同上。』

按秦攻韓上黨，前已於魏地證其係從河內之野王而進兵，以絕上黨之路。野王於唐爲懷州治之河內縣；更北即澤州，爲古上黨之一部。元和志云澤州南至河內縣一百四十里。昔馮亭所守，似宜在此州。若晉州乃戰國韓之平陽，去野王尚遠，約將及七百里（元和志記晉，潞，澤，懷諸州道里，謂晉州東至潞州三百九十里，潞州東南至澤州一百八十七里，懷州北至澤州一百四十里），秦攻野王，何至平陽已莫能自守而降趙？又秦破趙之長平，括地志云：『長平故城在澤州高平縣西三十一里，卽白起敗趙括處是也』，亦可見馮亭原所守當在澤州，故趙於收地後卽於其閒與秦作戰也。元和志謂降趙者為晉州，恐非是。且晉州所領八縣，止冀氏縣於漢為上黨之猗氏縣，餘悉為河東郡地；志謂全州昔俱為韓上黨，似亦非是。

唐澤州領有晉城，端氏，陵川，陽城，沁水，高平六縣。舊唐書地理志云：『晉城，漢高都縣。端氏，漢縣。陵川，漢泫氏縣。陽城，隋濩澤縣(魏書地形志注云：縣自二漢晉俱名濩澤)。沁水，元魏置永安縣。高平，漢泫氏縣地』。

竹書考王七年，『趙獻子城泫氏』。顯王七年，『晉取泫氏』。此當與漢縣為一地，則唐之陵川高平於戰國乃魏地。

又顯王十七年，『晉取玄武，濩澤』。水經沁水注『又東逕濩澤縣故城南』句下引及此文。則唐之陽城昔同屬魏。

秦本紀，莊襄王三年，『蒙驁攻魏高都，汲，拔之』。是唐晉城昔亦屬魏。

趙策一甘茂為秦約魏以攻韓宜陽章，冷向謂強國曰：『……韓欲有宜陽，必以路，涉，端氏賂趙』。則唐端氏昔為韓有。

沁水縣於元魏為晉州西河郡之永安縣；郡下魏收注曰：『舊汾州西河民，孝昌二年為胡賊所破，遂居平陽界；還置郡』。平陽昔為韓境，是唐沁水舊乃韓士。

今依上文，可證元和志謂澤州『戰國時屬韓魏』，是。但按之漢地志，端氏濩澤二縣隸河東郡。唐沁水縣既在平陽界，於漢亦為河東郡地。止晉城，陵川，高平三縣舊為漢之泫氏，高都，方是上黨郡地；不過此三縣戰國時若悉為魏有(唐陵川縣位于丹水之東，濁漳水之北；前論魏地以為魏上黨僅在此區域，証諸今所攷，誤)，則豈非唐澤州地當昔上黨界內者，韓

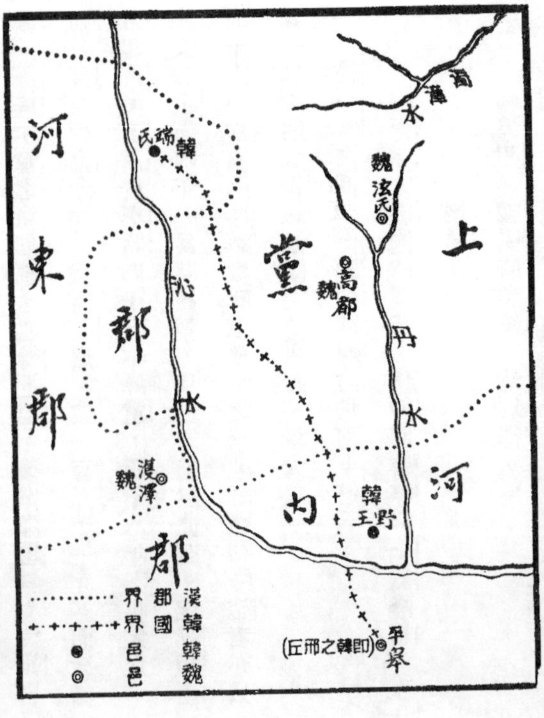

氏乃毫無所有乎？兼據漢地勢言之，濩澤之南，舊則為魏河內地；魏濩澤設與高都接壤，是韓將無塗自端氏以達其野王；與白起傳所謂『伐韓之野王，野王降秦，上黨道絕』之語不合矣。故濩澤高都之間必為韓地，始得從端氏以通野王；疑自濩澤以北以東沿沁水流域俱為韓有。魏上黨地僅有泫氏全境及高都之東部而已。

水經濁漳水注引『竹書紀年曰：「梁惠成王十二年（周顯王十年），鄭取屯留，尚子，涅」。尚子，即長子之異名也』。今案以東周策或為周最謂金投曰：『……公不如……佐秦而伐韓魏，上黨長子，趙之有已』，及張儀傳儀論伐韓曰：『當屯留之道，魏絕南陽』諸語，事俱在周顯十年後，可證屯留長子於茲實屬韓。二縣至唐，俱屬潞州。又上於澤州所引趙策，韓之『路，涉』，於漢為上黨郡之潞縣（潞古通路）與魏郡之涉縣（今漢地志作『沙縣』，魏地志并州襄垣郡刈陵縣注云：『二漢晉曰潞，屬上黨』，舊唐地志河東道潞州於縣云：『漢隋縣』，元和志卷十五於縣亦云：『本漢舊縣』，無言為『沙』者；疑漢志有誤）；唐為潞城及涉，亦同屬潞州。竹書所謂之『涅』，即漢上黨之涅氏，後漢仍曰涅，元魏為并州鄉郡之陽城，隋大業初省入上黨郡之銅鞮，唐為潞州之武鄉縣地。（舊唐地志云武鄉為漢襄垣縣，恐誤：因縣實位於漢涅氏之域。若襄垣唐仍舊稱，尚在武鄉之南）。涉在潞州之極東，武鄉為州之東北邊，二縣之西南方是屯留，長子，潞城諸縣；餘若銅鞮，襄垣，黎城則盡包於上舉涉縣等之內，上黨壺關位於潞城長子之間；元和志謂『潞州，戰國時屬韓』，是。

韓策一秦圍宜陽章游騰謂公仲曰：『公何不與趙藺，離石，祁』之『祁』，漢隸太原郡；唐因之：其地在沁州之北。州之東南西則為晉潞二州。沁之四周於戰國既俱為韓地，則其全境昔自應為韓有；元和志所斷亦是。（依國策，趙亦有藺，離石，祁。但燕策二及蘇秦傳蘇代約燕王曰：『……秦正告魏曰：「我舉安邑，塞女戟，韓氏太原卷」。……秦欲攻韓致藺石』。祁於此蓋包於太原之內，石卽離石：是韓之有藺，離石，祁亦甚確。戰國間有兩國分據一地者，此殆卽是。）

『儀州』，唐一作『遼州』；於漢已是上黨郡之東北邊。趙策一趙收天下且以伐齊章（趙世家見惠文王十六年），蘇代為齊遺書趙王曰：『……秦以三郡攻王之上黨』。同策二武靈王平晝閒居章（世家見王之十九年），王曰：『……今吾自常山以至代，上黨，東有燕東胡之境，西有樓煩秦韓之邊，而無騎射之備，……以備上黨之形』。是趙原實有上黨。又策地攷謂趙奢破秦之趙閼與，卽在本州之和順縣；韓閼與則在武鄉縣(縣已見前潞州內)。故本州舊若亦爲韓地，則詎非趙於上黨無所有，不合於上所引策史之文乎？元和志之文蓋誤。其故殆由於唐之和順武鄉，當戰國時悉爲閼與地，韓趙交有之；試觀趙奢傳『秦伐韓，軍於閼與』時，年表趙惠文二十九年則稱『秦拔我閼與，趙奢將擊秦，大破之』，便可爲證。元和志乃於和順縣云：『卽韓之閼與邑』，而不識武鄉縣亦古閼與之一部，方是韓地也。

漢上黨郡所領十四縣，其當唐潞州區域者，爲涅氏(唐武鄉縣)，潞(唐潞城縣)，余吾(東漢省入屯留，郡國志劉昭注云：余吾城在屯留西北三十里)，襄垣，銅鞮，壺關，屯留，長子(唐俱沿而未改)八縣。當唐澤州地者，爲泫氏(唐曰高平)，高都(唐曰晉城)，陽阿(元魏縣，隸建州高都郡，北齊省入高都，唐爲晉城縣地)三縣。當晉州地者，爲猗氏縣(後漢改曰猗氏；舊唐地志於冀氏縣云：『漢猗氏縣地』)。當沁州地者，爲穀遠縣(舊志沁州沁源縣下云：『漢穀遠縣，……後魏改爲沁源』)。當儀州地者，爲沾縣(舊志於和順縣云：『漢沾縣地，隋爲和順縣』)。舍如上所證沾縣應屬趙，泫氏全境與高都之東部應屬魏，餘悉爲韓有。

河東之平陽，及翼城旁之安邑，與垣縣東之武遂

前論魏地，業云韓於河東有平陽，武遂。

『平陽』於漢爲河東縣。

『武遂』地闕；若因秦本紀武王四年『拔宜陽，……涉河城武遂』二語斷之，地當在大河之北，遙與宜陽隔河相對。準之宜陽，疑在漢河東郡垣縣附近；楊守敬於戰國疆域圖著之縣東，殆是。唯魏世家武侯二年云『城……王垣』，索隱引徐廣曰：『垣縣有王屋山，故曰王垣』。魏策三第二章『芒卯謂秦王曰：「……王之所欲於魏者，長羊，王屋，洛林之地也」』。是則垣縣於戰國乃魏地。惟呂覽應言篇則云：『魏令孟卯割絳，𣳡(畢沅謂此爲『汾』字之古文)，安邑之地以與秦王』。魏世家昭王六年則云：『予秦河東地方四百里，芒卯以詐重』，未詳舉爲河東某部；且入安邑依年表尙在此後四年。同記一事，所書乃各異。按垣縣已屆漢河東郡之東邊，鄰於河內，南則大河；據史論之，當不能容得方四百里之區域。『汾絳』位於垣縣之西北，地勢較闊；不韋身執秦政，所本之舊聞亦當較確；魏所入地似以從呂覽爲是。武侯雖築城於王垣，其附近之地未必卽悉爲魏有。且王垣西已是魏之安邑，故韓氏河東地

之臨河者，舍王垣以東殊別無相當者，武遂諒應在其間。

韓之『安邑』 白起傳云：『白起爲左更，攻韓魏於伊闕。……涉河，取韓安邑以東到乾河』。韓策三有『安邑之御史死』章。是則韓於河北亦別有地名安邑者。

韓安邑地亦闕。集解引郭璞曰：『今河東聞喜縣(魏曲沃，安邑在其南)東北有乾河口，名曰乾河里；但有故渠處，無復水也』。索隱曰：『魏以安邑入秦(起取韓安邑，斷之伊闕之戰，爲秦昭十四年。魏入安邑則在昭二十一年，貞誤)』。然安邑以東皆韓故地，故曰韓安邑』。

按伊闕在大河之南；以方位言，於河北業當魏氏河內之西部。白起既於伊闕戰後復渡河而取韓地，要當逕渡自河南，若宜陽之類，以直達河北。故其所至地，應在河東河內之間始當；似斷無迂道旋秦，更渡自河西，經河東之西部以攻韓之理。攷諸國策，伊闕戰後，雖不聞秦踰河攻韓，却曾攻魏上黨；西周策第十一章『犀武敗於伊闕，周君之魏求救，魏王以上黨之急辭之』是也。今因之可思及韓安邑設在魏安邑左近，則同時何以不聞魏安邑告急，而反危及其遠隔五百里外之上黨？是韓魏二地必不相近，可斷言也。郭璞司馬貞蓋於起傳俱未連想及上文，遂誤以爲秦乃渡自河西，故並謂密邇魏之安邑；貞說尤覺支離。

水經澮水注『西逕熒庭城南，而西出紫谷，與乾河合；即教水之枝川也』下，曾引及上所節起傳文。顧祖禹大事表七之三云：『今平陽府翼城縣東南七十五里有熒庭城』。

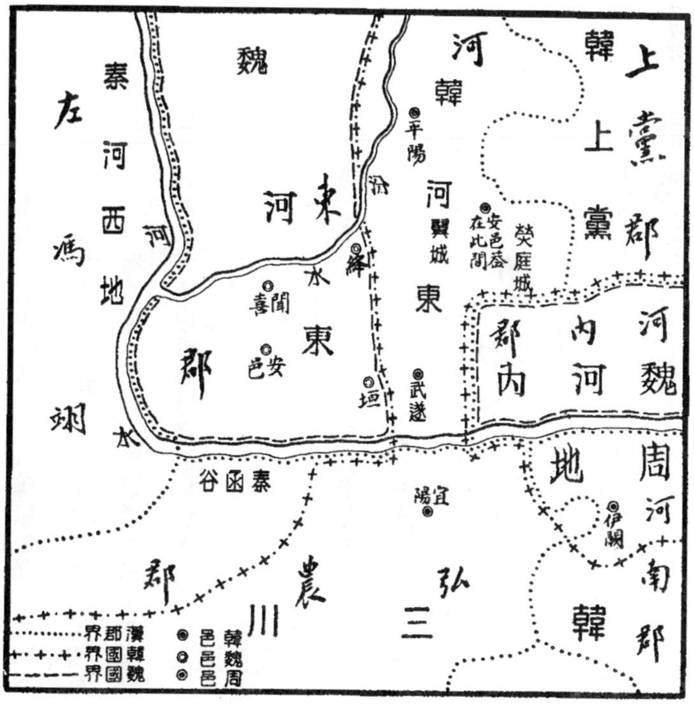

翼城於漢爲絳縣地(見郡國志河東郡)。依據當時地勢言之，已屆河東上黨交界處。韓安邑應在其附近，東接於上黨，去魏安邑則尚遠(自今安邑至翼城約二百六十里)。因今翼城縣西六十里之曲沃縣卽漢之絳縣，戰國爲魏邑，自其地以西畢屬魏，非韓地所能及矣。茲緣白起所出塗，更酌以當時地理之經界，似水經注較爲可采，韓安邑實別在一地，疑卽位於平陽武遂之間；三者相連屬，自武遂以接河南。(古平陽今爲山西臨汾縣，翼城卽鄰於其南。前於魏地云平陽去大河約四百里，又知韓嘗以武遂地二百里予秦，其區域甚廣，可見平陽，安邑，武遂必得相銜接。)

河內之野王，平皋

前於魏地得知河內有韓之野王邢丘。『野王』漢仍舊名，今爲河南之河內縣。『邢丘』漢曰『平皋』；大事表七之三於晉邢丘云：『杜註「今河內平皋縣」』。今懷慶府河內縣東南七十里有平皋故城，……南卽大河』。(茲據大事表，是野王距邢丘不遠；韓之上黨當卽由此間以達河南，魏河內地似亦爲韓所中絕。前云韓出自沁水，蓋誤。)

河南之新城，梁，緱氏及卷縣之垣雍

『新城』 秦策一司馬錯與張儀爭論章『張儀曰：不如伐韓。……秦攻新城宜陽』。策地攷謂卽漢河南郡之新城，其地近於宜陽，所斷當是。又西周策雍氏之役章及周本紀赧王八年有『韓與周高都』之語。郡國志河南尹新城縣有『高都城』，劉昭注卽引周本紀文；地於漢蓋併入新城。

『梁』 高誘於齊策一南梁之難章注云：『韓邑也，今河南梁縣』。

『垣雍』 秦本紀昭四十八年，『韓獻垣雍』。集解引司馬彪曰：『河南卷縣(戰國屬魏)有垣雍城』。水經陰溝水注『又東……逕垣雍城南』下云：『郡國志曰：「卷縣有垣雍城」』，卽史記所謂韓獻秦垣雍是也』。

『緱氏』 說見周地。

潁川之鄢，綸氏

『鄢』 韓世家宣惠十四年，『秦伐敗我鄢』。集解引徐廣曰：『潁川鄢陵縣』。按魏亦有『鄢』，此殆又爲二國所分有者矣。

『綸氏』 竹書有『三十五年，楚吾得帥師及秦伐鄭，圍綸氏』之語。縣於漢屬潁川。(林春溥謂竹書文爲顯王時事。按竹書作於戰國之際，周王在位踰卅五年者止顯王一人，此說似當。)

魏郡之涉，武始

『涉』已見前(於上黨論唐潞州涉縣注)。

秦本紀昭十四年，『向壽伐韓，取武始』。左更白起攻新城。集解云，『地理志魏郡有武始』。正義引括地志曰：『……武始故城，在洺州武始縣西南十里』。按魏郡之武始，地逼近故趙都之邯鄲，尙在趙武安之東北，魏河內之北，不識韓地得及之否？且於時韓氏河北諸地猶豪無所失；即武始爲韓有，秦何爲舍其近於己之河東，若武遂平陽之類，而深入趙魏境內以攻韓極東之地？事殊可疑。今參以同時『白起攻新城』之語，其地在河南；唐初之洛州，即漢之河南郡；則向壽所伐者似亦應在河南，括地志所書較當。但攷新舊唐書地志，洛州止有武泰，武臨，而無武始；兼彼二縣乃則天后所置，括地志亦不得及之；『洛』字恐有誤，依形近言，疑是『洺』字之譌。前漢之武始，後漢即廢，未言省入某縣；其地最近於武安，殆即與之合併。武安於唐初屬洺州；括地志所謂武始縣之『始』字，疑本作『安』，或又因上文『武始故城』之『始』字而譌；原文蓋作『武始故城在洺州武安縣西南十里』。韓之武始，仍爲在漢魏郡者。

至秦不應攻及韓邊遠地之惑，如上所引，韓世家惠宣十四年『秦伐敗我鄢』，地已在韓所都陽翟之東。時於秦方惠文後元六年，較前于白起之攻武始二十六年。彼擾既能越韓氏河南之全境以攻其東邊，則此亦無足爲異矣。

西河之藺，離石；太原之祁

前於上黨論唐沁州所舉韓之藺，離石，於漢屬西河郡；祁屬太原郡。

弘農之陸渾，盧氏

韓地依前論秦四封之時際論之，應爲宜惠王末業之疆域；時宜陽向未失，其三川地猶全。『三川』乃因地位於河洛伊三流域而得名；今按宜陽止居河洛之間，是則伊洛之間亦必須有韓地，方得謂之三川。漢弘農郡爲古三川之一部，自弘農縣以東，如陝，澠池，新安，宜陽，陸渾，盧氏，於春秋悉爲晉有。三卿分晉時，魏得其沿河自陝而西弘農故關內外諸地。餘舍澠池，新安，宜陽知原隸韓；若陸渾居于洛南伊北，其西則爲盧氏，疑戰國時二縣亦係韓地。趙世家惠文十六年蘇代爲齊遺之書曰：『且夫說士之計，皆曰韓亡三川，……而禍及於趙』。代此說去韓亡宜陽等邑業二十餘年，而三川之名仍存。於時陸渾盧氏而外，韓地在伊洛流域可確知者，尙止有一新城（漢隸河南），似不足當三川之名；可證陸渾盧氏昔亦必屬韓。

蘇秦所舉韓地

韓策一及蘇秦傳秦說韓之辭曰：『韓北有鞏，洛，成皋之固，西有宜陽，商阪（商，策作常）之塞，東有宛，穰，洧水，南有陘山』。今考如下：

『鞏』 秦本紀莊襄王元年『使蒙驁伐韓，韓獻成皋鞏』。正義引括地志曰：『……今洛州鞏縣。爾時秦滅東周，韓亦得其地，又獻於秦』。策地攷因蘇秦之說，云周韓原交有鞏縣之地，語是。又秦策三及范睢傳，睢說昭王曰：『韓安得無聽乎？王下兵而攻滎陽，則鞏成皋之道不通』，亦可證周未滅前，韓已自有鞏；括地志誤。梁玉繩史記志疑卷四於秦紀此文云：『……鞏為東周所居，韓安得有之？……史豈因是年秦滅東周兼得鞏地而混言之邪？』按蘇秦范睢之說，一則面韓王而舉其地，一則策畫軍事，設非韓誠有鞏，何得輕妄言之？史公於敘相同之事而書地彼此不一致者，往往而有；不宜執是便謂有誤。又戰國時兩國共有一地之例，梁氏蓋尚未及知，故遂有上論耳。且年表於此際稱：『蒙驁取成皋，滎陽。元年，初置三川郡。呂不韋相，取東周』。若純就此文測之，似取成皋時，莊襄尚未改元，在未取東周之鞏以前；史亦不至混言之也。

『洛』　洛水上流所經，若盧氏宜陽以抵新城之北，俱為韓地；下流自合伊水處經緱氏鞏以入大河，蓋洛南屬韓，洛北屬周。季子以與鞏成皋並舉，殆指下流而言。若上流所經，乃韓之腹地，不應言『北有』也。

『成皋』　地已見於班氏語中，茲因上引秦本紀及范睢傳文，亦可證韓確有成皋。

『商阪』　正義曰：『……商阪，即商山也；在商洛縣南一里，亦曰楚山，武關在焉』。又商君傳『衛鞅既破魏還秦，封之於商十五邑，號為商君』；正義曰：『……商洛縣在商州東八十九里』。按秦之武關在今商縣(即唐商州治)東二百里，則唐之商洛(今為鎮)乃在武關之內；秦有其地已久，非韓境所能至。正義云商阪在商洛縣，似不合。策地攷於釋『常阪』曰：『元和志「即晉陰地」，……今在陝西商州東南九十里』。顧祖禹大事表六上云：『盧氏縣有陰地城，為晉之陰地』。河南之盧氏，本與陝西故商州之雒南縣接界；其間山嶺交錯，疑蘇秦所指當在盧氏之西境；或以地近商邑而名『商阪』，斷不宜在唐之商洛縣。茲因之並可知前論盧氏隸於韓，蓋非妄也。又策地攷原曾引及正義，故亦有『在今陝西』云云一語，與之同誤。

『宛，穰』　韓世家襄王十一年『秦伐我取穰』，正義曰：『鄧州縣也』。又釐王五年『秦拔我宛』，正義曰：『鄧州縣也，時屬韓』。按唐鄧州之宛穰，於戰國在韓之西南，與蘇秦『東有宛穰』之義弗合。水經淯水注，『淯水又東南逕長社縣故城西北，……又東南逕宛亭西』，下云：『鄭大夫宛射犬之邑也』；策地攷即以此當之。其地雖位于韓之東部，但前已知長社縣乃魏境；此豈宛亭獨屬於韓，而且非正義所指之地耶？

至於『穰』，策地攷引胡三省通鑑注（見赧十四年），謂『以時攷之，穰當屬楚。韓得潁川之地，與南陽接境，或者此時穰屬韓歟？』今攷韓地之當漢潁川者，雖近於南陽之東北邊；而穰則猶在南陽之西南，楚方城之內，去潁川尚遠，不得接境而爲韓有。兼之潁川與南陽毘連處，自南陽之魯陽斜向東南銜接潁川之昆陽舞陽以抵汝南郡，曩悉屬魏，而橫梗於楚韓之間（韓之定陵，雖居昆陽舞陽之中，但不能隔斷二縣。因昆陽舞陽若弗相連屬，則魏氏其間之地將中絕，而孤懸於外，必無是理），故二國於此壤地且不得相接。胡氏原就世家之『穰』而強爲之解，固誤；策地考引以證蘇秦語，尤謬。秦所言者，今或地闕；不然，或竟失實。因其所舉地脫略甚多，如在河北者直無一言及；時人述時事，焉能疏忽至於如此？足見其語蓋非原迹，弗應悉徵信之，妄爲論證也。

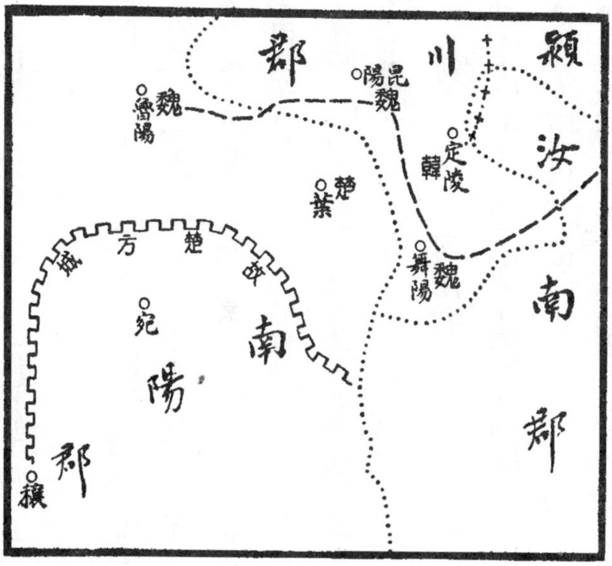

韓世家之『宛，穰』，疑亦在南陽；唯與楚地則有不同。楚世家懷王二十六年稱：『齊韓魏爲楚負其從親而合於秦，三國共伐楚』，時於韓爲襄王九年；此文雖未言三國攻得楚地，而孟嘗君傳齊韓魏共攻秦時，蘇代曾追述之云：『齊爲韓魏攻楚，九（有誤，鮑彪策注已嘗言之）年而取宛葉以北』，可證楚曾失地。『宛葉以北』，昔亦爲南陽地；此殆韓分得而後，亦名曰『宛，穰』，終又陸續入秦也。（斯事已在今所定時際之後；又蘇秦所舉之穰，既莫識其處，茲於下文總敘韓地時俱不列入。）

『洧水』　水經『洧水出河南密縣西南馬領山，又東過其縣南，又東過鄭縣南，……又東南過長社縣北』。『鄭』即韓舊嘗建都之『新鄭』，密縣接其西北，長社在其東南，俱位於韓之東部；洧水上游既經行其間，是蘇秦語合。

『陘山』集解引徐廣曰：『召陵有陘亭，密縣有陘山』。正義曰：『在新鄭西南三十里』。按密與新鄭尙在韓都陽翟之北，非韓境之南部，與『南有陘山』之義弗合。策地考因謂在『召陵』，不過召陵乃魏地；且其北即魏之西華，隱彊，韓地殊無從與之銜接；止西北似得遙通韓之『定陵』，陘山殆位於其間。

韓氏疆域在河南者

潁川有父城，定陵，潁陽，潁陰，陽翟，郟，崈高，陽城，鄵，綸氏及長社之宛亭。

河南有新鄭，城皋，鞏，滎陽，新城，梁，緱氏，及卷縣之垣雍。

弘農有新安，宜陽，陸渾，盧氏。

南陽僅有鄰於河南梁縣之一小部。

在河北者

上黨有涅氏，潞，余吾，襄垣，銅鞮，壺關，屯留，長子，陽阿，陭氏，穀遠。

河東有平陽，與翼城左近之安邑，及垣縣東之武遂。

河內有野王，平皋。

魏郡有涉，武始。

西河有藺，離石。

太原有祁。

宋史地理志燕雲兩路集證

王有伊

燕山府路：府一：燕山。州九：涿，檀，平，易，營，順，薊，景，經。縣二十。

案『縣二十』，當作『縣三十』。下文燕山府縣十二，涿四，檀二，平三，易三，營一，順一，薊三，景一，經本薊屬縣，故合得三十縣。

宣和四年，詔山前收復州縣合置監司，以燕山府路爲名；山後別名雲中府路。

燕山府：唐幽州，范陽郡，盧龍軍節度。

通典一七八云，『（元）魏置幽州，……後周置燕范陽二郡。隋初並廢。煬帝初，併置涿郡。大唐爲幽州，或爲范陽郡』。舊唐志云，『隋爲涿郡，武德元年改爲幽州。……天寶九年改爲范陽郡。……乾元元年復爲幽州』。新唐志云，『幽州范陽郡……本涿郡，天寶元年更名』。嚴觀元和郡縣補志三云，『後周建德六年置幽州總管府。隋開皇三年郡廢。大業元年府廢，三年改爲涿郡。武德元年復曰幽州，置總管府。……天寶元年改爲范陽郡。……乾元元年復改郡爲幽州。寶應元年改節度使爲幽州節度使，後又兼盧龍軍節度使』。

案舊唐志『天寶九年改爲范陽郡』，疑爲元年之訛；新唐志，元和補志並作元年，又檀，平，易，營，順，薊諸州改郡並在元年，可證。

石晉以賂契丹。

案石晉割賂契丹之地爲幽，薊，瀛，莫，涿，檀，順，新，嬀，儒，武，雲，應，朔，寰，蔚十六州，見通鑑二八〇晉高紀上之上，五代史八晉高紀，六〇職方考，契丹國志二太宗紀上，遼史四太宗紀下。『莫』，歐史作『漠』。

契丹建爲南京，又改號燕京。

舊五代史晉高紀二：天福二年正月庚申『定州奏：契丹改幽州爲南京』。通鑑二八一天福二年正月云，『契丹以幽州爲南京』。五代史七二四夷附錄一云，『契丹……乃以幽州爲燕京』。契丹國志二會同元年云，『遼以幽州爲南京』，二二四京本末南京云，『契丹自晉割棄，建爲南京，又爲燕京析津府』。遼史四太宗紀下會同元年十一月：『……升幽州爲南京』，地理志：『太宗升爲南京，又曰燕京』。金志云，『中都路，遼會同元年爲南京，開泰元年號燕京』。又云，『大興府，上。晉幽州。遼會同元年陞爲南京』。

金人滅契丹，以燕京及涿，易，檀，順，景，薊六州二十四縣來歸。

案宋通金滅遼始于政和八年（是年十一月改元重和，遼天慶八年，金天輔二年）。遼亡于保大五年（宋宣和七年，金天會三年）。宋人初求五代以後陷入契丹漢地于金，其範圍即宋志之燕雲二路。金則以平，營，灤三州非石晉賂地，執不與，宋宣和五年三月致金誓書，金天輔七年四月復宋誓書，止載金以燕京，涿，易，檀，順，景，薊，並屬縣割與宋。宋金爭議，散見三朝北盟會編一五以前各卷，往復誓書亦見會編及大金弔伐錄一。

又案：遼志南京領縣十一，涿四，檀二，易三，順一，薊三，景一，合得二十五縣。南京無三河，有玉河，薊州有三河。宋志燕山府薊州並有三河。疑遼志『玉河』爲『三河』之訛，而『三河』又複出；宋志『三河』亦複出。故兩志二十五之數，疑當爲二十四。

宣和四年，改燕京爲燕山府，又改郡曰廣陽，節度曰永淸軍。

會編一〇：宣和四年十月五日庚寅，『御筆改燕京爲燕山府』。又云『舊號廣陽郡，有永淸軍節度使』。與志異。

領十二縣。

案此四字應置『七年……金人復取之』文後。

五年，童貫蔡攸入燕山。

會編一六：宣和五年四月十七日庚子，童貫蔡攸整軍容入燕山府，宋史徽紀同。

七年，郭藥師以燕山叛，金人復取之。

會編二三，二四：宣和七年十二月九日丙午，斡離不犯燕山，郭藥師叛降，率常勝軍以迎之。十日丁未，斡離不陷燕山府。

析津　廣平　都市賜名廣寧　昌平　良鄉　潞　武淸　安次　永淸　三河　香河賜名淸化　漷陰

會編一〇燕山府一十二縣，『廣平』作『宛平』，餘同。又宣和四年十月九日甲午御筆賜名，同。

案遼志南京領縣十一：析津，宛平，昌平，良鄉，潞，安次，永淸，武淸，香河，玉河，漷陰。與宋志異。

涿州：唐置。

舊唐志云，『本幽州之范陽縣。大曆四年，幽州節度使朱希彩奏請於范陽縣置涿州，仍割幽州之范陽，歸義，固安三縣以隸涿』。新唐志略同。

石晉以賂契丹。

見燕山府證。

宣和四年，金將郭藥師以州降。

會編九：宣和四年九月二十三日己卯，『遼將都管押常勝軍涿州留守郭藥師上表以涿州來降』。志云『金將』，誤。

賜郡名曰涿水，升威行軍節度。

會編一〇：宣和四年十月九日甲午，御筆涿易八州並賜名，同。

縣四：范陽　歸義　同安　新城賜名威城

會編一〇涿州四縣，『同安』一作『固安』，餘同。

又宣和四年十月九日甲午御筆賜名，同。遼志涿州四縣：范陽，固安，新城，歸義。

檀州：隋置。

隋志冀州安樂郡原註云，『舊置安州。後周改爲玄州。開皇十六年州徙；尋置檀州』。通典一七八云，『隋徙元州於漁陽；尋復於今郡置檀州』。舊唐志云，『隋置安樂郡。……武德元年改爲檀州』。通考三一六云，『隋徙元州於漁陽；尋復於今郡置檀州。煬帝初改置安樂郡』。元和補志三云，『隋開皇元年徙(元)州治于漁陽。十六年乃割幽之燕樂密雲，于舊州治置檀州。大業三年罷爲安樂郡』。

右晉以賂契丹。宣和四年，金人以州來歸。

見燕山府證。

賜郡名曰橫山，升鎮遠軍節度。

會編一〇：宣和四年十月九日甲午，御筆檀州賜名橫山郡，鎮海軍節度。與志異。

七年，金人復破之。

會編二二：宣和七年十一月二十六日癸巳，斡離不陷檀州。

縣二：密雲　行唐賜名威塞

會編一〇檀州二縣，同。又宣和四年十月九日甲午御筆賜名，同。遼志檀州二縣，同。

平州：隋置。

隋志冀州北平郡原註云，『舊置平州』。通典一七八云，『隋初置平州。煬帝初，州廢，復置北平郡』。舊唐志云，『隋爲北平郡。武德二年改爲平州』。遼志云，『秦爲遼西右北平二郡地，漢因之。……隋開皇中改平州。大業初復爲郡』。元和補志三云，『(魏)太武置平州，又分置北平郡。後齊省遼西入北平。隋開皇元年郡廢；大業元年復曰北平郡』。

後唐時爲契丹所陷。改遼興府，以營灤二州隸之。

通考三一六云，『唐末劉仁恭以遺契丹。後唐莊宗取之。後復陷契丹。契丹改平州爲遼興府，以營灤二州隸之，號爲平州路』。遼志云，『平州遼興軍，上，節度。……太祖天贊二年取之，以定州俘戶錯置其地。統州二，縣三』。遼史太祖紀下：天贊二年正月丙申，『大元帥堯骨克平州』。二月甲子，『以平州爲盧龍軍，置節度使』。舊五代史三九唐明紀五，通鑑二七六唐明紀：平州之陷並繫天成三年。營州，見後。灤州，遼志謂太祖以俘戶置。

宣和四年，賜郡名漁陽，升撫寧軍節度。

會編一〇：宣和四年十月九日甲午御筆賜名，同。『漁陽』，一本作『海陽』。

五年，遼將張覺據州來降，尋爲金所破。

張覺，宋金二史並有傳。會編一七，長編紀事本末一四四，遼史天祚紀並作『張瑴』，曹勛北狩見聞錄作『張珏』。案覺附宋在宣和五年六月，宋授覺泰寧軍節度使，世襲平州；不半年而敗，金取平州。事具王偁東都事略一二五金國附錄上 契丹國志一二天祚紀下，及宋金二史覺傳。

縣三：盧龍賜名盧城 石城賜名臨關 馬城賜名安城

會編一〇平州三縣，同。『石城』，一本作『古城』。又宣和四年十月九日甲午御筆賜名，同。遼志平州三縣：盧龍，安喜，望都。

易州：唐置。

元和郡縣志二二云，『……今州則漢涿郡故安縣之地。隋開皇元年改爲易州。……隋亂陷賊。武德四年，又改易州』。通典一七八云，『隋初置昌黎郡；後兼置易州。煬帝初州廢，置上谷郡。大唐因之』。舊唐志云，『隋上谷郡。武德四年，討平竇建德，改爲易州』。

雍熙四年，陷于契丹。

案遼史一二聖宗紀二，四〇地理志四，易州之入遼並繫統和七年，即宋太宗端拱二年。與此不合。

宣和四年，金人以州來歸。

案會編一〇：宣和四年九月二十九日乙酉，取易州，蓋遼守臣高鳳王琮等降也。與此不合。

賜郡名曰遂武，防禦。

會編一〇：宣和四年十月九日甲午御筆賜名，同。

縣三：易水 淶水 容城

會編一〇易州三縣，同。遼志易州三縣：易，淶水，容城。

營州：隋置。

隋志冀州遼西郡原注云，『舊置營州』。通典一七八云，『後魏置營州。後周武帝平齊，其地猶爲高寶寧所據。隋文帝時，討平寶寧，復以其地爲營州』。

後唐時爲契丹所陷。

通考三一六云，『唐末劉仁恭以遺契丹。後唐莊宗滅仁恭而取其地。旣滅梁，復陷契丹』。五代史職方考及四夷附錄並繫後唐。

宣和四年，賜郡名曰平盧，防禦。

會編一〇：宣和四年十月九日甲午御筆賜名，同。

縣一：都城賜名鎮山

會編一〇營州一縣，同。一本作柳城。又宣和四年十月九日甲午御筆賜名，同。遼志營州一縣，廣寧。

順州：唐置。

通典一七八云，『在范陽郡城。大唐天寶初置』。舊唐志云，『貞觀六年置』。新唐志無。太平御覽一六二引方輿志云，『順州順義郡，在范陽郡。唐天寶初置』。

石晉以賂契丹。宣和四年，金人以州來歸。

見燕山府證。

賜郡名曰順興，團練。

會編一〇：宣和四年十月九日甲午御筆賜名，同。

縣一：懷柔。

會編一〇順州一縣，同。遼志同。

薊州：唐置。

通典一七八云，『開元十八年析幽州置薊州，或爲漁陽郡』。唐會要七一云，『開元十一年閏六月一日，割漁陽，玉田，三河置』。舊唐志云，『開元十八年，分幽州之三縣置』。新唐志云，『開元十八年析幽州置』。

石晉以賂契丹。宣和四年，金人以州來歸。

見燕山府證。

賜郡名曰廣川，團練。

會編一〇：宣和四年十月九日甲午御筆賜名，同。

七年，金人破之。

會編二三：宣和七年十一月二十八日乙未，斡離不陷薊州。

縣三：漁陽賜名平盧　三河　玉田

會編一〇薊州三縣，同。又宣和四年十月九日甲午御筆賜名，同。遼志薊州三縣，同。

景州：契丹置。

遼志云，『重熙中置』。

宣和四年，金人以州來歸。

見燕山府證。

賜郡名曰灤川，軍事。

會編一〇：宣和四年十月九日甲午御筆賜名，同。

縣一：遵化。

會編一〇景州一縣，同。遼志同。

經州：本薊州玉田縣。宣和六年建爲州。七年陷于金。

雲中府路

案此下疑有脫文，當作『府一：雲中。州八：武，應，朔，蔚，奉聖，歸化，儒，嬀。縣二十六』。各州下亦失書屬縣，可據遼志補。

雲中府：唐雲州，大同軍節度。

元和志十八云，『武德四年平劉武周，置北恆州；七年廢。貞觀十四年，自朔州北界定襄城移雲州及定襄縣于此；後爲默啜所破，移百姓于朔州。開元十八年復置雲州及雲中縣』。通典一七九云，『大唐置雲州，或爲雲中郡』。舊唐志云，『武德四年，平劉武周；六年，置北恆州；七年，州廢。貞觀十四年，自朔州北定襄城移雲州及定襄縣置於此。永淳元年，爲賊所破，因廢，乃移百姓於朔州。開元二十年，復爲雲州』。新唐志云，『永淳元年爲默啜所破，徙其民於朔州。開元十八年復置』。通考三一六同新唐志。遼志云，『開元十八年置雲中州。天寶元年改雲中郡。乾元元年曰雲州。乾符三年，大同軍節度使李國昌子克用爲雲中守捉使，殺防禦使，據州以聞。僖宗赦克用，以國昌爲大同軍防禦使；不受命。同光三年，復以雲中爲大同軍節度使』。

石晉以賂契丹。

見燕山府證。

契丹號爲西京。

通考三一六云，『契丹號爲西京』。遼志云，『晉高祖代唐，以契丹有援立功，割山前代北地爲路，大同來屬，因建西京。……初爲大同軍節度使。重熙十三年，升爲西京，府曰大同』。領州二，縣七：大同縣，雲中縣，天成縣，長青縣，奉義縣，懷仁縣，懷安縣。金志云，『遼重熙十三年，升爲西京，府名大同』。

宣和三年，始得雲中府，武，應，朔，蔚，奉聖，歸化，儒，嬀等州，所謂『山後九州』也。

案『三年』當作『五年』，下文武州云，『宣和五年金人以州來歸』，應，朔，蔚三州並五年來降，可證。又案山後諸州，金人僅于天輔七年二月致宋事目中許割與宋，見會編一四，弔伐錄一，而迄未著之誓書。是年十一月（金改天會元，宋宣和五），金嘗詔南京

(平州)割武朔二州與宋，見金史太宗紀。會編一八：宣和五年六月『二十一日壬寅，金人欲交割我朔，武，蔚三州，而國王告殂，不及取三州而去』。餘州宋未嘗得。則志文『始得雲中府……山後九州也』云云，誤。

武州：唐置。

案舊唐志無。新唐志河北道武州，原註云『闕』。在河北道，當爲契丹改名『歸化州』之武州，非此。遼志云，『唐末置武州。唐改毅州。重熙九年復武州，號宣威軍。統縣一：神武縣』。疑是此。

石晉以賂契丹。

案石晉所賂，乃契丹改名『歸化州』之武州，非此。見後。

宣和五年，金人以州來歸。

見雲中府證。會編一八：宣和五年六月『二十一日壬寅，金人欲交割我朔，武，蔚三州，而國主告殂，不及取三州而去』。

六年，築固疆堡。尋復爲金人所取。

會編二三：宣和七年十二月八日乙巳，『粘罕犯朔州，漢兒開門獻之。又至武州，漢兒爲內應。遂陷朔武二州』。

應州：故屬大同軍節度。後唐置彰國軍。

通考三一六云，『唐末置。後唐天成七年升彰國軍節度』。遼志云，『唐武德中置金城縣，後改應州。後唐明宗，州人也。天成元年，升彰國軍節度，與唐軍，寰州隸焉』。

石晉以賂契丹。

見燕山府證。遼志云，『統縣三：金城縣，渾源縣，河陰縣』。

宣和五年，契丹將蘇京以州來降。金人尋逐京，復取之。

通考三一六云，『宋宣和五年，應州守將蘇京以州來降，尋爲女眞所逐，遂復取應州』。

朔州：唐置。後唐爲振武軍。

元和志一八云，『(元魏)孝文遷洛之後，又于定襄故城置朔州。葛榮之亂，州郡又廢。高齊文宣帝又于馬邑城置朔州，卽今理是也。……大業三年罷州爲馬邑郡。皇朝改爲朔州』。通典一七九略同。舊唐志云，『隋馬邑縣。武德四年，置朔州』。通考三一六云，『後唐爲振武軍』。遼志云，『……隋大業三年改馬邑郡。唐武德四年復朔州』。

石晉以賂契丹。

見燕山府證。遼志云，『統州一，縣三：鄯陽縣，寧遠縣，馬邑縣』。

宣和五年，守將韓正以州來降。金人尋逐正，復取之。

見武州證。通考三一六云，『宋宣和五年，契丹守將韓正以州來降；尋爲金人所逐而取其地』。

蔚州：唐置。

元和志一八云，『周宣帝于今理置蔚州。大業三年罷州，置雁門郡。武德四年平劉武周，重置蔚州』。通典一七九云，『後周置蔚州。隋置上谷郡。大唐置蔚州，或爲安邊郡』。舊唐志云，『隋鴈門郡之靈丘縣。武德四年，平劉武周；六年置蔚州』。新唐志云，『隋鴈門郡之靈丘，上谷郡之飛狐縣地。唐初沒突厥。武德六年置州』。遼志云，『周宣帝始置蔚州。隋開皇中廢。唐武德四年復置』。

石晉以賂契丹。

見燕山府證。遼志云，『統縣五：靈仙縣，定安縣，飛狐縣，靈丘縣，廣陵縣』。

宣和五年，守將陳翊以州來降。六年，翊爲金人所殺，復取之。

見武州證。會編一九：宣和六年『八月，金人復取蔚州，……及陷飛狐靈丘二縣』。通考三一六云，『宋宣和五年，契丹守將陳翊以州來降。六年，金攻翊，殺之，復取其地』。

奉聖州：唐新州。後唐置威塞軍節度。

案舊唐志無。新唐志新州原註云『闕』。通考三一六云，『唐末置。後唐同光二年升威勝軍節度』。遼志云，『本唐新州。後唐置團練使，總山後八軍。……同光二年升威塞軍』。

石晉以賂契丹。在雲中府之東。契丹改為奉聖州。

見燕山府證。通考三一六云，『石晉時沒於契丹，改爲奉聖州。其地在雲中府之東』。遼志云，『石晉高祖割獻太宗，改升。……東南至南京三百里，西北至西京四百四十里。……統州三縣四：永興縣，礬山縣，龍門縣，望雲縣』。

歸化州：舊毅州。後唐改爲武州。

新唐志云，『武州，闕。領縣一：文德』。通考三一六武州云，『唐末置。……後唐改爲毅州』。遼志云，『本漢下洛縣。……唐升武州。僖宗改毅州。後唐太祖復武州。明宗又爲毅州。潞王仍爲武州』。

石晉以賂契丹。契丹改爲歸化州。

見燕山府證。通考三一六云，『石晉時沒于契丹。契丹改爲歸化州。南至新州七十里。……領縣一：文德』。遼志云，『晉高祖割獻于遼，改今名。領縣一：文德縣』。

又案通考云，『宣和五年來歸。六年，築固疆堡。尋復爲女眞所取』。此當是『武州』，非改『歸化州』之武州。歸化州未嘗入宋。

儒州：唐置。

案兩唐志並無。通考三一六云，『唐末置』。遼志云，『唐置』。

石晉以賂契丹。

見燕山府證。遼志云，『統縣一：縉山縣』。

嬀州：唐置。

通典一七八云，『大唐武德七年，討平高開道，後置北燕州。貞觀八年改爲嬀州』。唐會要七一云，『武德八年置北燕州。貞觀八年改爲嬀州』。舊唐志云，『隋涿郡之懷戎縣。武德七年，討平高開道，置北燕州，復北齊舊名。貞觀八年，改名嬀州，取嬀水爲名』。新唐志云，『本北燕州。武德七年平高開道，以幽州之懷戎置。貞觀八年更名』。遼志云，『本漢潘縣。元魏置。……隋廢郡，屬涿郡。唐武德中復置北燕州，縣仍舊。貞觀八年改嬀州』。

石晉以賂契丹。

見燕山府證。

契丹改爲可汗州。

通考三一六云，『契丹改爲可汗州』。遼志云，『五代時奚王去諸以數千帳欲嬀州自別爲西奚，號可汗州。太祖因之』。似嬀州在五代時已入契丹，與宋志所云不合。遼志云，『統縣一：懷來縣』。

平綏路旅行歸來

徐文珊

現在我們所能到而又易到的邊疆，實在太少了。東北方面暫時只得斷絕了我們的足跡。新疆，西藏，若不籌得很多錢，結合了一個團體，騰出一兩年的時間，是不便去的。外蒙古又早已隔離，連消息也不通。我們的力量這樣薄弱，我們所可涉足的似乎只有察哈爾，綏遠，寧夏諸地。所以我們對于平綏路眞不能忽視，縱然不能親去做開發的工作，也必須前去看一看，知道那邊的大概情形，好回來後向中原人士宣傳，使有志而又有力的人肯去經營創業。平綏路局近年奬勵遊覽，實足助成這個使命。本刊三卷二期載有孫媛貞女士一週間西北旅行記一文，他們是本年寒假中去的。這回又收到徐先生這文，是本年春假中去的。這兩位的游踪大略相同，但記載則有互相補足的地方，所以就發表在這裏。願我中原人士看到這二篇，都高興去一望。孫女士文中，載寒假去的只二十六人，觀此記則春假去的亦只三十三人，人數實在太少了。難道這種容易去的地方還躊躇而不前嗎？同志們，起來！起來！

編者附記。

我是個最好旅行的人，但是機械的，緊迫的生活那能容我信馬由韁的跑！春假到了，算得了一週的自由。目的地呢？雲岡石刻早已在那裏用極大的誘惑力來牽引我這好古好奇的心。恰好平綏路局在春假前公佈了優待辦法，能在一週間以很少的代價遊覽沿綫各大站，經濟的條件也能勉强應付了，於是乎促成了我這次的長途旅行。

這篇文字不打算寫的很長，因爲『開發西北』的聲浪震起以後，到平綏的沿綫考查，作文記述的，已經很多，不必千篇一律的重述，所以現在只就我所見和所感的信筆寫了下來。

四月一日早七點北平前門站開，同行的有滙文同學和我十六人，平大工農二院，稅專，輔仁，協和醫學校等同人，共是三十三人，由路局專備臥車飯車各一輛，給旅行團乘用。南口換大機車，推行上山。一路景色愈好，山勢愈險，鐵路也愈難修。火車時而與山嶺並行，時而向峭壁盤行，時而在山頭繞轉。忽然走頭無路了，眼看要逼得作窮途之哭，然而我們的民族英雄詹天佑早替我們披荆斬棘，鑿山開路，於無路之中求出路，給我們開了深邃的隧道。車入其中，頓陷黑暗世界；及蜿蜒出洞，豁然開朗，已另是一番天地了。如此者三，再出便是青龍橋車站，站邊高高站立的是詹公的銅像。旅行團的車便在此摘下。大家攜手上長城，登最高峯，極目而望：這道萬里長城好像很自傲的站在山嶺的脊背上對着它無數的後輩而微笑。我醉了！不知道是該自豪我們民族的偉大，還是自歎我的藐小，或是撫今思昔，觸物傷情？自己的心靈自己把不住舵了！引吭高歌吧？頓足起舞吧？留戀了好久，該回車了，一路走便一路想：不讀中國歷史，不走平綏路，不跑萬里長城，哪裏知道中華民族的艱苦的奮鬬！回頭觀望：山怎樣的起伏，它也怎樣起伏，無論如何，它是要站在山的最高處的。忽然友人說道：『從前報紙上曾見有人提議：拆除長城，修築汽車路！』大家笑了。我不敢說甚麼，只由此得了個教訓：緊睜眼，慢張口。

三時半車開，過土木堡，車略停，不能下。明英宗蒙塵處不能憑吊，顯忠祠也不能瞻拜，只有『心嚮往之』而已！宣化，是李克用的舊都，也一樣地在遙望中消失了！

晚九時抵張家口，天還不甚晚，大家都興致勃勃要去逛夜景。同學蘭君是舊地重遊，就由他作嚮導，儘向熱鬧的街市走。還好，很整齊，也還清潔。大略的看去，蘑菇店，發貨莊較多；鮮果店也不少，並且很像樣；書店則鳳毛麟角了。發貨莊只有字號，沒有商標；發的到底是甚麼『貨』呢？他不說，我也沒有問。

人多走路快，一條，兩條，三條，……不上半個鐘頭，幾條熱鬧街市全給我們走完了。不行，不盡興；再走，雖然沒人攔阻，但是一家一家的閉門大吉了。閉門羹有甚麼吃頭，大家不得不收拾未盡的遊興，暫時把它帶回車上。

二日晨起，由路局特派招待我們旅行團的朱瑞年列車長替我們計畫路線，畫成圖樣，決定一齊出發大境門。途中且行且看，給我們發見了兩個學校，一致的要去參觀，於是先進一所省立師範。其中有初中班，師範班兩部；小規模的圖書館，體育場，都應有盡有。經費雖不豐，但亦不欠。學生共一百二十人。次到對面的女子初中，此校與教育廳比鄰，學生八十人，地址狹小，課室辦公室在一院，宿舍體育場另在一院。很清潔，較師範規模稍小。全市中等學校四處，無大學，農業專門則已因去年軍興而停辦，現在自然要以師範爲最高學府了。

我們行抵大境門後，就大受了盤查，旅行團的旗子不中用，學校的片子也不夠，還要領導人的名片；一一照辦之後，才得步出關門。門前張望了些時，想再向西北去元寶山，不料又有警察索名片，請示長官，才得放行。走不多遠，又來一關！名片，唇舌，時間費了許多，才得走到近在咫尺的元寶山！所以如此的原因，據說是最近曾有外人來此查看地形，所以門禁驟然緊了起來。及至元寶山下一看，也不過如此，只因它是口內外交通與互市的要地，所以會得這樣馳名。結果，上山的念頭打消了，成了一幕『雪中訪戴』的滑稽劇。

進了大境門，直奔賜兒山。一上山坡，有宋主席新建的二亭：一畫后稷像，一畫伏羲，神農，周公像。再上有建設廳新建的察省物產陳列館，尚未開幕。更上則有雲泉寺，祀子孫娘娘。名勝有水冰二洞，在正殿西偏山下。二洞比鄰，不出一丈，各爲一門。俯身入洞，則水洞有積水，冰洞有厚冰，果名副其實。爲什麽盈丈之間冷暖相差如此，只得待科學家的解釋。全寺隨山高下而建築，油飾甚新。更上山東行，有亭可憩息，由此俯瞰廣袤二十里的全市，盡收眼底。河流，鐵路，橋樑，房屋：錯落有致。稍憩回車，四時西上，晚十時抵大同。

三日早，由路局代覓汽車赴雲岡。路是難而險，顛簸與灰塵不算，最可怕的是四五丈高的危崖，上有高山，下臨河水，車不方軌的小路，看着未免嚇人。再不修築，將來恐有路斷之虞。幸而這次還在春天，無雨無泥，只過兩次河；夏秋之間可想而知了。危崖過後，有佛字灣，石上刻大『佛』字，徑可七八尺。這好像是給遊人一個信息：偉大的雲岡快到了！再走，路旁有寺曰觀音堂，寺爲金崇熙年鎮壓水怪而建。門外有三龍壁，似北海九龍壁而略小。再行不遠，舉目西望，見一帶不很高的山嶺由西南而東北橫截在眼前。山岡間有一段是遍體鱗傷，大大小小的窟窿數也數不清。這不用說，自然是雲岡的石窟了。目光旣捉住了它，怎肯放鬆：從此一直注視到山前。車停在騎兵司令趙承綬的別墅。寺僧引導我們，替我們開門，燃香，憑這香火的光照在四面張望。哎呀！不行，我們小小的六尺七尺的身軀剛剛齊到佛的脚指！上樓，看見大腿了；再上，看見胸腹了；佛容呢，還得『更上一層樓』！一直上到第四層，好了，我看見佛容了！佛看着我笑呢，我不知道他笑的甚麽，慈悲的笑？驕傲的笑？笑這螞蟻般的小人在他面前玩耍？究竟這佛有多高呢？七十餘尺？六十餘尺？我不敢說，因爲他還在坐着呢。由此而西，而更西，大大小小的石佛眞以萬數：完整的，年久風雨剝蝕的，泥塑石身的，泥皮脫落露着遍體打木樁的傷痕的，橫遭刀斧少頭無額的，樓閣層層保護的，任他露宿山前的……受着不同的待遇，他們也只有任着命運了。至於彫刻之精，姿態之美，以及年代之考定，掌故之說明，早有人說得很詳細，這裏不再費話。時間不夠了，匆匆地辭別雲岡，進城遊上下華嚴寺及九龍壁。回車晚飯，還不很晚。再出來時，就不受團體的約束了。我和張葛二君直奔久勝樓，要拜一拜這位女招待的始祖李鳳姐的發祥地。那位遊龍戲鳳的明武宗呢？不見了！這座天天播演於戲臺上的酒樓呢？也改建了好幾次了！少頃，到南寺，殘破荒涼，而建築頗偉大。寺有斷指血書金剛經的僧人普照，出來招待我們，很懇切的和我們攀談，示以斷指的殘痕。他砍斷的是右手的四五兩指和左手的二四五三指。一而再，再而三，至於『五』，宗教的力量眞是不可思議！天晚了，回去吧。沿街慢慢的踱着，要買點雲岡照片。這照片，站上本有的賣，是去年燕大旅行團來時趙澄君攝製的，六毛七分錢一打，不能選，所以到照像館去問。第一家要一毛錢一張，貴了；第二家，兩毛；第三家，四毛。哦，我明白了，他們是有整個計畫的，走一家加一倍，不用問，第四家一定是八毛了。技術呢，紙張呢，要遜趙君的作品好幾倍。乾脆，回站再買。城內所見的標語，最普遍的是『人民三怕：一怕上帝，二怕法律，三怕輿論』。

四日早六時抵綏遠，無意中在站上遇見故友孫君在此任站長，感到了『他鄉遇故知』的甜味。剛一出站，走上馬路，便覺有一種新興的朝氣，比大同大不同了。這是大家一致的感覺。在此參觀了三家工廠：第一綏遠毛織工廠，剛有三個月的歷史，官商合辦，承工程師孫君領導參觀，解說：工人一百人；美國毛織機器；原料是土產羊毛；出品是各種呢絨床毯，很可觀。看了使人興奮，覺得前途有望。次到大有亨地毯工廠，小手工業，地址狹小，出品尙好。再次趙記毛織工廠，用中國舊式織機，出品床毯毛布毛呢等，也很好，很賤。同伴中買床毯的大有人在。名勝有王昭君墓，在城西南二十餘里。七八里以外早已看見，如果沒人告訴，恐怕誰也不敢認它是墳墓，因爲這分明是一座山。我所見過的大墳墓有東陵，明陵，孔林，當時已驚爲奇觀，今見昭君墓，簡直使先聖先王之墓也顯出它的渺小了。墓前後有路，可攀援而登，不過太陡，太滑，很難上。我是由別人帮忙才上去的。墓前有碑五座，皆淸以後乃至今人所建，無古碑，怪極！（按包頭城西南六十里亦有昭君墓，據平綏路旅行指南說，此處原係鄂博一堆，古人誤會，遂啓後人疑惑，仍以綏遠靑塚爲眞。此地出白土，可作粉筆。）返城遊大召，小召，錫拉圖召，五塔召等蒙古式的廟。五塔召則殿後有高臺，可拾級而登，上有五塔，皆煉磚築成，雕刻佛像花紋，精美不亞雲岡，而完整則過之；因爲始建於康熙，就覺得無甚歷史意義。街市繁盛，商業亦優於大同。這是在歸化（舊城）所見，下午又至綏遠（新城），只有官署住戶，商店甚少，而街道頗整齊，原來本是一座很大的八旗營子。路經西街，見有省立鄉村工作人員訓練所，進去參觀，剛剛開辦一星期，招待我們的訓育主任趙君報告一切；從他的精神談吐的誠懇跟和藹上看來，已十足的代表了此校新興的朝氣和前途的希望，不禁暗暗地喝了一聲彩。不過綏省固有好處，同時也有壞處，由地方人士異口同聲的報告，知道除了沿鐵路地帶之外，土地大多數是種鴉片，公開征收畝捐。這種衝突的現象，我想當局者不定是怎樣的痛心，有多少說不出的苦衷呢！

五日抵包頭，由站長派查票員王君帶領我們進城遊覽，並計畫明天去武當召的車（武當召又名廣覺寺，在包頭城北九十里，爲內蒙最大的西藏式的廟宇）。在奔轉龍藏的途中，又發現了中央政治學校包頭分校。進去參觀，內分師範和小學兩部；學校直接隸屬中央黨部，去年雙十節開辦，軍事訓練，官費，教職員和經費都來自中央，專收蒙旗子弟，或與蒙旗有關係的學生，漢蒙文並授。這可見中央對於邊疆並不忽視。出到轉龍藏，寺在東門外小山上，山下有泉，清冽可飲，全城飲料都仰給於此。至于城內的井泉則都是苦水。進城到紅卍字會，承馬君招待。到此可要打聽王同春了。自從顧師頡剛先後兩次發表王同春開發河套記之後，一字字的讀過，腦筋中已深深地印上了一個不很安分守法的民族偉人。這次一過張家口便打聽，不料很使我失望，這個名字雖然都知道，但沒有一個人會詳細述說的。問馬先生，他說：『這個人我是知道，他叫瞎進財，可是事蹟我不知道多少。現在有他的五兒媳住在此地』。急問住址，想去拜訪她。承馬先生厚意，怕我人地生疎找不到，親身帶我們前去。到門前看門牌，知道她住的是『包頭大文明巷三號』。但是進去一問，空空如也，只有看房的老太婆在。向她打聽王五太太，她說：『現在農忙，太太赴五原種地去了』。到此時一團高興化爲烏有了，只得罷休。武當召呢？據王君答覆，說汽車行怕路不好走，都不敢答應，去不成了！

六日早起獨自出站西行，要走窮這平綏路軌，結果一里之外就給我走完了。早餐後齊赴黃河沿，約行十餘里抵岸。水勢不大，很平穩，岸有漁船，便想盪船玩耍。交涉好了，一行九人同上了一隻漁船，果然別饒風味。但是沒出十丈遠，撥回來了；我們不盡興，要他再遠去些，又強走了一兩分鐘未及中流而返。再央他時，抵死也不肯了。向他論時給價，却比求他還難。支吾搪塞，也說不出什麼道理。那一付執拗不通氣的心理眞氣死人，急死人！費了九牛二虎的勁，連句痛快話都沒聽到。俗語說的好，『軟鬪硬渡』，也許是我們這班人太和氣了。正氣憤間，由北來了五個蒙古人，牽馬一驢一，抵岸求渡。中一喇嘛正從武當召來，和他談話，知道這條路甚平坦不難走。大家聽了很懊喪，痛恨汽車行膽小，害得我們失去了一看這內蒙最大的西藏式大廟的機會！這位喇嘛通漢語，諳漢俗，餘四人則只通蒙語，恐渡河不便，所以特請他護送到此。和他談話，都能答。請他寫蒙古字，也肯。先給我在日記本上用蒙文寫了『先生』字；同伴便蜂擁而上，把他包圍，爭前求書，終各書數字而罷。正在紛擾，猛回頭看見一個蒙婦在那裏伏地拜黃河。拜時把全身平伏地上，兩手前伸，移時始起，如此者不下十數次。我們注目看她，她也看我們，好像以爲我們是少見多怪。另一蒙少年亦拜如婦人，但次數少些。渡費四人二畜共索一元四角。漢人求渡者則銅元數枚卽辦；就是一毛不拔，稱謝而去，也不留難你。如此歧視蒙人，如何能使漢蒙感情融洽？眞是大不應該。回車午飯後又趕赴第十七師司令部調查綏區屯墾情形，承劉科長詳細報告經過，組織，經費，所感到的困難等等；臨別並贈送他們已往兩年的工作報告書。及詢以王同春的事蹟，則也只少少的一點，不出顧師所記。迫於開車時間，匆匆辭出。至於街頭所見，則『△△煙館』在在都是，公開售賣煙具。書舖有一家有些新書，但是不能銷。

三點回程車開，一路無話。車過張家口便漸漸覺得溫暖，擡頭望去，早已『綠上柳梢頭』，桃杏花滿山滿谷，一片片碧綠的麥苗又溫柔又鮮豔。這比較塞外春寒枝頭不見春意的大不同了。

回來了，心裏算是得到了些安慰；所不足者，短短的一星期看不到甚麼，更談不到考察。路程呢？只限於平綏沿線的幾個大站，未能北踰陰山，縱橫馳騁於大沙漠，西止包頭，也未能至甘寧青新，哪能過我的好遊的癮。印象呢？好的壞的都有：地廣人稀，地力未盡，荒野未闢；礦產豐富，自己不能盡開；教育力微弱，不普及，人民無強固的國家觀念，耶穌教則到處皆是！一批批的外國考查團來，關於民族，地理，河渠，政治，礦產，農業，經濟，文化……無不有詳確的調查。我們的土地，人家倒比我們清楚，比我們用心深，下手早，豈不使我們愧死，使我們惶懼！至於毒物方面，在張家口見的是『發貨莊』，綏遠是收畝捐，包頭是『清水煙館』：這是開發西北的途徑嗎？在現今從事屯墾，訓練鄉村工作人員，努力邊疆教育，發展工業的時候，如何容得下這種醜惡的現象！

還有一個感想是關於交通的。現在的平綏路自然對西北負有重大的使命。由於優待移民獎勵考查團體各點看來，當然路局是很想肩起這個重任的。路員服務的精神，以及虛心徵採旅客的意見，編印旅行指南等類書籍，到處都很令人佩服。不過無論隴海路也罷，平綏路也罷，必須努力進展，直達新疆，外蒙古，才算眞到了『西北』；現在的平綏剛剛到了正北，隴海還在中央，都是說不上西北的。此外汽車路也應該努力修築，以補鐵路之不足才是。

二四，四，一三。

水經注經流支流目（濁漳水—易水）

賀次君

濁漳水（潞水，衡水，清漳）　出鹿谷山，過平舒縣南入海。十，一上。

陽泉水　左注漳水。十，一上。

轍蓋水　右注漳水。十，一上。

堯水　出自西山，東北流逕堯廟北，東北流入漳水。十，一下。

梁水　水出南梁山，北入漳水。十，一下。

陶水　南出陶鄉，東注于漳水。十，二上。

絳水（濫水）　水東出穀遠縣東發鳩之谷，東北流入于漳水。十，二上。

涷水　水西出發鳩之山，東流注于漳水。十，二下。

銅鞮水　水出銅鞮縣西北石隥山，逕襄垣縣入于漳水。十，三下。

專池水　水出八特山，東北流入銅鞮水。十，三下。

女諫水　水出西北好松山，東南注于銅鞮水。十，三下。

葦池水　合公主水而右注女諫水。十，四上。

公主水　合葦池水而右注女諫水。十，四上。

榆交水　合皇后水而左注女諫水。十，四上。

皇后水　合榆交水而左注女諫水。十，四上。

黃須水　水出臺壁西張譚巖下，南入于漳水。十，五上。

涅水　出覆甑山，東南流注于漳水。十，五下。

西湯溪水　水出涅縣西山湯谷，五泉俱會，謂之五會之泉交，東南流謂之西湯水，又東南流注涅水。十，五下。

白雞水　水出涅縣西山，東南流入涅水。十，五下。

武鄉水　水源出武山，東南注于涅水。十，五下。

清谷水 水源出東北長山清谷，南入武鄉水。十，五下。

轆轕水 入清谷水。十，六上。

白壁水 入清谷水。十，六上。

黃水 水三源同注一壑，東入武鄉水。十，六上。

隱室水 水源西北出隱室山，東南注黃水。十，六上。

倉谷水 水出林慮縣之倉谷溪，北流注漳水。十，六下。

白木溪水 出壺關縣東白木川，東注倉谷水。十，六下。

清漳水 (見下)

汙水 水出武安縣山，東南流逕汙城北，東注漳水。十，七上。

漳水枝津 水上承漳水于邯會西，東北入于漳水。十，七下。

邯水 水發源邯山，北注漳水枝水。十，七下。

(天井堰) 魏武王堨漳水廻流東注，號天井堰。十，八上。

(長明溝) 魏武王以郡國之舊引漳水流自城西，謂之長明溝，注之洹水。(按洹舊作湼，今從趙氏刊誤改正)十，八下。

滏水 源出石鼓山南巖下，東流注於漳水。(按此水今本脫落，趙氏據太平御覽引水經文補。)十，十一下。

白渠水 水出魏郡武安縣欽口山，逕列人縣會漳水。十，十二下。

拘澗水 導源武始東山白渠，入白渠水。十，十二下。

牛首水 水出邯鄲縣西堵山，注拘澗水。十，十二下。

白渠故瀆 與白渠同歸逕列人縣右會漳津。十，十三下。

(絳故瀆) 西至信都城東，連廣川縣之張甲故瀆，同歸于海。十，十九下。

長蘆水(列葭水，堂水) 衡水自堂陽縣分爲二水，其一水北出謂之長蘆水，逕下博縣故城東而北注衡水。十，二十下。

大白渠 首受綿蔓水，東至下曲陽入斯洨水注于衡水。十，二二下。

斯洨水（桃水，綿蔓水，宋子河，成郎河）　出樂平郡之上艾縣，東入衡水。十，二二下。

井陘山水（鹿泉水）　出井陘山，東注綿蔓水。十，二三上。

百尺溝　斯洨水枝津，南入泜湖。十，二五上。

白渠枝水（泜水）　水上承白渠于藁城縣之烏子堰，東逕貰縣入斯洨水。十，二五下。

白馬河　水上承滹沱，逕武邑郡北而東入衡水。十，二八下。

張平口故溝　水上承武強淵，溢則南注，耗則輟流。十，二八下。

武强淵　武強縣故治，故淵得其名焉。東北爲張平澤，澤水所泛，北決堤口謂之張刀溝，北注衡漳。十，二八下。

滹沱故瀆　衡漳東北左會滹沱故瀆。十，二九上。

柏梁溠水　水上承李聰渙（衡漳東北分爲二水，當其水泆處名曰李聰渙），東注衡漳。十，三十上。

桑社枝津　會于柏梁溠水。十，三十上。

桑社溝　上承從陂，東合衡漳。十，三十上。

從陂（摩訶河）　東南通清河，西北達衡漳。十，三十上。

楊津溝水　水出從陂，東北逕建成縣左入衡水。（十，三一上）

滹沱別河故瀆　左入衡水。十，三二下。

濊水　清漳逕章武縣故城西（濁漳水與清河合流謂之清漳），枝瀆出焉，謂之濊水，北入滹沱。十，三三上。

（蔡伏溝）　濊水枝水，積爲淀。十，三三上。

清漳水　水出樂平郡沾縣界鹿谷山大要谷，東至武安縣南黍窖邑入于濁漳。十，三三下。

梁榆水　水出梁榆城西大嵰山，有二源：北水東南注于南水；南水亦出西山，東北逕梁榆城南，又東南入于清漳水。十，三四下。

轑水　出轑陽縣西北轑山，東流至粟城入于清漳。十，三五上。

湰水　發源石鼓山南巖下，泉源奮涌，若湰之揚湯矣；東注于漳水。（按今本無此水，趙氏引水經注佚文補。）十，三六上。

洺水（漳水，千步水）　出易陽縣西山。（按今本無此水，趙氏引水經注佚文補。）十，三六下。

易水（武水，故安河，范水）　出涿郡故安縣閻鄉西山，東過泉州縣南，東入于海。十一，一上。

子莊溪水 水出子莊關，東南入于易水。十一，一上。

女思谷水 水出西南女思澗，東北流注于易水。十一，二上。

樊石山水 水源西出廣昌縣之樊石山，東流逕覆釜山下東注于易水。十一，二上。

濡水枝津故瀆 逕故安城西，側城南注易水。十一，二下。

濡水 水出故安縣西北窮獨山南谷，東南于容城縣西北大利亭東南合易水。十一，三下。

源泉水 水發北溪，東南流注濡水。十一，三下。

渾塘溝水 水出遒縣西白馬山南溪中，東南流入于濡水。十一，五下。

白楊水（虎眼泉） 水出遒縣西山白楊嶺下，東南流入濡水。十一，五下。

檀水 水出遒縣西北檀山，歷故安縣北而南注濡水。十一，五下。

石泉水（狎溝） 水出石泉固，南流注檀水。十一，五下。

垢水（雹河） 出故安縣，南會易水。十一，七下。

梁門陂水 上承易水于梁門，東南流注易水。十一，八下。

范陽陂水（鹽臺陂） 在范陽城西十里，東南出燕長城注易水。十一，九上。

埿水 水上承大埿淀，小埿淀于容城縣東南，南流注于易水。十一，九下。

二十五史刊行會

二十五史補編提要選錄

上海開明書店發刊二十五史補編，便利從事史學者不少，其功不在廣雅叢書之下，夫人而知之矣。茲得其二十五史刊行月報，於其所收之書各爲提要；讀者更易以詳悉其內容。本刊志在研究沿革地理，日以郡縣疆域及地方官制爲研究之鵠的，得此和聲，豈不大快。故轉載此一部分之提要於下方，俾同志者咸取資焉。

編者。

漢書地理志稽疑六卷 浙江得謏草堂本

清全祖望撰。祖望爲學淵博無涯涘，尤盡力於地志，嘗七校水經注，因以洞燭古今地志之流變。以爲秦雖閏位，然變封建而爲郡縣，實後世郡國之祖。而漢書地理志言之顛略，且多舛譌。嗣是言三十六郡者，無不展轉錯出，以王厚齋胡梅磵之審愼而不能正；以顧宛溪之地學，而沿譌如故。至如漢代郡國，紛糅殽亂，罷置不恆，而漢書地理志於其分合之詳亦多違失。又若王子，功臣，外戚恩澤三侯表，其封國地理在本表可按者不過十之四，而質之地理志則多異。因互勘旁推，折衷衆說，上泝先秦，下稽後漢，以明漢代地理之流變，成稽疑六卷，通洞密至，卓然爲一家言。至若糾顏師古之誤注，兼及王厚齋通鑑地理通釋之謬，而正朔方部在十三州之內；考諸侯表之封國，而補正史記索隱之遺誤：此則又因稽漢志而旁及者也。故朱文翰歎其精到，謂中如鄣郡一條，襲見歙志以鄣郡不在秦三十六郡之數，輒指郡字爲贅文，以爲是地非郡，即谷及裴駰劉昭，亦漫無佐證。而稽疑則考秦皇紀證諸書言秦置之誤，據漢高紀定爲三郡之一；進韋昭說，斷吳王濞傳豫章皆鄣郡之謬。著鑒誠陳，洞然不惑，一滴水知大海味矣。阮文達以之與胡渭禹貢錐指並稱，信不誣也。

後漢郡國令長考一卷　廣雅本

後漢郡國令長考補一考　石印稼氏雜著本

淸錢大昭撰後漢郡國令長考，以爲前漢令長見於紀傳者少，故不具論；後漢則本史之外，復有碑碣可證，雖其間亦或有沿革，而東都制度可見一斑，因詳加考覈，成書一卷。所謂令長者，漢書百官表云：「萬戶以上爲令；萬戶以下爲長」。其秩祿亦有等差。續漢志云：「每縣邑道大者置令一人，千石；其次置長，四百石；其次置長，三百石。侯國之相，秩次亦如之」。然降及後漢，據應劭所言，則令長之區分已不繫戶口爲準矣。漢官儀云：「三邊始孝武皇帝所開縣，戶數百而或爲令。荊揚江南七郡，惟臨湘，南昌，吳三令耳；及南陽穰中土沃民稠，四五萬戶而爲長」。兩漢令長之沿革如此。大昭爲令長考，舍兩漢書外，若東觀記，續漢書，謝承書，袁山松書，華嶠書，漢官儀，風俗通靡不畢考；雖其書已亡，亦必據類書詳覆之；不足，更旁稽三國志，豫章記，廣州先賢傳，聖賢羣輔錄，水經注以徵之。至於碑碣，考證之廣，更難指數。書成後百餘年間，碑碣古物之出土者日增，輯佚旁徵之書亦益備，於是丁錫田撮錄之以爲考補，得百數十則，勒爲一編。其中若郡國續志之侯國，國必有相，諸家所譜之印章，又多令長；一爲原書所不取，一則兩漢之莫定，亦采錄焉。後漢郡國令長，得此可謂詳備矣。

三國郡縣表附考證八卷　觀海堂刊本

清吳增僅撰，楊守敬補正。是表蓋爲陳書補闕而作也。先是北江洪氏有補三國疆域志，其書大抵上承續漢志，下接晉志，揣度出之，而於本書紀傳且多不照。雖謝鍾英氏爲之補注，加以糾正，然沿譌不少，缺漏仍多。增僅以明代馮刻三國志之何義門丹黄校本，並洪氏志，研討至再，尋校經久，往積疑竇，豁然大白。以爲曹魏建置，始於漢末，建安之際，實大關鍵，而洪氏於魏不言司隸幽冀幷涼諸州部曾經省併之由；三國建置多因漢制，大郡之中皆置都尉，而洪氏於吳但錄毗陵，廬陵，合浦三都尉，反闕其餘諸郡。又或漢末已省之郡，猶屬當塗；或其地已入東朝，仍隸魏土。或此縣彼邑，準地望而不符；或記事書年，校他書而相伐。凡此諸誤，僉宜糾正：乃稽合史文，改志爲表。求諸史文而不得，然後旁及後世地志諸書。又以康熙輿圖，證以先輩釋地，識其方域，正其譌誤。託始於獻帝初平，溯源於後漢郡國；三姓世系以次相承。凡州郡離合之故，縣邑沿革之由，各因其時著之於表。其有增立縣邑，於地志泛言魏立蜀立者，無年可考，則列三姓稱帝之初；有漢時舊縣，晉所無而諸家地書亦無所攷者，則依郡國志錄於上方，而闕疑其下。其自漢至晉諸郡屬縣無改移者，則三國當亦相同，不復更注。其意所未盡，尚待加詳者，則別爲考證，附於本州表末。志於各郡都尉典農，諸志不詳領縣，究其領縣仍統本郡，則概不別目，第爲附著郡中。又如郡縣制度增損，洪志之所闕誤，則或補或刪，稍參己見，以成此書。於是三國郡縣，度屬分合，沿革燦然。惟亦間有遺漏，或舍古志而據方書。宜都楊守敬乃復爲補正於眉端而合刻之。觀增僅之攷及守敬之補，而洪氏之志爲敝屣矣。

補陳疆域志四卷 稿本

武進臧勵龢撰。自古疆場無常，建置靡定，史家作志，皆嚴斷限。時至六朝，界域紛亂，自梁已降，史皆無志；南北二史，亦復闕如：蓋難之也。北江洪氏一代大儒，而所補三國，東晉，十六國諸疆域志，謬誤疊出，數見不鮮。勵龢有鑒於斯，爰攷陳書紀傳，以及周，齊，魏，隋諸書，旁涉其餘地志，詳求其故，撰補陳疆域志四卷。其書以本書紀傳爲主，佐以他書：凡州及郡縣，皆詳其建置之始，載其沿革之文；並仿馬彪魏收之例，於山川，樓閣，臺殿，園陵，皆綴輯於郡縣之下，而求故事以實之。無則闕焉；疑亦闕焉。於史家斷限，稍變其例。蓋以陳氏承梁之緒，版圖彌蹙，西不得蜀漢，北不得淮肥，雖太建時克復淮南，周司馬消難又以淮西地來降，而未幾復失。若斷自禎明，則畫江而守，不足見全盛之封疆；若斷自太建，則建置不常，不足盡一朝之因革。故於州郡廢置，悉以禎明爲斷；而已得旋失之江北州郡，亦連類錄之；陳氏之全，於焉可見。經營獨出，不囿前範。雖背昔人成例，詎無隨時之義。縱劉知幾復生，亦必以史識許之矣。

（未完）

刊誤

本刊三卷五期四〇頁兩唐書地理志互勘下格第一行下脫兩行如下，特此補正：

辰州下舊志五縣　辰州盧溪郡中都督府新志五縣

沅陵　盧溪　潊浦　麻陽　辰溪新志作長溪。

出版者：禹貢學會。
編輯者：顧頡剛，譚其驤。
出版日期：每月一日，十六日。
發行所：北平成府蔣家胡同三號禹貢學會。
印刷者：北平成府引得校印所。

禹貢

半月刊

價目：每期零售洋壹角。豫定半年一卷十二期，洋壹圓；全年二卷二十四期，洋貳圓。郵費加一成半。歐美全年郵費計洋二元四角。

The Chinese Historical Geography

A Semi-monthly Magazine

Vol. 3 No. 8 Total No. 32 June 16th 1935

Address: 3 Chiang-Chia Hutung, Cheng-Fu, Peiping, China

第三卷第八期（總數第三十二期）

民國二十四年六月十六日出版

代售處

北平北京大學史學系楊向奎先生
北平燕京大學哈佛燕京社
北平燕京大學史學系李子魁先生
北平輔仁大學史學系史念海先生
北平清華大學史學系吳春晗先生
天津河北女子師範學院班書閣先生
濟南齊魯大學史學系張立志先生
武昌武漢大學吳其昌先生
廈門廈門大學史學系鄭德坤先生
廣州協和神學院李鏡池先生
廣州中山大學董紹良先生
北平北平圖書館王以中先生
杭州浙江圖書館夏定域先生
北平景山東街十七號景山書社
北平西單牌樓南首建設圖書館
北平琉璃廠來薰閣書舖
北平琉璃廠邃雅齋書舖
北平琉璃廠新生命書局
北平隆福寺街修綆堂書舖
北平隆福寺街文奎堂書舖
天津大經路北方文化流通社
天津法租界二十六號路世界圖書局
天津法租界三十號路大公報代辦部
濟南濟南雜誌社
開封新書業街龍文書莊
南京太平街新生命書局
上海四馬路中華雜誌公司
上海四馬路開明書店
上海五馬路亞東圖書館
上海棋盤街寶善里新生命書局
上海四馬路上海雜誌公司
上海福州路生活書店
上海九江路伊文思圖書公司周文歙先生
上海四馬路中市羣衆雜誌公司
蘇州五卅路國學小書堆
蘇州宮巷時代雜誌服務社
杭州福緣路抱經堂書局
蕪湖文林書畫發行所程啓明先生
武昌橫街頭新生命書局
長沙府正街金城圖書文具公司
重慶北新書局
重慶天主堂街重慶書店
西安大公報西安分館
綏遠楊家巷十二號綏遠新聞社
日本京都中京區叢文堂書店

內政部登記證警字第叁肆陸壹號　中華郵政特准掛號認為新聞紙類

新蒙古

月刊

第三卷第五期

民國二十四年五月十五日出版

插圖——國民政府行政院長汪精衛肖像
蒙古地方自治政務委員會委員長雲端旺楚克肖像
北平蒙藏學校紀念元太祖成吉斯汗之一斑：(一)參加紀念典禮之來賓及蒙校全體師生合影(二)跳舞之一幕
百靈廟塔寺之偉觀

編輯兼發行者　北平新蒙古月刊社
社址　北平旃壇寺西大街前當舖胡同二號
總代售處北平和平門外民友書局
定價　每份大洋一角五分

半年六期訂閱八角

郵費本埠三分，外埠六分

全年十二期訂閱一元五角；
郵費本埠六分，外埠一角二分五分以下郵票代洋十足使用

南園叢稿第一輯

四册　定價二元

內容如左

西遊錄今釋　洮然居士年譜
成吉思汗陵寢辨證書
各處遊記　韓邊外志
南園詩存　南園文存

南園叢稿第二輯

十一册　定價十二元

內容如左

南園文存　沌谷筆談
帝賊譜　中國地理沿革史
佛學地理志　萬法精理
年譜

此書為已故泗陽張蔚西（名相文）先生各種著作之一部份。先生素以精考史地名於世。生時嘗編排南園叢稿第一輯四册，世已風行。今哲嗣張亮塵先生復將其他種著作編排為第二輯，凡十一册。書印無多，欲讀先生文章著作者不可不速置一部也。

代售處：北平景山東街十七號景山書社。

述東胡系之民族

馮家昇

一　烏桓

烏桓，先秦時代爲東胡。初爲秦開所破，遠走漠北。其後生養蕃息，部族寖大，屢逼匈奴；冒頓大破之，部族散落，其地爲匈奴所據。

關于烏桓之起原有二說：（一）以山得名；（二）因草爲號。前說史有可據，後說則余之假定。

（一）以烏桓山得名　後書本傳，「烏桓者，本東胡也。漢初匈奴冒頓滅其國，餘類保烏桓山，因以爲號焉」。丁謙後漢書烏桓傳考證曰：「烏桓因山得名。烏桓者，烏蘭之轉音也。蒙古語紅曰烏蘭，故傳中又稱爲赤山。攷游牧記，阿嚕科爾沁旗北至烏蘭峯，與烏珠穆秦旗接界。又云，西北有烏遼山，即烏丸山。知烏桓，烏蘭，烏丸名雖小異，實即一山。此山高大，爲內興安嶺南行正幹。所以部人東走時，得據山以自保。用是尊之爲神，故有人死靈歸是山之語。又遼史地理志，烏州本烏丸地，有遼河，夜河，烏丸川，烏丸山。遼河即錫喇木倫河，夜河即哈喜爾河，烏丸川即烏爾渾河（烏爾渾亦烏丸轉音），而烏丸山居於三水之間。凡此皆烏桓部地，在今阿嚕科爾沁之明徵」。

（二）因草爲號　余嘗疑烏桓爲東晉時代宇文之前身：以音韻言，「烏」「宇」（Wü. yü）古常通用，「桓」「丸」與「文」爲對音。以住地言，宇文根據地爲土河，烏桓亦然。或曰，魏書宇文莫槐傳，宇文系出匈奴，原居遼東塞外，唐書宰相世系表亦云，「宇文氏爲匈奴南單于裔，爲鮮卑長」，則宇文氏原出遼東且爲匈奴矣。曰，不然，文苑英華（卷八九〇）載庾信周上柱國齊王憲碑謂晉太康之世據有黃龍，正與周書文帝紀，「普回子莫那自陰山南徙，始居遼西」之文合。至宇文之不爲匈奴，在家昇所著契丹名號攷釋（燕京學報第十三期）辨之綦詳；而熱河志乃云，「宇文氏本鮮卑別部，魏書爲匈奴者，蓋匈奴之種，而據有鮮卑部衆」。不知周書本紀言其先爲鮮卑，且東晉以後，匈奴寖衰，魏書以後不見其名，而鮮卑則代有雄主，只有鮮卑據匈奴之衆，萬無匈奴據鮮卑之理。又周書文帝紀述其先世云，「……其先出自炎帝神農氏，爲黃帝所滅，子孫遯居朔野，有葛烏菟者雄武多算略，鮮卑慕之，奉以爲主，遂總十二部落」。所謂炎帝後之說，固不足信；然「爲黃帝所滅，子孫遯朔野」與「漢初匈奴（冒頓）滅其國，餘類保烏桓山」之文大有意義。今進而言宇文。通鑑卷八一晉紀武帝太康六年注引何氏姓苑曰，「宇文氏出自炎帝，其後以嘗草之功，鮮卑呼草爲『俟汾』，遂號爲俟汾氏。後世通稱俟汾，蓋音訛也」。按長城附近蒙古人語草曰ebesu,ebesun；喀爾喀語曰ubusu, ubusun ；Buryat語曰ö̆buhim, ö̆bö̆hon。v古音讀b（今日人猶然），而övuhim或övö̆hon正與俟汾，宇文，烏丸爲對音也。苟此說不誤，則烏桓原義爲草。或者其人逐水草而居，以草可貴而自名者與？

烏桓既爲匈奴所破，常臣伏之，歲輸牛馬羊皮；過時不具，輒沒其妻子。及武帝遣驃騎將軍霍去病擊破匈奴左地，因徙于上谷，漁陽，右北平，遼西，遼東五郡塞外，爲漢偵察匈奴動靜；置護烏桓校尉，秩二千石，擁節監領之，使不得與匈奴交通。烏桓自以爲有漢之聲援，屢圖報復，嘗發匈奴單于冢；匈奴怒，發二萬騎擊之。昭帝時，霍光遣范明友將二萬騎出遼東，而匈奴先遁。明友乘烏桓新中匈奴兵擊之，斬首六千級，獲三王首還。自是烏桓屢寇幽州，輒爲明友破之。宣帝時，乃稍保塞降附。然烏桓經此番打擊，知漢亦不足恃，復臣降匈奴，而匈奴待之尤刻。漢書匈奴傳：匈奴遣使者責烏桓稅，烏桓拒曰，「奉天子詔條，不當與匈奴稅」。匈奴使怒，收烏桓酋豪縛到懸之。酋豪昆弟怒，共殺匈奴使及其官屬。單于聞之，發左賢王兵入烏桓，責殺使者，因攻擊之。烏桓分散：或散上山，或東保塞。匈奴頗殺民人，毆婦女弱小且千人去置左地，告烏桓曰，「持馬畜皮布來贖之！」烏桓見略者親屬二千餘人，特財畜往贖；匈奴遂受留不遣。王莽篡位，欲擊匈奴，與十二部軍，使嚴尤領烏桓丁令兵屯代郡，皆質其妻子於郡縣。烏桓不便水土，懼久屯不休，數謁求去；莽不肯遣，遂自亡畔，還爲抄盜，而諸郡盡殺其質，由是結怨。匈奴因誘其豪帥以爲吏，餘者皆羈縻屬之。自是烏桓背漢而臣屬匈奴。

後漢光武建武二十二年（西紀後四六），匈奴國中大亂；烏桓乘其弱，擊破之，匈奴轉北徙數千里，漠南地空，烏桓乃佔有其地。二十五年，遼西烏桓大人郝旦等九百二十二人率衆向化，皆居塞內，布於遼東屬國，遼西，右北平，漁陽，廣陽，上谷，代郡，雁門，太原，朔方諸郡，令招來種人，助擊匈奴鮮卑。於是東至今遼寧省，西迄綏遠省，皆爲其種人蔓延之地。以上谷寗城（今宣化）爲折中地點，置烏桓校尉治所。開營府，并領鮮卑賞賜。吾人須注意者，武帝遷烏桓於五郡塞外，以之抵禦匈奴，成效甚大；光武遷於塞內，亦因抵禦匈奴，其害眞有不可勝言者矣。蓋其「居止近塞，朝發穹廬，暮至城郭」，猶有調遣防衛之機，擾害者不過邊郡而已；若居止塞內，則彼輩盡窺知內部情況，腹地亦為所寇掠矣。自光武及明，章，和三世皆相安無事；安帝永初二年以後，烏桓之禍殆無虛日，靈帝時最為猖獗。

一，遼西烏桓　初有大人于秩居，後有丘力居。丘力居死，子樓斑年少，從子蹋頓繼之。斑頓被曹操所殺，代以護留葉。衆五千餘落。

二，遼東屬國烏桓　大人蘇僕延（魏志三十注引英雄記為頒下，武帝紀作速僕丸，傳又作速附丸。「頒下」疑非人名，或魏志漏其原名歟？）。衆千餘落，自稱峭王。

三，右北平烏桓　大人烏延，衆八百餘落，自稱汗魯王（魏志三十注作汗盧維）。延同時有能臣抵之，二人被曹操所殺，代以寇婁敦。

四，上谷郡烏桓　大人難樓（魏志卷一武帝紀作那樓）。衆九千餘落。

其中以遼西烏桓最強，為害亦大，遼東右北平烏桓奉以為盟主。上谷烏桓衆落雖多，為害尚少。靈帝中平四年（西紀一二七），漁陽人張純與同郡張舉舉兵叛，殺右北平太守劉政，遼東太守楊終，護烏桓校尉公綦稠等，入遼西烏桓丘力居衆中。純自號彌天安定王，總領遼西，遼東，右北平三郡烏桓，寇掠青，徐，幽，冀四州，聲勢甚為浩大。公孫瓚嘗出兵與戰于石門（今榆關西），為其衆所圍凡二百餘日，幾不得脫。五年以劉虞為幽州牧，購賞純首，純出走塞外，為其下王政所殺，北州稍定。獻帝初平中，丘力居死，子樓斑年少，從子蹋頓有武略代立，總攝三郡烏桓，衆皆服其號令。乘中國內亂，略有漢民合十餘萬戶。袁紹與公孫瓚相持不決，嘗從紹擊破瓚。紹矯制賜三郡烏桓大單于尊號，又以家人子為己女妻之，故袁家父子與遼西烏桓獨相善。建安七年（西紀二〇二），袁紹為曹操所破，歐血死，子譚，尚相爭。曹先殺譚，次攻尚。尚奔蹋頓，時幽冀吏人隨入烏桓者十餘萬戶，烏桓益大。尚欲憑其勢，復圖中國，引烏桓衆攻殺幽州刺史，涿郡太守，數入塞為害。操見蹋頓與尚相合，恐不可制，乃于十一年預備遠征，鑿渠兩道，以為運輸之便。

一，平虜渠　自呼施入泒水（泒音孤）。

二，泉州渠　從泃河口（泃音句）入潞河，通于海。

十二年，操將北征，人多謂冒險深入，恐功不成而劉表將來襲；獨郭嘉勸之行。五月至無終（今薊縣），七月大水，傍海道不通（今出山海關之路），操患之，以問田疇。疇曰，「此道秋夏每常有水，淺不通車馬，深不載舟船，爲難久矣。舊北平郡治在平剛（今平泉），道出盧龍（今喜峯），達于柳城（今朝陽）。自建武以來，陷壞斷絕垂二百載，而尙有微徑可從。今虜將以大軍當由無終，不得進而退，懈弛無備。若嘿回軍，從盧龍口，越白檀之險（今寬城），路近而便，掩其不備，蹋頓之首可不戰而禽也」（魏志田疇傳）。操乃引軍西還，署大木表於水側路傍曰，「方今暑夏，道路不通，且俟秋冬乃復進軍」。虜候騎見之，以爲大軍去也。操令疇將其衆爲鄉導，上徐無山（今燕山山脈，在遵化東），出盧龍，歷平剛；八月登白狼堆（今布祜圖山，凌源東）。虜乃覺，尙與蹋頓將衆逆戰于凡城（今大城子附近）；大破之，臨陣斬蹋頓首，追奔至柳城（今朝陽），胡漢降者二十餘萬口。遼東屬國烏桓大人蘇僕延，遼西烏丸大人樓班，右北平烏桓大人烏延棄其種人與袁尙奔遼東。衆尙有數千騎，欲圖公孫康；康設計斬之，傳首于操。烏桓自是寖衰，史亦不爲立傳矣。

按操所滅者，遼東屬國，遼西，右北平三部；其外漁陽，上谷，代郡各有烏桓，特皆衰弱，後附屬于鮮卑。魏志太祖紀有代郡烏桓單于普富盧，上郡烏桓單于那樓。毋丘儉傳有右北平烏桓單于寇婁敦，遼西烏桓都督率衆王護留（烏桓傳作護留葉），十六國春秋前燕錄咸和九年有烏桓悉羅侯，魏書徒河段就六眷傳有漁陽烏桓庫辱官。大抵部族分散，或逃竄各地，或爲強隣役屬，或自稱一部如宇文氏者。魏書官氏志，「烏丸氏後改爲桓氏」，氏姓亂改，亦爲其種人自後不見之原因。舊唐書室韋傳，「烏羅護之東北二百餘里那河之北，有古烏桓之遺人，今亦自稱烏丸國」，此即逃竄後獨保其正系者也。

二　鮮卑

鮮卑亦東胡之餘也，爲冒頓所破，遂臣屬于匈奴。其游牧地爲今西喇木倫河及洮兒河之間，南與烏桓相接。前漢時，未嘗通中國。後漢光武時，始通驛使。

關于鮮卑之起原有二說：（一）以山得名，（二）因祥瑞爲號。

（一）以鮮卑山得名　後書本傳，「鮮卑者，亦東胡之支也，別依鮮卑山，故因號焉」。則鮮卑蓋起于所放牧之山之名。然鮮卑山究在何處，古今來不一其說。熱河志卷六八山四，「杜佑通典，柳城有鮮卑山，在縣東南二百里棘城之東；塞外亦有鮮卑山，在遼西之北一百里：未詳執是。按通典于鮮卑山二說並存，杜佑時已莫定所在；太平寰宇記諸書皆兩仍其說。一統志原本據後漢書，鮮卑以季春月大會于饒樂水上，謂遼之中京大定府在饒樂水南，則古鮮卑山相去不遠。饒樂水為今英金河，流經赤峯，建昌，朝陽三縣地，則鮮卑山方位究難據以審定也」。讀史方輿紀要卷十八，「舊志，柳城東二百里有鮮卑山，東胡因以為號；或曰鮮卑山即青山」。蒙古遊牧記（卷一）科爾沁右翼中旗塔勒布拉克注，「七十里接左翼中旗界，旗西三十里有鮮卑山，土人名蒙格」。丁謙漢書匈奴傳考證北方三大人種考，「考魏書本紀，謂其先出黃帝子昌意，昌意少子受封北國，有大鮮卑山，因以為號。……大鮮卑山，俄屬伊爾古斯科北，通古斯河南」。歸納言之，鮮卑山之方位有三：(一)遼寧西南，(二)熱河中部，(三)俄屬西伯利亞。余意鮮卑山乃具有神話之意味，未必能指出今為何地；猶之北方人相傳其先出于「洪洞大槐樹」下，此「洪洞大槐樹」果在今何地？有人指為山西洪洞縣，則亦不過隨順民間之傳說而已。

(二) 因祥瑞為號　史記匈奴傳「胥紕」注，「集解，徐廣曰，『或作犀毗』。索隱，『漢書見作「犀毗」』，此作胥者，胥犀聲相近，或誤。張晏云，「鮮卑郭落帶，瑞獸名也，東胡好服之」。戰國策云，「趙武靈王賜周紹具帶黃金師比」，延篤云「胡革鉤也」。則此帶亦名「師比」。胥犀與師並相近，而說各異耳。班固與竇憲牋云，「賜犀比金頭帶」是』」。漢書匈奴傳注，「孟康曰，『要中大帶也』。……師古曰，『犀毗，胡帶之鉤也，亦曰鮮卑，亦謂師比，總一物也，語有輕重耳』」。由是言之，則鮮卑，胥紕，犀毗，師比，犀比均一音而轉，但解釋各異耳。或云祥瑞，或云革鉤，或云腰帶，或云帶鉤。日人白鳥庫吉東胡民族考以為張晏之說不誤，滿洲語中，祥瑞，吉兆，靈異之天象，異人等曰Sabi；麒讀Sabitun，麟讀Sabintu，則Sabi係語根，tun，tu係語尾：故知「鮮卑」為祥瑞之意也。

後漢初，鮮卑多隨匈奴入寇。迨和帝永元中，大將軍竇憲遣右校尉耿夔擊破匈奴，北單于逃走，鮮卑因此轉徙其地。匈奴餘種留者有十餘萬落，皆自號鮮卑，鮮卑由此漸盛，而邊郡不能制。于是敗遼西太守祭參，殺漁陽太守張顯，圍攻烏桓校尉徐常，其勢莫可抵禦。桓帝時，檀石槐為鮮卑大人，寇抄益甚。檀石槐年十四五，勇健有智略；異部大人抄取其外家牛羊，單騎追擊之，所向無前，悉還得所亡者，由是部落畏服。乃施法禁，平曲直，無敢犯者，衆推以為大人。時鮮卑部小帥不相統一，檀石槐統一之，分其部為三大部：

一，東部二十餘邑——從右北平以東至遼東，接夫餘穢貊。大人有四：（1）彌加，（2）闕機，（3）素利，（4）槐頭。

二，中部十餘邑——從右北平以西至上谷。大人有三：（1）柯最，（2）闕居，（3）慕容寺。

三，西部二十餘邑——從上谷以西至燉煌，接烏孫。大人有五：（1）置鞬，（2）落羅，（3）日律，（4）推演，（5）宴荔游。

東西萬四千餘里，十二大部，皆屬檀石槐。乃于高柳（今陽高）北三百餘里之彈汗山歠仇水上建牙帳，稱大單于；諸部帖服，莫敢違者。內部既一，乃南抄緣邊，北拒丁零，東卻夫餘，西擊烏孫。又網羅山川水澤鹽池。烏侯秦水廣袤數百里，停不流，中有魚而不能得；聞汗人善捕魚，於是東擊汗國，得千餘家，徙置烏侯秦水上，使捕魚以助糧。其精悍多計儼若前漢匈奴之冒頓也。漢人積患之而不能制，欲師前漢故事，遣使持印綬封檀石槐為王，並與和親，而檀石槐又不肯受。今引蔡邕語，知當時鮮卑有盛于前漢之匈奴：

「自匈奴遁逃，鮮卑強盛，據其故地，稱兵十萬；才力勁健，意智益生。加以關塞不嚴，禁網多漏，精金良鐵皆為賊有，漢人逋逃為之謀主，兵利馬疾，過于匈奴。」（後漢書鮮卑傳）

靈帝熹平六年（西紀一七七）春，寇邊二十餘發，殺略不可勝數。靈帝以其封賜既不受，抄寇又不已，乃遣夏育出高柳，田晏出雲中（大同），臧旻出雁門，各將萬騎，三道出塞征之。檀石槐命三部大人各率衆逆戰，三將大敗，死者十七八，喪其節傳輜重，狼狽奔還。靈帝光和中，檀石槐年四十五卒，子和連立，未幾為人所殺，於是部族瓦解。其子騫曼與其兄子魁頭爭立，衆又離散。其後魁頭死，弟步度根立，為小種鮮卑大人軻比能所殺。檀石槐一系之鮮卑自是滅亡。其世系如左：

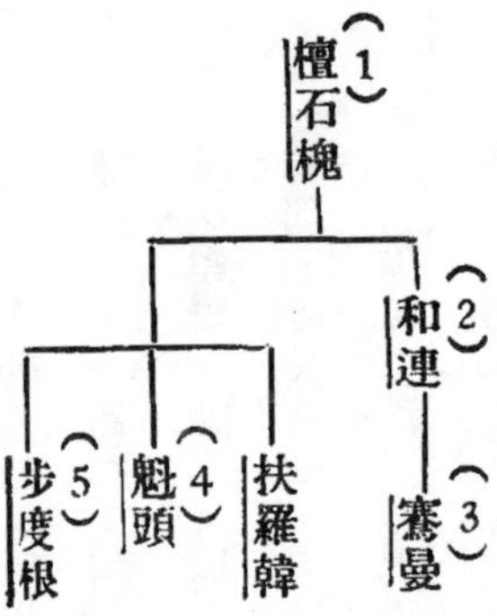

軻比能大抵屬中部鮮卑，檀石槐時名未顯。檀石槐死，部族瓦解，比能乃乘機而起，每與東部大人素利步度根更相攻擊，魏人居間操縱，得不為大害。非然者中國北部鮮不為所蹂躪。觀其馭下頗有檀石槐之氣概。史謂其斷法平端，不貪財物，每鈔略得財物，均平分付，一決目前，終無所私。又兼部落近塞，中國人多亡叛歸之，教作兵器鎧楯，頗學文字。故其勒御部衆，擬則中國，出入弋獵，建立旌麾，以鼓節為進退。故得衆死力，餘部大人皆敬憚之。幽州刺史王雄見其勢漸不可侮，乃于魏明帝青龍三年（西紀二三五），遣勇士韓龍乘間刺殺之。其後弟兄更代，勢漸弱，益不為邊患矣。

烏桓逼近邊塞，前漢時為漢偵察匈奴動靜，實有助于中國。東漢章和以後，則幾無歲不被其寇鈔。鮮卑僻處遼西塞外，西匈奴，東高句麗，南烏桓，北夫餘，強者四方包圍，發展不易。故終前漢之世，日在匈奴控制之下，未嘗名聞焉。逮匈奴分裂，北單于遠遁，鮮卑乃得西據其地，遂造成檀石槐之大帝國。幸而石槐中年而亡，天若假以數年，則中國將不知成何局面也。其中部大人有名慕容司者乃前燕慕容氏之先，西部大人有名推演者為北魏拓跋氏之祖，他日當特為述之。

參攷書

一，張穆蒙古遊牧記卷一，卷二。

二，熱河志卷五十六，五十七建置沿革，卷九十九故事，卷一百三外記。

三，丁謙後漢書三國志烏桓鮮卑傳攷證。

四，白鳥庫吉東胡民族攷（史學雜誌第二十一編），地學雜誌第二十二年第二期有家昇譯文。

五，後漢書卷一百二十烏桓傳，鮮卑傳。

六，三國志卷一武帝紀，卷十一田疇傳，卷三十烏桓，鮮卑傳。

黎氏族之遷徙

劉德岑

「黎」，尚書大傳作「耆」，左氏傳作「饑」，史記徐廣注作「阢」，說文作「盩」。此氏族為殷民族之屬國。左氏定四年傳，子魚曰：「分康叔以大路，少帛，綪茷，旃旌，大呂；殷民七族：陶氏，施氏，繁氏，錡氏，樊氏，饑氏，終葵氏」，是其證也。尚書西伯戡黎之「黎」亦即此國，故殷時之「黎」亦即周時之「黎」，時代雖異，民族一也。其地望在今山西長治縣西南黎侯嶺下，即壺關所在。漢書地理志，「上黨郡，壺關，應劭曰：『黎侯國也，今黎亭是』」。後漢書郡國志，「上黨郡，壺關，有黎亭，故黎國」。可知此氏族最初地望頗近殷都，爲殷人畿內之地。西伯之戡「黎」，蓋周人先剪除殷人之枝葉，然後及於紂都，而殷人始莫之能禦也。殷霸既衰，黎氏族或分爲康叔所得七族之一，或仍存故土而爲周人之附庸，即春秋時爲狄所逐而遷徙者也。左氏宣十五年傳，伯宗述狄罪曰：「棄仲章而奪黎氏地，三也」。杜注：「黎氏，黎侯國，上黨壺關縣有黎亭」。經狄人之迫逐，乃播遷于今山東鄆城之黎城，於春秋則屬衞邑。漢書地理志，「東郡有黎縣」，即黎氏族新遷之國也。詩施丘，序曰：「狄人迫逐黎侯，黎侯寓於衞」。元和郡縣志：「鄆州，鄆城縣，黎邱在縣西四十五里，春秋時黎侯寓于衞，因以爲名」是也。是知黎氏族本處山西上黨，而後乃遷徙於山東鄆城之境內也。

然今之河南濬縣，古名黎陽，想亦由黎氏族曾居住於此而得名；不過後人著述滅裂舛誤，多未能得其朔，而復妄爲之說，遂使此義不明耳！水經注於河水過黎陽云：「黎侯國也」。元和郡縣志於衞州，黎陽縣云：「古黎侯國」。此黎陽於漢屬魏郡。晉灼曰：「黎山在其南，河水經其東，其上碑云：『縣取山之名，取水之陽以爲名』」。後人以酈元李吉甫兩係黎城之名，而不知其意；但據晉灼以黎陽由黎山而來之說爲不誤，遂使黎氏族遷徙之跡未得正當之解釋也。意者，黎氏族東遷時曾暫駐于黎陽，故後人以名其地耶？較之以黎山得名者尙爲得近其朔。蓋黎山之名何由而得乎？若黎山亦由黎氏族而得名，則吾說更有反證矣。漢書地理志，東郡，黎縣下，孟康曰：「詩黎侯國，今黎陽也」。臣瓚曰：「黎陽在魏郡，非黎縣」。師古曰：「瓚說是」。孟康之以黎陽爲黎城固誤，而酈元注水經，吉甫纂元和志，仍兩係之，與孟康誤置者不同。太平御覽衞州下引宋初山川古今記云：「黎陽，國也。詩『黎侯寓于衞』是也」。（案宋初山川古今記二十卷，齊都官尙書劉澄之撰，見隋書經籍志。）考宋齊無衞州，御覽引坿于衞州，可知趙宋之人亦誤而不能辨也。

古人誤黎陽爲黎城之事既明，余以爲以黎名地者三：山西壺關之黎亭，河南濬縣之黎陽，山東鄆城之黎城。此皆因黎氏族居住而得名。河南之黎陽，以孟康之誤爲黎城，而黎氏族之遷徙次序昧；以晉灼所言因黎山得名，而黎氏族之居住於此晦。殊不知黎氏族由壺關東下，後居山東鄆城之黎城，而河南之黎陽爲其必經地也。其在黎陽稍住，當爲意中之事，由黎氏族居住而名其山曰黎山，名其地曰黎陽，亦猶晉魯二省黎城之由黎氏族居住而得名同一意義也。酈元吉甫兩係之，或此意乎？

余作此說，非無故而云然，蓋據民族遷徙之跡而求之。黎氏族居壺關，因狄人迫逐乃沿沾水而入淇而至河。漢書地理志，上黨郡，壺關下，注曰：「沾水東至朝歌入淇」。說文，𨞡下云：「在上黨東北」；又沾下云：「水出壺關東入淇」。而淇適經黎陽境。漢書地理志，河內郡，淇下，注云：「北山，淇水所出，東至黎陽入河」。可證黎氏族之東遷軌跡，由沾入淇，由淇至今之濬縣，在此稍住，後遂有黎陽黎山之名。黎陽在東西二黎城必經之道，又當水陸之衝；後更由黎陽東徙至鄆城之黎城。乃先由水道至黎陽，由黎陽舍水就陸路而至鄆城之黎城焉。

明乎此，則黎氏族東徙之跡可考。然古代民族遷徙類此者尚夥，非僅黎氏一族已也（詳拙作古氏族遷徙篇）。黎自寓衛，其故土即入于狄，晉滅狄後而黎之故土乃屬於晉。晉又封黎氏後於今之黎城（今山西黎城縣，非壺關之黎，但相距頗近），乃黎氏族東遷後留而未徙之孑遺也。徐中舒曰：「黎氏，疑即西伯戡黎之黎。黎在殷周之際，為殷畿內之國，居於上黨　與殷人同為東方民族。周既滅殷，黎之遺族或居留故土，周人謂之赤狄，戰國以後為東胡；或南遷於淮，春秋時為徐，為羣舒；或與殷人錯居於中國，周人呼之曰民，槩言則曰黎民：厥後與周民族漸次混合，遂成為今日中國之漢族」（說詳徐作從古書中推測之殷周民族）。案徐氏之說，僅知其遷徙之跡，而昧於古代各部族之原；夫赤狄為鬼方昆夷玁狁之後，王靜安氏辯之詳矣（說詳王作鬼方昆夷玁狁考），此乃西北部族，豈可與殷民族之黎氏族為同出一祖耶？至於淮夷羣舒諸部族，立國於淮水流域者最衆，且淵源最早，奚待黎氏族南遷後而始有徐與羣舒哉！徐氏之說，於時間上既前後不辨，於部族上亦混淆不清，余已另有專篇討論之，茲不多述。

附識

此余古氏族遷徙篇之一頁也（古氏族遷徙之可考者，余得五十有三），此古氏族遷徙篇又為余古代中國民族發展研究之一編。稿成經年，只以生活飄零，未暇董理。去冬，棄教輾由魯歸來，厠身於河南通志館諸賢達之後，始稍近筆硯，重訂前稿。遂擬將平日研討所得公之于世，以求海內賢者予以嚴謹之教導，俾促余之整理工作早日完成也。

蘇代說燕辨正

張公量

一

蘇代的故事，同樣犯了年代與史實的錯誤，同樣不可信。

蘇秦被齊國的政敵刺死了，蘇代繼續完成合從的外交。燕策一記蘇代遊燕，說燕王噲有這幾句：

> 今臣聞王居處不安，食飲不甘，思念報齊。身自削甲扎曰：『有大數矣！』妻自組甲絣曰：『有大數矣！』有之乎？

燕王噲答道：

> 子聞之，寡人不敢隱也。我有深怨積怒於齊，而欲報之，二年矣！齊者，我讎國也，故寡人之所欲伐也。直患國弊力不足矣。子能以燕敵齊，則寡人奉國委之於子矣！

史記蘇秦列傳也有這個故事。這個故事，是說燕王噲願望蘇代爲謀復燕運動，何等重大，但燕國的國史——燕召公世家，是不載的，可疑一。燕王噲未立以前，齊國並未侵略燕國。齊威王雖曾一度伐取燕國十城，不久也便歸還，齊似不必爲燕的讎國，要燕王噲那樣深怨積怒而欲報之的，可疑二。而且那時齊國是第一等強國，燕國是最弱小的，按理，燕國似沒有能力向齊國開釁，像燕王噲那樣憤憤然的，可疑三。照燕策的『蘇秦死，其弟蘇代欲繼之，乃北見燕王噲』，和史記的『及蘇秦死，代乃求見燕王，欲襲故事』，知蘇代之說燕王噲，在蘇秦死後不久。蘇秦是燕王噲元二年間死的(1)，蘇代於燕王噲三年爲齊使燕，勸過燕王尊信子之的，又可知蘇代即在燕王噲元二年間遊燕。而這兩年似乎沒有產生這個故事的可能。

(1)別詳蘇秦約六國辨僞。

戰國中葉，禪讓思潮湧起，各地埋伏着革命恐怖。燕國第一個試驗，燕王噲第一個犧牲，不到五年實行讓國，把政權交給子之了。又不到三四年，國家大亂，軍隊反攻，人民騷動，混戰數日，釀成流血慘劇，便陷於無政府狀態了。這時孟子勸齊宣王乘機伐燕，齊國便派遣匡章帶領五都的軍隊，打得燕國一個落花流水，燕王噲死於亂兵之手，子之被擒去割肉了，燕國幾乎亡了，這是多麼痛心的事！有這樣嚴重的國恥，激起強烈的民族意識，才感到報讎的迫切。但這個責任在燕昭王，不在燕王噲。燕召公世家記得很清楚：

> 燕昭王於破燕之後卽位。卑身厚幣，以招賢者。謂郭隗曰：『齊因

孤之國亂，而襲破燕。孤極知燕小，力少不足以報，然誠得賢士以共國，以雪先王之恥，孤之願也。先生視可者得身事之！』郭隗曰：『王必欲致士，先從隗始。況賢於隗者，豈遠千里哉！』於是昭王爲隗改築宮而師事之。樂毅自魏往，鄒衍自齊往，劇辛自趙往：士爭趨燕。燕王弔死問孤，與百姓同甘苦。

燕昭王二十八年，燕國殷富，以樂毅爲將軍，聯合秦楚三晉，終於滅了齊國者五六年，所以燕策後文載蘇代稱齊，有『亡國之臣貪於財』的話。我們回頭看看前面的故事，蘇代所聽到的燕王噲是那樣的臥薪嘗膽，燕王噲自述又是那樣的椎胸泣血，和燕昭王的聲音笑貌何其酷肖如此！眞叫我疑心是造策文的人的冒認了。

二

燕策和史記又說：

（蘇代）對曰，『……今夫齊王長主也，而自用也。南攻楚五年，稸積散。西困秦三年，民憔悴，士罷弊。北與燕（史記增一『人』字）戰，覆三軍，獲二將。而又以其餘兵南面而舉五千乘之勁宋，而包十二諸侯。此其君之欲得也，其民力竭也，安猶取哉？且臣聞之，數戰則民勞，久師則兵弊』。

王曰：『吾聞齊有清濟濁河，可以爲固；有長城鉅防，可以爲塞：誠有之乎？』

對曰：『天時不與，雖有清濟濁河，何足以爲固；民力窮弊，雖有長城鉅防，何足以爲塞。且異日也，濟西不役，所以備趙也；河北不師，所以備燕也。今濟西河北，盡以役矣，封內弊矣。夫驕主必不好計，而亡國之臣貪於財。王誠能毋愛寵子母弟以爲質，寶珠玉帛以事其左右，彼且德燕而輕亡宋，則齊可亡已』。

這段文章尤其不切燕王噲時事。稱宋爲『亡宋』，顯見在齊湣王三十年，前二八八年以後。其他疑隙之可推尋者還很多。

田敬仲完世家，齊湣王二十二年，『與秦擊敗楚於重丘』，六國齊表作齊湣王二十三年，說『與秦擊楚，使公子將，大有功』。惟楚世家楚懷王二十八年，『秦乃與齊韓魏共攻楚，殺楚將唐昧，取我重丘而去』；及魏世家（哀王十八年，與秦伐楚），魏表（哀王十八年，與秦擊楚），韓世家（襄王十一年，與秦伐楚，敗楚將唐昧），韓表（襄王十一年，與秦擊楚），並與齊表紀年相符。這一年楚國最受重創。齊自威王後，日以強大。湣王十五年，欲爲從長，勸楚令齊，勿合秦，楚不聽。二十一年，齊就聯韓魏伐楚了。楚使太子入質於秦請救而後得全。二十三年，又行伐楚，即上述這一次。二十四年，楚國就叫太子爲質於齊，以求和了(2)。這個齊楚的戰略關係，或即『南攻楚五年』一語的身影。事距遊說已二十來年。

(2)楚世家。

三

田敬仲完世家，齊湣王二十四年，秦使涇陽君質於齊。二十五年，歸涇陽君於秦；孟嘗君薛文入秦，即相秦，旋亡去。二十六年，齊與韓魏共攻秦，屯兵函谷。齊國威力的披靡，大有壓倒秦國之勢。三十六年，便跟着與秦國一同稱東西帝了。這個敵對的行動，成爲秦國莫大的掣肘，或即『西困秦三年』一語的身影。事距遊說亦已二十年。

四

所謂『北與燕人戰』，疑指伐燕事。燕召公世家說燕王噲讓國子之後，燕國大亂，於是，

孟軻謂齊王曰：『今伐燕，此文武之時，不可失也』。王因令章子將五都之兵，以因北地之衆，以伐燕。

五都即齊，臨淄是五都之一(3)，北地卽齊之北邊(4)；與燕策後文，『今濟西河北，盡以役矣』，殆相應。濟西本是齊國的折衝地帶，燕與秦楚聯軍即由此進攻齊國。田敬仲完世家，湣王四十年，『燕秦楚三晉合謀，各出銳師以伐，敗我濟西』，秦本紀，昭襄王二十三年，『尉斯離與三晉燕伐齊，破之濟西』，魏世家，昭王十二年，『與秦趙韓燕共伐齊，敗之濟西』，事在滅宋後二年。要案破了，『封內』會跟着困弊的。蘇代眼中的齊國，已是垂死的老虎，使盡他的氣力，可以側擊一下了。

(3)司馬貞索隱。

(4)同上。

五

『以其餘兵南面舉五千乘之勁宋，而包十二諸侯』，更是確鑿的爲後世之事了，更是這故事出於僞造的證據了。一千多年前，張守節就從齊表提出疑問，其蘇秦列傳正義：

齊表云齊湣王三十八年滅宋，乃當赧王二十九年；此說乃燕噲之時，當周愼王之時。齊宋在前三十餘年，恐文誤矣。

這話是不錯的。齊之滅宋，不獨見於齊表。秦本紀，昭襄王十九年，當齊湣王三十六年也說，『齊破宋，宋王在魏，死温』。魏世家，昭王十年，當齊湣王三十八年也說，『齊滅宋，宋王死我温』。而田敬仲完世家湣王三十八年所說，『……於是齊遂伐宋，宋王出亡，死於温。齊南割楚之淮北，而侵三晉，欲以并周室爲天子；泗上諸侯，鄒魯之君皆稱臣，諸侯恐懼』，尤可徵『包十二諸

侯』一語，沒有過分的形容。而此文之晚出，也就不難想知了。

總說一句，這個故事，是蘇代繼蘇秦而起，出現外交舞臺的第一聲。但絕不是蘇代說的，也不是燕王噲那時的事。齊滅宋，燕滅齊，相距僅兩年。但不過四五年，齊又盡復故地。這個時期是齊秦角霸的時期。秦欲亡楚，齊欲弱燕，各有他們的立場與政策。燕視齊爲讎國也屬必然，策文既見『亡宋』『亡齊』等字樣，與燕王噲遙不相接。自燕王噲讓國致亂，爲齊所襲，幾亡，燕昭王便卑身厚幣，大招賢士，銳意復國；結果，借了列國，尤其趙國的力量，反過來滅了齊。看策文，燕王噲圖報之急，與蘇代的論據，充滿了這時期的氣息；而故事的寫成尙遠在其後。

廿四年五月廿六日夜十時寫畢

後記

蘇代說燕王噲的故事，叚以燕王噲立國八九年間的大勢，決不像，也決不能安插；而卻能安插在燕昭王的身上。司馬光通鑑看破這層，所以就沒有編錄。正因通鑑沒有編錄，我就以爲呂祖謙大事記會同樣處理，鮑吳校正戰國策會沒有新意，便嬾得到圖書館去查了。那知道今日買得吳汝綸點勘戰國策，讀到卷二十九燕策一蘇代這段故事的小注：

吳云，『大事記，此說昭王之辭』。

眞是又驚又喜。便去查戰國策校正，在卷九有着，而且全引大事記的話，以爲『按史記誤同』，即燕召公世家。再查大事記，燕王噲，燕昭王兩朝都不載；而大事記解題有了。呂祖謙繫這故事在周赧王二十九年，即燕昭王二十六年，也就是齊滅宋的一年。他自注說：

戰國策誤以爲說燕王噲。使噲能有志如是，豈至覆國乎？論其世，考其事，皆說昭王之辭也。（卷五，頁十三——十四，金華叢書本）

這個『論其世，考其事』的方法是不錯的。這個故事的疑問是解決了。但是故事的移後是一件事，故事本身的不可信又是一件事。造故事的人所指的是燕王噲，是蘇代繼蘇秦而起的第一聲，而不自覺其事實的倒置。

故事的移後，不成問題。但移後到幾年，也不是呂祖謙的直截辦法所能取決的。呂祖謙之所以移後至於燕昭王二十六年，距僞策所指燕王噲二三年者三十餘年，是要牽合故事中齊滅宋的一個最後的年代。我覺得這段故事根本不是史實，根本是秦漢間策士的虛構，確定其所屬年代是可不必的。即如呂說，則故事中燕王答蘇代，『我有深怨積怒於齊而欲報之二年矣』，與燕昭王於破燕後即位，卑身以禮郭隗，弔死問孤，與百姓同甘苦，以至於二十六年，有了長期的準備者，豈不大相矛盾？以故，雖派到昭王，仍屬早期初即位時的氣象。

六月四日

明成祖北征紀行初編

李素英

敘言

明太祖起自布衣，肇基江左，中原底定，復南平滇緬，北掃胡元，而一天下；雄才偉略，曠代所無。文皇繼之，神武如乃父；而南定交阯，北征朔漠，盛德遐被，四方賓服，受朝命而入貢者三十餘國；幅員之廣，更遠駕漢唐：成功駿烈，夐乎尙已。考其前後親統六師出塞凡五次，馳驅數千里之外，掃胡直如掃塵，胡兒畏之若神明。瀚海天山，烽煙頓息。古所謂『胡人不敢南下而牧馬』，蓋有之焉。窮車駕所至，以永樂八年第一次親征本雅失里言之，已至斡難河流域。斡難河者卽今之鄂嫩河，元太祖成吉思汗卽位之處也。以圖按之，在今庫倫之東北肯特山下，卽河之發源處。斡難河之南有臚朐河者，卽今之克魯倫河，當日文皇賜名爲飲馬河者也。至蒙古與黑龍江交互間之白雲山，呼倫池，又當日六師過其處，遠望若有神異者也。大軍十餘萬，跋涉五六千里，斬將搴旗于指顧之間，古之名將如李廣趙充國輩不是過也。

仁宣之世，號稱極盛。仁宗享國不踰年，政無足述。宣宗英武，又當平世，文治武功，宜媲美于其祖若父。然其統師出塞，但屬耀兵，屢遣大將討南交，克平無日，旋且棄之，卒貽南顧之憂，已不能繼繩祖武矣。英宗昏懦，陷身漠北，乃懷愍之續耳。成弘之間，幸逢願治之主，尙足保安。然君王拊髀思念虎臣，卒無聞奏績戎行而答帝眷者。弘治間太監苗逵監軍鄜延，獻馘僅三級，廟堂錄功乃至二千餘人。嘉靖中仇鸞統軍出雲代，擒虜僅二人，天子爲謝勳再拜。一代邊功如斯而已！自朶顏三衞棄而薊遼單，開平重鎭失而宣府寒，河套沃壤虜且入而放牧，延安綏德守備堪虞矣。邊事日殷，國家元氣日漸斲喪，滅亡之機于是乎肇；緬維先烈，慚德何如也！

文皇五次北征，一在永樂八年二月，一在十二年三月，一在二十年三月，一在二十一年七月，一在二十二年四月。每日車駕所在之處，大師屯駐之地，與夫山川勝蹟，或伐石紀功，或命儒臣題詠；其行程均足留意，并能引起吾人之研究興趣。其第一二次親征有金幼孜之前後北征錄，第三次則有楊榮之北征記。今參之實錄及他書，以日繫事，排比成文，而爲『文皇北征紀行』。當此滿蒙問題岌岌皇皇之時，此編之重要，固不當僅作帝王征伐之陳蹟觀已也。

本文

以太宗實錄之文爲綱。金文淸公北征錄按日繫于後，低二格書之。王元美先生所記北征軍情事宜，擇其有關者，依日附入，低三格書之。

永樂八年二月辛丑（初四日）以親征胡虜，詔告天下曰：

『朕受天命，承太祖高皇帝鴻基，統馭萬方，撫輯庶類，凡四夷僻遠，靡不從化。獨北虜殘孽，處于荒裔，肆逞兇暴，屢遣使申諭，輙拘留殺之。乃者其人鈔邊，邊將獲之，再遣使護還，使者復被拘殺。恩既數背，德豈可懷？况豺狼野心，貪悍猾賊，虐噬其衆，引領徯蘇。稽于天道，其運已絕；驗以人事，則彼衆皆離。朕今親率六師往征之，肅振武威，用彰天討。且朕必勝之道有五：以大擊小，以順取逆，以治攻亂，以逸伐勞，以悅弔怨，鮮不殄滅。蕩除有罪，掃淸沙漠，撫綏顚連，將疆塲乂安，人民無轉輸之苦，將士無戰鬥之虞，可以解甲而高枕矣。布告中外，咸使聞之！』（見太宗實錄：以下同，不更注）

二月丁未（初十日）車駕發北京。

二月初十日上親征北虜，是日駕出德勝門，幼孜與光大胡公（廣）由安定門出；兵甲車馬旌旗之盛，耀于川陸，風淸日和，埃塵不興，鐃鼓之聲訇震山谷。晚次淸河。（見金幼孜北征錄；以下同，不更注）

二月戊申（十一日）車駕次沙河。

十一日早發淸河，途間雪融泥深，馬行甚滑。晚次沙河，勉仁（楊榮）始至。

二月己酉（十二日）車駕次龍虎臺，遣行在太常寺少卿朱焯祭居庸山川。蔚州衛千戶周全自虜中脫歸，具奏虜情實。

十二日早寒，發沙河，午次龍虎臺。

二月庚戌（十三日）車駕度居庸關，次永安甸。晚雨雪，已而復霽，日下五色雲現。

十三日早發龍虎臺，度居庸關，關下人馬輳集，僅容駕過，如是者凡數處。晚次永安甸，大風，未幾陰晦，須臾大雪。少頃雪霽，天宇澄淨，雲霞五彩，爛然照耀山谷。西南諸山無雲，巖壑積雪如銀臺玉闕，東北諸山雲掩其半，露出峯頂，四顧皆奇觀。上立帳殿前，面東北諸山，命某等西立觀山。上曰：『雪後看山，此景最佳，雖有善畫者，莫能圖其髣髴也』。

二月辛亥（十四日）

十四日早發永安甸，大風甚寒，且行且獵。幼孜觀騎逐兔，不覺上馬過前。上笑呼幼孜三人曰：『到此看山，又是一種奇特也』。蓋諸山雪霽，千巖萬壑，聳列霄漢，瓊瑤璀璨，光輝奪目，眞奇觀也。午後次懷來。

二月壬子（十五日）

十五日早發懷來，午次鎭安驛。

二月癸丑（十六日）

十六日早發鎭安驛。行數十里，道邊有土垣，宛如一小城，問人，曰：『此元時官酒務，每歲駕幸上都，於此取酒』。午次雞鳴山，相傳以爲唐太宗征高麗至此，登山雞鳴，由是得名。上指示幼孜三人曰：『此卽雞鳴山。昔順帝北遁，其山忽崩，有聲如雷。其崩處，汝等明日過時見之』。

二月甲寅（十七日）車駕次泥河。上途中見病卒，命馬載至營，遂命諸將撫卹軍士，命太醫院遣醫分療各營將士之病者。

十七日發雞鳴山，山甚峭，上有斥堠，下有故永寧寺基，有歐陽元所譔碑尙存。其西北崩處，土石猶新。其下卽渾河，流出盧溝橋，有石柱數十，比列於河側，其半出地上；俗傳以爲魯般造橋未成而廢，但無紀載可考，竊以爲遼金時所造者。行里餘，路甚窄，僅可容兩馬，人馬輳集，危迫殊甚。又行三四里度橋，山下有土垣，乃元時花園，有舊柳數枝尙存。更行二十餘里，過坳兒山，路險如雞鳴山，石巉然下壓，下臨河水，路陡絕；旁有積雪凝附于岸，雪上亦可行，但坼裂可畏，車行馬驟，毛髮慄然。過此山漸平，上勒馬登高岡，召幼孜等指諸山曰：『此天之所以限南北也』。且行且語，上下馬少坐于山岡之上，賜酒殽。午次泥河。

二月乙卯（十八日）

十八日發泥河，午次宣府，上閱武營內。夜雨。

二月丙辰（十九日）遣行在太常寺少卿朱焯祭宣府山川城隍。

十九日微雨，駐蹕宣府，閱武營內。

二月丁巳（二十日）駐蹕宣府。

二十日駐蹕宣府。

二月戊午(二十一日)

二十一日發宣府，晚至宣平。召幼孜等謂曰：『今滅此殘虜，惟守開平，興和，寧夏，甘肅，大寧，遼東，則邊境可永無事矣』。

二月辛酉(二十四日)

二十四日早發宣平。行數里，度一河，水迅疾及馬腹，近岸冰未解，水從下流，人馬從冰上度；間有缺處，下見水流，而薄處僅盈寸，度此甚戰慄。更行數里，入山峽中。行又數里，上登山而行。過山下平陸，次萬全，大風寒，下微雪。

二月壬戌(二十五日)車駕度德勝關，駐蹕興和。

二十五日大風寒，發萬全，行數里，至城下。上謂幼孜三人曰：『此城朕所築』。過城北，見城西諸山積雪，上曰：『此亦「西山晴雪」也』。過城北，入德勝口，上指關口曰：『如此險，人馬安能度？』山皆碎石若堆粟然，入關兩峽石壁崎峭如削。時車馬輳集，折關垣以度；過關由山峽中行，地凍冰滑，馬蹄時跲；間度澗，積雪未消，從水梁上行。大風甚寒，下馬便旋，靴底著雪，凝凍滑甚，上馬尤難，兩手攀鞍皆凍不能屈伸。行二十餘里，上野狐嶺。上指東南諸峯曰：『至此看山，則盡在下矣』。時風沙眯目，小石擊面，面爲風所吹皆紫黑。下山頂度關，關門爲車所塞，從土隄而下，地滑馬多仆者。午後至興和城北下營。既而上召，獨光大往，上曰：『足寒時不要即附火，只頻行，足自暖』。又曰：『金幼孜何在？恐凍傷其足』。光大曰：『適同至，僕者未到，在彼控馬』。

二月癸亥(二十六日)遣官祭所過名山大川，命鎮守大同江陰侯吳高提督操練山西大同天城陽和等處軍馬，整理城池，節制山西都司行都司及太原三護衛官軍。

二十六日駐蹕興和，上祭所過名山大川。上駐馬於營前，召幼孜等謂曰：『汝觀地勢遠見似高阜，至即又平也，此即陰山。春故寒，過此又暖。爾等昨日過關始見山險；若因山爲塹，因壑爲池，守此誰能輕度？』幼孜等頓首曰：『誠如聖諭！』

二月甲子(二十七日)上閱武營外，指麾將士，坐作進退折旋無不如旨。顧尚書方賓，學士胡廣，侍講楊榮金幼孜曰：『節制之師，庶幾可用，然教練未易。孔子曰：「教民七年，可使即戎」。朕每出師，未嘗恃其已習輒操練，故往往得用』。時天霽，忽大風陰晦，上曰：『雪且至』，命軍士亟回。及營，雪下；已而大風復霽。英國公張輔等至自交阯，入見，命輔提督操練宣府萬全興和等處軍馬，整治城池屯堡烟墩，仍聽趙王調發。勑清遠侯王友循野狐嶺抵德勝口，武安侯鄭亨往宣府萬全督餽運。

二十七日駐蹕興和，上閱武營外。時天晴大風，上曰：『爾等今日始知朔方風氣』。忽天陰，上曰：『雪且至』，命亟回。至營門雪下；已而大風復晴。

二月乙丑（二十八日）

二月八日風寒，駐蹕興和，上閱武營外。

二月丙寅（二十九日）

二十九日獵者得黃羊至，上召幼孜等三人觀之，遂立語於帳殿前，至二鼓乃退。

三月丁卯朔，命清遠侯王友督中軍，安遠伯柳升副之；寧遠侯何福督左哨，武安侯鄭亨督右哨；寧陽侯陳懋督左掖，都督曹德，都指揮胡原副之；廣恩伯劉才督右掖，都督馬榮朱榮副之。

一日晚，上召至帳殿，語至二鼓，上曰：『夜已深，汝等且休息，庶明日有精神』。歸帳房已三鼓矣。自是每宵或漏下或二更始出。

三月戊辰（初二日）命都督劉江等充游擊將軍，督前哨；都督薛祿冀中等充驃騎將軍，都指揮侯鏞陳賢等充神機將軍，都督金玉等充鷹揚將軍，都指揮李文等充輕車將軍。

初二日駐蹕興和，賜食黃羊。

三月癸酉（初七日）

初七日早發興和，行數里，過封王陀，今名鳳凰山。山西南有故城名沙城。西北有海子，鶖，鵝，鴻，雁之類滿其中：遠望如人立者，坐者，行者，聳翅者；白者如雪，黑者如墨；或馳逐之即飛起，人去旋下，翩躚廻翔于水次。過此海子，又度數山岡。午次鳴鑾戍。上指示山謂幼孜三人曰：『此大伯顏山，其西北有小伯顏山』。指其東北曰：『由此去開平』。復曰：『汝等觀此，方知塞外風景；讀書者但紙上見，未若爾等今日親見之』。上又曰：『適所過沙城即元之中都，此處最宜牧馬』。語久始退。少頃，上復謂曰：『汝等觀此，四望空闊，又與每日所見者異。汝若倦時，少睡半晌，即起四面觀望，以暢悅胸次』。幼孜等叩頭退。

三月甲戌（初八日）駐蹕鳴鑾戍，瓦剌順寧王馬哈木遣完者不花荅哈帖木兒等貢馬謝恩，賜鈔幣襲衣。

初八日駐蹕鳴鑾戍。夜，上坐帳殿前望北斗，召幼孜等觀北辰正値頭上。語至二鼓，乃出。

三月乙亥（初九日）上大閱誓師，時軍陣東西綿亘數十里，師徒甚盛，戈甲旗旄輝耀蔽日，鐵騎騰躍，鉦鼓鉤震。瓦剌使者望之駭愕曰：『天兵如此，孰敢嬰其鋒者？』上聞之，顧謂學士胡廣等曰：『國家無所用兵乃善，朕久厭之矣。今日此舉，非得已也。然治兵最難，纖毫舉動當致謹』。……上既罷閱，召從征將士諭曰：『爾等有從太祖高皇帝平定天下者，有從朕靖內難者，有襲祖父之職者，亦有順天道來歸者，老者未衰，少者方壯。今海宇清寧，四夷嚮福，獨此殘虜梗化，數爲邊患，爾等相與協力驅除之！太祖高皇帝鴻漸有萬年之安；爾等暨子若孫，亦享萬年太平之澤，因今有必勝之道』。又言：『昔薛仁貴狄青之徒皆奮自行伍，其功名炳炳在天地間，至今談者想見其風采。爾曹勉之！』悉賜之酒食。

初九日駐蹕鳴鑾戍，上大閱武誓師，六軍列陣東西綿亘數十里，師徒甚盛，旗幟鮮明，戈戟森列，鐵騎騰踔，鉦鼓震動。上曰：『此陣孰敢嬰鋒？爾等未經大陣，見此似覺甚多，見慣者自是未覺』。先是東風，及鼓作，徐轉南風，上悅，大飲將士。午，回營。夜，召幼孜三人至帳殿前，語至二鼓始出。

三月丙子（初十日）車駕次凌霄峰，登絕頂，望漠北，顧學士胡廣等曰：『元盛時，此皆民居。今萬里蕭條，惟見風埃沙草耳。虜勢衰微若此，尙敢倔強，果何所恃哉？』因問廣曰：『諸將此來，不聞進一言，何也？』對曰：『成算在天，星火之輝何能上裨日月！』上曰：『是何言也？聖人有資於芻蕘之言，何況君臣之間！古稱「好問則裕，自用則小」。朕有所爲，必盡衆人之情，曷嘗專任一己以掩羣策？』遣瓦剌使者歸，命指揮保保等護送，復賜勑勞順寧王馬哈木，賢義王太平，安樂王把禿孛羅，各賜綵幣二十疋。時少水，夜大雪尺餘，軍中足用。

初十日早發鳴鑾戍，上登山麓，漸行經山谷，山平曠不甚高。見鹿蛻角于地，長數尺許，槎牙如樹枝。行數里，平山漸盡。東北有山頗高如諸山，上曰，『此即大伯顏山』。西北有山甚長，隱隱如雲霧，閒如海波層疊，上曰：『此即小伯顏山。望之若高，少焉至其下則又卑矣』。由是地平曠，沙中多穴。上指示曰：『此鼢鼠穴也。馬行其上，爲所陷』。漸近一山下，見諸軍於此掘井，所出沙有純黃者，其色如金；白者，其色如玉雪；又有青黑者。上令中使下馬取觀，復以示幼孜三人觀之。適中官射一野馬來進，上召幼孜與光大勉仁及尚書方賓前觀。上曰：『野馬如馬；此野騾，非野馬。汝輩詳觀之。比來每物見之，足廣聞見』。又行數里，遠望如水，近則如積雪，乃是鹻地。又行十餘里，過凌霄峰，即小伯顏山也。上登山頂，多石，山下荒草無際；北望數十里外又有平山甚長。上曰：『人未經此者，每言塞北事，但想像耳！安能得其眞也？』觀望良久乃下。見草間有兩途如驛道，上曰：『此黃羊野馬所行路也』。駐營凌霄峰。比時少水，軍士多不食者。夜雪，平地尺餘；次日，人馬得雪，炊飯皆足。

三月丁丑(十一日)

十一日駐蹕凌霄峰北。上召幼孜三人曰：『雖下雪不寒，夜來無水，人馬俱足矣』。食後天晴。

三月己卯(十三日)

十三日午復下雪。夜漏下，上召至帳殿，語至二鼓。雪霽月明，寒風凜淅，毛髮慄然。久乃出。

三月庚辰(十四日)……命于口北設車坊，黑峪，土墓三巡檢司，隸隆慶衞；鎗桿嶺，鵰兒嶺，雞鳴山三巡檢司隸宣府前衞。

三月壬午(十六日)車駕次五雲關，野燒迫近行營，分二道繞營外而去。

十六日五鼓，駕發由東路。幼孜三人向西路，行三十里，天明，隨駕不及。幼孜與光大由哨馬路迷入橐駞山谷中。山重疊，頂皆石。山下有泉水一溝，甚淸，飲馬其上。泉旁多豐草，闃無一人。但見鹿蛻角滿地，間見人家居址墳塋。漸見有數卒驅驢過，問大營所在，皆不知。前行數十里，山轉深。遂登高岡，望川之西北蕭條無人，始勒騎回至泉上。有數十騎駐泉北，問之皆不能知。遂下馬略休息。忽有軍帥過，見予三人，亦下馬同坐草間。問駐蹕處，亦不知。軍帥往東南山谷中尋大營，幼孜三人由東北往。東馬來者漸多，皆尋不得。行十餘里，遇去者漸回，乃由東北山峽中行。峽之南山皆土而北山盡石壁，巉巖峭削，有小石戴大石，層疊高低，宛如人所爲者。自興和至此，地無寸木，但荒草而已。惟此石壁之半，生柏樹一株，甚靑翠可愛，如江南人家花圃所植者。幼孜呼光大曰：『此亦塞外一奇觀！』峽中行十餘里，途窮復回。穿過數山，忽遇寧陽侯曰：『我已五處發馬尋大營，待回報，相與同往』。飯畢，久俟報馬不至。日已暮，上遣中官二人來，問之，曰：『大營在五雲關，去此八十里』。寧陽侯領二千騎與幼孜三人偕行，行數十里，入山谷中，下一山甚險。時昏黑，下馬徐行，過此又上山，相與盤旋于山頂上，不知路所向。更過兩山，下山麓，東南有間道可行。時月色昏暗，野燒漫山，悲風蕭瑟。行十數里，度大川望東北行，徑山麓，有泉潺潺而流。行數十里，遇深澗，馬不可度，乃復回泉上，下馬休息荒草間。

三月癸未（十七日）

十七日早由山間望東南行逾數十里，雪益大，隱隱聞銅角聲隔山谷間；又過一山，見隊伍前進，即按馬行五六里。往問之，曰：『左掖軍馬言駕起往前五十里駐營』。遂同行，午至錦水磧見上。上喜曰：『汝等何來遲？』三人答以『迷』。上問迷道之故，遂備言之。上大笑曰：『爾等皆疲倦，且休息』。出，遇方尚書曰：『昨日上在途屢召不見，謂必迷道，凡遣傳令者三十輩來相尋。今早又遣十餘人。適又問爾三人來未』。幼孜自惟以一介書生，荷蒙聖上眷顧，頃刻不忘，天地之德，將何以爲報？

三月甲申（十八日）車駕次錦水磧。前鋒報見虜蹤跡，下令軍中嚴警備。

十八日駐蹕錦水磧。上念幼孜無馬鞍，命中官傳旨與清遠侯討馬鞍一副送至帳房下，遂詣上前叩頭謝。

三月乙酉（十九日）

十九日早發錦水磧。行十餘里，道邊有古城，上指示曰：『此答魯城也，朕嘗獵于此』。又行十餘里，上登山射黃羊，令幼孜隨觀。午次環瓊圃。自此皆沙陀。出塞至此，漸見有榆林鳥鳶。

三月丙戌（二十日）車駕駐環瓊圃，勑各營謹哨瞭。

二十日次壓虜川。水多鹹，炊飯色皆變黃作氣息，食不下咽。日暮，上召幼孜三人至帳殿前，指示塞北山川，上曰：『古交河在今哈剌火州，因兩河相交，故名。水齧沙出碑曰：「唐之交河郡」，故知交河在彼』。

三月丁亥（二十一日）

二十一日駐蹕壓虜川。

三月戊子（二十二日）車駕次金剛阜，勑遊擊將軍都督劉江曰：『清水源虜所往來之處，恐彼有伏，汝等乘夜速往掩捕之。如不見虜，即先據山嶺泉源以俟』。

二十二日次金剛阜。日暮，上坐帳殿前，令幼孜遠望，極目可千里，曠然無際。地生沙葱，皮赤，氣辛臭。有沙蘆菔，根白色，大者徑寸，長二尺許，下支生小者如筋，氣味辛辣，微苦，食之亦作蘆菔氣。

三月庚寅(二十四日)

二十四日，夜甚寒。上召草敕，硯水成冰。

三月辛卯(二十五日)

二十五日早發金剛阜，午次小甘泉。有海子頗寬，水甚清，鹹不可飲，中多水鳥。胡騎云：『此名鴛鴦海子』，疑卽鴛鴦濼也。地志云，『鴛鴦濼在宣府』。此去宣府蓋遠，未敢必其然否。夜，召語，至三鼓乃出。

三月壬辰(二十六日)

二十六日發小甘泉，上召語虜中山川。上曰：『女直有山，其巔有水色白，草木皆白，虎豹亦白，所謂長白山也。天下山川多有奇異，但人迹不至不能知耳。此地去遼東可千餘里，朕嘗問女直人，故知之』。行十餘里：上召令馬上草敕；幼孜三人按轡徐行，執筆書，草成，上已行三里餘。飛鞚至上前視草，觀畢，令謄眞；下馬坐地，于膝上書之。午次大甘泉。

三月癸巳(二十七日)

二十七日上令衛士掘沙，穴中跳兔，與幼孜三人觀：大如鼠，其頭，目，毛，色皆兔；爪，足則鼠；尾長，其端有毛，或黑，或白；前足短，後足長，行則跳躍；性狡如兔，犬不能獲之。疑卽詩所謂『躍躍毚兔』者也。有鹽海子，出鹽，色白瑩潔如水晶，疑卽所謂『水晶鹽』也。

三月甲午(二十八日)

二十八日移營于大甘泉北十里屯駐。

三月乙未(二十九日)

二十九日午次清水源。有鹽池，色或青，或白，軍士皆采食。

三月丙申(三十日)駐蹕清水源。去營三里許，平地泉躍出高數尺，須臾洋溢四達，味甘冽，士馬飲之不竭；賜名神應泉。

三十日駐蹕清水源。去營六七里，地忽出泉。予與光大往觀，至則泉溢數畝，人馬飲之俱足。

(未完)

金華志略

胡傳楷

(一) 地理與人口

金華之地位，適居浙江省中部。全縣面積爲三。六五三方里，百分之四十九爲山地，百分之四十七爲平地，百分之四爲河湖道路。通常氣候，最高約在華氏表九十五度，最低約在二十度。

縣多山，主幹者曰北山（縣北二十里），曰南山（縣南九十里），曰東山（縣東五十五里）。北山即金華山，一名長山，又名常山；橫亙三百六十餘里，支脈甚多。東山周圍三百餘里，支脈不若北山之多。南山高倍於北山，周四百餘里，支脈亦甚多。

水則有雙溪，乃二源而一委，由東來之義烏港，與東南來之武義港，會合于城下。沿城南西去，折北入蘭谿境，而為錢塘江上流之一支水。

人口統計有五萬三千二百八十九戶，二十四萬五千六百四十五人。其中男數為十三萬八千四百九十一人，女數為十萬〇七千一百五十四人。

（二）　交通

民國二十一年三月杭江鐵路通車至金華，二十二年十二月全線完成，于是素稱內地之金華，一躍而為交通甚便利之縣市。同年四月，金永武汽車公路通車，金華與永康武義之間又更為便利。金永武公路，南可接縉雲麗水之公路；而杭江鐵路之通車，使金華成為東南五省（蘇，皖，贛，閩，浙）之交通樞紐。

水路交通，有木船竹筏。上行通義烏永康，下行通蘭谿，乃至於嚴州杭州。在昔鐵路汽車未通，水路舟船最為重要；其次為轎馬。人力車僅有一百輛，大都在車站與碼頭，來往限于城區或近郊。

長途電話可通全省；電報有有線電報；郵遞可寄快信。

杭江鐵路沿綫略圖

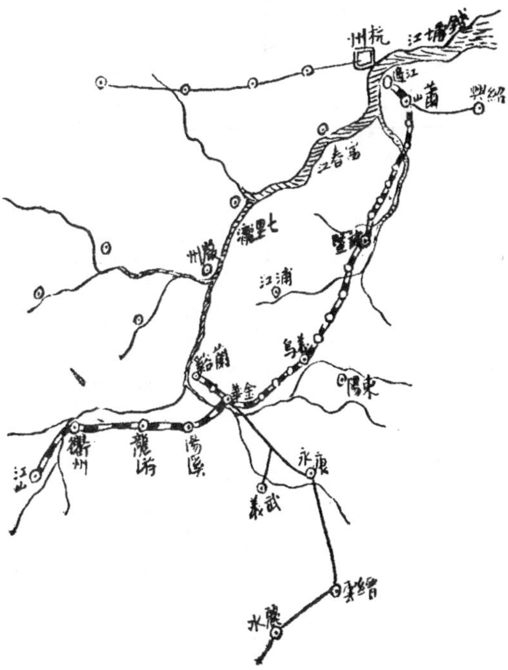

（三）　經濟

（甲）農業　耕地四十餘萬畝，農人七萬六千八百九十四人。每年農產物之產量及價值如下表：

物名　年	總產	值
秈稻	一·六三〇·〇〇〇担	七·三三五·〇〇〇元
糯稻	二四〇·〇〇〇担	一·二〇〇·〇〇〇元
小麥	七六·〇〇〇担	四二〇·〇〇〇元

大麥	四七・〇〇〇担	二一〇・〇〇〇元
小米	六〇・〇〇〇担	二六〇・〇〇〇元
蕎麥	六九・〇〇〇担	二四〇・〇〇〇元
豆類	三四二・〇〇〇担	二・五四八・〇〇〇元
玉米	一六・〇〇〇担	七〇・〇〇〇元
茶葉	二・〇〇〇担	八〇・〇〇〇元
蠶繭	五〇担	二・〇〇〇元
雞蛋	一〇・〇〇〇・〇〇〇個	一五〇・〇〇〇元
火腿	六〇・〇〇〇隻	一八〇・〇〇〇元
鹹肉	一五・〇〇〇塊	二四・〇〇〇元
木柴	二四〇・〇〇〇担	九六・〇〇〇元
木炭	二〇・〇〇〇担	二〇・〇〇〇元
總計		一二・八三五・〇〇〇元

（乙）商業　八十種業，一千〇四十四家，商人八千二百五十九人（徽州人佔多數）。重要業，資本，及貿易額如下表：

業別	家數	營業資本額（單位元）最高	營業資本額（單位元）最低	全年貿易總額（單位元）
腿業	九	一〇・〇〇〇	八〇〇	八七・三二〇
米行	四〇	五・〇〇〇	一・〇〇〇	九〇〇・〇〇〇
油業	一〇	一〇・〇〇〇	三・〇〇〇	九〇〇・〇〇〇
綢布京廣	六六	四八・〇〇〇	一〇〇	一・四一八・九〇三
雜糧	五六	八・〇〇〇	五〇	五九一・四一八
南貨	八八	二〇・〇〇〇	四〇	八八四・九〇〇
中藥	九五	一〇・〇〇〇	一〇〇	二一五・八六六
山貨	八一	三・〇〇〇	二〇	一七七・一三〇
紙業	一一	七・〇〇〇	五〇	二〇四・二五〇
木行	二三	七・〇〇〇	一〇〇	二一九・四六四
醬園	一三	八・〇〇〇	五〇〇	一七四・二四〇
典當	三	九四・二一〇	八七・六〇〇	二七四・八一〇
錢業	八	三〇・〇〇〇	三・六〇〇	九八・〇〇〇
鹽業	一			一〇一・〇〇〇
總計				六・二四七・三〇一

（丙）工業　工人八萬二千九百八十八人。重要工業出品及其每年產量與總值如下表：

物名	產量	總值
桐油	八・〇〇〇砠	一六〇・〇〇〇元
柏油	一五・〇〇〇件	三〇〇・〇〇〇元
青油	一〇・〇〇〇砠	一六〇・〇〇〇元
茶油	三〇〇担	一〇・〇〇〇元
肥皂	七・〇〇〇箱	三二・〇〇〇元
染織	一五・〇〇〇疋	一二〇・〇〇〇元
總計		七八二・〇〇〇元

每年輸出總量與輸入總量及其總值，如下二表：

（1）輸出

物名	輸出總量	輸出總值（單位元）
秈稻	六〇・〇〇〇担	二・七〇〇・〇〇〇
糯稻	七〇・〇〇〇担	三五〇・〇〇〇
火腿	五〇・〇〇〇隻	一五〇・〇〇〇
鹹肉	一〇・〇〇〇塊	一六・〇〇〇
黃牛	四・五〇〇頭	一八〇・〇〇〇
猪	一三・〇〇〇頭	三二五・〇〇〇
鷄蛋	七〇〇・〇〇〇個	一〇五・〇〇〇
菜油	一・〇〇〇担	二二・〇〇〇
豆餅	六・〇〇〇筒	二四・〇〇〇
蜂蜜	二・〇〇〇担	一六・〇〇〇
黃蠟	八〇担	六・四〇〇
水菓	一・二〇〇担	四・〇〇〇
冬笋	三・〇〇〇担	二一・〇〇〇
西瓜	二・〇〇〇担	四・五〇〇
佛手	七〇・〇〇〇隻	一二・〇〇〇
茉莉珠蘭花	三〇一・〇〇〇	二〇・八〇〇
總計		三・九五六・七〇〇

（2）輸入

物名	輸入總量	輸入總值（單位元）
南洋煙公司出品香煙		二四〇・〇〇〇
英美煙公司出品香煙	八八箱	一二・三九二
華成煙公司出品香煙	六四〇箱	七七・七〇〇
汽水	一五〇箱	二・七二五
鹽	七〇・〇〇〇引	一二五・五〇〇
紅白糖	五〇・〇〇〇担	六〇・〇〇〇
紅黑棗	四〇〇担	一五・〇〇〇
梨	二五・四〇〇	六・二〇〇
橘	一五・〇〇〇件	四・五〇〇
蘋果	五〇担	五〇〇
核桃瓜子	一二・〇〇〇担	二四・〇〇〇
洋葱	一・〇〇〇担	三・〇〇〇
上海機布		一二〇・〇〇〇
洋布	四〇〇疋	一一〇・〇〇〇
常熟布	五・〇〇〇筒	二・六〇〇
南通布	五〇〇筒	二・五〇〇
杭州綢緞	六〇〇疋	二〇・〇〇〇
冲嗶嘰	一・八〇〇疋	一六・〇〇〇
毛巾	八・〇〇〇打	一二・〇〇〇
上海襪子	六〇・〇〇〇打	一〇〇・〇〇〇
山東氈帽	二〇・〇〇〇頂	二〇・〇〇〇
花標	一・〇〇〇疋	六・〇〇〇
化粧品		二〇・〇〇〇
肥皂	三六二箱	一・七七六
照片		三・〇〇〇
煤油	五〇・〇〇〇聽	二〇〇・〇〇〇
汽油	一八・〇〇〇加崙	一六・二〇〇
洋燭	五四四箱	二・一〇〇

火柴	三一八箱	二・三〇九
鉛絲	五〇担	七〇〇
洋釘	五〇〇桶	四・五〇〇
鉛板	三・〇〇〇片	四・二〇〇
洋板鐵條	一・〇〇〇担	五・〇〇〇
毛鐵	四〇担	二〇〇
總計		一・二三〇・六〇二

（四）敎育

前淸末季，各地先後開辦中小學堂，金華亦隨風興起。宣統三年（一九一一），開辦金華府中學堂（後改名浙江省立第七中學校）。民國成立後又設立第七師範學校。至今中等學校有五所，初等學校有百餘所；又農業實驗學校一所。茲將中等以上學校列表如左：

校名	立別	創辦年月	現任校長	沿革
實驗農業學校	省立	民國廿二年(1933)九月		
金華中學	省立	淸宣統三年(1911)	方豪	原為金華府中學堂，民國改名省立第七中學校。十二年八月，將省立第七師範學校合併。十四年七月，舊制結束，新制初中首次畢業；九月添辦高中部。廿二年改名省立金華中學。
八婺女子中學	聯立	民國十四年(1925)九月	金品黃	
縣立中學	縣立	民國十五年(1926)	盛賀彬	原為乙種商校，設于淸宣統二年(1910)。民國改為私立商業中學。十五年改為縣立初級中學。
作新中學	縣立	民國十年(1921)	洪如圭	原為教會立，民國十年由舊制改辦初級中學。
成美女子中學	私立	民國二十年(1931)九月	項美菊	原為教會立成美女校，後停中學部。民國二十年又開辦初中。

據廿二年浙江教育廳之統計，金華各中學之概況如下表：

校名	班數	學生人數	教職員人數	常年經費	設備總值
第七中學	(高中)九 (初中)十四	九一九	二九	一二六・六六一	四六・〇七九
八婺女中(初中)	四	一七二	二三	一〇・二八〇	六・二〇〇
縣立中學(初中)	三	一八三	一三	四・七二〇	未詳
作新中學(初中)	六	二七三	一五	六・六六〇	七・四〇〇
成美女中	未詳	未詳	未詳	未詳	未詳

民國十九年，教育廳抽考全省各中學學生成績，被試者凡四十一校，而金華第七中學之分數居第一，八婺女中亦列在第十三，足見金華之中等教育在全省居優等地位。

全縣教育經費，自十八年度以後逐年增加（參見下表）。

足見金華之初等教育亦與日俱進。

十八年度	三萬七千六百二十九元
十九年度	五萬二千六百九十五元
二十年度	五萬八千六百九十八元

社會教育，成績不佳，惟年來稍稍進步。縣立民衆教育館，十九年七月成立（係就原有之通俗講演所，圖書館，及運動場合併改組而成），分圖書，運動，講演三部。常年經費一千九百七十六元。因地點失宜及設備簡陋，故民衆去者甚少。至於民衆學校，十九年度全縣共四十六所（十九年以後增加十三所），經費三百元。民衆入學人數，共計一千一百八十八人（男數共七四九人，女數共四三九人）；畢業人數六百二十三人。

（五） 風俗

光緒金華縣志記風俗曰：

大率士謙而好文，農愿而習儉；務本抑末，重去其鄉，故商賈不如他邑之夥。惟鄉俗頗尙鬥牛，而錮婢溺女尤爲積習。

金華昔有『小鄒魯』之稱；宋元理學名儒之習尙，至今猶有遺風。士人多向外求學，至于一般人，亦因近年交通便利，漸多出外，故『重去其鄉』之觀念實漸消滅。鬥牛之俗，由於賽社會，此即郡國志所謂『好淫祠』之一例。清金華訓導王詒壽曰：

婺俗鄉村尙鬥牛，村民之稍溫飽者皆畜之。飼養必精，必備，專事鬥，名曰『操牛』。其用以耕者，則犬豕視之矣。每八日一大集，通國趨之若狂。其鬥也，闢廣場，立高轅於東西，以彩帛裹牛角，旂幟導入。有老者，視牛之大小肥瘠，合對令鬥。其一勢將敗，壯夫十輩曳之釋，勿令奔也。勝者，戚友咸賀，置酒慶功；其偶有奔北者，屠之，恥若撻市朝。此陋俗不知起於何時？（觀鬥牛用韓孟鬥雞聯句韻序，載兩浙輶軒續錄卷四十七）

至今此風猶未稍息。其他遊神賽會，一歲之中幾無暇月。例如：正月初四日之迎拜年佛，元宵節之迎龍燈與關帝君，清明節之迎城隍（民國廿三年因造公路拆去城隍廟，此舉遂廢），八月十六日之迎五侯（靈貺侯盧文臺，赫靈侯胡則，剛應侯邢植，火應侯錢佛紀，及錢應侯陳百廿五公），俗稱迎大佛，皆爲年例也。平時則盛行會場（俗稱興好看）。一會之興，有煙火，有戲班，且多至十餘，必至數日方了。此村未完，彼村又興，故農人終歲辛勤，盡耗于此。惟近年以來，農村經濟破產，此風始漸衰落。

至于『溺女』之弊，自設育嬰堂以來，稍稍衰止。『錮婢』之習則未之多見。民性多温和，惟東鄉民性躁悍，一言之戲，一錢之吝，至於逞刃尋仇；然外強中乾，未嘗不畏官也。

(六) 人物

金華自宋南渡以來，人物最盛，尤以理學之風甲于東南，所謂金華學派是也。至於政事文章，人才濟濟。其著名者如下表：

唐	張志和			
宋	潘良貴	呂本中	呂祖謙	葉審言
	王柏	唐仲友	何基	王埜
	夏明誠	蘇簡	鄭剛中	葉衡
元	葉顒	聞人夢吉	許謙	張樞
明	宋濂	胡翰	蘇伯衡	戚雄
	王三錫	朱大典		
清	曹長泰	曹開泰	方元鵾	張作楠
現代	金兆豐	蔣邦彥	王廷揚	徐東藩
	何炳松	黃人望	金兆棪	金兆梓
	何德奎	王兆同	傅東華	方豪

南宋理學，大別可分為閩學派(朱熹)，湖南學派(張栻)，江西學派(陸象山)及浙東學派四派。而浙東學派又可分為金華學派，永嘉學派及永康學派三支。金華學派之始祖為呂東萊(祖謙)。東萊傳之弟子約(祖儉)，從弟泰然(祖泰)，由是遞傳不替，而至麗澤諸儒。東萊兄弟講性命之學；同時又有唐說齋(仲友)，亦金華人，講經制之學。全祖望曰：

> 小東萊(祖謙)之學，平心易氣，不欲逞口舌以與諸公角，大約在陶鑄同類以漸化其偏，宰相之量也。惜其早卒，晦翁(朱熹)遂日與人苦爭，并詆及婺學。(宋元學案卷五十一)

晦翁所詆之婺學，卽是唐說齋。其與東萊尙相得，蓋

> 東萊尤能并包一切，而說齋獨不與諸子接，孤行其教。試以艮齋(薛季宣，永嘉人)，止齋(陳傅良，瑞安人)，水心(葉適，永嘉人)諸集考之，皆無往復文字。水心僅一及其姓名耳。至于東萊，旣同里，又皆講學于東陽，絕口不及之，可怪也。將無說齋素孤僻，不肯寄人籬落耶？(同上卷六十)

東萊說齋而後，北山(何基)繼起，于是金華學派乃大昌明。北山之為學，『研精覃思，平心易氣，以俟義理之自通，未嘗立異以為高，徇人而少變也』(同上卷八十二)。蓋

北山師事勉齋(黃榦)，而勉齋則爲晦翁之子婿，得晦翁之嫡傳，故北山實傳晦翁之學者也。其後北山以遞傳於王魯齋(柏)，金仁山(履祥)，許白雲(謙)，稱爲『金華四先生』(按仁山，蘭谿人，蘭谿亦屬婺州)。茲將東萊以下五人列表如後：

姓名	稱號	生卒	事略	名著
呂祖謙	東萊先生	生于宋紹興七年(1137)卒于淳熙八年(1181)七月卒年四十五	隆興元年(1163)進士，復中博學宏詞，歷官太學博士，秘書郎，國史院編修官，實錄院檢討官，著作郎。淳熙六年(1179)特添差兩浙東路安撫司參議，辭不就。後以疾請祠，主管明道宮。卒謚成。	古周易，書說，東萊左氏博議，歷代制度詳說，東萊集等
唐仲友	說齋先生		紹興廿一年(1151)進士，復中三十年(1160)博學宏詞科，通判建康府，除著作郎，出知信州台州，擢江西提刑。未行，朱熹劾之；仲友亦作奏互訐：上遂各予祠不竟其事。于是主管武夷沖道觀。卒年未詳。	六經解，孝經解，九經發題，諸史精義，帝王經世圖譜，陸宣公奏議解，說齋文集等
何基	北山先生	生于宋淳熙十五年(1188)卒于咸淳四年(1268)十二月卒年八十一	弱冠侍父伯熭于臨川丞任，適勉齋黃榦爲令，知其爲朱子之婿，得其嫡傳，遂師事焉。景定五年(1264)添差婺州學教授兼麗澤書院山長，力辭。咸淳初(1174)授史館校勘兼崇政殿說書，改承務郎，主管西嶽廟，終不出。卒謚文定。	大學發揮，中庸發揮，大傳發揮，易啓蒙發揮，近思錄發揮，文集等
王柏	魯齋先生	生于宋慶元三年(1197)卒于咸淳十年(1274)七月卒年七十八	少慕諸葛亮，自號長嘯，後更號魯齋。嘗從北山學。蔡杭楊棟守婺，趙景緯守台，聘爲麗澤，上蔡兩書院師。卒謚文憲。	書疑，詩疑，讀易記，魯齋集等

許謙	白雲先生	生于宋咸淳六年(1270)卒于至元三年(1337)十月 卒年六十八	幼孤力學，受業于金履祥，盡傳其奧。公卿累薦，不仕，屏迹東陽八華山，學者翕然從之，遠而幽冀齊魯，近而荆揚吳越，皆百舍重趼而至。為學者師垂四十年，四方之士以不及門為耻。卒謚文懿。	讀書叢說，詩集傳名物鈔，讀四書叢說，白雲集等

(七)名勝

金華為山水名勝之區，齊梁以後，至唐宋元明，詩文記錄不知其數。名勝之最著者，莫如北山。北山原名金華山，山上有金華洞。宋祝穆方輿勝覽(一二三九年作)曰：

金華洞在縣北三十里，『第三十六金華洞元之天』。其洞有三：巍然在山，去天尺五者，曰朝眞洞。自朝眞而下，百餘步，至冰壺洞。洞在山之腰，視之若井，其深百尺，泉聲如擊鼓。攀崖而下，石皆離列，水奔注其中，傾沫成簾，長三十尺。雙石嶄然壁立，曰石筍。自冰壺而下，行五十步，有石若白龍之升降者，曰雙龍洞；可容胡床百數居之。

三洞之奇趣，宋王柏長嘯山遊記(一二三一年作)，方鳳金華遊錄(一二八九年作)，元吳師道金華北山遊記(一三二二年作)及明末徐霞客浙遊日記(一六三六年作)，所記皆甚詳。其中雙龍洞，

洞闢二門：一南向，一西向，俱為外洞，軒曠宏爽，如穹廈高搴，闥闥四啟，非復曲房夾室觀。水流自洞後，穿內門西出，徑外洞去；俯視水所出處，低覆僅一尺五寸。余借一浴盆於洞口潘姥家，解衣赤身伏盆中，推盆而進；進隘五六丈，穹然高廣，一尺板平架洞中，離地數尺，大數十丈，薄僅寸。左則石乳下垂，綺窗翠幌，橫列別洞中。溯水再進，水竇愈伏，無容入矣。(徐霞客浙遊日記)

清乾隆間(一七三六—九五)雙龍內洞為泥沙淤塞，遊者遂不得入。民國二十一年(一九三二)冬，縣人黃維時等發起疏濬內洞，次年(一九三三)二月成。於是湮沒二百餘年之秘境遂重顯於人間。

除三洞外，北山名勝尚有赤松山(赤松子遊金華山，以火自燒而化，因名)，臥羊山(晉皇初平叱石成羊處)，鍊丹山(皇初平鍊丹處)，洞箸山(山左有優游洞)，芙蓉峰(俗稱尖峯山，四面望之，形

具五體），盤泉（爲金華山最高處），石棊盤（有龍潭），講堂洞（梁劉孝標讀書講學處），羅漢洞（相傳有石羅漢坐水中故名），鹿田（相傳宋玉女以鹿耕田之所），大佛巖（卽西巖寺，石壁有大佛一，高數丈）等處。

其次爲東山名勝，最著名者爲齊雲岡（宋商日新偕子夢鵜隱此），積道山（連屏擁翠，石磴縈紆，絕頂平坦如掌）及慧明巖。慧明巖，縣東南三十里，……俗呼三佛地之一也。高五里許，石洞空闊，可容百餘人。巖額水簾數丈，如珠灑下，亢旱不絕，亦莫知其泉之從何來也。下有潭，承之不溢，伏流地中，至二里許始出。洞中有生成石座，俗呼『龍舌』；供慧光佛像。（光緒金華縣志）

又其次爲南山，周四百餘里，深邃幽遠，千峯層巒，犖岫縈紆，奇形異狀，不可殫述。然而遊者罕至，故陳樵詩謂『采薇林深人不見』，非虛語也。

城區名勝，著名者甚多。唐嚴維送客之婺州詩曰：

明月雙溪水，清風八詠樓。
少年爲客處，今日送君遊。

八詠樓原名玄暢，以齊沈約守東陽（在隆昌元年，西元四九四）嘗登賦八詠詩，故唐時易今名。宋李清照題八詠樓詩曰：

千古風流八詠樓，江山留與後人愁。
水通南國三千里，氣壓江城十四洲。

明月樓在縣北城上；登樓一望，全城盡在目中。舊又有清風樓，在石碕巖城上，後廢。城外雙溪（爲義烏港與武義港之會合處），風景更佳。宋南渡後，李清照在杭州慕雙溪之名，特來住于金華，故其武陵春詞曰：

風住塵香花已盡，日倦晚梳頭。
物是人非事事休，欲語淚先流。
聞說雙溪春尚好，也擬汎輕舟；
只恐雙溪舴艋舟，載不動許多愁！

城北大洪山永福寺之『萬佛寶塔』，爲東南浮圖之冠。其建塔之年代有三說：一謂建于宋治平初（一〇六四—），建者爲僧居政（見萬曆金華府志）；一謂建於唐代（六一八—九〇六），建者無考（大清一統志）；又一說謂建于三國時（父老傳說）。然此傳說亦非一種，清初所傳謂建於吳赤烏二年（二三五），張明焜登婺州永福塔詩：『永福塔高侵碧落，云是赤烏二年作，相傳經歷千餘秋，紫霧冥冥煙漠漠……』（漱石居稿，又載兩浙輶軒錄卷九）。以余所聞，又謂孫權母吳國泰所建。考吳國泰死於建安七年——即西元二〇二年（三國志吳志卷二及卷五），或作建安十二年——即西元二〇七年（吳志卷五注引志林）。然則此塔豈建於西元二〇二年（或二〇七年）以前耶？以余觀之，建於宋治平初之說較爲可信，因材料之依據較先也。原建之塔僅有九級；後經屢毀屢修，至清道光二十七年（一八四七），始由僧定鈁募貲大修，凡十三層，是爲今塔。高度據光緒時以日影勾股比例法測量，約高十五丈弱（黍尺），底層廣七尺強。每一層，設有梯，曲折而上，可以遠眺。塔之頂爲鐵製，明嘉靖十二年（一五三三）及清乾隆六十年（一七九五）曾兩次爲大風吹落，其重三千餘斤。

他如宏濟橋，係比舟而成（比舟二十有四，架板其上，連以鐵索，長三十餘丈，廣一丈五尺）；通濟橋，爲大石所建（建于清嘉慶十四年，即西元一八〇九年，長九十八丈，廣四丈八尺，列孔凡十三）；與夫蕭條寂寞之一覽亭，及繁榮熱鬧之中山公園，皆足使人賞快心目。

（八）藝文

金華自宋元以來，名賢輩出，著述甚多。光緒志卷十五藝文所載，可列表如下：

經部	一〇八種	八九八卷	內二八種無卷數
史部	一〇二種	一七四八卷	內一八種無卷數
子部	八三種	一七八九卷	內一八種無卷數
集部	一六五種	一八七七卷	內六九種無卷數
總共	四五八種	六三一二卷	內一三三種無卷數

光緒以後者，尚莫知其數。茲依時代及爲四庫收錄之種數列表如左：

部別	唐	宋	元	明	清	未詳	四庫收錄數
經		七六	九	一九	四		八
史		五一	二	三六	九	四	一六
子	七	三六	六	二二	八	四	七
集	二	六二	八	六四	二六	三	一七
合計	九	二二五	二五	一四一	四七	一一	四八

其中著述最多者：

鄭剛中（宋）	一二種	呂祖謙（宋）	五三種
唐仲友（宋）	一九種	何基（宋）	一二種
王柏（宋）	五四種	許謙（元）	一一種
宋濂（明）	四〇種	張作枏（清）	一二種

清同治中，永康胡鳳丹編刻金華叢書，搜羅書籍凡六十七種。宣統間，其子宗楙又繼刻續金華叢書，凡五十九種。對于金華文獻之流傳，其功不可泯滅。

縣之有志，則始于明代（郡志則宋代已有之）。嘉靖十九年（一五四〇），縣人戚雄所撰金華縣志四卷付梓，其自序曰：

分爲四卷，係之以目，共五十四條。大抵輿地官政雜志，多取諸洪(遵)瞻(思)二志(洪氏東陽志十卷，宋紹興二十四年(一一五四)撰；瞻氏東陽續志六卷，元至正元年(一三四一)撰)，採訪諸錄而續以近代沿革，前志遺佚。其事專本郡者則略之。人物則視敬鄉錄(元蘭谿吳師道撰)爲楷式，而謬以鄙見增益而品列之。其考據未詳與夫品量未定者，姑別錄以俟之。始嘉靖丙申(一五三六)，迄丁酉秋，越二歲始克就編。

是書未見，不知存否？(道光志云存姜志望活字本。)萬曆二十六年(一五九八)縣人胡頤撰金華縣新志十卷，已佚。清順治十二年(一六五五)知縣王世功纂修金華縣志十卷，亦佚。康熙二十二年(一六八三)，知縣王治國纂修金華縣志十卷，原本已佚。三十四年(一六九五)知縣趙泰甡增修二十二年本，而成金華縣志書十卷，此書尚存。道光四年(一八二四)知縣黃金聲纂金華縣志十二卷，亦尚有傳本。光緒二十年(一九八四)郡人鄧鍾玉等纂金華縣志十六卷，附殉難錄一卷，于民國四年(一九一五)印行，知事錢人龍述其經過曰：

當日襄事諸賢意見互歧，商榷未定，志稿全帙遂束置總纂鄧子珣孝廉家。歲月遷流，人事代謝，纂修襄校諸賢大半作古，賡颺繼續，寂焉無聞。嗟乎！成事之難，若此其甚，毋乃斯文之厄耶？今者閱時較遠，相需正殷，舍此稿本，別圖纂述，非惟所聞所見未逮前人，即籌款設局，財力日艱，累月窮年，功豈易竟？爰商諸士紳，向總纂後人商取稿本，分任校讐，隨時繕錄排印，竟前人未竟之功。省志甄錄既有取材，此邦文獻聿徵美備，一舉兩得，斯之謂矣。(金華縣志序)

民國二十三年(一九三四)又重印，是爲最後所修之縣志。

二十四年五月十一日，北平

參考書舉要：

金華縣經濟調查：民國二十四年一月金華縣商會編製。
浙江省三年來教育概況：民國二十二年一月浙江省教育廳編印。
光緒金華縣志：清光緒二十年鄧鍾玉等纂，民國四年排印。
宋元學案：明黃宗羲原撰，清全祖望修定，光緒五年刊本。
兩浙輶軒錄：清阮元編。
兩浙輶軒續錄：清潘衍桐編。
金華山水文徵：民國胡傳楷輯，未刊。

清代學者地理論文目錄

王重民

本刊一卷十期曾發表王重民先生之清代學者關于禹貢之論文目錄，讀者稱便。先生現在從公法國，其所編清代學術論文索引已成書，不久可由北平圖書館出版。承其美意，允將地理一類先由本刊發表，曷勝欣幸。自本期起，即陸續登載。茲將其分類次第列左，俾讀者先識其內容焉。——編者。

1.通論
　論說　序跋
2.總志
　考釋　序跋
3.方志
　古地理　地方沿革　民族　序跋（江蘇　浙江　安徽　江西　湖北　湖南　四川　河北　山東　河南　山西　陝西　甘肅　福建　廣東　廣西　雲南　貴州　新疆　吉林　黑龍江　綏遠　青海　蒙古　西藏　附修志義例）
4.河渠水利
　考釋　記叙　策議　雜說　序跋
5.山川
　考釋　雜說　序跋
6.遊記
　山水　序跋
7.古蹟名勝
　考釋　雜記　序跋
8.外紀邊防
　考釋　序跋

地理類

1.通論

論說

古今地學應分幾家說　汪之昌　青學齋集　二八，一上

地輿之學須通天文說　傅鸞翔　沅湘通藝錄　五，三六上

地輿之學須通天文說　楊仁俊　沅湘通藝錄　五，三八上

水之温寒關係地之盛衰說　汪之昌　青學齋集　二八，一一下

周髀家言地方如棋局論　何盛林　沅湘通藝錄　五，四二上

周髀家言地方如棋局論　張繼大　沅湘通藝錄　五，四三上

擬敎初學者通輿地之學條例淺說　姚炳奎　沅湘通藝錄　五，

二七上

擬彙選古今輿地家書爲地學問津編凡例　汪之昌　青學齋集　二八，六下

與徐星伯中書論地理書　沈垚　落帆樓文集　一，一九下

各行省測繪輿圖義例參酌古今以何爲善議　汪之昌　青學齋集　二八，四下

臺灣地震說　姚瑩　東溟文後集　一，一九下

分野說　張宗泰　質疑刪存　上，一七上

十二分野古說異同攷　汪行恭　詁經精舍四集續選　一，五上

說地　惲敬　大雲山房文藁初集　一，六上

說山　惲敬　大雲山房文藁初集　一，七上

山說　謝章鋌　賭棋山莊集　三，九上

形勢論　顧炎武　亭林文集　六，三上

顧職方郡縣論駁議　戴望　謫麐堂遺集　一，五上

千里而近千里而遙考　高學瀛　學海堂三集　九，八上

分縣議　陳祖范　陳司業文集　一，一一上

郡縣考　姚鼐　惜抱軒文集　二，一上

郡縣議　焦循　雕菰集　一二，一二下

序跋

地理攷原跋　程晉芳　勉行堂文集　五，二二上

地理徑序　朱彝尊　曝書亭集　三五，九上

讀地球圖說書後　顧觀光　武陵山人雜著　一，七二上

乾坤體義跋　張文虎　舒藝室雜著甲編　下，二六上

地學淺釋序　華蘅芳　行素軒文存　一，三上

書地學淺釋後　黃彭年　陶樓文鈔　一〇，一二下

地文學序　章炳麟　太炎文錄初編　二，四七上

繪地圖議　馮桂芬　顯志堂稿　一一，三上

2.總志

攷釋

秦四十郡辨　錢大昕　潛研堂文集　一六，三上

秦三十六郡攷　錢大昕　潛研堂文集　一六，九上

與錢少詹論地理書(三篇)(論秦三十六郡等)　洪亮吉　卷施閣文甲集　一〇，三下

答洪稚存書(論秦三十六郡)　錢大昕　潛研堂文集　三五，一一下

答談階平書(論秦三十六郡)　錢大昕　潛研堂文集　三五，三下　湖海文傳　四二，一五上

復談孝廉書(論錢大昕秦三十六郡考)　姚鼐　惜抱軒文集　六，一四上　湖海文傳　四二，一七下

三十六郡攷　胡承珙　求是堂文集　一，三四上

秦三十六郡說　毛嶽生　休復居文集　一，五上

秦三十六郡攷　黃廷鑑　第六絃溪文鈔　一，一四上
秦四十郡考(附秦郡建置沿革考)　劉師培　左盦集　五，三一上
秦郡考　王國維　觀堂集林　一二，八下
漢郡考(二篇)　王國維　觀堂集林　一二，一二上
漢百三郡國攷　錢大昕　潛研堂文集　一六，一一上
漢高祖置二十六郡考　汪之昌　青學齋集　一五，二八上
漢縣道攷　黃以周　儆季史說略　二，二二上
漢縣同名小識　馬國翰　玉函山房續集　三，二二上
建安十八年省併州郡考　張宗泰　魯巖所學集　四，二四上
道光府廳州縣同名記　程鴻詔　有恒心齋文　三，一上

序跋

擬周公城名錄序　張澍　養素堂文集　三，一上
春秋輿地圖跋　李兆洛　養一齋文集　六，六下
書校本秦漢圖記後(四篇)　孫志祖　申鄭軒遺文　一，一五下
書章雲軿古郡縣圖後　陳澧　東塾集　二，二六上
十三州志序　張澍　養素堂文集　三，一八下
書太康三年地志後　錢儀吉　衎石齋記事稾　四，二三上
東晉南北朝輿地表序　錢大昕　潛研堂文集　二四，二五下
與徐仲圓書(辨徐撰州郡表)　錢大昕　潛研堂文集　三五，一上
魏延昌地形志自序　張穆　㐆齋文集　三，二九上
魏延昌地形志序(代)　劉文淇　青溪舊屋文集　五，一三上
括地志序　孫星衍　孫淵如外集　三，七上
敦煌本貞元十道錄跋　羅振玉　雪堂校刊羣書敘錄　下，二六下
敦煌本諸道山河地名要略跋　羅振玉　雪堂校刊羣書敘錄　下，三一上
宋本元和郡縣志跋　王昶　春融堂集　四三，七下
元和郡縣圖志跋　程晉芳　勉行堂文集　五，一七上
元和郡縣圖志序　孫星衍　岱南閣集　二，一〇下
書元和郡縣志後　嚴元照　悔庵學文　七，一〇上
補元和郡縣志序　盧文弨　抱經堂文集　四，二三上　湖海文傳　二六，五上
元和郡縣志補圖　沈垚　落帆樓文集　一三，三〇上
太平寰宇記跋　朱彝尊　曝書亭集　四四，三上
太平寰宇記跋　程晉芳　勉行堂文集　五，一八上
萬刺史廷蘭重校刊太平寰宇記序　洪亮吉　更生齋文甲集　三，五上
太平寰宇記補闕序　王芑孫　惕甫未定稿　三，一六上
舊鈔本太平寰宇記跋　曾釗　面城樓集鈔　三，八下
跋元豐九域志　朱彝尊　曝書亭集　四四，五下
元豐九域志跋　程晉芳　勉行堂文集　五，一九上

新定元豐九域志序	盧文弨	抱經堂文集	四，二四下
元豐九域志跋	陳鱣	簡莊綴文	三，八下
元豐九域志跋	王國維	觀堂別集補遺	一，二九上
宋本輿地廣記跋	朱彝尊	曝書亭集	四四，三下
輿地廣記跋	程晉芳	勉行堂文集	五，二〇上
跋季滄葦藏宋本輿地廣記後	顧千里	思適齋集	一四，一三下
跋朱竹垞藏宋本輿地廣記後	顧千里	思適齋集	一四，一五上
方輿勝覽跋	程晉芳	勉行堂文集	五，二一上
跋方輿勝覽	錢大昕	潛研堂文集	二九，一下
方輿勝覽書後	劉師培	左盦集	五，三六下
校輿地紀勝跋	李富孫	校經廎文稿	一七，八上
輿地紀勝跋	馮登府	石經閣文集	六，一七上
宋板輿地紀勝跋(二篇)	張鑑	冬青館甲集	五，一二下
重刊宋王象之輿地紀勝序(代)	譚瑩	樂志堂文略	一，二一下
輿地紀勝序(代)	劉毓崧	通義堂文集	七，一〇下
輿地紀勝跋	劉毓崧	通義堂文集	七，一三上
輿地紀勝續跋	劉毓崧	通義堂文集	七，一九下
輿地紀勝校勘記序(代先君子作)	劉毓崧	通義堂文集	七，二三上
輿地紀勝補闕序(代)	劉毓崧	通義堂文集	七，二七下
輿地紀勝跋	繆荃孫	藝風堂文漫存	三，二〇下
跋朱思本九域志不全稿	錢泰吉	甘泉鄉人餘稿	一，五上
跋元大一統志殘本	錢大昕	潛研堂文集	二九，二上
元大一統志殘本跋	吳騫	愚谷文存	四，一三上
跋元混一方輿勝覽	錢大昕	潛研堂文集	二九，三下
輿地名勝志一百九十三卷	楊守敬	晦明軒稿	下，一四上
題輿地歌	錢謙益	牧齋有學集	四八，一上
天下郡國利病書序	顧炎武	亭林文集	六，一〇下
肇域志序	顧炎武	亭林文集	六，一一上
顧亭林先生肇域志跋	阮元	揅經室三集	四，一四上
顧亭林先生肇域志手稿跋	姚椿	晚學齋文集	二，八上
肇域志跋(附校刻商例)	汪士鐸	汪梅村先生集	九，四上
題讀史方輿紀要	全祖望	鮚埼亭集	三二，一三下
紀方輿紀要始末	程廷祚	青溪文集續編	三，一〇上
跋舊刻方輿紀要州域形勢說	錢泰吉	甘泉鄉人稿	五，一八上
寰宇通志跋	朱彝尊	曝書亭集	四四，八上
備陳修書事宜疏(指修一統志)	徐乾學	憺園文集	一〇，一六上
大清一統志凡例	徐乾學	憺園文集	三五，一六下
答沔浦房師一統志稿書	全祖望	鮚埼亭集外編	四五，一一下
上一統志館總裁書	楊椿	孟鄰堂文鈔	二，一上
再上一統志館總裁書	楊椿	孟鄰堂文鈔	二，四下

擬一統志表　胡天游　石笥山房文集　一，四三下
一統志江防總論　姜宸英　湛園未定稿　一，五上
一統志海防總論　姜宸英　湛園未定稿　一，一〇上
一統志日本貢市入寇始末　姜宸英　湛園未定稿　一，一九上
一統志外藩蒙古屬國書總序　齊召南　寶綸堂文鈔　三，一四下
外藩蒙古五十一旗序　齊召南　寶綸堂文鈔　三，一七上
修一統志議　程廷祚　青溪集　五，一八上
大清一統志表序　王芑孫　惕甫未定稿　三，一八上
校一統志湖北省(二則)　朱琦　小萬卷齋文稿　六，一一下
恭擬增修一統志　何紹基　東洲草堂文鈔　三，一一下
題鈔本嘉慶重修大清一統志　章梫　一山文存　一〇，二四下
乾隆府廳州縣圖志序　洪亮吉　卷施閣文甲集　八，一上
與章進士學誠書(辨圖志每布政司所轄應改爲總督巡撫說之非)　洪亮吉　卷施閣文甲集　一一，一四上
書洪亮吉乾隆府廳州縣圖誌後　張宗泰　魯巖所學集　六，三一上
書乾隆府廳州縣志後　沈家本　枕碧樓偶存稿　四，一八下

地理韻編序　李兆洛　養一齋文集　五，二上
地理韻編今釋序　毛嶽生　休復居文集　一，二二下
重刊歷代地理志韻編今釋敘(代李鴻章)　馬徵慶　淡園文集　一，五
光緒輿地韻編序　錢保塘　清風室文鈔　四，七下
地名韻語序　梁啓超　飲冰室文集　三，四四下
陳慶笙地名韻語　梁啓超　飲冰室文集　七七，三四上
輿圖指掌序　王源　居業堂文集　一二，一〇下
鄒特夫地圖序　陳澧　東塾集　三，一六下
記地圖三本　陳澧　東塾集　二，三二下
內府輿圖縮摹本跋　李兆洛　養一齋文集　六，八上
皇朝一統輿地全圖例言　李兆洛　養一齋文集　一九，二下
跋武進李氏輿地圖後　馮桂芬　顯志堂稿　一二，一八上
大清一統輿圖序(代)　汪士鐸　汪梅村先生集　七，一五上
大清一統輿圖後跋　汪士鐸　汪梅村先生集　九，七下
皇朝中外輿地全圖序　周壽昌　思益堂古文　一，三下
題王氏寫本地圖後　陸燿　切問齋集　六，九下

(未完)

秦軺日記

孫培

序

此鈔本日記，分訂二册，燕京大學圖書館藏書。作者孫培，字澤蕃，日本大學法政畢業，歷任政府要職（見官紳履歷彙錄第一集一一五頁），民國四年（觀其沿路記籌安會進行事可知）以調查禁烟委員派赴陝西。按宣統三年輿論對鴉片一致攻擊，于是清廷決意禁烟，並得英國之助，訂禁烟條約，謂十年內當使國內鴉片絕跡，政府遂下令全國一致嚴禁。國人方慶自茲以後禍源可以永去矣，不意將屆禁絕期限時，陝西省軍人竟以煙土爲秦產大宗，擬抽釐助軍，稍弛其禁，求于中央，而中央竟准之，是既失信于英，又且厚負民望也。其毒害延於今日，可勝歎耶！

作者自八月二十五日由京啓程赴秦，以至離秦，日記均全，沿途所見均有詳載。讀之，則當日交通不便，農民痛苦，軍人橫暴，固歷歷如在目前也。史料之最可貴者無如原料，原料中又以個人無意發表之作爲最有價值，如信札，隨筆，日記等是；當時不過就見聞所及，輕描淡寫，日後即爲不可多得之史料矣。故此册雖出近時，要亦可寶。又寫本謄寫清晰，錯字均黏以紙，另繕正字，又分上下二册裝訂之，標題之，想係作者陝西事畢回京後，以該日記頗有發表價值，故寫爲定本；後以內容有對當時某軍人與陝西財廳長行事不滿之言論，不便問世，遂未付諸剞劂。今則事過境遷，無復忌諱，舉而刊之，知固爲作者之志也。

龔維航。民國二十四年五月一日。

八月二十五日：八月三日奉大總統申令：『陝西煙禁廢弛，著內務部派員往查』等因。翌日，總長派余及余僉事詒入陝查勘。居京十稔，未出國門，旅行用物缺然無存。連日備辦，費百餘金。摒擋就緒，本擬即日首途，因洛潼路爲水冲壞，遂遲至八月二十五日午前十一時半乘京漢火車出發。方詣車站，雨潑如瓢，送行者衣履俱溼。及至正定，雨始霽；燕趙許鄭之郊山色淨明，如水新沐。倚車縱目，胸臆爲開。夜二時，渡黃河。二時半，抵鄭州。夜色秋淸，星河欲曙。於是下車步至略佳賓館，檢點行李。略一朦朧，不知東方之既白。

二十六日：晴。午前六時，赴鄭洛車站購票。此路無獨立站臺，由京漢站代理外來行旅。上車時過磅與否，站員漫不過問；及車開，洋員乃迫以加磅：行人苦之。十時，過汜水，地多高阜，土人劃穴以居，如太古荒陋。沿途棗實纍纍下垂，居民恐不勝其重，揷木爲柱，繩繫其枝，作凌仰之狀。午後二時，抵洛陽，乃古東都，襟帶黃河，俯有中土。載籍盛稱此邦圓覺寺爲北宋寶刹，金石琳琅，可恣遊眺；及同余僉事杖策前往，敗瓦頽垣，蕪穢荒歿。乘興而來，興盡而返，不禁索然。

二十七日：晴。凌晨起，視天色，月猶在天。秉燭束裝，至洛潼車站守候。此路現爲隴海鐵路正幹，已成軌道可達觀音堂，乃車僅通澠池。此車開時，鐘點無定，旅客均先上車坐守；其車票又祇賣三等四等。三等車輛窗小氣塞，葱羶汗臭，觸鼻欲嘔。四等則聚羣男女坐烈日光中，土蔽塵封，面目不辨。行車軌道，自鋪石至墊木，工程薄弱，難保期年，識者至爲浩嘆。余初上車，六時耳；待至九時二十分乃搖鈴開車。未至新安，又忽停頓；詢之車守，答以金水橋圮，易車乃行。於是步石而渡，半里許始達前車。其間往來爭嚷，搬運紛擠，秩序蕩然。午後三時，抵澠池，旅舍汚穢湫隘。不得已，借寓城外皮棉公司。澠池爲歷史名區，初以爲此古秦王趙王相會之所，高歌擊缶，猶可想見相如懷璧雄風。入城環觀，僻陋彫殘，民智閉塞，道間馬矢高可沒人，入其境者不勝今昔盛衰之感。是夕準備車輛，明日起程。

二十八日：晴。午前九時自澠池西行，道中亂石，馬踏有聲。行四十里，抵觀音堂，寓天寶棧。每飯資一元，猶無下箸之處。是日暑氣濃縟，塵起風揚，面目間埃垢俱滿。每一盥滌，墨水盈升。今始知世間苦事無勝於交通閉塞處之陸行者。

二十九日：晴。午前四時，呼僕整駕，雞方喔喔。坐輿中默誦『雞聲茅店月』詞，不禁嘆古人詠物之工。十時，行抵張茅。張茅爲窮鄉小鎮，油米不全。逆旅主人手粥一盂相示，塵蠅雜混，食可傷人。同行詹昌熾許復兩君以知事分陝，齎糧西行，自炊食於荒村野店之中，分羹餉我。午後行四十里，抵陝州。陝州羣山環抱，獨黃河繞其城西，小石亂流，縱橫布列。往來過客多宿南關。余同余僉事解裝甫畢，輒濯足黃河流中，用滌煩暑。

三十日：晴。午前四時半首途，曉風侵肌，吹衣習習。行三十里，至鵲店，烈日薰蒸，汗流如汁。再行三十里，至靈寶，得小飯店，屋可打頭，席垢積寸許，食之不下咽。假對門米肆稍息，以待暑退。考靈寶爲古宏農故郡，風流今歇，僅以產大紅棗著名。午後一時五十分，涉小沙河，入函谷關。函谷爲六國拒秦之所，天生險阻，俯瞰中原，祇一丸泥可以封塞。依山築堡，如眉月形；堡上有樓，內塑李老騎牛偶像。革命軍起，秦師據此以閉關，壁圮棱崩，不堪矚目。詢之土人，據指告曰：『此趙將軍仰攻秦師之故壘也』。爰登其巔，周視城堡，百孔千創，猶想見當時戰跡。東望靈寶，如在地中。關前楹聯有句云：『未許田文輕策馬；願逢老子再騎牛』，可稱雅切。入關，兩峯壁立，人行一綫天中，狹路車逢，不容轉轂。強梁潛伏，行人俱有戒心。初入關，有裸體男子血臥道旁，氣息奄奄，不絕如縷。詢之土人，對以遇盜被刦。問何暴尸烈日中，席蔽不加，土人笑而不答。縣政廢弛，可爲三嘆。午後六時，至稠桑，地稍開展；居民可二三十戶，窮苦彫零。有縣官警備隊兩棚駐此，游手不事，飽食酣嬉。至此，余體倦困深，思偃息，周覓旅店，多人畜相居。繼得一馬廄，掃土支牀，用休行李；乃蚤虱蠅蚋刺人肌膚，痛不可忍。屋又低小，至夜將半，日間餘熱曬壁猶溫。假寐片時，東方已白。當稠桑之初至也，饑腸轆轆，豆粥難求；同行許復君解囊出餱糧，此腹稍果，然忍饑已數小時矣。

三十一日：陰。午前四時，由稠桑西行，未半里，兩山夾道，其狀類函谷。山路又多起伏，忽若墜地，忽若登天。行二十里，乃抵閿鄉。閿鄉荒僻，附郭人稀，豚肉逢集會乃可得，其他葱薤菘芹之屬亦都缺如。考閿鄉爲漢武思子宮故地，光昭歷史，今乃遺跡渺焉。下車，入回回肆，土飯麤羹，用供饑渴。方閿鄉未至之時，軍人東去，以四肥牡駕大車，牽束物如牛腹，道旁行者咸嘖嘖稱羨曰：『苟得此，一生喫著不盡矣！』詢何物寶貴乃爾，行者曰：『此非販運煙土者耶！吾儕小人苟得販此，十萬黃金可塞北斗，惜爲軍人專利耳！』余聞其語，爲之太息。午前十一時，復從閿鄉西行，入山溝中，啣車而走；兩車相遇，輒高呼以防衝突。時黑雲低壓，雷鳴殷殷，在南山之下。將及盤頭鎮，暴雨橫至，行裝潤溼。冒雨行二十里，抵閿邸鎮，借義盛糧店以居。查閿邸濱黃河南岸，居民百戶，舊本商埠，檣帆雲集，爲秦晉豫三省往來孔道。自經回亂，不復從前繁盛。是夕陰雨淅瀝，瓦溜有聲。

九月一日：陰雨。午前五時五十分，自閿邸鎮冒雨西行，滑滑泥濘，馬煩車殆。九時五十分，抵潼關，雨益猛。

遙見黃河一綫，從天上飛來。潼關爲秦之要隘，昔爲廳，今改爲縣；轄地不過數十里，而徵收釐局櫛次鱗比。入關，住豫秦旅館。縣知事劉君聞風來訪，預備供張。余變姓名，一概謝絕。雨收天霽，便衣行街巷中，百步之間必有禁煙文告。詢問紳耆，又多稱『呂巡按使時派委員查禁』，可謂嚴矣。獨軍隊方面，藉煙徵利。秦民處此，實不知何所適從。軍人勸種，巡按拔苗，命令分歧，爲所僅見；言之不勝於悒。

二日：晴。午前七時束裝。行三十五里，至華陰。連日山行，身體困頓，遂駐華嶽廟。華嶽廟規模宏壯，氣象輝煌，清乾隆時爲陝撫畢秋帆中丞奏請發內帑十二萬金修葺。及經回亂，僅餘正殿旁廡若干間，金碧均經彫剝；惟唐碣隋碑猶存一二。改革時軍人借廟爲營壘，石幢華表毀壞殆盡。道士引余歷覽廟宇，至老子繫牛樹下，其樹已枯，枝節間猶存雲理，氣味芬芳，縱非周秦物，殆亦歷千餘年矣。旁有短碣，題曰『老子繫牛之樹』。由是北行，有老柏，大可合抱，枝葉婆娑，香氣穠郁。道士指示曰，『此秦柏也』。再西折而北，登太皞故都，有皇壽閣，高凌雲表，可摘星辰；天外三峯，環列几案；平疇萬頃，禾黍油油，舊時罌花，今均刪剪。惟閣將傾圮，急宜補葺。古者狩方登嶽，禮制必詳；況吾國肇基，首當崇祀。昔漢武封禪，漢業宏開，當時司馬遷相如之徒亦俱文賦燏皇，成一代高文典册。今西嶽祀荒，何以答天庥而增國福！宜遣員祀嶽，發帑修祠，上以法漢家封禪之美，下以啓秦民忠愛之忱，未可忽也。

三日：陰。午前五時，由華陰廟列燭行五里，至華陰縣，天色方曉。城門尚扃，阻不得入。呼關約一小時，司城者乃啓鑰。昔華陰縣不許李青蓮騎驢，傳爲佳話；今華陰縣天曉不許入城，古今人詎不相及耶！入城四矚，禁煙文告闕焉。聞吳令履任未久，或者尚未暇及此。道中遙望華嶽，雲氣菁葱，十萬羣山如環拱抱。行三十里，至敷水鎮，道旁鐵矛鐵劍橫臥泥中，父老相傳爲大禹治水遺物，固好事者之所爲，要亦數百年前之古器也。又行二十里，過柳子；柳子以東屬華縣，以西屬渭南。渭南水木明瑟，地脈膏腴，麥畦稻田，彷彿江鄂。夙爲產烟著邑，自改種禾稼，不復當日富庶之盛。抵渭南時，晚燈已上，借皮棉公司爲行館。統計此日行百三十里云。

四日，晴。渭南刀匪林立，自二成畝捐議起，鄉民惑於邪說，聚衆至萬人，將入縣署繳納農器，勢甚張。省中得信，派關中道尹馳至，事乃寢。然地方固猶不靖，時有刀匪乘機出沒。余六時從渭起程，頗有戒心，爰請駐渭第三營警備隊隊長吳連璧派隊護送；排長趙汝霖派兵八名，送至冷口，賞洋四元遣去。十時四十分，從冷口向臨潼西進；步入山坳，實地查勘，但見胡麻滿坂，棉花橫畦。時進老農問其疾苦，羣以『兵燹以後物力艱難，今年春夏間見有委員帶同衣黃色軍人入鄉勸種罌粟，初尙不敢聽從，繼聞已奉北京特許，農等深喜有利可獲；不謂煙苗茁生後，又見委員紛至，嚴命剷除：朝令夕改，不知長官命意所在』，言之若不勝其涕零者。午後六時行四十里至臨潼，住華淸宮。華淸宮爲唐宮遺址，溫泉尤著名。泉從驪山中流出，達於池；池分玄宗沐池，貴妃沐池，又荷葉池，淸華池諸勝。其水淸澈，雅似日本箱根諸溫泉，深可四尺或三尺，氣薄有磺味；砌以玉石；可沐百人。夙讀溫泉頌，以爲此古名勝必有可觀，及入內遊息，羶氣觸鼻，汚穢紛陳，蓋土爾扈特王過秦，新支帳此間，而隨從諸人又沐浴此泉，遂變涇爲渭矣。查華淸宮爲淸慈禧后駐蹕之所，樓臺新葺，氣象煥然。自革命軍興，地方薦紳收爲公產，於是改爲旅館，又爲軍隊之所居，向之傑閣重樓，今則窗破欄敗。至夜二時，乃獨入華淸池沐浴，淸爽異常，蓋日間羊羶汗臭之水已流出矣。

五日：晴。午前六時行，自臨潼沿途，嘉禾怒生，間有茂林修竹，物華天寶，行役俱忘。九時，抵灞橋，但見白石黃沙，隨濁流東去。灞橋風雪，驢背尋詩，乃徒誑文人之狡獪耳。十時，渡滻橋，水深僅沒馬蹄，遙見長安城闕隱現日下。行二十五里，乃抵西安。經過旂營，可憐焦土，蓬蒿沒髁，禾黍生悲。查淸初西安駐防僅馬甲五百人，至淸之末季，男女孳生達四萬餘；改革時殺戮殆盡，婦孺所餘，千人而已，慘哉！一時五十分，抵鼓樓街東，寓關中旅館，房飯日二金。是夕警察廳長程松山來談。長安縣知事楊宗漢亦來，將備供給，余婉却之。

六日：晴。七時，關中道尹陳子培，電報局長端木適安來談。又同鄉伍吉夫久客三秦，地方情形頗熟，據稱陝西煙禁開自軍人，省長此次奉嚴令申斥，頗爲委屈。午後，偕余僉事至禁煙戒煙兩總局調查卷宗，禁煙局總辦王仲霖現奉差赴京，僅見戒煙局總辦孫眉叔，遂同至禁煙局查閱文卷。該局卷宗多如束筍，遂請檢齊送寓核閱。此次赴戒煙局調查卷宗，本爲查勘煙禁張本，乃局中傳此消息，陸將軍遂派副官招待，延住安徽會館，以伸東道之情；當即婉言謝絶。繼思將軍既雅意殷拳，似不可恝然置之，遂商同余僉事往謁將軍；而將軍病，未見。

七日：晴。七時，回拜關中道尹及長安縣知事，並謁軍務劉幫辦。幫辦對籌安會極表同意，言及地方禁煙則爲慨嘆，竊其意蓋有不勝其難言者。午後，司法界中同學諸人來談；僉云『煙禁廢弛固由軍人作俑，其實財政廳長貪利忘義，爲厲之階。初煙禁未弛時，呂省長主張嚴密派員赴各縣查勘種植，近省諸縣多報肅清。及廳長慫軍界藉口籌欵，力主弛禁；當時呂省長以事關重大，執不可行，請命中央，爲轉圜地步。而程遂自告奮勇，赴京疏通。迨入京後，自云與各當道俱已接洽，電告西安，力陳可辦。將軍恐其言不可恃，復電謂「中央如有爲難情形，即作罷論」；程復電云，「面奉特允，並與各當道接洽妥協，萬無中止之理」。自此電達後，財政廳遂通知各縣知事勒令每縣認種煙苗若干畝，平均須種二百畝有奇，出具甘結爲據。程廳長由都回陝，又派員分赴各縣勸種，於是農民羣起，剷去禾苗，改種罌粟，煙禁廢弛遂不可收拾矣。近呂省長奉中央嚴斥，遂不避顧忌，厲行禁種。民間聞有「巡按要禁，軍人要種，兩姑之間何所聽命」之謠』等語。余聞其言，不勝太息。

八日：晴。本日禁煙卷宗尚未送到，因再赴該局催取；據稱仍未檢齊，遂回寓。午後，偕余僉事再謁將軍，將軍首云『君等不遠千里而來，某自家沒出息，連累君等，殊抱不安！』嘗亂以他語。竊其意，尚能力顧大局，第爲財政廳惑耳。余遂論及籌安會，詢將軍意旨。將軍自以張上將馮將軍電覆中央，語含憤懣，願爲調人，以爲轉圜地步。余甚服其命意。

（未完）

二十五史補編提要選錄（續）

二十五史刊行會

唐折衝府考四卷　鄦齋叢書本
唐折衝府考補一卷　遼居雜著乙編本
唐折衝府考補拾遺一卷　遼居雜著丙編本
唐折衝府考校補一卷　稿本

唐折衝府考四卷，清勞經原撰。府兵始自西魏，初僅百府。周隋之世，間有增置。至唐而其制始備。逮後彍騎設而府兵壞，召募興而府兵廢，故所立府數，當代已言人人殊。新舊書地理志所載府名，又多亡佚。經原援引該洽，考訂精詳，書垂成遽歿。其子格編其遺稿，補輯而成唐折衝府考四卷。有唐一代兵制，於焉大明。是書首載折衝府廢置之由，凡新舊書及六典通典諸書，所列折衝府制，廣爲甄錄，幷列全文；有復出者，亦仍其舊；全同者則僅列其目；間有涉府制者，別爲雜錄，繫之於後。餘卷分載府名，凡官於其府之因地立名者，詳爲引證：志缺而見於他書者，則補於每州之後；所隸之衞尙有可考者，則列衞名於府上；所補之府，無可考其所屬之州者，彙爲補遺附後；即有諸州地名相同者，但云某府疑屬某州，不以肊决。凡補府百單九（又存疑者五府）；合志所存四百四十八府，共得五百五十七府。於新志之譌亂者，如京兆府相原等五府誤屬華州，檀州密雲府誤嬀州，軒轅本作轘轅，修武一爲修政，則據羣書以訂正之。其重見者，如陝州絳州之古亭府，晉州澤州之白澗府；涼州則麗水置府，見元和郡縣圖志而復見於梁州；懷州則懷仁改名，見大唐詔令而重出於京兆：則存疑以待考。至唐代諸州，初分屬十道，後分屬十五道，割隸無常，廢置不定，則以天寶八載以前所屬之道爲定；而於各州下略注沿革更改，以便參考。近人羅振玉於石刻及隋唐兵符，見有府名爲勞氏所未及者，又唐志所載諸府，勞氏注未詳者，均補錄之。沿勞氏書例，補府六十有四，正唐志譌謬六，與唐志不合未知孰是者二，補勞注百有七，成唐折衝府考補一卷，而以隋兵府之見金石刻者三十有八附焉。後振玉復得中州新出土唐墓誌二百餘通，又有可補益者，得兵府三十有四，隋兵府三，成唐折衝府拾遺一卷。輓近谷霽光於唐人墓誌及文集中，又輯得前人未及著錄之兵府約三十條，重加校訂，以補前書之缺。其於地名及建置沿革，可增補者增補之；其不獲考訂者，亦存疑以資參考：成唐折衝府考校補一卷。總目有三：曰折衝府總數商榷，曰折衝府考增補，曰折衝府志略。故今欲考唐代府兵，舍是四書莫屬矣。

遼史地理志考五卷　原刻本

淸李愼儒撰。愼儒以淸代治地理者皆詳於元史，遼金二史則鮮有措意者，因研討二史地理志。金志精詳確實，鮮可疵瑕；遼志則地形舛錯者十之一二，引古舛錯者十之五六。二史皆經歐陽圭齋之手，而優劣懸殊；則以金代典章文物不減唐宋，名人著述皆足資採擇；遼則草昧初開，典章多闕，其時能紀掌故者祇蕭罕嘉努著錄二十卷，耶律儼著錄七十卷，他無聞焉。又當時定制禁本國書出境，則多所堙沒，又復可知。修一代之史必以一代載籍爲依據，依據無自，佳績難期，理固然也。遼志旣荒略如是，故雖有厲樊榭之遼史拾遺補其闕失，然於地理終鮮發明。愼儒因詳考遼之五京州縣山川，悉標明今地；凡舛錯者逐一駁正，疑者闕之。先編纂紀，志，表中語成總說一篇，明遼之世系疆域與廢得失之蹟，蓋遼史之縮影也。擇語翦裁一準史法，復加詮釋以冠全書，庶讀之者於遼一代地志之流變，源委畢宣，無隔閡之弊矣。總說而後，本遼志成上京道，東京道，中京道，南京道，西京道考五卷。又遼有春夏秋冬四「捺鉢」暨五國部，南北各三關，散見於紀志傳中者，亦加考覈，爲遼地附錄一篇。所謂「捺鉢」者，遼地處大漠，秋冬避寒，春夏避暑，四時各有行在之所也。五國部者，有五國來附，初命各居本土以鎭邊鄙，屬黃龍府都部署司，而不奪其國中酋帥之權；後以五國中人有訴其酋帥貪汚者，因悉加罷斥，設節度使以統治之也。南北各三關者，謂：古北口關，居庸關，松亭關爲北三關，益津關，瓦橋關，淤河關爲南三關。北三關乃腹地重險，南三關則守禦邊疆。北宋盛時所以不能逞志於遼者，失三關之險亦其一因也。至於天祚奔亡，西遼開創，別爲天祚播遷處考，西遼地志各一篇，並附於後，則由正遼志之謬誤進而補其闕失矣。

明督撫年表　排印本

近人吳廷燮撰。淸修明史，立表凡五，而創諸史之新例者一，曰七卿表。蓋明太祖廢左右丞相，而分其政於吏，戶，禮，兵，刑，工六部，而都察院爲任亦重，故合而爲七。良以表志之作，因時損益，初不以拘拘舊例爲當也。廷燮明督撫年表之作，雖屬創例，實足與七卿表相表裏而補明史之未備。粤稽明制，初時沿元制仍設行省，繼以權重，罷省置司。永樂以後始置鎭守。宣德正統定名巡撫。景泰漕廣，始建總督。其後宣大，陝西，薊遼相繼建督，或名總制，而罷置不常。至嘉靖中葉，始垂爲定制。稽其權任，雖弗及晉唐之方鎭，而較兩宋制撫實乃過之。蓋以其統治民兵，剌舉司道，一方治亂繫焉。故濠藩之平，滿孛之克，北禦朔漠，南定溪峒，其功爲多。及後貂璫專政，黨人爭權，而朝政變易，其與明代中央地方政治之關切若此。此明督撫年表之所以不可缺也。是表以事繫人，以人繫年，以年繫號；以號繫地，區分爲薊遼，順天等四十，於是而明代督撫之制網羅無遺，中央地方政治之得失瞭如指掌。治近代史者尤當取資焉。

(未完)

北平景山東街十七號

景山書社代售二十五史補編預約

西夏書事

清吳廣成著　影印八本，廉價七圓。

宋時之西夏，實與遼金同爲邊患。据地既廣，稱帝自主，別造文字，行其教化，立國亦有百年之久。惟遼金有專史，而西夏則無之，讀史者恆感不便。清道光中青浦吳廣成西齋獨留心于夏事，輯自唐僖宗中和元年迄宋理宗寶慶三年，成西夏書事，於拓跋氏之事跡攷稽詳備。惜書出未久，板旋遭毀，傳本遂不多。數十年來，研究邊事者日衆，而西夏之文物又多發現，學者競作攷證，皆必覓西夏書事爲參攷之資，因其書之難得，至有懸金而大索之者。供不應求，價値日高，勢非一般學者所能置，寧非憾事？敝號有鑒於此，爰覓得原刻初印本付之影印，定價低廉，以廣流傳。倘蒙賜顧，無任歡迎。

北平隆福寺街　文奎堂書舖

正風

半月刊

第一卷　第十一期

中華民國二十四年六月一日出版

本社讀者文壇第二次徵文題在本刊第九十期內發表，酬金兩元自十元至六十元不等，特此附告

本刊第一卷至六期合訂本現已出版，精裝燙金，裝訂美觀異常，並無外埠不多，大洋一元八角實價代售，郵費在內，欲購者請向本社直接購買爲盼

總發行所　天津法租界三十三號路　正風社　電話三局二八八五

邊事研究

第一卷第六期

二十四年五月十五日出版

定價　每期定價貳角　全年貳元肆角，郵費壹成

編輯兼發行者　邊事研究會

會址　南京高樓門峨眉路八號

研究中國經濟及世界經濟之唯一刊物

中國經濟

第三卷　第六期

廿四年六月一日出版

本期要目

南京中山路保泰街口六条四號

中國經濟研究會主編發行

南京太平路二四八號

現代書局總代銷處

本誌預定全年二元　半年一元一角

另售每冊大洋二角

食貨

半月刊

第二卷　第一期

目錄

民國二十四年六月一日出版

定價

零售每冊大洋一角

預定全年國內二元　國外三元

（郵費在內）

國立北平圖書館出版地理圖書目錄

中國地學論文索引　王庸、茅乃文仝編　上下二冊　定價　宣紙一元六角　報紙一元

館藏中文輿圖目錄　王庸、茅乃文仝編　全一冊　定價　一元

館藏方志目錄　譚其驤、譚新嘉、李文綺仝編　四冊　定價　二元五角

館藏清內閣大庫輿圖目錄　王庸編　一冊　定價　二角

國立北平圖書館輿圖部概況　輿圖部編　一冊　定價　三角

輿圖版畫展覽會目錄　輿圖部編　一冊　定價　一角

商務印書館新出版

正法念處經閻浮提洲地誌勘校錄（尚志學會叢書）

馮承鈞譯　一冊　二角五分

S.Levi著　正法念處經中之閻浮提誌，據著者之勘校，係轉鈔印度史頌羅摩衍那之文，內容實與地理講義無殊。此勘校錄計分五篇：（一）論羅摩衍那史頌與正法念處經文，（二）漢譯西藏譯正法念處經對照，（三）勘校及考證，（四）地誌材料來源及其時代，（五）附錄由旬之價值。此經漢譯，惟有一種，故於諸本名仍依原譯，其譯名省略脫誤，或惟見梵本及西藏譯本者，則沿用兩晉南北朝諸師譯漢之對音，譯為漢名，間亦遵循奘淨諸師譯法，皆附原名於其下。

人文地理學概論（新時代史地叢書）

陳湜譯　一冊　一元

野口保市郎著。全書分十章，首章概論地理學之意義及人文地理學在地理學中之地位；第二章述自然環境與人生之關係；第三章以下分述人種地理，人口地理，聚落地理，物產地理，工業地理，商業地理，交通地理，政治地理，都十四萬言。材料抉擇得宜，篇幅分配均勻，統計務求最新，程度亦極一致，適供我國高中教本及參考之用。

西北古地研究（史地小叢書）

一冊　三角

藤田豐八等著，楊鍊譯。本書集下列六種論文而成：（一）鄯善國都考，（二）碎葉與焉耆，（三）上代于闐國都之位置，（四）月氏故地與其西移年代，（五）條支國考，（六）黎軒與大秦。

宋朝事實（國學基本叢書）

李攸撰　一冊　五角五分

攸熟於掌故，經靖康兵燹之後，圖籍散佚，獨汲汲搜輯舊聞，使一代典章，粲然具備，其用力頗為勤摯。本書所載歷朝登極南郊大赦詔令，太宗親製趙普碑銘，西京崇福宮記，景靈西宮記，大晟樂記等，往往為宋文鑑名臣碑傳，琬琰集，播芳大全諸書所闕漏。實為宋朝之重要文獻。

元史紀事本末（國學基本叢書）

陳邦瞻編　一冊　三角

元代地跨歐亞，區域廣大，制度亦紛繁，故其歷史亦較歷代為豐富而複雜。本書於元代大經大法，及其重要變故，但直接有關於元室者，皆能提舉綱領，備陳終始；讀之一目了然。循是以閱元史新元史，既有塗轍可尋，即僅讀此一編，於元代史事亦可獲一明晰的概念。

燕京學報專號(一)

北平成府燕京大學

哈佛燕京學社北平辦公處出版

中國明器(燕京學報專號之一)鄭德坤,沈維鈞合著　鉛字本一冊

定價一元

明器雖爲從葬之物,亦頗關學術文化。在宗教方面可以考究民族的信仰;在歷史方面可以反映歷代的典章制度,社會情形及衣冠的沿革;在民族方面可以表現地方性的風俗;在美術方面可以代表陶器及雕刻一部分的演進;甚至中西交通的步驟,文化交換的狀況,亦可由明器的演化而得見其大概。書中分歷代明器爲四期:漢以前爲萌芽時期,漢魏六朝爲發展時期,唐代爲成熟時期,宋以後爲衰落時期。全書七萬餘言,附圖百十餘幅,參考中外書譜論文百五十種,爲解說明器最完善之作,研究考古學者所不可不讀者也。

唐代長安與西域文明(燕京學報專號之二)向達著　鉛字本一冊

定價二元

此書敘述唐代長安與西域間文物之交互影響。唐開元天寶之際,天下昇平,玄宗以聲色犬馬爲羈縻諸王之策,重以蕃將大盛,異族入居長安者多,於是長安胡化盛極一時,如服飾,飲食,宮室,樂舞,繪畫等,宛然西域。至西亞宗教,如火祆教,摩尼教等,亦于此時盛行于長安。本書考此諸題,至爲深博,足供研究交通史者之參考。

明史纂修考(燕京學報專號之三)李晉華著　鉛字本一冊　定價二元

明史修于清初,至乾隆四年始告成,歷四君逾百年之久,爲前代史書所未有。近年研究明史有成績可稱者,如陳守實之明史稿考證,黃雲眉之明史編纂考略,均有創獲,其他則罕聞。李君讀陳黃之作覺有未盡,續寫本書,取材更備,考證亦更詳焉。本書內容共分十章。于明史及明史稿之優劣,輯諸家評語,估其價值,頗爲翔實,而四朝修史紹論,及當日館臣往來討論,或錄其全文,或節其要旨,均足以供研究明史者之參考。

嘉靖禦倭江浙主客軍考(燕京學報專號之四)黎光明著　鉛字本一冊　定價二元五角

黎先生研究明代倭寇問題已歷十年,所集之史料甚多,此爲其第一部著作。書分上下兩編:上編言沿海衛軍之腐敗,故各省客兵禦倭,然因種類複雜,故統制既難,軍紀尤壞,時人遂主張團練鄉兵,其後乃大收成效,又述軍餉之籌支與辦理之人物;下編則分述各種軍隊之調遣召募與作戰情況,如廣西之狼兵,湖南之土兵,江北山東河南河北山東等處之北方兵,四川廣東福建浙江等處之南方兵,以及僧兵,水軍,家丁,打手,鹽徒,沙民與各文職官,各生員,各義勇所督率之民兵等,皆爲有條理之編纂;末附戚家兵考,亦饒有興趣。全書約九萬字。

遼史源流考與遼史初校(燕京學報專號之五)馮家昇著　鉛字本一冊　定價二元五角

遼史修于元人,而又丁一代國祚將移,氣運垂絕之際。故以史料言,於遼人之譜牒記注既不及見,於金宋之私乘野史亦未能博采,因陋就簡,罕能無闕。馮君窮數年之精力,詳爲考證,於成書源流言之至爲詳盡。其校勘記則以同文書局本爲底本,而以百衲,南監,北監本互校之。遇有異同,即予註明,甚便檢尋,凡攻遼史者不可不人手一編也。

明代倭寇考略(燕京學報專號之六)陳懋恆著　鉛字本一冊　定價二元八角

倭寇以明中葉爲最猖獗,沿海數千里,莫不遭其蹂躪,差幸干城之將有俞大猷,戚繼光等,使倭寇終不得逞;然用兵二十載,東南糜爛不堪矣。此書考據倭寇之來源,進展,戡定諸事,頗精審詳盡。全書分八章:(一)引言(二)倭寇之來源(三)倭寇猖獗之原因;(四)沿海各省之倭禍(五)倭寇之首領(六)倭寇之伎倆,(七)倭禍之戡定(八)結論。全書約十萬言,參考書籍七十餘種,並附圖表說明;以比李晉華君所著之三百年前倭禍考材料較爲豐富,惟其內容詳略各有不同,可以互相參考。

出版者：禹貢學會。
編輯者：顧頡剛，譚其驤。
出版日期：每月一日，十六日。
發行所：北平成府蔣家胡同三號禹貢學會。
印刷者：北平成府引得校印所。

禹貢

半月刊

價目：每期零售洋壹角。豫定半年一卷十二期，洋壹圓；全年二卷二十四期，洋貳圓。郵費加一成半。歐美全年郵費計洋二元四角。

The Chinese Historical Geography

A Semi-monthly Magazine

Vol. 3 No. 9 Total No. 33 July 1st. 1935

Address: 3 Chiang-Chia Hutung, Cheng-Fu, Peiping, China

第三卷第九期

（總數第三十三期）

民國二十四年

七月一日出版

內政部登記證警字第叁肆陸壹號　中華郵政特准掛號認為新聞紙類

北魏鎮戍制度考

周一良

一

設鎮於邊要形勝之地蓋非魏所獨有之制，魏書太宗紀：『泰常二年九月，姚泓匈奴鎮將姚成都與弟和都舉鎮來降』。常爽傳：『居涼州，父坦，乞伏世鎮遠將軍大夏鎮將』。制度雖不可考，然自『匈奴』『大夏』之命名觀之，則在邊地無疑。

北魏置鎮始於何年，史無明文。地形志肆州下注云：『天賜二年為鎮』。此史書所見建置最早之鎮。太武五王傳載廣陽王深上書謂『昔皇始以移防為重，盛簡親賢，擁麾作鎮』，是鎮之設立始自皇始。更考太祖紀：『天興元年春正月，慕容德走保滑臺，〔衛王〕儀克鄴。……乃置行臺，以龍驤將軍日南公和跋為尚書，與左丞賈彝率郎吏及兵五千人鎮鄴。……帝慮還後山東有變，乃置行臺于中山，詔左丞相守尚書令衛王儀鎮中山，撫軍大將軍略陽公元遵鎮渤海之合口』。鄴行臺罷于天興四年四月，見本紀。中山行臺之罷不可知，然衛王儀傳謂儀鎮中山，『遠近懷附，尋徵儀以丞相入輔』，則中山行臺亦未幾即廢。常山王遵傳：『及博陵渤海羣盜起，遵討平之，遷州牧，封常山王』。本紀遵平博陵渤海章武羣盜事係天興元年正月，其下又云四月壬戌進遵封常山王。是遵之罷鎮合口而為州牧必在天興元年正月至四月間。天興時魏猶未得滑臺虎牢諸鎮，鄴即魏境南邊之重地。中山渤海，同為新附。所以設立行臺者，為慰撫新附，鎮懾邊境，其用意固與後之設鎮相似。元遵之鎮合口，既非刺史郡守，復非行臺，尤與鎮將之制合。天興四年四月鄴行臺罷，七月即有賜天下鎮戍將士布帛之詔（見本紀），意者鄴及中山之行臺及元遵之鎮合口，皆鎮之前身，鎮雖始設於皇始，而其普徧於南北蓋在天興時也。

二

鎮雖與州並稱，然非如州之統轄郡縣。鎮之種類約有二別：或設於全不立州郡之地；或設于州郡治所，易言之，即州郡與鎮並立於一地。前者鎮將兼理軍民政務；後者則鎮將綰軍而刺史治民，然多以鎮將兼刺史之任。

鎮之置于州治者，如地形志營州注云：『治和龍城。太延二年為鎮，眞君五年改置』。考樂陵王思譽傳：『高祖初……出為使持節鎮東大將軍和龍鎮都大將營州刺史』。

安豐王猛傳：『太和五年封，……出爲和龍鎮都大將營州刺史。……戎夷畏之，薨於州』。以營州刺史兼和龍鎮將，正與志營州治和龍城之云符合。猛傳言薨於州，尤足見州治與鎮爲一。（育下王渾傳：『〔世祖時〕拜假節都督平州諸軍事，……平州刺史，鎭和龍』。平州治所在和龍西南，蓋以二州相距不遠而兼鎭。紀不書渾拜平州刺史。）惟志云太延二年爲鎮，眞君五年改置，一若州鎮不並立，眞君五年以後始罷鎮爲州者，非是（詳後）。此其一。地形志朔州注云：『延和二年置爲鎮，後改爲懷朔，孝昌中改爲州』。酈道元傳亦云：『肅宗以……懷朔……諸鎮并改爲州』。然紀傳中孝昌以前時見朔州，自非指懷朔鎮所改之朔州言。地形志雲州下云：『舊朔州，後陷。永熙中改』。孝昌以前之朔州當即雲州之舊名。靈徵志：『太和三年七月，雍朔二州……并大霜』。又：『九年，南豫朔二州各大水』。高祖紀：『太和十八年秋七月壬辰，車駕北巡。戊辰，謁金陵。辛丑，幸朔州』。陽平王頤傳：『〔高祖時〕累遷懷朔鎮大將，……後除朔州刺史』。樓寬傳：『〔高祖時〕遷朔州刺史』。慕容契傳：『正始初……轉都督朔州沃野懷朔武川三鎮三道諸軍事後將軍朔州刺史』。楊椿傳：『永平初，……除都督朔州撫冥武川懷朔三鎮三道諸軍事平北將軍朔州刺史』。源懷傳：『〔世宗時〕又詔……巡行北邊六鎮恒燕朔三州』。南安王熙傳：『〔正光元年〕熙乃起兵。……子……與母于氏徙朔州』。此諸朔州皆後之雲州。地形志雲州有雲中郡而未言州治所在。司馬楚之傳：『世祖……拜……雲中鎮大將，朔州刺史』。其子金龍傳：『拜……雲中鎮大將朔州刺史』。弟躍傳：『代兄爲雲中鎮將朔州刺史。……楚之父子相繼鎮雲中，朔土服其威德』。朔州刺史兼雲中鎮將，知雲中鎮必設于朔州州治，此其二。

二

地形志光州注云：『治掖城。皐興四年分青州置，延興五年改爲鎮，景明元年復』。考之紀傳，延興五年以後景明元年以前光州及東萊鎮並見，如任城王雲傳附元瞻傳：『高祖時……稍遷……光州刺史』。高句麗傳：『至高祖時，……光州于海中得璉所遣詣蕭道成使』。高祖紀：『太和七年正月丁卯，詔青齊光徐四州……』，又：『十九年冬十月，詔徐兗光……六州……』。靈徵志：『太和十九年二月己未，光州地震，東萊之牟平虞丘山陷』。又：『太和六年八月……光……州……大水』。高祖紀：『太和十三年正月乙丑，兗州民王伯恭聚衆勞山，……東萊鎮將孔伯孫討斬之』。知高祖時兼有光州及東萊鎮。更考呂豹子傳：『東萊鎮將；後改鎮爲州，行光州事』。是東萊鎮即光州治所，延興五年立東萊鎮於掖城，固非悉廢光州及所轄郡縣，而為州鎮並立。地形志云改為鎮，非是。豹子傳改鎮為州云者，罷東萊鎮，仍止以掖城為州治也。此其三。地形志南秦州注云：『眞君七年置仇池鎮，太和十二年為梁州。正始初置（謂南秦州），治洛谷城』。考皮喜傳記高祖時平氐楊文度之亂，『詔喜等曰：「……然仇池國之要藩，防守事宜尤須完實。從前以來，駱谷置鎮，是以奸賊息闚闚之心，邊城無危敗之禍。近由徙就建安，致有往年之役。……今夏給軍糧一月，速于駱谷築城，使四月盡必令成就」』。喜傳又云：『楊文度遣弟鼠竊据仇池，喜率衆四萬討鼠；軍到建安，鼠弃城南走』。仇池當在建安之南，駱谷更在仇池之南。以前駱谷置鎮以衞仇池，後徙鎮于建安，氐人遂得逕据仇池矣。高祖詔皮喜等更于駱谷置鎮，至世宗正始初立南秦州，即治洛（當卽駱）谷，是亦鎮與州治為一也。此其四。地形志夏州注云：『赫連屈子所都，始光四年平為統萬鎮。太和十一年改置，治大夏』。是太和十一年以後不應統萬鎮與夏州並存矣。而章武王彬傳：『出為使持節都督東秦豳夏三州諸軍事……統萬鎮都大將，朔州刺史，以貪惏削封』，高祖本紀係於太和十三年，謂：『夏州刺史章武王彬以貪賕削封』。傳誤，當從本紀作夏州刺史。彬墓志亦云：『為使持節征西大將軍都督東秦邠【脫夏字】三州諸軍事領護西戎校尉統萬突（元湛元舉墓志皆作統萬突，意者當時本名如此，後人省之？）鎮都大將夏州刺史』。元湛志謂彬為『統萬突鎮都大將荊（荊？）汾夏三州刺史』，元舉志謂：『統萬突鎮都大將邠州刺史』，乃兼舉彬一生歷官言，而或完或不完，非彬為統萬突鎮都大將時兼邠州刺史也。穆羆傳亦云：『〔高祖時〕遷都督夏州高平鎮諸軍事……夏州刺史，鎮統萬』。水經河水注：『統萬城，……今夏州治也』。是統萬鎮即在夏州州治（志太和十一年改置之云誤，詳後）。此其五。地形志涼州注云：『神䴥中為鎮，太和中復』。考高祖紀：『延興元年冬十月庚寅，以……南安王楨……都督涼州及西戎諸軍事……鎮涼州』。楨傳云：『高祖即位，除涼州鎮都大將。尋……加都督西戎諸軍事……涼州刺史』。是太和以前涼州與涼州鎮並立，鎮在州治，遂以州名名鎮。太和中始罷鎮只存涼州；非本無涼州，太和中始立：志文欠明。以上皆地形志州名下言其曾立鎮者也。

有立鎮於州治，而地形志未言立鎮者。志雍州注云：『治長安』。樂安王範傳：『世祖以長安形勝之地，非範莫可任者，乃拜範都督五州（据本紀為秦，雍，涇，梁，益）諸軍事……長安鎮都大將』。元仙墓志記範官爵為：『使持節侍中都督秦雍涇梁益五州諸軍事衛大將軍雍州刺史內都大官開府儀同三司長安鎮都大將』，是以雍州刺史兼長安鎮將也。魏書此傳後人所補，故有脫漏。其後範長子良亦拜長安鎮都大將雍州刺史。陽平王他，南安王楨皆嘗爲長安鎮都大將雍州刺史。是於雍州州治之長安立鎮也。地形志北豫州注云：『太常中復，治虎牢。太和九年罷置東中府』。王建傳附王度傳，奚眷傳(太宗時)，陽平王熙傳，于栗磾傳，王慧龍傳，陸俟傳(世祖時)，汝陰王天賜傳(高宗時)皆有虎牢鎮，蓋即在北豫州治。地形志兗州注云：『劉義隆治瑕丘，魏因之』。游明根傳：『顯祖初…遷…都督兗州諸軍事瑕丘鎮將』。則瑕丘鎮在兗州州治。地形志恒州注云：『天興中置司州，治代都平城。太和中改』。孝文遷洛後改司州曰恒州，而州治平城未改。慕容契傳：『正始初…轉……平城鎮將』。是平城既爲州治，又立鎮也。地形志青州注云：『司馬德宗治東陽，魏因之』。屈車渠傳：『高祖初，出爲東陽鎮將』。乃於青州州治立東陽鎮。地形志豫州注：『劉義隆置司州，治懸瓠城。皇興中改』。謂魏獲其地，改司州名爲豫州，而州治固仍其舊。尉撥傳：『顯祖即位，…南攻懸瓠，…拜懸瓠鎮將』。薛胤傳亦謂除懸瓠鎮將。此亦設鎮於州治。地形志徐州注云：『魏晉治彭城』，魏當亦因其舊。顯祖皇興四年紀及長孫渾，薛虎子傳皆有彭城鎮，宋書索虜傳謂薛安都在北爲徐州刺史彭城鎮主，知彭城亦以州治而立鎮；宋書不言鎮將而稱主，乃比之於戍，所以輕之耳。地形志北華州注云：『太和十五年置東秦州，後改，治杏城』。安國傳，尉撥傳皆言爲杏城鎮將，俱以州治立鎮也。

其鎮之置于郡治者，如房士隆傳：『興和中，東清河太守帶盤陽鎮將』。崔勔亦以清河太守帶槃(通盤)陽鎮將。地形志齊州有東清河郡，注云：『治盤陽城』。於清河郡治之盤陽城立鎮，故太守兼鎮將。杜洪太傳：『太和中，除絳城鎮將，帶新昌陽平二郡太守』。地形志晉州北絳郡治絳。晉州下注云：『孝昌中置唐州，建義元年改』。北絳郡下注云：『孝昌三年置』。此皆在太和之後。然絳城既於孝昌時爲北絳郡治，太和時雖不審何屬，要亦有爲郡治之可能，或即屬新昌陽平二郡之一，惜不可考也。鹿生傳：『征東安南二府長史帶淮陽太守郯城鎮將』(世宗時)。地形志東徐州(孝昌元年置，永熙二年州郡陷，武定八年復)有郯郡，注云：『治郯城』。蓋孝昌以前之淮陽郡治於郯城，因設鎮。元和郡縣志武州：『後平仇池，于仙陵山東置武都鎮；宣武帝于鎮城復置武都郡；廢帝改置武州』。

曰於鎮城復置武都郡，則鎮未嘗廢，郡鎮同置於一地也。

鎮之設於不立州郡之地者，如北邊之六鎮及高平，薄骨律，焉耆，鄯善等。蓋其地當要衝，而中國人與胡人錯居，不能以郡縣統治，故設爲鎮，以防禦鎮懾。亦有既非邊防所重，亦非華夷相雜之處，而設鎮者，如韓均傳：『廣阿澤在定冀相三州之界，土廣民稀，多有寇盜，乃置鎮以靜之。以均……除……廣阿鎮大將，加都督三州諸軍事』。是又爲平寇盜，因軍事之利便而置鎮矣。

南境諸鎮大抵與州郡並置，罷鎮之後，其地仍爲州郡治所，無須別立州郡。北邊及西北多初無州郡，止立鎮而已。鎮廢之後，更置州郡，往往即以鎮之所在爲州郡治。如地形志汾州注云：『延和三年爲鎮，太和十二年置州，治蒲子城』。穆羆傳謂羆，高祖時爲吐京鎮將，後改吐京鎮爲汾州，仍以羆爲刺史。則吐京鎮之地即後汾州治所。河州注云：『眞君六年置鎮，後改，治枹至』。楊守敬據元和郡縣志『太和十六年改枹罕鎮爲涼州』之文，謂後魏河州治枹罕城，枹至爲枹罕之誤，又脫城字。地形志岐州注云：『太和十一年置，治雍城鎮』。考劉藻傳：『遷龍驤將軍雍城鎮將。……在任八年，遷離城鎮將。太和中，改鎮爲岐州，以藻爲岐州刺史』。雍離字形相近，『遷離城鎮將』五字蓋涉上雍城鎮將而誤複。雍城鎮改爲岐州，仍以雍城鎮所在爲州治也。地形志原州注云：『太延二年置鎮，正光五年改置，幷置郡縣。治高平城』。蓋平赫連氏後置高平鎮，世祖太延二年紀有『赫連定之西也，楊難當竊據上邽；秋七月庚戌，詔……樂平王丕等督河西高平諸軍討之』之文。正光時立原州，乃以高平鎮所在爲州治。志注云：『並置州縣』，尤足以見其地原無郡縣，改爲州後必更置郡縣也。

南北咸在交界之地置戍，亦所以固邊防。地形志譙州下蔡郡領黃城縣，注云：『蕭衍黃城戍，武定六年改置』。戍次於鎮，與縣夷。無州郡之地戍隸於鎮，州鎮幷置之地則否。張法傳：『世宗時，除懷荒鎮金城戍將』。靈徵志：『熙平二年十二月，敦煌鎮上言，晉昌戍木連理』。源懷傳：『正始元年……懷旋至恆代，按視諸鎮左右要害之地可以築城置戍之處。……今北鎮諸戍東西九城是也』。知北邊及西北邊止有鎮而無州郡者，戍即隸於鎮。高祖紀：『太和廿一年十有二月，蕭鸞……寇南靑州黃郭戍』，世宗紀：『景明三年五月，揚州小峴戍主黨法宗……』，又：『永平四年徐州刺史盧昶遣琅邪戍主傅文驥率衆據之〔朐山〕』。任城王澄傳：『〔爲揚州刺史〕遣長風戍主奇道顯攻蕭衍歸山戍』。李崇傳：『揚州諸戍皆被寇逼』。王雲傳：『出爲……兗州刺史。……在州坐受所部荊山戍主杜廣財貨』。斯又南境諸戍隸屬於州之證也。

三

鎮戍之設官，官氏志不詳，惟云：『舊制緣邊皆置鎮都大將統兵備禦，與刺史同。城隍倉庫皆鎮將主之』。蓋正光孝昌以後，諸鎮陸續廢罷，伯起亦未悉其制，加之今本魏書殘缺，遂不可曉。今綜紀傳所見鎮戍之官，鎮有都大將，都將，大將，將（其等級高下不可知，以意度之，當是都大將最高，將最下。皆習見，不具注其出處），都副將（王慧龍傳），副將（世祖眞君六年紀，任城王澄傳，東平王略傳，叔孫儁傳），監軍（王建傳附王度傳），長史（顯祖皇興四年紀，賈顯度傳），司馬（神元平文諸帝子孫傳，胡方回傳，梁祚傳），錄事，參軍（高湖傳謂孫猛虎，鄯善鎮錄事。高建墓志謂：『父猛，鄯善鎮錄事參軍』。）戍有戍主，戍副（亦習見，不具注。）鎮將或都督數州數鎮諸軍事，或兼其鎮所在州之刺史。戍主或以州參軍郡太守帶之（元禹傳，李叔向傳，杜洪太傳，杜祖悅傳，鄭季明傳，盧昶傳，李神傳，潘永基傳，元平墓志）。然亦有以縣令兼者（李崇傳）。元賢墓誌：『武定七年復以君爲永固鎮大都督』。是東魏時又稱鎮將爲都督矣。

北鎮所統，近於部落之衆，所重在軍政而非民事，故北魏初年頗重鎮將之選。『自定鼎伊洛，邊任益輕』（廣陽王深上書），而設官亦冗濫。源懷傳：『〔世宗時〕又表曰：「……北鎮邊蕃，事異諸夏。往日置官，全不差別。沃野一鎮自將以下八百餘人，黎庶怨嗟。……請主帥吏佐五分減二」』。各鎮戍兵之數不可知。薛虎子傳：『太和四年……爲彭城鎮將。……虎子上表曰：「……在鎮之兵不減數萬」』。他鎮當亦相仿。北齊書魏蘭根傳：『因說〔李〕崇曰：「緣邊諸鎮控攝長遠。昔時初置，地廣人稀。或徵發中原強宗子弟，或國之肺腑，寄以爪牙。中年以來，有司乖實，號曰府戶，役同廝養。官婚班齒，致失淸流；而本宗舊類，各各榮顯。顧瞻彼此，理當憤怨。……宜改鎮立州，分置郡縣，凡是府戶，悉免爲民，入仕次敍，一依其舊」』。蓋良家子弟既戍邊鎮，即定住其地，世爲軍籍焉。戍兵而外，罪犯多配徙緣邊鎮戍，而北鎮爲尤多。至兵士資糧多寡，更代期限等，刑罰官氏兩志皆不及，難可考見矣。（薛虎子傳表文中有論鎮兵資糧者，而語焉不詳。）

四

元魏設鎮數目及其廢置沿革，魏收之書不詳，今輯錄其設置或廢罷之可知者。（初學記州郡部引括地志序略：『明帝熙平元年凡州四十六，鎮十二』。）計見於地形志者有：

肆盧鎮（肆州下注云：『治九原。天賜二年爲鎮，眞君七年置州』。徐文范東晉南北朝輿地表天賜二年置肆盧鎮于新興，九原卽新興郡治。惟鎮名不知徐氏何据。）

吐京鎮（汾州下注云：『延和三年爲鎮，太和十二年爲州，治蒲子城』。据穆羆傳，吐京鎮改爲汾州。）

和龍鎮（營州下注云：『治和龍城，太延二年爲鎮，眞君五年改置』。改置若謂罷鎮止置州者。然道武七王傳，景穆十二王傳，文成五王傳皆有高祖時爲和龍鎮都大將之文。皇后列傳：『孝文昭皇后高氏，司徒公肇之妹也。……生于東裔，高祖初，乃舉室西歸。近龍城鎮，鎮表后德色婉艷』。太平寰宇記引十六國春秋慕容皝傳云：『築龍城……遂遷都龍城，號新宮曰和龍宮』。則和龍城亦可稱龍城，和龍鎮亦可曰龍城鎮，至高祖時猶未罷，地形志誤。）

懷朔鎮（朔州注云：『延和十二年置爲鎮，後改爲懷朔，孝昌中改爲州』。）

懷荒鎮（蔚州注云：『永安中，改懷荒禦夷二鎮置』。）

禦夷鎮（見上。水經沽河注：『大谷水又南逕禦夷鎮城西，魏太和中置，以捍北狄也』。高祖紀太和十八年八月：『詔六鎮及禦夷城人……』禦夷稱城，是其時猶未立鎮。）

薄骨律鎮（靈州注云：『太延二年置薄骨律鎮，孝昌中改』。徐表繫孝昌二年。）

東萊鎮（光州注云：『延興五年改爲鎮，景明元年復』。据呂豹子傳知立東萊鎮於光州州治，然延興五年以前時見光州。志云延興五年改爲鎮者誤，當云立東萊鎮。州既未廢，自無所用復，當云景明元年罷鎮。）

魯陽郡（廣州魯陽郡注云：『太和十一年置鎮，十八年改爲荊州，二十二年罷置』。徐表逕稱魯陽鎮。）

東楚州（注云：『高祖初立東徐州，後陷。世宗初改爲鎮，後陷。武定七年復爲宿豫郡』。）

穀陽郡（睢州穀陽郡注云：『治穀陽城，太和中置鎮，世宗開置平陽郡』。以上三鎮，鎮名俱未詳。）

仇池鎮（南秦州注云：『眞君七年置仇池鎮，太和十二年爲渠州』。元和郡縣志鳳州：『後魏太平眞君二年始定仇池，其年于此城立鎮。太和元年置固道郡』。）

枹罕鎮（河州注云：『眞君六年置鎮，後改，治枹罕』。元和郡縣志：『太和十六年改枹罕鎮爲河州』。）

高平鎮（原州注云：『太延二年置鎮，正光五年改置』。）

涼州鎮（涼州注云：『神䴥中爲鎮，太和中復』。紀傳太和以前并見涼州及涼州鎮，乃州鎮並置。城陽王鸞傳：『高祖時，又出爲持節都督河西諸軍事……涼州鎮都大將。改鎮立州，以鸞爲州刺史』。改鎮立州當云罷鎮爲州也。）

三縣鎮（幽州注云：『延興二年爲三縣，太和十一年改爲班州』。元和郡縣志：『後魏延興二年爲三縣鎮，孝文太和十一年改置班州』。志脫鎮字。）

統萬鎮（夏州注云：『始光四年平爲統萬鎮，太和十一年改置』。考西河王太興傳：『拜統萬鎮將，改封西河。後改鎮爲夏州，仍以太興爲刺史』。高祖紀，太興封西河王在太和二十年十一月，則罷鎮當在其後。傳下文又謂太興因病求爲沙門，『表十餘上，乃見許。時高祖南討，在軍，詔皇太子于四月八日爲之下髮。……太和二十二年終』。高祖本紀南討在二十一年八月，是罷統萬鎮當在太和二十年十一月以後，二十一年八月以前。蓋太和二十二年罷，志脫『二』字耳。惟据章武王彬傳，則太和十三年時兼有夏州及統萬鎮，知州鎮本並立，太和二十一年乃罷鎮止爲州。志言改置，誤。）

魏鎮之見於紀傳及他書，其建置廢罷時日略可知者有：

上封鎮（元和郡縣志秦州上邽縣：『後魏以避道武諱，改曰上邽［當作封］，廢縣爲鎮』。）

栢壁鎮（元和志絳州正平縣：『栢壁在縣西南二十里，後魏明［元］帝元年于此置栢壁鎮，太武帝廢鎮置東雍州』。志原脫『元』字，以下文太武帝云云知當是明元帝。徐表繫明帝熙平元年，誤。）

平原鎮（元和志博州：『後魏明元帝于此置平原鎮，孝文罷鎮』。水經河水注：『黃溝又東南逕王城北。魏太常七年安平王鎮平原所築，世謂之王城。太和二十三年罷鎮立平原郡，治此城也』。）

離石鎮（元和志石州：『石勒時改爲永石郡。後魏明［元］帝改爲離石鎮』。）

燉煌鎮（元和志沙州：『後魏太武帝于郡置燉煌鎮，［孝］明帝罷鎮立瓜州』。）

雍城鎮（元和志：『後魏太武于今州［岐州］理東五里築雍城鎮』。酈溱傳：『遷離［雍?］城鎮將，太和中改鎮爲岐州』。徐表繫太和十一年。）

長虵鎮（陸眞傳：『［高宗時］是時初置長虵鎮』。）

廣阿鎮（韓均傳：『兄備卒無子，均襲爵。……轉靑冀二州刺史。…廣阿澤在定冀相三州之界……乃置鎮以靜之。以均在冀州劫盜止息，……除……廣阿鎮大將』。考均父茂卒於太安二年，長子備襲爵，死，均又襲爵，則廣阿鎮之設至少當在高宗和平時矣。乃叔孫建傳有『遷廣阿鎮將』之文，太宗神瑞三年紀：『五月丙午，詔叔孫建鎮廣阿』，又似太宗時已立廣阿鎮。）

六壁鎮（水經文水注：『逕六壁城南，魏朝舊置六壁［鎮］于其下，防離石諸胡，因爲大鎮。太和中罷鎮』。）

杏城鎮（元和志鄜州：『苻姚置杏城鎮，後魏孝文帝廢鎮，改爲東秦州』。徐表繫太和十五年。）

武川鎭（水經河水注：『𣸣水南流逕武川鎭城。城以景明中築，以禦北狄』。呂文祖傳：『顯祖【時】…坐徙于武川鎭』。自非景明時始立，此蓋指築城言。）

武興鎭（氐傳，『【正始三年】傳暨眼攻武興，剋之。執【楊】紹先，…遂滅其國，以爲武興鎭，復改鎭爲東益州』。）

隆城鎭（獠傳：『【神龜正光間】又立隆城鎭。……魏子建乃啓以鎭爲梁州』。徐表改州繫永安二年。）

鄯善鎭（元和志鄯州：『後魏以西平郡爲鄯善鎭，孝昌二年改鎭立鄯州』。徐表立鎭係太平眞君五年。）

肅宗紀正光五年有『鎭改爲州，依舊立稱』之詔，酈道元傳亦謂：『肅宗以沃野，懷朔，薄骨律，武川，撫冥，柔玄，懷荒，禦夷諸鎭并改爲州；其郡縣戍名，令準古城邑。詔道元持節兼黃門侍郎與都督李崇等籌宜置立，裁減去留』。廣陽王深傳則謂：『遣黃門侍郎酈道元爲大使，欲復鎭爲州以順人望。會六鎭盡叛，不得施行』。北邊諸鎭之改爲州當在六鎭既平之後矣。當時北鎭邊將多非其人，不能撫懷民夷；而兵士又復孱弱，且久入軍籍，不能與中原士族齒，每憤慨不平。『邊人（謂邊塞胡人）……使自意輕中國』（廣陽王深上書），蠢然思動。故李崇首爲改州之議，以爲『六鎭幽垂，與賊接對，鳴柝聲弦，弗離旬朔。州名差重於鎭，謂實可悅彼心，使聲教日揚，微塵去塞』（本傳）。化部落爲郡縣，使棄其舊俗，庶幾易統治，不至變亂。改府戶爲平民，所以息其憤憤之心，而堅其捍衛疆圉之志也。

其鎭之見於魏書等，而廢置沿革不詳者，有（凡見魏書紀傳志者，不注出處）：

彭城鎭　歷城鎭（宋書索虜傳）　虎牢鎭

懸瓠鎭　枋頭鎭　鄴城鎭　瑕丘鎭

東陽鎭　平城鎭　絳城鎭　蒲坂鎭

洪洞鎭（元和志晉州洪洞縣：『洪洞故城在縣北六里，後魏鎭城也』。）

安人鎭（元和志延州）　柔玄鎭

撫冥鎭　沃野鎭　姑臧鎭　武都鎭

（徐表立鎭繫太平眞君八年。）　且末鎭　雲中鎭

晉昌鎭　武平鎭　明壘鎭　崎城鎭

靈丘鎭　廣昌鎭　臨濟鎭　瓦城鎭

梁城鎭　襄城鎭　循城鎭　冋道鎭

北陽鎭　東城鎭　陽名鎭　盤陽鎭

汝陰鎭　狹石鎭（宋書索虜傳）　安陽鎭（仝）

貞陽鎭（仝）　永固鎭（元賢墓志）

賀侯延鎮（元偃墓志。元寧墓志作賀延，當即賀侯延之省稱。）

李潤堡（安定王燮傳：『世宗初，……除……華州刺史。燮表曰：「謹惟州治李潤堡……胡夷內附，遂爲戎落。……爰自國初，護羌小戍，及改鎮立郡，依岳立州，因藉倉府，未刊名實」』。知世宗以前華州州治李潤堡曾立鎮。）

石晉割賂契丹地與宋志燕雲兩路範圍不同辨

王育伊

石晉割與契丹，及宋人所欲收復之地，尋常輒曰『燕雲十六州』。實則『燕雲』者，宋人所欲取之『燕山府路』『雲中府路』之簡稱，其界至範圍與石晉割地不同。

石晉割地，爲幽薊等十六州，其時並無『燕雲』之稱。後人合『燕雲』及『十六州』爲一，而不知石晉割地與『燕雲』是二事而非一事。必也正名乎！

石晉割賂契丹之地爲幽，薊，瀛，莫，涿，檀，順，新，嬀，儒，武，雲，應，朔，寰，蔚十六州。（通鑑二八〇晉高紀上之上；五代史八晉高紀，六〇職方考；遼史四太宗紀下。莫，歐史作漠。）契丹升幽州爲南京，改新州爲奉聖州，武州爲歸化州。（遼史四太宗紀下。）興宗重熙十三年改雲州爲西京。（遼史一九興紀二，四一地理志五。）遼志總叙言太宗立晉，有幽，涿，檀，薊，順，營，平，蔚，朔，雲，應，新，嬀，儒，武，寰十六州，較上述損瀛莫，益營平，誤也。

淸全祖望謂石晉割賂契丹地不止十六州，其言云：

……通鑑齊王開運元年「三月辛卯，馬全節攻契丹泰州，拔之」。以五代會要考之，泰州後唐之奉化軍。……則泰州亦所賂地也。是年「六月，以府州刺史折從遠爲府州防禦使。初，高祖割北邊之地以賂契丹，由是府州亦北屬；從遠拒之，故有是命」。則府州亦所賂地也。二年，「振武節度使折從遠擊契丹，圍勝州，遂攻朔州」。胡三省注：「勝州不係天福初所割數內，蓋契丹乘勝幷取之」。是勝州亦所賂內也。載考金國節要則易州景州亦在賂內，是史所云十六州者，亦或未盡。至史所載十六州中，則蔚州舊爲契丹有，明宗長興三年十一月刺史張彥超……舉城附於契丹……。當時不過統舉言之，不則史誤書也。……

今檢通鑑，無割賂泰府二州之文。石晉割地以後，雖父事契丹，契丹仍不時侵軼，焉知二州非割地以後開運以前七八年間契丹以兵取之耶？勝州則胡注明言契丹乘勝所取，奪與賂異，全氏謂在賂列，疏矣。易州，宋太宗時陷入契丹（見後）。景州，若非五代史職方考之景，則是契丹所析置。至蔚州趙彥超之附契丹，則五季軍人倚外族以自固之

幽薊十六州圖

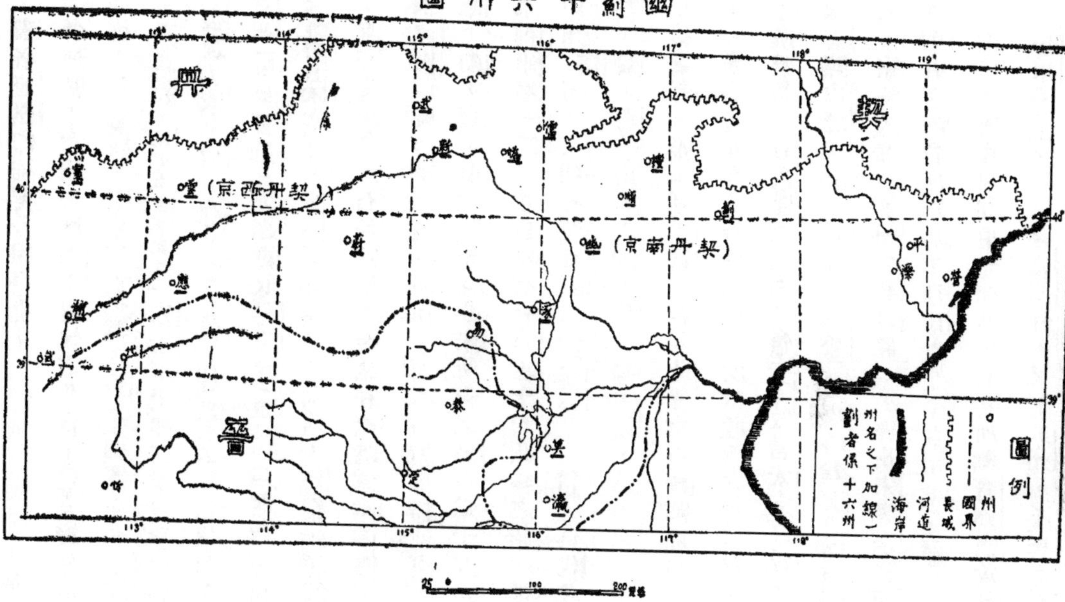

比例尺四百八十萬分之一

燕雲兩路圖

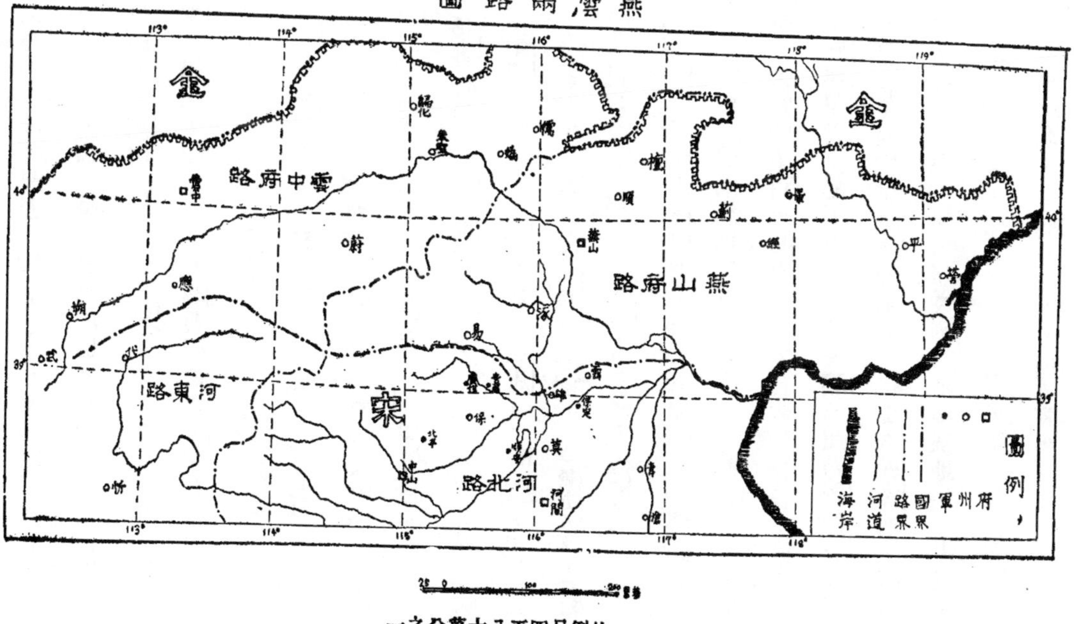

比例尺四百八十萬分之一

慣習，未必蔚州卽列契丹圖籍也。

石晉所割十六州，歷周宋兩代之北伐，已有變更。周世宗顯德六年（遼世宗應曆九），復莫，瀛。（通鑑二九四，舊五代史一一九周世宗紀，遼史六世宗紀。）宋太宗雍熙三年（遼聖宗統和四），復寰，涿，朔，應，雲，蔚，旋悉失之。（宋史五太宗紀二，遼史一一聖紀二。）後遼更取易州。（遼史一二聖紀二及四〇地理志四並繫統和七年，當宋太宗端拱二年；宋史九〇地理志六繫太宗雍熙四年，當遼統和元年。）石晉割地，至是在遼者爲幽（遼南京），薊，涿，檀，順，新（奉聖），嬀（可汗），儒，武（歸化），雲，應，朔，寰，蔚十四州。合宋所失之易州爲十五州。

東都事略一二一童貫傳有『燕雲十四州』之語，惟未舉十四州之名。三朝北盟會編二一『燕雲十六州』則代北之應，朔，寰，蔚，山前之幽，薊，瀛，漠，涿，易，檀，順，山後之儒，嬀，新，武。若謂此係指石晉割地而言，則易州宋太宗時入遼；若係指宋人所欲收復之地，則瀛莫周世宗時已復。且此十六州內，無雲州，可異也。

宋志燕山府路府一州九，平營「後唐時爲契丹所陷」，易州宋太宗時入遼，景州「契丹置」，經州宋徽宗宣和六年建。則合于石晉所割者，燕山（幽），涿，檀，順，薊五府州而已。雲中府路府一州八，石晉所割寰州，遼統和中廢。（遼史四一志五。）歸化州外，又一武州，不在石晉割數內。則合于石晉所割者，雲中（雲），應，朔，蔚，奉聖（新），歸化（武），儒，嬀八府州而已。石晉所割，在宋宣和收復以前，爲燕山，涿，檀，順，薊，雲中，應，朔，蔚，奉聖，歸化，儒，嬀，及契丹析置之景，共十四州。

宋人所欲收復之地，石晉所割及太宗時所陷諸州外，又有平，營，灤三州。平營見宋志；灤州遼志有，宋志無，以其屬縣審之，其地在宋志之平營中。案平州：契丹太祖天贊二年（梁末帝龍德三）正月所取。（遼史二太祖紀下。）營州：後唐時爲契丹太祖所取。（遼史四〇志四。）薛歐二史及通鑑，平營二州之入契丹，並繫後唐。（薛史三九唐明紀五及通鑑二七六唐明紀中上平州之陷繫天成三年，歐史六〇職方考及七二四夷附錄一平營之陷繫後唐。）灤州：契丹太祖置。（遼史四〇志四。）宋志亦云平州後唐時爲契丹所陷，改遼興府，以營灤二州隸之。則平，營，灤固無與于石晉之賂地，而石晉賂地與『燕雲』界至範圍不同也明矣。

宋朱勝非追責王黼不思營，平，灤三州乃劉仁恭遺契丹之地（三朝北盟會編一六引秀水閒居錄），誤也。顧炎武全祖望並云宋史誤以營，平，灤三州爲劉仁恭所割地。（日知錄集釋二六，鮚埼亭外編四〇燕雲天地考。）今檢宋史紀志及政宣靖炎諸臣傳，未見此文；二氏云云，不知何據。

明代河南諸王府之建置及其襲封統系表

郭豫才

明代行封建，于豫多置藩封：如周，如唐，如伊，如趙，如崇，如徽，如汝，皆其大者。凡皇子封爲親王之國，藩方以王嫡長子襲封；其次分封郡王，亦以嫡長子繼承之。各王府皆置內外官，並分建府邸。二百餘年之間，宗支蕃衍實盛。今據河南成化，嘉靖，順治，康熙，雍正諸志，參諸明史而成下列二表：

（一）諸王府建置表

王府名稱	建置	建置年代	府址	封王系出	附注
周					
王府	建	洪武十一年	宋故宮遺址	太祖第五子	
永寧王府	建	永樂六年	本城新昌坊靈應街西	定王第六子	
汝陽王府	建	永樂八年	本城廣福坊安遠門街東	定王第七子	
鎮平王府	建	正統七年	本城新昌坊端禮街西	定王第八子	儀封郡主府改建
遂平王府	建	永樂六年	本城惠和坊安遠門街東	定王第十子	
封丘王府	建	永樂二年	本城大寧坊南薰門街西	定王第十一子	
內鄉王府	建	宣德二年	本城新昌坊大梁街北	定王第十三子	
胙城王府	建	宣德二年	本城惠和坊士布街東	定王第十四子	
原武王府	建	宣德五年	本城大寧坊南薰門街東	簡王第三子	祥符王府改建
鄢陵王府	建	正統二年	本城大寧坊麗景門街北	簡王第四子	信陽郡主府改建
河陰王府	建	成化十二年	本城內大寧坊木塲街北	簡王第五子	
潁川王府	建	成化十四年	本城崇仁坊福善街西	簡王第九子	
義陽王府	建	成化五年	本城安業坊茶楊巷	簡王第十子	

臨汝王府	建	成化十二年	本城大寧坊第五巷	簡王第十三子	
沈丘王府	建	成化十二年	本城崇仁坊土市街西		宣陽王府改建
上洛王府	未建			懿王第三子	坿周府宮門左
魯陽王府	建	成化十九年	本城廣福坊福善街西	懿王第四子(?)	
臨湍王府	建	成化十九年	本城宣平坊	懿王第五子	
堵陽王府	未建			懿王第六子	坿周府宮門左
河清王府	未建				坿周府遵義門裏
唐					
王府	建	永樂二年	南陽府城內通濟街	太祖第二十三子	南陽衛治改建
新野王府	建	宣德四年	本城東門裏直西	定王長子	
三城王府	建	成化十二年	本城東門裏東北	憲王第三子	
新城王府	建	成化十二年	本城內東北	憲王第四子	
承休王府	建	成化十二年	本城東南隅	憲王第五子	
湯陰王府	建	成化十八年	本城長史司東	憲王第六子	
淅陽王府	建	成化二十年	本城東門內街南	莊王第二子	
文城王府	建	成化二十年	本城東門內街北	莊王第三子	
酈城王府	未建			莊王第四子	坿唐府內
衞輝王府	未建			莊王第四子(?)	坿唐府內
伊					
王府	建	永樂六年	河南府城內	太祖第二十五子	舊王館改建
光陽王府	未建		本城布政分司東	簡王第二子	
方城王府	建	成化十四年	本城東南隅儒林坊	安王第二子	

	西鄂王府	建	成化十五年	本城西南隅	安王第三子	
趙	王府	建		彰德府	太宗第三子	
	臨漳王府	建	正統九年	本城東南隅	惠王第二子	
	湯陰王府	建	正統九年	本城東南隅	惠王第三子	
	襄邑王府	建	正統九年	本城東南隅	惠王第四子	
	洛川王府	建	正統九年	本城內	惠王第五子	
	南樂王府	建	天順二年	本城內西南	惠王第七子	
	平鄉王府	建	天順二年	本城內東北	惠王第八子	
	汝源王府	未建			悼王第三子	坿趙府內
	昆陽王府	未建				坿趙府內
鄭	王府	建	正統八年	懷慶府城內	仁宗第二子	初建陝西鳳翔府
	涇陽王府	建	正統十年	鄭王府東	靖王第三子	
	朝邑王府	建	正統十年	鄭王府東	靖王第四子	
	盟津王府	建	成化十年	本城西大街北	簡王第四子	
	東洹王府	建	成化十年	本城西南隅	簡王第　子	
崇	王府	建	成化四年	汝寧府城東	英宗第四子	
徽	王府	建	成化十五年	鈞州城內	英宗第五子	以按察分司本州治前門改建

「坿注」此表乃據成化志撰列而成；成化後諸志，于王府多不載，故不備錄。

(二)諸王府襲封統系表：

明太祖	周定王	憲王（無嗣）					
		永寧靖僖王	安惠王	莊和王	榮穆王	恭定王	端順王
		汝陽共僖王	安憲王	安和王	康肅王	宣恩王	
		鎭平恭靖王	榮莊王	端恭王	昭順王（無嗣）	（未受封而卒）	
		遂平悼恭王	榮靖王	恭安王	康穆王	端靖王	
		封丘康懿王	溫和王	僖順王	端惠王		
		內鄉恭莊王	懷靖王（早逝追封）	溫穆王	溫定王		
		胙城莊簡王	榮順王	昭僖王	宣靖王	恭懿王	
		汝南王（以罪廢）					
		順陽懷莊王（無嗣）					
		新安有僖王（宣德初以罪廢）					
		宜陽康懿王（無嗣）					
		羅山悼恭王（無嗣）					
		固始王					
		簡王	靖王（無嗣）				
			原武安懿王	康僖王			
			鄢陵安僖王	靖簡王	端僖王		

河陰懷僖王	康簡王		
項城恭和王			
泌陽悼和王			
潁川溫僖王	榮莊王		
汝南悼和王			
義陽康靖王	榮安王	恭端王	
汝陰懷懿王			
臨汝端懿王	恭康王		
懿王	沈丘榮戾王	靖和王	榮定王
	上洛莊惠王	榮僖王	
	魯陽恭惠王	靖肅王	安定王（未受封）
	臨淄榮惠王	端簡王	莊懿王
	（榮僖王孫康裕王俱早卒）		
	堵陽安僖王		
	河淸昭和王	端和王（無嗣）	
		莊憲王	
	新會恭簡王		
	惠王	義寧昭安王	榮懿王

平樂王安泛（以罪廢爲庶人）	
崇善恭順王	端憲王（未受封而卒無嗣）
海陽康隱王	端康王
定安懷簡王（無嗣）	
曲江恭和王	恭定王
博平恭裕王	
聊城懷和王（無嗣）	
汾西靖安王	端惠王
魯山康和王	
信陵懿簡王	莊安王
邵陵恭順王	
蔡陽榮康王	端定王
東會莊僖王	
富陽安穆王	端僖王
會稽康敬王	
浦江懷隱王	安簡王
麗水榮順王	

悼王

應城王（未受封而卒）
益陽康定王
奉新榮憲王
南陵王
恭王

恭憲王
京山王
華亭榮安王
寶坻王
湯溪端定王
瑞金榮簡王
商城王
臨安王（早薨）
柘城王
修武王
安吉王
汝寧王
彰德王
康王（未受封而卒）

順慶王

保寧王

莊王　敬王　端王　恭王　恭枵（崇禎十五年城破無考）

儀封王

唐定王

靖王（無嗣）

憲王　悼簡王（無嗣）

新野悼懷王　恭簡王　宣懿王　榮僖王

三城康穆王（無嗣）

新城王

承休榮和王　昭毅王

蕩陰昭安王

莊王　淅陽溫僖王（無嗣）

（追封唐恭王）文城恭靖王

鄢城恭端王

衛輝恭懿王

成王（無嗣）

敬王（成王姪）　順王　端王　王聿鍵（崇禎十四年城破無考）

聿鏌

伊厲王

簡王　光陽榮靖王（無嗣）

安王—方城懷僖王—昭和王—懷順王（未受封而卒）
西鄂安僖王—恭靖王（無嗣）
悼王（無嗣）
定王—莊王
敬王—典模安樂王（嘉靖中廢爲庶人）

趙簡王（太宗子）
悼僖世子（未受封而卒）
惠王—臨漳恭安王—榮和王—悼懷王—康端王
湯陰莊僖王—見準（以罪廢）
襄邑恭定王—懷簡王（無嗣）
榮惠王—昭和王
洛川靖懿王—榮恪王—康定王—懷順王
南樂安懿王—榮僖王—宣靖王
平鄉榮順王—榮康王—僖穆王
悼王—汝源榮昭王—懷和王—端僖王（無嗣）
昆陽溫穆王（無嗣）
靖王—廣安端裕王
莊王—江寧王

鄭靖王(仁宗子)

新平懷僖王(無嗣)
涇陽安靖王
朝邑榮簡王(無嗣)
簡王

見溢(以罪廢爲庶人)
盟津王見濍(以罪廢爲庶人既卒復爵諡恭號)
東垣端懿王(追封鄭王諡曰定)
河陽懷簡王(無嗣)
宜章懷順王(無嗣)
繁昌恭定王
廬江懿簡王
丹陽靖和王
眞丘恭隱王

光山王(無嗣)
秀水憲穆王
康王

載培

翊鐳

穆王
常澳

由松(崇禎十七年城破無攷)

僖王	康王	懿王	恭王	敬王	考城王（敬王仲子）（崇禎十七年城破被掠）	
秀懷王（英宗子）（無嗣國除）						
崇簡王	瑞安恭簡王	莊惠王（無嗣）				
	慶元榮康王	端穆王	莊懿王（無嗣）			
	靖王	懷安王	昭穆王			
		恭王	歸德王			
			莊王	端王	由	樻
徽莊王	太和端僖王					
	遂昌王					
	景寧恭裕王					
	建德康和王					
	陽城王					
	簡王	嘉定王				
		新昌王				

						慶雲康僖王
						恭王
延津王	咸平王	懷慶王	滎陽王	德平王	陽夏王	太康王

憲宗以後所封而無統系可述者，又有三王，今坿列於後：

汝王——憲宗第八子，弘治四年封，十四年之國衞輝府。
　無嗣，國除。

潞簡王——穆宗子，萬曆十二年封，之國衞輝府。薨，子嗣。崇禎十四年，城破無考。

福忠王——神宗第二子，萬曆四十一年封，之國河南府。
　崇禎十四年，流賊陷洛，王遇害，子由崧嗣。
　後京不守，南渡江寧府偏據，號弘光。

清代地理沿革表（山西省）

趙泉澄

三　山西省

太原府——順治初年仍，領州五：平定，忻，代，岢嵐，保德；縣二十：陽曲，太原，榆次，太谷，祁，徐溝，清源，交城，文水，壽陽，盂，靜樂，河曲，樂平，定襄，五臺，繁峙，崞，嵐，興。

雍正二年，平定州升爲直隸州，樂平，壽陽，盂三縣往屬；忻州升爲直隸州，定襄，靜樂二縣往屬；代州升爲直隸州，五臺，繁峙，崞三縣往屬；保德州升爲直隸州，河曲，興二縣往屬。八年，保德直隸州之興縣還府屬：領州一，縣十一。

乾隆二十八年，裁清源縣入徐溝縣：領州一，縣十。

平陽府——順治初年仍，領州六：蒲，解，絳，霍，吉，隰；縣二十八：臨汾，襄陵，洪洞，浮山，趙城，太平，岳陽，曲沃，翼城，蒲，汾西，靈石，臨晉，榮河，猗氏，萬泉，河津，安邑，夏，聞喜，平陸，芮城，稷山，絳，垣曲，鄉寧，大寧，永和。

雍正二年，蒲州升爲直隸州，臨晉，榮河，猗氏，萬泉四縣往屬；解州升爲直隸州，安邑，夏，平陸，芮城，垣曲五縣往屬；絳州升爲直隸州，稷山，襄陵，太平，河津四縣往屬；吉州升爲直隸州，鄉寧，蒲二縣往屬；隰州升爲直隸州，大寧，永和，汾西三縣往屬。七年，絳州直隸州之襄陵，太平二縣還府屬；聞喜，絳二縣往屬絳州直隸州。九年，隰州直隸州之汾西縣還府屬：領州一，縣十一。

乾隆三十七年，吉州直隸州降爲州，暨所屬鄉寧縣還府屬；霍州升爲直隸州，趙城，靈石二縣往屬：領州一，縣十。

大同府——順治初年仍，領州四：渾源，應，朔，蔚；縣七：大同，懷仁，山陰，馬邑，廣靈，廣昌，靈丘。

雍正三年，朔州，馬邑縣二州縣往屬朔平府；天鎮衛改設天鎮縣，陽高衛改設陽高縣，隸府屬。六年，蔚州往屬直隸省之宣化府。十一年，廣昌縣往屬直隸省之易州直隸州：領州二，縣七。

乾隆十五年，豐川衛，鎮寧所改置豐鎮廳，隸府屬：領州二，廳一，縣七。

潞安府——順治初年仍，領縣八：長治，長子，屯留，襄垣，潞城，壺關，平順，黎城。

乾隆二十九年，裁平順縣入潞城，黎城，壺關三縣：領縣七。

汾州府——順治初年仍，領州一：永寧；縣七：汾陽，孝義，平遙，介休，石樓，臨，寧鄉。

遼州——順治初年仍，遼州直隸州領縣二：榆社，和順。

沁州——順治初年仍，沁州直隸州領縣二：沁源，武鄉。

澤州，澤州府——順治初年仍，澤州直隸州領縣四：高平，陽城，陵川，沁水。

雍正六年，澤州直隸州升爲府，於所屬四縣外，以州地置鳳臺縣屬之：領縣五。

平定州——雍正二年，太原府之平定州升爲直隸州，太原府之樂平，壽陽，盂三縣來屬：領縣三。

嘉慶元年，裁樂平縣：領縣二。

忻州——雍正二年，太原府之忻州升爲直隸州，太原府之定襄，靜樂二縣來屬：領縣二。

代州——雍正二年，太原府之代州升爲直隸州，太原府之五臺，繁峙，崞三縣來屬：領縣三。

保德州——雍正二年，太原府之保德州升爲直隸州，太原府之河曲，興二縣來屬；八年，興縣往屬太原府：領縣一。

蒲州，蒲州府——雍正二年，平陽府之蒲州升爲直隸州，臨晉，榮河，猗氏，萬泉四縣來屬：領縣四。六年，蒲州直隸州升爲府，於所屬四縣外，以州地增置永濟縣，以臨晉縣析置虞鄉縣，隸府屬：領縣六。

解州——雍正二年，平陽府之解州升爲直隸州，平陽府之安邑，夏，平陸，芮城，垣曲五縣來屬。七年，垣曲縣往屬絳州直隸州：領縣四。

絳州——雍正二年，平陽府之絳州升爲直隸州，平陽府之稷山，襄陵，太平，河津四縣來屬。七年，襄陵，太平二縣往屬平陽府；解州直隸州之垣曲來屬；平陽府之聞喜，絳二縣來屬：領縣五。

吉州——雍正二年，平陽府之吉州升爲直隸州，鄉寧，蒲二縣來屬；九年，蒲縣往屬隰州直隸州：領縣一。

乾隆三十七年，吉州直隸州降爲州，暨所屬鄉寧縣往屬平陽府。

隰州——雍正二年，平陽府之隰州升爲直隸州，平陽府之大寧，永和，汾西三縣來屬。九年，汾西縣往屬平陽府；吉州直隸州之蒲縣來屬：領縣三。

朔平府——雍正三年，設朔平府：大同府之朔州，馬邑縣二州縣來屬；又大同右衞改設右玉縣，大同左衞改設左雲縣，平魯衞改設平魯縣，並隸府屬；又於直北口外歸化城土默川地，設歸化城廳，隸府屬：領州一，廳一，縣四。

乾隆六年，歸化城廳升爲直隸廳，往屬歸綏道。十五年，裁寧朔衞暨懷寧所，改置寧遠廳，隸府屬：領州一，廳一，縣四。

嘉慶元年，裁馬邑縣入朔州：領州一，廳一，縣三。

光緒十年，寧遠廳升爲直隸廳，往屬歸綏道：領州一，縣三。

寧武府——雍正三年，寧武所改設寧武府：於寧武所地改設寧武縣，於神池堡地改設神池縣，於偏關所地改設偏

朝	省		太原府	平陽府	大同府	潞安府	汾州府									
1—18 順治朝 1644—1661	山西省		太原府 5,20	平陽府 6,28	大同府 4,7	潞安府 0,8	汾州府 [illegible],7									
1—61 康熙朝 1662—1722	山西省		太原府	平陽府	大同府	潞安府	汾州府									
1—13 雍正朝 1723—1735	山西省	H 直隸6- I 直隸11-	A 2- B 8+ 太原府 1,11	C 2- D 7+ E 7- F 9+ 平陽府 1,11	大同府 2,7	G 3- +3 H 6- I 11- 潞安府	汾州府									
1—60 乾隆朝 1736—1795	山西省		-28 太原府 1,10	A 37+ B 37- 平陽府 1,10	+15 大同府 2,1,7	-29 潞安府 0,7	汾州府	25 和林格爾廳	25 托克托城廳	B 37 霍州 0,2						
1—25 嘉慶朝 1796—1820	山西省		太原府	平陽府	大同府	潞安府	汾州府	和林格爾廳	托克托城廳	霍州						
1—30 道光朝 1821—1850	山西省		太原府	平陽府	大同府	潞安府	汾州府	和林格爾廳	托克托城廳	霍州						
1—11 咸豐朝 1851—1861	山西省		太原府	平陽府	大同府	潞安府	汾州府	和林格爾廳	托克托城廳	霍州						
1—13 同治朝 1862—1874	山西省		太原府	平陽府	大同府	潞安府	汾州府	和林格爾廳	托克托城廳	霍州						
1—34 光緒朝 1875—1908	山西省		太原府	平陽府	大同府	潞安府	汾州府	和林格爾廳	托克托城廳	霍州	A 10 29 寧遠廳	29 五原廳	29 陶林廳	29 武川廳	29 興和廳	32 東勝廳
1—3 宣統朝 1909—1911	山西省		太原府	平陽府	大同府	潞安府	汾州府	和林格爾廳	托克托城廳	霍州	寧遠廳	五原廳	陶林廳	武川廳	興和廳	東勝廳

關縣，於五寨堡地改設五寨縣，隸府屬：領縣四。

綏遠城廳——乾隆四年，於歸化城東北五里地，設綏遠直隸廳。六年，往屬歸綏道，仍爲直隸廳。

歸化城廳——乾隆六年，朔平府之歸化城同知廳升爲直隸廳，往屬歸綏道。

歸化城廳——乾隆二十五年，於歸化城同知直隸廳外，復設歸化城通判直隸廳，隸歸綏道。二十九年，省入歸化同知廳。

薩拉齊廳——乾隆二十五年，於歸化城西南一百二十里地設薩拉齊直隸廳，隸歸綏道。

清水河廳——乾隆二十五年，於歸化城西南一百二十里地設清水河直隸廳，隸歸綏道。

和林格爾廳——乾隆二十五年，於歸化城南一百八十里地設和林格爾直隸廳，隸歸綏道。

托克托城廳——乾隆二十五年於歸化城西南一百四十里地設托克托城直隸廳，隸歸綏道。

霍州——乾隆三十七年，平陽府之霍州升爲直隸州，平陽府之趙城，靈石二縣來屬：領縣二。

寧遠廳——光緒十年，朔平府之寧遠廳升爲直隸廳，屬歸綏道。二十九年，以蒲州府同知移駐之，仍名寧遠廳，仍隸歸綏道。

五原廳——光緒二十九年，以汾州府同知移駐薩拉齊廳治西三百六十里之大佘地設五原直隸廳，隸歸綏道。

陶林廳——光緒二十九年，以原有寧遠廳通判移駐寧遠廳治東三百六十里之科布爾地設陶林直隸廳，隸歸綏道。

武川廳——光緒二十九年，以澤州府同知移駐歸化廳治北二百一十里之公滾城設武川直隸廳，隸歸綏道。

興和廳——光緒二十九年，以太原府同知移駐豐鎮廳治東一百八十里之二道河地設興和直隸廳，隸歸綏道。

東勝廳——光緒三十二年，以鄂多斯左翼中郡王右翼前末扎薩克旗墾地設東勝直隸廳，隸歸綏道。

兩唐書地理志互勘（嶺南道）

史念海

嶺南道

廣州中都督府（舊志十三縣） 岡州（舊志二縣） 廣州南海郡中都督府

新志十三縣

南海 番禺 增城 四會 化蒙 懷集 東莞 浛水 淸

遠　湞陽　新會　義寧

右兩志同者十二縣。

洊涯　舊志廣州十三縣，除二縣改隸岡州外，應餘十一縣，而志文所載縣名僅十，相差一縣。新志，武德時以洊涯置涯州，貞觀元年州廢，復以洊涯屬廣州；舊志未載，是誤遺也。

右新志多者一縣。

案：舊志：「武德四年平蕭銑，置岡州，領新會，封平，義寧等三縣。貞觀五年廢，以新會，義寧屬廣州；其年又立南州(南州當為岡州之譌)，割廣州之新會，義寧來屬，……乾元元年復為岡州」。然新會，義寧固在廣州舊屬十三縣之數，而新志又不載岡州，當是再度省去也。

韶州舊志六縣　韶州始興郡下新志六縣

曲江　始興　樂昌　翁源　仁化　湞昌

右兩志同者六縣。案：舊志又有東𡸣，然東𡸣固非縣也，舊志誤列。

循州舊志六縣　循州海豐郡下新志六縣

歸善　博羅　河源　海豐　興寧　雷鄉

右兩志同者六縣。

賀州舊志六縣　賀州臨賀郡下新志六縣

臨賀　桂嶺　馮乘　封陽　富川　蕩山

右兩志同者六縣。

端州舊志二縣　端州高要郡下新志二縣

高要　平興

右兩志同者二縣。

新州舊志三縣　新州新興郡下新志二縣

新興　永順

右兩志同者二縣。

索盧　乾元後省入新興，故新志不載。

右舊志多者一縣。

康州舊志四縣　康州晉康郡下新志四縣

端溪　晉康　悅城　都城

右兩志同者四縣。

封州下舊志二縣　封州臨封郡下新志二縣

封川　關建新志作開建。

右兩志同者二縣。

瀧州舊志五縣　瀧州開陽郡下新志四縣

瀧水　開陽　鎮南　建水

右兩志同者四縣。案：舊志五縣，上四縣之外，尙有永寧。新志合建水水寧為一，故一為五縣，一則四縣也。

恩州舊志三縣恩州恩平郡下新志三縣

恩平　杜陵　陽江

右兩志同者三縣。

春州舊志二縣春州南陵郡下新志二縣

陽春　羅水

右兩志同者二縣。

高州舊志三縣高州高涼郡下新志三縣

良德　電白　保定新志作保寧。

右兩志同者三縣。

藤州下舊志三縣藤州感義郡下新志四縣

鐔津　感義　義昌

右兩志同者三縣。

寧風　寧風本藤州縣，武德五年以其地置鸞州；貞觀十八年州廢，復隸藤州。

右新志多者一縣。

義州下舊志三縣義州連城郡下新志三縣

岑溪　永業　連城

右兩志同者三縣。

竇州下舊志四縣竇州懷德郡下新志四縣

信義　懷德　潭峨　特亮

右兩志同者四縣。

勤州舊志三縣勤州雲浮郡下新志二縣

富林　銅陵

右兩志同者二縣。案：舊志，州所屬縣有三，誤矣，覈實祗二縣也。

桂州下都督府舊志十縣桂州始安郡中都督府新志十一縣

臨桂　理定　靈川　陽朔　荔浦　豐水　修仁　恭化　永福　全義

右兩志同者十縣。

臨源案新志全義縣注：『本臨源，武德四年析始安置，大歷三年更名』。是臨源全義本爲一縣。舊志全義注『新置』二字，又分臨源全義爲二矣。或是臨源改名，舊志未載，而誤以全義爲新置，致相錯亂。

右舊志多者一縣。

古乾寧二年析慕化置，故舊志不載。

右新志多者一縣。

昭州舊志三縣昭州平樂郡下新志三縣

平樂　恭城　永平

右兩志同者三縣。

富州下舊志三縣富州開江郡下新志三縣

龍平　思勤　馬江

右兩志同者三縣。

梧州下舊志三縣梧州蒼梧郡下新志三縣

蒼梧　戎城　孟陵

右兩志同者三縣。

蒙州舊志三縣蒙州蒙山郡下新志三縣

立山　東區　正義

右兩志同者三縣。

龔州下舊志六縣龔州臨江郡下新志五縣

南平新志作平南。　武林　隋建　大同　陽川

右兩志同者五縣。案：舊志州所屬縣凡五，志文言有六縣，誤矣。

潯州下舊志三縣潯州潯江郡下新志三縣

桂平　宣化新志作皇化。　大賓

右兩志同者三縣。案：舊志諸縣中不載大賓。然志文序州之建置始末時，則云：『貞觀七年置潯州，領桂平，陵江，大賓，皇化四縣。……省陵江入桂平』。是序中明言有大賓，志文誤遺也。且序中言皇化，知志文之宣化譌也。

鬱林州下舊志五縣鬱林州鬱林郡下新志四縣

興德　興業　潭栗

右兩志同者三縣。

石南建平二年省入興業，故新志不載。　鬱林新志屬貴州。

右舊志多者二縣。案：舊志州所領五縣，志文闕一。新志興業縣注云：『麟德二年析石南置』。則興業之置遠在高宗之時，而志文反不載及，疑所闕者即此縣也。

鬱平舊志屬貴州。

右新志多者一縣。

平琴州舊志四縣黨州下舊志四縣黨州寧仁郡下新志八縣

撫安　善勞　善文　寧仁　容山　懷義　福陽　古符

右兩志同者八縣。案：舊志平琴州領四縣，容山以下皆是也。四縣本黨州地，析出別置；永淳而後，屢置屢廢；至建中二年乃復還省，舊縣復歸黨州。舊志黨州四縣失載，今姑以新志當之。

賓州下舊志三縣賓州嶺方郡下新志三縣

嶺方　瑯琊　保城

右兩志同者三縣。

澄州舊志四縣澄州賀水郡下新志四縣

上林　無虞　賀水

右兩志同者三縣。案：舊志所領四縣，縣名僅三，是云四縣者誤也。

止戈

右新志多者一縣。

繡州下舊志三縣繡州常林郡下新志三縣

常林　阿林　羅繡

右兩志同者三縣。

象州下舊志三縣象州象郡下新志三縣

武化　武仙　陽壽

右兩志同者三縣。案：舊志尚有武德一縣，此縣於天寶元年已省，似不應入天寶時州所領三縣之列。

柳州舊志五縣柳州龍城郡下新志五縣

馬平　龍城　象　洛曹新志作洛漕。　洛容

右兩志同者五縣。

融州下舊志三縣融州融水郡下新志二縣

融水　武陽

右兩志同者二縣。案：舊志州所領縣僅二，而志文言有三縣，誤也。

桂州都督府所轄之羈縻州：紆州（縣六：東區，吉陵，賓安，南山，都邦，紆質。）　歸思州　歸順州（縣五：羅遼，履博，都恩，吉南，許水。）　蕃州（縣三：蕃水，都伊，思寮。）　温泉州温泉郡（縣二：温泉，洛富。）　述昆州（縣五：夷蒙，夷水，古桂，臨山，都隴。）　格州

右七羈縻州僅見於新志，舊志不載。

邕州下都督府舊志五縣邕州朗陵郡下都督府新志七縣

宣化　武緣　晉興　朗寧　思龍新志作思籠。　如和　封陵

右兩志同者七縣。案：舊志州所領者七縣，志文言舊領五縣者誤也。

貴州下舊志四縣貴州懷澤郡下新志四縣

懷澤　潮水　義山

右兩志同者三縣。

鬱平新志屬鬱州。

右舊志多者一縣。

鬱林舊志屬鬱州。

右新志多者一縣。

橫州下舊志三縣橫州寧浦郡下新志三縣

寧浦　從化　樂山

右兩志同者三縣。

田州舊志五縣田州橫山郡下新志五縣

都救　惠性新志作惠佳。　武籠新志作武龍。　橫山　如賴

右兩志同者五縣。

嚴州舊志三縣嚴州循德郡下新志三縣

來賓　循德　歸化

右兩志同者三縣。

山州舊志二縣新志無

龍池新志屬瀼州。

右舊志一縣。山州領縣二，今惟龍池一縣；王鳴盛以爲當於龍池之下再補『盆山』。(見十七史商榷。)

巒州舊志三縣巒州永定郡下新志三縣

永定　武羅　靈竹

右兩志同者三縣。

羅州舊志五縣羅州招義郡下新志四縣

石城新志作廉江。　吳川　招義新志作幹水。

右兩志同者三縣。

隋義　南河新志屬順州，大曆八年改隷。

右舊志多者二縣。

零綠

右新志多者二縣。

潘州下舊志三縣潘州南潘郡下新志三縣

茂名　南巴　潘州新志作潘水。

右兩志同者三縣。

邕州都督府所屬之羈縻州：楒州（縣八：正平，富平，龍源，思恩，饒勉，武招，都象，歆良。）恩剛州　侯州　歸誠州　倫州　石西州　思恩州　思同州　思明州（縣一：顯川。）　萬形州　萬承州　上思州　談州　思琅州　波州　員州　功饒州　萬德州　左州　思誠州　謁州　歸樂州　青州　得州　七源州　歸順州

右二十六羈縻州僅見於新志，舊志不載。

容州下都督府舊志五縣容州普寧郡下都督府新志六縣

北流　普寧　陵城　渭龍　欣道

右兩志同者五縣。

陸川舊志屬禺州，唐末改隷。

右新志多者一縣。

辯州下舊志三縣辯州陵水郡下新志二縣

石龍　陵羅

右兩志同者二縣。

龍化新志屬順州，大曆八年改隷。

右舊志多者一縣。

白州下舊志五縣白州南昌郡下新志四縣

博白　周羅　建寧　南昌

右兩志同者四縣。

龍豪新志屬順州，大曆八年改隸。

右舊志多者一縣。

牢州下舊志三縣牢州定川郡下新志三縣

南流　定川　宕川

右兩志同者三縣。

欽州下舊志五縣欽州寧越郡新志五縣

欽江　保京新志曰保安，至德二載更名。　內亭　遵化　靈川新志作靈山。

右兩志同者五縣。

禺州舊志四縣禺州溫水郡下新志四縣

峨石　陸川新志曰羅辯，後再稱陸川，改隸容州，新志兩載之。　扶桑新志作扶黎。

右兩志同者三縣。

溫水新志屬順州，大曆八年改隸。

右舊志多者一縣。

宕昌

右新志多者一縣。

湯州下舊志三縣湯州湯泉郡下新志三縣

湯泉　綠水新志作綠水。　羅韶

右兩志同者三縣。

瀼州下舊志四縣瀼州臨潭郡下新志四縣

瀼江　波零　鵠山　鴻遠

右兩志同者四縣。

巖州下舊志四縣巖州常樂郡下新志四縣

常樂　思封　高城　石巖

右兩志同者四縣。

古州舊志不載縣名古州樂興郡下新志三縣

樂山　古書　樂興

右新志三縣。

安南都督府舊志七縣安南中都督府新志八縣

宋平　交趾　南定　朱鳶　龍編　平道　武平

右兩志同者七縣。

太平

右新志多者一縣。

武峨州下舊志五縣武峨州武峨郡下新志七縣

武峨　武緣　武勞　梁山

右兩志同者四縣。案：舊志州所領僅四縣，志文謂有五縣，誤也。

如馬　武夷　武義

右新志多者三縣。

粵州下舊志四縣宜州龍水郡下新志四縣

龍水　崖山　東璽　天河

右兩志同者四縣。案：粵州改稱，事在乾封中。

芝州下舊志一縣芝州忻城郡下新志七縣

忻城

右兩志同者一縣。

富川　西平　樂光　樂豔　多雲　思龍

右新志多者六縣。

愛州舊志六縣愛州九眞郡下新志六縣

九眞　安順　崇平　軍寧　月南　無編新志曰長林。

右兩志同者六縣。

福祿州下舊志二縣福祿州唐林郡下新志三縣

柔遠

右兩志同者一縣。案：舊志州所領一縣；志文言二縣，譌也。

唐林　福祿

右新志多者二縣。

長州舊志四縣長州文揚郡下新志四縣

文陽　銅蔡　長山　其常

右兩志同者四縣。

驩州舊志四縣驩州日南郡下都督府新志四縣

九德　浦陽　懷驩　越裳

右兩志同者四縣。

林州舊志三縣新志無

林邑　金龍　海界

右舊志三縣。

景州舊志三縣新志無

北景　由文　朱吾

右舊志三縣。

峯州下舊志五縣峯州承化郡下都督府新志五縣

嘉寧　承化　新昌　嵩山新志作高山。　珠綠

右兩志同者五縣。

陸州舊志三縣陸州玉山郡下新志三縣

烏雷　華淸　寧海

右兩志同者三縣。

廉州下舊志五縣廉州合浦郡下新志四縣

合浦　封山　蔡龍

右兩志同者三縣。

大廉

右舊志多者一縣。案：舊志州所領四縣，志文誤載爲五。

廉。

右新志多者一縣。案：此廉縣或卽舊志之大廉，志文誤奪『大』字。

雷州下舊志三縣雷州海康郡下新志三縣

海康　遂溪　徐聞

右兩志同者三縣。

籠州舊志七縣籠州扶南郡下新志七縣

武勒新志作武勸。　武禮　羅龍新志作羅籠。　扶南　龍賴新志作龍額。　武觀　武江

右兩志同者七縣。

環州下舊志八縣環州整平郡下新志八縣

正平　福零　龍源　饒勉　思恩　武食新志作武石。　歌良　都蒙

右兩志同者八縣。

德化州舊志二縣德化州新志二縣

德化　歸義

右兩志同者二縣。新志，德化州在羈縻州內。

郎茫州舊志二縣郎茫州新志二縣

龍然　福守新志作古勇。

右兩志同者二縣。新志，郎茫州在羈縻州內。

崖州下舊志三縣崖州珠崖郡下新志三縣

舍城　登邁　文昌

右兩志同者三縣。

儋州下舊志五縣儋州昌化郡下新志五縣

義倫　昌化　感恩　洛場　富羅

右兩志同者五縣。

瓊州舊志五縣瓊州瓊山郡下都督府新志五縣

瓊山　臨高　曾口　樂會　顏羅

右兩志同者五縣。

振州舊志五縣振州延德郡下新志五縣

寧遠　吉陽　延德　臨川　范屯新志作落屯。

右兩志同者五縣。

萬安州舊志四縣萬安州萬安郡下新志四縣

萬安　陵水　富雲　博遼

右兩志同者四縣。舊志此下有丹丹，赤土二國，今附於此，不別錄。

安南都護府所屬之羈縻州：龍武州（縣二：龍丘，福字。）　歸化州（縣四：歸朝，洛都，落同，落巍。）　郡州（縣二：郡口，樂安。）

萬泉州(縣一：陸水。)　思龍州(縣三：武郎，武容，武全。)　爲州(縣三：都龍，漢會，武零。)　西原州(縣三：羅和，古林，羅淡。)　林西州(縣二：林西，甘橘。)　思鄖州(縣三：都寧，昆陽，羅方。)　武寧州(縣三：文葛，甘郎，蘇物。)　新安州(縣三：歸化，賓陽，安德。)　金鄭州(縣三：羅嘉，文龍，祿榮。)　提上州(縣三：長賓，提頭，朱綠。)　甘棠州(縣一：忠誠。)　武定州(縣三：福祿，柔遠，康林。)　都金州(縣四：温泉，嘉陵，廿陽，都金。)　諒州(縣二：武興，古都。)　武陸州　平原州(縣三：龍石，平林，龍當。)　龍州　眞州　信州　思陵州　祿州　南平州　西平州　門州　餘州　歸州　金隣州　暑州　羅伏州　儋陵州　樊德州　金龍州　哥龍州　尙思州　安德州

右三十七羈縻州，僅見于新志，舊志不載。

潮州潮陽郡下舊志無，新志三縣

海陽　潮陽　程鄉

右新志三縣。

連州連山郡下舊志屬山南西道，新志三縣

桂陽　陽山　連山

右兩志同者三縣。

思唐州舊志無，新志二縣

武郎　思和

右新志二縣。

順州順義郡下舊志無，新志四縣

龍化舊志屬辯州。　温水舊志屬禺州。　南河舊志屬羅州。　龍豪舊志屬白州。

右新志四縣。

演州龍池郡下舊志無，新志七縣

忠義　懷驩　龍池舊志屬山州。　思農　武郎　武容　武金

右新志七縣。

武安州武曲郡下舊志無，新志二縣

武安　臨江

右新志二縣。

(本篇終)

明成祖北征紀行初編(續)

李素英

四月戊戌(初二日)上召諸將議餽運，有言沙磧車運行遲，不若人負之便。上曰，『任重致遠，水莫如舟，陸莫如車。舟遇淺，車遇沙，雖遲；如舟出淺，車出沙，人力所不能及矣。十人運一車或缺，一二人倘堪挽之以行。用人負者，

一人有故必分于衆，以一累十，以十累百，不尤難哉！』遂用車。

初二日進神應泉銘。

四月辛丑(初五日)

初五日午發淸水源，過此沙陀漸少。時大風寒，予戴帽上馬，時被風吹斜側，常以手執帽籠。上顧而笑曰：『今日秀才酸矣！』晚至屯雲谷，此處少水，由淸水源載水至此晨炊。

四月壬寅(初六日)

初六日早發屯雲谷。霜氣甚寒，皆衣皮裘，戴狐帽。行十餘里，上召曰：『豳風云，「一之日觱發，二之日栗烈」。今已秀葽之時而氣尚栗烈，皆衣狐裘。未經此者，與之言自是不信』。光大對曰：『誠所謂「井蛙不可以語海，夏蟲不可以語冰」。臣若不涉此，亦不深信』。上笑曰：『爾等誠南士也！』午次玉雪岡，見上于帳殿。上見光大衣狐裘暖帽，笑曰：『今爲冷學士矣！』

四月癸卯(初七日)車駕次玄石坡。上製銘使勒于立馬峯之石。銘曰：『惟日月明，維天地壽。玄石勒銘，與之悠久』。

初七日發玉雪岡。行十餘里過一大坡陀甚平曠。遠見一山甚長，一峰獨高，秀拔如拱揖。上指示曰：『此賽罕山，華言「如山」也。又曰阿十者，華言「高山」也。其中人迹少至，至則風雷交作，故胡騎少登此。若可常登，一覽數百里，已爲其所窺矣』。午次玄石坡，見山桃花數䕺盛開；草莽中忽覩此，亦甚奇特。上登山頂製銘，書歲月紀行，刻于石，命光大書之；并書『玄石坡立馬峰』六大字刻于石。時無大筆，用小羊毫筆鈎上石；勒成，甚壯偉可觀。晚有泉躍出于地，如神應泉，足飮人馬，名曰天錫泉。上命幼孜三人及尙書方賓，待郎金純往觀；至，見人馬塡滿，泉水上溢出，旋復壅塞。

四月甲辰(初八日)

初八日次鳴鑾鎭。

四月乙巳(初九日)

初九日早發鳴鑾鎭，是程若遠，然地甚平曠。午至一山谷中，有二舊井水可飮；新掘井皆鹹苦。午後忽微雨風作，天氣淸爽，人馬不渴。若喧熱，人皆疲矣。過數里，兩旁皆山。西山皆黑石，礧砢層疊。東南諸山皆土。晚至歸化甸。上與諸騎將前行眺望，有泉出于地，遂名曰靈秀泉。適中官以『玄石坡』字來進，觀畢，命司禮監藏于篋。

四月戊申(十二日)車駕次楊林戍，以深入虜地，免諸將朝。

十二日早發歸化甸，由山谷中行。地多鼠穴，馬行其上輙蹄。行二十餘里，地多美石，有如琥珀，玳瑁，瑪瑙，碧玉者，其光瑩然。同行好事者下馬拾以爲玩。午至楊林戍，地亦有美石，但不如前所見者之佳。晚有泉出于營之西南，遂命名曰神貺泉。

四月壬子(十六日)車駕次禽胡山，上製銘刻石曰：『瀚海爲鐔，天山爲鍔。一掃胡塵，永清沙漠』。賜其泉名『靈濟』。以明日萬壽聖節，勑免文武羣臣賀。瓦剌順甯王馬哈木等遣舒里的兒等來朝，賜宴勞之。

十六日午次禽胡山。營東北山頂有巨白石，上命光大往書『禽胡山靈濟泉』大字。

四月癸丑(十七日)

十七日次香泉戍。

四月甲寅(十八日)車駕次廣武鎮，賜其泉名『清流』。上製銘刻石曰：『于鑠六師，用殲醜虜。山高水清，永彰我武』。

十八日早發香泉戍，行沙陀中，多山桃花，滿地爛熳。又有榆柳叢生不甚高；有鳥巢，甚完固，舉手可探之，皆鷹隼巢也。午後至廣武鎮。川中有土城基，問人，云：『國初征和林時所築，屯糧于此』。過川入山，有泉流，皆不能飲，泥臭故也。西南山峰甚秀。上欲刻石，令方賓與幼孜三人上觀石。登山下馬徧觀無佳石。得一石略平可書。正書，忽風雨作，遂下山至營復命。上面營前高峰而坐。上曰：『人恒言此山有靈異，適登此忽雲陰四合，風冷然而至』，遂命之曰『靈顯翠秀峰』，泉曰『清流』。

四月乙卯(十九日)

十九日發廣武鎮，上登靈顯翠秀峰，令幼孜四人從。晚次高平陸無水，於廣武鎮載水至此晚炊。

四月丙辰(二十日)

二十日次懷遠塞。

四月丁巳(二十一日)

二十一日次捷勝岡，有泉湧出，名曰神獻泉。上令光大書『捷勝岡』三大字于石。山多雲母石，並書『雲石山』三字刻于石。

四月戊午(二十二日)

二十二日早發捷勝岡。行數十里，但見荒山野草。上曰：『四望無際，莫知其極，此眞所謂大漠也』。午次清泠泊，有泉湧出，名曰瑞應泉。

四月己未（二十三日）

二十三日午發清泠泊，晚至雙秀峰。是程無水，自清泠泊載水炊飯。適天陰風寒下雨，人馬俱不渴。

四月庚申（二十四日）車駕次威虜鎭。艱得水，命以駝所載水賜衛士。日暮，上猶未食。中宮請進膳，上曰：『軍士未食，朕何忍獨先飽！』令人視各營軍士皆食，始進膳。

二十四日早發雙秀峰，踰時至威虜鎭，泉曰永清。

四月辛酉（二十五日）

二十五日午後發威虜鎭，晚至紫霞峰。

四月壬戌（二十六日）車駕次玄雲谷。聞涼州土韃軍叛，命都指揮僉事史昭統總兵官操練陝西行都指揮使司軍馬，並統領陝西都司河州諸衛步騎三千人鎭守涼州等處，凡土軍土民有梗命者即勦之。

二十六日至玄雲谷。使臣舒百戶自瓦剌回，上召幼孜三人隨駕同行，聽其言瓦剌事。夜，命寫勑，無桌，以氈覆地伏而書之。書畢，已四鼓矣。

四月癸亥（二十七日）

二十七日次古梵場。

四月甲子（二十八日）車駕次長清塞，賜其泉名『玉華』。

二十八日早發古梵場。行數十里，東北有山甚高廣，峰巒聳拔，蒼翠奇秀，類江南諸山。山之下，孤峰高起，上多白石。元氏諸王葬其下。晚至長清塞，有泉水甚清，賜名曰『玉華泉』。夜漏初下，上立帳殿前指北斗曰：『至此則南望北斗矣』。語甚久，方退。

四月丙寅（三十日）

三十日至順安鎭。上立帳殿前，指營外山曰：『此虜地諸山之入畫者』。遂令畫工圖之。晚下雨。

五月丁卯朔，車駕將發順安鎭，營外四山雲氣潔白如練。前賜高峯名『白雲山』，遂行。將至臚朐河，上登山四望，俯臨河流，立馬久之，賜臚朐河名『飲馬河』。營于平漠鎭。

初一日早微雨，發順安鎭。行十餘里，山多白雲，上召指示前山曰：『此卽名「白雲山」』。又行數里，白雲中有青氣接地，望之如青山白雲。上曰：『此山甚高大可觀』。幼孜以爲信然。上笑曰：『此氣也，非眞山。若誠爲山，則天下之山無有過之者』。度一岡，遙見臚朐河。又過一岡，上攬轡登其頂，四望如下。又行數里，臨驢朐河，立馬久之，賜名曰『飲馬河』。河水東北流，水迅疾。兩岸多山，甚秀拔。岸傍多楡柳。水中有洲多蘆葦，靑草長尺餘。傳云不可飼馬，馬食多疾。水多魚，頗有以來進者。駐營河上，地名曰『平漠鎭』。

五月戊辰(初二日)駐蹕平漠鎭，遣都督冀中祭飲馬河山川。

初二日駐蹕平漠鎭，賜食御庖鮮魚。

五月己巳(初三日)

初三日發平漠鎭。由此順驢朐河東行，午至祥雲巘。上立帳殿前召語，片時乃退。

五月庚午(初四日)車駕至蒼山峽，哨騎獲虜諜者五人，及都指揮欵台獲虜馬四疋來獻。

初四日晨發祥雲巘，午次蒼山峽。哨馬營巳値胡騎四五人，得箭一枝，馬四疋來進。

諭都督朱榮等曰：『說與遊擊將軍都督朱榮，都指揮蘇火耳灰，內官王安等：哨馬營離大營三十里揀好便當去處駐扎，若發向前小哨馬，爾等可相度遠近處置，務要晝夜謹愼，不可怠慢。假如王彥王哈剌把都兒不發哨馬在前，卻令架礮之人在前，遇見賊五人，若賊有膽略，架礮之人如何不被其擒去？彼諸人只于朕前說話謾得無縱，只會謾我，不會去謾別人。你每不要學他這等』。(初四日)(見王世貞弇山堂別集八十八北征軍情事宜；以下同，不更注)

『說與遊擊將軍都督劉江等……』(文同)

諭都指揮王哈剌把都兒等曰：『說與都指揮王哈剌把都兒，內官王彥：哨馬營離大營三十里揀好便當去處駐劄，若發向前小哨馬，爾等相度遠近處置，務要晝夜謹愼，不可怠慢。爾等不發哨馬在前，卻令架礮者在前，遇賊五人，若賊是有膽者，架礮之人已被其擒去。爾等原來是如此無用之物！來我說話且是謾得嚴密，只能謾我，若謾得賊過便好。今後若再是如此無用，卽斬爾輩』。(初四日)

諭各軍總兵官等曰：『說與各軍總兵官：朕前令中軍淸遠侯王友于沿途收拾落後官軍並瘦乏馬驢，及一應患病之人，朕自爲處置中軍事務。淸遠侯于五月初三日到營，俱已收拾送與各軍，爾行仍復拋撇在路，不行將帶前去。倘爲胡寇所掠，必致走漏聲息，失誤軍機，好生不便』。(初四日)

又諭曰：『說與各軍總兵官：明日大天明做飯吃，吃飯了，收拾停當才放起營前進』。

諭內官王安曰：『說與內官王安：明日令伯十苦朮帖木兒歹東曲列兒脫歡留在大軍下營去處，聽候我來議事』。

五月辛未(初五日)

初五日發蒼山峽，午次雲臺戍。地多野韭沙蔥，人多采食。又有金雀花，花似決明，莖似枸杞，有刺，葉小圓而末銳；人采取其花食之。又有一種黃花菜，花大如荷蒿，葉大如指，長數尺；人亦采食。

五月壬申(初六日)

初六日次錦屏山。

諭都督朱榮等曰：『說與遊擊將軍都督朱榮，都指揮蘇火耳灰，內官王安，春山等：即選撥漢軍二十名，達軍十五名，每人馬二疋，跟隨都指揮款臺等往兀兒札幷斡難河擒拏胡寇聲息。再選漢官一員，撥漢軍一十名，達軍二十名，春山處亦發達軍二十名，每名馬二疋，跟隨都指揮伯十往壓海禿等處擒拏胡寇聲息』。(初六日)

諭都指揮王哈剌把都兒等曰：『說與遊擊將軍都指揮王哈剌把都兒內官王彥：即選撥達軍八名，每人馬二疋，跟隨都指揮款臺等往兀兒扎幷斡難河擒拏胡寇聲息』。(初六日)

又諭曰：『說與遊擊將軍都指揮王哈剌把都兒，內官王彥：選能幹指揮一員在哨馬營暫時管事，每日哨瞭；務要晝夜用心，不許怠慢。王哈剌把都兒王彥選好人馬一百人或二百人，或晝行夜止，往前擒拏聲息，務要十分仔細擒獲達賊。如是仍前失機誤事，必加重罪不赦』。(初六日)

五月癸酉(初七日)

初七日次玉華峰。

諭各軍總兵官等曰：『說與各軍總兵官：在營整理軍馬，不必來朝。晝夜務要十分謹愼』。(初七日)

五月甲戌(初八日)車駕次環翠阜。指揮款臺等獲虜人，詢之，言本雅失里聞大軍出塞，甚恐，欲同阿魯臺西走；阿魯臺不從，餘部落亦離散。今本雅失里至兀右兒札之地，將奔瓦剌矣。時日已暮，上令諸將悉度飲馬河駐營，議分兵追本雅失里。

初八日發玉華峰。胡騎都指揮欵臺獲虜一人至，知虜在兀古兒扎河。晚遂度飲馬河下營。

諭都督劉江等曰：『說與遊擊將軍都督劉江等：今款臺已拏到胡寇人來，問知本雅失里與阿魯臺不和，自相殺散。本雅失里見在兀古兒水，離我兩程。阿魯臺見在兀兒古納。前者，爾等哨瞭不謹，在哈剌忙來已爲胡寇哨知我聲息。爾等在前如此誤事！前日因爾等不用心哨瞭，不能擒拏胡寇八人，不知八人，何不來報？失誤事機。今緊不得，緩不得，務要晝夜用心哨瞭，事機正在頃刻之間。我今日渡河往古兀兒劄擒拏胡寇本雅失里。朱榮王安等就渡河爲前哨馬。王哈剌把都兒王彥等就爲左哨馬。劉江就渡河爲右哨馬。朱得李玉仍爲後哨馬』。(初八日)

『說與遊擊將軍都督朱榮，都指揮蘇火兒灰，內官王安等：……』(文同)

『說與都指揮朱得，指揮李玉：……』(文同)

五月乙亥(初九日)命清遠侯王友，廣恩伯劉才統領守營馬步官軍，於飲馬河上築殺胡城駐劄。上率將士精銳者循飲馬河西北行。都指揮婁鬼力獲至虜人口孳畜，命送殺胡城，仍勑清遠侯王友等撫養之。

初九日上以輕騎逐虜人，各齎糧二十日。其餘軍士，令清遠侯帥領，駐劄河上。扈從文臣止令尚書方賓及光大勉仁數人隨行；命幼孜留營中。

諭清遠侯王友等曰：『皇帝制諭清遠侯王友充總兵官，廣恩伯劉才充副總兵統領各軍馬步官軍修築城池，喂養馬匹。務要整齊隊伍，鋒利器械，相機調用。所領官軍，悉聽節制，如制奉行』。(初九日)

諭各軍總兵官等曰：『說與各軍總兵官及驃騎將軍薛祿薛斌等官軍人等：獲到馬匹，務要盡數報官，不許隱匿。但有隱匿不報者處斬。如是曾經奏過將騎坐者，亦要報來』。(初九日)

『說與清遠侯王友：今婁鬼力獲到達賊人口羊馬，送到爾處，爾務要好生收養，人口好生防護，不要擾動』。(初九日)

清代學者地理論文目錄（方志上）

王重民

3. 方志

古地理

九丘考　張澍　養素堂文集　一〇，一上

三苗三危考　吳積鑑　詁經精舍五集　一，一六上

釋羌豐岨 鄒伯奇 大鶴集 四，一〇下

姚盧考 張澍 養素堂文集 一〇，二下

鼻亭辨 姜宸英 湛園未定稿 三，一一下

有庳說 秦瀛 小峴山人文集 一，六上

殷虛卜辭中所見地名考 王國維 觀堂別集補遺 一，三下

說商(河南商邱) 王國維 觀堂集林 一二，一下

三亳辨 陳壽祺 左海經辨 上，四六上

說亳 王國維 觀堂集林 一二，二上

韋顧昆吾考 王昶 春融堂集 三四，二下

南巢考 張澍 養素堂文集 一〇，八上

說耿(祖乙都河內) 王國維 觀堂集林 一二，四上

鬼方釋 張澍 養素堂文集 三一，二下

鬼方考 黃以周 儆季史說略 四，一上

鬼方考 汪之昌 青學齋集 一，一二下

鬼方考 張成渠 詁經精舍三集 二，一一下

鬼方昆夷玁狁考 王國維 觀堂集林 一三，一上

說殷 王國維 觀堂集林 一二，四下

釋鎬 王舟瑤 默盦集 二，五下

庸蜀羌髳微盧彭濮考 沈垚 落帆樓文集 二四，五下

周葊京考 王國維 觀堂集林 一二，五上

畢原畢陌考 孫星衍 問字堂集 三，六下

伊雒字古不作洛考 段玉裁 經韵樓集 一，三四上

伊雒字古不作洛解 汪之昌 青學齋集 二，二〇上

用國考 孫星衍 平津館文稿 上，四五下

與孔檢討廣森論中𠦑書 洪亮吉 卷施閣文甲集 七，一四下

晉絳辨 汪之昌 青學齋集 九，二七下

陽孤陽狐陽壺辨略 汪之昌 青學齋集 一三，一三上

昔陽肥邑考 洪頤煊 筠軒文鈔 四，八上

春秋時夏汭考辨 施彥士 求已堂文集 一，二二上

齊魯二國封地考 皮錫瑞 經訓書院自課文 二，三七下

武城辨 王植 崇德堂稿 一，四六上

武城志疑 胡賡善 新城伯子文集 一，二三上

武城考 汪之昌 青學齋集 九，二五上

武城考 胡元玉 璧沼集 三，二三下

棠邑考 汪之昌 青學齋集 九，二三上

匡城考 沈濤 十經齋文集 四，一上

宋疆域論 顧棟高 湖海文傳 五，一一下

秦疆域論 顧棟高 湖海文傳 五，一二下

楚疆域論　顧棟高　湖海文傳　五，一三下

三楚考　汪士鐸　汪梅村先生集　二，四下

楚地今名考　左全孝　沅湘通藝錄　五，一上

楚地今名考(楚國都城山水在湖南省者各舉所知釋以今地)　曾朝祐　沅湘通藝錄　五，二上

釋荊楚　俞樾　賓萌集　三，四下

釋郢　汪中　述學別錄　一，二上

豫章考　胡虔　湖海文傳　一一，一六下

豫章考　洪鐘　湖海文傳　一一，二〇下

釋畢郢　劉台拱　劉端臨文集　一，四上

楚郢辨　汪之昌　青學齋集　九，二九上

城父父城考　楊守敬　晦明軒稿　上，二四上

釋貳軫　鄒漢勛　斆藝齋文存　一，七上

春秋徐國考　張宗泰　質疑删存　上，一六上

春秋吳越疆域考　馮一梅　詁經精舍四集　七，一五上

三吳考　汪士鐸　汪梅村先生集　二，六上

辨萬泉滎河爲古冀耿地　胡天游　石笥山房文集　五，三一下

駁秦閩中郡非台州辨　王棻　柔橋文鈔　四，一五上

辨台州秦屬閩中郡　王舟瑤　默盦集　二，一三下

項羽都江都考(附阮元跋)　劉文淇　青溪舊屋文集　四，一上

項羽都江都考跋　阮元　揅經室再續二集　二，三二上

項羽王九郡考　姚鼐　惜抱軒文集　二，一二上

駁全謝山九郡答問　劉文淇　青溪舊屋文集　四，五上

項羽王梁楚九郡考　汪之昌　青學齋集　一三，一〇上

彭城五諸侯考　全祖望　鮚埼亭集外編　四〇，九上

灌嬰城考　張澍　養素堂文集　一二，二下

垣東垣考　楊守敬　晦明軒稿　上，一八上

地理志觀縣考　段玉裁　經韻樓集　五，一三上

漢廬江九江二郡沿革考　姚鼐　惜抱軒文集　二，二上

與姚姬傳書(辨廬江九江二郡沿革考)　錢大昕　潛研堂文集　三五，六下　湖海文傳　四二，一八下

與宿松文學書(辨宿松即漢之松滋)　洪亮吉　更生齋文甲集　一，一七上

漢時未立今太平府屬之當塗考　張宗泰　質疑删存　中，五下

合肥考　莊有可　慕良雜著　一，六上

姑幕考　李文藻　南澗文集　上，三下

廣陵曲江證　汪中　述學內篇　三，九上

曲江在廣陵考　張澍　養素堂文集　一〇，一〇上

漢會稽三都尉分部錄　全祖望　鮚埼亭集　三五，六上

漢會稽東部都尉治所考　王國維　觀堂集林　一二，一八下

地方沿革

寶慶沿革　鄒漢勛　斅藝齋文存　三，一上
百粵分地錄　全祖望　鮚埼亭集外編　四九，一四上
答鄒叔勣書（論貴州沿革）　莫友芝　郘亭遺文　五，五上
貴陽沿革　鄒漢勛　斅藝齋文存　四，一上
都勻府自南齊以上地理考　莫與儔　貞定先生遺集　二，一上
安順沿革　鄒漢勛　斅藝齋文存　三，一〇下
與施東萊論明代北京爲行在帖　全祖望　鮚埼亭集外編　四五，一六上

民族

匈奴始遷歐洲考　章炳麟　太炎文錄初編別錄　二，五一上
西胡考（二篇）　王國維　觀堂集林　一三，一〇下
西胡續考　王國維　觀堂集林　一三，一四下
月氏未西徙大夏時故地考　王國維　觀堂別集補遺　一，一〇上
黑車子室韋考　王國維　觀堂集林　一四，一上
韃靼考　王國維　觀堂集林　一四，五上
遼金時蒙古考　王國維　觀堂集林　一五，一上

雜說

廣陵對　汪中　述學外篇　一，一上　湖海文傳　一〇，一二上
淮陰說（三篇）　丁晏　石亭記事續編　一，九上
奉馮茗園前輩論姑蘇姑胥地名帖　全祖望　鮚埼亭集外編　四五，一五上
鳳臺徙城議　李兆洛　養一齋文集　一七，一八上
籌復湖州議　陸心源　儀顧堂集　三，八上
東路記（在江西省）　惲敬　大雲山房文稿初集　三，三五上
脩瀘谿縣城議　張澍　養素堂文集　一七，一四下
雷番釋（四川雷波一名雷番）　張澍　養素堂文集　三一，八下
新寧形勢說　鄒漢勛　斅藝齋文存　二，二〇上
論朱竹垞氏言京東水地之誤　程瑤田　水地小記　一，X
說昌平州　龔自珍　定盦續集　一，一下
說居庸關　龔自珍　定盦續集　一，三上
說張家口　龔自珍　定盦續集　一，四上
盧龍塞說　程晉芳　勉行堂文集　一，二二上
記清流關　翁方綱　復初齋文集　一五，一一下
對鍾方伯濟南風土利弊問　馬國翰　玉函山房文集　一，三一上
寧州各屬觀風教　趙懷玉　亦有生齋集文　一一，一六下
蒲州府形勝論　胡天游　石笥山房文集補遺　一，五上
保德風土記　陸燿　切問齋集　五，二上　湖海文傳　三八，一上
裴村記（在聞喜縣）　顧炎武　亭林文集　五，一上
關中形勢論　魏源　古微堂外集　六，一八上
書趙雲崧論長安地氣後　汪之昌　青學齋集　二八，一〇上

甘肅會城議　龔景瀚　澹靜齋文鈔　二，三〇上
平番星野辨　牛運震　空山堂文集　一一，七上
與人論青海事書　龔自珍　定盦文集補編　一，四上
香山險要說(覆撫都堂王)　王　植　崇德堂藁　二，三二上
貴州苗疆議　方　苞　望溪先生集外文　三，四上
貴陽分星說　鄒漢勛　斆藝齋文存　二，一二上
節鈔王知州雲龍記略　章學誠　章氏遺書　二三，六一上
與岳水軒論西域地理書　程廷祚　青溪集　一一，一〇上
新疆私議　沈　垚　落帆樓文集　一，三下
西域置行省議　龔自珍　定盦文集　中，四下
新疆臺灣置省論　汪之昌　青學齋集　二八，二六上
臺灣記略　王士禎　帶經堂集　七八，九下
臺灣建城議　方　苞　望溪先生集外文　三，八上
臺灣府屬渡口考　俞正燮　癸巳類稿　九，一上
豐隆說　黃承吉　夢陔堂文集　二，二四上
黃墩說　黃承吉　夢陔堂文集　二，三九上
四囿記　鄭　珍　巢經巢文集　三，二三下

漢口商業月刊

第二卷第六期（總第十八期）要目

每冊定價二角五分

國內各大書局均有代售

正風半月刊

第一卷第十二期

本刊第一卷一至六期合訂本現已出版燙金精裝異常美觀裝訂不多外埠並無代售實價大洋一元八角郵費在內欲購者請向本社直接購買爲盼

每冊二角半年十二冊二元二角全年二十四冊四元郵費在外

總發行所 天津正風社

天津法租界三十三號路

電話三局二八八五

新青海

三卷六期要目

總發行所：南京曉莊 新青海社

定價：每冊一角 預定半年六冊六角 全年十二冊一元 國外預定全年二元五角（郵費在內）

代售處：全國各大書坊

代訂處：全國各地郵政管理局及一二三等郵局

廣東省立編印局地理書目

禹貢班義述三卷	清成孺	一册	本槽紙五角	南扣紙四角
楚漢諸侯疆域志三卷	清劉文淇	一册	本槽紙四角	南扣紙三角
漢志水道疏證四卷	清洪頤煊	一册	本槽紙六角	南扣紙五角
漢書西域傳補註二卷	清徐松	一册	本槽紙五角	南扣紙四角
補三國疆域志二卷	清洪亮吉	二册	本槽紙六角	南扣紙四角
晉太康地志一卷，晉書地道記一卷	清畢沅	一册	本槽紙五角	南扣紙四角
晉書地理志新補正五卷	清畢沅	一册	本槽紙六角	南扣紙五角
晉書地理志校補二卷	清方愷	一册	本槽紙五角	南扣紙三角
補東晉疆域志四卷	清洪亮吉	四册	本槽紙一元二角	南扣紙九角
宋州郡志校記一卷	清成孺	一册	本槽紙三角	南扣紙二角
補梁疆域志四卷	清洪齮孫	三册	本槽紙一元二角	南扣紙一元
東晉南北朝輿地表十二卷	清徐文范	十册	本槽紙五元一角	南扣紙三元九角
補十六國疆域志十六卷	清洪亮吉	六册	本槽紙二元四角	南扣紙一元八角
歷代地理沿革表四十七卷	清陳芳績	廿七册	本槽紙七元五角	南扣紙六元
戰國策釋地二卷	清張琦	一册	本槽紙五角	南扣紙四角
吉林外記十卷	清薩英額	二册	本槽紙一元五角	南扣紙一元
黑龍江外記八卷	清西清	二册	本槽紙一元	南扣紙八角
讀史方輿紀要一百三十卷，附錄四卷	清顧祖禹	七十四册	南山紙廿二元四角	
天下郡國利病書一百二十卷	清顧炎武	五十二册	南山紙十九元五角	
水經注四十卷	後魏酈道元	十二册	南扣紙三元六角	
元和郡縣志四十卷	唐李吉甫	十二册	本槽紙五元一角	南扣紙三元九角
元豐九域志十卷	宋王存	六册	本槽紙二元二角	南扣紙二元七角
輿地廣記三十八卷，校勘記二卷	宋歐陽忞	六册	本槽紙二元二角	南扣紙一元七角
歷代地理韻編廿卷，清代輿地韻編二卷	清李兆洛	十册	山貝紙三元六角	
廣東通志三百三十四卷	清阮元修	同治三年刻	一百廿册	山貝紙卅八元四角
廣州府志一百六十三卷	清史澄纂	光緒五年刻	六十四册	山貝紙廿六元四角
廣東圖志	清毛鴻賓 清瑞麟	二十四册	山貝紙九元六角	
廣東海圖說	清張之洞	一册	本槽紙六角	南扣紙四角

售書辦法

一，所定書價概以大洋計算，不設掛數，郵費運費另計。二，外埠購書須將通訊地址詳細開列，寫明書名號碼，連同書價郵費交足，方能將書照寄。三，所列定價均指毛書而言，如須釘裝，本局可以代辦。四，售書概不退換，缺葉照補。五，匯寄款項，交郵局或銀行均可，惟須掛號，以免遺失，匯費由購書人擔任。六，每種書購至十部，照價九折，各書坊圖書館學校購書者亦以九折計算。七，各書次第付印，或某種書適已售罄，購者急於得書，倘購至十部，可以即印。

局址 廣州市文德路六十二號

禹貢
半月刊

出版者：禹貢學會。
編輯者：顧頡剛，譚其驤。
出版日期：每月一日，十六日。
發行所：北平成府蔣家胡同三號禹貢學會。
印刷者：北平成府引得校印所。

價目：每期零售洋壹角。豫定半年一卷十二期，洋壹圓；全年二卷二十四期，洋貳圓。郵費加一成半。歐美全年郵費計洋二元四角。

The Chinese Historical Geography
Semi-monthly Magazine

Vol. 3 No. 10 Total No. 34 July 16th 1935
Address: 3 Chiang-Chia Hutung, Cheng-Fu, Peiping, China

第三卷 第十期
（總數第三十四期）
民國二十四年七月十六日出版

代售處
北平北京大學史學系楊向奎先生
北平燕京大學哈佛燕京社
北平燕京大學史學系侯仁之先生
北平輔仁大學史學系史念海先生
北平清華大學史學系吳春晗先生
廣州中山大學董紹良先生
廣州協和神學院李鏡池先生
濟南齊魯大學史學系張立志先生
武昌武漢大學吳其昌先生
廈門廈門大學史學系鄭德坤先生
北平北平圖書館王以中先生
杭州浙江圖書館夏定域先生
北平景山東街十七號景山書社
北平西單牌樓南首建設圖書館
北平琉璃廠來薰閣書舖
北平琉璃廠邃雅齋書舖
北平琉璃廠新生命書局
北平隆福寺街修綆堂書舖
北平隆福寺街文奎堂書舖
北平隆福寺街文殿閣書舖
天津大經路北方文化流通社
天津法租界二十六號路世界圖書局
天津法租界三十號路大公報代辦部
濟南濟南雜誌社
開封新書業街龍文書莊
南京太平街新生命書局
上海四馬路中華雜誌公司
上海四馬路開明書店
上海五馬路亞東圖書館
上海棋盤街寶善里新生命書局
上海四馬路上海雜誌公司
上海福州路生活書店
上海九江路伊文思圖書公司周文欽先生
上海四馬路中市羣衆雜誌公司
蘇州五卅路國學小書堆
蘇州宮巷時代雜誌服務社
杭州福緣路抱經堂書局
蕪湖文林書畫發行所程啓明先生
武昌橫街頭新生命書局
長沙府正街金城圖書文具公司
重慶北新書局
重慶天主堂街重慶書店
西安大公報西安分館
綏遠楊家巷十二號綏遠新聞社
日本京都中京區彙文堂書店

內政部登記證警字第壹肆陸壹號 中華郵政特准掛號認為新聞紙類

釋明代都司衛所制度

譚其驤

一

明太祖吳元年罷諸翼統軍元帥置武德龍驤等十七衛親軍指揮使司，覈其所部兵五千人爲衛，衛設指揮，千人爲千戶所，所設千戶，衛所之建始此。天下既定，度要害地係一郡者設所，連郡者設衛，於是邊腹內外，衛所棊置矣。洪武七年申定其制，每衛設前後中左右五千戶所，大率以五千六百人爲一衛，一千一百二十人爲一千戶所，一百一十二人爲一百戶所，每百戶所設總旗二，小旗十。軍士皆世籍，官撥牛田，平居墾屯以自給；遇有征伐則命將充總兵官，調衛所軍領之；既旋，將上所佩印，官軍各回衛所：蓋得唐府兵之遺意焉。

衛所初並隸於大都督府。洪武三年，始建杭州，江西，燕山，青州，河南，西安，太原，武昌八都衛，分統浙江，江西，北平等各行省境內之衛所。四年，增置成都，廣東，定遼，建寧，大同五都衛及西安行都衛。行都衛者，與行省不同治所之都衛也。（時陝西省西安都衛並治西安，又別於河州設都衛，故曰行。）六年，又置廣西都衛。七年，又置福州都衛。八年十月，改都衛爲都指揮使司，行都衛爲行都指揮使司：曰浙江（舊杭州），江西，北平（舊燕山），山東（舊青州），河南，陝西（舊西安），山西（舊太原），湖廣（舊武昌），四川（舊成都），廣東，廣西，福建，遼東（舊定遼），福建行（舊建寧），山西行（舊大同），陝西行（舊西安行）。天下衛所分統於各都司及行都司，惟中書省境內衛所直隸大都督府。十三年，罷中書省，改大都督府爲五軍都督府，因以直隸諸衛所隸中軍都督府。十四年，置中都留守司統鳳陽等衛。十五年，置雲南貴州二都司。二十年，置大寧都司。二十一年，改爲北平行都司。二十七年，增置四川行都司。永樂元年，罷北平都司，所屬衛所設直隸行後軍都督府。又改北平行都司爲大寧都司。宣德五年，增置萬全都司。成化十二年，增置湖廣行都司。嘉靖十八年，置興都留守司統顯陵等衛。自是而後，天下除南北二直隸區外，凡有都司十六，行都司五，留守司二，遂爲有明一代定制。

衛所以在京在外而有內外之別，內衛所品秩崇於外衛所。京衛中有上直衛親軍指揮使司二十六，不隸五軍都督府。又有非親軍而不隸五府者衛十五，武功，永清，彭城及諸陵衛所二(奠靖,犧牲)。隸於都督府者,留守左等衛三十三,牧馬蕃牧二所。南京衛中親軍不隸五府者衛十七所一,又分隸五府者衛三十二所一(並隸中府節制)。外衛所中有爲軍民司者,兼理軍民政務,職位較崇,洪武二十三年置於邊地不設州縣之處。又有王府護衛,洪武五年置,每府設三護衛;王府儀衛司,洪武三年置,掌侍衛儀仗,品秩比千戶所。衛領千戶所以左右中前後五所爲常制,或有不止五所者,則以左左,中中,中前等爲名。又有守禦千戶所,獨駐一地,以守禦某地爲名,直隸於都司,然亦有隸於衛者。又有屯田千戶所,羣牧千戶所,則以其以農牧爲重,異於常所,品秩比守禦所。萬曆初內外衛凡四百九十三,守禦屯田羣牧千戶所三百五十九,儀衛司二十五;又土官之隸於都司衛所者,宣慰使司二,招討使司一,宣撫司六,安撫司十七,長官司六十四。(萬曆重修會典)

永樂元年設北京留守行後軍都督府,後又分爲五府,稱行在五軍都督府。十八年,除行在字,在應天者加南京字。自後天下都司衛所除親軍等衛外,並隸於北京五府;南京五府領南京諸衛所,而仍各以其方隸於北京五府。

左軍都督府在京領留守左等衛,在外領浙江,遼東,山東三都司。

右軍都督府在京領留守右等衛,在外領陝西,四川,廣西,雲南,貴州五都司,陝西,四川二行都司及直隸宣州衛。

中軍都督府在京領留守中等衛,在外領河南都司,中都留守司及南直隸區內諸衛所,又直隸沂州等衛,汝寧等所。

前軍都督府在京領留守前等衛,在外領湖廣,福建,江西,廣東四都司,湖廣,福建二行都司,與都留守司及直隸九江衛。

後軍都督府在京領留守後等衛,在外領大寧,萬全,山西三都司,山西行都司及北直隸區內諸衛所,又直隸德州等衛,武定等所。

二

置衛所以統轄軍伍,設都司以掌一方兵政,其初本與地方區劃不相關。洪武初或罷廢邊境州縣,即以州縣之任責諸都司衛所;後復循此例,置都司衛所於未嘗設州縣之地:於是此種都司衛所遂兼理軍民政,而成爲地方區劃矣。(明史地理志稱此種衛所爲實土衛所,附見於各布政司下;無實土者不載,以其與地理無涉也。)

今按都司十六，其中遼東都司全係實土；萬全都司大半係實土；大寧都司初治元大寧路，皆實土，永樂元年內徙僑治保定府，所轄衛所並僑治直隸境內各州縣，遂無實土。此外山東等十三省都司，所轄衛所大率即設在各該省州縣境內，然陝西，四川，湖廣，雲南，貴州五都司亦領有實土衛所。行都司五，陝西，四川二司係實土，山西，湖廣，福建三司非實土。留守司二，俱無實土。

遼東都司治定遼中衛，領衛二十五，州二。（一統志）

定遼中，左，右，前，後，東寧衛，自在州治遼陽城

海州衛治海州城

蓋州衛治蓋州城

復州衛治復州城

金州衛治金州城

廣寧，廣寧中，左，右衛治廣寧城

義州，廣寧後屯衛治義州城

廣寧中屯，左屯衛治錦州城

廣寧右屯衛治舊閭陽縣臨海鄉

廣寧前屯衛治古瑞州

寧遠衛治曹莊湯池北

瀋陽中衛治瀋陽城

鐵嶺衛治古嚚州

三萬，遼海衛，安樂州治開元城

萬全都司治宣府左衛，領衛十五，守禦千戶所四，堡五。內蔚州衛治山西大同府蔚州，延慶左衛治直隸延慶州，永寧衛治延慶州永寧縣，保安左衛治直隸保安州，廣昌守禦所治蔚州廣昌縣，美峪守禦所治保安州境，四衛二所非實土。

宣府左，右，前衛，興和守禦所治宣府城

萬全左衛治元宣平縣

萬全右衛治德勝堡

懷安，保安右衛治元懷安縣

懷來，延慶右衛治元懷來縣

開平衛治獨石堡

龍門衛治元龍門縣

龍門守禦所治李家莊

長安嶺堡　鵰鶚堡　赤城堡　雲州堡　馬營堡

陝西都司領有實土衛九，所二。

寧夏，寧夏前，左屯，右屯衛治元寧夏路

寧夏中衛治元應理州

洮州軍民衛治元洮州

岷州軍民衛治元岷州

河州軍民衛治元河州路

靖虜衛治金保川縣

西固城守禦軍民所屬岷州衛

歸德守禦所治元貴德州屬河州衛

四川都司領有實土衛一，所一；又土官招討使司一，安撫司一；及茂州衛屬長官司三，重慶衛屬宣撫司二。

松潘軍民衛治元松州領千戶一，長官司十七，安撫司四

疊溪守禦軍民所治古翼州領長官司二

天全六番招討司本元六番天全二招討司

思曩日安撫司

湖廣都司領有實土衛一，所一，又土官宣慰使司二；及九谿衛屬安撫司一，鎮遠衛屬長官司一。

施州軍民衛治元施州領宣撫司四，安撫司八，長官司十三，蠻夷長官司五

大田軍民所屬施州衛，在衛西北三百五十里

永順軍民宣慰使司領州三，長官司六

保靖州軍民宣慰使司領長官司二

雲南都司領有實土衛三，又孟璉、麻里、八寨等長官司。

金齒軍民衛治元永昌府領縣一，安撫司四，長官司三

瀾滄軍民衛治在元北勝府境領州一

騰衝軍民衛治元騰衝府

貴州都司領有實土衛十一，所二。

普定軍民衛治元普定路

新添軍民衛治元新添葛蠻安撫司領長官司五

平越軍民衛領長官司三

龍里軍民衛領長官司二

都勻軍民衛

安莊衛

清平衛領長官司二

軍節衛

威清衛

平壩衛

安南衛

關索嶺守禦所屬安莊衛

普市守禦所

陝西行都司治甘州左衛，領衛十二，守禦所三。

甘州左，右，中，前，後衛治元甘州路

肅州衛治元肅州路

山丹衛治元山丹州

永昌衛治元永昌路

涼州衛治元西涼州

鎮番衛治小河灘城

莊浪衛以永昌地置

西寧衛治元西寧州

鎮夷守禦所治兔兒關南

古浪守禦所以莊浪衛地置

高臺守禦所治高臺站

四川行都司治建昌衛，領衛六，所七。

建昌，建昌前衛治元建昌路 領長官司三

寧番衛治元蘇州

越巂衛 領長官司一

鹽井衛治元柏興府

會川衛

禮州守禦後所，中中所，在元禮州境

打冲河守禦中前所

德昌守禦所治元德昌路 以上四所屬建昌衛

冕山橋守禦後所治冕山堡 屬寧番衛

打冲河守禦中左所 屬鹽井衛

迷易守禦所 屬會川衛

三

十三省都司所轄衛所，及南北二京之直轄衛所，每有不在本省布司或本直隸區境內者。換言之，即都司與布司，直隸衛所與直隸州縣之區劃，雖大體相同，而不免小有出入。蓋軍政上之設施，事實上有不能與民政設施完全一致者也。

沂州衛直隸中府，按沂州屬山東兗州府。

德州，德州左衛直隸後府，按德州屬山東濟南府。

莒州守禦所直隸中府，按莒州屬山東青州府。

武定守禦所直隸後府，按武定州屬山東濟南府。

寧山衛直隸後府，按衛治山西澤州。

平定守禦所直隸後府，按平定州屬山西太原府。

蒲州守禦所隸直隸潼關衛，按蒲州屬山西平陽府。

歸德衛直隸中府，按歸德府屬河南。

汝寧守禦所直隸中府，按汝寧府屬河南。

潼關衛直隸中府，按潼關地屬陝西西安府華州。

嘉興守禦中左所隸直隸蘇州衛，按嘉興府屬浙江。

九江衛直隸前府，按九江府屬江西。

右直隸衛所之不在直隸州縣區內者。山東，山西，河南，陝西，浙江，江西

磁州守禦所隸山西潞州衛，按磁州屬河南彰德府。

右山西衛所之不在山西布司境內者。河南

潁州衛隸河南都司，按潁州屬直隸鳳陽府。

潁上守禦所隸河南都司，按潁上縣屬潁州，

右河南衛所之不在河南布司境內者。南直隸

鎮遠衛隸湖廣都司，按鎮遠府屬貴州。

清浪衛隸湖廣都司，按地屬鎮遠府。

偏橋衛隸湖廣都司，按地屬鎮遠府。

五開衛隸湖廣都司，按衛治貴州黎平府。

銅鼓衛隸湖廣都司，按地屬黎老府湖耳蠻夷長官司。

黎平守禦所隸湖廣五開衛，按地屬黎平府。

中潮守禦所隸湖廣五開衛，按地屬黎平府洪舟泊里蠻夷長官司。

新化屯所隸湖廣五開衛，按地屬黎平府新化蠻夷長官司。

新化亮寨守禦所仝上。

隆里守禦所隸湖廣都司，按地屬黎平府隆里蠻夷長官司。

右湖廣衛所之不在湖廣布司境內者。貴州

永寧衛隸貴州都司，按永寧宣撫司屬四川。

烏撒衛隸貴州都司，按烏撒軍民府屬四川。

赤水衛隸貴州都司，按地屬永寧宣撫司。

摩泥所隸赤水衛，按地屬永寧宣撫司。

阿落密所仝上。

白撒所仝上。

七星關守禦後所隸貴州畢節衛，按地屬四川烏撒府。

興隆衛隸貴州都司，按地屬四川播州宣撫司重安長官司。

黃平守禦所隸貴州都司，按地屬播州宣撫司黃平安撫司。

烏撒衛後所隸貴州烏撒衛，按地屬雲南霑益州。

右貴州衛所之不在貴州布司境內者。四川，雲南

瞿唐衛屬湖廣行都司，按地屬四川夔州府奉節。

忠州守禦所屬湖廣行都司，按忠州屬四川重慶府。

右湖廣行司所轄衛所之不在湖廣布司境內者。四川

行省的意義與演變

參考書：明史地理志，職官志，兵志；大明會典；大明一統志；大明一統文武諸司衙門官制。

鄧嗣禹

通常一般稱的河北省，河南省，山東省，……省字是什麼意義？又是如何的演變而來？這是本文所欲說明的。

考之說文，『省，視也；從眉省，從屮』。甲骨文未見有省字，金文與『眚』爲一字。其他省字的意義，見於經籍籑詁及各種字典的，如省者察也，循也，善也，明也，占也，廢也，悟也，過也，考校也，以及減省也等等，均不足以解釋地方區域稱省的意義。

地方行政區域之稱省，一般謂始於元，然而行省之名實始于金。至於省字的意義，却是由尚書省，中書省，沿訛附會而來的。在漢朝的時候，有尚書，中書；到了魏晉，便稱之爲尚書省，中書省，都是掌握中央政本的機關。這個省字的意義與演變，前人也有各種不同的說法。

第一，謂省即禁署之意。漢書卷六昭帝紀序：

年八歲，……即皇帝位。……帝姊鄂邑公主……共養省中。（注：伏儼曰：『蔡邕云：「本爲『禁中』，門閤有禁，非侍御之臣不得妄入。……孝元皇后父名禁，避之，故曰『省中』」』。師古曰：『省，察也；言入此中皆當省察，不可妄也』。）

此爲因避諱而改『禁中』爲『省中』之說。蔡邕之言見獨斷卷上頁三（龍谿精舍校刊本）；原文末有『當時避之，故曰省中，今宜改，後遂無復言之者』。第二，謂省爲諸公所處之地。文選卷六左太冲魏都賦云：

禁臺省中，連闥對廊。（【注：李】善曰：『魏武集，荀欣等曰：「漢制，王所居曰『禁中』，諸公所居曰『省中』」』。）

是禁中與省中有別，不是爲避諱而改。又第三說，謂『漢制：總率官而聽曰「省」，分務而專治曰「寺」』（見唐書卷一八四楊收傳），與前兩說又適乎不同。此三說中，到底是誰對？周壽昌漢書校補卷三頁二十，對第一說已加以駁詰。他說，『文選左思魏都賦「禁臺省中……」，是漢制原有「禁」與「省」之別，不自避王「禁」諱始。且昭帝下距元后時甚遠，何以遽避「禁」諱。若爲班氏追書，則班氏時已在中興後，更何所忌於王氏而必爲之避也』。周氏此說，頗有見地。不過避『禁』爲『省』之說，出於後漢蔡邕，同時人伏儼又引用之。到了六朝，顏氏家訓書證篇復有『何故以省代禁』之問。三輔黃圖卷六雜錄，又說『漢宮中謂之「禁中」，謂宮中門閤有禁。……孝元皇后父名禁，避之，改曰「省中」』。三輔黃圖這部書，雜記漢京宮闕，晁公武郡齋讀書志（卷八）說是梁陳間人所作，程大昌雍錄（卷一）說是唐肅宗以後的人所作。可見唐朝以前的人都是相信第一說的。魏都賦所述，或爲魏制。周壽昌說昭帝距元后時甚遠 然大致估計，自昭帝宣帝以至元帝之時，不過四五十年。孝元皇后的父親，是王莽的祖父，家凡十侯五大司馬（見漢書卷九七下外戚傳）。班氏紀漢代史，凡避諱之處當然加以紀錄，不能說他是東漢人，便無忌於王氏，不必加以追書了。再看程大昌雍錄卷二，在公車司馬門下，對於禁中省中也有很詳細的說明。他說：

宮垣之內皆有司馬門，……故總謂宮之外門爲『司馬門』。……自司馬門內，則爲『禁中』。孝元皇后之父名禁，避諱改禁中爲『省中』：禁者有所禁止也，省者有所察也。

從此看來，可見講省字的第一說還是比較可靠。第二說謂『省』與『禁』爲二，不見得確實。第三說楊收所謂『總羣官而聽曰省』，意義不很明白。以漢代中書尚書的權柄觀之，楊收雖說是漢制，實際上恐怕是唐朝的制度。因爲尚書中書都是秦朝少府的屬官，漢初沿秦制設立，地位仍不高。那時國家重要的政治掌於丞相，尚書不過是主天子的文書。到漢武帝時權任稍重，天子常與議政，於是變爲親要之職。武帝游宴後庭，以尚書爲士人，不得出入臥房之內，乃設中書官，以宦者爲之，掌詔誥答表，出入奏事。中書之權，一時陵駕尚書。以後，這二者迭相上下；然俱設在禁中，比較丞相易於接近人主，故亦易於掌握實權。然至後漢時，尚書始爲機衡之任；魏晉以後，始稱爲中書省，尚書省，變爲眞宰相。到了唐朝，以三省秉政：尚書省總領百官，統會衆務；門下省掌侍從獻替，封駁非宜；中書省掌獻納制册，敷揚宣勞。尚書省總領六部，好像現在的行政院統領各部，這纔可說『總羣官而聽曰省』。漢朝丞相有丞相府，而中書尚書並不稱省，可見楊收所說的漢制實際上仍是唐朝的制度；可以解釋唐朝省寺臺監的意義而不能解釋省字原來的意義。所以三說之中，我以爲第一說比較可靠，即是爲了避諱而改禁中爲省中。後世因尚書中書等官署皆設在省中，遂移爲官署之名，稱之爲尚書省，中書省。——這是省字的第一次演變。

唐以三省秉政——尚書，中書，門下；宋以兩府秉政——中書，樞密。金以尚書秉政；元以中書秉政。這是中央重要的行政機關。以地方行政區域言之，唐太宗貞觀元年（西六二七）分天下爲十道；玄宗開元二十一年（西七三三）又增至十五道。宋承五季，割平偏據，太宗至道三年（西九九七）分天下爲十五路；天聖析爲十八路；元豐又析爲二十三路。金分天下爲十九路。元則除直隸中書省的『腹裏』外，分天下爲十一『行中書省』，流俗簡稱爲『行省』。——這是省字的第二次演變。

不過『行省』之分雖定於元，而在金朝則已盛行。從本紀考之，金熙宗天會十五年（西一一三七）：『廢齊國，降封劉豫爲蜀王，詔中外置行臺尚書省於汴』（金史卷四）。天眷元年（西一一三八），『改燕京樞密院爲行臺尚書省』（同上）。至金章宗時，州縣爲元兵所殘破，乃到處設行中書省。如承安二年（西一一九七）：『三月，命尚書戶部侍郎溫昉行六部尚書於撫州。……九月，以胥持國爲樞密副使權參知政事行省於北京』（金史卷十一）。宣宗貞祐二年（西一二一四）：『十月，置行尚書省於大名府路』（見金史卷十四本紀及卷二六地理志），三年：『置行中書省於河北東西兩路，又置行省於陝西』（同上），四年：『七月甲寅，山東行省檻賊郝定至京師伏誅。十月，河南行省胥鼎遣潞州元帥……帶以軍一萬……援京師』（以上見本紀卷十四）。而東平，平陽，遼東，婆速路，上京，益都（以上見紀卷十五興定元年），河中府，河東南北路（以上見興定二年）等處皆有行尚書省。再從列傳考之，有東平，京東（金史卷一〇八侯摯傳），有衞州（同上胥鼎傳），有京東山東等路行尚書省（卷一一七國安用傳），還有陝州，徐州（卷一一九完顏仲德傳）：這不過隨便舉幾條以作例，金史中還可以找出很多。看這些材料，金朝有行尚書省者，已有汴，燕京，撫州等十七八處。管理行省的官吏，多半以權參知政事或參知政事任之。參知政事從二品，是副宰相，在元朝簡稱爲參政。他在行省中的職權，大概是鎭壓盜匪，管理軍事，守衞地方，並鞏固京師，京師有緊急事變則以兵援助；其後又以元帥左監軍兼之：這都是金史百官志所不詳而可從紀傳中看出的。簡單說來，金朝的『行尚書省』好像現在的『軍分會』或『行營』。當時以元兵侵擾，立此制度，原是一時權宜之制，故金史地理志不詳載。但是行省的起源，固當託始於此。金朝的行政總匯是尚書省，故稱『行尚書省』；元朝的行政總匯是中書省，故稱『行中書省』。兩相比較，甚可明悉。

但是『行』字也有它的命名的由來，不能不略加敍述。自魏晉以來，有稱尚書爲『中臺』（見三國吳志卷十九諸葛恪傳），有稱爲『內臺』（見通典卷二十二）；其隨所管之道，置於外州，以行尚書事者，則稱之爲『行臺』。行臺之起源，始於魏末晉文帝討諸葛誕，尚書僕射陳泰等以行臺從。然以專征討而設，不爲常制。至後魏始開府置屬，號爲『尚書大行臺』，於一路府州無所不統；但主要的職務還是管理軍事。至後齊纔管民事（同上通典）。隋唐設官尤衆，謂之『行臺省』，主管軍事，兼行兵農刑政（見隋書卷二八百官志，舊唐書卷四二職官志）。金元的行尚書省或行中書省便是仿照這種辦法來的。元朝以版圖太大，照應不靈，更不能不設立行中書省了。

明朝初年，亦仿元制，設行中書省。後到洪武九年（日知錄卷二十八『省』字條作洪武七年，據明史地理志，知誤），將行中書省改爲承宣布政司，參知政事改爲承宣布政使。除兩京外，共立十三布政使司。布政司爲分部之名，布政使爲分部之官。所以這些行政區域的正式名詞應當爲河南布政司……，或簡稱河南司……，而不當稱爲河南省……。後於布政使司之上又設巡撫，總督，更不當稱爲省。可是人情樂趨簡便，喜歡因襲舊有稱呼，故制度雖改，而當時流俗仍止稱爲省；沿習既久，往往見於章奏文移。清朝布政使司仍明舊，而積習相沿，稱之爲省，亦仍明舊。到乾隆年間，爲着正名，還打過一場筆墨官司。乾隆五十三年，洪亮吉作成了一部書，體例略同元和郡縣志與元豐九域志：分直隸山西各布政司敍述；每司所轄，各冠以圖，名曰乾隆府廳州縣圖志。洪氏的意思，是要把布政使司分轄府廳州縣（見原書序及卷施閣文集卷八與章進士學誠書）。章學誠反對洪氏，勸他將每布政司所管轄的改爲總督巡撫，即章氏地志統部一文中所謂『部院』（見吳興劉氏刻章氏遺書卷十四）。這因爲明清的制度，總督兼都察院右都御史銜或兼兵部尚書銜，巡撫兼副都御史或兼兵部侍郎銜（見歷代職官表卷五十），故他要簡稱總督巡撫爲部院。章氏列舉十條，以明當稱部院的理由，並回駁洪氏之書（見地志統部文）。二人駁難，各有所見。然清朝『律令典例，詔旨文移，皆有「直省」之稱。惟一統志尚沿舊例，稱布政使司，偶未改正』（同上）。到了現在，皆從簡便稱省，並且習焉不察，少有知其演變的了。

總上所述，省字初由禁中變爲省中，其次變爲官署之稱，其次變爲行省；後來以訛傳訛，避繁就簡，便祇簡稱爲省了。

中倭交通路線考

王輯五

一　緒言

中國正史，自隋書以上，常見『倭』名而並無『日本』之稱；自舊唐書以下，新唐書，宋史，元史，明史，淸史等乃載『日本』二字。本文所以標題爲『中倭交通路線考』而不題『中日交通路線考』者，因所論及之範圍，僅至隋書爲止，隋書以下則略之故也。按中倭之交涉往來，自日本遣隋使以降，始逐漸頻繁；日本史籍之記事年代，亦自推古天皇派遣小野妹子等入隋之年（隋煬帝大業三年），始與中國史籍之年代相符合。故自隋代以降之中倭交通，雖均載於中日兩國文獻中，而自隋代以前之中倭交通，則史籍上恒不多見；爲欲澈底檢討中倭之古代交通，除依據古文獻外，又不得不參照考古學上之遺物遺跡及原始時代之自然海流等以言之。

按中倭之古代交通路線，以利用日本海的左旋回流，由朝鮮南部東下，而得至日本山陰地方之自然航路爲最早；次爲魏志東夷傳上所載之由朝鮮帶方郡南下，經對馬壹岐而至日本九州之航路。後者，因魏志上記載甚淸楚，故人多知之；前者則以缺乏史籍可徵，故易受忽視。近來日本學者爲測驗此自然海流航路起見，曾用投瓶法等實驗六七年，方確定此向日無人注意之自然海流航路實爲中華民族東渡之最古航路。

二　日本海左旋回流與中華民族之東渡

（一）　日本海之左旋回流

日本人素稱爲唯一古文獻之日本書紀，是於西紀七二〇年，舍人親王與安麻呂奉詔編成者。在此書中，曾載：

素盞嗚尊以埴土作舟，由新羅曾尸茂梨渡至出雲。

同書又載：

垂仁天皇三年，新羅王天日槍至但馬國。

其他日本史籍所載之由半島渡至或漂至日本山陰北陸地方之史實，亦數見不鮮（請參照拙著徐福與海流一文）。惟當時對於由半島渡至或漂至日本之原因，恒未加以注意與究察。迨至日俄戰後，日本敷設於海參崴港外之機械水雷，因戰後俄國怠於掃海工作，此三百餘隻曾漂浮於海面之水雷，因受日本海海流之推進，漂流而至於日本之山陰北陸沿岸者殆達二百隻，幾佔全數三分之二。至是始惹起一般人之注意，開始對於日本海之海流進行調查。首創此具體調查方案者，爲和田雄治博士。在一九〇六年，和田博士受日本水產調查會之委託，試用投瓶法以測驗之。其投瓶地點在朝鮮半島西岸仁川及東北岸圖們江之間，其中尤側重釜山與清津之間。其所投之瓶爲空瓶，上貼番號，任其漂流，截至西紀一九一二年止，曾投入空瓶七百五十個；其漂到海岸而卒被發現者，計達百三十二個。同時日本海軍省水路部爲調查日本海之海流起見，亦於西紀一九〇八年實行投瓶測驗法；在投瓶五百五十個之中曾發現二百零七個。

總計兩方面實行投瓶之結果，其漂至海岸被發現者，前後計三百三十九瓶；其中漂流到日本之山陰北陸沿岸者計達二百七十四瓶，佔全數百分之八十有奇，竟居大多數；足證日本海之海流具有向左旋回流之實力。至關於水雷及投瓶的發現地點等，據和田博士的調查（詳見歷史地理雜誌第廿二卷第三號），如左所示：

山陰道	水雷　五一	投瓶　三一
北陸道	水雷　一九七	投瓶　二四三
東海道	水雷　一八	投瓶　一
南海道	水雷　二	投瓶　一
西海道	水雷　一	投瓶　無
北海道	水雷　四四	投瓶　四五
千島海岸	水雷　無	投瓶　一
庫頁島海岸	水雷　一	投瓶　二
朝鮮東部海岸	水雷　六一	投瓶　一四
琉球海岸	水雷　無	投瓶　一

據以上調查，足證日本海中之左旋回流恆爲由朝鮮半島往日本山陰北陸地方之一種自然航路，此蓋半島上之新羅人所以多漂流至日本出雲等地方之唯一原因也。蓋日本

海之海流，原有間宮海峽寒流與對馬海峽暖流二者；由間宮海峽發源之寒流，沿俄領沿海省東岸及朝鮮半島東岸南下，適與由南而北之暖流衝突於對馬海峽，其結果，溫度低，比重大之寒流，潛伏於溫度高，比重小之暖流之下；並沿其周圍陸地而成爲左旋回流。此種向左旋之對馬海流乃沿山陰北陸海岸東北而行；迨至津輕海峽及宗谷海峽，遂分爲大小枝流，漸次微弱，直至庫頁島西岸而消滅。此種向左旋之日本海流遂爲中華民族由半島東渡之最古航路矣。

（二）中華民族之東渡

我國自殷末及戰國以降，內亂頻仍，人民不堪虐政之壓迫，相率隱避於東瀛樂土或求自由天地於半島者，在在有之；如箕子之封於朝鮮，衛滿之率燕民避難於半島，徐福之率秦人入東海等，史籍上固數見不鮮。此具有高等文化之中華民族之東渡，對於東瀛島民之文化及其民族血統上將必發生莫大之影響。然則，中華民族東渡之途徑若何？當航海術未發達之時代，中華民族是否趁日本海之左旋回流，由半島而東渡至日本？此等問題皆有考證之必要。

按自箕子衛滿等入朝鮮以來，中華民族移居於半島者日有所增，或由遼東經半島北部而南下，或由山東半島而至朝鮮南部之辰韓。迨至漢武帝征服朝鮮，在半島建設樂浪等四郡後，中華民族移殖於其間者遂益夥。此居住於半島上之中華民族輩，更爲滿足其探險慾及擴張慾起見，自不免向海外移殖；惟因當時航海術及造船術之不發達，卒不免被日本海之左旋回流漂泊至日本山陰地方。由此可知史籍上所載之我國古代海外殖民團，概多以此日本海回流路爲其唯一之航路。在木宮泰彥氏所著之日支交通史第一章中曾云：

> 在日本越前國坂井郡，曾發現流水紋式銅鐸，此銅鐸之圖紋上，畫一人乘之獨木刳舟；舟之兩旁，具有十數根如蜈蚣足之附木，蓋以爲防禦顛覆之用。如此裝置之獨木舟，似爲當時由辰韓乘而渡海，順流以漂至山陰地方者。

當造船術未精，航海術尚未發達之時代，由辰韓乘此獨木舟，沿日本海之左旋回流而漂流至日本山陰地方，固一近情之推測也。

又梅原末治氏所著從考古學上考察出來之古代日鮮關係（朝鮮雜誌第百號）中，曾謂：

> 在畿內大和發掘之銅鐸形狀，頗類似先秦時代之古

鐸。近年在朝鮮慶尙南道慶州入室里發現之四寸許之小銅鐸及蒂鈕緣細紋鏡，與大正七年(西紀一九一八年)在大和國葛城郡吐田鄉發掘之遺物實屬相同。且其製造術均受中國文化之影響，恐此先行之於辰韓，然後傳至日本。

按朝鮮慶尙南道爲新羅國及辰韓之故地，亦常爲趁日本海之左旋回流漂至日本山陰地方之出發地，而由朝鮮南部與日本畿內所發掘之銅鐸，不但彼此相同，且其形狀與製法亦均與中國無異；即此可知此日本海回流路又爲中國文化東渡之最古航路也。

更據栗山周一氏所著之日本闕史時代之研究第二章：

銅鐸民族之興盛時代，概以西紀前二百年前後爲中心，而上溯至西紀前四五百年；從此點看來，但馬民族說及秦人說，確是最有力者。………繁榮於奈良及平安之秦氏，在聖德太子時代，已有非常之勢力；秦氏一族之渡涉及其年代，在從來之日本史上雖均列爲有史時代之史實，然此必爲天降民族及倭國建國以前之事實無疑。換言之，秦代滅亡固不出西紀前二〇六年，而秦人之大舉由半島南下，沿山陰之交通線而繁殖於近畿之中心地域者，似亦以西紀前二〇六年爲中心。

按栗山周一氏爲目下研究日本古代史中擁有相當權威之地位者，如果彼所主張之年代正確無誤，則利用此日本海回流路爲中華民族東渡之航路者，當爲西紀前二三世紀以前之史實也。

至於中華民族趁日本海海流東渡至日本山陰地方後，其活動情形如何？彼輩始終住在山陰地方否？此似亦有探究之必要。在栗山周一氏之日本闕史時代之研究第三章中，曾謂：

南方島嶼民族乃沿九州而定住農耕；在西紀前二世紀左右，其人民曾組織一原始國家。……但在此時以前，又有由大陸經過半島而一時定住於山陰。嗣以人口漸多之故，遂以近畿爲中心，而其勢力漸及於四國，中國，北陸及東海道方面之出雲民族。出雲民族與南方系馬來派民族異，不是米食民種，乃是大陸系民族。

同書第二章中，又謂：

秦人之大舉由半島南下，乃沿山陰之交通線而繁殖於近畿之中心地域。

由是可知日本史籍上所載之出雲民族，原不外秦人系大陸民族渡至日本出雲地方之民族，亦即是與考古學上所說之銅鐸民族名異而實同。換言之，秦人系大陸民族先經由半島而漂至山陰出雲地方，旋因人口增多之故，漸次東移，繁殖於近畿大和等地方。迄今秦氏仍多住於奈良及平安等地方者，乃其明證。近據日本考古學者鳥居龍藏，喜田貞吉及梅原末治之研究：

　小形厚手流水紋之古型銅鐸，多被發掘於山陰北陸至畿內之間；而大形薄手袈裟襷紋之新型銅鐸，多發之於畿內至東海道南海道地方之間。

此又為秦人系大陸民族即銅鐸民族之先定住於山陰等地方，然後漸次東移至本州腹部諸地之一良好左證也。

又梅原末治氏在藝文雜誌第十一年第四號上，曾發表銅鐸之研究一文，上並附一銅鐸出土地名一覽表。據該表之所示，足知銅鐸民族之分布地點，東至加賀，越前，美濃，三河，遠江，西至石見，安藝，讚岐，阿波，土佐，適以畿內大和為中心。藉此亦可想見當時中華民族東渡至日本後之分布狀態。

三　古文獻上所載之中倭交通路

（一）

在中國古文獻中，首先記載倭人者，推山海經。海內北經曰：

　南倭，北倭屬燕。

次於山海經之漢書地理志，亦云：

　樂浪海中有倭人，分為百餘國，以歲時來獻見云。

二書雖均書有倭名，而並未載倭人入貢之路。且山海經及漢書上所載倭事多係傳聞附會之辭，此則於拙著倭國考中亦已論及。

後漢書東夷傳中敘述較為詳實：

　倭在韓東南大海中，依山島為居，凡百餘國。自武帝滅朝鮮，使驛通於漢者三十許國，國皆稱王，世世傳統。其大倭王居邪馬臺國，樂浪郡徼去其國萬二千里，去其西北界狗邪韓國七千餘里。……建武中元二年，倭奴國奉貢朝賀，使人自稱大夫，倭國之極南界也，光武賜以印綬。安帝永初元年，倭國王師升等（註一）獻生口百六十人，願請見。

按後漢書為劉宋之范曄所撰，猶較晉陳壽所撰之魏志晚百餘年，故後漢書東夷傳之記事多有據魏志之史料而略加以改竄者。如後漢書東夷傳之：

　倭在韓東南大海中，依山島為居，凡百餘國，自武帝滅朝鮮，使譯通於漢者三十許國；

乃依據魏志東夷傳中之下列記事者：

倭人在帶方東南大海之中，依山島爲國邑，舊百餘國，漢時有朝見者，今使譯所通三十國。

後漢書東夷傳中之：

樂浪郡徼去其國萬二千里；

乃根據魏志東夷傳中之左列記事，而略加以改竄者：

自郡至女王國萬二千里。

蓋漢武帝雖曾在半島置樂浪等四郡，而尙無帶方郡之名，自後漢末公孫氏佔據遼東時，始將樂浪郡之一部設置帶方郡；故范曄編纂後漢書東夷傳時，雖以魏志爲基本材料，而終不得不將『帶方』改書爲『韓』，帶方郡之『郡』改書作『樂浪郡』。又范曄依據魏志東夷傳之『女王國東渡海千餘里，復有國，皆倭種』，而在後漢書東夷傳中竟改作『自女王國東渡海千餘里，至狗奴國，雖皆倭種，而不屬女王』，有失原文之旨。但後漢書東夷傳之記事並非僅據魏志一書者，魏志東夷傳中所未載而反見于後漢書東夷傳中者亦有之；如：後漢書東夷傳所載之光武帝賜予倭奴國以印綬之事，魏志上付諸缺如者，是也。

在後漢書東夷傳中雖亦未載及倭人入貢之路，惟光武帝所賜予之『漢委奴王』金印業於西紀一七八四年二月在九州筑前地方發見，可知與後漢往來之倭人乃居住於日本九州無疑也。且傳文中既稱『倭在韓東南大海中』，復稱『其大倭王居邪馬臺國，樂浪郡徼去其國萬二千里』：然則其入貢於漢所經由之道路，當不外由其所居住之九州北行，經朝鮮半島而至於漢京也。

試就考古學上之遺物遺跡考察之，在梅原末治氏所著銅劍銅鉾(史林第九卷二號)中，曾謂：

北九州發掘之銅劍銅鉾，在西紀前後二三世紀間，已製造使用之，乃由中國經朝鮮，漸次傳入於北九州者。其分布區域，殆以北九州爲中心，南及於大隅，迤東亦稍波及於四國及本州西部。就中以九州之筑前博多灣沿岸分布最密，近發掘者已達二十二個所，八十五口。次爲對馬島，迄今發掘者達十七個所，五十九口。在九州筑後發掘者，達十五個所，四十八口。在九州豐後發掘者十二個所，四十三口。且在北九州發掘之銅劍銅鉾中，其鋒銳而利，備具中國製品之風味者不少；惟至深入日本內地，則多鋒寬而鈍之不實用之大形。至對岸朝鮮方面，以弁辰之故地即今之慶尙道發掘之銅劍銅鉾較多，達三個所，十一口。果梅原氏之研究調查正確無誤，則由我國文化所產生之銅劍銅鉾，當在西紀前後二三世紀，經朝鮮南部及對馬島等而至九州北部諸地；卽此可以推知當時中倭交通路線乃由九州經對馬島等而至朝鮮，更由朝鮮而至中國者，可斷言也。

（二）

降至三國時代，盤據於九州之倭女王國，爲憧憬中國之燦爛文化，遣使入貢者，前後達四次，魏亦遣使入倭者二次；於是中倭之交通往來，較前頓呈熱鬧之狀。晉陳壽所撰之魏志東夷傳，爲研究魏倭交通之唯一史料，亦爲研究古代日本之一良好資料，前已略爲述及。至其所根據之史料，多爲魏魚豢所撰之魏略等書，故較其他史料富於眞實性。至魏志東夷傳中所載之魏倭交通路，概不外如左列所示之由帶方郡至邪馬臺國之行程：

從郡至倭，循海岸水行，歷韓國乍南乍東，到其北岸狗邪韓國，七千餘里。始渡一海千餘里，至對馬國。又南渡一海千餘里，名曰瀚海，至一大國。又渡一海千餘里，至末盧國。東南陸行五百里，到伊都國。東南至奴國百里。東行至不彌國百里。南至投馬國，水行二十日。南至邪馬臺國，女王之所都，水行十日，陸行一月。自郡至女王國，萬二千餘里。（摘錄魏志東夷傳）

上記自帶方郡，經過狗邪韓國，對馬國，一大國，末羅國，伊都國及奴國，至不彌國之行程，經一般學者就下列地名及方位等考證之結果，大體堪稱一致。卽：

狗邪韓國　魏志東夷傳弁辰條，有弁辰狗邪國，其國爲弁韓十二國之一，蓋卽倭人傳中之狗邪韓國。朝鮮史籍上之伽邪國，日本史籍上之加羅國，均與此相當，卽今之朝鮮金海地方，乃爲由韓渡日所必經之要津。故郡使自帶方郡（卽今朝鮮京畿道南部）循海東南行，卒至狗邪韓國。

對馬國，一大國　魏志上對馬國，宋本三國志作對海國，誤也。按對馬國卽今之對馬島。一大國乃一支國之誤，由北史及梁書上之記事足以證明之，卽今之壹岐島也。對馬壹岐兩島位於半島與九州之間，故爲郡使由韓渡日所必經之途徑。

末盧國，伊都國　魏志上之末盧國，與古事記上之筑紫末羅縣及日本書紀上之肥前松浦縣相當，卽今九州之肥前松浦郡（日本人讀『松浦』爲"Matsura"音，亦與魏志上之『末盧』音類同），迄今仍爲往來日韓船舶之碇泊要地。伊都國即古事記上之筑紫伊覩縣，乃今之筑前怡士郡。故郡使自對馬壹岐南行渡海，至九州肥前之松浦登岸，再陸行至筑前怡士郡，此乃爲郡使常駐之地。

奴國，不彌國　魏志上之奴國，與日本書紀上之儺縣相當，即今之筑前那珂郡博多地方。不彌國即應神天皇誕生地之筑前宇瀰（日本人讀作"Umi"音），間亦有主張在筑前之太宰府附近者，俱爲當時要地也。故郡使由九州筑前之怡士郡，向東南陸行，可至筑前那珂郡；再往東行，遂至筑前之宇瀰地方。

惟自不彌國以下，經由投馬國至耶馬臺國之行程，學者意見紛歧，迄未衷於一是。若就方位言之，魏志既云由不彌國南至投馬國，水行二十日，南至耶馬臺國，女王之所都，水行十日，陸行一月；然則投馬國與耶馬臺國當均在不彌國即今九州筑前之宇瀰地方之南，仍不出九州範圍。而內藤虎次郎博士在其所著之卑彌呼考（藝文第一年第二至第四號）中竭力主張『南至投馬國』之『南』字及『南至耶馬臺國』之『南』字均爲『東』字之誤，而將耶馬臺國強作東方畿內大和說者，似屬勉強。

再由里數及日數上考察之，據魏志東夷傳所載之由帶方郡至不彌國之里數，共計一萬七百里。同書又載自郡至耶馬臺國，爲萬二千餘里。是則自不彌國至耶馬臺國當爲一千三百里。若將此里數合成現在里數，或亦可爲推定耶馬臺國方位之助。據白鳥庫吉博士之里數考證（見於白鳥博士之卑彌呼女王考一文中），魏志倭人傳之一里約合日本一町左右；自郡至不彌國之一萬七百里，約當現在日本二百九十里，亦即合現在中國一千九百七十七里。則自不彌國至耶馬臺國之一千三百里，約當現在中國二百四十五里。換言之，耶馬臺國之所在應求之於不彌國南二百四十五里之地方，方爲合理。但魏志所載之由不彌國向南水行二十日，又水行十日，陸行一月，始至耶馬臺國者，究竟在此僅二百四十五里之路程中，何得有水行三十日及陸行一月之期耶？且一般學者既認定不彌國在九州筑前地方，則不彌國之南當爲廣大之陸地所包圍，並不通任何河川，又何得云從不彌國向南『水行二十日』，又『水行十日』耶？

吾人試平心靜氣以思之，自郡至不彌國，歷經數國，各國間之距離，皆詳載里數；惟自不彌國以下，里數則付諸缺如，僅以水行陸行之日數塡補之而已。然則此塡補之日數究竟確實可靠乎？是固不能不加以考證與檢討者。

魏志東夷傳既多取材於魏略，而張楚金著之翰苑，其中所引魏略本文，無『水行二十日』，與『水行十日，陸行一月』之語。按魏略一書，今雖散佚，翰苑所引，尙可徵信；原本之魏略既未爲水行陸行之日數記載，可知魏志作者必別採其他史料。當倭女王卑彌呼時代，魏使入倭者前後二次，魏使入倭之見聞錄當爲魏志所根據之史料之一。按第一次遣倭使梯儁等一行在魏正始元年（西紀二四〇年），適當卑彌呼女王健在之時，若魏使梯儁等果親至耶馬臺國，以上國大使之資格，必得親見女王；即使不能，亦必得見其佐治國之男弟，方爲合理。果能親見此善事鬼道之女王，或其佐治國之男弟，當必作一篇精詳之文字以描寫之。惟觀魏志所載，彼等之眞實姓名，魏使尙不得知，僅以空疎之官樣式之文字，如：

以婢千人自侍，……宮室樓觀，城柵嚴設，常有人持兵守衛

等非寫眞的文筆形容之，足證梯儁等不但未見女王及其弟，即女王所都之耶馬臺國恐亦未至。彼等一行僅到伊都國爲止，最大限度恐不能過不彌國。試觀魏志上所載之投馬國之五萬餘戶，耶馬臺國之七萬餘戶等，就此龐大不實之戶數觀之，益足證實以上觀察之不誤。梯儁等既未至耶馬臺國，則至投馬國及耶馬臺國之里數當非所知，自不能不付諸缺如。故以『水行二十日』與『水行十日，陸行一月』塡補於投馬國及耶馬臺國之下者，實非梯儁等所爲，乃魏志作者強引第二次遣倭使張政等之見聞錄，加以改竄而成者也。

按遣倭使張政等一行，後於梯儁等之入倭者八年，若就魏志東夷傳中之：

卑彌呼以死，大作冢徑百步，徇葬者奴婢百人。更立男王，國中不服，更相誅殺，當時殺千餘人。復立卑彌呼宗女壹與年十三爲王，國中遂定。政等以檄告喻壹與，壹與遣倭大夫率善中郎將掖邪狗等二十人送政等還，因詣臺獻上男女生口三十人

觀察吟味之，張政等既以檄諭倭王壹與，壹與並遣倭大夫將張政等送還，則張政等一行曾親到耶馬臺國，可斷言也。張政等既親到耶馬臺國，當必有一番行程記錄。在太田亮氏所著日本古代史新硏究中，推測由帶方郡至對馬國，水行二十日，由對馬國至耶馬臺國，水行十日，陸行一月之行程記錄，深恐卽是張政等所爲也。

但魏志作者竟將『對馬』誤視作『投馬』，又見梯儁等之見聞錄中，不彌國以下之里數均付諸缺如，遂將張政等之見聞錄中『水行二十日』一句塡補於投馬國之下，以

『水行十日，陸行一月』二句，實補於耶馬臺國之下；於是耶馬臺國大和說與耶馬臺國九州說之對立基因，從此胚胎矣。

果明乎此，則耶馬臺國之所在，就上面方位，里數及日數上考證之結果，當在不彌國以南之地，即今九州肥後北部地方。投馬國乃在今九州之筑後三潴郡地方。蓋據日本古代人口戶數之調查，在九州全土以肥後北部菊池郡山門鄉之戶數爲最密，日本古文獻之和名抄上已載有『肥後山門鄉』之名，故此山門鄉或爲當時耶馬臺國女王所部之地。再者，『山門』二字之日本讀法爲"Yamato"音，亦與魏志上『耶馬臺國』音類同；因當魏使入倭之時，倭人尚無文字，當時雖有"Yamato"地名之音，而無文字以塡補之，故魏使不得不依"Yamato"音而譯作『耶馬臺』國。至若投馬國之名，亦因筑後之三潴郡之日本讀法而譯成者。蓋日本人讀『三潴』爲"Mitsuma"音，而『三』字讀作"Mi"音，與『御』之讀法同，有冠詞之意；『潴』字讀作"Tsuma"，魏人遂依此"Tsuma"音而譯作『投馬』國矣。

由此可知在三國時代，中倭之交通往來，乃由朝鮮帶方郡南下，經對馬壹岐而至九州肥前之松浦上岸，經筑前之怡土郡及那珂郡等地方，而至肥後之倭女王國。在此中倭之交通路上，自魏景初三年（註二）以降九年間，魏使與倭使公然往來者，魏志上已載有六次之多，其未載諸史籍者當更不知凡幾，足證三國時代中倭人士往來於此交通線上之頻繁也。

至若當時由朝鮮帶方郡至魏都洛陽，其所經由之途徑者何？魏志上雖未載及，而就當時之情形及文獻通考之記事觀之，似由帶方郡經遼東，陸行至洛陽者。據元馬端臨所撰之文獻通考卷三二四四裔考：

> 按倭人自後漢始通中國，……其初通中國也，實自遼東而來，故其迂迴如此。至六朝及宋則多從南道。

此言優足以證明之。蓋當時航海術尚未發達，海路猶不如陸路之安全；且魏自滅公孫氏，併樂浪等郡後，威震半島，更無敢有作陸路交通之阻梗者故也。

（三）

三國以降，迄于隋代，中倭之交通路線若何？是否與魏倭路線稍異？似亦有論證之必要。在中國史籍方面，晉書武帝本紀及安帝本紀中，僅載倭人來獻方物之年，而未涉及其入貢之路。梁沈約所撰之宋書夷蠻傳，其所載之倭人，於宋高祖永初二年（西紀四二一年）以降，約六十年間，前後入貢凡八次，其通聘於南朝宋者不可謂之不密。且宋書所載倭王入貢於宋之事，與南史夷貊傳所記亦屬相同；而宋書及南史所載之入貢於宋之倭王讚，珍，濟，興，武，日本學者如吉田東伍及松下見林等（註三），亦一致承認爲日本史籍上之仁德天皇，反正天皇，允恭天皇，安康天皇（其詳細考證，容後再行介紹發表，茲從略），其記事亦不能不謂之正確。惟涉及其入貢於南朝宋之航路，僅有宋書夷蠻傳所載之倭王武（雄略天皇）捧呈於宋順帝之表文中之下列數語而已：

道逕百濟，裝治船舫，而句驪無道，圖欲見吞，掠抄邊隸，虔劉不已，每致稽滯，以失良風。

在日本史籍方面，日本書紀雄略紀中，曾載：

十年九月戊子，身狹村主等將吳所獻二鵝到於筑紫。……十四年正月戊寅，身狹村主靑等，共吳國使，將吳所獻手末才伎，漢織吳織及衣縫兄媛弟媛等，泊於住吉津。

按日本書紀上所載之吳國，並非指孫權之吳國，乃是指南朝宋而言，此已爲一般學者所公認。倭人旣不斷通聘於南朝，其入貢於南朝之路，則曰道經百濟；而由南朝返倭國時，一則曰到九州筑紫，一則曰泊於畿內之住吉津：由是可知在南北朝時代，倭人入貢之路，概由畿內難波之住吉津解纜，沿瀨戶內海至九州筑紫，再北經對馬壹岐至朝鮮百濟，更由半島而至南朝者。當時倭人之所以未能由九州筑紫橫渡東海而至宋都建康者，蓋以當時航海術尚未十分發達，恐生意外危險故耳。

迨至隋文帝統一南北，日本聖德太子深慕中國之燦爛文化，遂有遣隋使之舉，隋文帝亦遣使者往，於是中倭之交通因之大盛。隋書倭國傳云：

明年（大業四年），上遣文林裴淸使於俀國，度百濟行至竹島，南望耽羅，經都斯麻國，逈在大海中。又東至一支國，又至竹斯國，又東至秦王國，其人同華夏，以爲夷州，疑不能明也。又經十餘國，達於海岸。自竹斯國以東，皆附庸於俀。

按傳中之竹島，爲朝鮮全羅南道珍島西南之一小島。耽羅國即今之濟州島。都斯麻國即今之對馬島（日本人讀『對馬』爲"Tsushima"音）。一支國即今壹岐島。竹斯國即今九州之筑紫（日本人讀『筑紫』爲"Chikushi"音）。至關於秦王國之所在，雖有安藝嚴島說，讚岐說，周防說及難波說之分立，惟據各方面考察之結果，似以松下見林及木宮泰彥（註四）所主張之周防說爲是；蓋當時山陽道之西部多秦氏之居住地故也。

據以上隋書倭國傳之記事，隋使之入倭乃由百濟南下，經對馬壹岐而至九州之筑紫，更東行沿瀨戶內海至畿內之難波津；此則與南北朝時代之中倭交通路線大致相同者。至由半島經對馬壹岐至九州之航路，恐始自三國以降。蓋三國後，日本列島上曾發生劇烈之民族移動，都於九州之耶馬臺國因受其南鄰狗奴國即今熊襲部族（據魏志東夷傳所載）之侵害，不得不率族東遷，以求躲避於一時，是以日本史籍上有神武天皇東征之神話化之記事。至其東遷之結果，遂與盤據於畿內大和之銅鐸民族即秦人系大陸民族衝突，其勝利卒歸於比較野蠻之倭政府（魏志上所載之倭女王國，卽爲此倭政府之前身，亦卽日本史籍上所謂大和政府；詳見拙著日本建國年代考及倭國考二文）；旋統一畿內，並征服列島，而畿內之難波津亦遂爲交通上一要地，成爲往來中國之出發地與着岸地矣。

至於由百濟至中國所經由之途徑，是否橫斷黃海而至中國？抑或仍經遼東而陸行至中國內地？據當時之情形推測之，在南北朝時代左右，高句麗正雄峙於半島，爲爭半島南部，恒與倭人相鬥爭，而爲倭人入貢道途之梗，此則上舉之宋書夷蠻傳倭王武表文中之記事足以證明之。文獻通考卷三二四四裔考中亦云：

按倭人自後漢始通中國。……至六朝及宋，則多從南道，浮海入貢，及通互市之類，而不自北方，則以遼東非中國土地故也。

可知在南北朝時代左右，已不若三國時代之由百濟路經遼東而至中國首都，乃是由百濟橫斷黃海而至中國。至若由百濟沿高句麗西海岸北上，經遼東半島而至山東之航路，乃爲唐代與新羅渤海等國往來之路線；由九州筑紫直橫渡東海而至長江口之航路，乃爲遣唐使所經由之航路矣。

四　結論

綜觀中倭之古代交通，由海流上及古文獻上考察之結果，在航海術未發達時代，往往利用日本海之左旋回流，由半島漂渡至日本山陰地方；由銅鐸遺跡的分布狀態上，足證明之。且在此自然海流之航路上，不但爲我中華民族東渡之唯一古代航路，而亦爲中國文化東渡之最古途徑。惟倭人入貢於中國所經由之航路，既無法利用此日本海之左旋回流，而彼輩幼稚之航海術，又不能橫斷此汪洋無邊之日本海，故不得不由北九州經對馬壹岐而至朝鮮半島。

試就地理上言之，北九州與半島南部僅隔咫尺，且有對馬壹岐諸島突出於其間，苟其航海術稍能橫斷朝鮮海峽，則由九州至半島之航路當不難實現。

更就當時日本列島上情形言之，據前後漢書及魏志等所載，在三國以前，列島上尙呈諸部落分立狀態，就中以九州之部族（如倭女王國及狗奴國等）爲最強（參照拙著日本建國年代考），往往爲憧憬中國文化而入貢於中國。（如上面列擧之前後漢書，魏志，晉書，宋書，南史及隋書等所載之倭人入貢事，乃其明證。）然則彼輩來中國時，由其居住之九州北上，經對馬壹岐而至半島之航路，殊屬合理，且係捷徑。故由北九州至半島，更至中國之航路，隨倭人入貢之頻繁而日趨於繁榮。凡前後漢書及魏志等書中所載之入貢倭人，想概由此航路而至中國者。試觀後漢光武帝賜予倭奴國金印之在九州發現，及銅劍銅鉾遺跡之分布狀態，不難證明。且魏志所載之魏使入倭之路，亦即經由此朝鮮九州間之航路者；足證當時由半島東下，趁日本海回流的自然航路，早已無人過問，而由半島南下至九州之航路，乃當時唯一主要之交通路線也。

嗣後迄於隋代，此由朝鮮至九州之航路仍不失爲中倭往來之主要幹線。惟爲三島上集團民族之移動，及政治中心地由北九州東遷至本州畿內大和之故，而此航線遂不得不更由北九州而延長至於畿內之難波津矣。隋書倭國傳所載隋使入倭所經之航路，正是當時中倭交通路線之縮影也。

註一：在內藤虎次郎博士所著之倭面土國中，曾主張後漢書安帝紀永初元年入貢之倭國爲倭面土國，見藝文第二年第六號。橋本增吉氏亦力倡此說，見史學雜誌第六卷第二號中之在支那史料上顯露出來之日本上代一文。

註二：據內藤虎次郎博士之考證（見藝文第一年第二至第四號之卑彌呼考一文），魏志東夷傳上所載之景初二年六月爲三年六月之誤；蓋景初二年八月，司馬懿始斬公孫淵而平樂浪等郡，及至此事盛傳於韓倭，倭女王因畏懼而遣使奉貢者，當爲翌年六月事也。

註三：見吉田賢龍之日韓古史斷及松下見林之異稱日本傳。

註四：見松下見林之異稱日本傳及木宮泰彥之日支交通史第五章。

附識

余在師大月刊第十九期中，曾發表中倭之古代交通路一文，祗以倉促成稿，簡陋之處，在所不免；故乘茲暑期之便，復加以增補訂正而發表於此。

蒙古的王公，僧侶，與平民階級

美國拉丁摩著　侯仁之譯

本文初次介紹見本刊三卷六期拙譯「蒙古的盟部與旗」一文之引言，茲特儘先譯出作爲"Mongols of Manchuria"一書前六章之縮論。「蒙古的盟部與旗」之以下數章，即將繼續迻譯，依次於本刊發表。——譯者

外蒙古的社會革命，一般人很容易輕輕放過，以爲只是一種虛幻不實的宣傳，表面上用無產階級革命的新名詞來掩飾，骨子裏却是舊俄帝國主義的繼續，僅欲擴張俄羅斯的勢力到蒙古而已。內蒙古的民族運動，一般人也很容易輕輕放過，以爲牠的人口太少，天然資源太薄，社會制度又是野蠻時代的遺物，緊緊將牠束縛起來，永遠沒有現代化和改進的希望。人都以爲蒙古民族已逢末運；牠乃是命中注定了要受俄羅斯，中國以及日本在滿洲新「聯邦」帝國("Federative" empire)的瓜分與蠶食的。

具有類此膚淺而籠統的見解的人是如此之多，使我們不得不推測到蒙古的國際關係之調整問題在最近是很難得到完善的解決的。其實，蒙古的人口問題只是由於一種疫症——梅毒，而這種疫症並不難處置，只要有有効的公共衛生機關馬上可以解決，而且在外蒙古已經得到了確實的有力的證明，在滿洲內的蒙古區域也已得到部分的解決。這樣，蒙古人不久便可增加起來。至於天然資源問題，也不是沒有辦法。蒙古的人口問題與天然資源問題，皆不擬於此詳論。唯擬對於蒙古的社會組織問題，加以解釋，因爲關心蒙古問題者對於蒙古的態度，將依據其對於蒙古社會組織的解釋與認識以爲轉移。

認蒙古民族爲野蠻的觀念，乃是由於中西論者一種共同的偏見所致：以爲凡逐水草居氈帳的遊牧民族，其文化必較定居村落中的農業民族低劣。在這一點上，共產主義的社會史觀(Social interpretation of history)更較正確切實。文明乃是閒暇的產物，而自古迄今，閒暇則繫於社會組織。凡一階級能攫取其他階級生產的財富而自得生活於安閒中時，文化才有可能；社會史觀的最後理想，亦即其最爲革命獨到之點，即欲達到人人不相剝削而仍有閒暇享受的地步。

財富的如何生產以及閒暇的如何享受，皆無關緊要。最關緊要的乃是剝削之結果如何作用的問題。以馬克思根據西方機器文明而創的無產階級獨裁觀念，應用於蒙古人

的部族組織，或似荒謬。但第一，如吾等姑定無產階級的學說可以實行，第二，又因吾等也可以在蒙古史上發現相當於西洋社會中勞資階級的階級成分，則應用社會革命的觀念於蒙古問題，非但不是虛妄，恐怕還要算最合理的。

吾人苟以此等眼光來檢討蒙古史，那麼便可立時見到蒙古社會非但不是原始的，甚且已經演化到至爲複雜的地步；蒙古社會乃是一個具有財富，閒暇與威力的社會。不過如欲明瞭蒙古社會的特性，必須時時涉及中國歷史。其相互的密切關係，有如此者。蒙古民族史乃是一串首尾連貫的塞北民族興替史中最後的一章，而此史之久遠，蓋可與中國史相埒。中國自從有史以來，据今長城一帶地方的部族卽屢見於册籍。自從長城由胚胎而形成，由片段獨立的堡壘而貫串爲連續無缺的防禦陣綫時起，異族的侵略便廻環連續自滿，蒙，中國土爾其斯坦以及西藏等地絡繹而至。在侵略中間的寧靜時期，中國得以恢復長城邊疆的統治時，中國僅能以互盟與賄賂的手段維持其統治權。意思就是說：塞北民族雖不入侵中國，而仍能對中國施以財政的剝削。各部族間的相互戰爭也達到了同樣的結果。部族混合的勝利錦標，即是在略邊的獲掠中或中國的賄賂中攫得最大的一份特權。

如此，則一般的塞北民族史以及特殊的蒙古民族史乃可以凝練成功一條簡單的公式。一般言之，中國乃是一「殖民的」(Colonial) 被剝削區域，蒙古則爲剝削人的「帝國主義」者之根據地。誠然，中國社會上自有其各別的階級史，和對內帝國主義的剝削之記錄。蒙古社會亦自有其各別的社會組織。但就大體以及二者之相互的關係來說，則蒙古民族不得不稱爲優勝民族，而中國民族則爲被剝削民族。

在優勝民族之內，階級的對立漸失其嚴重與尖銳的程度，因爲上下各階級皆可自被治民族的財富上享受一種不勞而獲的收入。貴族階級是軍隊的領袖以及侵略與剝削的組織者，故得享受大部的利益，閒暇，財富與文明。但是平民所得，亦足使其安分守己，唯期於帝國主義制度之內努力上進，並不想打破此種制度，推翻其統治階級。一般講來，此不但於十九世紀的歐洲帝國主義之膨脹期爲然，即於亞拉伯，蒙古，土耳其前後幾次的大征服亦莫不皆然。（雖然，卽在優勢的工業國家中，如英國工業化的初期，下層階級亦有受害者。在征服的遊牧民族中則無此等現象，但此一不同點，無關重要。）

沿中國長城邊疆一帶，征服之循環重複，朝代之廢替興隆，歷數千年而其性質未變。此時期，王公制度遂形成一成不變的制度。平民對待酋長，敬之甚或愛之。既便是最兇狠的部族之混戰亦不足引起對於制度本身之憎恨，蓋人人皆稔知：在部族混戰之中，終必有衆王之王出現，可以領導各小酋長作一致對外之征服（普通皆對中國），因此遂又另啟一剝削，安逸與光榮的時代。至十九世紀滿人入主中華時，此種制度已達其最後的表現。滿人在入侵的初期，雖曾征服少數蒙古部落，但就大體言，蒙古民族僅可說是滿人之自願的同盟者。塞北大部武功，都是蒙古民族的功績；同時又助成滿清民族的塞南征服。蒙古人的生活甚為安逸，其遊牧經濟足以自給，凡日用衣食住的大宗物品皆可得之。其剩餘產品則售與中國，以易布匹，絲，茶，米穀等奢侈品。其王公長自中國朝廷領得絲銀等等。部族自身又積屯米穀以備荒旱瘟疫之年以及牛畜減少之虞。蒙人納稅甚輕，亦不像中國農民常受剝削制度之壓榨。最後，彼等並有道德上之自信，自視為優越的征服民族，有獲取的特權而沒有給予的義務。

唯有一事，阻止此種制度之繼續重演。如果不是西方勢力之東來，滿清一代的壽命亦不過二三世紀而已；結果將因收入遞減律（Law of diminishing returns）之鐵則而崩潰。上一次征服的「投資」，將於叛變萌起中消滅；漢人自主之朝代，將繼以統治中國。塞北各族將又起一場混戰，以產生英主而對中國作再一次之大侵略。

但西方海洋勢力，突將此種循環過程破壞無餘，再無恢復的可能。因為此種過程之得以維持，惟賴純大陸性的軍事勢力與經濟勢力的作用。今通商口岸之興起，即說明長城之所以衰微。蒙古制度因此乃受到了致命的打擊。其部族組織雖尚得苟延殘喘，但是已經與基本現實割絕，其活力早已喪失。活力惟能以侵略膨脹之戰爭恢復之；但蒙古征服既已不可能，則戰爭必賴國外之同盟。假如舊制度不能再繼續，則必須有新制度以代替之。但此新制度又究竟如何？

在此須對於蒙古社會的形態，在滿清一朝比較寧定的時期內（自一六四四至一九一一）凝結硬化的過程加以更詳稔的檢討。在此期內，蒙古王公（其相互間的混戰——選拔英才的戰爭，而非殲滅或臣服其他王公的戰爭——供給一種動力，對外作有力的征服戰）由積極的民族領袖墮落為貪婪的，貴族的，享受特權的不勞而食者。蒙古參加滿人剝削中國的所得，大部皆為之攫去。王公之領導，發動，與負責的職務，俱已廢弛，唯其習慣的權威仍殘存於後。

不過蒙古人一般社會經濟的生活，仍甚安逸。所以如果不是西洋勢力之參入，則此靜的時期將仍是活動期間之無關重要的休息期。但是西洋國家自海洋方面對於中國所施的壓力，已將歷史的動力倒轉。西洋壓力之直接間接作用的結果，如鐵路之伸張於內蒙以及中國軍隊武備之現代化。此等現代武器，蒙古人無從獲得，因為一方面中國介於蒙古與洋海之間，他方面帝俄雖欲伸張俄羅斯之武力於外蒙古，却並不欲外蒙古有其自身之武備。

在此種歷史命運陡轉之下，蒙古王公階級的作用已經失其時效。蒙古整個的社會組織，適於攻而不適於守；僅能在進取上產生一致行動，不能在防禦上採取一致步調。於取守勢時，各王公自願單獨行動，期以盡量保有一己之權威與特權。階級利益之轉為對內的，表現於部族內不同的階級之間。因特殊階級之存在，唯賴剩餘收入之剝削與享受。又因中國已經不能再担負剝削，先前為特權民族中最下層之蒙古平民，至此遂變為被剝削階級，負担現已失效之上層階級——失效者，以其不復是民族膨脹的矛頭而僅成為民族內部階級剝削之金字塔的尖端。

至於上層階級之剝削方式，在此不擬詳論，僅舉其犖犖二大端如下：第一，先有之中國朝廷的贈祿既然已經不可復得，遂不得不以重稅代之。第二，王公庇護中國商人，助之對於本族平民作商業上的剝削；此外更與中國官吏勾結，染指於殖民土地交易中之利潤。如此才能以本族之疆土實力為代價以維持其舊日一部分的社會權威。內蒙古王公（特別是在滿洲境內的蒙人區）偶或有率領其部屬對於中國的蠶食作武力的抵抗者，但是就先後所遭遇的失敗與耗費而言，在在都可證明王公階級之不足任保障民族利益的重責。階級利益與民族利益衝突之日趨尖銳，即其致命的弱點。

僧侶階級的勢力，一部分補充王公階級的勢力，另一部分却與之相頡頏。一般人普通皆依據中國方面的通常解釋，以為蒙古的喇嘛教乃是滿清皇帝有目的的培植，期在以破壞蒙古人的好勇鬥狠的傳統性。然而這僅算得一半的眞理。實則當蒙古人尚是統治中國時，便已採奉喇嘛教。其後，在中國的勢力喪失，喇嘛教也曾一時趨於衰微。但是不久又以新的政治意義而重復興起。蒙古人既被逐於長城以北，又開始部族混亂的循環。按往例來說，混戰的結果，當又將造成新的民族之統一與對外的征服。在十六世紀蒙古部族的混戰期中，喇嘛教的重要性迅速增加；由於王公階級的推重，期以宗教上的聲望，作爲政治權威的後盾。內外蒙古以及西部蒙古（包括阿爾泰，中國土耳其斯坦以及靑海區）的敵對王公莫不積極希望其家人獲得宗教上的高位，因而得爲活佛的現身。如此，則彼時的喇嘛教實際上絕不是一種軟化勢力(demilitarizing force)，而確實成爲參加部族混戰的一員。

假使此種政治宗教的混戰得以充分發展而達其自然的結局，結果將會成功一十分可畏的政教合一的蒙古帝國。但是趁着蒙古部族的長期混戰，滿洲民族却乘機而起。結果，滿洲民族的興起遂將蒙古部族的最後的統一預先防止。滿人認淸其自身的勢力乃是基於蒙古各別部族之忠順的擁護，而不是整個蒙古民族的擁護，因此，滿淸政策遂側重於獎勵個別王公的忠順，而防止任何統一蒙古民族的勢力（把這種勢力疏導於較爲安全的洩道）。淸廷因此分割蒙古政治與宗教的勢力，一面扶持喇嘛教的聲望，一面又禁止王公家族的被選爲活佛。僧侶與王公因此乃形成兩個各別獨立的上層階級，彼此的權力由相成一變而爲相斥。結果二者乃不能自動的合作，以達其共通的統一。

蒙古相互競爭的王公，於滿淸帝室下所享受之特權地位，已減削其征服侵略的慾望，而統一勢力又被杜絕，故其數目有增無已，而舊有之選拔英才的競爭却不可復得。王公競以資助見好於僧侶寺院。於每一部族內，王公與僧侶交互承認彼此的優越地位。更有喇嘛寺院，且自有其領地；其居民雖非喇嘛却也認爲活佛的「門徒」，而非王公的屬民。

再者，因欲阻止產生最高教主的趨勢起見，淸廷則獎勵寺院勢力向下的擴張。各寺院的喇嘛數目逐漸增加，直至今日喇嘛之多幾與平民相埒。嚴格的宗教紀律自然因此便不能維持。今日喇嘛教內大半都是虛行故事，昧於教義的愚信者。正直虔信的教徒，苦行的修道士以及學者與幹練之行政家則爲數甚少。喇嘛與婦女同居，已是司空見慣的事，不足爲怪，甚且有置家立室者。不過寺院以內，尙仍不許婦女羼入。因此，喇嘛教不得認爲蒙古人口增加問題上的嚴重障礙。假使在此種靜的組織下，蒙古人的繁殖率如中國人之速，則最後蒙古亦必將發展成功相當於中國地主制度 (land lordism) 的制度。但事實上，土地乃是部族的共有物（廟地除外）——而非王公的私產。再者，部族的屬地與廟地，在經濟上的用途亦無不同。所謂私產，僅指牲畜而言，並不包括牧地。因此雖有稅收，精明強幹者也可由繁殖牧畜而致富，並無需投資於土地。貧窮者可先受僱於人，然後以工資購牛羊，僅事牧畜，數年內亦可達到小康的地步。社會上雖也有一種極緩和的奴隸制度存在——其實此所謂奴隸，只是一種世襲的長期僱工而已——但是因爲沒有人口過剩以及因失業而起的經濟競爭，雖奴隸也可分享一般的安逸。最後，社會的財富沒有注入外國市場之途徑，其剩餘的財富只有捐贈於喇嘛寺院。

但是既迨蒙古民族失其特權地位，而中國又開始自東南方北侵，同時帝俄之對外蒙古也自居於一種保護國的地位，於是寺院的勢力一如王公的勢力開始轉向而變爲對內的，對下的，移施之於一般的平民。僧侶階級亦如王公階級分裂爲一區一域之忠順者，而未能形成一種單一的利益。外蒙的僧侶也正如諸王公一樣，協助中國商人以剝削本族的平民；內蒙的僧侶則以部族的土地拱手而讓之於中國的殖民者。再者，僧侶階級內部的分歧以及僧侶階級利益與民族利益的對立也是一個致命的弱點，一如其爲王公階級的弱點無異。如此，所以蒙古的僧侶階級與王公階級可比擬於西歐的資本階級以及中國的地主階級；至於負担僧侶王公特權地位（此原由蒙古參加滿清對中國的剝削以維持）的平民階級，則可比擬於歐西的勞工階級以及中國的農民階級。

自然，蒙古平民之無產化並非突然而起。蒙古民族所享特權，隨滿清勢力的衰微而消亡。中國在蒙古的殖民以及蒙人的叛變，都已經在滿清帝室傾覆之前開始。西方的壓力雖自一八四〇而後即在中國日趨緊張，但其以可驚的速度傳達至蒙古時，却遠在以後的中日戰爭時期（一八九四——九五）。自此而後，西方壓力迅速的增加，其所及於蒙古的效果確是一種真正的危機。及至一九一一年，清室傾覆之後，舊式的歷史再不能重演，以藉部族的混戰而發洩其精力；却突然在民族關係以及社會經濟制度上遭遇到一種嶄新的勢力。

目下的蒙古社會之分裂，必須就這次危機作背景而加以考慮才可。所謂一九一一年的蒙古革命，其實並非革命，也非叛變，只不過是正式宣述蒙古並非中國之一部份的歷史原則而已。蒙古與中國的聯繫本是在滿清帝室之下由人工而造成，滿清既已顚覆，此種關聯亦當然破裂。中華民國所謂有繼承滿洲對於蒙古的盟主權之權利的想法，就歷史來說，全是一種無根据的結論。蒙古之不必依賴中國而能獨立存在，已經是自古皆然的事實。

但是人不得以歷史作藉口而想回復到歷史的某一點

去。歷史本是前進不已的。人或則承認歷史之動的原則(dynamic principles)而回復到歷史的某一階級去，或者另起爐竈去開始一新的階段。所謂一九一一年的革命並無多大成效，就是這個道理。蒙古人所企圖恢復的歷史動力，是循環的部族混戰以產生部族的統一，對中國作重新的侵略。這不唯是蒙古民族的「典型」歷史，也是東面滿洲民族和西面西藏民族的「典型」歷史。但這種動的回復已成爲不可能，因爲西方國家現在已經壓迫到中國和蒙古了，蒙古再不能毫無顧忌的任意侵略中國的邊地而害及西洋剝削中國的利益了。此外蒙古唯有兩種辦法：一則作爲帝俄侵略中國的先鋒，一則以社會革命的方式「清理」其自己的社會制度，因爲老制度已再不能執行其使命與任務——完成對內的過程，這是在滿清治下人工製造的穩定狀態中便已開始了的。

蒙古作爲俄羅斯侵略中國的急先鋒，正與舊日的史實相符合。俄羅斯向亞洲的進侵早已開始，及至帝俄傾覆，東進失敗，實際上受其蔭護的外蒙古，遂亦不可避免的捲入了社會革命的漩渦中去。部族的王公既然僅只適宜於作進攻的領導，而現在的進攻又成爲不可能，結果唯有讓位於新的領導者。再者，僧侶的職務既與王公平行，又因蒙古社會並無中等階級，新的領導者便只能出自平民。因此，如果說外蒙古社會革命的澈底與迅速是由於蘇聯的幫助，固然也未爲不可，但是如果說這種革命純係人工的輸入，卻與事實不符。這實在是蒙古社會中現實勢力之作用的自然結果。至於革命後的外蒙以及革命後的俄國聯合成功的新動力，是否僅只是封建的蒙古受帝俄的蔭庇而向中國侵略的變相，現在尙難斷定。

一九一一年外蒙的革命並沒有伸張到內蒙；內蒙的政治獨立之宣佈也未能成功。先是，王公以及僧侶並不危懼羸弱新生的中華民國。再者，他們又染指於中國貿易的利潤，一方還對俄羅斯的控制懷抱着一種朦朧的危懼。及至時間証明了民國雖弱而仍能以鐵路與現代武器進逼蒙古的時候，蒙古行動的時期便一去而不可復得了。西洋以及日本在中國和在蒙古的利益，都永不會使內外蒙聯合；於是蒙古的王公僧侶乃成爲蒙古失敗的造成人。中國的政策則在一方面維持其社會的權威，另一方面又逼迫蒙古，使其年年放棄一部分的土地，作爲殖民之用。

內外蒙古之潛伏的社會衝突，由一九三一年日本入侵滿洲而達到了最高峯。因爲內蒙一半現在已經爲「滿洲國」

所控制，所以蒙古人在中俄之外更須考慮其對日的內外關係。日本勢力自然須與俄羅斯勢力相對，擁護保守的分子以與革命的力量相對。同時又自須與中國的勢力努力競爭，期以轉移王公僧侶階級，使之重新興起而爲民族的積極領袖；同時却作日本的聯盟而不再爲分散不定的傀儡，致對中國的蠶食不能作有效的抵禦。

但是，如果王公僧侶的聲譽之恢復只是對於歷史某一點的靜底回復(Static return)，結果一定不能滿意，宛如在一九一一年的外蒙一樣。日本的勢力如想成功，便必須是動的(dynamic)，膨脹的。牠必須有充分的力量把被保護的貴族變作有統一希望的領袖；牠必是進向全蒙統一的眞正鼓動力，否則便是無謂的虛張聲勢。然而統一的意義乃是繫於自由的聯盟，而不是屈服順從於一個異己的國家。因此種種，任何涉及蒙古的戰爭，其影響不僅及於中，日與蘇俄的勢力範圍而使蒙古民族僅僅作爲無能爲力的犧牲者；這更將是蒙古民族自身內的階級鬪爭。這種階級鬪爭的激烈程度，將因反動勢力在外蒙尚未完全殲滅以及革命勢力在保守的內蒙也並非全無存在的原因而加甚。

我實不欲牽強附會階級分析之說。但是我敢預測蒙古民族內部的衝突，一定會越法露骨的表現爲階級的鬪爭，而且必須用階級的鬪爭的看法來解釋。與蒙古事件有關係的國家，也將越法顯明的出現爲此一階級或彼一階級的護庇人。因此，卽使是一個amateur，他沒有特別受過以階級的見地來分析歷史以及文明與民族間之關係的訓練，可是也必須先去了解蒙古社會的階級基礎。

但是，此處同時也須指明，作用於蒙古事件之後的尙有一種強有力的歷史的力量在，這全與社會階級無關。此種力量卽是全世界陸地勢力(land power)與海洋勢力(sea power)之平衡的更易。自有史起以至歐洲船舶第一次出現於中國口岸止，不但蒙古的事件，卽中國以及現爲蘇聯的廣大陸地區的事件，亦莫不受陸地勢力的支配而決定。自哥倫布時代起以至十九世紀商業帝國主義之顚頑以及海軍之競爭止，遍全世界的決定因子則是海權；蒙古與中亞的重要性，卽因此而遮掩不現。

日本向亞洲之猛進，中國開發邊疆舉辦建設的傾向，以及俄羅斯再起爲世界強國之一，遂結束了海洋勢力的時期。歐亞二洲日益受到地理連續性的影響，而蒙古之所在正去東西兩極端的平衡點不遠。因此，在蒙古的社會民族衝突中，我們更可發現歷史動力之促進，期在歐亞間尋得平衡，努力適應於一個海洋期的結束與大陸期的開始。

黃山遊記

李書華

黃山屬南嶺山脈，古稱黟山。相傳黃帝與容成諸人嘗至此採藥。唐天寶間改今名。山位於安徽歙縣之西北，太平縣之南：在歙縣境內者佔三分之二；在太平境內者佔三分之一。因其交通梗塞，遂與人世隔絕，罕有往遊者。唐李太白嘗一至其地，爲之徘徊而去。至宋時乃漸有往遊者。至明代遊者漸多；徐霞客兩度探奇，著成遊記，黃山遂更爲世人所喜道。馴至今日，交通便利，達黃山之公路共有三條：(一)由杭州至徽州（杭徽路），轉湯口；(二)由南京至蕪湖（京蕪路），經宣城至徽州（蕪屯路），轉湯口；(三)由安慶對面之殷家匯，至湯口（殷屯路）。前兩路早有公共汽車通行，故遊山之人乃較往昔爲多也。

余久慕黃山風景之秀美，屢思一遊，牽於人事，卒卒未果；然此志固未嘗一日去懷。民國二十二年十一月二十六日，余應浙建廳曾養甫先生之約，與吳稚暉先生等參加杭徽公路開幕典禮，自杭至徽。本擬藉此機會，一遊黃山，嗣因當時由徽州至黃山脚下之湯口約六十公里（仟米）尚未修築公路，行程頗感困難。加以冬際晝短，氣候亦涼，乃未果行，悵然而返。

稚暉先生去歲曾遊黃山，歸來爲余道其勝。本年春夏之交，稚暉先生原擬二次往遊，約余同去，適先生方有川黔滇之行，竟成虛願。本年四月下旬，余因事由平赴京滬，適有七八日暇，乃決意乘此機會往遊。是時有與皖建廳劉式菴先生由京同往之議。旋式菴因事須回安慶，余遂決計由杭取道杭徽路，逕往黃山。綜計遊程，由杭州而徽州，而黃山，而屯溪，而休寧，而白嶽，復歸杭州，歷時七日。援筆記之，聊存鴻印，工拙所不暇計也。今先將此七日行程撮要如下：

第一日：由杭至徽，再轉黃山脚下之湯口，以達茅蓬，是夕即宿於中國旅行社黃山旅社中；

第二日：由茅蓬，經慈光寺，半山寺，天門坎，至文殊院，是夕宿於院中；

第三日：由文殊院，登天都峯，蓮花峯，經天海，至獅子林，宿；

第四日：由獅子林，往遊清涼臺，始信峯，西海門，是夕仍宿獅子林；

第五日：由獅子林，經丞相源，雲谷寺，觀九龍瀑，回茅蓬，宿於中國旅行社黃山旅社；
第六日：由茅蓬經湯口，至屯溪，經休寧，遊白嶽，
回屯溪，宿；
第七日：由屯溪回杭州。
此行計在黃山勾留五日。茲再逐日記載所見所聞於左：

第一日　四月二十九日

余於四月二十七日晚由滬乘火車至杭，寓於新新旅館。余前此來杭，約十數次。舊地重遊，無可紀述。是日在杭，遇任叔永先生。叔永固亦欲遊黃山者，余喜得伴同遊。不意於二十八日之晨，叔永來告，謂因事須即回平。余遂於是日在杭訪友，兼製雨衣，購食物，略作準備，決於翌晨獨往。

杭徽公路，余本已走過一次，係乘小汽車。此次擬改搭公共汽車，乃于二十八日下午赴浙公路局湖濱汽車站詢問。知由杭直達屯溪（經過徽州）之公共汽車，每日共有三班：第一次早七時開；第二次早八時半開；第三次早十時開。票價由杭至徽，每位為國幣六元零八分。得先一日購票。

二十九日晨，天陰。昨日曾微雨，今乃漸漸放晴。氣溫為二十一度（攝氏表計，下仿此）。余携氣壓表（高度表），溫度表，指南針，照相機，及隨身衣物，乃於晨六時即到湖濱汽車站。至六時半開始售票。旅客甚多，紛紛爭購，售票處極形擁擠，余無法與之競爭。未幾，票門即閉。據汽車站執事人云，七時車坐位已滿，現須候八時半所開之車。余深恐第二班車坐客仍多，又買不到票，特到汽車站問事處訂小包車一輛，由杭至徽，車價為四十三元七角八分（中國旅行社及其他汽車行，聞亦可僱小包車，車價與此小有出入）。稍遲小包車開到，車號為浙一八三七號。該車甚新，且頗華麗，坐之亦甚舒適。車中可坐三四人，深以無伴同遊，空此坐位，覺得可惜。七時半，由湖濱動身。至武陵門，停十分鐘，乃復西進。

車經餘杭，臨安，化龍鎮（距杭七十公里），藻溪鎮（距杭七十九公里），於潛；及至昌化（距杭一零八公里），天已大晴。在此停車，余與車夫略進茶水，車夫復加汽油，預備前進。（按二十一年九月十八日，余曾與馬寅初先生等七十餘人，由化龍鎮出遊東天目山。又於二十二年十一月二十八日，與吳稚暉先生等八九人，由藻溪鎮出遊西天目山。彼時尚須步行，或乘肩輿。今則由藻溪鎮至天目之公路已築成；且天目已設有旅館，更為便利。昌化產雞血石，余二十一年十一月過此時，曾購雞血圖章多方，價亦甚廉。）

在昌化停車約二十分鐘，復繼續西行。過浙境最後一

站，即子才站，警士向余索去一名片。過浙皖交界處之昱嶺關後，公路曲折甚多。過三陽站，路甚狹而坡度甚大，僅能容一車之行；故車行至此，須在汽車站候一方車開過後，對面之車始能開行也。是日正午十二時，抵徽州。按杭徽全路共長二一五公里，浙境長一五四公里，皖長六一公里，小包車僅行四小時即到。若乘公共汽車，則須七小時方可到也。杭徽公路，沿途多山嶺林木，風景絕佳。

徽州約高出海面一五〇米(公尺)，余即以此為標準，用高度表測黃山高度。余到徽州後，由汽車站執事人代余僱妥由徽州赴黃山湯口之小包車一輛，價十七元一角二分。余在徽州汽車站休息約半小時，並就自攜食物略進午餐，復於十二時半起身。車經徽州城外之太平橋，過太白樓，向西南行，即向屯溪前進。至巖寺站轉向北行，順歙屯公路，向黃山前進。少時入山口，兩面皆山，中有小溪可通小舟。公路即沿溪岸而築成，曲折甚多。午後二時抵湯口，其地高度四九〇米。湯口為一大村鎮，現住有兵士一營。

巖寺站東距徽州十二公里，西距屯溪十六公里，北距湯口五十四公里。巖寺至湯口現有公共汽車通行，每日僅往來一次。上午九時三十五分由巖寺開；上午十一時二十

黃山交通圖

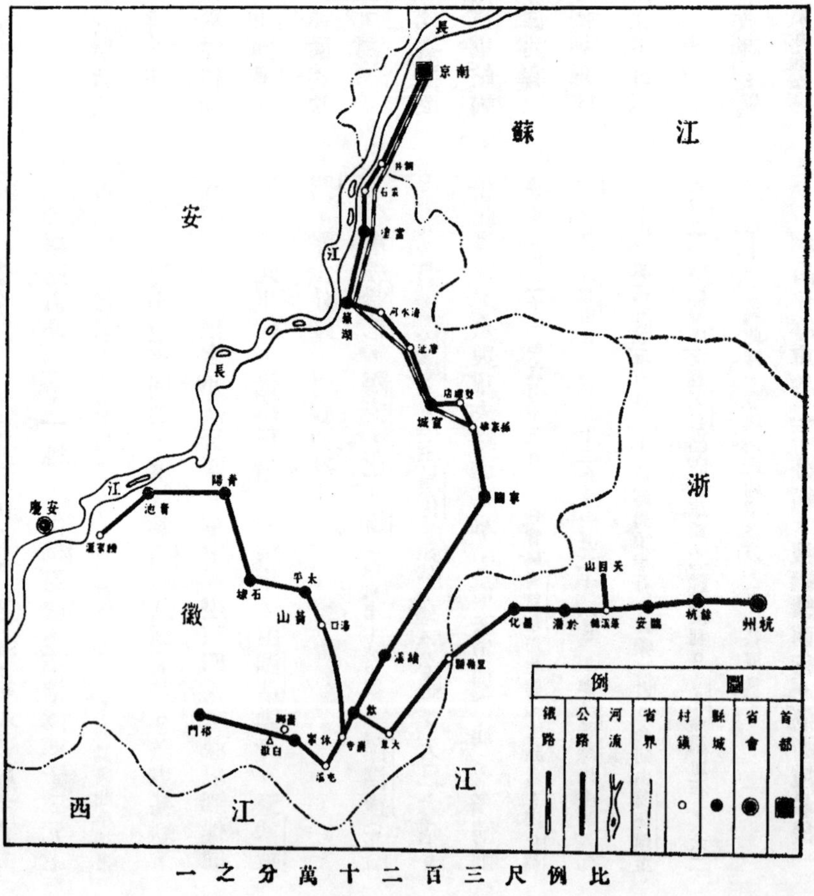

比例尺三百二十萬分之一

四分到湯口。至下午二時三十分由湯口開；下午四時三十分到巖寺。每位票價一元六角。由徽州至巖寺，公共汽車每位票價三角。最可惜者則爲杭屯直達之公共汽車，與巖湯間公共汽車之開行鐘點不能銜接，予遊人諸多阻礙。按由杭至湯口，本可一日直達；今如乘公共汽車，則非在徽住宿一夕不可。

余到湯口後，即僱一工人，爲携衣包等物，隨余步行至山。過逍遙亭，其地高度六三〇米。舊亭已毀，今正重修。由湯口約行一小時，始至茅蓬之中國旅行社黃山旅社。經理張康侯君招待甚殷。此旅社成立不久，位置極適中，前臨深溪，後靠山傍。此中房間約分三等：每日租金五元者祇有一間，租金三元半者有四間，租金二元者有八間，皆洋式建築，異常清潔。社中早餐每人大洋二毛（吃粥），中餐及晚餐每人大洋五毛（米飯及中菜），價亦廉也。

少頃，黃山建設委員會駐黃辦事處金慰農先生來訪。蓋曾接劉式菴先生電報，知余來此，故來招待。因與談遊山路程。彼又託駐黃辦事處職員過旭初先生陪余入山，藉爲嚮導。旋慰農引余參觀湯泉，并遊茅蓬附近之名勝。

湯泉浴室分上下二層。上層類似客廳，下層則爲浴室。浴池上爲半圓石洞，下爲長方形之池，其長約五米，廣約三米，深約一米。池邊及底皆爲石砌而成。水從池底石縫中湧出，時有氣泡浮水面，石壁罅中滴出少量寒泉，流入池中。（此寒泉之溫度，爲攝氏十八度。）因此，湯泉之溫度爲之降低。池水甚清，毫無硫磺氣味。池中溫水之溫度爲四二度半。按余近年所到國中溫泉數處均各測其溫度，今合並附記以資比較：（一）北平溫泉三七度；（二）江蘇江浦縣湯泉鎮四池：甲池三九度，乙池四〇度，丙池四一度，丁池四五度；（三）陝西臨潼華清池四二度半；（四）北平湯山兩池：東池四三度，西池四九度；（五）廬山南溫泉（溫湯）五六度；（六）南京湯山五八度。今此池溫度，適與臨潼華清池相等。至湯泉之名，久爲世人所知。唐刺史李敬方著有湯泉銘，傳誦人口。現在浴池上，刻有橫額『蒸雲』二字，旁有『熱不因人』，及『天然如意』等題字。浴室外大石上，有元至元十七年徽州人鄭玉子美題字，又有明嘉靖丙申五月朔馮世雍題石。浴池向不收費，惟須酌予茶房小費耳。古時本有上下二池，後僅餘一池。現於舊池旁又闢一新池，工程尚未竣也。

出湯泉後，過小補橋，經居士林旁，沿溪而上，過白龍潭，潭水清深。余與旭初由黃山建設委員會新闢之路，登桃源峯，觀人字瀑，北望羣峯，歷歷如列屏山之左右。

黃山遊程路綫略圖

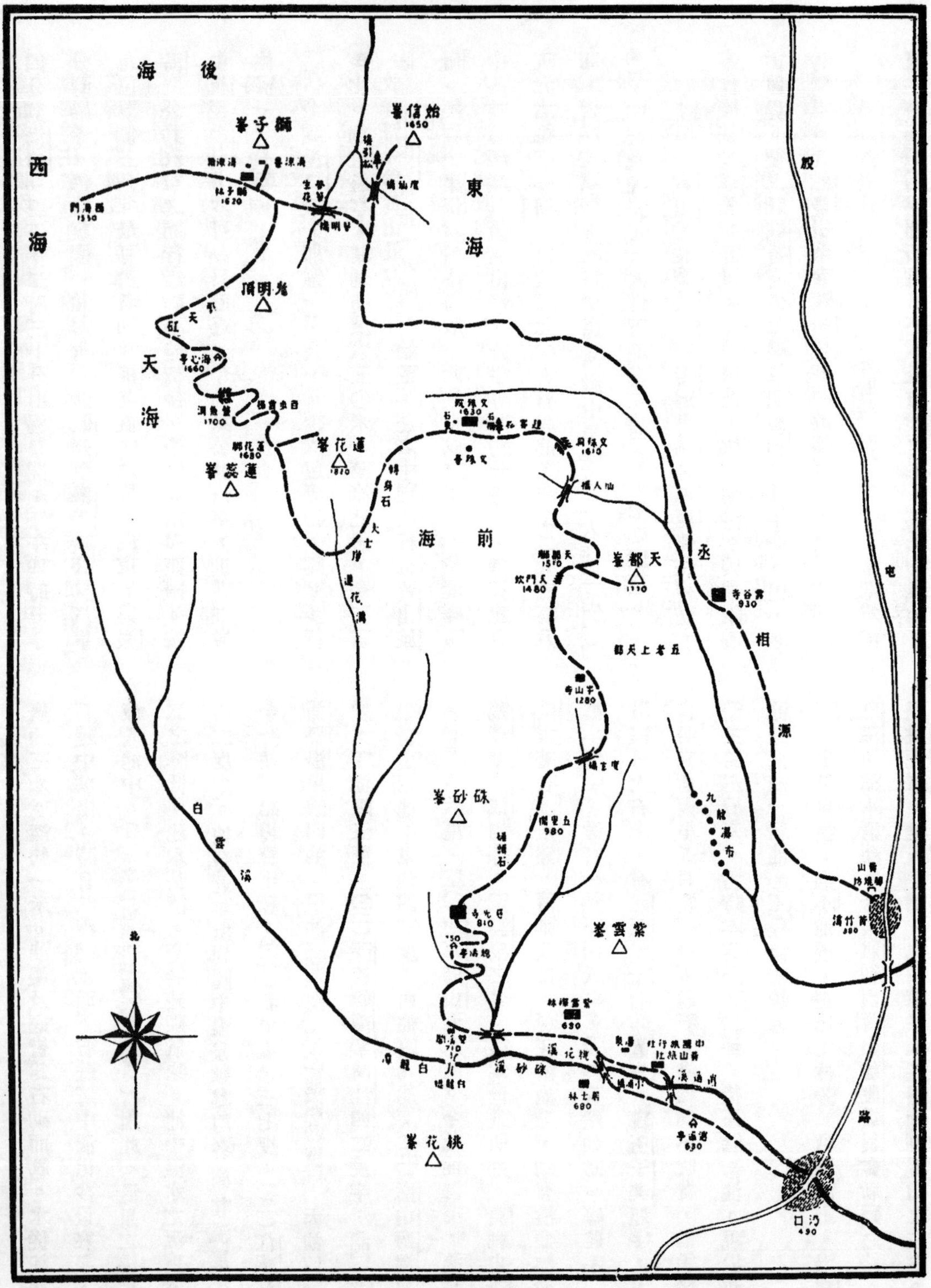

比例尺三萬七千分之一

遠近多杜鵑玫瑰等花，燦爛眩目。桃源峯下，經黃山建委會定爲住宅區。下桃源峯，至居士林小憩。黃山建委會駐黃辦事處即設於居士林中。

居士林建築未久，林爲古祥符寺舊址，其地高度六八○米。康熙時所修之黃山志云：『唐刺史李敬方作龍堂於湯之西。天祐（唐昭宗）九年，刺史陶雅建寺號湯院。南唐保大三年改靈泉院。大中祥符（宋眞宗）元年，勅改今名』。又考高僧傳云：『此寺創於志滿禪師』，事在唐天寶間，故祥符寺爲黃山最古之寺。

是晚慰農招飲於湯泉浴室上層客廳中，酒肴甚美，主人招待尤爲殷勤。飯畢，即回旅社就寢。

第二日　四月三十日

晨七時起床，天晴，室中氣温十五度。七時半浴於湯泉，舒適異常。浴畢回旅社，用早餐。此時旭初引一警士及一挑夫，亦至旅社中。晨八時三刻，余等一行四人步行入山，向文殊院前進。臨行時，旅社湯經理告以獅子林和尚澄如來迎。余等遊興正熾，不顧多遲，遂即出發。旭初善書法，尤喜吟詠，嘗伴段合肥圍棋，固一雅士也。此次遊山，尚携詩集多本，其風趣可知。

過紫雲禪林（即黃山第一茅蓬，俗名茅蓬。）其地高度六九○米。有新建之雙溪閣。再上爲聽濤山亭，其地高度七五○米。亭門有『過此成仙侶，回來無俗人』之句。及至慈光寺，本擬小憩，適寺中方丈圓寂，因之中輟。考慈光寺爲明嘉靖間玄陽道人舊居。明萬歷間普門和尚來此建剎，始由道教改爲佛教。明神宗爲慈聖太后祈福，乃賜此名。寺在黃山中，向稱第一大廟。其山門尚完整，惟大雄寶殿久已失修，無復莊嚴。其地高度八一○米。

再進過碰頭石，至五里欄。石磴窄，登涉殊覺不便。策杖而上，尚不覺其過險（下部有石欄，中部無欄，上部有鐵欄）。石欄最高處高度九八○米。上午十一時半至半山寺，其地高度一二八○米。寺有小樓三層，乃許靜仁先生捐貲重修者。余等方在瞻仰間，澄如和尚已至。在此每人進麵食兩碗。寺僧正心贈余以野白朮及雲霧茶等物，聞係此山中名產。野白朮用糖煮食，據云可治百病。雲霧茶葉大且厚，能沏水至四五次尚不去味。

余等在寺少息，更鼓勇前行。是日天氣晴朗，四顧諸峯益覺奇秀。奇松怪石，愈高愈多。雖汗流滿背，亦不覺其疲倦也。將達天門坎，右望有『五老上天都』之著名怪石，偉然觸目。天門坎高度一四八○米，兩崖夾立，頗似門形。對面仰視，即見文殊臺。由此循石級下而復上，即達天都峰脚。高度一五一〇米。向右爲登天都峰之路，向左爲登文殊院之路。余等仰觀天都後，乃取左路先登文殊院。經過仙人橋（高度一五五〇米），一線天，文殊洞（高度一六一〇米），始至文殊院，時下午二時半也。其地高度一六三〇米。

文殊院係明時普門和尙所搆，今已重飾，煥然一新。尙有一小部分未竣工。院後依山，院前爲平地。南面有石如臺，名曰文殊臺。登臺東望天都，西望蓮花，兩峯之面目畢見。天都峯前有石類鼠，其狀似向天都跳者，故俗稱『老鼠跳天都』。又天都峯旁有方形一巨石，似轎，故名『石轎』。蓮花峯以形似蓮瓣故名。蓮花峯之側有圓錐形之峯，稱蓮蕊峯。文殊院之左，有巨石若獅，其右高坡上，有巨石若象，故有『左獅右象』之語。石獅旁有松，名『迎客松』，因其一枝甚長，若以手迎客狀，遂以得名。自茅蓬至此，本地人謂爲十五里。山路皆鋪石爲磴，行人愈登愈高，愈高愈險，愈險愈奇。松樹多生於石縫中，枝幹奇崛，或傾斜，或橫臥，怪態百出。登文殊臺，俯視絕壑，遠眺羣峯，使人儵然自得，歎爲觀止。昔人謂：『不到文殊院，不見黃山面』，今乃信其非虛語也。

文殊院房中溫度，在下午三時爲十五度，至下午七時半則降至十三度。院中住持普雲和尙有事赴慈光寺，故由澄如代爲招待。房中備有鋪板及被褥，被褥係樂善者所捐贈，遊人日多，故已不甚潔淨。院中爲備晚餐，有素菜六大碗及米飯，均尙適口。飯後即宿於院中。

第三日　五月一日

晨六時起，天氣晴朗。房中溫度十度，室外溫度較低。昔人謂：『黃山五月披裘』，實則高山上之氣溫皆低，五月披裘不只黃山已也。起後，即到文殊臺，俯看雲海，許多山峯於雲海之中微露峯尖，亦異觀也。旋與旭初用早膳，擬于本日登天都與蓮花兩峯。

天都者，意即天所都也；亦曰三天子都（見錢謙益遊黃山記）。此峯頗類圓錐形，由上而下，幾成垂直之石壁。而石壁原無路可通，攀登極險。古人登天都而見諸記載者，有普門僧，雲水僧，李匡台，方夜，徐霞客等，外此殊不多見。吳稚暉先生遊山時，曾捐資開闢石堦，由下而上，鑿石作磴，近始完成，余名之曰『吳公雲梯』。自是人跡罕至之地亦可登臨矣。吳公雲梯鑿成後，汪夫人陳璧君女士及褚民誼先生等均曾一登此峯。

天都蓮花兩峯之高低比較，向無定論，而各種載記中則多以天都高於蓮花。黃山舊志云：『天都又黃山最高峯；下視諸峯，直兒孫耳』。太平縣志云：『峯之可登者五六，蓮花峯光明頂其高者也。最高者莫踰天都』。汪澤民遊黃山記中云：『其尤高者，天都峯也。上多名茶。來者裹糧以上，三日達峯頂』。吳時憲曰：『黃山有最高峯，曰三天子都』。他若黃克謙述湯寺僧言亦云：『此峯頂猿鳥不到』；黃山舊志云：『天目高一萬八千丈，僅及其肩』。此外謂天都爲黃山最高峯者尚多。直至今日，遊人及本地人士亦莫不以此等說爲然。推其原因，不外此峯險峻難登，人跡罕到，遂稱之爲最高也。惟方夜黃山小遊記有『蓮花獨尊』之語。方一藻黃海記略亦有『踏蓮花峯，巍聳直出天都上』之句。而徐霞客遊黃山後記亦有『蓮花獨出諸峯上』及『即天都亦俯首矣』兩語，則明認蓮花高於天都矣。

古人對於方向，距離，及高度，頗少正確觀念。如由某地向某方向行若干里至某處之一類記載，其方向距離有時均錯，至對于高度一層，更少精確者；彼等所言，有時離開實際直不可以道里計。即如圖經載有黃山高一一七〇丈，歙郡志却謂：天目山高一八〇〇〇丈，而低於黃山，覺解釋爲天目近連浙江，地勢傾下，歙居上流，平地已與天目齊。至今視之，自屬可哂。世界上絕對無高一八〇〇〇丈之山。喜馬拉雅山之耶維樂斯峯爲世界最高之峯，其高度爲八八四〇米，約合二八三〇丈（營造尺）。吾人今知天目山高約一五五〇公尺，固較黃山爲低。至歙之平地，則較杭之平地高出約百餘公尺而已。故在黃山未經正式詳測之前，余甚欲一較天都與蓮花之高低也。

余與旭初澄如等六人於晨八時五十分由文殊院向天都出發。經文殊洞，一線天，仙人橋，下石磴，乃至天都脚仰首望峯，即登吳公雲梯。按此雲梯石級長約二尺，高可七八寸，或至一尺。在一大段石級上有十級一段；十級較爲易登。過石輪，其地高度一七三〇米。經過數處轉灣，路乃極狹。有時遇垂直石壁，每石級竟高尺餘，旁臨深澗。吾人以手攀壁，蛇行而上，無復敢回顧者。若達峯頂，須經巨石脊。此石脊現已鑿平，長可丈餘，寬僅約一尺，其兩面均爲深壑，名『青魚背』。人行其上，旁無可依，絲毫不敢左右顧。過此須由小樹叢中穿出，乃達峯頂。余等至峯頂時，已上午十時矣。峯頂爲巨石所成，石上刻『藥師琉璃光佛』六巨字。又有谷同登君刻詩一首。在此峯頂，遙望慈光寺，茅篷，湯口諸地，尚可辨認。

此時也，余以高度表測之，天都峯頂高度爲一七七〇米。余并在此絕頂上置一大碗，滿盛白水，使一眼在碗後與水面齊，沿水面之延長線(水平線)對準蓮花峯頂測視之，則見蓮花峯頂尚高出於此水平線一段。以是知蓮花峯必較天都爲高。此本吾國木工定水平之老法，雖極簡單，固甚科學也。當時幷請旭初及其他諸人一一測視，結果相同。再以此法測視光明頂，則知其高度與天都峯略相等。其他各峯則全低于天都矣。

在天都峯頂勾留約四十五分鐘，于十時三刻復經原路而下。俗諺云『上山容易下山難』，况天都奇險，爲更難乎！故余儘力保持自身之重心，不敢絲毫大意，卒安抵天都脚。十二時回抵文殊院，即用午飯。古人所謂『三日達峯頂』者，今余等往來不逾三小時，亦足以自豪矣。

午餐後稍休息。下午二時一刻，起程登蓮花峯。從文殊院西路行數十步，順石磴下行，再折而上，經蓮花溝與大士崖，路途曲折，與天門坎至文殊院之路略同。若與上午所登之天都與公雲梯相較，則又不啻康莊大道矣。至蓮花峯脚，其地高度一六八〇米。此峯脚有二路，向右之路可通蓮花峯，向左之路則通獅子林。余等步登絕頂，中經四洞。第四洞上口高度一七七〇米，已與天都等高。比至蓮花峯頂，已下午四時。余以高度表測此峯頂高度，得一八二〇米，較天都高五十米。從前李寅恭先生所測蓮花峯高度爲七〇〇〇英尺，合二一三〇米，恐未免過大。而丁在君，翁詠霓，曾世英三先生所編纂中國分省新圖，注明黃山高一四〇〇米，又恐未免過小。余所測蓮花峯高度，約在上列二數之間，故可認作較爲近似。又從前績溪程敷鍇先生繪黃山平面圖(非實測者)，言蓮花峯高出海面五六三〇尺(營造尺)，合一七三〇米，蔣維喬先生遊黃山曾測蓮花峯高一六〇〇米，則尚均較余所測蓮花峯高度爲小。用高度表測高度，因氣壓變化，結果本可稍有出入。他日精測黃山地形圖時，高度之正確數目方可揭曉也。余又用水碗滿盛白水，順水面測視天都及其他諸峯，均不能見，尤可證明蓮花最高。蓮花峯上有刻字數處，峯頂平坦，廣約一二方丈，若一石臺然。適天氣清朗，踞石俯視諸峯，如在膝前。古人云『一覽衆山小』，此峯足以當之。至天都蓮花二峯，高低比較，聚訟紛紜，莫衷一是。而余於此行，且在一日之間，得以解決，不禁狂喜。

下午五時一刻，下蓮花峯，回至蓮花脚西行向獅子林前進。過百步雲梯，其上端高度一二五〇米。百步雲梯有石級約百餘層，護以欄杆，昔稱險路，今不難行矣。百步雲梯之下，爲裹蓮花溝。溝內許多玉蘭花盛開。因憶京滬玉蘭花開，約在國曆三月中旬；北平附近玉蘭花開，約在四月上旬。而此地開花，時期較北平遲一個月，較京滬遲一個半月。高山與平地之氣候不同也如此。

由裏蓮花溝再折而上，爲鰲魚洞。其下口高度一七〇〇米。上至鰲魚背，其地高度一七五〇米。乃到天海。天海實即山上一方較平坦之地，廣約數十畝。天海以南者，名前海。天海以北者，名後海。山而以海名，乃因『雲海』之故。自慈光寺以上至鰲魚洞，山嶺均係巨石，爲花崗巖，多奇峯怪石；滿山樹木，怪松尤多。及至天海，始得見有平坦之沙石土地。聞古時天海樹木甚多，漸漸斫伐，今已無一株之存，殊可惜也。天海中有破房一間，題曰海心亭，其地高度一六六〇米。立於亭前，可見『鰲魚背金龜』之怪石。

晚七時二十分，抵獅子林，其地高度一六二〇米。獅子林爲明一承僧所建，在獅子峯前，淸涼寺下，正對萬松山。獅子林旁從前多松樹，後被火燒毀。萬松山中，古時松樹亦多，今被斫伐，殊深可惜。寺中住持維淸，亦赴慈光寺。澄如由文殊院同來，任招待。晚飯後，即睡獅子林中。待客被褥與文殊院略同，亦樂善者所捐助也。

第四日　五月二日

是晨，天微雨。房中氣温十一度。本擬預備明日由丞相源步行回茅篷，今有雨，深恐明日不能趕回，又聞丞相源路較易行，可坐轎，乃遣挑夫老王回茅篷，訂肩輿兩乘，令其今晚即到獅子林，以備明日余與旭初乘坐。早飯後，看『麒麟松』，『鳳凰柏』，復往遊淸涼臺。出獅子林，左轉登山坡，約百步即抵淸涼臺。臺形長方，孤立突起，遠眺北海諸峯，氣象萬千。下淸涼臺後，往觀淸涼頂，亦係新修之廟。出廟後，向東南行，往遊始信峯。路左遙見『夢筆生花』怪石，及對面之筆架山。夢筆生花乃直立高出之圓石柱，尖銳秀聳，恰如筆形；松生尖上，奇特異常。過慧明橋，折而上。過渡僊橋，橋係在兩崖之間放一石板，以通行人。橋旁有『近引松』一株，過此即達始信峯。峯頂之琴臺，高度一六五〇米。由獅子林至始信峯，步行約二十分鐘即可到。在此東望石筍，秀峯上挺。所謂始信峯者，即云到此始信有此奇景也。獅子峯與萬松山以西稱西海，以東稱東海，合前海，後海，天海，爲黃山之『五海』。正午回獅子林午飯。

下午四時往遊西海門。由獅子林向西走，步行半小時即到。從前由獅子林至西海門，滿地爲野竹叢樹荊棘之屬所蔽，無路可通，故無法往遊。自吳稚暉先生捐貲開闢一路，行者稱便。此路僅石級一小段，餘爲土路，尚平坦。

吾人可稱此路爲稚暉路。路之終點爲西海門。此地爲一平臺，廣可二畝，前臨深淵，有千米以上之深度。西海門高度一五五〇米。遙望西海山峰有十三四層之多，其近西海之峰碧色宜人。其石之奇，松之怪，絕非他山所有。石松之奇異，較諸文殊臺，淸涼臺，始信峰，尤有特別獨到之處。徘徊甚久，不忍遽去，至日落始由稚暉路回寺中。晚七時，挑夫老王歸，叫來之肩輿亦到。晚飯後，就寢，視溫度表知房中氣溫爲十二度。

第五日　五月三日

晨七時起，天晴。余與旭初相商，擬于今日晨往後海遊松谷庵，再回獅子林；下午取道丞相源，經湯口折回茅篷。嗣因路程過長，時間所限，乃罷。松谷庵之遊惟有俟諸異日耳。

早八時動身，向東南行，余與旭初乘肩輿。過始信峰旁，緩緩下山，石階甚多，故行路亦不易。聞此山路係新築成者。晨十時至丞相源之雲谷寺。其地高度九三〇米。寺中祗一僧人。相傳丞相源爲宋丞相營菟裘處。雲谷寺則爲明萬歷間萬安和尙所創建，現爲黃山建委會駐黃辦事處所重修，以備遊客之寄宿。余與旭初在此，各食湯麵一碗，精神爲之一振。此地風景本自不惡，但較諸前昨三日所見，乃覺其平平無奇矣。

十時五十分動身，行四十五分鐘，到九龍瀑對面山坡。高度六三〇米。余等在此觀瀑布。瀑布於數百公尺或一千公尺之上飛奔降下，聲大如雷，水滴遠濺，色似白銀。瀑折爲九，下流入潭，潭亦爲九；水聚潭中，潭滿溢流。以視廬山三叠泉之勝，無多讓焉。

再下達苦竹溪村，其地高度三八〇米。出山路口有一石坊，題『黃山勝境』四字。靑陽及太平至湯口及徽州之公路即經此地，亦即殷屯路之一部。轎夫等在此用午飯，余與旭初亦略進鷄子及點心。順公路南行至湯口。下午二時十分回抵中國旅行社黃山旅社。隨即偕旭初往訪金慰農先生，告以遊山情形，並告以測驗蓮花峰高于天都峰之結果，慰農亦爲之大悅。旋到湯泉沐浴，數日以來滿身汚垢得以洗淨，頓覺身心淸爽。

回旅社少憩，旭初來訪，告余明日將由黃山建委會駐黃辦事處之汽車送余下山；並商定由湯口經巖寺，過屯溪，休寧，往白嶽一遊，然後回屯溪宿。

黃山轎夫挑夫向有一定之工價，每名每日國幣八角。其飯食則由旅客供給。至於旅客遊山，寄宿廟中，一切食宿旣由廟中代備，客人但須酌予香資而已，數目多寡寺僧亦不斤斤計較也。自旅社赴湯口轎夫挑夫，每人一次之工資則爲國幣四毛。

第六日　五月四日

晨起，用早餐。天晴。即於早七時仍偕旭初乘肩輿赴湯口。辦事處之汽車已在湯口相候。早八時開車。同車者除旭初外，尚有黄山警察所洪所長。洪君係因事赴休寧，同乘此車。十時至巖寺；再西行，十一時到屯溪。其地高度一八〇米。

屯溪屬休寧縣，爲皖南重鎮。皖南本安徽富庶之區，所產茶米皆集於斯，商業原甚發達，惟近來頗呈凋蔽，巳不似從前之繁榮。余在屯溪飯店預定房一間。午後與過洪兩君仍同車赴休寧。洪君在休寧下車後，余與旭初復乘車西進，下午二時一刻車抵巖脚。由巖寺至屯溪十六公里，屯溪至休寧十八公里，休寧至巖脚十四公里。

下車向南步行，過石橋，橋之兩端即爲巖脚村。過橋西行，出村後左轉至步雲亭，爲白嶽脚下，有『天下第一名山』匾額及『齊雲仙境』碑。白嶽亦稱齊雲山。徽州人若以黄山與白嶽合稱時，曰『黄嶽』；以白與黄相對稱嶽者，尊大之詞也。循石級而上，至松林亭，其地高度二九〇米，有大松二三十株。再上經望仙亭，至一天門，其地高度四九〇米，石碑甚多。進一天門，爲一洞天，洞甚多，洞中佛像皆爲石造者。諸洞中以羅漢洞爲最深且黑，惜未探其深度究有若干。過二天門，至白嶽新廟，正殿屋瓦爲綠色。余等往東陽道院吃茶，其地高度四九〇米。因時間關係，不能登山之絕頂，老廟及五老峯無從遊覽矣。白嶽風景自有其特點，然必欲以之與黄山相抗，則覺其不度德不量力也。聞白嶽七八月間香火甚盛，全山道士有百餘位，多屬婺源人。此時正值收茶時期，皆歸里收茶，故余等來此竟未見一道士也。

旋循原路下山，回至巖脚，時下午五時半。乘原汽車歸。因須過休寧接洪所長回屯溪，遂得在休寧晤安徽第十區石柱國專員，與之略談黄山之勝，即與過洪兩君暨祁門稅局胡孟栢局長同車回屯溪，即同用晚飯。飯後，余與洪君歸屯溪飯店下榻。屯溪飯店位於屯溪繁華之區，終夜喧譁，余幾一夜未眠。

第七日　五月五日

晨六時起床。天晴。七時即到汽車站，搭第一班公共汽車回杭。過洪兩君均來送行。晨七時半開車，八時二十分到徽州。旋過皖浙交界處，浙境子才站。車停，檢查行李。余以一名片給檢查之憲兵，得免開箱之勞。下午四時到杭。

黃山湯泉

黃山居士林

黃山慈光寺

黃山天都峯頂

黃山蓮花峯頂

黃山蓮花峯頂

白嶽新廟

白嶽一洞天

黃山天都峯

黃山文殊院

黃山始信峯對面風景

黃山蓮蕊峯

黃山蓮蕊峯(左)　蓮花峯(右)

黃山蓮花峯

結論

黃山全境，面積至大。余遊覽五日，其有名之重要地點雖得一覩，然未遊之處正多。此五日之中，除五月二日在獅子林遇微雨外，餘均天氣清朗，絕無雲霧，故看得黃山之眞面目較爲清楚，亦云幸矣。竊謂凡山之優點，須有下列數端：（一）須高；（二）須深；（三）須多樹；（四）須多水；（五）須全部或大部分爲石質構成；（六）須有其他之特長。黃山高而且深，滿山林木，尤多怪松。溪水甚多，且有九龍瀑之勝。山中湯泉尤屬特點。全山屬火成岩，全爲花崗石所構成，且到處多奇形之石，土質極少。至其他之特長，可以『雄壯奇秀』四字包括之。凡此種種優點，黃山兼而有之矣。余所見國內名山，如：泰山，華山，衡山，廬山，天目山，勞山等似皆不如黃山之完備。瑞士山水稱爲世界第一，二十年前余亦曾往遊。然余個人覺瑞士山固極偉大而秀美，然不如黃山之奇。夫山之面目各有不同，亦如人心之不同各如其面，故山之與山自難相較。然黃山實集諸山之大成，爲他山所不可及。至其佳點，尙有非筆墨所能形容者。登此山雖稍廢時日，且不免有跋涉之苦，然苟有志於探奇攬秀則不可不至。其所得之代價，實有足酬此苦者。昔人謂：『五岳歸來不看山，黃山歸來不看岳』，亦可知其價値矣。

黃山開闢較晚。不外以下諸因：路險，崎嶇難行，使人聞之生畏，肩輿不能上下，非足健耐勞之人不能任此長途奔波，一也。寺廟旣少且小，設備又簡陋，食宿諸多不宜；從前往遊者均須挑行李，攜食物，深覺其費事，二也。由京滬杭各地往遊，輒須經過四五日至十日之水旱路程方能達到山脚，交通梗塞，遊人裹足，三也。今日情形則與昔時大異，諸種設施使遊人感覺方便之處日增。如山路大半鋪石作磴，或鑿石成級，均可上下通行。除登天都峯路險難行外，其餘各處雖有不能乘肩輿者，然策杖而行，亦不難通過，絕無任何危險。山內寺廟多已重修，食宿較易。近來各僧以遊山之人日多，故日日在改善中。且山口內已設有旅社，黃山建委會邇來亦正在努力建設山中新路，創築住宅區。凡由京滬杭及安慶對面之殷家匯各路來遊，均可朝發夕至。有此種種便利，故遊者踵接。惟黃山尙無實測地形圖，似當速爲測製。他若寺廟食宿，雖已較從前便利，而猶有宜改善之處。又各公路汽車之連絡尙欠完善，如由杭本一日可到湯口，然由杭乘公共汽車而往，則須在徽州住一夜，二日方能到。如由京乘公共汽車而往，則須在蕪湖及徽州各宿一夜，三日方能到（由京至蕪湖，有江南汽車公司公共汽車，及江南鐵路火車，火車并可通宣城之孫家埠。蕪湖至屯溪直達車，每晨七時八時開兩班，票價由蕪湖至徽州每人七元三角五分）。應急設法使各公路汽車開行鐘點相銜接。以上數端，皆與黃山之發達及遊人之便利有莫大之關係也。

廿四，六，六，北平。

對于『清代學者地理論文目錄』的意見

容肇祖

王重民先生清代學術論文索引一書，據禹貢半月刊編者謂『已成書，不久可由北平圖書館出版。承其美意，允將地理一類先由本刊發表』。索引的一種學問，本來是見目即鈔，只求分類妥當，即爲能手。我們深幸王先生的清代學術論文索引的成書，又甚幸地理論文目錄的先睹。雖然禹貢登了兩期，還未登完，而我們得益已覺不少。但有一事，深覺不安於心，這或由於王先生偶爾的疏忽，今敢貢其意見以求大雅的教正。

在中國歷史上的人物，最不易分別朝代的，是爲易代後的遺民：一方固可認作前朝，一方則也可認作後朝。若其人在學術上有大貢獻，則後朝必拉以爲重；然而略迹原心，又確可認作前朝或稱爲勝國的遺民。如顧炎武，在清代皆認之爲清人，而我們看他的心則固明朝的遺民。王先生地理論文目錄列顧炎武的論文，認爲清代人，我們從習慣看來可無異辭；但列現存的羅振玉先生的論文，是又略迹原心，歸之於清代。似此，於體例上已不明白一致。又如地理論文目錄中兼收錢謙益，楊守敬之文。錢謙益，在明官至禮部尚書，降清後官禮部侍郎，固當認爲清人；而楊守敬在清官黃岡教諭，在民國官參政院參政，又認之爲爲清人乎？又如地理論文目錄兼收梁啟超，章炳麟之文。梁啟超先生在民國曾爲財政部長，而以曾仕於清故歸之於清；章炳麟先生在清末倡革命，推翻皇室，與有功焉，至今日尚健存，難道亦不得不爲清人乎？如謂章先生之文係在清代所作，那麼地理目錄收入王國維觀堂集林之文實皆入民國後所作，又將何辭以解？又如地理目錄中收入陳漢章先生漢置五屬國考等文，陳先生以民國二年畢業於國立北京大學史學門，任大學教授至今二十年，竟視爲清代學者而與羅振玉先生一例，無乃太與人以難堪乎？又如劉師培亦以民國後入國立北京大學任教授，亦強之以爲清人乎？如凡在民國去世者皆謂之清人，則張相文先生南園叢稿內之論文何一不可收入。如凡在前清生者皆謂之清人，則將來續編『清代學者論文目錄』時，顧頡剛，錢穆先生等論文皆可收入，凡我們一輩皆不幸而爲清人矣。似此漫無界限的『清代』名稱，竊以爲未安；幸是『清代學術論文索引』一書尚未出，猶可着手改修也。

改修的方法，鄙意約有三種：一，删去梁啓超，王國維，及現存的章炳麟先生等本應屬于民國的學者的論文目錄；二，如不删去，改爲附錄，附入各類之後，低格以別之；三，改換名稱。關于此事，我記得梁啓超先生曾著清代學術概論一書，後來在清華大學又著有『中國近三百年學術史』講義。他說道：『我三年前曾做過一部清代學術概論。那部書的範圍，和這部講義差不多，但材料和組織很有些不同』。梁先生的講義，自然上溯至明天啓，下迄民國的十來年。梁先生的改變『清代』爲『近三百年』的名稱，似可以給王先生以一種很好的參考。不然，漫不加察，隨便目爲清人，使已故及現存的學者爲之短氣，使僞國奸宄之徒爲之張目，爲害眞不細了。

民國二十四年七月二日。

編者按：無論作什麽事，最難的是斷限。世界上的事物都是互相聯貫的，本來沒有什麽界畫；但是人們爲處理方便起見，不得不硬定出一個界畫來。既係硬定，便有參差，這眞是無可奈何的缺憾。我們感激王先生的博求，也佩服容先生的約守。我們希望北平圖書館將來出版本書的時候，肯採用容先生的第三條建議，改題爲『近三百年學術論文索引』。

全中國及南洋暗射圖
A COVERT MAP OF CHINA AND SOUTH-SEA ISLANDS

出版者：禹貢學會。
編輯者：顧頡剛，譚其驤。
出版日期：每月一日，十六日。
發行所：北平成府蔣家胡同三號禹貢學會。
印刷者：北平成府引得校印所。

禹貢
半月刊

價目：每期零售洋壹角。豫定半年一卷十二期，洋壹圓；全年二卷二十四期，洋貳圓。郵費加一成半。歐美全年郵費計洋二元四角。

The Chinese Historical Geography
Semi-monthly Magazine

Vol. 3 No. 11 Total No. 35 August 1st 1935
Address: 3 Chiang-Chia Hutung, Cheng-Fu, Peiping, China

第三卷 第十一期
（總數第三十五期）
民國二十四年
八月一日出版

內政部登記證字第叁肆陸壹號
中華郵政特准掛號認為新聞紙類

本刊特別啟事

本刊出版後，承會內外諸同志之扶持，以有今日，銘感曷已。現在積稿日多，盡刊既非本社資力所許可，棄置則又違賜稿諸君之厚意，且亦大背本社嚶鳴求友之初志。再三籌計，只得自第四卷起增加篇幅，一方面提高售價以抵開支。惟冀購閱諸君曲為原宥，並輔其成長，不勝盼幸！其他改進計畫尚多，統列如下，即乞鑒正。

一，自第四卷第一期起，每期以六十四葉為度。如有特別需要時，更增加之。

二，自第四卷起，預定全年價叁元，又郵費叁角；預定半年價壹元伍角，又郵費壹角伍分。歐美郵費，全年貳元肆角。零售每冊貳角，特大號價目另定。

三，自第四卷起，各篇文字皆不銜接，以便讀者隨意分類裝訂。其空闕處以消息，筆記或廣告補之。

四，本刊原意，每篇文字均附地圖，俾讀者得以對照。惟因地圖底本尚未出版，繪畫費時，遂違宿願。現在地圖底本已陸續付印，自第四卷起當漸次增加。務請會內外投稿諸君共體斯意，將圖稿隨文寄下為荷。

五，現在本刊銷路日增，自應略加廣告費，以補損失。自第四卷起，登載封面裏頁底頁廣告者，全面貳拾元，半面拾壹元，四分之一陸元。登載普通廣告者，全面拾貳元，半面柒元，四分之一肆元。其登長期者，三期以上九折，六期以上八五折，十二期八折，二十四期七折，仍同向例。

六，現在補購一二兩卷者甚多，而第一卷未打紙版，補印需時，致未能副見顧之雅意，至為歉仄。現在一卷一二三各期均補印出版，四期以下亦均付印，不久當可發售一二卷合訂本之豫約，特先露布。其原缺一卷一二三各期者，請來函補購。

七，會費一項，甲種會員年繳陸元，乙種會員年繳三元，仍同向例。惟乙種會員以學生為限。其特別認捐至壹百元以上者為終身會員。每一會員，均致送本刊一份。會費壹年未繳者，其會員資格於年終取銷之。

本刊啟事

本刊第四卷第一期為特大號，葉數在壹百面以上，零售每冊大洋叁角，豫定者不加。務希愛讀本刊諸君直接向北平成府蔣家胡同三號本會豫定全年，是為至幸（匯票書成府郵局）。

新疆之伊蘭民族

王日蔚

新疆爲中世紀前東西文化傳播之樞紐，爲各種宗教之會萃地，爲各色人種之鬥爭場所。

千九零九年三月八日斯坦因披讀其中亞細亞探檢談於英國皇家地理學會時，罷奈德博士曰：『吾輩今日始知突厥斯坦有一富庶之國，用印度之制度，行印度之言語，寺宇林立，而摹倣希臘之美術，古代印度之遺物；所以有絕大名譽者，實以此也。又於今日始知印度希臘美術入中國及波斯後變化之次第，蓋波斯美術亦見於此。如與基督教血戰數百年之摩尼教，其文學美術遺留於突厥斯坦甚衆。此外如所得梵文書亦甚珍異，而吐蕃文與中國文之書籍尤示三國之政治關係。……吾人今日始知突厥斯坦爲兵士及宗教之大都會，凡蒙古人、突厥人，印度人，希臘人，中國人，波斯人，佛教徒，摩尼教徒，天方教徒，皆錯綜於此』(註一)。

實則罷奈德博士之說仍復有未足處，耶穌教一派之景教與波斯之火祆教固亦均曾在此活動者也(註二)。

至唐前在此突厥斯坦活動之主人翁，大抵皆爲伊蘭人，博士於此似尚未能十分認識，茲特申而論之。

現居住新疆之民族除漢人外曰纏回(卽唐之回紇，元之畏兀兒，今新疆省府應彼族之要求已通令改纏回名稱爲維吾爾)(註三)，曰哈薩克，曰布魯特，曰塔吉克，曰厄魯特。纏回，哈薩克，布魯特，文字語言均相同，爲突厥族。厄魯特雖語言同於蒙古，然据日人須佐嘉橘考証，則亦爲突厥族(註四)。故今日之新疆，大部爲突厥族人；彼族自名新疆爲東突厥斯坦或畏兀兒斯坦，良有以也(註五)。

今居新疆之惟一伊蘭民族，即爲塔吉克族。按塔吉克與古大食一詞爲同音之異譯，初以之名阿刺伯人，後專指波斯人。彼等現居蒲犂一帶，仍用波斯語言。人數二十餘萬，與突厥族比，蓋不足道。然漢唐時，新疆南路盖非突厥族之舞台，而實爲伊蘭民族之活動場所。

有史以來，天山北路爲突厥族之遊牧地，如漢之匈奴烏孫，魏晉之丁令，隋唐之突厥回紇；彼等勢力張大時，其政治勢力固能統治天山南路，然猶如今之帝國主義統治殖民地然，僅在經濟上之剝削榨取而已，並未能移居該地而爲土著生活也。

突厥族初移入該地者爲唐末被黠戛斯所破之回紇，故唐前天山南路實非突厥族之活動地域。

回紇未移入天山南路前之土著居民爲伊蘭族，此則由於斯坦因等探檢發掘之結果，而中國載籍上間亦有可証者也。

茲先就語言方面証明之。

光緒二十八年（西一九〇二），國際漢學者開會於德國之漢堡，由俄國拉得洛夫君之提議，組織國際中亞遠東探險團，由加入各國分別進行。嗣後德國組織四次探險隊，在新疆探險。英國則由斯坦因氏組織探險隊前後四次在新疆發掘，考查。法國則由伯希和氏在新疆探險。俄國則有考斯拉夫(Kozlof)鄂登堡(Ol'denburg)曾三次在新疆發掘。日本則有大光谷端，橘端超在新疆探險。總計各國在新疆發掘探險之結果，發現佛典，摩尼教經典，火祆教經典之外，復發現大量漢籍及魏晉木簡。然最重要之發現，乃該地之古文字是也。

計發掘之文字中，除中國文，梵文，藏文，佉盧文，回鶻文外，尙有三種非世人所識之文字。後經多數語言學家經若干年之研究，乃確定此三種文字：一爲窣利語（亦名粟特語，康居語，索格德語），乃古代嬀水流域（嬀水即今之阿母河）大夏康居等國通行之語；二龜茲語，通行於吐魯番，焉耆一帶；三于闐語，通行于闐一帶。此三種語言皆屬於印度歐羅巴語系，而又以後二者與印歐語系之伊蘭語相近，故多數學者有名于闐語爲東伊蘭語者（註六）。

此就外人於新疆發現一方面言之，然外人之得以通解此種言語者，固大部由中國載籍之啓發也。中國書籍之記西域事者，以歷代正史外國傳中之西域諸國及旅行家遊歷此等地者之遊記爲主；其中記西域語言者，以玄奘之西域記爲最詳備。

唐玄奘大唐西域記言葱嶺以東諸國文字多取則印度：

阿耆尼國條（卽今焉耆），『氣序和暢，風俗質直，文字取則印度，微有增損』。

屈支國條（卽今庫車），『氣敘和，風俗質，文字取則印度，粗有改變』。

跋祿迦國條（卽今姑墨），『文字法則，同屈支國，語言少異』。

佉沙國條（卽今疏勒），『而其文字，取則印度，雖有删訛，頗存體勢』。

總覽上述，則葱嶺以東，沙漠以北，以焉耆，龜茲，疏勒爲宗，文字皆取則印度，大體上可視爲同一系統，約當於前所發現之龜茲語。

瞿薩旦那國條（卽和闐），『瞿薩旦那國周四千餘里，……國尙音樂，人好歌舞。文字憲章，聿遵印度；微改體勢，粗有沿革。語異諸國。』

又於斫句迦國條云，『文字同瞿薩旦那國』。似此則沙漠以南，以于闐爲宗國，文字雖與焉耆龜茲同取則印度，然云其『語異諸國』，且風俗習慣俱與沙漠北諸國異，則其語文必另成一系統。約當前所發現之于闐語。

至葱嶺西之諸國，則以鐵門爲界：鐵門以南爲一系，鐵門以北爲一系。

西域記卷一記此地方通行之文字云：

『自素葉水城至羯霜那國，地名窣利，人亦謂焉。文字語言則隨稱矣。字源二十餘言，轉而相生；其流浸廣，粗有書記，豎讀其文，轉相傳受，師資無贊』。

是明記鐵門以北康居故地及九姓昭武盡爲窣利語矣。

西域記覩貨邏國條『出鐵門至覩貨邏國……其俗則志性恇怯，容貌鄙陋，粗知信義，不甚欺詐。語言去就，稍異諸國。字源二十五言，轉而相生，用之備物，書以橫讀。自左向右，文記漸多，愈廣窣利』。

是明記鐵門以南文字語言另成一系統也。

其窣利語即前發現之窣利語；至覩貨邏語，唐書明記其類浮圖語，則與印度語當亦相近。

如是則据科學上之發掘與古籍之記載頗相符合，均可証明天山南路在唐前通行東伊蘭語，至少當亦爲印度歐羅巴語系也。夫吾人固不應認爲使用某種語言者即絕對爲某種之人，然語言實爲考訂人種之重要証據，倘合其他各條而觀之亦與之相合，則在確定人種之系屬上當無大誤。

今進而由其像貌上考証之。

日本羽田亨氏，在其西域文明史概論中，謂斯坦因氏於于闐國境內之檀檀威克利寺院板壁上發現一圖畫。圖中爲一盛繭之籠，左右有窄袖左衽兩婦人相對而立。右側之婦人，戴有金冠，似爲王妃；左側之婦人，則似爲侍女，高舉左手指王妃之頭。王妃後方，則有織機。此圖似表自繭而絹之經過。傳說蠶種爲中國公主下嫁于闐時所帶去者。然圖中所寫之王妃及侍女之容貌與服飾，則決非中國人之類型，而實爲波斯美術中之伊蘭像。畫中另有坐在王妃後之人，似爲國王，更絕類伊蘭人。

又現藏德國土俗學博物館中，在吐魯番附近之拜察克利克廢寺所發現之壁畫，畫中畫一佛陀行祈願禮，想係唐時製成。据其發掘者魯科克氏(Le Coq)之說明，畫右側上部二僧對立。右側者爲普通東方之亞細亞型。左側者年紀較長，着黃與鳶色縫合之衣服，頭與東亞型全異，髮則赤色，鬚則密生，亦作赤色，鼻直而突出，眼青色，皮膚現赤鳶色。故就其臉部之特徵言之，一望而知爲歐羅巴型。此外於圖畫之外，亦屢發現同此型之人物，蓋用吐火羅語之吐火羅人。(註七)

中國載籍於西域人之形貌上，記載較少。北史言『自高昌以西諸國人等，皆深目高鼻。惟此一國(于闐)貌不甚胡』。深目高鼻與今之伊蘭人及前述畫上所繪，均相同。又中國載籍記胡人形貌之特徵，除深目高鼻二者外，即爲多胡鬚。据王靜安先生之考証，鬍之一字卽沿此而來(註八)。此種多鬍之特徵，與畫上所繪及今之伊蘭人形貌亦相符合。

此外西域記及唐書復明言疏勒護密人並碧瞳，均與波斯大秦人上相似。

總是以觀，則就中國之載籍與科學之發掘，漢唐時天山南路之人在形貌上均具有伊蘭人之特徵。

天山南路漢唐時之居住伊蘭人，復可於現在居住該地之人作人種學上之研究証明之。据魯考科 Le Cog 之研究，此處人之骨骼頗近伊蘭型，而尤以頭盖骨爲顯著。据斯坦因於現在居民行人種學調查之結果，亦証明其中一部屬伊蘭型(註九)。

現今居此地之人爲突厥族，已如前述。然突厥族實與所謂胡者(指匈奴及西域人而言)形貌大異。唐書突厥傳言『頡利族人思摩以貌似胡，疑非阿史那種，故但爲夾畢特勒(据和林所發現之突厥闕特勤碑，夾畢特勒之勒應改爲勤)而不得爲設』。胡人之貌既以深目高鼻多鬍鬚爲特徵，則突厥人似當與此異。然今天山南路之突厥人，大抵深目高鼻多鬍鬚，可知今之突厥與古之伊蘭在人種上混合之深也。

今居新疆蒲犂人之塔吉克爲用波斯語之伊蘭族，或爲原居此地之伊蘭人，尙未爲突厥族同化者，如此則亦間接可爲天山南路漢唐時居住伊蘭人之佐証。

柴布利加在其中亞之突厥族一書中，即將新疆境內之薩爾特(卽纏回，卽畏兀兒，詳可看天山月刊六期之薩爾特呢，維吾爾呢)列入伊蘭族的突厥羣內，非爲無見(註十)。

凡此種種，均可從人種學上証明漢唐時天山南路之爲伊蘭人居住。

以故由近代科學之發掘與考察及古代載籍之記載，無論從語言方面，從相貌方面，從人種學方面，均可充分証明此地在漢唐時之爲伊蘭人之舞臺也。

* * *

然則此等伊蘭人果由何時而入天山南路乎？羽田亨氏於此問題未能解答，王靜安氏則據漢書『自宛以西至安息國雖頗異言，然大同自相曉知也』，斷定漢時葱嶺東西民族必不相同。又据北史高昌以西諸國人等皆深目高鼻，於是結論『是漢時此族以大宛爲東界者，至南北朝已越葱嶺而以高昌爲其東界』，認此族至南北朝遷入天山南路。

夫據漢書所言，似足証當時葱嶺東西語言之不相同，然語言之不相同未必即種族之不相同，如西域記所言葱嶺東西語言不相同矣，然不妨二者之均爲印度歐羅巴語系民族也，不妨葱嶺東西之均爲伊蘭民族也。且北史言高昌以西諸國人等皆深目高鼻，重在下語証和闐之『惟此一國貌不甚胡』(註十二)，非重在前此大宛以西始深目高鼻，今則自高昌以西即深目高鼻也。

且據斯坦因伯希和之研究，前所述印度歐羅巴系文字之發現，據其記載可証明爲一世紀之物者甚多，伯希和氏所謂『此種言語實西曆紀元一世紀以後千年間此土慣用之言語者是』。亦可爲伊蘭人非六朝以後始遷入者之佐証。

漢代居住於敦煌祁連間之月氏，學者間有認爲係阿利安種族者，若然則在天山南路以東今甘肅之地，該時即爲阿利安種族居住矣。月氏見於戰國時載籍者，爲古之禺氏，由此可証天山南路之東，古即爲阿利安種族居住；則在天山南路阿利安系之伊蘭華謂係由六朝時始遷入者，於事理實頗未合。

總上以觀，靜安先生伊蘭族於六朝時遷入新疆南路之語，殆未足爲定論。

故伊蘭民族何時移入天山南路問題，於今學術界尙未得結論前，不若闕疑之爲愈。

漢唐時天山南路除伊蘭民族之外，突厥人，西藏人，漢人均曾數度統治此地，然均係上級之政治統治者，並未能大批移民以與此族同化，而尤以漢族爲尤甚。故吾人論及天山南路漢唐時之民族，不能不以伊蘭族爲主體。

* * *

玆復進而略論伊蘭族與中西文化之關係。

西方五大宗教，佛教，景教，摩尼教，火祆教，回教之傳播於東方也，實伊蘭民族爲之中介。此所謂伊蘭民族，自包含葱嶺東西之伊蘭民族而言，固不僅指天山南路之一部。

摩尼教爲波斯人所創，此教因受異教之壓迫，逃入中亞，後大獲居住蒙古之回紇人所信奉，變爲回紇之國教，後且藉回紇之力，傳教中國本部，餘勢至宋明而未息。回紇被黠戛斯所破，逃至新疆南路後，仍崇奉摩尼教，敦煌石室發現有漢譯與回紇文之摩尼教經；後始爲佛教勢力所摧滅（註十二）。

火祆教爲波斯之國教，六朝時傳於天山南路，名曰天神，北史於高昌國及焉耆國均有『俗事天神』之句。北魏靈太后時，胡天神初列祀典。唐時始創『祆』字以代表此教，從神從天，天神之義。唐代甚尊崇此教，有薩寶府官主祠祆神，但仍以胡人充之。武宗時廢諸浮屠法，祆教教徒之勒爲民二千餘人，可見其法之盛。南宋而後不復見祆祠之名，即有留存，當亦式微不足道矣（註十三）。

以上二教均爲波斯之宗教，則此教由葱嶺西之伊蘭人以傳於葱嶺東之伊蘭人，而總由伊蘭人傳入中國當無疑義。

佛教雖創自印度，然其初傳於中國，則亦伊蘭人仲介之力。佛教之與中土發生直接關係，蓋在六朝之後。如漢代譯經之名僧安世高居洛陽二十餘年，所出經典甚多，實爲伊蘭民族安息王之世子。魏晉間中國之譯經名僧或出康居或出大月氏或出波斯，其在葱嶺東者，如龜茲國之羅什三藏等，是蓋皆伊蘭民族之人。傳入中國之佛教既經其仲介，則自不能不受其影響。如『沙門』『外道』『出家』等詞蓋皆西域諸國之言語（註十四）。

景教入中國之情形見於西安之唐景教流行中國碑。景教徒儀規上之用語雖爲叙利亞文而非伊蘭語，然其教侶中不乏伊蘭民族。景教碑中如曜原仁惠二人，其見於叙利亞文者名爲 Muhdad，Muhadab，皆伊蘭民族之名。又建此碑之長老，則吐火羅故地縛喝之人。建此碑之景淨，曾助大乘理趣六波羅密經之翻譯。景淨不識梵文，則所譯之書定非梵本，又佛經從無叙利亞文者，則其所譯之本必爲伊蘭系語矣（註十五）。

回教之起較晚，其由海道傳入中國南部及中國本部者，大都爲阿剌伯人而與伊蘭族無關。其傳入葱嶺東西則藉突厥族之政治勢力，而執宗教上之職務者則大都伊蘭人也。元代統一歐亞，重用色目人，所謂色目人者西域人也，回教乃大傳入於中國北部及西部。該時之西域人，自包含突厥族與伊蘭族二者而言。然在文化上在宗教上則仍以伊蘭族佔優勢（註十六）。

總上以觀，則所謂景佛摩祆回五大宗教，殆皆由伊蘭族傳入中國或由其中介而傳入中國者。

＊　＊　＊

居中亞之民族，主要者爲亞利安系之伊蘭族與烏拉阿爾泰語系之突厥族。吾人素以無文明無文化之民族視突厥，而事實上，在古代突厥族與伊蘭族比，則無論在其本身文化上，在中西文化之傳播上，亦實不逮伊蘭族遠甚。其果伊蘭爲天生之優秀民族，突厥爲劣等民族歟？抑另有其他原因歟？是實亦至有趣味之問題也。

夷考斯等原因，蓋繫於二者生活相異之故。古代突厥民族居於天山北路及吉爾吉斯草原者，有史以來即以遊牧爲生。中籍記載古之丁零，鐵勒，堅昆，其居住區域即廣佈外蒙天山北路西比利亞南部及吉爾吉斯草原(註十七)。此等民族蓋均突厥之前身也。斯後東西突厥代興，下至薛延陀回紇亦均居此廣大區域中。然彼等均以遊牧爲生，遷徙無定，其雄兵怒馬固有時若上帝之鞭，莫之或禦，然言及文化，則此等民族既不能自身有所孕育，復不易接受保存或傳播其他文化。蓋遊牧生活無固定居處，知識傳授之場所(學校或寺院)既無，知識傳授之工具(書籍文字)亦不易保存，且其簡單之生活固亦不需要較高級之文化在其生產上，在其社會內部人與人之關係上，負組織與指導之作用也。

在斯種情形下，彼輩於東西文化之傳播上自難負若干重大責任。有之，則蓋藉其軍事之力統一中亞時，給商賈宗教師等文化傳播者往來以種種方便而已，若前之西突厥(註十八)，後之蒙古是。

反之，伊蘭族無論其居於葱嶺東西，蓋均以定居之農業爲生。居於波斯及阿母河流域者無論已，居於新疆南路者，自有史記載始，蓋亦大抵以農業爲主也(註十九)。農業生活須具有較高級之文化在其政治上與生產上負組織作用；而尤以天山南路諸國素無雨雪，生業所資全賴灌漑。此種繫其民族生死存亡之灌漑事業，非有較高級之文化實不足以利其進行。斯等民族文化自較其北鄰之遊牧突厥族爲發達，故彼等不僅能接受景佛回教之文化，且能創造火祆摩尼二教之文化。則執東西文化傳播之使命者，爲伊蘭族而非突厥族，不亦宜乎？

其後突厥族進居於阿母河流域及塔里木河流域今之所謂東西突厥斯坦者，易其遊牧生活而爲農業生活，固亦如前之伊蘭民族然，能接授斯等文化矣。元代之興，其征服西域固多藉居住天山南路畏兀兒王國之力，而負其政治上文化上組織之職者亦多出自此族(註二十)；當時政令非有畏兀兒文字之副署，則不生效力。其後蒙古文之興亦源於畏兀兒文，滿州文復依蒙古文而創製，中華五族中滿蒙回三族文字固均出自畏兀兒文字者，則其當時之文化程度如何，當可思已。

設果係伊蘭民族與突厥民族有天生優劣之分，則突厥民族不應一易其遊牧生活而爲定居生活後，便前後在文化上有若是之差別。是故一民族文化之高低乃繫於其所營生活之不同，而與其天生之優劣民族性無與焉。此於近代工業文明發達後，於諸民族文化之發展上更易證明者也。

然則，孰使此居住中亞之二大民族，一營農業生活，一營遊牧生活歟？是則不能不歸於地理條件之影響已。天山南路，南有崑崙之阻，北有天山之隔，西扼以葱嶺，東拒以南山，類皆拔海萬餘尺之高，大洋水氣莫得而逾。自有史記載以來，即雨雪稀少，不足以滋育穀物野草，居斯土者非利用河流之灌漑，不足以言生存，故居民自必營農業生活。至波斯與阿母河流域之適於農業更無待言。反之，天山北路東連蒙古，西接吉爾吉斯草原，北伸至西比利亞南部，此莽莽平野固一極適於遊牧而不適於農業之草原也。故有史以來，卽爲遊牧族活動之地，雖時至今日，科學昌明，人類征服自然之力較前高萬千倍，但居此土者大部分固仍營其馬上生活。

然吾爲此言，非謂地理能決人類之活動，而爲命定論者。蓋英倫三島在其自然條件上，千百年前與今正相同，而居斯土之民，今與昔比，乃覺有天壤之差，是豈徒可以地理解釋乎。吾之爲此言，蓋僅謂某種生活之發生，乃係由其地理條件影響，而非含有決定之意義也。突厥與伊蘭族前此一營農業生活，一營遊牧生活，乃係因其所居地理條件之影響，而非謂此種地理環境將永遠決定居斯土者之生活，因而決定居斯土者之命運。天山北路之逐漸改易農業生活，蘇俄之極力經營吉爾吉斯草原且易其地居民之遊牧生活爲農業生活，可証也。

註一　見王忠慤公遺書觀堂譯稿之中亞探撿談。

註二　見陳垣先生之火祆教入中國考。

註三　見天山月刊六期王日蔚著之畏兀兒民族古代史。

註四　見須佐嘉橘之西蒙古部族考，天山月刊六期紀敏合譯之厄魯特民族考卽据此書轉譯者。

註五　按一般人皆謂新疆之名東突厥斯坦（或譯東土耳其斯坦）爲外人所加之名。實則此乃係該族之自稱，斯坦在彼語爲地方之意，突厥斯坦卽突厥人所居所有地之意。又以新疆內之突厥族，十之八爲畏兀兒系，故該族亦間名該地爲畏兀兒斯坦。新疆一詞乃漢人名該地之稱，彼族視此名詞爲給與彼等之侮辱，猶東四省人之以滿州國一詞爲侮辱同。所以然者，蓋自漢通西域後並未能與其地之民族十分同化，且自清以來，三百年之間，新省官吏『往往犬羊蟲介其人，虎擾而兒畜之』(用新疆圖識語)。彼族之不以中華民族自居，自認爲被壓迫者，而與漢族爲對立之勢，不亦宜乎。

註六　可參讀王靜安先生譯伯希和著近代東方語言學及史學上之發現及其結果。

註七　詳見日人羽田亨西域文明概論。

註八　詳見王靜安觀堂集林西胡考續。

註九　Aurel Stein: Ancient Khotan

註十　Czaplicka: The Turks of Central Asia, in history and at the present day.

註十一　和闐爲新疆之江浙，物產文化均甲全省。據西域記及其他諸書之記載，此地與中國內部關係特密。且有謂此地民族係中國遷去者，此蓋非定論(詳可參看賀昌羣譯西域之佛教)。至其居民之貌不甚胡，或當係與西藏族混合之故，蓋由此至藏夙有捷徑可通，交通既繁則種族至易混合也。

註十二　詳可參考陳垣先生之摩尼教入中國考，馮承鈞先生譯沙畹著之摩尼教入中國考。二書互有長短，前者於中國載籍上關於此教材料之收集較豐富，後者則於西籍一方較豐富，然二書實均不世之作也。

註十三　詳見陳垣先生之火祆教入中國考。

註十四　詳見賀昌羣譯西域之佛教，羽田亨西域文明概論之宗教章。

註十五　詳見伯希和氏近代東方語言學及歷史學之發現及其結果。

註十六　洋見陳垣先生著之元西域人華化考，日人箭內亘著之元朝閥之三大階級。

註十七　詳見天山月刊七期拙著之畏兀兒民族中古史。

註十八　詳見馮承鈞先生譯西突厥史料。

註十九　詳見天山月刊六期趙亨南著之前漢西域經濟畧考。

註二十　詳見陳垣先生著之元西域人華化考。

慕容氏建國始末

馮家昇

一　慕容氏先世及與宇文段氏之角逐

甲　慕容氏之先世

慕容氏，鮮卑之一也。廆十一世祖名乾歸(述異記作乾羅)者，衆推爲酋長。檀石槐時，有慕容司者爲中部大人之一。曾祖莫護跋，初帥諸部落自塞外入居遼西，從司馬懿討公孫淵有功，拜率義王，始建國于棘城之北(今錦縣之北)。祖木延從毋邱儉征高句麗有功，加號左賢王。父涉歸一名弈落韓，以全柳城之勳，進拜鮮卑單于，遷邑遼東北。於是漸變胡風而染華俗矣。晉武帝太康二年冬，涉歸始寇昌黎，安北將軍嚴詢敗走之，斬獲萬計。太康四年（西紀二八三），涉歸死，弟耐篡立，謀殺廆，廆逃於遼東徐郁家得免。五年，廆爲衆所立，殺耐，遂代領其衆。史家稱是年以後爲前燕。其先世表之如次：

乾歸（十一世祖）……莫護跋（曾祖）—木延（祖）—涉歸（父）┬廆
　　　　　　　　　　　　　　　　　　　　　　　　　　　└耐

當時西喇木倫上源爲宇文氏，下流爲慕容氏，灤河與大凌河爲段氏。彼此角逐，無有寧日。夫涉歸之死，史雖不言其故，然十六國春秋前燕錄（卷二三，晉書載記亦同）謂『初涉歸與宇文鮮卑素有隙，將修先君之怨，表請討之』，則涉歸之死與宇文氏不無關係。或者太康二年涉歸寇昌黎（今大凌河附近），嚴詢大敗之，宇文氏躡其後而襲殺之與？不然，二年冬來寇，何以四年即卒？且廆表請討之，武帝又弗許，豈非嚴詢與宇文氏預定之計耶？觀後來廆寇遼西昌黎，每歲不絕，至太康十年始悟其策之非，乃改變策略降晉，專謀宇文氏，太寧三年殺乞得龜，迄毓而滅其衆，所謂『先君之怨』至是始伸。

乙　宇文氏

宇文氏之世系，據北周書文帝紀爲：

葛烏菟……普回—莫那……（九世）……侯豆歸。

據魏書匈奴宇文莫槐傳爲：

(1)莫槐
x……┬(2)普撥—(3)丘不勤┬(4)莫廆—(5)遜昵延—(6)乞得龜
　　　　　　　　　　　└屈雲

按周書侯豆龜，魏書作乞得龜，晉書作乞得歸。周書侯豆龜以上九世不可攷，據魏書則有遜昵延（晉書，十六國春秋前燕錄作悉獨官），莫廆（晉書，前燕錄作莫圭，魏書避北魏太祖諱改），丘不勤，普撥與莫槐。今重訂其世系如次：

葛烏菟……普回—莫那—□—□—□—□┬莫槐
　　　　　　　　　　　　　　　　　└普撥—丘不勤┬莫廆—遜昵延—乞得龜
　　　　　　　　　　　　　　　　　　　　　　　　└屈雲

大抵至莫廆（圭）遜昵延（悉獨官）二世爲極盛時代，魏書謂『遜昵延父子世雄漠北，又先得玉璽三紐，自言爲天所相，每自詡大』。十六國春秋前燕錄卷二三『太安初，鮮卑宇文單于莫圭部衆強盛，遣其弟屈雲寇邊……。素怒延恥之，復率衆十萬圍廆於棘城，衆咸震懼，人無拒志』。又太興二年，晉平州刺史東夷校尉崔毖陰結高句麗，宇文段氏謀滅廆，廆設計間二國還兵。『悉獨官曰，「二國雖歸，我當獨兼其國，何用人爲！」率衆數十萬逼城，連營四十里』。又太興三年，慕容皝滅乞得龜，『盡獲其國重器，畜產以百萬計』。綜上觀之，則宇文氏曾一度強盛，先與晉盟，後與石勒連，慕容氏幾爲所滅者屢矣。觀莫護跋既建國錦州（棘城）之北，而涉歸又遷于遼陽（遼東）之北，殆避宇文氏之進迫無疑。及廆之世，雖復徙錦州，然二次爲宇文氏所圍攻。逮太寧三年敗乞得歸，拔其國城，而慕容氏自是始寖大。熱河志卷五七建置沿革論宇文氏之疆域曰：

案宇文氏本居遼東塞外，周書稱自莫那徙居遼西而未詳其地。庾信周上柱國齊王憲碑則謂晉太康之世據有黃龍。考宇文氏之國都本在紫蒙城，方輿紀要謂在柳城西北，是宇文氏所都亦尙在黃龍之北。所謂據有黃龍者，蓋其南境所及也。太康之世，約當宇文莫圭時。莫圭距逸豆歸之滅，纔及三傳。周書謂莫那九世至俟豆歸，則自莫圭以前當居黃龍之北也。自太康時據有黃龍，知今朝陽縣東之土默特右翼境亦宇文氏地。又前燕錄有宇文乞得歸屯保澆水之文，知今赤峰縣屬之翁牛特境亦宇文氏地。至於濡水之發源在今豐寧縣西境外，拓跋氏居濡水之西，而宇文氏與之相接。則東自今朝陽縣，西至豐寧縣，皆兼得宇文氏地，而特偏居北邊，緣其時南境屬段氏耳。

案澆水即饒樂水，一作弱洛水，今之西喇木倫也。志以今之英金河當之，甚誤。大抵今熱河北部中部俱爲宇文氏之領域，則毫無疑義。太寧三年，乞得龜爲皝所滅，其衆遠遁西喇木倫以北，分爲庫莫奚，契丹二部。

丙　段氏

段氏本出於遼西，始祖日陸眷初爲漁陽烏丸大人庫辱官家奴。會漁陽大飢，庫辱官以日陸眷詣遼西逐食，招誘亡叛。其衆日多，遂至強大。眷死，弟乞珍立。珍死，子務目塵（晉書，前燕錄作務勿塵）立，據有遼西之地而臣於晉，其所統三萬餘家，控弦士馬四五萬騎。太安二年，始封爲遼西公。塵死，子就六眷（晉書，前燕錄作疾陸眷）繼之。眷死，子幼弱，弟匹磾與其從叔羽陵及陵子末波（晉書，前燕錄作末柸）互相攻擊；石勒遣石虎擊匹磾，殺其弟文鴦，磾降。永昌元年，末波自稱幽州刺史，屯遼西。波死，衆立就六眷孫遼（魏書徒何段日陸眷傳謂眷之弟，甚誤）爲主。先是晉太寧三年，慕容廆方與段氏連盟滅宇文氏，廆爲末波子牙謀徙都，牙從之，即去令支（今遷安），國人不樂；遼起而攻殺牙。咸康四年，慕容皝結後趙石虎共攻遼，遼降，皝殺之。石虎以其弟蘭配鮮卑衆五千，屯令支，禦慕容氏。蘭死，子龕代之。晉升平元年，慕容儁伐之，毒其目而殺之，坑其衆三千餘人於薊，段氏亡。今據魏書，晉書，前燕錄諸書訂其世系如次：

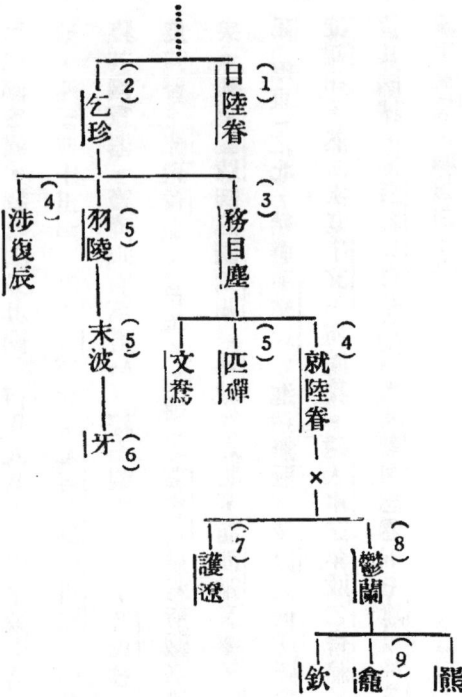

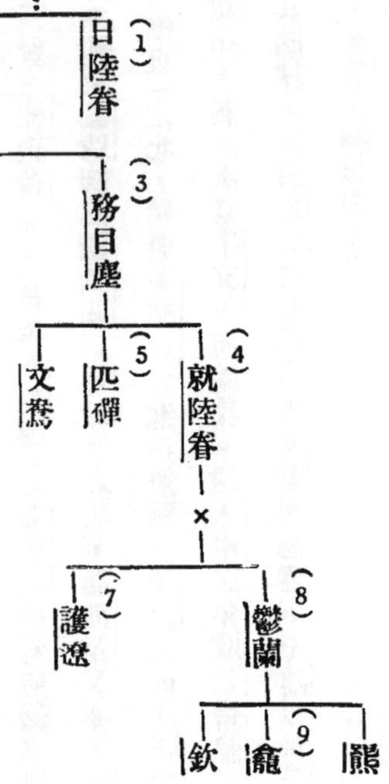

段氏自務目塵（晉書，前燕錄作務勿塵）以來，日益強盛，十六國春秋前燕錄卷二三謂：『其地西接漁陽，東界遼水，所統胡晉三萬餘戶，控弦四五萬』。熱河志卷五七建置沿革曰，『案，鮮卑段氏自務目塵據有遼西，居于徒河（今義州）。太安二年，始封爲遼西公，子疾陸眷繼之（在懷帝時）。建興元年，慕容廆遣子翰攻段氏，取徒河新城（今凌源東），至陽樂，引兵而還，則其時段氏當已遷于令支（今遷安）矣。疾陸眷死，其從弟末柸（即末波）殺其叔涉何辰而代之（在元帝太興元年）。末波死，段遼（即護遼）殺其子牙而代之。是時疆域頗廣，其所居之令支雖在今平泉州境之外，而實兼有今承德府屬南境之地。前燕錄稱慕容皝攻掠段遼令支以北諸城，可知永平府北邊外皆段氏地。所謂西接漁陽，東界遼水者，蓋自今西至灤平縣，東至建昌朝陽之南境，並嘗爲段氏所有，其北境則爲宇文氏，東境即慕容氏也』。

段氏立國始日陸眷，終段龕，約七十餘年。慕容氏雖并宇文之衆，國勢甚盛，然晉咸和九年，遼遣蘭大敗皝軍于牛尾谷，而慕容氏之根據地（徒河）幾爲所陷，及咸康四年慕容皝與後趙石虎相結，始亡其國，其勢力之強由此可見。據晉書，前燕錄，魏書諸書，其官名有『中軍將軍』，『揚威將軍』，『漁陽太守』，『北平相』，『代相』，『上谷相』，『郎中令』，『燕郡太守』，皆遼所署，知段氏亦具官制也。陽裕，北平無終人，有學有識，忠清剛毅，歷仕段氏五主，甚見親重。陽鶩，無終人，性儉好學，器度沉遠，亦爲段氏所器重。則知段氏文化亦有可觀者，惜史文未詳耳。

二 慕容氏之建國

甲 前燕

慕容廆既立，境域甚小，環顧四隣，皆虎視鷹隣，每謀及己。廆嘗欲假晉之聲威，表請討宇文而不許，其視線乃轉向東北之弱小部族。太康六年，伐扶餘，扶餘王依慮自殺，子弟走保沃沮；廆夷其國城，驅掠萬餘人而還。西南與段氏聯姻，妻段國單于階之女（生皝，仁，昭，其後皝亦妻段氏女，猶耶律之于蕭氏也），破宇文段氏之盟。內平遼東附塞鮮卑，統領其衆。徙都大棘城（錦縣北），教其族以農桑，繩其民以法制。燕大水，開倉振給，幽方獲濟，人咸德之。永嘉之亂，中原板蕩，幽冀淪陷，中國流民避亂者多北依王浚，浚不能存撫，又法政不立，士民往往逃去；段氏兄弟專尚武勇，不禮士大夫；惟廆刑政修明，虛懷接納，流亡士庶多繈負歸之。廆乃舉其英俊，隨才授任。以河東裴嶷，代郡魯昌，盧江黃弘，北平陽眈爲謀主；北海逢羨，廣平遊邃，北平方虔，渤海封抽，西河宋奭及裴開爲股肱；渤海封奕，平原宋該，蘭陵繆愷，昌黎劉斌，安定皇甫岌，岌弟眞及抽子裕並權機要。建興中，王浚爲石勒所殺，幽州喪亂，會稽朱左車，魯國孔纂，泰山胡毋翼自薊奔廆，中國流民來歸復數萬家。廆乃立郡以統之：冀州人爲冀陽郡，豫州人爲成周郡，青州人爲營邱郡，并州人爲唐國郡，職官建制，大有邦國之規模焉。東晉成帝咸和六年，進封廆爲燕王，行大將軍事，未受而于八年（三三三）卒。儁僭號，改諡武宣皇帝，廟號高祖。

慕容皝，廆之第三子，雄毅多才。及嗣位，同胞兄弟仁與昭爲亂，殺之。咸康三年，自稱燕王，以封奕爲相國，韓壽爲司馬，裴開爲奉常，陽鶩爲司隸，王寓爲太僕，李洪爲大理，杜羣爲納言令，宋該，劉瞻，石琮爲常伯，皇甫眞，陽協爲散騎常侍，宋晃，平熙，張泓爲將軍，封裕爲記室監，自餘文武授任各有差。起文昌殿，乘金根車，駕六馬，出入稱警蹕。立夫人段氏爲王后，世子儁爲王太子，一切措施儼然帝王之氣象矣。嗣位之初，既屢破宇文逸豆歸，度其勢已無可爲，乃南結後趙石虎滅段遼，遼降；又大破趙兵。西部既已粗平，復轉鋒東向。咸康五年（三三九），伐高句麗，及新城（今瀋陽附近）；王釗乞盟乃還。八年十一月，皝親帥勁卒四萬伐高句麗，翰及覇爲前鋒，自南陜以進；王寓等衆萬五千從北道而入。釗以爲皝從北道，遣弟武統精銳五萬拒之；躬率羸兵，以防南陜。翰等與釗戰于木底（今興京老城西四十里木奇），大敗之，遂入丸都。釗單馬遁走，獲其母周氏及妻而還。會北道王寓等敗沒，由是皝不復窮追。乃載其父尸，幷其母妻，收其府庫累世珍寶，掠男女五萬餘口，焚其宮室，毀丸都城而還。康帝建元二年（三四四），三道伐宇文逸豆歸，克其都城，逸豆歸遠遁漠北，宇文氏由是散亡。皝悉收其畜產資貨，闢地千餘里，徙其部民五萬餘落於昌黎（今朝陽之南）。

皝以柳城之北，龍山之南，福地也，使陽裕等築龍城，搆門闕，宮殿，廟園，籍田，遂改柳城爲龍城縣。咸康八年，由棘城遷都龍城。

晉穆帝永和二年（三四六），皝遣世子儁等率騎萬七千襲扶餘，拔之，虜其王玄及部衆五萬餘口而還；署玄爲鎮軍將軍，以女妻之。

大抵慕容皝時之疆域，東至遼寧輯安邊，北至洮南，西抵熱河承德，南抵燕山與石虎接。

按皝之爲人，才氣過乃父，而心術則不及。夙尊事晉帝；皝則于咸康三年自稱燕王，永和元年冬十月，以古者諸侯即位各稱元年，於是不復用晉年號，自稱即位之十二年。三年九月卒，僭位凡十五年。儁稱帝後，追諡文明皇帝，廟號太祖。

慕容儁，皝之第二子，晉永和四年正月僭即燕王位，乘石虎內亂，乃謀發兵伐趙。翌年春二月，儁使慕容霸將兵二萬自東道出徒河，慕輿干自西道出蠮螉塞，儁自中道出盧龍塞，三道並進，乃攻陷薊城，建都于薊。八年（三五二）進攻鄴，獲冉閔，殺于龍城。儁僭皇帝位，國號大燕，建元元璽。東胡民族之有國號，有年號，自此始。元璽五年（晉永和十二年）下山東諸地，斬段龕（段氏亡，龕擁衆廣固自稱齊王附晉，今濰縣），段氏自是散滅。光壽元年（晉升平元年）討丁零，敕勒（即鐵勒），大破之，俘斬十餘萬，獲馬十三萬，牛羊億餘萬。略地山西，河南，無不勝利，乃自薊遷都于鄴（今安陽）。當是時也，東服高句麗，北屬鮮卑餘種，西北與拓跋聯姻，南敗晉軍。其疆域包有今遼寧，熱河，河北，山西，山東全部，而河南，陝西，江蘇，安徽之一部亦爲所屬焉。光壽三年（晉升平三年）儁卒，諡景昭皇帝，廟號烈祖。儁雅好文籍，性嚴重，愼威儀，未嘗以慢服臨朝，雖閒居晏然亦無懈怠之色，僭僞中之令主也。

慕容暐，儁之第三子，光壽四年嗣位，改元建熙（晉升平四年）。暐庸弱，國事皆委大臣處理之。慕容恪爲太宰專掌百揆；其下爲三公，慕容評爲太傅，陽鶩爲太保，慕輿根爲太師。是時內部相安無事，一意謀晉；以賢臣如封奕，慕容恪，陽鶩，相繼而亡，輔佐乏人，未能如願。建熙十年（晉廢帝奕太和四年），晉大司馬桓溫率水陸師來伐，勢如破竹，進至枋頭（今河南濬縣西道口鎮附近）。燕之上下震動，太傅評謀徙都和龍，爲吳王慕容垂所止。乃以垂爲使持節南討大都督，率衆五萬大敗之。自是桓溫氣沮，不敢北窺。而垂亦爲評所忌，奔于西秦苻堅。暐旣無能，太后可足渾氏又專政忌才，而慕容評之徒貪婪無厭，尤不知國事之爲何，自是亡國之象顯。建熙十一年（晉太和五年）苻堅破鄴，暐及后妃王公以下幷鮮卑四萬餘戶徙於長安，燕亡。暐後爲堅所殺，年三十五，在位十一年，謚幽皇帝。

十六國春秋卷二十九前燕錄慕容暐下曰：『始廆以晉武帝太康六年；歲在乙巳（西紀二八五）稱公；至暐四世，晉海西公（即廢帝奕）太和五年，歲在庚午（西紀三七〇）滅。凡八十五年』，史家所謂『前燕』也。

乙　後燕

慕容垂，皝之第三子，初名霸，更名𡙇，後名垂。太宰恪甚器重之，常謂暐曰，『吳王將相之才，十倍於臣，先帝（指儁）以長幼之次，以臣先之。臣死之後，願陛下委政吳王，可謂親賢兼舉矣』。暐不能從。及敗桓溫於枋頭，太傅評與可足渾氏忌其才，欲殺之，垂遂奔于秦。晉孝武帝太元八年（西紀三八三），苻堅爲謝玄大敗于肥水（今安徽壽縣境內），垂所將三萬人獨全，堅以千餘騎從之。後垂『內規興復（指燕），外假秦聲』，聚衆數萬，自稱燕王，奠都中山（今河北定縣），時晉太元九年也。北復舊土，南收秦地，西略上黨，土地大斥。太元十一年，僭即帝位，建元建興。時拓跋氏崛起雲中（山西大同北），垂引兵攻之，拓跋氏屢避之。又南與翟遼攻擊，屢年不決。西用兵于慕容永，傷亡亦多。人皆曰『士卒疲於行陳，居人不暇耕織，瘡痍滿身，哭泣盈路』，而垂不之顧。建興十年（晉太元二十年），垂發兵十萬，遣子寶等伐拓跋氏，大敗於參合陂（今山西陽高），寶軍生還者僅數千人，兵甲輜重軍糧資財巨萬盡爲拓跋氏所獲。垂大怒，期以明年大舉擊之。自將龍城勁卒直下平城，收其衆三萬餘人；拓跋氏避之。垂至參合陂，見往年戰處，積骸如山，設弔祭之禮，死者父兄子弟皆號哭，六軍哀慟，聲振山谷。垂慚憤，遂嘔血寢疾；還至上谷之沮陽，卒，時晉太元二十一年也。謚爲成武皇帝，廟號世祖。

慕容寶，垂之第四子，少無志操，好人佞己。垂死嗣位，改元永康。是時內部紛亂，自相斫殺。拓跋珪大舉南下，下幷州，從井陘（今井陘口）東趨中山，諸縣望風迎降。寶逃龍城，憑險自守，猶欲待時而發。永康三年（晉安帝隆安二年）寶從慕輿騰大舉龍城兵規復舊地。諸軍皆不欲戰，中途亂作，寶走依蘭汗於龍城，爲汗所殺。謚爲惠愍皇帝，廟號烈宗。

慕容盛，寶之庶子，沈敏多謀。與舊僚誅蘭汗等，嗣位。謙抑自卑，不稱尊號，以長樂王攝行政事；諸王降爵爲公。其後內亂數平，羣臣固請，遂於晉隆安三年即帝位，改元建平。翌年，改元長樂。盛以威嚴馭下，驕暴少親，多所猜忌，大臣有纖介之嫌，皆先事誅之。宗族親舊，人不自保。誅戮愈多，而叛變者亦愈多。長樂三年，段璣等乘夜入禁中弒之。謚爲昭武皇帝，廟號中宗。

慕容熙，垂之少子，雄果英壯，惟少弘略。及嗣位（隆安五年），改元光始。殺寶子元，盛子定，逼殺太后丁氏，朝中不安。三年五月，大築龍騰苑，廣袤十餘里，役徒二萬人。起景雲山於苑內，基廣五百步，峯高十七丈。四年四月，又于龍騰苑起逍遙宮，甘露殿，連房數百，觀閣相交。鑿天河渠，引水入宮。又鑿曲光海，清涼池。季夏盛暑，士卒暍死幾萬餘人。擬鄴之鳳陽門；又作弘光門，累級九重。地狹民貧，其窮奢極欲如此，自是滅亡之現象。七年正月，改元建始。羣臣不堪其虐，多謀叛亡。是年七月，馮跋與從兄萬泥推慕容雲（原名高雲，高句驪支庶，慕容寶養爲子）爲主，殺熙。謚爲昭文皇帝。

十六國春秋前燕錄卷四十八慕容熙錄曰：『始垂以晉孝武帝太元九年，歲在甲申（西紀三八四），僭立；至熙四世，凡二十四年。以安帝義熙三年，歲在丁未（西紀四〇七）滅』，史家所謂後燕也。前後燕八世，一百零九年。

慕容氏國祚綿延，支庶繁多。如吐谷渾建國青海，歷唐宋而其子孫不絕；慕容冲及永據山陝號西燕；慕容德據山東稱南燕：茲暫略而不論。列其世系如下：

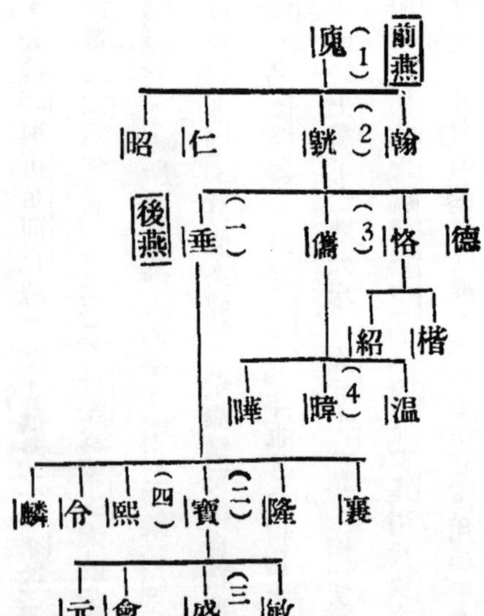

三 慕容氏之華化

曹魏時，鮮卑軻比能『勒御部衆，擬則中國』，已稍變其遊牧狀態，然未深沐中國之文化，故史但云『頗學文字』而已。迨晉永嘉之亂，中州喪亂，績學之士贊門望族隨晉室南渡者固多，而留戀故土者亦復不少。然以戰爭擾攘，未能安居，乃不得不求一片乾淨土地，以爲託命之所。遼東一隅後漢爲公孫氏割據時，久爲中州人士藉以避難。當是時也，慕容廆『刑政修明，虛懷引撫』，以故流亡士庶多襁負歸之。此爲慕容氏華化之一大原因也。如渤海封奕，平原宋該，安定皇甫岌，蘭陵繆愷以文章才儁任居樞要；會稽朱左車，太山胡毋翼，魯國孔纂以夙德清望引爲賓友；平原劉讚儒學該通引爲東庠祭酒，命皝與國冑束修受業。廆覽政之暇，亦親臨聽之。前燕錄（卷二十三）所謂『路有頌聲，禮讓興矣』。餘如高商之『嚴重好學』，陽騖之『淸素好學』，韓恒之『博覽經籍』，高詡之『占卜天文』，張怖之『好學事母』，李績之『淸辯有辭理』，黃泓之『博通經史』，皇甫眞與岌昆仲之『文章儁才』，公孫周之『好學恬淡』，王歔之『丐食誦詩』，崔逞之『躬耕講誦』，盧晏之『博學善隸書』，崔懿之『學行修明』，宗隱之『專精好學』，屈遵之『博學多才』，張蒲之『涉略文史』，呂顯之『好學廉直』，晁崇之『善天文術數』，公孫表之『好縱橫刑名之學』，封懿之撰燕書十卷（以上見前後燕錄各傳。燕書十卷，隋書不載，或至隋已佚乎？），田融之趙書十卷（一曰二石集，記石勒事），范亨之燕書二十卷（記慕容儁事），張詮之南燕錄五卷（記慕容德事），張諮之涼記八卷（記張軌事），蓋泓之珠崖傳一卷（以上見隋書經籍志）：此皆中州績學之士歷事前後者也，則慕容氏之華化豈偶然哉！

按史所載慕容氏之官制，禮制以及政府之一切組織，多沿襲魏晉，固不待論。而其援引名言，出入經史，胡庭之上儼然彬彬有禮。前燕錄（卷二十三）『廆嘗從容言曰，「獄者，人命之所懸也，不可以不慎；賢人君子，國家之基也，不可以不敬；稼穡者，民生之本也，不可以不急；酒色便佞，亂德之甚也，不可以不戒」。乃著爲家令數千言，以申其旨』。四者爲慕容氏立國之骨幹，廆獨能行之，故能成創國之主也。皝尙經學，多材藝，尤善天文，國人稱之（錄二）；親造太上章以代急就，又著典誡十五篇以教冑子（錄二五）。儁博覽書史，有文武幹略，彬彬文雅，更善詞賦。至於器物車室皆著讚以爲戒（錄二六）。『儁觀兵近郊，見甘棠於道，曰，「升高能賦，可以爲大夫。羣司亦各言其志，吾得覽焉」。於是內外臣僚並上甘棠頌』(錄二十六)。『讌羣臣於蒲池，酒酣，賦詩，因讀經史』(錄二十七)。儁雅好文籍，自即位至末年講論不倦，覽政之暇，唯與侍臣錯綜義理，凡所著述四十餘篇(十六國春秋輯補二七)。暐委政太宰恪，專受經於博士王歡，助教尙鋒，秘書郎杜銓；並以明經講論左右，至是通諸經；又祀孔子於東堂。以歡爲國子祭酒，鋒國子博士，銓散騎侍郎。其執經侍講，皆有拜授(十六國春秋輯補卷二十八)。寶爲太子時砥礪自修，敦崇儒學，工談論，尤善屬文(錄四十六)。盛與羣臣講論古今，命中書更爲燕頌以述恪之功，因而談讌賦詩(錄四十七)。恪諮詢善道，進止有常，罷朝歸第，手不釋卷(錄三十)。德博觀羣史，性情愼重，多才藝(輯補五八)；即位之後(南燕)，建立學官，公卿已下子弟及二品士門二百人爲太學生，褒德任賢，新舊咸悅(北堂書鈔卷一五八引類補)。段豐妻慕容氏(德之女)有才慧，善書史，能鼓琴(晉書列女傳)。凡此皆足以表示慕容氏浸浴于中國文化，而能洞達經史者也。

不惟彼等身能縱覽經史，且亦嘗勉其族人入庠序受業焉。廆以平原劉讚儒學該通，引爲東庠祭酒，其世子皝率國胄束修受業(初學記卷十八，并見前文)。皝賜其大臣子弟爲官學生者號『高門生』，立東庠于舊宮以行鄉射之禮，每月臨觀考試優劣；生徒增至千餘人，稱盛一時(輯補卷二五)。其有優異者，則擢充近侍(錄卷二五)。儁光壽三年，立小學於顯賢里，以教冑子(輯補二七)。暐初受經于王歡，尙鋒，杜詮；後以歡爲國子祭酒，鋒國子博士以教左右(錄二八)。盛於長樂二年引見百僚於東堂，考詳器藝超拔者十有二人。命百司舉文武之士才堪佐世者各一人(錄四七)。大臣每由學校中選拔，如兵部尙書丁信年僅十五。盛以威嚴馭下，驕暴少親；信乃以『在上不驕，高而不危』之語諷之(錄四七)。

慕容氏歷代之主雅好文學，其國都所藏策籍必有可觀。魏書(卷二)太祖紀皇始二年(慕容寶永康二年，晉隆安元年)，魏太祖道武帝拓跋珪攻下燕都中山時，『獲其所傳皇帝璽綬，圖書府庫珍寶，簿列數萬』云云，於此可見。

不惟此也，彼等更信方士佛道。慕容儁元璽元年，滅冉閔，告於太廟，有燕巢於正陽殿之西椒，生三雛，謂三子者數應三統之驗，神鳥五色謂燕朝繼五行之籙也。二年見玉版文，言燕屬水德，尙黑，牲牡尙玄。慕容垂嘗賜釋郎官絹一百疋，袈裟三領，綿五十斤，請爲呪願。寶伐拓跋珪，以沙門曇猛隨軍，不用其言致敗。凡此皆足以表示中國之文化已深入於彼等生活之中也。

四　慕容氏滅亡之原因

慕容氏滅亡之原因雖多，然以余觀之，不外三事：蔭戶太多，一也；驕奢過甚，二也；騎兵太少，三也。前二者屬于經濟方面，後一條則屬于兵事方面。

原來慕容氏以兵立國，無日不在戰爭之中。所謂『蔭戶』，即在戰場死而有功，常年不納賦稅並得官俸之家。夫嘉賞有功固爲應有之事，然失之太濫則弊竇叢生。若年限不加規定，則蔭戶增而民戶少，影響一國之收入甚大。慕容暐時，有蔭戶至二十餘萬家，無怪『民戶殫盡，委輸無入，吏斷常俸，戰士絕廩，官貸粟帛以自贍』焉。爲蔭戶者類多以功恣肆，若國家取締過急，反激起彼等之亂。慕容寶僭位之初，遵垂遺命，校閱戶口，罷諸軍封蔭之戶分屬郡縣，定士族舊籍，明其官儀，而思亂者蠭起。此可見其積重難返之一斑矣！

國家正常之出入既不平衡，而又加以驕暴主之浪費，亡國之徵遂日著。慕容暐時大興土木，役徒數萬，殿閣數百，後宮女四千有餘，僮僕厮養過兼十倍，一日之費價盈萬金，綺縠羅紈歲增常調，戎器弗營，奢玩是務，帑歲空虛，軍士無賴。至于宰臣亦相效尤，風靡之化積漸成俗，無怪乎軍士每遇敵人咸率離叛也。更可笑者，敵人當前而大將尚貿易軍中以圖私利。太傅慕容評與秦將王猛相持潞川時，評障固山泉，鬻水與軍；入絹一疋，得水二石。士卒怨恨，咸無鬥志，評卒大敗，單騎而遁。

慕容氏作戰之方法，原恃騎射；滅宇文段氏而後，騎士愈增，此所以克平冉閔，大敗桓溫。然因頻年戰爭，馬騎漸少。於是北侵庫莫奚等族，擄刼馬匹以爲軍用。其後庫莫奚不堪其擾，遠遁漠北，馬騎無地可取，實力大減。其後拓跋氏率數十萬騎南來，慕容寶即無方應付。觀中山尹苻謨云，『今魏軍強盛，千里轉鬥，乘勝而來，勇氣百倍。若逸之，使入平原，形勢彌盛，殆難爲敵。宜杜險以拒之』，可以知也。大抵山地利于步，平原利于騎。今以慕容氏疲敝之步卒當數十萬強悍之鐵騎于中山平原，有不被其摧陷者乎？此不獨燕魏而然，恐中國史上南北強弱之關鍵亦在於是矣。

參考書：

一，晉書載記慕容氏部份。

二，魏書（卷九十五徒何慕容廆，卷九十一匈奴宇文莫槐，徒何段就六眷）。

二，十六國春秋前燕錄，後燕錄。

三，湯球十六國春秋輯補。

四，資治通鑑晉紀（注甚重要）。

五，趙翼廿二史劄記卷八『僭偽諸君有文學』。

六，家昇東晉胡人文學資料之掇拾。

七，熱河志卷五十七建置沿革，卷九十九故事一，卷一百三外記一。

清代地理沿革表（續，河南一）

趙泉澄

四　河南省

開封府——順治初年仍，領州四：陳，許，禹，鄭；縣三十：祥符，陳留，杞，通許，太康，尉氏，洧川，鄢陵，扶溝，中牟，陽武，原武，封丘，延津，蘭陽，儀封，新鄭，商水，西華，項城，沈丘，臨潁，襄城，郾城，長葛，密，滎陽，滎澤，河陰，汜水。

雍正二年，陳州升爲直隸州，商水，西華，項城，沈邱四縣往屬；許州升爲直隸州，臨潁，襄城，郾城，長葛四縣往屬；禹州升爲直隸州，密，新鄭二縣往屬；鄭州升爲直隸州，滎陽，滎澤，河陰，汜水四縣往屬；延津縣往屬衛輝府；原武縣往屬懷慶府。十二年，鄭州直隸州降爲州，暨所屬滎陽，滎澤，河陰，汜水四縣還府屬；太康，扶溝二縣往屬陳州府：領州一縣十六。

乾隆六年，許州府降爲直隸州，所屬禹州一州暨密，新鄭二縣還府屬。三十年，裁河陰縣歸併滎陽縣；四十八年，封邱縣往屬衛輝府，陽武縣往屬懷慶府；四十九年，儀封縣改爲儀封廳：領州二廳一縣十四。

道光五年，蘭陽縣改爲蘭儀縣：仍領州二廳一縣十四。

咸豐十年，裁儀封廳併入蘭儀縣：領州二縣十四。

光緒三十年，開封府之鄭州復升爲直隸州，滎陽，滎澤，汜水三縣往屬：領州一縣十一。

歸德府——順治初年仍，領州一：睢；縣八：商丘，寧陵，鹿邑，夏邑，永城，虞城，考城，柘城。

乾隆四十八年，考城縣往屬衛輝府：領州一縣七。

光緒元年，衛輝府之考城縣還府屬：領州一縣八。

彰德府——順治初年仍，領州一：磁；縣六：安陽，湯陰，臨漳，林，武安，涉。

雍正三年，直隸省大名府之內黃縣來屬；四年，磁州往屬直隸省之廣平府：領縣七。

1—18 順治朝 1644—1661	河南省		開封府 4,30	歸德府 1,8	
1—61 康熙朝 1662—1722	河南省		開封府	歸德府	
1—13 雍正朝 1723—1735	河南省	D 直隷 3+ E 直隷 4-	A 2- 開封府 B 12+ 1,16 C 12-	歸德府	
1—60 乾隆朝 1736—1795	河南省		A 6+ -30 開封府 B 48-49 2,1,14	歸德府 1,7	C 48-
1—25 嘉慶朝 1796—1820	河南省		開封府	歸德府	
1—30 道光朝 1821—1850	河南省		開封府 2,1,14	歸德府	
1—11 咸豐朝 1851—1861	河南省		-10 開封府 2,14	歸德府	
1—13 同治朝 1862—1874	河南省		開封府	歸德府	
1—34 光緒朝 1875—1908	河南省		A 30- 開封府 1,11	歸德府 1,8	+
1—3 宣統朝 1909—1911	河南省		開封府	歸德府	

衛輝府——順治初年仍，領縣六：汲，胙城，新鄉，獲嘉，淇，輝。
雍正二年，開封府之延津縣來屬；三年，直隸省大名府之濬，滑二縣來屬；五年，裁胙城縣歸併延津縣：領縣八。
乾隆四十八年，開封府之封邱縣來屬；歸德府之考城縣來屬：領縣十。
光緒元年，考城縣往屬歸德府：領縣九。

懷慶府——順治初年仍，領縣六：河南，濟源，修武，武陟，孟，溫。
雍正二年，開封府之原武縣來屬：領縣七。
乾隆四十八年，開封府之陽武縣來屬：領縣八。

河南府——順治初年仍，領州一：陝；縣十三：洛陽，偃師，鞏，孟津，宜陽，登封，永寧，新安，澠池，嵩，盧氏，靈寶，閿鄉。
雍正二年，陝州升為直隸州，靈寶，閿鄉二縣往屬；十二年，盧氏縣往屬陝州直隸州：領縣十。

南陽府——順治初年仍，領州二：鄧，裕；縣十一：南陽，鎮平，唐，泌陽，桐柏，南召，內鄉，新野，淅川，舞陽，葉。十七年，裁南召縣歸併南陽縣：領州二縣十。
雍正十二年，復設南召縣：領州二縣十一。
道光十二年，淅川縣改為淅川廳，仍隸府屬：領州二廳一縣十。
光緒三十年，淅川廳升為直隸廳：領州二縣十。

汝寧府——順治初年仍，領州二：信陽，光；縣十二：汝陽，真陽，上蔡，新蔡，西平，遂平，確山，羅山，光山，固始，息，商城。
雍正元年，真陽縣改為正陽縣：仍領州二縣十二。二年，光州升為直隸州，光山，固始，息，商城四縣往屬：領州一縣八。

汝州——順治初年仍，領縣四：魯山，郟，寶豐，伊陽。

陳州，陳州府——雍正二年，開封府之陳州升為直隸州，開封府之商水，西華，項城，沈邱四縣來屬。十二年，陳州直隸州升為府，於所屬四縣外，以州地置淮寧縣為府治，改開封府之太康，扶溝二縣並隸府屬：領縣七。

許州，許州府，許州——雍正二年，開封府之許州升為直隸州，開封府之臨潁，襄城，郾城，長葛四縣來屬。十二年，許州直隸州升為府，於所屬四縣外，以州地置石梁縣為府治，降禹州直隸州為州，暨所屬密，新鄭二縣並隸府屬：領州一縣七。

乾隆六年，許州府復降爲許州直隸州，裁石梁縣入州，改禹州一州暨密，新鄭二縣往屬開封府：領縣四。

禹州——雍正二年，開封府之禹州升爲直隸州，開封府之密，新鄭二縣來屬：領縣二。十二年，禹州直隸州降爲州，暨所屬密，新鄭二縣往屬許州府。

鄭州——雍正二年，開封府之鄭州升爲直隸州，開封府之滎陽，滎澤，河陰，汜水四縣來屬：領縣四。十二年，鄭州直隸州降爲州，暨所屬滎陽，滎澤，河陰，汜水四縣往屬開封府。光緒三十年，開封府之鄭州復升爲直隸州，開封府之滎陽，滎澤，汜水三縣來屬：領縣三。

陝州——雍正二年，河南府之陝州升爲直隸州，河南府之靈寶，閿鄉二縣來屬；十二年，河南府之盧氏縣來屬：領縣三。

光州——雍正二年，汝寧府之光州升爲直隸州，汝寧府之光山，固始，息，商城四縣來屬：領縣四。

淅川廳——光緒三十年，南陽府之淅川廳升爲直隸廳：無屬領。

龍溪（漳州）小志

黃典誠

漳水南邊郡，閩鄉到此窮。地偏冬少雪；海近夜多風。百粵山川屬；三吳景物同。昔年遺化在，千載紫陽翁。

此地多烟瘴，時清喜漸除。阻山猶盜賊；並海盡鹽魚。田稻春秋種；閩蠶伏臘需。不才叨郡倅，廩祿頗贏餘。

奢競仍民俗，纖華亦土工。盃盤簫鼓裏；燈火綺羅中。茉莉頭圍白；檳榔口抹紅。良宵上元節，紈扇已搖風。

近歲兵戎後，民風亦稍衰。番船收港少；畬酒入城遲。綠暗桄榔樹；青懸橄欖枝。薰風荔子熟，舊數老楊妃。

可是閩南徼，陽多氣候先。麥收正月盡；茶摘上元前。綠筍供春饌；黃蕉入夏筵。南風吾所適，久住亦相便。

文物如鄒魯，斯言信不虛。科名唐進士；道學宋先儒。祠宇依山曲；遺書布海隅。風流今孰繼？林子亦其徒。

是處方言別，漳南艷更強。兒童皆喚『囝』；男女總稱『儂』。不雨猶穿屐；因暄盡佩香。人人牙子紫，都爲嚼檳榔。

山秀英靈聚，清溪爽氣開。水晶凝石髓；月彩耀珠胎。珉紫裁爲硯；犀花解作盃。最憐沙上草，顏色在根荄。

試上南樓望，羈愁覺易消。兩溪合遞港；大海暗通潮。白鷺垂青野；丹霞映碧霄。夢神曾獻吉，日暮不堪招。

郡署經年久，吾來爲一新。重門森畫戟；別駕儼朱輪。榕葉軒陰晚；梅花閣氣春。祇憐去國遠，爲政愧能循。

這篇清漳十詠，乃是前朝一位來龍溪做過地方官的王禕作的。在他這十詠裏頭，可以說把龍溪全縣的氣候，物產，民情，風俗等都約略說到了。這正好給我做這篇龍溪小志的提綱挈領，於是我便把它全錄在前頭。且住，這是清漳十詠，干你龍溪甚事呢？說來話長，且讓我說一說龍溪的地理沿革。

按縣志，龍溪『禹貢揚州之域。周爲七閩地。春秋爲越地。秦爲閩中郡地。漢爲冶縣及侯官縣地，屬會稽郡。吳屬建安郡。晉爲同安縣地，屬晉安郡，隸揚州，又隸江州。梁天監中，析晉安地置南安郡；大同六年（公元五四〇），析南安郡地置龍溪縣——以時有九龍戲於溪，因以名邑——仍屬南安郡。隋爲建安郡四縣之一。唐武德初屬建州，六年復屬泉州；嗣聖間屬武榮州（今泉州）；景雲二年（公元七一一年），改泉州爲閩州，改武榮州爲泉州，邑仍屬焉。開元二十九年（公元七四一年）改屬漳州，時州隸嶺南經略使。天寶元年（公元七四二年）屬漳浦郡（時改漳州爲漳浦郡），還隸福建經略使；十年又改隸嶺南。乾元二年（公元七五九年）復改漳浦郡爲漳州。上元元年（公元七六〇年）還隸福建。興元元年（公元七八四年）刺史柳少安請移州治於龍溪，未報。貞元二年（公元七八六年）攝州事陳諓請於觀察使盧惎，以狀聞，始以邑爲州治。宋隸威武軍，又隸福建路。元屬漳州路，隸福建行中書省；至治中（公元一三二一年）析七都置南勝縣（今南靖）。明屬漳州府，隸福建布政使司；隆慶元年（公元一五六七年）析五都置海澄縣』。淸代因之。

龍溪的沿革，據縣志這段記載，有幾點値得我們注意：（一）三代秦漢，它許還是不毛之地，所謂什麼時候屬於什麼區域，這僅見於後代的追記而已；眞正那時的中原人，恐無人能知道有龍溪這個所在的存在吧？（二）龍溪建邑始於公元五四〇年；而在前此的一百餘年之間，龍溪這帶地方，已有中原避難的人來此墾荒而繁殖了。泉州府志引九國志云：『晉永嘉二年，中州板蕩，衣冠始入閩者八族。以中原多事，無復北嚮，故六朝仕宦名跡鮮有聞者』。這可見龍溪是到南北朝時始給一般避難的人所經營。（三）龍溪以七四二年始屬漳州，但到七八六年才以本邑爲州治。（四）一三二一年析本邑七都爲今南靖縣；一五六七年復分五都置海澄縣。歷代的沿革，約如上述。鼎革後，府的制度廢，曾一度給隸屬於汀漳龍道尹之下；旋道廢。人民政府鬨變的時候，本邑為黨人唯一活動的中心，他們龍汀省的省會就在我們這裏。亂事既平，省府重組，行政專員公署設立，本邑隸屬於第六區行政範圍之內。

龍溪以明清兩代皆隸漳州府，且為漳州府治所在地，故人咸名之曰『漳州』云。雖今日府制廢除已久，但一般人在習慣上都仍說漳州。『龍溪』這兩個字，除縣府，公安局，教育局，學校等機關名目上在應用它，餘則罕有看見了。我們可以說龍溪是政治上的名詞，而漳州是地理上的名詞。龍溪所憑恃的為城南的南河，南河亦稱薌江，九龍江；更有謂為『漳水』與『漳江』者。清漳十詠的清漳便是漳江，漳江便是漳州，而漳州也即是現在我們所要提起的龍溪呢！

龍溪位於福建的南部，為閩南閩西交通首衝的要地。在昔剿匪軍事上它是佔着一個很重要的位置，即如今駐閩綏靖主任公署亦仍設在這裏。它的境域，舊說東西廣一百一十里，南北袤六十里。東界同安，東北界長泰，北界華安，西界南靖，南界海澄漳浦。龍溪負山面海，為八閩奧區。『天寶作羣鎮之標，列峯秀出；錦江為衆溪之匯，一水清流』。其形勝之美，眞個是『山川清秀，原野坦平』。歐陽永叔說『環滁皆山也』，我也不妨照樣說『環龍皆山也』。邑城附近，羣山綿亘，前後起伏。志稱『天寶紫芝奠於後，丹霞名第拱於前；鶴峯踞其左，圓山聳其右』。其地西北高而東南低；氣候溫和，絕無霜雪之苦。每年春夏多雨，秋冬常晴。土質肥沃，最宜耕種。此土既饒天時地利，所以百穀繁生，草木滋長。

龍溪為閩南各郡貿易的中心，交通便利，水陸八達。水運唯一憑恃的便是西北二溪。按西溪北源自禾溪永豐，南源自銅壺小溪，至南靖合流而繞於郡城為南河；過詩浦達三叉河以與來自長泰出兩峽過柳營江之北溪會。三叉河會流之水下通錦江（石碼）諸流，經白石，青礁，石美；東與中南二港合納浮宮南溪之水入於海。公路未興以前，龍溪唯一的交通，怕都是倚賴這些水道吧。西溪上游通南靖平和；北溪上游通華安長泰。三叉河西北合流後，下達石碼海澄，入海可至閩南唯一通商口岸的廈門。唯自公路開闢以來，車運超過航運之上，逼得航運每况愈下了。而且南河河床日為上流冲下泥沙所湮，河道日淺，積水乾涸。晴天稍久，河道即成為一條沙漠。在這種情形之下，航運實在深受重大的打擊。河道的日就湮塞，本邑未來禍患在所不免。這雖然猶不及黃河氾濫的萬一，但年年如是，也就很可駭人哩。河水暴漲以城南一帶居民最爲受苦；南河堤岸，有一回竟積水一丈有餘，其聲勢的浩大也就可以想見了。嘗聞前輩人云：『遜清時代，水患尤甚。光緒末年，近河一帶民房悉遭滅頂。那回溺死在水裏的人，多得不可勝數。民國七八年間，陳炯明來守漳州，大開馬路，拆毀城垣；全市皆築陰溝，通於南河，故河水稍漲，水無城垣壕閘之阻，而有旁道可奔，是以稍殺洪水暴發之禍』。案自開闢馬路以來，河水的確不似先前時那麼兇；但沿河附近的農作物，仍年年給它肆意蹂躪，農村的損失是很值得我們注意的。

因爲水路的交通，我們附帶說了一大篇河水泛濫的話；現在我們應回轉頭來說一說陸路的交通。陸路的交通以現在的汽車路來說，約有如下數條：

(一)漳廈線　漳廈線復可分爲兩路：甲，漳浮路。這是漳廈交通最早的一條汽車路；自漳州出發歷石碼經海澄至浮宮凡五十里；自浮宮改乘汽輪須兩小時水程方達廈門。乙，漳嵩路。這條公路完成，同時自廈門對岸的嵩嶼至離龍溪縣城三十里的江東的那條漳廈鐵路也就正式宣告壽終正寢。漳嵩車路是漳廈往來最方便的捷徑。它自漳州出發經江東橋歷角尾圩至嵩嶼全程凡八十里，車行約一小時；自嵩嶼至廈門小輪約需半句鐘。

(二)漳龍路　這是因剿匪軍事的緊張，過去不久才告成的。漳州至龍巖，盤山越嶺，道路崎嶇。故漳龍路一向只行漳州至南靖的一段三十里；今則全程已通車了。

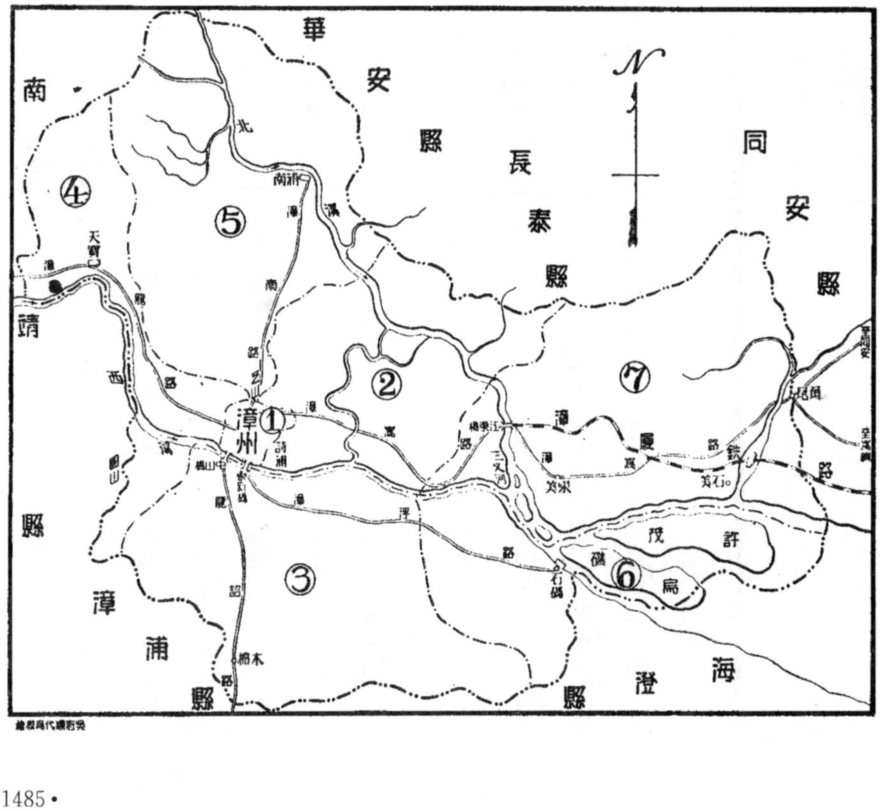

吳荷禮代爲製繪

(三)漳南路　這是自漳州至浦南的一條車路，長凡三十里，隔江(北溪)可達長泰。

(四)龍詔路　自漳州至詔安；車路現僅通行至漳浦一段一百里而已。自漳浦渡舊鎮海車行，可以到達雲霄；自雲霄至詔安一段，車雖欲行，恨無徑可走，蓋公路尚未完成也。

邑之交通，水陸俱備，可以稱方便之至了。無如邇來盜匪蠭起，綠林嘯聚，水陸交通大爲所阻。陸既有截車之險，水亦有刧輪之危，動輒殺人性命或綁票而去。商賈往還，誰不擔心。故漳諺有云，『賺錢有數，性命得顧』。

龍溪這四通八達的交通，其運輸主要貨物，可就各路約略言之。(一)漳厦一路不外是土產出，華洋雜貨入。(二)漳龍路運輸以糧食爲大宗。(三)漳南路運售漳州者以五穀柚子爲要多。(四)龍詔路由漳浦運來或海產或牲畜不等。

龍溪有着這麼利便的交通，要不是逢着這不巧的年頭兒，我想這裏的名勝古蹟有許多是很值得我們瀏覽與眷戀的。假如會有一位北方的朋友到我們這兒玩玩，也許他會立刻感覺到北方的一丘一寺都沒有原來那般的可寶貴了。可惜，一切郊外的山林勝地，現在已無可給我們重游的機會了！那兒已盡是盜匪的窠穴，去不得了！所幸者，近郊所在還有幾處勝蹟值得我們提到。

中山公園是在城市的中心。陳炯明始闢，迭經整理。中有仰文樓，相傳故宋朱子曾讀書於此；有七星池，亦有謂爲朱子所鑿者。池前有中山紀念臺，建築宏偉，爲市民大集會之所。有梅嶺亭位於梅嶺之上，立在亭中可以俯瞰全市風景。公園爲民衆教育館所在地；館中舊藏有唐咸通塔斷碑半截，千年古物，洵爲至寶。

邑南有橫江新舊二橋，今皆改建士敏士，工程偉大，頗爲壯觀。舊橋今稱中山橋，橋南有古刹曰南山寺。南山寺爲閩南的釋教大叢林，其地位，在昔比厦門的南普陀還要高。其建築範圍，也較南普陀偉大。惜自民國以還，頻年爲駐軍所摧毀，山門塌壞，神像剝落；暮鼓晨鐘，廢弛已久。現在仍爲陸軍醫院，寺僧寥寥，殊不足道。寺內大鐘一，高可丈餘，亦唐代故物。漳人有『南山寺大鐘，開元寺大鼓』之稱。寺有石佛一尊，高約七丈，俗呼爲『大石佛』。寺側有唐勑封金華郡主之墓。山門題曰『南山寺』，筆力雄勁，傳爲明末黃道周先生所寫。

城南復有八卦樓，未悉何代所建，石砌雕欄，高聳雲霄。樓爲四層，登上而望，遠近風景悉入於眼底。此樓名曰八卦，建築之旨或本於風水五行之說。後代弛廢，無所應用，故雞鳴狗盜之輩常聚賭其間，失意之人亦輒自縊其上，一地勝蹟，遂淪汙穢。現縣府公安局消防隊駐此，易樓名爲『瞭望臺』，中置警鐘一。

樓附近爲丹霞書院，半月樓，禊亭，曲橋。丹霞從前是省立龍溪高中的校址；自校舍遷移芝山後，官廳遂改此地爲娼寮妓館之所。

芝山在城的西北隅，初曰登高山，明洪武十三年產紫芝，聞於朝廷，賜今名。芝山三峯，上各建亭一，鼎足而立，頗覺雄偉。山之東麓有淨衆院，今龍溪中學的新舍建築於此。山南舊有開元寺，燬於洪楊之亂。科舉時代，以寺故址爲考棚。今考棚故址，一部份建爲芝山營房，一部份爲教會設立的尋源中學。芝山北面，今尚存有未燬城垣的殘墻故壘。

城西南有騰龍山，上有龍文塔。附近有魁星樓，古武廟：今皆頹廢不堪了。

離城較遠的名勝，大率皆屬山巖。西南有圓山俗仙巖，祀康仙。圓山前後望有十二面，如覆釜然。山之琵琶坂，最饒佳趣。

石獅巖在城南七里，又名七首巖，其山峯巒奇秀，延袤數里；山多怪石，又有幽洞。比年匪徒常出沒其間，人多不敢冒險往遊。

城南二十里有木棉菴，是鄭虎臣弄死賈似道的地方。明俞大猷爲立碣，書『宋鄭虎臣誅賈似道於此』十字。

城東沿漳嵩路有鶴鳴山，隋開皇中有潛翁者養鶴於此，因名。上有雲洞巖，誦經石等勝蹟。

與鶴鳴山聯峙者，有岐山，山聳漳江之上，延袤十里許。中爲萬松嶺，北有瑞竹巖。瑞竹巖久爲匪黨盤據；漳嵩路時有刦車之聞，皆在此山附近。最近當局捕一與刦案有關的瑞竹巖和尚，審訊既明，當即就地斬決。

龍溪是這樣地『阻山猶盜賊』，但何來這許多盜賊呢？筆者實在難於解答。土匪如毛，漫說我們龍溪，試張開眼睛看看，閩南那一個地方會例外而不是這樣。通都大邑的厦門，白晝刦掠銀行是有的；其餘小搶小刦，報不絕書。外地的情形怎樣，我們固無從深悉，然就本邑而論，至少我們可以推知一二。本邑土匪蠭起，原因固十分複雜，但窮而爲盜，挺而走險，這就是最主要的原因。環境足以轉移人生，這是必然的理由。每個龍溪人一提起十幾年前的時代，他們必嘖嘖稱羨不已，因爲那個時代絕對保有他們安居樂業的權利。方中原干戈不息之際，我們這裏正偏安一隅。誰料時過境遷，風雲日亟，而一般人民的生活就每況愈下了呢。

一個地方的生活程度如何，跟它的經濟背景是有着很密切的關係的。龍溪全縣的經濟基礎是整個建築在農村經濟的上面，而農村經濟所憑恃的便是農作物的生產。龍溪既得溫和的天時，又享肥沃的地利，故其物產的豐富自然甲於他地。茲以七個自治區域分別言之，每個區域除稻粱等五穀是他們必種之外，各種特著的植物或其它又是分別在各區域中給人們以多量的收穫。七個自治區是這樣分法：一區縣城附近，二區東鄉，三區南鄉，四區天寶，五區浦南（北鄉），六區石碼，七區石美，角尾，東美。一區和六區同屬商埸所在，除貨物貿易之外，無甚特產。其餘如三區範圍內的荔枝，柑子，水仙花等，都是大宗的生產和大宗收穫。天寶的鵪鴣花和芎蕉，浦南彭山種的柚子，那一種不是農村很可驚人的收成。七區一帶，貝殼魚類，每年收入也頗不少。

假如不遇天災，不經人禍，整個龍溪的農村社會，可以說恰如那靖節先生所理想的世外桃源。昇平無事的日子，你走到這南國的鄉間去玩玩，將會予你以無限的喜慰與欣悅；錯錯落落的鄉村，阡陌交通給他們連續上。即使有時給您『山窮水盡疑無路』，但過些兒包您『柳暗花明又一村』。我們這裏叫鄉村做『社』，一社的人多是聚族而居；社有『家長』，推年高德厚爲一鄉所尊崇者任之，社裏事無大小，皆聽家長發落與決擇。家長主祭祀，神鬼皆然。祀神的地方叫『菴廟』，祀鬼的地方叫『祖厝』。『菴廟』與『祖厝』，社社皆有，建築皆極壯麗。

這兒的農家，他們所居住的房子，也許是北方農家所想像不到的吧！漫說七區一帶的高樓大厦，左右毗連是尋常的事，即窮鄉僻壤，欲找一爲人居住的茅亭草舍，實不可得。他們日出而作，日入而息，辛苦終年，他們的衣食住可還不差。碰着迎神賽會的時候，看他們那樣的揮金似土，尤可知他們的生活狀況實在不惡。

這樣的農村，是値得我們稱羨與祝福的。那想到現在的情形，恰巧與昔日相反：今年來了一個天旱，明年來了一個共產，左土匪派『烏單』，右民團勒捐款，上下交相迫，眞個是呼籲無門。在這種情形之下，官逼民反，可就有點意思了。左死右死，搶人斫頭反正也是一個死。有這種消極輕生的念頭，什麼翻天覆地的事情就都有人幹出來了。校場上常常添些新鬼，綠林中仍是不斷的增加新英雄。啊！天哪！

城市經濟的生死關頭，無疑地是操握在農村；農村經濟破產了，城市可就要支撐不住哩。漳州市上的商業，是與農村經濟走同樣的命運的。民國廿一年春天共黨陷漳，百業迎頭便受了一下幾於不得翻身的大打擊（漳碼商民計被匪勒去大洋一百萬）。亂後商店的倒閉，金融機關的塌臺，與日俱增；市景的蕭條已是空前的了。誰料禍不單行，越年再來一個陳李的閩變。昔日元氣未復，又受這麼一擊，漳州的商業從此一蹶而不能振了。

不景氣的怒潮瀰漫着整個龍溪的社會，全縣人民的生活漸漸向着那同歸於盡的道路走去。『穿是蘇杭二州，吃是福建漳州』。漳州已是暮氣沈沈的了。中等人家，天幸還能三餐一日；貧窮的人，可眞朝不謀夕呢！百業不舉，那裏是賺錢圖生的機會；食樹根，吃草皮，已有人在實踐了。天哪！天哪！

一個地方的民情風俗怎樣，根本還在那兒的生活狀況如何。良風樸俗，是在人們不受飢寒的時候才能做得到；反是而在大家朝不謀夕的時候，要他們講什麼禮義，行甚麼廉耻，這是萬不可能的。龍溪爲宋朱子過化之鄉，歷代的『生聚教訓』，據說早就成了個『海濱鄒魯』。志稱『其民務本，不事末作，質樸謹愿，樂善遠罪』。在這種敦風厚俗之中，人民生活是怎樣呢？志云：『四民之中，惟士最貧；半菽不飽，浩歌作金石聲，塾師巷南北皆有之。……火耕水耨之夫，終歲勤劬，猶苦貧；惟種蔗及烟草，其獲利倍，故多奪五穀之地以與之。田漸少而粟彌貴之，幾何其不枵腹耶？邑工號最樸；近則紗絨之利，不脛而走，機杼軋軋之聲相聞，非盡出女手也。木工坊者競爲雕梁朱甍，以負妍鬥巧；細至鑪鑄縫紉之屬，亦爭能角技，厚取値焉。大商巨賈，握符籌，以外洋爲谿壑；危檣高艦，出沒駛風激浪中，脂膩所歸，無所畏苦。而灑削賣漿者流，來自外郡，刀錐之末，亦足自豪』。當時的人民生活這樣安定，但澆漓惡俗還是在所不免。『在市則有游手惰民，不耕而食，連袂踏臂，曳縞履絲，呼盧胠篋，靡所不爲，甚則兇悍喜鬥，睥睨殺人。在鄉則有甲族乙姓，強弱相軋；睚眦細故，輒持械若禦敵然』。這些現象，到現在仍遺留在龍溪的社會上，而且變本加厲哩。時至今日，失業益多；爲了生存競爭，什麼不廉不耻的事情已件件都有人在幹出來了！『人心不古，世風日下』，難怪上了年紀的老頭兒要不住的搖頭嘆息呢！

志又云：『俗之尤敝者，嫁女務以奩具相矜耀，稍齒薄則俗揶揄之。至女有不舉者。間或假人子爲子，不以窴宗為嫌；其在商賈之家，則使之挾貲四方，往來冒霜，露或出沒巨浸爭頃刻之生，而己子安享其利焉。亦有夫死承祧，不求族姓而螟負於不知誰何之子』。

婚禮舊式重門戶，不甚擇婿；有指腹為婚者，雖世契必以媒妁。（俗有『有男求親，無女追嫁』之諺。）自訂盟以至親迎，皆依『六禮』而行。聘金動輒數百金，故貧者多招贅女家為室，俗謂『吊大燈』。而『死喪之家，自初成服以及葬虞，多能式禮經。延僧作佛事及惑青烏家言，數十年不葬者，比比皆是也。祭以四時及二仲月；清明祭於墓，婦女亦與焉』。

『俗信巫，疾則禱于非鬼之廟，或假為「王爺」之號以惑衆，歲斂錢至數十萬。糜費壞教，此其尤者。』的確，這種迷信之風，至今猶然。邑民不為所惑者，唯基督教徒與青年知識分子而已。迷信之風不滅，良以全縣教育不普遍故。

教育的功能，不特可以破除迷信而已，實在還可藉她而移風易俗。本邑共有省立學校五，縣立小學十餘所，這樣僅是畸形的發展，因為鄉村教育的設施，龍溪各區差不多都還付諸闕如咧！這個年頭兒，什麼都有復古的傾向，不合時代的私塾乃應運而興，其數目幾與公私小學相等。因為這樣開倒車，所以碰着月蝕的時候，儘有許多孩子妄從了大人的瞎說而敲鑼打鼓，想把那蒙難的太陰娘娘從天狗嘴裏救出來哩。

提着筆桿兒寫到這裏，本該結束，唯清漳十詠第九首有句道：『人人牙子紫，都為嚼檳榔』，讀者諸君切莫因此而誤會我們龍溪人個個都是牙子紫的。按嚼檳榔（俗名『哺老葉』）這種風氣早三四十年就沒有了，現在的龍溪人是眞沒有一個因嚼檳榔而紫了牙的。一般的習慣是喜歡抽烟，中年以上的人喜抽幾口旱煙消愁破悶，年青的哥兒們都啣着『白金龍』或『刀牌』摩登一下。染有阿芙蓉癖的人，我們這兒也不少。

末了，我還得把我們這『南蠻鴃舌之音』說一說。眞的，這地方的語言太奇特了。『兒童皆喚囝（ㄍㄧㄚ帶鼻音），男女總稱儂（ㄌㄤ）』，這是一點兒也不打誑的。語言學家把全國分為若干語言區域，而我們是給劃在廈語區域裏頭。其實龍溪與廈門的語言，也儘有些大同小異的地方。其聲調有上下平上去入八聲，上聲適為國音的去聲。方音的聲母韻母亦較國語為多。然其發音亦有與國語儘相同者，如：『先天』，『明亮』。不過這兒文字的讀音跟口頭說話是絕不相同的，如『你要那裏去』，讀音為『ㄋ

一一ㄠㄋㄚㄌ一ㄎㄒ』，但說話是『ㄌ一ㄇㄨㄟㄌㄚㄌㄛㄎ一』。這兒的小孩子上學校讀書，一打開書本便須學方音和國音，還要懂得方言的意義與解釋，這眞吃力不少的事。這兒有許多怪特的語言，如『骯髒』叫『一ㄐ一』，『淸潔』叫『ㄑ一ㄥㄎ一』，『孩子』叫『ㄍ一ㄣㄚ』，『怎樣』說『ㄢㄓㄨㄚ(末鼻音)』，『如此』說『ㄢㄋ一ㄝ』。怪特的語言還多，可惜有的是不能用注音符號標出來的；不然，我將多舉出些例子。

龍溪小志寫到這裏可以結束了。不過，我還得有個最後的聲明。我這篇東西是在冗忙的時間裏抽空寫的，事前既不曾有過充分的調查與考核，寫的時候自然是信手亂寫；寫後除呈我師鄭德坤先生校閱一過，我自己已沒有再看第二遍的機會了。疏忽和舛誤的地方自是難免，敬祈諸君原諒！原諒！

江浙閩沿海圖校記

吳志順

禹貢學會新在平肆購得一份江浙閩沿海圖，給我參考。這圖很細緻，於海地描繪註記尤詳，一望而知是一部曾經費很大的工夫所經營的偉著。它的序文云：

繪海不自西人始也。遠者姑勿論；其觕疎而不切形勢者亦不足道。乾隆間，提督陳倫烱嘗以舟師之所經歷，手繪為圖；藝雖未精，實括大勢，論者多之。近年來，西人挾其堅船精器，窮搜瀴溟，輪帆所之，輒繪為圖；歸而上之於其海部，議可，乃行。今英國海部所刊之本，幾徧地球，寔雄海上，有由來矣。往者天津上海嘗節取其所繪中國沿海圖譯行於世，一洗從前望洋影響之陋。顧主客異勢，取舍不同，以之航海則猶可，以之籌邊則不足。若地是名非，譯時亦無由更正，遑論加詳。夫津滬號為多才，豈智有所不逮歟？抑考訂或未詳盡歟？殆非也。蓋輿圖之事，百聞不如一見，智者之明固不敵愚者之見也。今之繼津滬而作者豈有他謬巧哉！亦恃乎目見而已。亦既見矣，則是非詳略，當境畢呈，又烏能震於西人之名而為之斂手哉！是役也，以海疆遼闊，先以江浙兩省為起點。經始於丁酉冬十二月，且行且測，經一年餘；歸而削稿謀印，又經數月，至是而始告厥成。約而計之：中間為更定補苴者，水道中不過百之一；口岸閒十之二；譯名之非，爲之是正者十之五。若夫海外荒島，向爲士夫之所不屑道，志乘之所不及載；即居其地者亦僅能宣諸口而不能筆諸書。辨音取義，通人所難；出自重譯，何怪其十不一符矣。昔人云：『請自隗始！』彼如螺如黛，若浮若沈，實險賴以翼蔽海疆者，至是乃始獲貢其名於明廷，抑亦羣島之幸也夫！今凡爲浙江圖十二，江蘇圖七。至區區不盡鄙陋，有不能顯諸圖者，謹省各爲說一卷附，並發其凡，如下：

光緒己亥十月，臣朱正元恭識。

凡例云：

一•是圖由總而分，而又分，遞爲詳晰。用千字文編列號數。何處有分圖，則如其分圖之大小，於總圖上作綫以界之；復於其隅編明分圖號數以便檢查。小分圖之即附於本圖空白處者，不編號。

一•是圖係就西圖增改，即付石印，畫法均撫其意；欲求髣髴，愧未能也。

一•分圖之無經緯度者，於圖中註明一處之經緯度。其已劃有經緯度者，不復註。

一•是圖係用圓柱畫法，離赤道愈遠則經綫愈長。量圖者當用本度之經綫以爲法，每經綫(即緯度)一分合一海里，每一海里合中里三里三分不盡。如地段南北較長，可取適中處經綫尺橫直量之。

一•量圖均用海里，尋常計里則用中里。間有仍用海里者，必另註明。

一•羅經偏差每處不同，每年亦小異。茲以近年測定者爲準(與舊譯者微異)。量圖者可取圖中最近之羅經，用平行尺比擬，即得本處羅經方向。(中圖指南，西圖指北，其實一也。)

一•測望時數處參成一綫者，作直綫以聯之。

一•是圖畫法均係俯視形；然間亦作側視形，附於其旁，以爲舟行識別口岸之準繩。

以上係水陸公例。

一•從前辦防時營基作⊗，或但註『營基』二字。見尚留駐防勇者作⊗，或但註一『營』字。

一•礮臺作⌒，舊礮臺或土礮臺之不能得力者作⌒，廢礮臺作⌒。

一•山作，山頂號碼即山高尺數。

一•鐵路作┼┼┼。

一・路作‖，或作（。

一・橋作〓。塔作▲。

一・屋作〓。

以上係陸路例。

一・海中西號碼，如1 2 3 4 5 6 7 8 9 10即一二三四五六八七九十，又$4\frac{1}{2}$係四又二分之一，此係水深之拓數，每拓合六尺；間有以尺計者，如江蘇之黃浦江圖，必於本圖註明拓數。上有⊥號者，係探至若干拓尚未到底也。其碼字均仍西圖之舊；間有添註，亦概用西碼以歸一律。（圖中所註：深，淺，拓數，均係大潮退後之數；凡言潮高若干尺者，均由此起計。若小潮則漲少而退亦少，其退後之數必較原註微高，故圖中間亦註明由漲至落尺寸。）

一・潮汐遲早，高低，每日不同，大率逐日遞遲三刻三分。最高，則約在朔望後二三日；最低，則在上下弦後二三日。至各處遲早高低之異，則須視乎潮來之方向與其海口之地勢以爲準。（潮漲自東，然亦不盡自正東也，觀有半羽之箭知之。至其高低則全視地勢，大約海口有收束處則水聚而見高，漫散處則水散而見低。）今擇要於分圖目錄下註明。（所註潮漲時刻，係漲足時，非初漲時。）

一，潮漲方向作↓，退作↓。初漲時第一點鐘，即於箭上作一點如↓，第二點鐘作二點如↓，推之第三，四點鐘均遞多一點；退潮同例。每點鐘流若干海里，即於箭旁註明一二三四等碼字；間有幾里至幾里不等者，即於二碼字中間作短綫以聯之。箭上兩邊有羽如↓者，係海水自流之向。

一・可泊船處作⚓。

一・急流作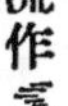，漩流作。

一・燈塔，燈杆作〓。燈船作〓。燈塔已於分圖目錄下分條詳列。燈船，燈杆，時有遷移，但散見各處而已。

一・沙作。暗礁作〓。

一・浮筒作▲。（浮筒種式甚多，詳海關燈塔浮樁總册。）

一・數目字兩旁作括弧如()者，係大潮漲足時小石高出水面之尺數。數目字下作劃如一者，係潮退後沙灘露出水面之尺數。

一・水道深五拓外者，作〓。深十拓外者，作（。深二十拓外者，作（。

一・輪船常行水路作（。

一・海電綫作⋯⋯。

一•同是島也，或名山，或名嶼，或并不係以山與嶼者，均從俗稱。

一•島間有居民者，作丅。不滿十戶者，於其右邊作一點，如下。滿十戶者，作二點如下。百戶者，作三點如下。餘類推。船不滿十號者，於右邊劃上作一點如丅。滿十號者，作兩點如丅。滿百號者，作三點如丅。餘類推。有小市可得雜糧魚蔬者，微出頭如十。漁戶飄忽，去留靡常者，作點於其左邊；居戶船隻之多寡，一如右邊之例。是號詳總圖，分圖，不贅述。

以上係水道例。

我們看了上邊的序文及凡例，就可知道這圖是如何的精詳了。我因常在作圖，打算在市肆裏找許多詳確的地圖作參攷根據，不幸實在沒有。現在這部圖，對於『詳』的方面敢說是盡美盡善，不用說市上流行的中外出版圖萬不能及，就是海地測量局裏的基本圖也不過如此；不過海地測量局裏現在測繪出來的基本圖對於圖的繪製法比較進步些而已。我們作圖時，關於江浙閩沿海方面，要是拿它來作參攷，眞是再好沒有的材料。但是對於『確』的方面，還不能不使我懷疑。第一層：它是光緒年間的出版物，海地時有變遷，適用於現在否？是個問題。並且它序文雖說『且行，且測』，而凡例裏又說『是圖係就西圖增改，即付石印，畫法均撫其意；欲求髣髴，愧未能也』，那麽這圖又多半根據了西圖而畫的，似乎在這一方面還不很可靠。但是經我細細考校研究，認爲這圖的內容一切，較之海軍部最近測製出來的圖相差甚微，也不過是羅經偏差，海深拓數，沙岸，海岩，落海尺數，有幾個地方稍欠符實。設用此圖以航海，固有不宜。但地形大體上尙無差異，若以之用在學術研究上，例如：研究江浙閩沿海之地形，考察各口岸，島嶼，通商，要塞，交通之所宜，……則除了測量局所出之非賣品基本圖外，這份圖眞得說是一部無與比擬的詳實海用測圖。因爲拿現在所測定的圖來校勘，海岸綫，島嶼，皆無大異；雖然航海所須的羅經，海深，沙岸，海岩等稍有不同，而於歷史地理的研究上尙無關係。並且這種是自然的變遷，現在的測圖設或經過相當時期而不加以調查修改的話，是要同樣的發生上述的弊病的。可見它凡例所說：『是圖係就西圖增改，即付石印……』，當是指該圖製法而言。蓋以此圖証之今圖，無論從哪方面看，決非根據在我領海界內不得自由測繪的西圖，而不加以實測，所能繪製而成的。現在把我校勘所得分述如下：

一，經緯度　該圖凡例說：『是圖係用圓柱畫法……

…』。經我依據該圖各經緯度來勘算，斷定它是：梅爾喀達爾圓柱投影法，亦稱：梅爾喀達爾海圖投影。——這投影法是荷蘭國梅爾喀達爾氏所首創，故名。這種投影法，是作海圖所必須用的。因爲航海者依磁針以定航之方向；而其航路要是描在這類投影地圖上則甚容易。例如：我們打算由A點出發，航行至B點，要是在這種投影地圖裏，就可以由A點至B點描一直綫，此直綫即爲航路，其與子午綫(經綫)所成之角即可決定船之方向。

一，羅經偏差　該圖各幅皆係光緒丁酉至壬寅年間測定者。現在海圖則據民八左右所測定者。近年各地雖屢有勘測，但印製出版之圖則尙未流行，普通尙以民八測定者爲準。而光緒壬寅(二十八年，西一九〇二)至民八(西一九一九)，相去年代不多，故各幅圖內之羅經偏差數自也甚微。除航海外，他尙足用。

一，各幅地形　各幅圖內之諸種地形，大體皆無變異，惟海深拓數則頗有發見與今數不同之點。此事關係甚大，不能發表。

一，各幅及圖名　該圖：以千字文編定圖號，而以總分圖繪製地形。計：——

天字	浙江沿海總圖一	係二張爲一幅。	自乍浦至爵溪所
地字	浙江沿海總圖二		自爵溪所至温州(今永嘉)
元字	浙江沿海總圖三		自温州(今永嘉)至南北關
黃字	浙江沿海分圖		包括鎭海口並金塘洋
宇字	浙江沿海分圖	係二張爲一幅。並附寗波至餘姚小圖一幅。	包括鎭海至寗波(今鄞縣)
宙字	浙江沿海分圖	係二張爲一幅。並附白礦門小圖一幅。	包括舟山北面羣島及江蘇羣島
洪字	浙江沿海分圖	係二張爲一幅。	包括舟山南面羣島
荒字	浙江沿海分圖		包括定海廳(今定海縣)附近
日字	浙江沿海分圖		包括象山港附近
月字	浙江沿海分圖		包括石浦並三門灣

劍字　浙江沿海分圖　係二張爲一幅。並附狀元嶴，重山，筆架礁側視圖三。　包括溫州（今永嘉）附近

夙字　浙江沿海分圖　包括乍浦附近，圖幅僅佔該紙四分之一。尚有來字號係江蘇沿海分圖，包括陳錢枸杞兩島亦佔該紙四分之一。其餘二分之一，爲寒字北部一部份，包括吳淞沿海一帶。

辰字　江蘇沿海總圖一　自長江口至金山衛一帶

宿字　江蘇沿海總圖二　附海州（今東海）分圖。　自海門至海州（今東海縣）一帶

列字　江蘇沿海分圖　係二張爲一幅。　包括長江口至柘林並東面羣島

張字　江蘇沿海分圖　（卽長江第一圖）係二張爲一幅。並附江陰焦山兩分圖。　包括上海至江寧（卽南京）一帶

寒字　江蘇沿海分圖　係二張半爲一幅。內半幅在夙字幅內。　包括吳淞至上海一帶

暑字　江蘇沿海分圖　包括上海全市

往字　福建沿海總圖一　包括連江口至湄洲灣

該幅內有附註云：『福建圖，接辦於庚子秋七月，告成於壬寅夏四月，計：圖十有七張，圖說一卷。凡例詳江浙圖。臣朱正元謹再識』。

秋字　福建沿海總圖二　包括沙埕港至連江口一帶

收字　福建沿海總圖三　包括崇武至古雷頭一帶

冬字　福建沿海總圖四　包括古雷頭至南澳一帶

藏字　福建沿海分圖　二張爲一幅。附長門分圖一。　包括閩江及江口外羣島

閏字　福建沿海分圖　包括馬尾附近

餘字　福建沿海分圖　二張爲一幅。並附閩安南北岸，並滬嶼砲台圖，閩江口諸炮台圖，崖石炮台圖，三幅。　包括東冲口並三都羣島

成字　福建沿海分圖　包括沙埕港附近

歲字　福建沿海分圖　二張爲一幅。並附長嶼，牛角山一帶側視圖一。　包括海壇及四面附近羣島

律字　福建沿海分圖　二張爲一幅。並附倒笈島附近及雙髻礁附近二個祕圖。　包括海壇西面水道

呂字　福建沿海分圖　附海壇島，觀音澳分圖一。　包括野馬山附近

調字　福建沿海分圖　包括泉州港附近

陽字　福建沿海分圖　包括永寧至圍頭一帶

雲字　福建沿海分圖　包括廈門（即思明）至金門一帶

騰字　福建沿海分圖　包括廈門（即思明）及鼓浪嶼一帶

致字　福建沿海分圖　包括陸鼇至銅山一帶

雨字　福建沿海分圖　包括南澳附近

綜計：以上總分圖共三十六幅，計四十八張。每幅內，於各重要地點俱附以最精詳之羅盤指北針，故一幅圖內往往繪有一二個乃至五六個羅盤指北針。又航行避礁，避岩，皆繪直線，示以方向。各幅內皆附註：各重要口岸之海潮漲落之日期，時刻，及最高，最低之尺數。且於各地帶宜種物產，所出物產等亦有記載。誠爲經過實地調查的一種佳圖也！

廿四•七•九•

水經注經流支流目（滱水——巨馬河）

賀次君

滱水（漚夷之水，唐水）出代郡靈邱縣西北高氏山，東北至長城注于易水。十一，十二上。

溫泉水　出西北暄谷，東南注于滱水。十一，十二上。

涉泉水　水導源涉泉，南流，東南入滱水。十一，十二上。

口水　水出恒山北麓，稚川三合，北流注滱水。十一，十三下。

倒馬關水　出西南長溪下，東北歷倒馬關注滱水。十一・十三下。

大嶺水　水出山西南大嶺下，東北流注于滱水。十一，十四上。

兩嶺溪水　水出恒山北阜，東北歷兩嶺間，東北流

注于滱水。十一，十四上。

懸水　水出山原岫盤谷，注于滱水。十一，十四上。

鴻上水　水出鴻山西北近溪，東南流注于滱水。十一，十四下。

雹水(唐水)　水出中山城之西，如北，西流歷左人亭注滱水。十一，十五上。

唐水(雹水)　水出中山城北郎阜下，西南流入滱水。十一，十五下。

恆水　出恆山，注滱水。十一，十六上。

馬溺水　水出上曲陽城馬溺山，東流注于滱水。十一，十六上。

唐水　出唐縣西北平地，下注滱水。十一，十六下。

盧水　水上承定州城內黑水池，東北注于滱水。十一，十九上。

長星溝水　出上曲陽縣西北長星渚，東北合滱水。十一，二十上。

洛光水　水出洛光溝，東入長星溝水。十一，二十上。

胡泉水　水首受胡泉，逕上曲陽縣南，又東逕平樂亭北，左會長星溝水。十一，二十下。

(滱水枝津)　滱水歷安國縣東分爲二水，一水枝分東南流入滹沱。十一，二一下。

博水　水出望都縣，東南潛入地下，又東南重源涌發，東南流，自望都東，至高陽入于滱水。十一，二二下。

掘溝水　溝上承清梁陂，東北入博水。十一，二三下。

濡水　水出蒲陰縣西昌安郭南，東北逕樂城南，又東入博水。(按此南濡也，今名郗水。)十一，二四上。

蘇水　水出蒲陰縣西南近山，東逕其縣南入濡水。十一，二四下。

蒲水　水出西北蒲陽山，東南流逕陽安亭東，世俗名斯水爲陽安壙，又東入濡水。十一，二四下。

魚水　出北平縣西南魚山，東流注蒲水。十一，二五上。

徐水　水西出廣昌縣東南大嶺下，三源奇發，齊瀉一澗，東注博水。十一，二五下。

盧水(泉頭水)　水出蒲城西，東南入徐水。十一，二八上。

曹水　出西北朔寧縣曹河澤，東入徐水。十一，二八下。

岐山之水　水出岐山，東南入曹水。十一，二八下。

滹沱水　（按此水今本脫落，濁漳水，易水，滱水，巨馬水諸篇中有其名；趙氏補。）十一，二九下。

泒水　出雁門葰人戍夫山，東北入海。（按水經本有泒水，今亡失，見寰宇記引水經；趙氏補。）十一，三二下。

滋水　出高是之山，南注于滹沱。（按今此水亡失，趙引佚文補。）十一，三三上。

聖水　出上谷郡之西南聖水谷，東逕勃海安次縣故城南，又東注巨馬河。十二，一上。

防水（羊頭溪）　出良鄉縣故城西北大防山南，東南流至縣東注聖水。十二，二上。

樂水　水出良鄉縣西北大防山南，東南流，歷縣西而東南注聖水。十二，二上。

俠河（俠活河，非理之溝）　水出良鄉縣西甘泉原東谷，東北注聖水。十二，二上。

桃水（南沙溝）　水首受淶水于徐城東南良鄉西，分垣水，世謂之南沙溝，東逕陽鄉東注聖水。十二，二下。

涿水（桃水）　出涿縣故城西南奇溝東八里大坎下，東北逕涿縣故城西注于桃水。十二，二下。

樂堆泉　水出堆東，東南流注于涿水。十二，三上。

垣水（頃前河）　上承淶水于良鄉縣，分桃水，謂之北沙溝，東逕涿縣北，東流注于桃水。十二，三下。

洛水　水上承鳴澤渚，渚方十五里，渚水東出爲洛水，東逕垣縣而南入垣水。十二，四上。

廣陽水　水出小廣陽西山，亂流，東南至陽鄉縣注于聖水。十二，四下。

福祿水　水出西山，東南逕廣陽縣故城南，東入廣陽水。十二，四下。

白祀溝水　溝水出廣陽縣之婁城東，東南入聖水。十二，五上。

婁城水　水出平地，導源東南流，右注白祀溝水。十二，五上。

清淀水　水發西淀，東流注聖水。十二，五下。

巨馬河（淶水，榆城河，渠水） 二源，俱發代郡廣昌縣淶山，于平舒城北南入于滹沱而同歸于海。十二，五下。

白澗溪水（石槽水） 有二源，合注一川，東北流伏行地下，溢則通津委注，屬淶水。十二，六上。

桑谷水 水發桑溪，北注淶水。十二，六上。

紫石溪水 水出聖人城北大亘下，東南注淶水。十二，六下。

磊砢溪水 水出東北，南流注紫石溪水。十二，六下。

擔車水 水出擔車硎，東南流逕聖人城南，南流注紫石水。十二，六下。

淶水故瀆（沙溝水） 淶水逕徐城北一水西南出，即淶水故瀆矣。水盛則長津宏注，水耗則通波潛伏。十二，七上。

易水十二，七下。

酈亭溝水 水承上督亢溝水于遒縣東，西南轉歷大利亭南，入巨馬水。十二，八上。

督亢溝水（白溝水） 水上承淶水于淶谷，引之則長津委注，遏之則微川輟流，屈南入巨馬河。十二，八上。

（督亢澤水） 督亢水東流散爲澤渚，北屈注桃水。十，八上。

枝溝水 西受巨馬河，東出爲枝溝，又東注督亢溝水。十二，八下。

護淀水 水上承護陂于臨鄉縣故城西，東南逕益昌縣故城西，南入巨馬水。十二，八下。

八丈溝水 水出安次縣東北平地，南合滹沱河枯溝。十二，九上。

滹沱河枯構 溝自安次縣西北東逕常道城東，安次縣故城西，又東南至泉州縣西南，東入八丈溝水。十，九下。

秦輶日記（續）

孫培

九日：晴。九時，高等審判廳長賈蕃生，高等檢察廳長易仲孚來談，詢及煙禁情形，與昨日所聞無異。午後將出京後所歷情形撮要電呈總長。

十日：晴。八時，扶風縣知事屠義甫來談，談及煙禁，以其中大利所在，禁止爲難。往者產煙之地，每畝未收時即有人以七十金包去，較購地一畝價尤昂貴。現奉嚴禁，價增十倍。省長恐値種煙之期而各縣奉行阻禁之不力也，檄令關中漢中榆林三道尹演說禁種，加派委員，分途勸告。嚴令已發，將來可望肅清。午後，禁煙戒煙兩總局送文卷來，遂閱卷至夜十二鐘方息。

十一日：晴。九時，赴南市，入古董商場，尋漢唐碑瓦，多贋物；間有一二，殘闕非完璧。乃折而東入碑林。初至林，有碑帖商列市門左，帖多近拓，不足寶玩，遂直而北；逢數日本人將出，不覺嘆其搜索之深也。既入林，讀各碑碣，多翻刻之石，漢碑渺矣。孝經五經諸刻非蔡中郎手筆，唐人寫刻者耳。李唐諸碑，以景教顏家廟爲眞，其餘不足觀矣。然吳道子畫像要爲絕筆。宋元之刻，蘇米趙三家多直立橫臥，如入山陰道中，目不暇給。明代，董文敏一人而已。有清諸碑，書刻俗惡，尤以果親王居多。當乾隆時，畢沅巡撫秦中，以金石媚人，搜及權貴，余竊耻焉！然其薈萃碑碣，蔚爲大觀，謂非好名之士不可也。是夕秉燭閱卷，不覺雞鳴。

十二日：晴。八時，陝甘電政管理局總辦盧蘊亭來談，談及禁煙，與法界諸友所言相同。且云『夙在津浦鐵路南段當差，正値改革期內，朱總長時爲督辦，極力維持路政，方期積進，乃以交通總長之命被召入都，而遂有今日之大參案矣』。余謂『總長魄力雄厚，辦事簡捷，豈徒路政爲然。京師市政實中國第一困難問題，自總長督辦市政，甘冒叢謗，毅然而思與有爲，於是市政規模乃具，向之以爲病者今乃利之矣，甚哉吾民之難與圖始也！倘非總長任重道遠，其不爲群議所敗者幾希』。余語未竣，盧總辦點頭者再。互談之後，歡若平生，所謂水乳者非耶！是夕，閱卷至一鐘乃息。

十三日：晴。午前九時，將軍復召飲。初，余謁將軍，病未見；副官長遲程九來，約以安徽會館爲行臺，聊伸地主之意，乃婉謝之。今又派人來寓，延入府小飲，情意殷摯，却之不恭。蓋將軍初入京，寓前趙總理私邸，常常相見，若爲故人；今再拂其請，嫌其生矣。午後七時，偕余僉事至軍署。將軍故開城府，導余入臥室，指烟燈而笑曰，『君等來查煙苗，煙燈亦復禁之耶？』余答曰，『將軍以爲可禁則禁之！』相與一笑。是日同席有軍務幫辦劉承恩，政務廳長章寶毅，財政廳長程文葆諸人。初入座，將軍謂余曰，『君等之來既非密查，某因敢約過府。但某尙有意見，願爲君等言之。方某領軍之入陝也，餉需無著，譁噪爲虞；竊以煙土爲秦產大宗，擬抽釐助軍，稍弛其禁。商之財政廳長，使之入都，詢其可否。程廳長至京以後，電告中央已允，於是種煙之禁始弛。查陝省自鈕元伯代理省長時設有禁煙罰欵稽核處，寓禁於征；呂省長以中央嚴令疊頒，呈請中央取銷此處。某不肖，敢不力顧大局！但爲公欵商情起見，不能不有所通融。現尚存有煙棒六百萬棒（烟棒即烟土熬膏，以笋籜捲成棒形，故名），價可二十餘萬串，均係撥借公欵所製。又商人已繳罰欵紅土（紅土即烟土，曾經稽核所收捐貼過印花者，故名）尚有十餘萬兩。今呂省長嚴禁買煙，犯者必罰，將來煙棒紅土均不能賣。既不能賣，何以償公欵而恤商艱？有人曾爲具條陳，酌定期限，一月或二月一律賣盡；倘逾限未盡，再設別法。某對此項條陳雖尚未照准，然舍此別無辦法，將來或須照辦』等語。余窺其意，禁種似可不問，惟煙棒及存積煙土尚待盡售，遂謂『將軍所言財政困難自係實情，況陝省向爲受協餉省分，現時不但不受協餉，且以財接濟中央，將軍及省長整頓財政之成績無任欽佩。但禁烟關係外交頗重，按照中英條約所定禁絕期間祇兩年耳；屆時如未禁絕，不但英人對印土輸入遞減之損失或將藉口要求賠償，即我國對於鴉片烟流毒亦永無絕禁根株之機會。將軍夙以國利民福爲懷，自能仰體大總統睠念邊陲之至意，無待培等瑣瑣。不過培等職務亦祇奉派查勘禁種情形，與夫辦理禁烟方法，其他一切非敢聞問。培等日內擬赴關西及漢中等處抽查禁烟，回時再過將軍。將軍如有所囑，回部時必能代達』。將軍乃要余曰，『君等勤職，某固欽佩，然大總統壽旦在邇，過十六日再行何如？』余曰，『諾』。遂散席。

十四日：晴。八時，景涵九來。景爲鄠縣縉紳，人尚通達，自云『陝西種烟原因複雜，在前清時已將禁絕，自改革時秩序大壞，烟禁遂乃廢弛；而小民又以大利所在，趨之若鶩。自陝北鎮守使張雲山用野蠻手段嚴行禁種，犯者槍斃，又以腰斬之刑施之種者，於是烟禁乃稍稍嚴矣。及呂省長履任，頗以主張嚴禁爲政；乃以種種牽掣，烟禁遂至大開。即以三原論，三原特一縣耳，然自甘肅輸入之土，其存積至一萬萬兩之多。近以巡按使叠奉中央嚴令，不顧忌諱，獨任禁烟之責，於是烟價陡漲，貴不可言。大抵種烟一畝可賣銀七八十兩；收穫一次，較値地價六七倍。小民罔知利害，偷種益多。偶有官紳爲之發覺，將其地畝充公，然倘收穫一次，所得已較所失贏數倍矣。是以近衢之地，居民怯於法律，尚不敢公然播種；若夫窮鄉僻壤，偶偸栽種，察覺爲難。蓋自烟禁廢弛，奸民可以不照一定播種時期藝植。譬如舊烟尚未割盡，而新苗又種於地中，從前所謂僅有冬烟者，今則四時可種矣。如此情形，禁烟一層不但以種種牽掣之故難望禁絕，即至禁絕亦非一二年所能辦到。乃者巡按使開會研究，羣以烟種性質極嬌，不經風日，過時即不可藝，乃遂派關中漢中榆林道尹等於出巡時嚴禁烟種，查出重罰，俾其深藏，將來可望絕種。否則徒治其標，無益也』。語畢，景出。遂閱卷，至夜十一鐘方息。

十五日：晴。七時，長安縣知事楊宗漢來談河北匪勢。據稱『辦匪方法全在地方官，而恃軍隊無濟也。軍隊乃客官耳，地方情形既不甚熟，甚至乘勢強刼，兵甚於匪。況其來時聲勢遠張，匪已聞風先遁，聚則爲匪，散則爲民，民匪不分，難於剿治；迨軍隊去而匪又起矣。是以地方官當以自籌警備隊爲主，而又借團保之力以爲輔助。匪雖兇狡，無不可治。其故匪始散居村里，勢甚渙散，捕之較爲易易』等語。午後，政務廳長章寶穀忽來訪，謂『頃呂省長據程財政廳長來署而稱，以「接軍署秘書王麗生來函，謂已繳罰款紅土應由廳出示，酌定期限，准其銷售，軍署不得干涉；又積存烟棒甚夥，關係公欵，亦擬分處行銷」。並云「將軍已與部員說過，已得部員許可」等語，特來奉告』。余等聞之，不勝詫異。以爲『已與余等說過耶？則余前日因對以「非敢聞問」，並未發表其他意見；不過云「將軍如有困難情形，回部時當爲代達」，此語不但君聞之，即劉幫辦程廳長亦共聞之，不難對質』。語至此，章謂『將軍行事素好用此朦詐手腕，而財政廳長尤發輝而光大之』等語。余因商之余僉事，請章君轉達呂省長，將程文葆所述情形函知余等，以便據以電告總長，俾將軍聞知有所顧忌，或可轉圜，且證明余等不敢擅聞此事。因擬一長電拍發。

十六日：晴。午前六時，至灌園慶祝大總統壽日，時省長亦在。祝嘏已畢，省長爰與談及禁烟，頗爲感慨，以爲『目前事諸多掣肘，不如引退爲便；祇以身受大總統恩遇，未忍畏難而退；且即使引退，亦未見於事有益，不如得盡一日所知以酬大總統之高厚』，言之若不勝其無聊者。余謂『目前禁烟固多困難，然治本之謀尤以禁吸禁運爲主，不爲釜底抽薪之計，徒禁民之不種不得也。

若烟棒雖關係公欵及其他原因，倘籌欵贖回，當衆焚燒，說者將無所藉口，且可藉以一新耳目矣』。省長頗以爲然。

十七日：晴。整理行裝，准明日啓行至關西漢中一帶查勘烟苗。是夕盧戴亭兄來談，深以雹政種種爲難，難期起色，期結伴回京銷差。余因與約定，待由漢中回再請假云。

十八日：晴。六時，由西安行二十五里至三橋小息。再行三十里，至咸陽。咸陽爲古秦都，市廛修整，逼近渭流，殊爲關中繁邑。陳令幼贊來談（此行長安縣已先期知會各縣，故一假館，縣令即來；其中有備供張者，仍嚴行拒絕）。詢及烟禁，據云，『烟苗已預飭鄉紳結禁；如有發現，願受懲處』。周巡原野，惟見禾黍離離，蒹葭蒼蒼而已。午後一時，過馬跑泉。馬跑泉在北邙山下，爲唐太宗行獵跑馬湧泉之地，可以引水灌田至七十四畝有奇；爰至泉旁摩娑殘碑而去。四時，抵興平境，過茂陵。查興平爲茂陵舊地，當建武二年四月武皇自槐里茂鄉徙戶一萬六千以實邑，可謂盛矣。乃曾幾何時，陵谷變遷，昔日陵寢之尊今俱化爲荒烟蔓草：過客至此，寧毋長嘆！是夕熱度甚高，如入甕中。或曰，『該縣在四山之中，日光餘熱聚而不散』，理或然也。

十九日：晴。早六時，出興平城西行，二十五里至馬嵬驛，入佛堂，弔楊貴妃墓。墓前新宮三楹，繚以詩壁，爲畢秋帆中丞撫秦時所建。壁中清季題詩均刻石，余縱目恣覽，獨賞王文簡公詩詞蘊藉，一洗陳陳相因之習。其詞云，『巴山夜雨却歸秦，金粟堆邊草不春。一種傾城好顏色，茂陵終傍李夫人』。遂手揚一紙，上馬而去。再行二十五里，至東扶風。查今扶風在武功縣西，何以其名仍存武功轄內？竊記少讀劉禹錫馬嵬行『綠野扶風道』，然後知今興平武功間均爲古扶風也。午後過貞元鎮，小息煮茗；掬泉水多沉澱，忍渴以行。行二十里，將入武功縣治，遠望城雉，隱沒如在雲中；及之，乃據山以城者也。遂入此，假館后稷教民稼穡之堂。坐未定，武功縣縣令白文珊來談，據稱『全境烟苗已絕，惟吸者尚未戒淨，正在設法』云云。是夕山城月小，落葉蟲鳴，發弔古之幽情，感萬方之多難，俯仰今昔，不勝欷歔。

二十日：晴。三時，披衣起；羣雞未叫，秉燭出南關。天忽暴風，沙石俱走。行三十里，抵杏林，天始曉。八時入扶風，見沿途烟苗新剷，土塊猶鬆。再行三十里，至盩淀。盩淀為扶風岐山兩縣交連之地，適關中道尹陳子培出巡至此，兩縣令亦迎迓而來，於是會談禁種情形，而余尤以『責在地方：但使各縣知事不畏強禦，責成保董，有種必懲，秦民雖頑，決不自蹈水火。況省長嚴令疊頒，日以大總統西顧之憂為念，地方官奈何以顧忌而懷疑也！』語畢，遂至岐山。岐山為召伯舊治，甘棠老木衰朽久矣。聞今年呂省長出巡至此，撰句題樹，忽而著花，秦父老羣以為瑞。其然耶，豈其然耶？

二十一日：晴。四時，披星行四十里，至第五村，曉風習習，吹肌膚皆酸，仿彿江南十月。沿路蕎麥着花，與曉日相映，而隴間孺稚又復烹葵剝棗，的是豳風七月之圖。吟陸游田家雜詠諸詩，不覺悠然自遠。由此再行二十里，至虢縣。虢為唐虢國夫人封邑，今廢為鎮；曾駐縣佐，屬寶鷄境。余至此稍息。午飯後行二十里，至底店，萬峯南抱，依山沿小溪西行，青蒲展帶，黃稻鋪雲，風景不殊，雅近江鄂，眞關中沃野也。四時，抵寶鷄，方令來談。余詢其禁烟如何，該令乃遞手摺，辦法頗有條理。查寶鷄為陳倉舊治，在楚漢相爭之際頗負歷史盛名。今雖不古若，而地方百里，土地肥饒；倘以農業教民，亦為富邑。是夕身體倦乏，二鼓輒寢云。

二十二日：夜間天微雨，曉始霽。整裝出南郭，剪渭而行。青溪白石，楊柳成村。緣溪過楊家灣，路轉窄。入山漸深，形如排闥，人從絕壑中躡級而上。至其頂為大散關，尚有摩崖大字，題曰『陝南天險』。策馬至此，不敢咳吐，蓋恐驚天上人矣。頃之西折，峯廻路轉，如走螺旋。其間石角籐枝，又復鈎衣刺眼。余性雅愛山水，自宦京華，不脊謝屐久矣；乃奉檄過此，飽看峯巒，祗以畏此簡書，不遑瀏覽；然而青山紅樹，與我周旋，所謂名利澹忘者非耶！午後抵觀音堂，山嵐壓座，木石俱清，煮茗烹泉，徘徊不忍去。二時，過秦嶺，身與雲齊，步石登山，約三里許。初以為一蹴及峯，乃詢之土人，尚餘五里。於是攀條拂樹，循石壁以下行，俯瞰深崖，令人膽怯。當是時，余固有登陟之勞，而看此秋山，轉忘困頓。四時至東河橋，山漸平坦，大河前橫，沿岸水田可以灌溉。未幾入小山村，榜曰黃牛坡，遂息焉。初，余自晨行此嶺間，土人輒言『山中氣候一日四時』；早晚余披羊裘，猶嫌寒薄，其峯高壑深不言可知也。

二十三日：四時起。山雨空濛，列燭過黃牛坡，雨乃止。緣溪南走，山翠欲撲征衣。時曉月猶掛樹梢，照人影在地，仰瞻雲氣，濃鬱菁葱，眞有『此中有人，呼之欲出』之趣。俄而抵紅花坡，野人茅舍數十家傍山而廬，雞犬俱馴，可以入畫。至此稍息，仍入大壑之中；兩峯廻環，中有絕澗，流水聲時從馬腹而過。余從東岸而行，路窄才如綫，摩石壁乃可進；俯視澗底，深可三百尺，其澗底水青如蛢壳：每一目眩，驚汗滿身。十一時，抵白家店，已山行五十里矣。午後過上朝天，爲古棧道，紆廻窄隘，均鑿石橫填木以通者。余坐輿中，時虞隕越，不得已步行山谷間，而力倦神疲，如扛九鼎，所謂『難於上青天』者非耶！於是雇夫六人，用繩牽輿，若江南之拉船牽者。久之，乃抵鳳縣。查鳳縣爲古鳳州地，田瘠民樸，訟尤簡。是日余抵該縣，正舊曆秋節，爆竹有聲。合邑商會人來談，據稱『烟苗久已肅清，况自新道尹攝篆以後，禁種尤嚴，其法某村責成某鄉約，互相稽查，具結絕淨』。余察所陳，頗爲誠確。連日山行野宿，飲食不調，腹中時時雷鳴，一夕數起，爰痛飲午時茶數杯，而瀉疾弗瘳，頗爲困倦云。

二十四日：晴。五時，首途，殘星猶耿耿銀漢間。出鳳西門東轉，輒躡鳳嶺。初循山麓，起伏紆廻；漸步層巘，頗疑無路。行約二千步，登其山腹，俯視飛鳥，散如浮烟。再由此折而西，乃仰瞻南天門，如在咫尺；及行二小時，猶不能至。南天門者，鳳嶺之極巔也。康熙朝，賈漢復中丞發秦蜀壯夫鑿險設此，砌以巨石，搆此層樓，頗爲天險。及余至此，已距鳳縣二十餘里矣。查鳳嶺爲岐南支脈，形如彩鳳，雙翼凌雲。登斯山者，鮮不目曠神逸，蓋天風冷然，非塵世間俗氣之所可到者也。余至此方徘徊，而朝陽寺飯鐘已動，遂循山而下：初如落井，繼又鑿空，終乃下履平地，其間溪石錯流，險惡萬狀。行三十里，乃達三岔。飯畢，復由山溪西岸南行，沿途畦町縱橫，俱耕耘於石骨間者。物產多雜穀，玉黍尤多。坐肩輿中，逼近山石，狀如鬼魅攫人，往往撲人衣袂；而溪中流水洶湃，殷如巨雷，又如萬馬奔騰，一瀉千里。人行溪岸，膽怯幾不敢前。久之，至一山家，飲苦茗一小杯，神乃定。旣而抵南星，爲留壩縣境，遂宿此。此地水寒風冽，木葉俱黃。余疲困，未夕輒引被睡。及中夜，蟋蟀入牀下，喞喞作聲，苦不能寐；醒看窗紙，月影搖青，眞逆旅中之愁境，亦奇境也。

二十五日：晴。自鳳縣晨起後，右手臂痛不可忍，至此益劇。將延醫治，又以地僻無藥，忍疾遂行。過柴關嶺，輿夫又顚撲於石磴；余臥輿中，幾頻於死。行六十里，至紫柏山，遂假張留侯廟下榻。至廟未幾，輒蒙被入睡鄉。有道士略通醫術，爲採藥敷治，據云症爲風溼，乃恍然爲宿鳳縣土坑之故，頗深悔恨。入廟時方亭午，以疾乃脫瘳焉。

二十六日：晴。晨起，道士來敷藥，據稱須養息三日或可瘳，爰徘徊階前，背日光以習靜。清泉修竹，煞是游閑；而奇石玲瓏，老柏盤鬱，尤彷彿赤松可遇。查留侯廟剏自隋唐；前清之初，于成龍楊遇春諸公題詠，猶碑刋壁間；及清中葉，加築授書樓於雲梯百道之峯，鑿石爲樓，以祀黃石公肖像。登斯樓也，俯視松竹，蒼翠可人。循山以入客堂，其間花卉繽紛，泉石交映，出塵之想，不禁悠然。獨惜冠蓋往來，大好雲山，爲笏袍薰染；世有神仙，或從此辭矣。午後，道士爲余修齋，瘦茋肥笋，味清適口，益信人間烟火不足長生。留侯辟穀此間，毋乃以肉食不足謀耶？余益信菜羹之香也。夕間倚樹看月，涼露初零，山影泉聲俱有仙意焉。

二十七日：晴。臂痛益增，再用道士方藥敷治，痛不可忍；呻吟牀榻間，而頭目頗昏重，又作嘔發熱、困憊異常。延一醫生來，短衣垢面，語多神怪，據稱須用針灸。余大恐，謝去。至午後欲起，顧步履爲艱，且身時作寒，避風密室，遂擁爐假寐；而臂益奇痛，呼號之狀，侍者均爲泣下。又夜不能睡，睡輒數起，至此余幾不支矣。獨臥榻上，聽泉聲，樹聲，怪鳥聲，雜然前來，從枕畔飛去。秋風蕭瑟，使我淒其。

二十八日：晴。晨起飲薄粥一盂，臂痛如昨。余急思赴漢中延醫診治，遂整行旅，於午前十一時起程，沿青羊河行，四十里至留壩。留壩舊爲廳治；自改爲縣，荒野不及一巨鎮。入城而臂痛甚劇，寒熱又作，瘁不能行。有爲余言周翁者善岐黃術，留人病輒延翁治，治必瘳。初尚以道士藥敷臂，入夕臂腫起，痛如割。翁至，教余解除道士方，飲以湯藥，乃沈沈睡去。

二十九日：晴。臂痛稍減，因延周翁治，留留壩一日。偃臥旅舍，孤寂無聊。因思留壩改縣，爲時才二年耳，在昔爲陳倉故道，乾隆時乃割鳳州與褒城二縣地以爲廳者，非留侯封地也。留侯初將從景駒，道遇沛公，遂從略地，至下邳；及漢封功臣，良自以起下邳，與上會留，請曰，『臣願封留，足矣』。乃封留侯。考留乃陳留，爲今河南屬邑；以留壩爲良封邑，不大謬耶！余竊以此乃因留河得名，後人遂不加考，乃以爲良封邑，誤矣。大抵此地昔爲棧道，侯嘗從沛公入漢中，勸其燒絕棧道，又從韓王成歸韓，說項王曰，『漢王燒絕棧道，無還心意』，其必往來此山，流連風景，徘徊不忍去者，非眞辟穀此山也。不然，良請從赤松子遊，史記何以不著其地，但曰『杜門不出』而已；其爲道家依託可知矣。惜此縣初設，無志書可考，行篋中又少載籍，就少時憶記，拉雜書之，以待博雅君子考定焉。

三十日：陰雨。臂痛加增，寒熱交作。侍者飲以周翁昨開藥方，痛猶不止。因思漢中爲陝巨都，必有良醫，力疾馳行或可醫治，爰於十一時啟程。行四十里，抵鐵佛殿小憩。下午七時至馬道，臂痛不止，遂息焉。此日從留壩西行至此，兩山夾送，起伏不時，土人號爲七十二道馬鞍山，言其巑岏之狀如馬鞍，其險阻殆如神鬼斧鑿者。而鐵佛殿左右林深菁黑，亭午不見日影，中多怪石古木，爲虎豹猿猱出沒之鄉，尤爲險惡。

十月一日：晴。六時，余力疾過二十里舖，至青橋驛小憩。沿途山石嶙峋，號爲斜谷。十時，叱馭陟鷄頭關。是關雲梯千級，高入層霄，余坐肩輿，其升也如盤石之仰，其下也如盂之覆，紆廻曲折，巉險不可擬議。考鷄頭關即水經注所謂鷄頭幘也。蜀道舊程，從山麓至褒谷，所謂石門頌碑者，今已沒於靑羊河流中矣。好奇之士每於水涸往拓其碑。余從嶺上行十餘里，俯視石齒，廉利如劍鍔；其下河流，挾雨怒張；怪石奇醜，時來壓人；幽篁叢木，偃蹇橫道間；行人日與虎豹蛇虺爭一綫之道。南望漢城嘉陵諸勝，仿彿在馬頭間。及下山，行二三里，即至褒城，王道坦坦，一望平疇。余至此復小憩。二時整駕，行四十里，至漢中，臂疾大作，痛不可耐，而腹內又極不快。延芮翁診視，據云暑氣作祟。投以涼劑，病猶弗瘳，遂沉沉睡去。

二日：晴。昨從萬山中來，身經顛播，臂痛甚劇，致不能興。延芮姓醫生來診，據云病係熱症，且染有瘧。聞之不禁心悸。當請開方，藥多涼品。飲藥後輒朦朧睡去。晚間囑書記擬具電文寄部，陳明出省後所歷各縣情形，並余僉事由扶風折至陝北，余已抵漢中，及途中患病，刻尚未愈等情。

三日：晴。晨接余僉事電，知已回西安。余以病不能行，電請暫假。午後芮醫來覆診，方如昨。第臂痛大劇，終日呻吟，哀動僮僕。

四日：晴。臂痛如前。復延芮醫來診，開方囑飲二劑。乃飲藥後腹中作惡，遂罷二劑。匡牀獨臥，思易良醫；至夕乃進水一勺焉。

五日：晴。逆旅主人薦林姓醫生，延之來，診訖亦謂病熱，第不瘟耳。飲其藥，終不效。乃知病亂投醫，古人所忌，遂執『不藥中醫』之說，先外治而後內攻，爰用湖桑柔枝煎水薰臂。初薰臂頗舒服，及轉瞬而痛益劇，紅腫如匏子瓜然。

六日：晴。凌晨，李氏客來，自云曾病肘臂，用水中青苔敷治，一夕痛減。依方敷臂，逾時苔輒乾脆如枯葉，手至輒碎；一日十易俱然。自敷苔後，臂痛雖稍減，而紅腫依然。入夕腹饑思食，飲薄粥一盂。

七日：雨。臂仍敷苔。惟查苔性寒涼，而又拖帶溪水，恐爲溼所侵入，夕却其方，而痛益厲。計程今日却在梁州，垂死病中，驚聽夜雨，憶小雅行役諸作，不禁有『畏此簡書』之嗟。

八日：晴。鎭署何秘書來視疾，薦軍醫田氏，謂其略通英美技術，可用西法醫治。因延之來，解衣示臂，田以手按肘，據稱骨節內發炎，爲微生蟲作祟；是否有膿，尙待探試。出懷中藥水一小瓶，色濃黃而氣似鏹水。敷後皮脫見膚，痛乃漸減，惟紅腫如前。至夕服強胃藥一勺，食稍進，但不能取著，猶待人喂耳。

九日：晴。早餐大進，加飯一盂。田醫來，猶用昨方，然臂痛猶殷殷也。

十日：晴。田醫來，覆診臂，方如昨；第藥力太猛，皮脫而微痛。詢其故，答言今尙未可易方，明日當另用藥敷治。入夕天微雨，輾轉床褥，益生客中之感。

十一日：晴。田醫生來，反覆視余臂，出藥似白粉，氣微馥郁，細灑藥製棉花之上，用熱湯浸溼拗乾，趁熱裹臂，然後緊繫以綳，囑逾一小時依法輒換。自此方敷後，痛大減，腫亦漸消。惟徹夜換藥，不能交睫，眞苦惱境也。

十二日：晴。田醫覆診，方如前，腫痛亦如昨。獨連夕不寐，氣弱如絲，足輕如浮，頗有凌風而行之意。

十三日：晴。田醫來，猶用前方。腫痛俱減；祇以身軟，杖而後起。入夕，飲食大進，殆內外交減之徵乎？

十四日：晴。田醫來，診畢，笑謂可漸瘳，用方如前。余遂請益，田謂『桃李未時不可食，疾病未得不可藥。此症已得八九，但待來日方可奏效。譬如醫國，肘腋之患當治以漸，欲速則不達』。其言頗通治理，爲之莞然。

十五日：晴。余以病久偃仰之身，臂痛漸舒，急思行動。午後探首出幃，乃驚林木蕭疏，秋光又暮。正感歎間，田醫適至，仍用前方，診畢乃去。至夕，頭暈沉沉，蓋書間感冒風寒，余又急思大愈回京，內外交感，乃有此小變云。

十六日：晴。既感風寒，臂痛如前。復延田醫來，解衣出診。田按肘臂，謂內已作膿，法當割，詢余意。余善其言。田約明日奏刀割，猶用前方而去。

十七日：晴。清晨，田醫同一楊姓來，手荷皮囊，皆貯刀錐之屬，而他藥稱焉。初田恐余悸，將飲余以迷劑；余止之，出臂請割。田以利刀畫臂，深約五分許，流紫血一小茶杯；洗以水，敷以藥，用棉布緊裹創口，囑余靜臥。當田奏刀時，客見之俱齧齒，余獨忍痛若無事。逾一小時，始覺其痛殷殷，久之乃如裂。田飲余以催眠藥水，余遂沉沉睡去；及覺而痛爽然矣。

十八日：雨。臂痛稍減。田醫來，診畢，謂余須靜養一月，創口乃合，否則復病則不可治矣。余爲悚然。憶余自西安至此，寒熱易時，將及匝月，『昔我往矣，楊柳依依；今我來思，雨雪霏霏』，吟古人行役之詩，焉得不怦然心動，况益以病魔耶！入夕，風雨橫來，雁聲淒絕；藥爐餘火，與我獨親。

十九日：雨。余臂痛漸弛，推窗看漢南諸山，在空濛烟雨之中，大可捲作畫圖。午後雨息天霽，出視晚菘，頗有田家風味。惜作宦十年，久疏領略耳。

（未完）

地學雜誌

民國二十四年第二期目錄

編輯兼發行者

北平北海公園團城內

中國地學會

定價

每季一期 全年四期	報紙本	二角五分 二元	道林紙本	三角五分 一元四角

金陵學報

第四卷第二期

民國二十三年十一月出版

編輯者：私立金陵大學金陵學報編輯委員會
出版者：私立金陵大學出版委員會
發行者：南京金陵大學
定價：每册大洋八角

浙江圖書館館刊

第四卷 第三期

本期要目

定價 全年連郵壹元零售每册壹角八分
總發行所 杭州大學路浙江省立圖書館

浙江省立圖書館編輯
中華民國二十四年六月三十日
（兩月刊）

浙江省立圖書館出版輿地書目

吳山伍公廟志……清金志章……一册……三角
岳廟志畧……清馮培……四册……八角
浙江通志……清嵇曾筠……一百廿册……三十二元
杭州八旗駐防營志畧……清張大昌……六册……一元一角
南湖考（附事畧誌）……明陳幼學……一册……二角
浙西水利備攷……清王鳳生……四册……七角
續漢南湖圖志……不著編者……一册……四角
西湖志……清傅玉露……廿册……四元六角
湖山便覽……清翟灝……六册……九角五分
兩浙防護錄……清阮元……二册……五角
藩部要畧（附表）……清祁韻士……八册……一元六角
日本國志……清黃遵憲……十册……二元八角
漢書地理志校本……清汪遠孫……一册……二角五分
咸淳臨安志……元潛說友……廿四册……六元
乾道臨安志（影宋本）……宋周淙……一册……一元
淳祐臨安志……宋施諤……六册……一元二角
詩地理考……宋王應麟……一册……四角
通鑑地理通釋……宋王應麟……三册……九角
周書王會篇補注……宋王應麟……一册……五角
唐棲志畧……清何琪……一册……一角五分
孤山志……清王復禮……一册……二角
西溪梵隱志……明吳本泰……一册……三角
清波小志……清徐逢吉……一册……二角
昭慶律寺志……清釋篆玉……二册……五角
南漳子……清孫之騄……一册……一角
定鄉小識……清張道……三册……八角
臨平記……明沈謙……三册……六角
淨慈寺志……清釋際祥……八册……二元二角
萬曆錢塘縣志……明聶心湯……六册……一元二角
嘉靖仁和縣志……明沈朝宣……六册……一元四角
西湖遊覽志……明田汝成……八册……二元五角
西湖水利攷……清吳農祥……一册……一角
杭州上天竺講寺志……明釋廣賓……二册……五角
文瀾閣志……清孫樹禮……一册……五角
遂萊軒地理叢書初集……清丁謙……八册……二元四角五分

子目如下

漢書匈奴傳西南夷兩粵朝鮮傳西域傳地理攷證各一卷
後漢書東夷傳南蠻西南夷傳西羌傳西域傳南匈奴傳烏桓鮮卑傳地理攷證各一卷
三國志烏丸鮮卑東夷傳附魚豢魏畧西戎傳地理攷証一卷
晉書四夷傳地理攷証一卷
宋書夷貊傳地理攷証一卷
南齊書夷貊傳地理攷証一卷
梁書夷貊傳地理考証一卷
魏書外國傳西域傳地理考証各一卷外國傳補地理考証一卷
周書異域傳地理考証一卷
隋書四夷傳地理考証一卷
新唐書突厥傳吐蕃傳回紇等國傳沙陀傳北狄傳東夷傳南蠻傳地理考証各一卷新舊唐書西域傳地理考証一卷
新五代史四夷附錄地理考証一卷
宋史外國傳地理考証一卷
遼史各外國地理考証一卷
金史外國傳地理考証一卷
元史外夷傳地理考証一卷
明史外國傳西域傳地理考証各一卷

遂萊軒地理叢書二集……清丁謙……八册……二元四角五分

子目如下：

穆天子傳地理考証六卷附中國人種從來考穆天子傳紀日干支表
晉釋法顯佛國記地理考証一卷
後魏宋雲西域求經記地理考証一卷
唐釋辯機大唐西域記地理考証一卷附錄一卷印度風俗總記一卷
唐杜環經行記地理考証一卷
元耶律楚材西游錄地理考証一卷
元秘史地理考証十五卷附錄五種
元聖武親征錄地理考証一卷
元經世大典圖地理考証三卷附元史地理志西北地附錄
元張參議耀卿記行地理考証一卷
元長春眞人西游記地理考証一卷
元劉郁西使記地理考証一卷
圖理琛異域錄地理考証一卷

門售部　杭州新民路浙江省立圖書館分館
函購部　杭州大學路浙江省立圖書館總館

外埠函購及欲代銷本館出版圖書者，均定有章程，函索即寄。又爲優待各圖書館學校機關起見，木版書特照價九折，鉛印書照價八折。

地圖底本甲種分幅表

（比例尺：每幅均爲二百萬分之一）

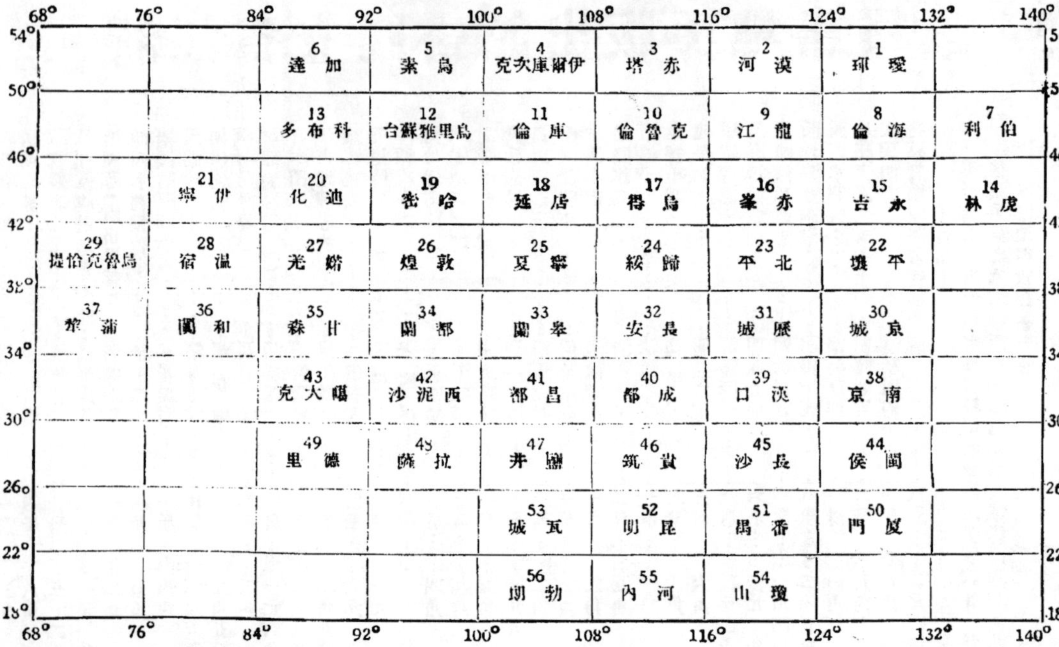

地圖底本甲種乙種之四大特色

（一）用經緯綫分幅，比例同大，這張和那張，分得開，合得攏，要大要小，得隨使用者的心意規定。

（二）每幅皆分印淺紅，淺綠，及黑版套色三種，使用者可以按着自己應加添之色而採購，免去糅色不顯之弊。凡購紅綠單色圖者，如更購黑版套色圖以作對照，便可一目了然。

（三）每幅於裡圖廓邊，將經緯度每度之分度，每十分晝一分劃。以便使用者根據此分劃，精密的計算經緯度而添繪各種事物。

（四）爲免除地物繁密，礙及添繪畫線之清顯，及預備使用者之多量添繪起見，本圖除將天然地物及有關行政之界綫，城，市，關隘……列入外，他如道路，鐵道……概從省略。

地圖底本乙種分幅表

（比例尺：每幅均爲五百萬分之一）

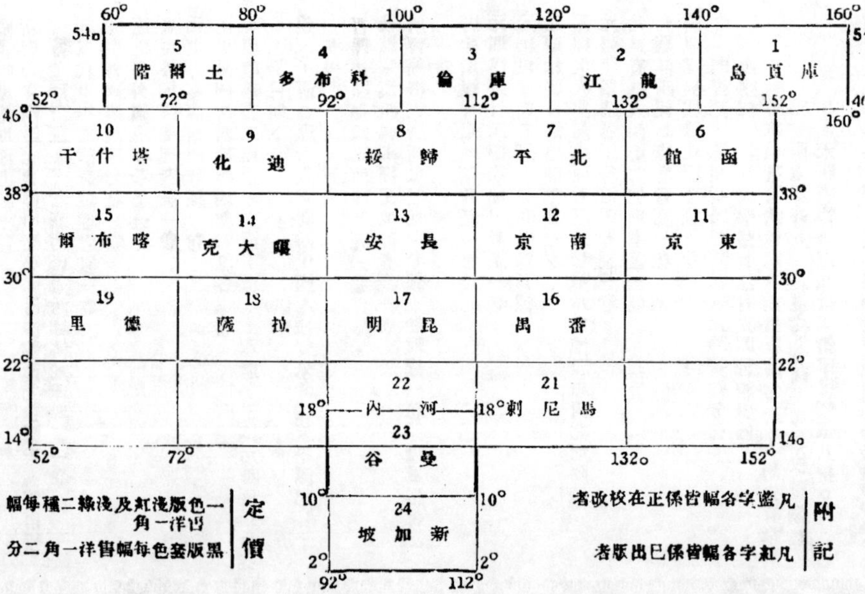

定價　一色版淺紅及淺綠二種每幅四洋一角
黑版套色每幅售洋一角二分

附記　凡藍字各幅皆係正在校改者
凡紅字各幅皆係已出版者

出版者：禹貢學會。
編輯者：顧頡剛，譚其驤。
出版日期：每月一日，十六日。
發行所：北平成府蔣家胡同三號禹貢學會。
印刷者：北平成府引得校印所。

禹貢

半月刊

價目：每期零售洋壹角。豫定半年一卷十二期，洋壹圓；全年二卷二十四期，洋貳圓。郵費加一成半。歐美全年郵費計洋二元四角。

The Chinese Historical Geography

Semi-monthly Magazine

Vol. 3 No. 12 Total No. 36 August 16th 1935

Address: 3 Chiang-Chia Hutung, Cheng-Fu, Peiping, China

第三卷 第十二期
（總數第三十六期）
民國二十四年
八月十六日出版

內政部登記證警字第叁肆陸壹號 中華郵政特准掛號認為新聞紙類

本刊特別啓事

本刊出版後，承會內外諸同志之扶持，以有今日，銘感曷已。現在積稿日多，盡刊既非本社資力所許可，棄置則又違賜稿諸君之厚意，且亦大背本社嚶鳴求友之初志。再三籌計，只得自第四卷起增加篇幅，一方面提高售價以抵開支。惟冀購閱諸君曲爲原宥，並輔其成長，不勝盼幸！其他改進計畫尚多，統列如下，即乞鑒正。

一，自第四卷第一期起，每期以六十四葉爲度。如有特別需要時，更增加之。

二，自第四卷起，預定全年價叁元，又郵費叁角；預定半年價壹元伍角，又郵費壹角伍分。歐美郵費，全年貳元肆角。零售每册貳角，特大號價目另定。

三，自第四卷起，各篇文字皆不銜接，以便讀者隨意分類裝釘。其空闕處以消息，筆記或廣告補之。

四，本刊原意，每篇文字均附地圖，俾讀者得以對照。惟因地圖底本尚未出版，繪畫費時，遂違宿願。現在地圖底本已陸續付印，自第四卷起當漸次增加。務請會內外投稿諸君共體斯意，將圖稿隨文寄下爲荷。

五，現在本刊銷路日增，自應略加廣告費，以補損失。自第四卷起，登載封面裏頁底頁廣告者，全面貳拾元，半面拾壹元，四分之一陸元。登載普通廣告者，全面拾貳元，半面柒元，四分之一肆元。其登長期者，三期以上九折，六期以上八五折，十二期八折，二十四期七折，仍同向例。

六，現在補購一二兩卷者甚多，而第一卷未打紙版，補印需時，致未能副見顧之雅意，至爲歉仄。現在一卷一二三各期均補印出版，四期以下亦均付印，不久當可發售一二卷合訂本之豫約，特先露布。其原缺一卷一二三各期者，請來函補購。

七，會費一項，甲種會員年繳陸元，乙種會員年繳叁元，仍同向例。惟乙種會員以學生爲限。其特別認捐至壹百元以上者爲終身會員。每一會員，均致送本刊一份。會費壹年未繳者，其會員資格於年終取銷之。

鎮戍與防府

谷霽光

討論鎮戍防府四種制度，牽涉到幾朝的兵制。題目太大，問題太雜，敍述上不免有顧此失彼之患。本文觀點，專注意四種制度的相互關係，上下篇都以此爲中心。所以很多的地方都極簡略，只對於北魏軍鎮制度敍述的比較詳細。一方面北魏兵制材料尚無人予以系統的整理，濱口重國的正光四五年間後魏兵制考（東洋學報二十二卷二號）還不夠詳盡明晰，我自己做了一篇補魏書兵志，剛剛脫稿，也嫌簡陋，仍待精詳考証；要討論北魏兵制，不能不在此作概括的述說。一方面軍鎮制度和後來防府的發展具有很大的關係，爲連貫上下文起見，也不能不多寫一點。至於北周的軍防，根本上找不到多少材料，無從詳述。唐折衝府，新唐書兵志已有很清楚的記載，又有濱口重國的從府兵制度到新兵制一文（史學雜誌第二十卷四期），于新唐書兵志以外的材料收集已不少，可以參考，本文便一概從略。又敍述一制度的起源，所涉時代往往較長；但討論中心是從北魏到唐初，大約三百五十年光景。

上　鎮戍防府分述

（一）戍

戍的起源最早。戰國時齊戍葵丘，秦時北方有屯戍以防匈奴。漢之漁陽營及長安雍二尉均爲一種固定的駐屯軍，惟性質仍屬有別。到晉孝武太元十一年（386A.D.）置湖陝二戍（註一），後來又有路川戍（註二），這或許是我們看到的以地名戍的最初記載。北魏的戍仍繼續以前的發展，因爲防禦北敵和開拓南土的關係，設置的戍特別多，在邊境上已成星羅棊布的狀態（註三）。當日的戍，都是隸屬於州或是鎮；每戍只有戍主戍副，沒有屬員（註四），組織上也極其簡單。

（二）鎮

鎮的起源難有肯定的說法。魏登國四年（389A.D.）氐曾分諸氐羌爲二十部都護，各爲鎮戍，不置郡縣，當時只稱都護，並沒有鎮的名號（註五）。不過都護的職守很和北魏的護軍相近，也和後來的鎮相近（註六）。所謂「各爲鎮戍，不置郡縣」，也許是當日邊疆外族一種通行的制度，甚至可以說是當日種族混爭中一種必然產生的制度。

魏皇始中，鎮的制度已經建立；建立的重要意義，是防遏北方的高車和蠕蠕。魏的勢力逐漸伸展，國防線也因之延長，所謂「移防」「作鎮」(註七)便代表這勢力的穩定。到世祖時屢次征討蠕蠕，虜其人民，置於漠南；高車降民也分別配處各地。顯祖高祖時又極力向南發展，於是南北邊鄙都成爲駐屯和防守的要地，置鎮極多；後來連內地也都設立(註八)，北地的鎮尤爲重要。鎮守的人，不是高門子弟，便爲良家酋帥。又因爲地廣人稀和置鎮太多的原故，除了任用拓跋氏本族豪家外，還需要許多中原的強宗子弟去相助爲理。軍鎮制度，可云盛極一時(註九)。

鎮的制度(註一〇)：有鎮將，鎮將是一鎮的軍事長官，統兵備禦，與一州的刺史同，倉庫城隍也歸鎮將主持；此外還兼民職，大概因邊防緊急關係，需要軍權政權的統一(註一一)。鎮將之上有監軍(註一二)，是中央指派之督察專員，品秩是否高於鎮將或低於鎮將不可知。鎮將之下有副將，長史，司馬，別將，軍主，城主，錄事，參軍，分理衆務。至多的屬員，有到八百餘人的(註一三)。

鎮有游軍，是一種「游防」式的軍隊，這在北鎮和緣淮都設置的(註一四)。又有「虞候」「白直」，專主巡邏，可說是鎮的主要任務。除防守以外，平時督課諸屯，築城積穀；使一旦外寇侵入，大軍臨境，不致發生糧食恐慌(註一五)。有事便分番出征，甚至可以調度到很遠的地方去征戍(註一六)。出征的兵有一定期限，期限規定已不可考。鎮兵上番時還得自備資糧，大致是每人帶絹十二匹，或是任其私用，或是收絹給粟(註一七)。所經州縣和戍屯所在，官府不給衣糧；即有給衣糧的，在當日已算是特殊的恩惠(註一八)。不過上番兵仍舊可以屯田自給(註一九)；耕種需要時間較長，也可見遠地番戍的期限至少在一年以上，也許還要多於一年，而在當日又確有三四歲的例(註二〇)。

鎮的兵籍有一定；籍隸邊鎮的人，最初是皇族宗枝和中原豪家，到後來便是流迸人和罪犯爲多(註二一)。當時稱爲「兵戶」，或者「府戶」，世代都執兵役；非中旨特許，不得請免府籍(註二二)。因此之故，士人不樂爲鎮，有罪出爲鎮將的就認爲是奇恥大辱(註二三)。到太和遷都以後，邊任益輕，朝廷便也不重視了(註二四)。鎮的士卒，不樂北土，多有逃亡，否則亦設法規避，甚至有身寄他處，空存名籍在鎮的(註二五)。士卒的生活本極艱苦，平時不免力役，出征又多過期，再加上家中不得復除，主將收沒資絹的種種虐害(註二六)，叛亂之心早已隱伏。熟悉北鎮情形的人無不引爲憂慮，只是無人注意及此。

附籍在鎮的，還有許多外族，大致以高車，蠕蠕，鮮卑人爲多。他們都有一定的軍役，軍役太重，時常引起叛變的情事(註二七)。有一部份外族，編成正式軍隊，也極精悍(註二八)；雖暫時屈服於強力之下聽其指揮，一旦鎮的本身失去力量，也會乘機起事。

自太和中不重鎮將之選，情勢已日漸不同。這種的狀況，到世宗宣武帝時代(500–515 A.D.)已極明顯。當日軍役繁興，兵民都不勝其苦，執政的人也已見到了危機的隱伏；只因軍事旁午，仍然得不到改善的機會(註二九)。遷延到肅宗孝明帝時代(516–527A.D.)，便再也不能維持，恰好當日有北鎮連年的天災(註三〇)，鎮人叛亂才開始成熟。正光五年(524A.D.)，懷荒鎮將于景被殺；接着是沃野鎮破六汗拔陵的大擾亂；武川，懷朔，柔玄，薄骨律也先後響應，或是被賊攻破。叛變的當兒，元義擅權，想利用鎮人來穩定自己的勢力(註三一)，正足以延長鎮人侵擾的機會。軍鎮本身兵力，既早已衰弱下來，中央軍又不能平定亂事(註三二)，纔有改鎮立州的恩撫方策(註三三)。一時因北方混亂，沒有完全實現，後來大都改置州縣。自此鎮的性質已大不同。這可說軍鎮制度的一個大轉變時期。

(三)防

「坊」「防」似乎可以通用。北周有會寧防(元和郡縣志，會州原爲會寧防)，太平寰宇記防作坊；魏末六防，隋書也通作坊(註三四)。坊似乎是一種地域單位，通常是指京城的分區，或稱坊，或稱里，都無一定。魏書元禎傳云：

「淮南之人，相率投附者三千餘家。置之城東汝水之側，名曰歸義坊。」

意義亦屬相近。按梁兵制每開府將軍各領軍坊，而隋唐兵府也有坊主的設置。坊主的職責，是檢查戶口，勸課農桑(註三五)，恐怕已不是防原有的制度，中間或有變更。也許北周通用「防」，和隋唐間通用「坊」，其原因亦在於此，尚待考證(註三六)。

防在魏末，創立已多(註三七)，到北周便成了很通行的制度。防和鎮是否同一性質的組織，現在找不到很確切的證明，我們先從意義上觀察兩者之相互關係。

立鎮的意義，重在「移防」，「移防」的另一說法是「游防」。防的制度，顧名思義，知道和鎮相近似。鎮改州以後，各地防守只是一些屯戍，恐怕是無濟于事；何況當日的局面，實際上又是四分五裂，征伐頻仍，「移防」更是需要(註三八)。此外尚有一個原因：北周招撫新附，另爲置防，這和鎮並沒大分別，疑魏末或已如此(註三九)，到後來北周又推廣施行。關于北周的記載，因地設防，事例極多，顯然是防佔住了重要的地位(註四〇)。

防亦因地立稱(註四一)，每防有防主，副防主。防主的地位亦高，有的兼管到幾州甚至十幾州軍事，有爲刺史兼領，有爲太守兼領(註四二)，這點是介乎鎭和戍之間的制度。又有許多防，在後來改爲州治(註四三)，其意義便和鎭同。不過鎭防終究有點差別：(一)鎭較防高，州鎭防戍成功了一種等位的等級(註四四)。(二)北周時有改防爲州的，隋時也有改防爲鎭的(註四五)，可見兩者不能混爲一談。

史料中關于防的記載太少，詳細的組織現在已無法考究。北周時代的防，似乎比北魏的鎭還要多，例如義州就有弘農等二十一防，大概因地立防，專負戒備鎭撫之責，其數目或無限制。防的士卒多差發本地人民充當。周書蘇綽傳云：

「一又差發徭役，多不存意，致令貧弱者或重徭而遠戍，富彊者或輕使而近防。」

又權景宣傳云：

「除南陽郡守。郡臨敵境，舊制發民防守三十五處，多廢農桑，而姦宄猶作。景宣至，並除之，唯修起城樓，多備器械；寇盜歛跡，民得肄業。」

蘇綽傳以戍和防對舉，顯見兩者之分別在於防守地帶之遠近。閱權景宣傳又可知置防之多，傳中雖不列舉其名，必係當日通行的一種制度。本土人民差發防守，比之遠地屯戍當有許多便利。權景宣謂爲「多廢農桑」，乃置防太多，不建城樓的原故；通常都是築城置防，于百姓也較有益。

(四)府

魏末通行防的制度，到西魏又有府兵制度。府兵制度創始於大統八年(542 A.D.)，玉海引後魏書云：

「西魏大統八年，宇文泰倣周典置六軍，合爲百府，每府一郎將統之；分屬二十四軍，開府各領一軍；大將軍凡十二人，每一大將軍統二府；一柱國統二大將軍；凡柱國六員，復加持節都督以統之。」

隋開皇十年詔書也有「魏末喪亂，軍人權置坊府」(註四六)的話。魏末二字當然可以包括西魏，所以府兵設置的最早年代是大統八年，可無問題。不過府兵制度之來源也許還要早些。魏書五八楊椿傳云：

「自太祖平中山，多置軍府以相威攝。凡有八軍，各配兵五千；食祿主帥，軍各四十六人。自中原稍定，八軍之兵漸割南戍，一軍兵纔千餘，然主帥如故。」

「軍府」的解釋，到後來可作將軍開府的簡稱。但在太祖道武帝時代（385–408 A.D.）似無將軍開府鎮守的事。神䴥元年（428 A.D.）始令諸征鎮大將依品開府，四年（431 A.D.）又令諸征鎮仗節邊遠者開府辟召（註四七），則太祖時所置軍府自當別論。依楊椿傳記載，八軍是固定的駐屯軍，到後來纔漸制南戍，制度也和征鎮開府不同。中山平定在皇始二年（397 A.D.），疑太祖所置軍府也就和鎮的制度相近。不過中山另置行臺，知軍府主帥的地位並不高，也不兼理民事；後來情形雖不可知，亦必無大變更。軍府一直到世宗宣武帝時代還存在，並不因置鎮而廢。這是在北魏一種始終很特別的制度，可以概括爲下列的五事：——（一）北魏似乎只有中山置「軍府」。（二）「軍府」的數目至少八個。（三）軍士專駐一地，後來也遣戍他處。（四）每一「軍府」的屬員極多。（五）「軍府」與軍鎮並存，與鎮不能混爲一談。

中山的「軍府」，到魏末是否仍舊存在，不得而知；西魏的兵府是否依據「軍府」的遺制設立，現在得不到確切的證據，更不能臆說，專從制度上講似乎有點關係。西魏的府兵制，在上面引後魏書一段已可看到一點大概情形。玉海引鄴侯家傳，制度方面的紀述比較詳細，茲節錄於下：

「初置府兵於西魏大統中，周文帝與度支尚書蘇綽之謀也。……初置府不滿百，每府有郎將主之，而分屬二十四軍。每軍以開府一人將焉，每二開府屬一大將軍，二大將軍屬一柱國，大將軍仍加號持節大都督以統之。……初置府兵，皆於大戶中等以上家有三丁者選材力一人，免其身租庸調；郡守農隙教試，閱兵仗。衣馱牛驢及糗糧旨蓄，六家共備；撫養訓導，有如子弟，故能寡尅衆。隋受周禪，九年而滅陳，天下一統，皆府兵之力也。」

這是西魏的府兵制度；北周承襲西魏舊物，想沒有大的變化。北齊設置的兵府也極多，唐人墓誌中還可以看到許多府名（註四八）；只是詳細沿革也同樣的無法研究。

隋代兵府顯然有了大的更改，府兵由十二衛和東宮率府分統。（十二衛將軍的名號曰：翊衛，驍騎衛，武衛，屯衛，禦衛，候衛，各有左右，合爲十二。）還有一特點，兵府隨時有增減，在於適合時勢的需要。開皇十年，曾經罷山東河南及北方緣邊之地新置軍府（註四九），到煬帝大舉伐遼時又增置軍府，掃地爲兵（註五〇）。隋末的軍府一定很多，設置的地域也比較普遍，從軍府名稱上可以看出。

唐代兵府可分爲兩個時期。第一時期，武德初到貞觀十年(約618—636 A.D.)，爲唐代兵府草創時期。軍府統屬於驃騎車騎兩府，而主要的兵府在關中，關中分爲十二道每道別爲一軍，歸車騎府統帥。後來也疊有廢置，大體上沒有什麼更改。第二時期，貞觀十年到天寶八年(636—749 A.D.)，爲府兵由建設以至破壞時期。太宗在貞觀十年定兵府的名稱爲折衝府，當時關中有府二百六十一，精兵士二十六萬，要在舉關中之衆以臨四方。河東道府額次於關中，河南更次之，其他分布各道；惟河北道人多壯勇，故不設置。天下折衝府總隸十二衛及東京六率，有事分領出征，平時則分番宿衛，頗符寓兵於農的意思(註五一)。垂拱中又釐定折衝府等級，千二百人爲上府，千人爲中府，八百人爲下府。天授二年因規畫王畿，臨時在衛州等處置府；後來仍都長安，恐怕也就廢了(註五二)。開元中(約730—733 A.D.)，奚契丹入寇，河北道又設折衝府，分番防衛，諸道共合三百四十三府(註五三)。這是第二期中建置之大概情形。

折衝府制度破壞，自高宗和天后時已開始。到玄宗開元十年(722 A.D.)張說建議募長從宿衛，十一年又選京兆蒲，同，岐，華和豳州長從兵充之。如是府兵分番宿衛的職責無形中已取消，府兵組織與訓練也因之更加廢弛；天寶八年(749 A.D.)，李林甫請停上下魚書，只不過形式上宜告府兵的停止活動(註五四)。

下　鎮戍防府的異同及其性質

戍在歷朝兵制上不佔很重要的地位，制度本身也沒有什麼大變化。北魏的鎮(尤其是北鎮)，魏末北周的防和隋唐的府，性質便不同。不獨關係各朝軍事的盛衰，連政治社會以及文化都受影響。影響所及，很容易被人忽略。茲可從兵制，地域，種族三方面說明其關係及其重要性。

從兵制上看：鎮是一種固定屯戍的兵，遠方征討的機會總比較少；防是臨時差發本土人民充當，大概是採一種更番的辦法；府是兵農合一的制度，有事出征，無事力農；三者大體上在使兵士土著，同時不廢農桑，仍然可說是相同之點。不過鎮兵世役的多，防是差發，府是簡選；此兵士來源所以不同，又各具有時代背景。北魏以部落民族入統中原，最初都是人人當兵，世役乃爲固常；又當日北邊人少，不世役，不土著，便非自中原差發不可，事實上也沒有世役和土著的便利。魏末不然。北鎮叛後，各地都成混亂狀態，保護地方的便是鄉兵（歸順一方面的稱義兵）（註五五），鄉兵雖也不免於編爲正式軍制的事，而各地塢堡，鄉兵確負一部份保護的責任，都是所謂「族望」或豪俠少年領着（註五六）。防便是合乎此種環境的一個辦法，而軍權屬於政府，防主只對政府負責。府兵來源與防相近，但政府加以簡選，這又是社會漸形安定後的一種制度。政府不在有很多的兵，而在精壯強悍，有組織，有訓練，是生產的，而不完全是消費的；比軍防制度當更進步而合理。此都從兵制辨其同異，次當討論地域。

北魏的鎮以六鎮爲最重要（註五七），次有高平，薄骨律，統萬等鎮；爲方便起見，不妨拿北鎮作爲他們的通稱（註五八）。北鎮發生的背景在前面已經說過。當北魏政治中心漸次南移，北邊成爲防禦要地，不有特種設置，中央不免疲於調度。且當時對南採取開拓方略，頗有統一全部中國之雄圖；對北則重在防守，不使其侵入中原（這是可從修築長城和黔戍衛兩方面觀察出來）（註五九）。如是北方鎮守多蕃鎮將；只有大舉征討，中央纔派兵出塞。然而征討的機會總不及平時偵察防禦的事務多，北邊的安寧當然寄託在鎮將手裏，也無怪乎鎮的地位會一天天的高起來。從另一方面看，北方地廣人稀，需要屯戍的兵民去開發，此不獨可以防備外寇，還可以爲國家闢一富源。於是蠕蠕和高車降民都分屯北地，有時還另外徵發中原子弟到邊塞上去；等到他們成了土著民族，北方強敵侵略時就可以有恃無恐了。此種政策雖不見完全成功，但也確立了一百多年的宏規，多少收得一些效果。

魏末六個重要的防，似乎在洛陽附近的區域內。洛陽王畿所在，不能不多設防戍；當日又經過北鎮擾亂以後，中央注意力已由「南拓」「北鎮」轉移到王畿的保護。換言之：軍事重心已由對外轉移到對內的一方面。六防地名已不可考（註六〇）；魏分東西，六防兵士也隨着遷徙（註六一），六防是否仍舊保存往日的制度也找不到確切証明。大概六防士卒已經不多，參用一些本土百姓亦屬可能（註六二）。

西魏兵府，設置不詳。依鄴侯家傳所云，似乎也在都城附近地帶（註六三），用以抵禦東魏北齊和南方的梁。後來地域擴張，府數也許還有增加（註六四），大抵不出由中央向四方開拓的趨勢。

隋代設府亦係因時制宜，制度上有更改，性質仍無大變化。伐遼和遷都（註六五）雖不免增加了許多，那已是隋代衰微的表現。唐代情形正與此相類。唐初以關中爲中心，重在宿衛京師，並以關中的士卒爲征討四方的基本軍隊。

到開元時河北專設大批的府防禦奚契丹，又可說是府兵制的一種變態。

種族方面，北鎮以拓跋氏為基礎，次是高車和「胡化漢人」；而「胡化漢人」和高車也都受拓跋氏統轄，只是種族上的歧異。在鎮的人，都是世執兵役。因為他們生長邊陲，熟悉北方情形，又不易受中原柔弱習氣的影響，用來鎮守比較合宜。從另一方面說，鎮人因與中央隔絕，也不易走入仕宦一途；後來不為淸流所齒，便形成北鎮叛亂原因之一。其他外族受拓跋氏壓迫，當然也要謀反，到北鎮叛亂時這些雜居份子都乘機起事。北魏在這種局面之中勢難維持，中原又成了一個混亂的狀態。混亂的主要分子是北鎮人，而日後收拾混亂局面的也是北鎮人（註六六）。

由混亂到短時期比較安定的局面（由魏末到北周），種族上問題仍然複雜。魏恭帝時以諸將功高者為三十六國後，次功者為九十九姓後，所統軍人亦改從其姓（註六七），在此點上，一方面可以看出種族混合的初步，一方面也可看出種族的差異。高齊受禪也有「百保鮮卑」的名目，同時又選用華人充數，差別仍屬不免（註六八）。但在西魏時，兵府取中等以上戶男丁為兵，已不必為一種一族之人，如是兵多簡選，又不必是世役了（註六九）。一直到隋唐，種族更是混一，大部份的兵已只有地域區分；從地域單位再分別材力門戶和年齡，無形中消滅了種族間差異的痕跡。這種關鍵，於兵制的變遷沿革也很重要；而兵制的變遷沿革又可提示我們以此種關鍵之所在。

註　一　通鑑綱目。

註　二　河南金石圖志張整墓誌銘：「祖充，晉末為路川戍主」。潞作路。

註　三　魏書太宗紀：泰常八年築長城，廣袤二千里，備置戍衛。又源懷傳：循行北邊，乃築城置戍，積粟勸農。此外沿淮之地所置之戍極多，每次征伐多紀一城一戍得失之事，其名亦繁。

註　四　戍有戍主，有戍副，習見魏書各紀傳中。唐六典戍主戍副之下，亦無其他屬員。

註　五　見魏書氐楊難敵傳。都護始於漢之西域都護，與此略異。都護之職掌，唐六典云：「撫慰諸蕃，輯寧外寇，覘候姦譎，征討攜離。長史司馬貳焉，諸曹如州府之職」。又周一良先生於北魏鎮戍制度考一文中，謂南王儀鎮中山，元遵鎮合口與鎮制相合；其實皇始元年即有元虔鎮平城之事，均與軍鎮制度不同。中山設行臺，則如尚書之職，亦不能與軍鎮相提並論。

註　六　魏書官氏志。

註　七　魏書廣陽王深傳。

註　八　魏書刁雍傳，廣陽王深傳，王慧龍傳，及北齊書魏蘭根傳。

註　九　仝上。

註一〇　周一良先生北魏鎮戍制度考，見禹貢第三卷第九期，已詳述鎮之設置及其分佈，茲不復論。

註一一　魏書官氏志：「舊制緣邊皆置鎮都大將，統兵備禦，與刺史同；城隍倉庫，皆鎮將主之；但不治，故為重於刺史」。文有缺誤。據魏書四一源賀傳：「景明以來，北蕃連年災旱。高原陸野，不任營殖，唯有水田，少可菑畝。然主將參僚，專擅腴美，……諸鎮水田，請依地令分給細民，先貧後富。若分付不平，令一人怨訟者，鎮將以下連署之官各奪一時之祿」。由此知鎮將亦兼理民事。又諸鎮有不置郡縣者，民事當屬鎮將兼之。又鎮多新附之民，鎮將須撫慰威攝，亦為民事。

註一二　魏書三〇：王度，太宗時為虎牢鎮監軍。

註一三　魏書四一源懷傳：「沃野一鎮，自將以下八百餘人」。此為濫置官員之例，通常應少於此。

註一四　魏書四一源賀傳有「罷游防之苦」一語，指鎮而言。又高祖紀「北鎮游軍，大破蠕蠕」。又緣淮有游軍亦見魏書。

註一五　魏書刁雍傳：刁雍為薄骨律鎮將，兩奏屯田積穀築城置守便宜。又世宗紀：詔緣淮南北，所在鎮戍，及秋播麥，春種粟稻，使地無遺利，兵無餘力。

註一六　魏書皮豹子傳：「其統萬安定二鎮之衆，從戎以來，經三四歲。長安之兵，役過期日，未有代期。衣糧俱盡，形顏枯悴，窘切戀家，逃亡不已」。此可參閱田益宗傳及盧昶傳，薛虎子傳。

註一七　魏書薛虎子傳：「竊惟在鎮之兵，不減數萬，資糧之絹，人十二匹，即自隨身，用度無準，未及代下，不免饑寒」。又袁翻傳：「其勇力之兵，驅令抄掠，……此等祿既不多，資亦有限，皆收其實絹，給其虛粟」。

註一八　魏書元平原傳：「北州戍卒一千餘人，還者皆給路糧，百姓咸稱詠之」。可參閱註一五至一七。

註一九　魏書薛虎子傳。

註二〇　參閱註一六引皮豹子傳。

註二一　參閱註八。魏書高祖紀及源賀傳，配邊鎮之人在北魏為習見。

註二二　魏書肅宗紀，詔云：「鎮改為州，依舊立稱，此等世習干戈，率多勁勇……」。劉侯仁傳：「有司奏其操行，請免府籍，詔可」。

註二三　魏書薛虎子傳：虎子以小過黜爲枋頭鎮將，及顯祖南巡，拜訴於路。

註二四　魏書廣陽王深傳：深上書云：「自定鼎伊洛，邊任益輕；唯底滯凡才，出爲鎮將」。可參閱任城王澄傳，孫紹傳。

註二五　魏書崔挺傳及蔣少游傳。

註二六　魏書皮豹子傳，源賀傳，裴宣傳，宋弁傳及肅宗紀。又元顯集誌銘可參閱。

註二七　魏書江陽王繼傳：高車背役逃歸，繼表任其悔悟從役，不當窮追。

註二八　魏書四世祖紀：發高平勅勒騎赴長安。廣陵王羽傳：持節安撫六鎮，發其突騎。册府元龜三六四尉元條亦可參閱。

註二九　魏書肅宗紀正光五年詔。

註三〇　魏書侯淵傳，源懷傳，于景傳。

註三一　閱魏書元義傳，元順傳，山偉傳，劉騰傳，可知元義足延長北鎮叛變之機會。

註三二　魏書源懷傳：「今定鼎成周，去北遙遠，代表諸蕃北固，高車外叛。尋遭旱儉，戎馬甲兵，十分缺八；去歲復鎮陰山，庶事蕩盡」。廣陽王深傳：「那瓌背恩，縱掠竊奔；命師追之，十五萬衆度沙漠，不日而還。邊人見此援師，便自意輕中國」。又「高闕戍主率下失和，拔陵殺之爲逆命，攻城掠地，所見必誅。王師屢北，賊黨日盛，此段之舉，指望銷平，其崔暹隻輪不返，……」

註三三　魏書廣陽王深傳及李崇傳。

註三四　隋書食貨志云：「六坊之衆，從武帝而西者不能萬人，餘皆北徙」，又云：「文宣受禪，多所創革。六坊之內徙者，更加簡練」，均作坊。按北周設防極多，其事同於「六坊」，更均作防。

註三五　册府元龜及新唐書兵志。

註三六　北周之防均不作坊，碑誌及周書等可証。也許防兼有「六坊」「移防」的意義，所以二者通用。周書武帝紀築武功郿斜谷等城以置軍人。

註三七　册府元龜：權景宣，孝閔時爲江陵防主；鄭偉，魏末爲江陵防主。通典：魏有孔德防，在伊闕縣東南。

註三八　周書賀拔岳傳：岳自詣北邊，安置邊防，率衆趣平涼，布營數十里。于翼傳：齊陳二境，各修邊防，詔加戍卒益儲偫；翼以爲非策，請解邊嚴，減戎防。

註三九　資治通鑑武德五年注：松州生羌之地，後周招撫之，於此置龍涸防。周書蕭詧傳：置江陵防主，統兵居於西城，名曰助防，外示助詧備禦，內實兼防詧也。蠻傳：於硤中要險築城置防，以爲襟帶。

註四〇　魏州鎭並稱，北周則防置州下，亦或不冠州名。如文苑英華崔說神道碑：「使持節大都督崇德，安義，建忠，九曲，安樂，三泉，伏流，周張，平泉，固安，巒通谷，凡十三防，熊和中三州，黃廬，起谷……一十一戍諸軍，崇德防主」。設防之例，如巒傳硤中置防以爲襟帶；蕭詧傳：江陵置防以相偵察。

註四一　通典：故函谷關城，後周改爲通洛防；太平御覽：武德六年於三交口築城，置甘松防；册府元龜達奚武鎭玉璧，立新城等三防。

註四二　册府元龜：鄭偉，魏末爲江陵防主，都督十五州諸軍事。周書：權景宣除基郡峽平四州五防諸軍事，江陵防主。又魏玄爲和州刺史，伏流防主；敬珍爲平陽太守，永寧防主。

註四三　元和郡縣志：周武帝保定二年，改會州爲會寧防，隋開皇元年改防爲鎭。資治通鑑武德五年注引後周書曰：河州雞鳴防置旭州，宕州渠株防置岷州(周書異)。又松州生羌之地，後周招慰之，於此置龍涸防；天和六年改置泧州。

註四四　北史長孫儉傳：儉爲東南道大都督荊湘等三十三州鎭防諸軍事，可証。

註四五　參看註四三。

註四六　資治通鑑開皇十年詔。

註四七　魏書世祖紀及官氏志。(北史神𪧐四年作三年。)

註四八　谷霽光唐折衝府考拾補，見禹貢第三卷第四期。

註四九　資治通鑑開皇十年詔。

註五〇　册府元龜邦計部。

註五一　新唐書兵志，玉海兵制引鄴侯家傳及會要兩節。

註五二　文苑英華，天授二年廢潼關雍洛州置關鄭汴許衛等州制。

註五三　玉海兵制引會要及鄴侯家傳。

註五四　新唐書兵志。

註五五　周書敬珍傳，司馬裔傳，魏玄傳。

註五六　周書郭彥傳：「大統十二年，初選當州首望，統領鄉兵」。韋瑱傳：「瑱以望族，兼領鄉兵」。

註五七　六鎭名稱，余曾在禹貢爲文討論，意欲從當代記載得一可靠之說。然所據未甚確，已承俞大綱先生指正。又六鎭次序，譚其驤先生仍主沈垚之說，讀者可查閱。

註五八　「北鎭」二字，有謂專指懷朔鎭者；然查魏書所載，似北方各鎭之通稱，姑誌於此。

註五九　北魏向西北拓殖，主張之人以李崇爲最。李崇阻止南伐，專事北陲，或另具苦心，玆不具述。至築長城以固邊圉，則高閭言之最詳，見魏書本傳。

註六〇　文苑英華：趙廣轉守蒲城，都督潼關等六防諸軍事；又拓跋儉蒲州刺史，檢校六防諸軍事；周書尉遲運授同州，蒲津，潼關等六防諸軍事，同州刺史；不知此六防是否同於魏末之六防。

註六一　隋書食貨志。

註六二　仝上。西魏對六坊之衆給以常廩，其數不能萬人；北齊亦加簡練，又加華人之勇力者爲之。

註六三　見玉海引。

註六四　「初置府不滿百」，鄴侯家傳語，後或增置。

註六五　閱資治通鑑及隋兵府名稱，知徧設于河北及陝徐等州境內。

註六六　北周，北齊，隋，唐開國之人，家世均與北鎭有關係。

註六七　周書文帝紀。

註六八　隋書食貨志。

註六九　北魏亦有簡選兵卒之事，此指北鎭而言。

二十四年七月十六日初稿。

同毀地理考（西周地理攷之一）

唐蘭

傳世同毀凡二器，周金文存三卷補遺箸錄其搨本（西清續鑑甲編六卷箸錄僅一器）。銘凡九十一字，曰：

隹唯十又二月初吉丁丑，王才在宗周，各于大廟。𤇾榮白右同，立中廷，北鄉。王命：『同孚左右吳虞大父𤔲昜林吳虞牧，自虒東至于𣴎菏，氒逆至于玄水，世孫=子=孚左右吳虞大父，毋女汝又閑』。對𩵦揚天子氒休，用乍作朕文丂考叀中障寶毀，其萬年子=孫=永寶用。（附圖）

郭沫若兩周金文辭大系以爲懿王時器，雖無以定其是否，以文體書法考之，當在昭穆以後，厲宣以前，無疑也。

虒字作[illegible]，𣴎字作[illegible]，向均不識。郭氏以[illegible]爲洛，蓋拓本不斷，因而致誤。又釋[illegible]爲河，雖頗近似，亦未確。按[illegible]當是虒字，說文：『[illegible]委虒，虎之有角者也。从虎厂聲』。其篆文作[illegible]者，卽[illegible]形之譌。[illegible]誤爲厂，余別有說詳之。[illegible]字從水𣂪聲，與河字異，卜辭河字作[illegible]，從丂，不從𣂪也。𣂪字卽何之異文，說文：『何，儋也』，經傳多以荷爲何，然則𣴎卽河字，亦卽菏字。菏或省作苛

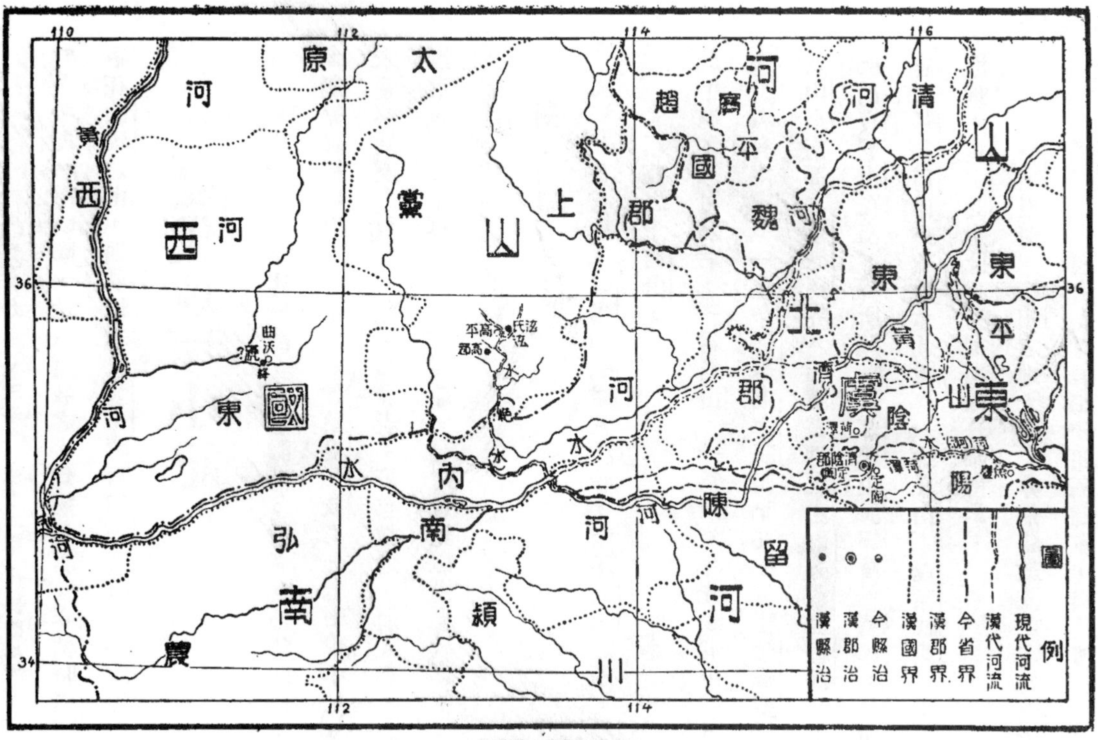

比例尺四百五十萬分之一

(漢書酈食其傳荷禮卽苛禮)，故菏字亦作荷；說文菏字从水苛聲，其實當从荷省聲，故禹貢菏字，史記還作荷也。

銘言：『嗣易林虞牧，自㕔東至于菏，乎逆至于玄水』，其地域，昔人未有言之者。按『㕔』地殆在今山西曲沃縣西，左昭八年傳：『晉侯方築㕔祁之宮』，蓋平公也。劉歆遂初賦云：『過下㕔而歎息兮，悲平公之作臺』，下㕔卽㕔祁也，對上㕔而言之耳。『㕔祁』當是語聲之舒，急言之則但爲『㕔』，如『邾婁』之爲邾矣。『菏』者，禹貢云：『浮于淮泗，達于菏』(今本譌爲河)，又云：『導菏澤，被孟諸』，又云：『又東至于菏』。漢書地理志濟陰郡下云：『禹貢菏澤在定陶東』，又山陽湖陵下云：『禹貢菏水在南』。其地在今山東菏澤及魚臺一帶也。『玄水』當卽『泫水』，地理志上黨高都下注：『莞谷，丹水所出，東南入泫水』。又泫氏下，應劭注云：『山海經泫水所出者也』(今山海經無此文)。水經沁水注：『泫水出泫氏縣西北泫谷，東南流逕泫氏縣故城南而東會絕水，亂流下入高都』。是玄水之地當在今山西高平也。

然則銘所謂『易林虞牧』，自山西之曲沃，東至山東之菏澤，其逆至於山西之高平；在兩河之間，爲河之陽，逾河而東，爲濟水流域也。銘云：『令同左右吳大父』，

『吳』即『虞』國，殆以虞牧之事爲國名者。春秋時虞國猶在曲沃之南，地最相近。文王時有虞芮之爭，其故地均相近。其在西周，國勢度必強盛，故能東至于芮，咸爲虞牧之所(參看所附地圖)，周王乃因而命同也。

夏代地理小記

楊向奎

夏代歷史，文獻無徵，本屬渺茫。故考其地望所在，尤屬繫風捕影之事。本人前曾草夏民族考，因論證不足，未蒙諸師友之贊許，已不願發表；第有數地，前人對之尚無定說者，今再提出，並貢獻一己之意見以備參攷焉。

(一)崇伯鯀

國語周語有云：

> 其在有虞，有崇伯鯀播其淫心，稱遂共工之過，堯用殛之于羽山。

此中有地域可尋者，一爲羽山，一爲崇。今先論羽山。自來說者有兩處：一在今江蘇東海縣西北九十里接贛榆縣界及山東南部之郯城縣界。如漢書地理志東海祝其縣注云：『禹貢羽山在南，鯀所殛』。郭璞山海經注，隋志，元和志及孫星衍尚書疏均主此說。一說在山東蓬萊縣東三十里之地，寰宇記主此說。胡渭禹貢錐指云：

> 羽山東裔，徐州之地太近，非荒服放流之宅。蓬萊縣東南有羽山，寰宇記云即殛鯀處，與孔傳合。當從寰宇記說。

余在夏民族考中即主張徐州羽山之說，因其與余所攷之禹域相近也。且僞孔傳云，『羽山東裔在海中』，海中羽山不可求，於是以蓬萊之山實之，其說益不足信。但因不能攷得崇之所在，故於羽山所在亦不能堅信。往昔見錢賓四先生周初地理攷云崇即嵩山，鯀化黃熊處與其相近。錢先生有證有說故能堅人之信。余雖不主張崇即嵩山，然固無反證也。近翻孟子，見公孫丑篇中有云，『於崇，吾得見王』；又翻顧觀光之七國地理考云：

> 孟子，『於崇，吾得見王』。路史國名紀引寰宇記云，『彭城北三十城臨泗水，古崇國。城西南有崇侯廟』。距齊不遠，蓋得之矣。

孟子所見爲齊王，故云距齊不遠爲是。此崇國與上述徐州羽山之地望相近。寰宇記僅云爲古崇國，未知是否即崇伯鯀之國？然與其謂崇即嵩山者，而羽山旁本有古崇國，則云即伯鯀之國亦不爲過甚之附會，足以備一說也。

（二）禹會會稽

國語魯語云：

丘聞之，昔禹致羣神於會稽之山，防風氏後至，禹殺而戮之。

又韓非子飾邪云：

禹朝諸侯之君會稽之上，防風之君後至而禹斬之。

自魯語記孔子之言以來，說會稽者均以浙江紹興之山當之。然謂會稽在越，則引起以下之困難問題：

自來說夏地理者多云在河東，河東與越相去甚遠，國居西北而會羣臣於東南數千里外，當訝其不經。即夏域不限河東，如余所論亦遠不至南越。則禹會諸侯之地自當別有所在。

因此，近來考證古地理者乃云會稽不在越而爲河東附近之山。錢賓四先生主此說最力。張公量兄之古會稽考贊助之。余今可提出消極之反證以說明會稽雖不在越但亦不能在河東，理由如下：

（一）管子封禪云，『禹封泰山，禪會稽』。今案夷吾所論十二家封禪，其中十一家所封皆爲東岳泰山，與其所禪之山逼處，則禹不能封於東岳而禪于河東。（管仲封禪之言雖不可信，然考夏代歷史皆娍於傳說之上，集種種傳說以求其中之史實，則於管子之言自亦不能置棄。）

（二）墨子節葬下有云，『禹東教乎九夷，道死葬會稽之山』。因後世說會稽在紹興，故有人改『東教乎九夷』爲『教于越』（太平御覽所引如此），然以上文『七戎』『八狄』衡之，當以『教乎九夷』爲是。既云『東教乎九夷』，又云『道死葬會稽之山』，則會稽在紹興固不可，而在河東亦於理不合。

蓋古代黃河下游，今山東泰山之西，江蘇之北，河北之南，乃黃河沖積層，平原沃野，最宜初民社會，中國歷史之黎明當啟發於此，故傳說上中國奠定江山之人物，大禹，亦當於此地求之。相傳禹父鯀之跡既在徐州，余敢謂禹之跡亦當在此平原，所謂會於會稽之山即泰山也。試詳論之。水經漸水注有云，『又有會稽之山，古防山也，亦謂之爲茅山，又曰棟山。越絕云，「棟猶鎮也」』。今先論防山，春秋魯隱公八年：

三月，鄭伯使宛來歸祊。庚寅，我入祊。

傳謂：

鄭伯請釋泰山之祀而祀周公，以泰山之祊易許田。

三月，鄭伯使宛來歸祊，不祀泰山也。

因爲鄭在泰山附近有一塊地方叫作祊，而魯在鄭也有一塊地方叫作許田，兩國因便利故而實行交換。杜注謂祊在琅邪費縣東南，今費縣有祊水。而禮記檀弓有云：

孔子少孤，不知其墓；殯於五父之衢……問於郰曼父之母，然後得合葬於防。

注家謂兗州曲阜縣東二十里之防山即孔子合葬處。（顧棟高春秋大事表如此說，但遠在顧前即有作此說者，一時未能檢得，俟補。）曲阜與費隣界，則謂防山即祊地之山，亦即稱『會稽』之山，無不可也。

次論茅山。詩魯頌閟宮曰：

泰山巖巖，魯邦所瞻，奄有龜蒙，遂荒大東。

孔穎達毛詩疏曰：

龜，蒙，今魯地，故言『奄有』。泰山則在齊魯之界，故言『所瞻』。

是魯境有蒙山。以今之地望求之，則費縣曲阜之間正有蒙山，與上所云防山恰合。『蒙』『茅』一音之轉，蒙山即茅山也。又史記夏本紀集解有云：

皇覽曰：『禹會在山陰縣會稽山上，會稽山本名苗山』。

蓋『苗』『茅』『蒙』皆一音之轉也。至於謂之棟山，依越絕云，『棟猶鎮也』，則泰山當之，殊無愧色。蓋防山（或苗山，茅山）本泰山下之小山，合言則包於泰山之內，分之則有防山也。謂會稽在泰山下，雖似奇特，然固早有言之者。淮南子氾論訓云：

秦之時，高爲臺榭，大爲苑囿，遠爲馳道；鑄金人，發適戍，入芻槀，頭會箕賦，輸於少府；丁壯丈夫西至臨洮狄道，東至會稽浮石，南至豫章桂林，北至飛狐陽原。

高誘注云：

『會稽』，山名，『浮石』隨水高下，言不沒，皆在遼西界。一說，會稽在太山下，『封于太山，禪于會稽』是也。

高誘，漢人，已有此說，是余作此說固非標奇立異矣。

與禹發生關係者，又有塗山。如左哀七年謂『禹合諸侯于塗山』，呂氏春秋音初謂『禹娶于塗山』。後人說塗山之地望甚紛歧，究之以壽春之說爲最得勢。但余謂塗山亦會稽下山。說文『嵞，會稽之山也』。酈道元水經注（淮水注）亦主張禹會塗山爲會稽。後因會稽不得其地，而塗山亦異說紛紜矣。

以上爲關于鯀禹者，余夏民族考中尚有其他有關各地及關于啓者，啓後自太康至杼亦有攷證，今俱略之。關于太康至杼一段攷證本根據左傳襄公四年魏莊子之說及哀公元年伍員之說，此一段夏代歷史爲記載中之最詳者，故可資攷證之處甚多；但因無明證謂夏都何處，故於此一段歷史故事之所在地，顧頡剛先生可說爲夏代之活動範圍所在（見春秋史講義），傅孟眞先生則說爲東西夷夏之爭（見夷夏東西說，尙未發表，傅先生在講室所說）。余今略此不談，別求帝相之都如下：

(三)相都

左傳僖公三十一年有云：

> 冬，狄圍衛，衛遷于帝丘，卜曰三百年。衛成公夢康叔曰，『相奪予享』。公命祀相。甯武子不可，曰，『鬼神非其族類，不歆其祀。杞鄫何事！相之不享於此久矣，非衛之罪也。不可以閒成王周公之命祀，請改祀命！』

因爲帝丘本是相之舊部，一旦爲衛所據，所以相奪康叔之享。帝丘爲今河北南端之濮陽縣，漢志云『東郡濮陽，故帝丘』。後譌爲商丘，古本竹書紀年謂相曾住於商丘，又有此故事爲之佐證，則相曾居帝丘無疑。徐文靖之竹書紀年統箋引許敬宗之言曰，『昔顓頊始居此地，以王天下，其后夏后相因之，春秋時衛成公自楚丘徙此，左氏稱「相奪予享」，以舊地也』。蓋夏代在相少康之前其都城皆在禹域附近，即黃河下游泰山以西之平原也。自帝杼之後，所見故事傳說甚少，不詳其居址，但當夏之晚年則不在魯西而在今河南鞏洛以西河東一帶，此爲有證有據之事，未容否認者也。至於其西移原因，可資猜測者，或因黃河大氾濫使不能安居，或因東夷之侵陵，或竟兼而有之。但亦非舉族西徙，東方仍有孑遺，如杞（今杞縣）如鄫（今嶧縣）如莘（今陳留縣境）皆是也。何時始西遷，西遷果何地乎？試略說之如下：

(四)大夏　夏虛

左傳昭公元年有云：

> ……遷實沈于大夏主參，唐人是因，以服事夏商。其季世曰唐叔虞。當武王邑姜方震大叔，夢帝謂己，『余命而子曰「虞」，將與之唐，屬諸參而蕃育其子孫』。及生，有文在其手曰「虞」，遂以命之。及成王滅唐而封大叔焉。故參爲晉星。

又定公三年傳：

> 分唐叔以大路，密須之鼓，闕鞏，沽洗，懷姓九宗，職官五正；命以唐誥而封於夏虛，啓以夏政，疆以戎索。

由以上知參爲晉星，爲實沈居大夏所主者，則知晉地即大夏，亦即夏虛也。杜預注謂大夏，『今晉陽縣』，謂夏虛云『夏虛，大夏，今太原晉陽也』。杜注蓋本於漢志太原晉陽注云，『故詩唐國，周成王滅唐，封弟叔虞』。服虔注則謂大夏在汾澮之間。顧炎武是服之說，蓋服說較近實也。近錢賓四先生又修正服氏之說，謂實沈居大夏當在安邑一帶，而晉唐故居當在河東涑水，不涉汾澮，其證甚多(見周初地理攷)。先是顧棟高春秋大事表亦曾謂『夏虛今爲山西解州之平陸縣，在河之北』，與錢先生說不相遠也。

何人始西徙乎？此難作確切答復者，但至少在夏后皐時已居河東附近。如左傳僖公二十三年云：

殽有二陵焉：其南陵，夏后皐之墓也；其北陵，文王之所避風雨也。

在古代，陵墓和居所也許不能相距太遠，所以我們於其陵處求其居處，不致有大誤。殽，杜注在弘農澠池縣西，亦正夏虛附近地。至於夏桀之國則尤有明證，知在夏虛內也。國策魏策吳起云：

夫夏桀之國，左天門之陰，而右天谿之陽，廬睪在其北，伊洛在其南。

史記魏世家引作：

夏桀之居，左河濟，右華山，伊闕在其南，羊腸在其北。

太華即今華陰之華山。伊闕，史記秦本紀正義引括地志謂在洛州南十九里。羊腸之說有三：一如史記魏世家所云，『昔者魏伐趙，斷羊腸，拔閼與』，正義謂羊腸在太行山上，南口懷州，北口潞州。一在壺關，如漢志上黨壺關有羊腸坂。一說在晉陽，如水經注謂『羊腸坂在晉陽西北』。三說之中，晉陽太北，懷潞太南，宜以壺關者爲是。如此則夏桀之國，西到華陰，東到濟水上流，北至壺關，南至伊洛，正當上所云夏虛(大夏)之域也。

明成祖北征紀行初編（續）

李素英

五月丙子(初十日)車駕發聞喜岡，勑諸將以次前進，避山取便道，毋疲困卒士。

初十日早，雨，駕將發，余同光大詣帳殿見上，請隨同往。上曰：『爾不能戰陣，往亦無益；前途艱難，朕一時顧盼有不及，或爲爾累。爾留此豈不安？』幼孜叩頭，不勝感激。食後，送光大勉仁出營門；馬上相別，殊覺愴然。是日哨馬營獲胡寇數人及羊馬輜重送至大營。淸遠侯復遣人護送馳詣上所，蓋欲以爲鄉導也。

諭各軍總兵官等曰：『說與各軍總兵官：前日順河而行，所以依次前進。今往殺達賊，務要左哨左掖，右哨右掖；左還居左，右還居右，依陣圖前進。如遇有山去處，不必登山，只取便途而行。有瘦乏馬驢，另委把總官一員在後收拾，隨營前進，不許遠離』。(初十日)

又諭曰：『說與各軍總兵官：前日令爾等選撥精壯官軍前征，但有患病者俱留在營。今又將患病官軍前來，卻又使人去接。如此在途遷延，倘爲胡寇所掠，好生不便。今已令收後之人，但有在後者，不向前者斬』。(初十日)

五月丁丑(十一日)車駕次平虜寨，用韃靼百戶爲鄉導。上指示山川諭之曰：『今徑趨兀古兒札，虜豈坐待于彼？虜聞朕來必西走。大軍東北行，則與虜相左；若西北要之，虜何所適？今徑往，我一程，虜巳二程，恐難及也』。百戶曰：『兀古兒札四塞之地，彼何所往？至則擒之矣』。上曰：『朕所見如此；今用爾爲鄉導，焉得不聽爾言！』

五月戊寅(十二日)車駕至兀古兒札，虜果先遁；乃駐兵河上，賜兀古兒札河名淸塵河。夜，倍道追虜。

五月己卯(十三日)車駕至斡難河，追及虜，虜拒戰。上登山布陣，麾先鋒逆擊，一呼而敗之。首虜本雅失里蒼黃窮迫，以七騎度河遁去。俘獲男女輜重孳畜。仍命遊擊將軍劉江驃騎將軍梁福等追之。上駐蹕滅胡山。

諭都督譚靑等曰：『說與都督譚靑，薛祿，薛斌，朱榮，劉江，梁福，冀中，都指揮蘇火兒灰，王哈剌把都兒，款臺，內官王安，王彥，三保，脫脫：爾等所領軍馬追勦胡寇務要互相接應，務要得賊，不許失落一人。所有馬駝牛羊盡數收拾，以資軍餉』。(十三日)

五月辛巳(十五日)諸將以所俘把禿帖木兒等男婦百餘人來見。上曰：『朕所討者兒渠耳。彼亦吾赤子，爲賊所困久矣！』命皆釋之，人給口粮羊馬；仍下令禁官軍勿侵害。皆頓首呼萬歲。自是降附者益衆。上曰：『彼皆有父母妻子，留之，其心未必樂』。悉遣歸。旋師次五原峯，勑淸遠侯王友等簡精銳士卒候隨征阿魯台。

十五日早食後，出城東，回至淸遠侯帳下，坐移時，得上追逐胡虜動靜。

爲放回達軍男婦詔諭各部衆曰：『大明皇帝聖旨：今放回達達把禿帖木兒男婦等，俱係好百姓；今各給與糧及羊馬，放還本土，各安生業。凡遇一應漢達及高麗女直野人，回紇七番，雲南百夷羅羅各部落，官軍人等毋得侵害。敢有侵害者，問罪不輕』。(十五日)

五月壬午(十六日)駐蹕五原峯。命都督薛祿祭斡難河山川，賜名玄冥河。是日，車駕次淸塵河。指揮萬忠獲虜四人至，命釋縛留隨征。

十六日食後，同張侍郞袁中書出城外，登一小山，四望天宇空闊，情懷甚適。

諭都督譚靑等曰：『說與都督譚靑，薛斌，朱榮，劉江，梁福，冀中，都指揮蘇火兒灰，王哈剌把都兒，款臺，梁成，內官王安，王彥，三保，脫脫：爾等軍回之時，沿途仔細跟隨，神機銅銃及箭樺皮哈剌兒蠢袋，及一應軍器，務要盡數收拾前來。軍器有不堪者，可投之于河。惟神機銅銃及箭最爲緊要，務要用心收拾帶回』。(十六日)

五月甲申(十八日)

諭各軍總兵官等曰：『說與各軍總兵官知道：各隊伍內軍下馬匹，選揀好者撥與都指揮款臺等前去出哨』。(十八日)

五月乙酉(十九日)

十九日食後，聞捷音將至，甚喜。淸遠侯來邀作午飯，仍食鮮魚。

五月丙戌(二十日)車駕次飲馬河。上謂兵部尙書方賓，翰林學士胡廣等曰：『朕爲宗社生民，不得已遠征逆虜，冀一勞永逸。今首惡已遁，其衆敗散。朕當旋師，且休兵息民，申嚴守備，更務屯田；使兵堅邊實，虜不足慮矣』。賓對曰：『此宗社生民之福也』。遂遣都指揮李文，中官海壽齎捷書諭皇太子。遂下詔班師，詔曰：

『自元祚旣終，四海鼎沸，天命我太祖高皇帝統一華夏。溥天率土莫不臣妾；惟胡寇餘孽奔竄沙漠，啙窳偸生，殺戮易置，有如反掌。朕承大統，撫治寰區，志在安民，惟懷不及；盡心殫慮，以求其寧。凡居覆幬之中，舉納甄陶之內。獨此殘胡，騁兇梗化；屢使撫修，輒見拘殺。往者邊將擒其部屬，朕念其各有父母妻子，盡釋之歸且遣使送之。彼獷性不移，復殺使者。積惡騁虐，益肆寇攘，怨懟神人，實天所殛，遏虐之旅，以慰徯蘇。遂親率六軍往征之，用拯顚連，綏寧降附。五月十三日師至斡難河，遇寇本雅失里來戰，即摧敗之，追奔逐北，電掃霆驅。本雅失里奔命不暇，以七騎潛遁。獲馬駝牛羊牲口無算。其餘欵附者相繼而至，咸撫安之，給粟羊馬令復生業。數百年之枿芽，一旦蕩除；千里之腥羶，由茲洒滌。乃封其山川，即日班師。於乎！包舉無外，用施一視之仁；撫輯有方，茂衍萬年之治。布告中外，咸使聞知』。

諭皇太子曰：『書諭長子皇太子：朕將師出塞，五月初一日至臚朐河。初七日邏騎獲胡寇聲息，知胡寇本雅失里在斡難河。十三日朕將先鋒直追至斡難河，失里以七騎奔竄，獲其馬駝牛羊牲口無算。乃撫輯降附，給與羊馬糧食，令各安生業。朕用兵若此，汝視為如何？斯皆天地相佑，宗社之靈，將士之力所致；此豈朕之所能也！掃蕩胡虜，沙漠永清。乃封於山川，振旅班師。今特遣人報汝知之，故諭』。（五月二十日）

諭都指揮張安等曰：『敕輕車遊擊將軍都指揮張安，盧整，陳景先，尚書吳中等：爾等即將迤都所積糧米星夜儹運前行，或一程二程(?)接濟大軍。將口温積下糧米，運赴口温迤都兩界之間。就於開平見在糧內儹運三千石赴口温，聽候大軍食用，毋致遲誤！』（二十日）

五月丁亥（二十一日）車駕次殺胡城，勅成安侯郭亮督餽運赴應昌，命清遠侯王友，廣恩伯劉才以所領將士先赴開平休息。時諜報虜偽知院失乃干潰散西走至廣武鎮，欲率衆來降。遣指揮鄭鄭帖木兒等招之；仍命王友等途中如遇失乃干來降須善撫綏之，不降即掩擊之。勅尚書吳中，都指揮張安督餽運赴擒胡山。

二十一日早飯，出城外候駕，光大勉仁先至；營中相見，且喜且戚。時駕從城外過，去城二十里安營。至營中見上，與語良久，命寫平胡詔。

勅英國公張輔等曰：『敕英國公張輔，成安侯郭亮：今差內官海壽都指揮李文（按原書缺文字）齎平胡詔前去開讀，爾處即應付馬匹。故敕』。（二十一日）

諭清遠侯王友等曰：『制諭清遠侯王友充總兵官，廣恩伯劉才充副總兵，統領各軍馬步官軍回還；務要整齊隊伍，鋒利器械，遇有胡寇相機勦捕。所領官軍悉聽節制，如制奉行』。（二十一日）

勅諭失乃干曰：『大明皇帝敕諭知院失乃干：本雅失里不順天道，殺戮使臣，侵擾邊疆。今朕親將兵征勦之，追至斡難河，已將本雅失里殺散，獲其車輛牛羊牲口。爾前放回指揮塔海等，爾之美意，朕悉知之。久聞爾等欲順天道，輸誠歸朕，未得其機。今聞爾等俱各分散，此皆天道使然。能順天道前來歸朕，則父母妻子俱得團圓，永享太平之福。苟不聽朕言，失此時機，悔之晚矣。茲特遣指揮郭帖木兒等以敕諭爾，幷賜爾綵段二表裏；軍中所將不多，用表朕意。故諭』。（二十一日）

諭都督劉江等曰：『說與遊擊將軍都督劉江，朱榮，都指揮蘇火兒灰，王哈剌把都兒，內官王彥，王安，春山等：朕今在飲馬河北岸殺胡城駐劄，清遠侯哨馬來報，望見阿魯臺哨馬離殺胡城三十里向東行，甚是相近。爾等切不可過臚海禿去，只來飲馬河殺胡城尋大營哨道前來就我，切不迤東行以誤事機』。（二十一日）

五月戊子（二十二日）　車駕循飲馬河東行至威遠戍。

二十二日分軍由飲馬河先回。上以騎兵追逐餘虜東行，步行者俱不能從。是日發平胡詔及書勅諭數道，甚忙迫。午後起營。

諭清遠侯王友等曰：『說與總兵官清遠侯王友，副總兵廣恩伯劉才：不問官軍人等，但有犯了重罪的以重號令治他，犯了輕罪的以輕號令治他；該斬的斬，該打的打，毋得狗情饒過』。（二十二日）

勅清遠侯王友等曰：『敕總兵官清遠侯王友，副總兵廣恩伯劉才：爾等回至開平，除存留官軍一萬員名外，其餘陝西，山西，寧夏，甘肅各處官軍即便發回。故敕』。（二十二日）

五月己丑（二十三日）

二十三日午大雨，午後雨止，發威遠戍；晚至廣安鎮。

勅成安侯郭亮曰：『敕成安侯郭亮：前令海壽齋敕，令都指揮章安，盧整，陳景先，尚書吳中等，將運赴口溫迤都糧只依海壽齋去。敕內行開平糧三千石不必運赴口溫。爾可親率領官軍運赴應昌，迎接大軍，毋致稽緩。故敕』。（二十三日）

敕諭國公米剌。（首尾文與『敕諭知院失乃干』文同，但中間改云『爾前放回指揮失例門』；後改『今遣指揮失例門等』。）

敕諭王脫火赤。（首尾文同，但中間改云『爾前放回千戶沈伯顏帖木兒』；後改『今遣千戶沈伯顏帖木兒等』。）

敕諭國公乞塔。（首尾文同，但中間改云『爾前放回指揮火兒忽塔等』；後改『今遣千戶米查吉』。）

敕諭哈剌陳各愛馬官員頭目人等。(首尾文同，但除去『爾前放回，爾之美意，朕悉知之』三句；後改云『今遣使以敕諭爾，就賜爾等綵段表裏』。)

勑清遠侯王友等曰：『敕諭總兵官清遠侯王友，副總兵廣恩伯劉才，安遠伯柳升：到即選精壯步軍六千名前來圍宿，都督薛祿下有精壯者亦選將來，錦衣衛選二百名，御馬監選二百名，尚膳監選三名，光祿寺帶精壯廚子三十名前來，毋致稽緩，故敕』。(二十三日)

五月庚寅(二十四日) 車駕次蟠龍山，勑清遠侯王友等曰：『士卒從朕遠征，備極艱難。古今爲將者與士卒同甘苦，士卒未食不先食，朕安得獨享滋味。凡軍中所獲牛羊及光祿寺上供米麵諸物，悉均給軍士』。

二十四日發廣安鎮。由此循飲馬河南，東北行。午次蟠龍山；大雨，平地水流。暮，雨止。

諭清遠侯王友曰：『說與清遠侯王友：大營中軍有糧米，務要均勻接濟各軍。無糧軍士回還，毋使困乏拋棄在途』。(二十四日)

諭王友等曰：『說與總兵官清遠侯王友，充副總兵廣恩伯劉才，內官趙俊：但是軍中所有一應駱駝，將車上神機銅銃，均勻摘減，駝載回還，庶使各軍輕便，易爲拖拽。軍中糧食務要均勻接濟各軍軍士。上緊先差人催督運來口溫迤都糧食接濟軍士，嚴加禁約，不許搶散。軍中所有牛羊，不問是朝廷者，是官員軍民人等者，盡數拘收作糧食，接濟軍士。但有隱匿私自宰殺不將入官者，治以重罪』。(二十四日)

又諭曰：『說與總兵官清遠侯王友，內官張泰朱不花：但是尚膳監及光祿寺所有米麵，臘味，棗子，幷一應物料，盡數給散與無糧軍士食用。酒與沙糖，鹽，醬，椒，不必給散』。(二十四日)

五月辛卯(二十五日)

二十五日發蟠龍山，雨意未止。晚次臨清鎮。

五月壬辰(二十六日)車駕次定邊鎮，遣都督梁福諭祭去年陷沒將士。設萬全東關馹。

二十六日午後離飲馬河，取便道入山中。晚次定邊鎮。是程無水，載水爲早炊。

五月癸巳(二十七日)車駕次雙清源。前從丘福陷虜中軍士聞上親征，至是多脫歸。

二十七日發定邊鎮，午至河。午食後渡河，河水稍深，據鞍不能渡。幼孜三人俱脫衣乘散馬以渡，水沒馬及腰以上。暮至雙清源；夜禁火不舉。

諭遊擊將軍朱榮等曰：『說與遊擊將軍朱榮王安：哨馬爲大軍耳目，朕令爾等在前，竝不擒獲聲息；今日朕自拏得聲息，不知爾等在前何爲！累次失機，朝廷大事皆爲爾等所誤，似此所爲，事何能成？豈欲故壞事耶？欲成事耶？爾等回將話來！』(二十七日)

五月甲午(二十八日)

二十八日發雙清源。午至河，水益深，多用柳枝縛筏以渡。晚次平山甸。上立帳殿前，召幼孜三人問津河之由，嘆曰：『朕渡河時已命筏上渡，汝何不由彼?』光大曰：『臣輩不知，及至彼又無與臣言者，故不由彼渡』。上笑曰：『今日方爲艱難，汝得無懼乎?』因渡水得一木板，上有虜字，就以進；上命譯史讀之，乃祈雨之言也，虜語謂之『札達』，華言云『訕風雨』，蓋虜中有此術也。

諭都督劉江等曰：『說與遊擊將軍都督劉江，朱榮，都指揮蘇火兒灰，王哈剌把都兒，內官王彥，王安：每日晚發哨馬一百匹往前，行八九十里，至東方動伏下。遇有胡寇，務要用計擒拏聲息；爾等哨馬照依每日常行』。(二十八日)

五月乙未(二十九日)

二十九日次盤流戍。

六月丙申朔，車駕次凝翠岡。下令將士臨敵毋掠人口輜重及馬駝羊牛，違者斬。

六月初一日次凝翠岡。

諭各軍總兵官等曰：『說與各軍總兵官：每日天明及未日落之時，許燒火做飯。天未明，日已落，不許燒火。違者處斬；所管指揮千百戶總小旗皆斬』。(初一日)

又諭曰：『說與各軍總兵官及各將軍大小頭目軍士，所有號令條示於後：

一，臨陣之時，大小官軍肩上無纓子，背上無黃號紅勇字者，皆斬。

一，臨陣之際務要盡力勦殺胡寇，不許搶虜人口家財馬駞牛羊牲口及車輛等物；敢有違令者，該管頭目及搶虜之人皆斬』。(初一日)

諭劉江等曰：『說與遊擊將軍都督劉江，朱榮，都指揮蘇火兒灰，王哈剌把都兒，內官王安，王彥，春山：爾等今至兀兒失溫河，已入賊巢穴，務要藏形隱跡，不可使賊有所知覺，方能成此大事。今務要謹慎哨瞭，成此大事，庶可贖爾前罪』。(初一日)

六月丁酉(初二日)

初二日發凝翠岡；午經闊灤海子，上令幼孜數人往觀。去營可五六里，有山如長堤以限水。海子甚闊，望之若無畔岸，遙望水高如山，但見白浪隱隱自高而下。天下之物莫平於水，嘗經江湖間，望水無不平者；獨此水遠見如山之高，近處若極下，此理極不可曉。觀畢復命，上曰，『此水周圍千餘里，斡難臚朐凡七河注其中，故大也』。遂賜名曰『元冥池』。晚次玉帶河。

諭朱得等曰：『說與都指揮朱得，指揮李玉：後面有軍人兩箇扛擡神機銅銃六箇，不見到營，爾等務要沿途仔細跟尋，星馳送至大營』。(初二日)

六月戊戌(初三日)

初三日次雄武鎮。上召予同勉仁往光大看馬。及退，漏下已三鼓矣。

諭各軍總兵官等曰：『說與各軍總兵官及驃騎將軍都督薛祿薛斌等：每日下營軍士不許擅出長圍外；如有擅出長圍外者斬』。(初三日)

諭劉江等曰：『說與遊擊將軍都督劉江，朱榮，都指揮蘇火兒灰，王哈剌把都兒，婁鬼力，內官王彥，王安，春山：爾等將十人架礮，不見八人，只有兩人，又迷失路。爾等先前失機誤事，今又將無馬官軍在哨馬裏行。哨馬本是輕便疾快之事，不知爾等留此步行者在哨馬裏何用？』(初三日)

六月己亥(初四日)

初四日發雄武鎮，晚次清胡原。

六月庚子(初五日)車駕次青楊戍。戒將士毋妄殺戮。(按實錄此條似應在辛丑)

初五日次澄清河。

六月辛丑(初六日)

初六日發澄清河，數里渡河，穿入柳林中。柳叢密不可行，下皆汙泥。行五六十里下營，大雨如注，至晚不止。又復起營，夜次青楊戍。

諭冀中等曰：『敕驃騎將軍都督冀中：今令爾把總都督孫成，都指揮傅銘為副，收管胡寇馬駝牛羊，務要好生收管。人口不許走失，馬駝牛羊不許驚散。非收管馬駝牛羊官員人等，不許擅自至人口頭畜之所。如有無故擅自牽趕者，拏住即斬。爾等務要用心收管，如是走失人口，驚散馬駝牛羊，雖有功也是無功，仍復加罪。若爾等所管之人，有將人口頭畜私作人情營求打關節者，拏住即斬，連爾俱有重罪。故敕』。(初六日)

六月壬寅(初七日)

初七日發青楊戍，凡四渡河，河水甚急。午次克忒克剌，華言『半箇山』。山甚峻拔，遠望如坡，故名。入此，河稍狹；山攢簇多松林。上曰：『此松林甚似江南，至前山水益清秀可愛，孰謂虜地有此奇觀也』。晚次蒼松峽，隔岸坡陀間，樹林蓊鬱，宛如村落。水邊榆柳繁茂，荒草深數尺，而草稍俱爲物所食。是日獲虜二人，因問之，知虜騎曾經此過一宿，草爲馬所食也。

六月癸卯(初八日)車駕次飛雲壑，夜兼程前進。

初八日發蒼松峽，渡泥河數次，河狹水淺，兩岸泥深，人馬多陷。晚渡黑松林，蒼翠可愛，遂下馬少憩。復行數十里，下營飼馬。日沒復啟行，夜入山谷中。乘月倍道兼行，上坡下澗，不勝崎嶇。月落路難行，旌旗甲戈，咫尺不能辨。幼孜三人從寶纛，須臾莫知其處，但前騎皆不行，始下馬，立半山間；逾時復上馬，下至平川，路多沉淖且陷，益難行，而鄉道亦惑，遂止。次飛雲壑。

六月甲辰(初九日)黎明哨騎報阿魯台聚衆前山谷中，遂命諸將列陣。上先率數十騎乘高視地勢，曰，『吾已悉破虜之方矣！』乃麾諸軍渡山，結陣而行，左右相距數十里。虜出沒山谷間，且迎且却。少頃，阿魯台遣人詣軍門請降。上曰：『虜多詐，此欲緩我師爲自脫之計耳』。乃遣勑諭之曰：『上天棄元久矣。縱爾有志，天之所廢，誰能違天？人力雖強，豈能勝天？當此時誠能順天所與，天必福之，而富貴可保，功名不隳矣。昔金日磾契苾何力歸身漢唐，備恩榮於當時，光譽名於簡册。爾聰明特達，豈下前人哉！朕今駐師于此，爾能來京，則名爵之榮，不替有加；且俾爾子爾孫承襲世世；所部之衆仍令統領。朕以至誠待人，如不遵朕言，荒居野處，終身何益？丈夫在世，當明達果決。事機一失不可復得，爾其審之！』遂遣人偕來使賚往諭之。阿魯台得書有歸順之意，其左右沮之曰：『爾忘殺大朝使臣耶？大明皇帝何負爾？爾既背之，今復歸之，縱天地大量，能爾容，爾何顏面立于其朝乎？』阿魯台默默猶未決，又遣其甥朵兒只來輸誠款。上賜之酒，復遣使與偕往諭之。其下欲降者半，戰者半。阿魯台對衆太息曰：『今戰勝負未可必，但戰敗，欲降可得乎？』我所遣使知虜猶豫無堅志，馳歸奏之。上曰：『朕固知此虜詐』。諸將請戰，上曰：『未可』。令諸將暫休，而命諸將各嚴陣以待。虜亦遲回不敢發。上以數百騎挑之，虜衆迎戰。右哨先與虜敵。阿魯台率數千騎當中堅。上躬率精騎千餘徑衝虜陣。我軍大呼，人皆百其勇，矢下如注。阿魯台失色墮馬。虜騎死者相枕籍。阿魯台罵其麾下曰：『不從吾言，至此，今無及矣！』策馬走。我師乘之，追奔百餘里，虜衆潰散，阿魯台以其家屬遠遁。時熱甚無水，軍士飢渴，遂收兵，營于靜虜鎮。

初九日發飛雲壑，行二十餘里，凡渡數山，至一水泉處，前哨馬已見虜列陣以待。上飭諸將嚴陣，先率數十騎登山以望地勢。幼孜三人下馬披甲，復上馬，隨陣後渡一大山，見虜出沒山谷中。少頃遣人來僞降。先是上度虜必僞乞降，預書招降勅以待，至是虜果來。上在陣前召取勅，幼孜遂馳馬至前，以勅進。上曰：『虜詐來請降，朕亦給之』。乃以勅付來者去。又行數十里，駐兵於山谷中。忽見陣動，亟上馬前行，俄聞礮聲，左哨已與虜敵。虜選鋒以當我中軍，上麾宿衞卽摧敗之，虜勢披靡，追奔數十餘里。予三人同方尙書隨寶纛前進。上已駐兵于靜虜鎮，傳令都指揮王貴來收兵。貴見予數人，驚曰：『何故在此？主上已久下營，可亟回』。予數人遂回，往返已百餘里。

六月乙巳(初十日)上旋師逐虜潰散者。晚次駐蹕峯，地高少水；忽雷雨大作，軍中足飲。

初十日早發靜虜鎮，命諸將皆由東行。人渴甚，以衣於草間且行且拽，漬露水，扭出飲之。行數十里始得水。晚次駐蹕峯。

六月丙午(十一日)上率精騎前進，命都督冀中金玉等領馬步卒殿後。至長秀川，虜棄輜重，牛羊，雜畜，滿山谷及河之兩傍，連遙百餘里。中等收其牛羊雜畜，盡焚其輜重。

十一日上先將精騎窮追虜潰散者。令予三人及文職扈從者皆隨都督金玉冀中所領馬步後進。午始行入山谷中，漸見虜棄輜重。晚次長秀川，而輜重彌望。

六月丁未(十二日)上追及虜於回曲津，命安遠伯柳升以神機銃當先。銃發聲震數十里，每矢洞貫二人，復中傍馬，皆立斃。虜怖慴策馬走。我師奮進，大敗之，斬其名王以下百數十人。

十二日發長秀川，隨川東南行。虜棄牛羊狗馬滿山谷。暮次同典津。

六月戊申(十三日)車駕追虜至廣漠戍，餘虜數十人遙拜祈哀。上曰：『服則舍之』。遣人諭曰：『罪在首惡，不在爾曹』。麾之去，皆望拜叩頭而行。

十三日次廣漠戍，歸大營。上逐虜於山谷間，復大敗之，久方同營。幼孜三人見于帳殿，上語破賊之故，復加慰勞；幼孜三人叩頭謝。

六月己酉(十四日)車駕發廣漠鎮。上諭諸將曰：『虜性貪，至死不易；今雖潰散，山谷必有窺伺我後者，須禽之』。乃命諸軍先渡河，伏騎士數百于河曲柳林中，令步卒十餘持銃後行，而實草于囊，載之以誘虜；戒之曰：『虜至則引入伏中，舉銃，伏兵聞銃即出』。上按精兵千餘最後發。虜見大軍渡河，果貪所載物，競趨而至。即出伏中，銃發，伏兵躍出，虜皈同走。上所率兵已至，虜窮急，莫知所向，復奔渡河；馬陷入淖泥，遂生擒數十人，餘盡死。自是軍行虜無敢窺于後者。而訊所擒數十人，皆兀良哈部下，嘗入朝授官矣，復叛附阿魯台。上責之曰：『爾于朝廷何功，徒因來朝，輒予爵賞；今不思報，乃復爲叛寇用！』命悉斬之。

十四日發廣漠戍，行數里，渡河。河濱泥深，陷及馬腹。餘虜尚出沒來窺我後；上按兵河曲，佯以數人載輜重于後以誘之。虜見，競奔而前；銃響，伏發，虜蒼黃渡河。我騎乘之，生禽數人，餘皆死。虜由是遂絕。晚次蔚藍山。

六月庚戌(十五日)車駕次寧武鎮；虜餘衆來降者相繼踵。以敗阿魯台之績，遣都督王麟，中官紫塞齎書諭皇太子；勑英國公張輔，成安侯郭亮督餽赴軍前。

十五日次寧武鎮。

六月辛亥(十六日)車駕次紫雲谷；諸將皆會，賀捷。上曰：『朕非無深宮廣殿以自逸，而與卿等蒙冒霜露，暴于遠外者，誠以邊民之患不可坐視，胡虜之勢不可滋長，及朕與卿皆未老，同力掃除之，亦子孫生民之利也』。

十六日次紫雲谷。

六月壬子(十七日)車駕次玉潤山。上出營外，見病卒，謂翰林學士胡廣，侍講楊榮等曰：『士卒從朕征戰，今旋師在途，去家漸近，而病困如此，若不收卹，必致流離』。遂命中官周視營內外將士，有病者悉給醫藥；仍令諸將善視軍士之有病者，毋令失所。

十七日次王潤山。

六月癸丑(十八日)

十八日次紫微岡。

六月甲寅(十九日)

十九日次青陽嶺。

六月乙卯(二十日)車駕次清華原；命諸將行軍之際巡視士卒，有病者悉舁載赴營。

二十日次清華原。

諭冀中等曰：『敕驃騎將軍都督冀中金玉：今日爾(字句有誤)把總督孫誠，都指揮何銘爲副將，領官軍在後前進，遇有聲息，相機勦戮，所領官軍悉聽調遣，務要好生將帶齊進，不許落後。故敕』。(二十日)

六月丙辰(二十一日)

二十一日次淳化鎮。

六月丁巳(二十二日)

二十二日早發淳化鎮；渡河，深入馬鞍。既渡，以爲無水矣，而入一澤中，長六七里，草深，泥水相交。復渡兩河，泥陷及馬腹；馬陷泥濘中，幾陷。晚次秀水溪。

六月戊午(二十三日)車駕次淙流峽，遣人督成安侯郭亮餽運赴營。

二十三日發秀水溪，行十餘里入淙流峽，甚險，一水流其中，路傾側臨水，縈迴曲折如羊腸。日凡七八渡，登高下低，馬力疲倦。逾數岡至營。晚次峽中。

諭郭亮曰：『敕成安侯郭亮：前在飲馬河計算軍糧食至應昌，令爾運來應昌迎接，前後凡十餘起差人催促；今大軍已回至應昌，不見爾運糧前來。若得五六百石先至，軍士亦得接濟。今顆粒不至，如此失誤大事，以致軍士乏糧，不知爾心懷何謀，主何緣故！今復差御馬監少監楊春前來，即星夜火速作急儹運，毋得頃刻遲誤！故敕』。(二十三日)

六月己未(二十四日)車駕次錦雲峯，成安侯郭亮餽運至。

二十四日次錦雲峯。

諭王友等曰：『說與清遠侯王友，廣安伯劉才：前令爾等領回各處官軍開平，即發回原衞；今且留休息數日，待朕至遣其回』。(二十四日)

六月庚申(二十五日)車駕次永寧戍，時清遠侯王友等將至禽胡山，與失乃干相拒一程，友等迂道避往應昌，致軍士乏食，多死者。上聞之震怒。

二十五日次永寧戍。

諭王友等曰：『說與清遠侯王友，廣恩伯劉才等：前令爾等領回天下都司衞所馬步官軍迤都口溫開糧食用，爾等卻不由迤都口溫開糧，乃迂途至應昌，以致軍士餓死者大半。今得爾等奏言，得知口溫無糧。其原運糧之人，與爾等說口溫無糧之人，俱令前來回話。前擒遠賊，爾等令人監守後，竟脫避。其原監守之人，即令管送前來回話』。(二十五日)

六月辛酉(二十六日)車駕次長樂鎮，令都督劉江等率師殿後，勑英國公張輔選精騎二千往助江，道遇遺骸就瘞之。遣使切責王友劉才曰：『將士從朕遠征，苦勞可憫，特付爾等先歸，就有糧之處休息。爾舍近趨遠，蹈無糧之地，至餓死甚衆。昔馬謖違諸葛亮節度，舍水上山，亮按法斬之。朕爲天子，總六軍，乃可廢法耶？又嘗諭爾等，遇胡寇即相機勦滅。寇距爾一程，乃舍之而避去，爲將擁兵縱賊，尙可逃誅耶！』

二十六日次長樂鎮。

諭王友等曰：『說與淸遠侯王友，廣恩伯劉才：朕以全師付爾等領回，爾等舍近趨遠，避有糧之地而蹈無糧之處，致使官軍餓死有大半。昔馬謖違諸葛亮節制，舍水上山，亮即斬之。亮小國之軍師，而法制在於必行，況朕以堂堂之天下，又豈可以廢法制也哉！朕制諭爾等，遇有胡寇即相機勦捕。胡寇去爾一程，又不勦殺。舍糧不趁，失陷全勝之師，故違朕命，天地之所不容，神人之所共怒。爾等之死，非朕殺爾等，是爾等自取其死』。(二十六日)

諭張輔曰：『勑英國公張輔：勑至即令淸遠侯王友，廣恩伯劉才將所領官軍自飲馬河至開平明白開報：見在若干陣亡，若干失陷，若干病故；朕至即要數目。故勑』。(二十六日)

六月壬戌(二十七日)車駕至通川甸，勑英國公張輔閱視王友等所領馬步官軍器仗。

二十七日發長樂鎮；草間多蚊，大者如蜻蜓，拂面嘬嗜，拂之不去。晚次通川甸，即應昌，東二海子間。上登山遙望，指海邊石山曰：『此即三石山也。營之西南曼陀羅山下有寺基；元公主造寺出家于此，國初廢』。

諭張輔曰：『說與英國公張輔：即將淸遠侯王友等所領馬步官軍，所帶一應軍器，從實點過，不許那借應點；仍取其數目見有若干，拋棄若干，明白開報』。(六月二十七日)

六月癸亥(二十八日)車駕次金沙苑，勑英國公張輔收王友等原受制諭，就領其衆，遵勑切責王友劉才。命都督馬榮以所領官軍收䘏王友緣邊所遺軍士之病者，並給糧食，加意將養，毋遺棄一人；有收病卒一人至營者賞鈔五錠。

二十八日次金沙苑。

諭張輔曰：『敕英國公張輔：敕至，即將犯人王友劉才原領制諭追取；所領軍馬，爾就掌領以候朕至。故敕』。（二十八日）

六月甲子（二十九日）

二十九日發金沙苑。是程多木，途邊多榆柳，沙陀高低，樹青沙白，甚可觀。上曰：『此景猶小李金碧山水也』。行數十里有大海子，水稍深，先令軍士伐木爲橋以渡。晚次玻瓈谷。

六月乙丑（三十日）車駕次威信戍，復遣勑責王友劉才。皇長孫及趙王高燧，北京文武衙門遣官進迎鑾表，至行在所。

三十日次威遠戍。

諭王友等曰：『敕王友劉才：前在飲馬河，朕以全師付爾領回，爾舍有糧之地而蹈無糧之處，且如迤都糧，前爲寇所掠，後復運去，若是無糧待朝廷之過，而口溫尚有糧，爾等乃不就口溫有糧近地。前制諭爾等遇有胡寇相機勦捕，爾見賊家小相去一程，人又不多，正好勦捕建功；却乃畏避，故違朕命。遂使全勝之師迂途乏食，餓死者大半；棄軍器於途以資敵，以害朝廷。不知爾等立心何爲，欲主何謀？爾等何面目以見朕，何面目以見將士？罪惡貫盈，天地之所不容，神人之所共怒。爾等之死，非朕殺爾等，是爾等自取其死。故敕』。（三十日）

七月丙寅（初一日）朔。

七月初一日次武平鎮。

七月丁卯（初二日）車駕次開平，宴勞將士及進表官；命以所獲牛羊悉分諸將給軍食。上謂侍臣曰：『朕在塞外久素食，非乏肉也，但念士卒艱難，朕雖食之，豈能甘味！故寧已之』。侍臣曰：『臣等比見陛下服御供具儉約，蓋將帥有過之者』。上曰：『朕往時在軍中皆然，不獨此行，但此行尤念士卒勞苦也』。命都督張遠等於平胡城運軍餉還開平。遣使賚制諭命駙馬都尉西寧侯宋琥佩征虜前將軍印，充總兵官，鎭甘肅；勑諭琥曰：『昔爾父鎭甘肅，撫輯有方，軍民安業。爾其體朕之心，踵父之行，恪勤夙夜；毋恃貴戚，驕傲以凌人，怠慢以廢事；務宣朝廷德意，使邊境宴安，人心悅服，則予汝嘉。欽哉！』條數王友等罪，命英國公張輔示之。

初二日次開平，營于斡耳朵，華言『宮殿』也。元時宮殿故址猶存，荒臺斷礎，零落荒煙野草間，可爲一慨！

諭王友等曰：『敕王友劉才：朕以全勝之師付爾等領回，就制諭爾等遇有胡寇相機勦捕；爾等啟行之時，朕又遣內官三保說與爾等，但遇胡寇務立奇功頭功；爾等言無妨，教朕放心。朕以託付得人，即放心矣。不意爾等去賊一程，活賊性命，不行勦殺，乃害朝廷官軍，雖三尺童子皆知其爲不可。爾等舍有糧之地而蹈無糧之處，使官軍迂途，餓死者大半，不知爾等主何意何謀！夫法者朝廷公器，非朕所得私。今爾等罪惡滔天，一死不易。爾等之死，非朕殺爾等，實爾等自取其死。故敕』。（初二日）

諭張輔曰：『敕英國公張輔：前朕在飲馬河以全師付王友劉才，捨有糧之地而蹈無糧之處，迂途至應昌而回，致使官軍餓死者大半。啟行之時朕以制諭付之，遇有胡寇，即相機勦捕。彼去賊一程，不行勦捕，乃活賊性命，而將全勝之師餓死。其立意主謀，皆有二心，欲壞朝廷大事，以資敵人。且所領軍士，久勞於外，正當善爲撫綏將養；其回不待朕命，擅自驅迫，使之修路。前遇胡寇，正當勦除之，肅清道路以迎君父；乃不如此，若使朕由彼而回，猝然遇賊，是以賊遺君父也。今其罪惡貫盈，天地之所不容，神人之所共怒，尚欲假此以掩其過，豈可得也！夫法者朝廷之公，非朕所得私，原其情罪必殺無赦。非朕殺之，乃彼自取其死。茲特諭爾，即將與犯人王友等觀之。故敕』。（初二日）

諭各軍總兵官等曰：『說與各軍總兵官及各將軍：所有患病官軍存留在開平將息，仍各留停當頭目照管，俟病安領回。瘦乏馬匹亦留在開平水草便利去處牧養；每馬十匹，留軍二名看牧，仍撥的當頭目管領，俟馬匹膘息肥壯領回』。（初二日）

七月戊辰（初三日）遣右春坊右庶子兼翰林院侍講楊榮賚書諭皇太子以七月十七日抵北京，命代告天地宗廟社稷。簡留各營將士隨駕，餘令先入居庸關。皇長孫遣中官進瓜果至行在所。改開平李陵驛爲威虜驛。

七月己巳（初四日）趙王高燧遣內使進瓜果至行在所。勑文武羣臣議王友等罪。

初四日次環州，上召賜瓜果。

諭羣臣軍士曰：『說與文武大小羣臣及軍士：往者胡寇拘戮使臣，朕命師往問其罪。所遣丘福匪人，愚騃頑冥，本乏將才，以致敗衂陷師，致使胡寇驕騁。朕慮其擾邊，故親帥六師往討之，使邊境清寧，將士皆得高枕，人民無轉輸之苦：一勞永逸。而胡寇氣運衰絕，實天亡之，使其全勢冰消瓦解，自相讎殺。師至斡難河，已將胡寇本雅失里追敗，又將隨駕將士往東掠阿魯臺。將士奮不顧身，即摧敗之。前在飲馬河，以全勝之師付王友劉才領回，已於興和命尚書吳中都指揮張安等運糧赴迤都口溫二處迎接；而運糧者車塵相望。朕又令吳中等運糧出迤都二程，令王友等差人往迎糧。王友等自飲馬河十二程至迤都，聞有胡寇三千，即畏怯躲避，乃舍有糧之地而蹈無糧之處。又令其但係朕所用之物及牛羊悉以給軍士；彼牽趕牛羊直至開平，不以給散，乃迂途至應昌無糧之處而回，致使官軍餓死。朕不明知人，以至如此，實痛切於心！啓行之時，朕制諭之，遇有胡寇，相機勦捕；彼與胡寇與魯相去一程，不行勦殺，是欲活寇性命而殺朝廷官軍，故違朕命。其主意立謀不知何爲。爾文武大小羣臣軍士，即將王友等罪犯從公定議來聞！』（初四日）

七月庚午（初五日）

初五日次李陵臺，今名威虜驛。連渡數河，水深及馬鞍。晚次寧安驛。

七月壬申（初七日）車駕次盤谷鎮，勑駙馬都尉廣平侯袁容，泰寧侯陳珪曰：『今隨征將士久勞于外，到家之日，欲令休息，即預撥軍丁代爲牧放，仍禁軍士踐苗稼採瓜果』。勑寧夏總兵都指揮王俶曰：『朕聞爾在邊守法奉公，撫綏有道，茲特命爾鎮守寧夏；宜嚴固城池，謹愼隄備，遇寇相機勦捕，不可怠忽』。

初七日發寧安驛，經元西涼亭故址，四面石墻未廢，殿基樹木已成抱，殿前栢兩行仍在，但蕭條寂寞。觀久，悵然而出。晚次盤谷鎮。

七月癸酉（初八日）車駕次獨石，勑北京留守羣臣毋遠迎妨事。修遼東廣寧右屯衞城池。

初八日發盤谷鎮，入山峽中，路甚險，兩山相夾，如行夾城中。上曰：『此山險阨若是，雖有虜騎千羣，豈能至此！縱至此，斷其歸路，鮮有能出者』。晚次獨石。

七月甲戌（初九日）車駕次龍門。皇太子遣兵部尚書兼詹事府詹事金忠進迎鑾表，詹事府丞陸中善進袍服，皆至。上曰：『將士同朕勤勞，其衣裘悉敝，未有更易，朕何爲獨先！侯入關將士俱易衣，朕亦易之未晚』。

初九日次龍門。龍門兩山對峙，石崖千仞，水流其中，路由水中行。山水泛時，此處最險。上指此山曰：『斷此路孰能度者？』崖石懸處甚平，光大曰：『此處好鑱磨崖碑』。上曰：『朕意如此，汝言正相合也』。

七月乙亥（初十日）

初十日次燕然關。

七月丙子（十一日）

十一日次長安嶺，至此方出險。

七月丁丑（十二日）

十二日次鎭安驛。

七月戊寅（十三日）

十三日次懷來。

七月己卯（十四日）

十四日次永安甸；召賜瓜果。

七月庚辰（十五日）車駕次龍虎臺；北京文武羣臣奉迎，見畢即遣歸。

十五日度居庸關。上令幼孜三人記關內橋；自八達嶺出關口，凡二十三橋。晚次龍虎臺。

七月辛巳（十六日）

十六日次淸河。

七月壬午（十七日）車駕至北京。上御奉天殿受朝，羣臣上表賀。命光祿寺臣曰：『羣臣從朕于外者，勤勞至矣，而匡輔居守之任亦不易也；明旦設宴殿廷，朕親勞焉』。

十七日駕入北京。

七月癸未（十八日）大宴羣臣于奉天殿。凡從征至斡難河及答蘭那士兒哥地面大小武職官，侍從文職官，留守公侯伯，文武三品以上官，各處進表官，四夷使臣，皆預。餘將士及留守文武四品以下官，在京耆老，各賜之鈔。

按：永樂六年，韃靼可汗鬼力赤爲其下所弒，因立本雅失里爲可汗。是時成祖因方有事安南，不欲有北顧之憂，乃遣給事中郭驥使本雅失里，偵其情勢。乃使者爲所殺，知虜酋不可以禮遇，遂于七年七月命淇國公丘福爲征虜大將軍，武成侯王聰，同安侯火眞副之，靖安侯王忠，安平侯李遠爲左右參將，討本雅失里。八月丘福敗績于臚朐河，福及聰眞忠遠皆戰死，全師覆沒。成祖不勝忿，乃親帥六師，慷慨臨戎，馳驅千重，走可汗，敗太師，聲威亦著矣。然所俘斬，史不明其數，則鹵獲甚微可知也。一不得志，遂至于再，再而三，三而四五，此成祖之所以屢出塞而不遑寧息歟？雖然，不事妄安，好勤遠略，是誠亦一代英主哉！

（初編完）

秦輶日記

孫培

二十日：晴。王生來，余門下士也。王夙作令漢中，習知山南風俗。余在空谷，久不聞人足音，蛩然心動。今王生來，余詢漢俗，據稱漢南五方雜處，風氣日偸，有轉房，招夫，指媳贅婿，及再醮，三醮，並夫從妻姓，妻厭夫貧等項弊俗。其所謂『轉房』者，兄死嫂即嫁弟，弟死娣可嫁兄。若有兄弟四人，長兄未娶而四弟死，其妻固可嫁長兄矣，然以其年不相若，乃使妯娌各升一位，以謀相當；鄉閭且稱爲平允。『招夫』者，如夫懦無能，即招一夫，一切生計惟招夫是賴，本夫則安然坐食，故名曰『招夫養夫』。又有所謂『招夫養子』者，即夫死子幼，再招一夫，藉以養其幼子。其『招夫養翁養姑』者，則須均從妻姓，雖宗族亦認有繼續故夫之效，蓋夫雖死而名猶存。其他無所養而招夫者，亦易妻姓，名曰『上門』，宗族不以爲非，鄉黨不以爲怪。而再醮，三醮，四醮者，則直視爲通俗矣。若夫『指媳贅婿』者，則使寡媳配夫以爲子，甚至易其姓名焉。其尤異者，兄弟數人共妻一婦，間有朋友共娶一婦，婦袒甲則乙怒；嘗因涉訟，官以婦意爲從違，斷歸一人，而以初娶之錢償之共娶者。弊俗如此，余聞其言爲之三嘆。

二十一日：雨。田醫來診，猶用前方。午後已撤甯羌李令來，談及烟禁，李令自稱烟禁之弛，實作俑於財政廳長程文葆，並出財政廳長秘函及稽征地畝罰欵簡則各一件，閱之不勝浩歎。爰照錄於左：

密啟者：陝西現辦禁烟罰欵，原因上濟中央，下蘇民困起見；本廳長入覲時業已密陳政府。至外交方面，大部亦允爲維持，當無妨碍。惟辦茲事不能形之公牘，現已派員四出查勘，仰該縣知事認眞會同辦理。茲將擬定罰章密發一份，遵照辦後仍須呈繳，是爲至要。此致甯羌縣知事。　計發罰欵簡則一份。　陝西財政廳啓。

陝西稽征禁烟地畝罰欵簡則

第一條　本簡章專爲淸查違禁種烟之畝，按畝征收罰欵，責令嗣後不准再種，以期逐漸禁絕。

第二條　清查烟畝經收罰欵，由縣知事負完全責任，並由稽核所遴派專員會同辦理。

第三條　此次清查烟畝委員，須擇其操守廉潔，心地光明者；各該員或由本所愼選，或由各機關推薦。除委員功過另有專條外，其保薦之人亦應負連帶責任。如該委辦事得力，應酌給相當奬欵。如或舞弊營私，保薦人一同受過。設該委侵吞欵項，照第十條加倍特出，保薦人亦應連帶攤認。

第四條　清查烟畝委員應親赴四鄉實地勘驗，分別冬烟春烟地畝等則，征收罰欵。

第五條　罰欵等則：

甲　冬烟：

一等地每畝繳庫平銀壹拾伍兩。

二等地每畝繳庫平銀壹拾貳兩。

乙　春烟：

一等地每畝繳庫平銀捌兩。

二等地每畝繳庫平銀陸兩。

第六條　凡繳罰欵之煙戶，由本所刋發收據，交由各縣分別塡給。其收據用三聯式，一繳禁烟稽核所，一存縣，一付交欵人收執。

第七條　種煙地戶應責令出具『來年永不種煙』切結，以免再違功令。

第八條　清查煙畝，均應詳細履查，不得有遺漏隱匿，及以冬煙指爲春煙，上地指爲下地情事。其辦理得力者，除酌給相當奬金外，其分發到省者詳請酌委優缺，未到省人員存記酌委釐金一次，以示鼓勵。

第九條　縣委清查報告後，由本所再派委員覆查。如覆查時烟畝溢出原報數十分之一以上，及冬煙春煙地畝等則不符至一成以上者，應處縣委以清查不力之懲罰；或令將漏報少報之罰欵照數賠補。覆查委員除優奬外，並給以增收數百分之十爲奬勵。

第十條　承辦人員如有侵蝕賄縱，借端勒索等弊，查實嚴辦，並勒令將侵蝕之欵照十倍特出。其情節重者，依枉法贓例執行。

第十一條　烟畝罰欵均赴縣繳納，由縣彙解稽核所。其收罰期限，或應分期核收，由縣委隨時體察情形，請示辦理。

第十二條　各縣知事委員應督同本地紳士抽查抽丈，

酌予薪水，准其作正開支；但不得過收數百分之二。其書差鄉保等並應聽委員之指揮；紳約書差等如有含糊吞欵各弊，照第十條辦理。

第十三條　委員薪水川資，日給三元。如收罰欵至萬元以上者，得提百分之一以爲縣委獎金。

第十四條　煙畝罰欵如不能交現銀者，准其以土抵交，每兩新土作價庫平銀壹兩照收。其經收新土，知事委員等加蓋圖章。如有攙換假料者，應由該經手員賠補，並不准加重多秤，藉圖餘利。

第十五條　奉將軍嚴諭，此次籌辦罰款係爲上濟時艱，下紓民困起見，實乃萬不得已之舉，應飭認眞辦理，不許稍有弊混。該印委等務各仰體斯意，切實稽征。如或有營私舞弊者，事在委員，則由縣知事一面釐剔弊端，一面據實詳報；事關知事，則即由委員查照舉發：互相考覈，庶不致彼此推諉，貽誤要公。如若扶同徇隱，一經査覺，或被告發，定即連帶從重懲治，决不寬貸。

第十六條　本簡則自委員至日會同實行。

第十七條　如有未盡事宜，隨時增改，以期完善。

逕啓者：頃奉將軍面諭，『凡各屬種煙之家，將所種畝數一面報官，並於煙地之四至插椿四根，書明姓名畝數，以便委員查估。如有煙地不插椿者，即是有意朦混，將該地本年所種之煙充公，由公家派人收割。仰稽核所通飭各縣知事暨各委員示知』等因。奉此，除分行外，合即函達貴縣，即便查照傳知，一體遵照辦理，以免朦混，是爲至要。此致甯羌縣知事。　陝西禁煙罰欵稽核所啓。

二十二日：雨。已撤甯羌李令復來寓，自云，『到任後屢奉呂省長嚴令禁煙，竭力實行，可云無過；今忽撤任，不知何因』。又出其與甯紳照會以証明之，試錄於左：

甯羌知事照會李紳

頃奉道尹飭開，『奉巡按使飭知，「現奉中央電令，飭將禁煙事宜積極進行，不准民間再行播種，務期盡絕根株，廓清毒卉，免啟外洋交涉」等因。合行飭仰該縣，刻日履勘查禁，毋得徇隱違延，致干咎戾』等因。奉此，煌煌功令，自應遵照辦理，除出示曉諭並派員分區查剷外，惟查前次既准鄉民續種春烟，雖節令已遲，布種不能發生，而高山僻壤之冬烟尚未剷盡者在所不免。其烟地畝數，尚未據首士約保造報前來。訪聞該首約等已有將烟畝罰欵征收者，現既奉文禁種，誠恐若輩乘此時機，將所收之欵含混侵吞。若不選派委實正紳，逐處調查，認眞追究，殊不足以除弊端。素諗貴紳廉能公正，任怨任勞，久爲鄉望所欽佩，合行照會，請煩台駕親赴產烟之區，嚴密稽查。如有首士約保已將煙地罰欵征收未報者，飭令如數交出。倘敢侵蝕違抗，即行指名稟揭，以憑懲罰。當此地瘠民貧，財力艱窘之時，選舉經費無欵可籌，團防用項不足開支，與其供彼私吞，徒滋弊竇，何若作我公用，裨益地方。並煩於經過地方詳細履勘，如有煙苗發現，勸令即行剷除，毋稍瞻徇。尙希貴紳勿憚煩勞，匡我不逮，幸甚，盼甚！所有夫馬旅費，應需若干，即由公署開支可也。右照會調查烟畝罰欵覆勘禁種煙苗委員李紳少雨。

二十三日：晴。余因病久不窺園，田醫來勸余散步郊垌，以吸新鮮空氣，因乘肩輿遊漢王拜將臺。至則荒阜一坏，上有豐碑，題曰『古拜將臺』。其下寒林黃葉，掩映蕭疎。余不禁悠然神往，益歎無雙國士亦必登臺而後一軍始驚，否則其不爲淮陰市人所終辱耶！

二十四日：雨。禁煙委員張步瀛從甯陝來，余詢地方疾苦。張委謂『盂圓則水圓，盂方則水方，物性如斯；而上下相通，寧獨異此！甯陝令昔以清靜無爲爲政，飲食娛樂，諸務廢弛；及現任道尹來，辦事認眞，不稍假借，該令聞風始振刷精神，坐堂判牘，不敢怠荒。倘所謂「風行則草偃」耶！』言之若不勝其贊歎。入夕，田醫來，解衣診臂，洗之以水，藥之以膏。田去而余亦就寢。

二十五日：晴。田醫來診，猶用前方。自割治後，瘡口已合，臂亦稍可轉側。計來漢中已將匝月，留心風土，約得大概如下：漢中農業，比戶皆是；惟山多田少，地方瘠薄，多爲客民耕種，終歲所入恒不足償其辛勤，遷徙無常，好爲浮動。而工業除女紅外，不過金工，木工，土工，石工而已，粗笨惡劣，不知精細彫刻之作。若商賈交易，多本地油鹽布米藥材之屬；洋貨尙少，間有陳列亦係零細小物，闕而不全。地方樸實，至爲可喜。

二十六日：晴。午後因運動身體，遊諸葛武侯廟。老屋百年，麈埃滿壁；入瞻侯像，不勝杜陵追慕之思。當初入時，有道士引觀廊下，指一石琴，謂是武侯遺物；以物叩石，能鏗然有聲。余以爲石自有音，卽非侯物，叩之亦空然作響，附和之詞至爲可笑。石琴長約四尺許，背鐫『建安五年』欵識，不似漢時物，殆後人贗造耳。廟側為南關女子初等小學，余入參觀，女師適他出，僅八九小女生伏案咿唔而已。

二十七日：晴。曩以臂病，久不出戶，義大利國拔主教時時寄聲致候。今病小愈，遂造訪，登其寺樓，俯見南鄭縣署依其宇下。拔主教因云，『代理南鄭縣令許復年雖少，而於民教案件判斷極公，足徵現任道台知人善任。某雖外人，心甚佩服』。入夕，雨忽降。田醫冒雨來診臂，既竟而去。惟連日行動精神雖快，而筋骨尚不舒也。

二十八日：晴。自留侯廟臥病以來，三旬有餘，追憶當時，恍如夢寐，自飲食以至醫藥，歷歷如在目前，爰作楹聯以寄侯廟，其詞為『來空山偶寄行蹤，慕清齋肥蕨盈盤，不是人間煙火。學長生無如此地，看道士胡盧賣藥，居然海外神仙』。工拙固不暇計，而當日郭道士食我以甘蕨，藥我以仙茶，其情形則固實在也。

二十九日：雨。閒居無聊，遇同寓沔人侯某，相與嗑牙。談及漢中官吏賢愚如何，據云『現任道台之勤敏，為數十年來所未有』。余叩其故，侯謂『前任朱道尹官漢中時，門前羅雀；小民有冤欲雪，左右必抑使莫伸。及現任道台來，小民往愬者衣袂相結。即如判斷陳守嘉一案，眞明見萬里矣。初會匪劉慶雲自蜀至南鄭，嘗往來甯沔兩縣間，開場聚賭。甯羌鄉約沈昌齡時欲分劉賭規而不得，又沔人陳守嘉負劉博債，屢索未償，因此嫌隙日深，恨二人入骨，遂回南鄭，密以郵稟告變於甯沔兩令，謂「陳與沈謀逆，黨羽甚多，宜早捕之以絕後患」，並聲明「赴沔及甯告發，恐觸不測，故用郵稟」等語。沔幕董師爺荒謬人也，性素好利，思發其財，故意張皇，率役逮陳及沈；其不肖吏役又嗾使陳沈牽累他人，藉以漁利；鄰近村落聞風遷徙，羣情洶洶，幾激大變。沔人甯老泰素知道台廉明，將赴漢中以上其狀，而不意現任道台之已至也。蓋道台時正出巡洋縣，聞風轉赴沔，老泰愬之途間，道台先以手諭遣散諸役，而以甯羌路遠，電飭該令迅將逮捕諸人釋放，反側始安。羣情既洽，道台乃入沔縣署中，調取呈詞，再三研訊，謂沔令云，「陳守嘉沈昌齡果眞惡黨甚夥，言則觸禍，劉慶雲久居南鄭，何以不逕赴本道衙門密愬而獨以郵稟寄呈甯沔？其為挾仇栽誣可知。況本道頃接郵稟，有人謂陳沈二人外均好百姓，其字跡與甯沔郵稟相符。不加考察，遽興大獄，殊屬不合」。遂坐堂立釋陳守嘉沈昌齡械梏，而抵吏役於法，堂下觀者羣呼「青天」。而又以甯沔兩令辦事操切，電省撤任，並逐董師爺出陝。一面函知南鄭縣知事吳士泰，密捕劉慶雲。惜吳令辦事顢頇，致劉兔脫，聞至今尚未捕獲。此皆某當日目睹情形』等語。語竣，適田醫來診，猶用前方。

三十日：晴。遠眺漢王臺，古木蓊翳，蒼翠欲滴。查漢王臺高二丈餘，周百餘步，拾級而上，有亭榭竹木之勝，爲郡中甲觀。前清時就臺之西南爲郡署，官斯土者歷加修葺，因之保存至今。據俗稱臺爲沛公王漢中即位之所。考之水經注，漢中大城周四十二里，城內有小城，皆漢王所築；晉咸康中，梁州刺史司馬勳斷小城東面三分之一以爲梁州等語。又輿地紀勝謂古漢中郡城爲秦厲公所築，在今縣東二里許；宋嘉定二年始徙今治。以時考之，臺當在古漢中郡城內，安能以今城當之耶！王文簡公以此爲韓信拜將壇固非，然亦足徵漢高踐位之臺非此臺也。

三十一日：雨。田醫來，診畢輒去，但囑靜養而已。查漢中地接川邊，夙爲會匪淵藪，余欲得其眞相，逢人輒詢，茲將連日所聞梟述於下。哥老會者，始於練勇，初于營中結黨數十人，約爲兄弟，與共生死，接戰時彼此提携援救。及大亂戡定，勇撤而會猶存，其勢遂蔓延於

川陝之間，而漢中爲最。其誘人入會，先給一號布曰『某山某水某香某堂坐堂某人』，用以僞印，而行輩又有『平排，徙排』（卽前後輩之意）之分，其品類則別以『內室，外室』。內室尙自愛（內室會而不匪，雖極下流至賭博而止），外室則放僻邪侈無所不爲（外室爲小綹，爲搶劫，甚至明火執仗，撞門入室，姦人婦女；惟不准夜間踰垣鑿穴，倘犯之，衆以爲恥，逐出會外）。入會必習其口號；口號既習，雖不相識，而一遇之途間，口號能通，即邀至家，供以飲食，甚至貧者日住富者之家而不知吝也。其頭目曰『帽頂』，又曰『大爺』，其他二爺，三爺，四爺，五爺各司專職，不相凌亂，如官府分曹然。查『二爺』司坐堂講理，『三爺』司誘人入會。入會者先識會中一人，名曰『恩兄』；恩兄引見三爺，許其入會，曰『拾級』。而『四爺』『五爺』一則專司財政，一則專司偵探。若帽頂者，不過總其成耳。會中人私相見，以伸大指爲禮。約法甚嚴，犯禁者殺無赦。其殺人之法，或埋諸野，或沉諸河，不之官，不償命也。外室平日專事搶劫，犯而被執，其襟間必囊臭蟲數十，備杖時嘍之以止痛。然以柳條擊其背，其術即窮。會中人犯法到官，不說他人姓名，出後必進一階，雖居末座亦提升前席；否則官雖放歸，會中人亦

必殺其全家以洩憤，故甯死而不吐他人姓名也。其隱語謂推升曰『衔文』，在會曰『在圓』，最小曰『老么』，而用髮垂前右襟上，以手之招不招爲人之遇不遇，又其暗號也。當此會創始，不過匪類相結；嗣後讀書人亦稍稍入會，乃設條教誓書而組織大備。始則逼彼商民（逼之之法：商賈設肆以謀生，均放債於鄉民，鄉民必秋收始償夙負。平日鄉民用物皆賒之商人，至秋赴鄉索欠，向之所謂良民者，自入會有所恃而皆狡詐，任其索討不償；稍拂其意，會中人全出，鞭撻從事。若會中索債則不能欺，且必淸償，否則同會責之。於是在會之商得其益，不在會者受其害，而商賈均思入會矣），終則挾彼差役（挾之之法：官人向來使民畏而不畏民；自有會匪以來，一紙官符到手，入鄉傳人，而會中不任其傳，羣毆辱之，更無論酒食矣。官人空手歸且枵腹歸，歸而受比，無處怨寃。若官人是會中人，至則以賓敬之；所傳者恐其受比也，不敢不來；不來，帽頂謂其移禍兄弟，亦必以私法處之。且有定章，每差到鄉，出貲若干，貧者會中醵金贈之，謂之『草鞋費』，於是各役不能不變計入會矣），羣相接結，呼應極靈。會勢既成，官府屢欲散之而不得，是以官家一舉動而會中人輒先知之，其故官府左右無往而非彼類也。自秦軍革命以後，軍隊加入尤繁，不勝枚指。余以陝西隱患，須在未雨綢繆，早爲設備，否則前清嘉慶年川陝會匪之禍勢必再見於今日。爰書其大凡於此，倘亦留心時務者所不廢乎？

十一月一日：雨。在寓閱沔縣志。考沔縣在昔爲白馬氐之境；及漢爲沔陽，屬漢中郡。蜀武侯嘗駐軍於此，古蹟尙存，可資考證。獨俗劇中空城計一齣，苦無所本，文人學士羣以爲不經。今見內載郭冲雜記，所稱『諸葛亮屯於陽平，遣魏延諸將並兵東下，惟留萬人守城。晉宣帝率二十萬衆拒亮，而與延軍錯道徑至前，當亮六十里所。偵候白宣帝說亮在城中兵少力弱。亮亦知，將士失色，莫知其計。亮意氣自若，勅軍中皆臥旗息鼓，不得妄出帳幔；又令大開四城門，掃地却灑。宣帝謂亮持重，而猥見勢弱，疑其有伏兵，於是引兵北趣山明口。亮謂參佐拊手大笑曰，「司馬懿必謂吾怯，將有強伏，循山走矣！」候邏還白，如亮所言』等語。是俗劇中空城計非純爲空中樓閣可知，惜脚本附會太甚耳。晚，田醫來診。

二日：晴。田醫診臂後，散步丁字街。過戒煙局，入觀，見煙犯均編列號數，同室連床，如營制；而煙犯多係軍人。據局員稱，七日可以戒絕云。

三日：晴。田醫既診臂，邀遊康園。康園者，前清四川提督康泰歸里後營爲菟裘終老之區也。花石池臺，勝甲一鄰。初入蹋聽雨軒，轉至窺樽亭，俯視游魚，洋洋自得，而廊外叢桂檖欄之屬低亞繽紛，可稱遊覽勝境。獨惜子孫式微，易爲酒肆，院宇汚穢不治，爲可歎耳。

四日：晴。考南鄭爲古梁州，漢唐時視作重鎮，明神宗封第五子瑞王備藩於此。詢之父老，當時宮室，蜂房水渦，眞不知其幾千萬落。及流寇逼秦中，王棄南鄭奔蜀，遺宮草滿，廢於北城。余嘗從斜陽荒草之間訪王故宮舊址，麥畦菜隴，一望荒涼。間有故物石羊，欹臥道側。鄘人李柏記王故宮，謂此邑城內外百萬人家，牆壁階砌，道路坑塹，園圃樊籬，佛刹道觀，官衙吏舍，皆瑞王府材木瓦甓所成。考李柏記瑞王時相隔才五十年耳，其言當親切可信。然柏記豈第叙王廢宮哉，直譏其侈耳！

五日：雨。臥寓中。憶前從寶鷄入漢中，所過崖谷均爲古之棧道；或謂不然。玆病中多暇，乃彙考驛程，詳志如下。按棧道由寶鷄進至褒城，爲連雲棧，即北棧也。由沔縣進歷寧羌，廣元，昭化，劍州爲南棧，當川藏衝衢。大石塞途者，燒以薪，澆以醋，碎以巨槌。峭壁無可施力者，鑿孔橫巨木，覆以板，鉗以釘。澗深不能踰越者，亦架長欄，覆巨板。羊腸一綫而壁立千仞。虞驛遞者逸而躓也，繚石檻木欄以作欄馬牆，此棧道之由名也。今棧道爲褒谷，漢高入南鄭由此。當時從子房計，已燒絕矣。及淮陰出定三秦，由故道攻陳倉，蓋自沔略出兩當，入鳳縣，非今路也。迨東漢永平間，鑿石門路，沿黑龍江而上。辟石門之險，開七盤之嶺，說者謂始自宋元；今俱無考。然此路則爲入川陝之孔道矣。爰書其略於此。

六日：晴。臂痛雖愈，惟尙不能轉側。留漢日久，心急如焚。擬日內力疾回西安，又恐山風凜冽，致臂復病。篋中搜得狗皮膏，爰貼患處，以備長途冒風之險。

七日：陰。臂貼狗皮膏，平安如昨，病或不至增劇，爰收拾行裝，以備剋日就道。

八日：雨。淋漓竟日，枯坐無聊，多少樓臺都蒙烟雨，客窗蕉葉更添淅瀝之聲，萬里羈懷因之泉湧。午後，法國教士巴君來談，所言多歐西戰事，自誇本國戰績，令人生愛國之心。

九日：晴。鷄鳴而起，檢點行李，即出北門，向西安而進。所過地方已經前記，不再費述。

（本篇終）

評『蔚縣編修縣志綱目初草』

傅振倫

蔚，古代地也，北周始置州，在唐屬河東道，在明屬大同府，而衛所則隸宣化府。清康熙三十二年改縣，與州分屬兩省。雍正六年，州縣併隸宣化府而縣仍不屬於州。乾隆二十二年，縣併於州。至民國始改爲縣。考其志書，肇自嘉靖。萬曆，崇禎，知州劉生和來臨先後編成州志稿各若干卷。入清，州志三修，縣志一修。乾隆三年知縣王育榞屬李舜臣等修志三十一卷，此縣志也。順治十六年知州李英修志十二卷，乾隆十年知州楊世昌延吳廷華補志十二卷，光緒三年知州慶之金修志，郡人楊篤纂成二十一卷，此州志也。清志均流傳，明志久佚矣。

今年夏，同學沈景洲先生以蔚縣編修縣志綱目初草見示，囑爲評定。初草凡三篇：一擬志目引言，二蔚縣志綱目緒言，三蔚縣志綱目及敘例。首篇述前志源流及修志緣起，二三兩篇爲志例所在。蓋本光緒志表，志，傳，記之體，而散爲十三綱，七十目。雖仿舊例，實兼採近世史學新義。其注重新事，兼採影片，矯正因習諸端，均有見地，與近世一般新志似有不同。茲僅就其志例目，逐項批評於左：

輿地第一

方志爲國別史書之一種，記注側重現代，實不啻廣義的地理書，吾於新著方志學（原係北平大學女子文理學院史地系講義，近正與商務印書館商洽刊行中）曾言之。斯志偏重地文，本「輿爲地道，萬物載焉」之義，名曰輿地，分沿革，方位及疆界，氣候，山，水，土田，物產，形勢，古蹟，塚墓等門，自是斷限之宜；惟有應商榷者數事：

一，星野之說本不可憑，以綜地輿亦不相值，近代名志多不之載；本志誌之，似有未合。必存其說，抑諸附錄可矣。昔人有以入天文志者。

二，土田一門，列陸地，水田，山坡，鹹灘之數，附以畦圃，統歸輿地，似不如列入田賦（初草財賦志改名田賦）爲得體。志例之常，理亦然也！

三，前人修志，多以物產入風土門，或入食貨志，或入地理。茲以物產列地理，雖非叛制，究爲牽強。十六年余主修河北新河縣志，民生志上篇分生產，交易，分配，消耗等章。物產列生產，似亦可法。初草物產門既分動，植，礦三類，山門又有產物及地蘊，似覺重複。必欲如此，互見詳略可矣。

四，形勢門宜列山水之前，不宜厠物產古蹟之間。

五，古蹟一門，志家或入地理，或入雜志，而塚墓則多入古蹟。惟古今人並列，殊乖邏輯。竊意古蹟宜入文化志(此初草之名，察其內容，宜改文獻志)，古墓入古蹟；而近代塚墓宜列營建志，次坊表之後。

營建第二

營建本所以記人事之建置興修。本志分城關，鄉堡，官署，局所，倉厫，市塲，寺廟，學校，橋梁，堤壩，坊表等門。竊以為鄉堡鄉村乃行政區分，宜入民政。學校宜與教育志互為詳略；義學，圖書館，教育館，有則列入。前代救濟院，留養所，漏澤園等慈善建設，有則亦應列倉厫後。初草所舉，似有脫漏。

官制第三

考是志內容，宜稱職官，歷述官制及職名。

本志以次至司法志之局所，凡創建沿革，組織，歷年大事，歷任職員，各種規章，圖表，及近況，均應分別敘述之。

民政第四

民政之目，在志家為創例。初草以民政概括戶籍，自治，警察，團防，衛生，慈善，典祀，交通等事，亦甚允當。惟慈善宜曰善政，或恤政；警察，團防，宜併為治安。交通門中驛遞，應列郵局之前。禁毒亦應列目。而行政區域及沿革，則宜編本志之首焉。

財賦第五

此志分列銀糧，契稅，差徭，稅捐，積貯等門，而官產，公欵，鹽稅關稅，殊為不合。積貯一門，昔有人以倉穀當之，而與田賦併稱食貨者。今其下析田畝及林菓，房產及地譜，縣倉穀，區倉穀，積金，備荒金，債劵七目，不免淩亂。宜將是志改稱食貨，增加類目；或改稱田賦而更訂其細目也。

實業第六

敘例極言實業之重要，記述主詳，而分農業，工業，商業，礦業，林業，牧畜，水利等目，具見史識。惟商業應增貨幣一門。

教育第七

初草分歷代學制，學校教育，社會教育三門，分目亦當。

兵備第八

兵備非縣所應有，宜稱武備；而以其武署，營汛，軍械，餉需等事，分詳營建，古蹟，財賦，大事各門（將本志刪除之，亦未爲不可）。

司法第九

司法立志，亦爲有識。初草分司法獨立之創始，訴訟程序之變遷，監獄改良，訟案統計表，現制度等門，大體甚佳。

文化第十

文化一目，範圍過廣。考初草內容，分民風，禮制，文藝，宗教等門；今宜析爲民俗，文獻二志。

人物第十一

初草分名宦，鄉賢，德行，寓賢，列女，仕籍，選舉，科第，畢業生等門。名宦與鄉賢並列，無賓主輕重之分。寓賢次德行列女之間，亦有未妥。列女偏重烈女節婦，尤非所宜。敘例謂人物重已往，不重現在，更乖志例（余昔草修北平志意見，嘗議志應列人表，改造傳體，注重當代；並駁蓋楨論定之得失，刊地學雜誌）。初草仕籍以次等四類，均宜列表。均不應用傳體以累篇幅也。

大事第十二

初草分天祥，國惠，災患，怪異，縣政沿革，黨務進退等門。竊以本志所記，應以此地政治，經濟，文化，學術，社會之興革事變爲限，編諸卷首，次輿地之後。其不關重要者，分入各門，或抑雜志。至於黨務當獨爲一門，列官制志前。

志餘第十三

志餘爲雜志別錄之體，凡無類可歸者入之，志之常例也。

初草所擬十三志得失，略如上述。更考氏族爲社會一切制度所因依，關係文化甚鉅，玆志缺之，大非史法。又一統志之於各省，通志之於各州縣，莫不記述。康熙霸州志有率屬志以誌屬邑。余著新河志詳載村鎮。而初草無此類門目，亦爲未妥。

新志綱目

民國二十年來，河北山西諸縣修志多囑余起草例目。玆附前創新志綱目，以供志家商討。

新修縣志，宜分紀，考，略，傳，四類。圖，表，藝文，紀事，則分見各類。卷首，卷末各一卷。其目如次：

卷首

序例　志例　引用書目

正編

疆理考　記地文地理之自然環境與歷史環境

大事記

政務略

民政 財政 司法 教育 建設 禮儀 兵備

自治與黨務略

氏族考

民生略

上篇記生產，交易，分配，消費等項。

下篇記社會普通生活情況。

民俗略

記歷代風氣，社會組織，現代風俗，及人民心靈的各種表現。

文物考

一，藝文

1.記述本地事實書錄

2.本地士女所著書錄

3.本地公私藏書目

4.本省流行最盛書目

二，文徵

本地人及外籍人所作，與本地有關之詩文均列之。文風不盛之地，亦可以本地人之詩文列集文集詩二目，以其少而存之也。

三，掌故

四，叢談 （以上二類，一依實齋之體。）

五，古蹟古物

建築 金石 塚墓 遺物

列傳

列傳前編，記本籍士女，分下列諸門：

一，政略：經濟，循吏，捍禦，師儒。

二，懿行：先賢，忠節，孝義，武林，高逸。

三，學術：儒林，文苑。

四，藝術

五，仙釋

（篇第多者，附以人物別錄，便檢查也。）

列傳後編

一，名宦；二，外籍忠烈（入廟祀者）；三，僑寓。

村鎮概略

記村鎮疆界，黨務，行政，民俗，文獻之屬於一村者。諸志合而記其同，茲則分而詳其異，與各志諸門固不同也。

卷末

別錄

二四，七，七，於故都臘庫四十四號。

編輯故宮方志考略例

傅振倫

一，本書著錄，以見於本院圖書館所編故宮方志目者爲正編；經本院續收者爲續編；圖書館所藏而不見於故宮方志目者爲別錄；文獻館所藏內閣大庫殘餘方志爲附錄；其見於學部圖書館方志目錄者，列之外編。清廷藏志，萃於是焉。

一，諸志次第，一依清代行政區域爲序。以一省爲一輯。其名稱與纂修年月，悉以原書爲準。

一，民國十七年，余曾草編輯中國史學書目提要之商榷一文（刊載圖書館學季刊第七卷第二期），詳述著錄史書之道。本書之作，卽倣其體：首列方志名稱，修纂姓氏及版本；次述作者爵里，略歷；又次述前志源流及新志編修經過；又次列其卷數類目；又次辨其體例，論其得失，述其影響。其中苞含特殊史料，亦附及之。

一，一方志乘，通志而外，有一朝數修者。今於各志名稱之上冠以纂修年號及甲子以別之。纂修年月不可考，以刊刻年月標明之。

一，省，州，廳，縣，邑里之名稱，今有更改者，則注今名於志名之下。其現已廢罷者，則注今併入之地。至其地沿革，瞿氏方志考稿列爲一欄；以有專書可稽，今從略焉。

一，志成於私家者曰某人撰，其成於官家有領志局事者曰某人修，執筆者曰某人纂，長官領志局事而兼任總纂者曰某人纂修。其有同纂數人或踵修數次者，亦併注之。其原書有書某人撰，某人著，某人編纂者，則仍其舊而著之。

一，方志刻成之後，職官，選舉等門續有增刊，而全書未加重訂者，則注云某年增補或重刊。

一，刻版年月之標注，以本志序跋或載事斷限爲準。其有原書殘缺者，亦注明之。

一，郡邑舊志，每放失而難考；推原其故，概有三端：志多荒陋，世人摒棄，一也；狙公顛倒，攻摘舊志，二也；新編告成，舊書覆甕，三也。實齋修志，前志爲傳，不爲無識。本編之作，於前志沿革，則詳考新舊志之序跋，凡例，總述大凡，以便考覽。所引某人之序，某人之跋，某志之例，不一一縷指，避煩屑也。

此例起於去年十月，訖今已成稿三百餘篇，一時未能付印，因以略例就禹貢發表之。作者識。

廿四年七月五日

清代學者地理論文目錄（方志下）

王重民

序跋

江蘇

江南通志總圖說　程廷祚　青溪集　五，八下
江南通志沿革總表序　程廷祚　青溪集　六，三上
答陶稺中編修論江省志稿書　全祖望　鮚埼亭集外編　四五，一二下
景定建康志跋　朱彝尊　曝書亭集　四四，六下
跋景定建康志　錢大昕　潛研堂文集　二九，九上
重刻景定建康志序(代)　孫星衍　孫淵如外集　三，八上
重刊景定建康志後序　孫星衍　孫淵如外集　三，九下
金陵通紀序　汪士鐸　汪梅村先生集　八，一三下
上元縣志序　程廷祚　青溪集　六，七下
重修江甯縣志序　袁枚　小倉山房文集　一〇，四上
同治上江兩縣志序(代梅侍郎)　汪士鐸　汪梅村先生集　八，二上
同治上江兩縣志敘錄(代)　汪士鐸　汪梅村先生集　五，一〇上
光緒續修句容縣志序(代)　蕭穆　敬孚類稿　二，五上
高淳縣志序　張裕釗　濂亭文集　一，一一上
三吳舊聞錄序　吳德旋　初月樓文鈔　五，一上
書吳郡志後　章學誠　章氏遺書　一四，四九上
跋吳郡志　錢大昕　潛研堂文集　二九，六上
書吳郡志宋刻殘本後(四篇)　嚴元照　悔菴學文　七，一一下
校刻吳郡志跋　黃廷鑑　第六絃溪文鈔　三，一五上
書洪武蘇州府志後(二篇)　黃廷鑑　第六絃溪文鈔　三，二四上
書姑蘇志後　章學誠　章氏遺書　一四，五二下
續郡志記兵　馮桂芬　顯志堂稿　四，二二上
吳郡通典敘錄　吳昌綬　松鄰遺集　一，一下
元和唯亭志序　馮桂芬　顯志堂稿　一二，三三上
跋楊譓崑山郡志　錢大昕　潛研堂文集　二九，一一下
校崑山郡志跋　黃廷鑑　第六絃溪文鈔　三，一二上
跋玉峯志　錢大昕　潛研堂文集　二九，一一下
崑新志序　石韞玉　獨學廬四稿　三，二二下
琴川志注續志序　孫原湘　天眞閣集　四〇，五上
昭文縣志未刻諸小序　陳祖范　陳司業文集　二，三〇上
邑志私考(十三則)　朱鶴齡　愚菴小集　一四，八上

修吳江縣志序　沈彤　果堂集　五，六上
書吳江縣志改刊史彬傳後　沈彤　果堂集　八，一〇上
同里志序　任兆麟　有竹居集　一三，又一六上
書同里志後　任兆麟　有竹居集　八，二九上
震澤縣志序　沈彤　果堂集　五，七上
震澤縣志沿革書後　沈登瀛　深柳堂文集　一，二四下
江震續志自敍　任兆麟　有竹居集　八，三三上
跋雲間志　錢大昕　潛研堂文集　二九，六下
雲間志跋　顧千里　思適齋集　一四，一五下
重刊雲間志序　孫星衍　孫淵如外集　三，一〇下
重修松江府志序　姚文田　邃雅堂集　二，二三上
婁縣均編錄序　姚椿　晚學齋文集　二，一四下
上海縣志序(代)　汪士鐸　汪梅村先生集　八，一上
上海縣志札記序　葉昌熾　奇觚廎文集　上，二四下
南匯縣新志序　吳省欽　湖海文傳　二六，一〇下
川沙撫民廳新志序(代)　姚椿　晚學齋文集　二，一八下
重修青浦縣志序　王昶　春融堂集　三六，九下
跋咸淳毘陵志　錢大昕　潛研堂文集　二九，一〇上
咸淳毘陵志跋　趙懷玉　亦有生齋集文　七，四上
跋咸淳毘陵志　李兆洛　養一齋文集　六，一〇下
重修常州府志條例　繆荃孫　藝風堂文外集　一，一五上
武進陽湖新志序　蔣彤　丹棱文鈔　二，三上
武進陽湖合志議　李兆洛　養一齋文集　一七，二〇下
無錫金匱縣志序　秦瀛　小峴山人文續集　一，七六上
風土記敍　嚴可均　鐵橋漫稿　五，一二上
宜興縣志拾遺序　吳騫　愚谷文存　三，七上
嘉定鎮江志二十二卷至順鎮江志二十一卷　王宗炎　晚聞居士遺集　四，二一上
校刻宋元鎮江府志序　阮元　揅經室再續二集　二，三三上
校刻宋元鎮江府志序(代)　劉文淇　青溪舊屋文集　五，一四下
宋元鎮江志校勘記序　劉文淇　青溪舊屋文集　五，一六上
跋中吳紀聞　何焯　義門先生集　九，四下
書手抄中吳紀聞後　黃廷鑑　第六絃溪文鈔　三，三二上
金壇見聞記序　强汝詢　求益齋文集　五，一五上
淮陰脞錄自序　丁晏　石亭紀事續編　一，四上
重修鹽城縣志後序　陳玉樹　後樂堂文鈔　七，一〇上
鹽城縣志風俗總論　陳玉樹　後樂堂文鈔　七，一二上
鹽城縣志學校書後　陳玉樹　後樂堂文鈔　七，一一下
鹽城縣志逸民傳書後　陳玉樹　後樂堂文鈔　七，一四上
覆姚秋農先生書(辨修揚州府志條例)　焦循　雕菰集　一三，一

浙江

東城雜記序	杭世駿	道古堂文集	六，六下
楊柳園東城記餘序	俞樾	春在堂雜文六編	九，二下
唐棲志略序	杭世駿	道古堂文集	六，八上
王同伯比部唐棲志序	俞樾	春在堂雜文六編	八，六上
張小雲臨平志補遺序	俞樾	春在堂雜文四編	五，二八上
跋嘉靖海寧縣志	錢泰吉	甘泉鄉人稿	四，一七下
海昌備志序	錢儀吉	衎石齋記事續藁	四，四四上
海昌脩志開館條約	錢泰吉	甘泉鄉人稿	一七，九下
海昌備志發凡	錢泰吉	甘泉鄉人稿	一七，一二上
海寧縣志略序	錢保塘	清風室文鈔	三，一二下
昌化縣志序	杭世駿	道古堂文集	六，三上
至元嘉禾志跋	朱彝尊	曝書亭集	四四，七下
跋至元嘉禾志	錢大昕	潛研堂文集	二九，一八下
至元嘉禾志跋	繆荃孫	藝風堂文漫存	三，三上
嘉興府志序	馮浩	孟亭居士文稿	一，九二上
嘉興府志序	秦瀛	小峴山人文續集	一，七二上
補輯梅里志自序	李富孫	校經廎文稿	一二，四上
新修桐鄉縣志序	馮浩	孟亭居士文稿	一，九四上
吳興記敍	嚴可均	鐵橋漫稿	五，一四上
重定兩晉南朝吳興郡守表序	沈登瀛	深柳堂文集	一，七下
吳興別錄序	沈家本	枕碧樓偶存稿	五，一〇上
湖州府志序	毛奇齡	西河合集	五二，一五下
湖州府志凡例	陸心源	儀顧堂集	一一，二五上
烏程縣志序	杭世駿	道古堂文集	六，二下
歸安縣志建置書後	沈登瀛	深柳堂文集	一，二六下
菱湖鎮志序	陸心源	儀顧堂集	六，一九下
菱湖鎮志序	俞樾	春在堂雜文五編	六，二〇下
修長興縣志序	邢澍	守雅堂文集	一，x
跋乾道四明圖經	全祖望	鮚埼亭集外編	三五，一四上
跋乾道四明圖經	錢大昕	潛研堂文集	二九，四上
跋四明寶慶開慶二志(三首)	全祖望	鮚埼亭集外編	三五，一四下
寶慶四明志跋	杭世駿	道古堂文集	二六，二下
跋寶慶四明志	錢大昕	潛研堂文集	二九，八上
開慶四明續志跋	杭世駿	道古堂文集	二六，三下
跋開慶四明續志	錢大昕	潛研堂文集	二九，九上
延祐四明志跋(二首)	全祖望	鮚埼亭集外編	三五，一六下
至正四明續志跋	全祖望	鮚埼亭集外編	三五，一七下
宋元四明六志作者傳序目	徐時棟	烟嶼樓文集	一一，一上
永樂寧波府志題詞	全祖望	鮚埼亭集外編	二四，一五下
成化四明志跋	全祖望	鮚埼亭集外編	三五，一七下

跋成化四明郡志　錢大昕　潛研堂文集　二九，一二下
奉答萬九沙編修寧波府志雜問　全祖望　鮚埼亭集外編　四七，一八上
奉寄萬九沙編修論寧波志補遺雜目　全祖望　鮚埼亭集外編　四七，二〇下
奉答萬九沙編修寧波志糾繆雜目　全祖望　鮚埼亭集外編　四七，二三上
跋寧波簡要志　全祖望　鮚埼亭集外編　三五，一八上
鄞縣志辯證(三十則)　錢大昕　潛研堂文集　一九，一上
慈谿縣志序(代)　譚獻　復堂文續　一，六〇下
鎮海縣志後序　俞樾　春在堂雜文三編　三，三五下
重修象山縣志自序　馮登府　石經閣文集　二，一六上
序南田山圖說　陳漢章　綴學堂初藁　四，二五下
嘉泰會稽志跋　盧文弨　抱經堂文集　九，九上
跋會稽志　錢大昕　潛研堂文集　二九，七上
宋嘉泰會稽志敍　吳榮光　石雲山人文集　三，四一上
擬修郡縣志略例(八則)　李慈銘　越縵堂文集　一二，一上
會稽縣志總論序　毛奇齡　西河合集　二九，一三下
跋剡錄　錢大昕　潛研堂文集　二九，七下
東越沿革表序　陳衍　石遺室文集　九，一六上
續修台州府志例言　王舟瑤　默盦集　三，一上
重修台州府志議　王棻　柔橋文鈔　五，二五下
書台郡識小後　王棻　柔橋文鈔　一〇，七上
三台述異記序　戚學標　鶴泉文鈔　上，二三上
同治黃巖志敘　王棻　柔橋文鈔　七，七下
黃巖志凡例　王棻　柔橋文鈔　七，八下
黃巖志校議序　王棻　柔橋文鈔　八，四下
黃巖志輿圖序　王棻　柔橋文鈔　七，一一下
黃巖志人物志序　王棻　柔橋文鈔　七，一二上
黃巖人物志儒林序　王棻　柔橋文鈔　七，一二下
黃巖人物志宦業序　王棻　柔橋文鈔　七，一三上
黃巖人物志介節序　王棻　柔橋文鈔　七，一三下
黃巖人物志文學序　王棻　柔橋文鈔　七，一四上
黃巖志書錄序　王棻　柔橋文鈔　七，一五上
黃巖志古蹟序　王棻　柔橋文鈔　七，一五下
書王子常黃巖縣志叙傳後　王棻　柔橋文鈔　一〇，一五下
陳子宣佐甯聞見錄序　俞樾　春在堂雜文六編　九，二四下
仙居舊志辨誤　王棻　柔橋文鈔　六，一上
光緒仙居縣志自序　王棻　柔橋文鈔　九，一下
仙居縣志凡例　王棻　柔橋文鈔　九，二上

安徽

東流縣志序(代韓芸昉方伯)　李兆洛　養一齋文集　二，一九上
繁昌縣志序　梅曾亮　柏梘山房文集　四，一九上
廬州府志序　姚鼐　惜抱軒文後集　一，七下
跋新修廬州府志後一寄張太守祥雲　洪亮吉　更生齋文甲集　三，一七下
跋新修廬州府志後二　洪亮吉　更生齋文甲集　三，一九下
書鳳陽紀事後　程廷祚　青溪集　八，一上
鳳陽縣志序　錢大昕　潛研堂文集　二四，三一上
與孫鳳陽書(論鳳陽志)　錢大昕　潛研堂文集　三五，八上
懷遠縣志序(代康蘭皋中丞)　李兆洛　養一齋文集　二，一六下
懷遠縣志序(代韓芸昉方伯)　李兆洛　養一齋文集　二，一七下
鳳臺縣志序　李兆洛　養一齋文集　二，四下
鍾南淮北區域志序　程先甲　程一夔文乙集續編　二，六上
潁上風物紀序　王源　居業堂文集　一三，七上
重修潁上縣沿革志　張成孫　端虛勉一居文集　三，一上
亳州志序　朱筠　笥河文集　五，七上
亳州志掌故例議(三篇)　章學誠　章氏遺書　一五，五上
亳州志人物表例議(三篇)　章學誠　章氏遺書　一五，一上
記乾隆亳州志　蕭穆　敬孚類稿　八，一九下
書亳州志盧公見曾龍鳳溝碑記後　蕭穆　敬孚類稿　三，一下
重刊歷陽典錄序　方宗誠　柏堂集續編　三，一七上
姑孰備考書後　章學誠　章氏遺書　一四，六六上

江西

書江西通志後　沈家本　枕碧樓偶存稿　四，四上
豫章沿革考序　焦循　雕菰集　一五，一三下
豫章一代文獻略後序　魯九皋　魯山木先生文集　五，三上
南昌志局約言　蔣士銓　忠雅堂文集　一二，x
代文觀濤明府重修南昌縣志序　張澍　養素堂文集　五，二一上
代霍松軒明府鄱陽縣志序　張澍　養素堂文集　五，二二上
建昌府志序　湯聘　湖海文傳　二六，八上
江西南城縣志序(代)　毛嶽生　休復居文集　一，一四下
重修臨川縣志序　李紱　穆堂別稿　二四，二上
修臨川縣志　李紱　穆堂別稿　四九，一上
重修臨江府志序　施閏章　施愚山先生學餘文集　二，二上
重修信義志序　繆荃孫　藝風堂文漫存　二，一七下
跋廬陽客記　蕭穆　敬孚類稿　六，一二上
廬陵縣志序　施閏章　施愚山先生學餘文集　二，四下
廬陵沿革表序　李紱　穆堂初稿　三一，二四上

湖北

湖南

四川

河北

山東

河南

山西

陝西

貴州

新疆

吉林

黑龍江

綏遠

河套志序 李紱 穆堂別稿 二四，七下

青海

青海志序 龔自珍 定盦文集補編 二，二三上

西甯府志序 杭世駿 道古堂文集 六，一上

蒙古

書蒙古原流後 張穆 㝊齋文集 三，二五下

蒙古游牧記自序 張穆 㝊齋文集 三，二七下

蒙古像敎志序 龔自珍 定盦文集 中，一四上

蒙古水地志序 龔自珍 定盦文集 中，一六上

蒙古臺卡志序 龔自珍 定盦文集 中，一六下

蒙古氏族表及在京氏族表總序 龔自珍 定盦文集補 一，一下

蒙古册降表序 龔自珍 定盦文集補 一，二上

蒙古寄屬表序 龔自珍 定盦文集補編 二，二二上

烏梁海表序 龔自珍 定盦文集補編 二，二四上

外藩蒙古要略序 李兆洛 養一齋文集 五，一四下

蒙韃備錄跋 王國維 觀堂集林 一六，一四下

黑韃事略跋 王國維 觀堂集林 一六，一五上

西藏

西藏考一卷 梁啓超 飲冰室文集 七七，三七下

書西藏見聞錄後 盧文弨 抱經堂文集 九，一〇下

西招圖略書後 梅曾亮 柏梘山房文集 四，五上

附修志義例

州縣請立志科議 章學誠 章氏遺書 一四，一八上

修志十議(呈天門胡明府) 章學誠 章氏遺書 一五，二一上

地志統部 章學誠 章氏遺書 一四，六下

方志辨體 章學誠 章氏遺書 一四，一上

方志立三書議 章學誠 章氏遺書 一四，一一下

記與戴東原論修志 章學誠 章氏遺書 一四，三七上

答甄秀才論脩志第一書 章學誠 章氏遺書 一五，九下

答甄秀才論脩志第二書 章學誠 章氏遺書 一五，一三上

報黃大俞先生(論方志) 章學誠 章氏遺書 九，一上

修邑志繁簡孰長論 申鼎科 沅湘通藝錄 二，三四上

報廣濟黃大尹論脩志書 章學誠 章氏遺書 一四，三三上

文徵甲集裒錄正史列傳論 章學誠 章氏遺書 二七，二四下

文徵乙集裒錄經濟策畫論 章學誠 章氏遺書 二七，二五上

文徵丙集裒合辭章詩賦論 章學誠 章氏遺書 二七，二六上

文徵丁集裒錄近人詩文論 章學誠 章氏遺書 二七，二六下

復沈留侯論修志書 朱鶴齡 愚菴小集 一〇，七下

與袁明府論修志書 程廷祚 青溪文集續編 五，一上

三卷十一期新疆之伊蘭民族更正

一，作者前在本文頁二中，誤謂龜茲語近印歐語系之伊蘭語，近讀日本現代佛教四卷四，五，六，七各期所載法國列維氏(Sylvain Levi)龜茲國語之研究，謂此語近印歐系之 Italo-celique 系。烈氏為此語專家，自以他的說法為是。

二，頁四上半最後一行之 Le Cog，其中字母 g 為 q 之誤。譯名「魯考科」亦應為「魯科克」以求劃一。

三，頁四上半倒數第五行「大秦人上相似」之「上」字應删。

沱潛異說圖

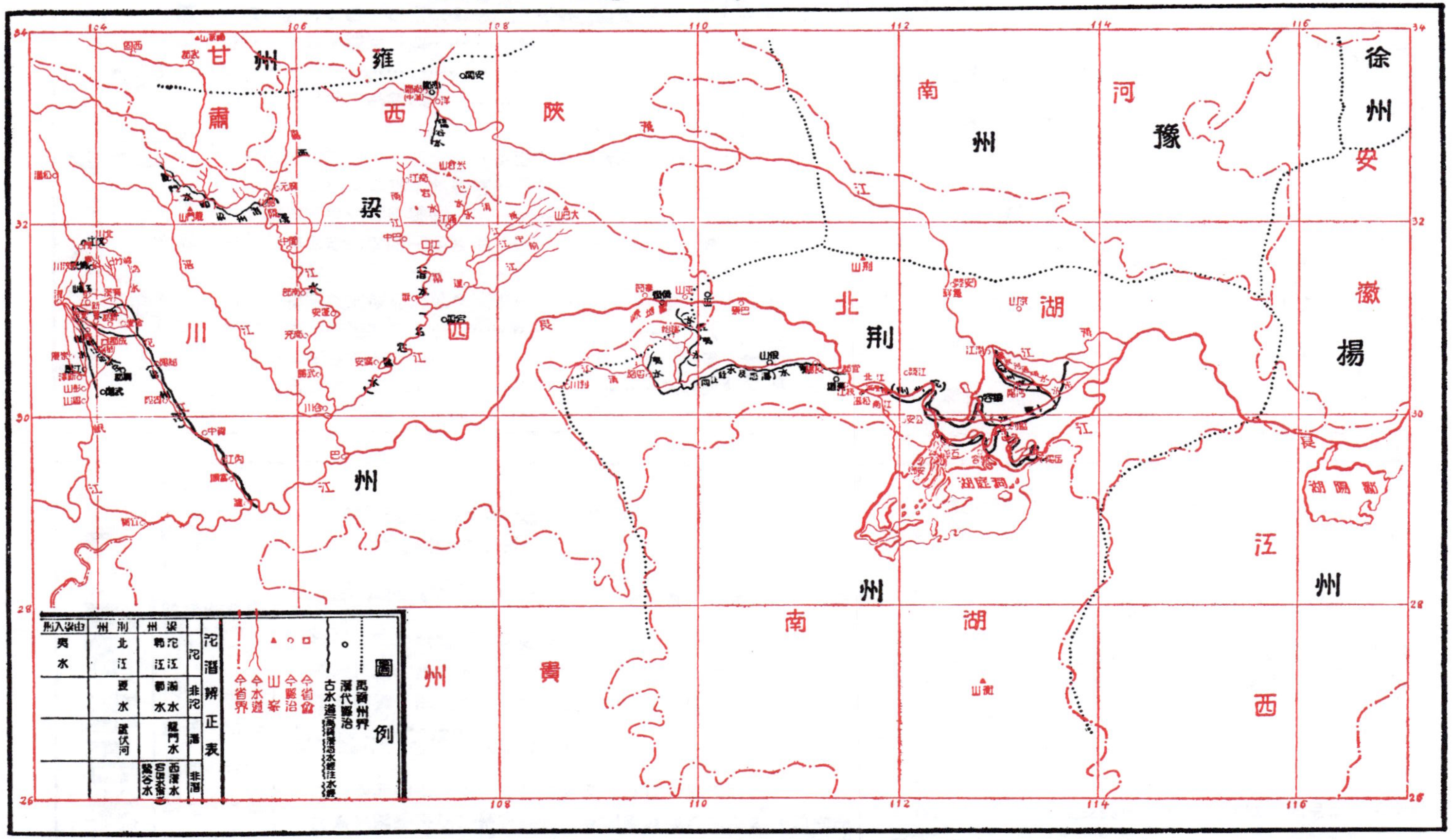

此圖已載本刊第三卷第二期〈黃席羣先生沱潛異說彙考〉文中，因縮製太小，觀覽不清，故重製此版，讀者鑒之。編者識。

(蒙漢合璧)

蒙古前途

六七月號第二十三四期

編輯：蒙古前途社　地址：南京和平門外曉莊

中華民國二十四年七月一日出版

伊斯蘭

第五期目錄

編輯者：伊斯蘭社
發行者：開封後第四巷十七號白宅轉
定價：每份三分郵資一分國外按美金計算 回教團體照定價七折

商務印書館出版

下列各書爲中國文化建設協會主辦讀書競進會選定本館出版之書之一部份，尙有政治經濟科學等書多種，不備列。

中國哲學史(大學叢書)

精裝本一册定價六元五角
平裝本二册定價四元八角

馮友蘭著　書分兩篇：第一篇述先秦至漢代之哲學，第二篇述漢以後之經學家玄學家佛學家宋明道學家及清代漢學家之哲學。採用新的方法和新的觀點研究此長時期之哲學思想。

中國近代史(大學叢書)

一册定價五 元

陳恭祿著　書凡五十餘萬言，起自清季，迄於現時，百年來重要史蹟無不敍及，綜合思想經濟社會之勢力及其交互影響，敍述史蹟造成之原因發展之經過事後之影響。

中國古代史(大學叢書)

精裝本一册定價三 元
平裝本二册定價二元三角

夏曾佑著　此書起自太古，訖於南北朝，凡三十餘萬言，著者學問淵博，識解過人，引證評斷，頗多獨到之處。

世界新形勢

一册定價四 元

I. Bowman著　林光澂譯　詳述最近地理學上最新學說及世界最近大勢，大抵以政治地理爲中心，以自然地理爲背景，又以經濟地理言語地理人類地理等之最新事實爲佐證。此據最新改訂本漢譯。

新學制高中 本國地理

二册定價三元

張其昀編　全書就天然區域分爲二十三章，每章皆爲山川風物之提要以冠其首，人地關係之結論以殿其後，原理事實交相證明。

近代地理學(史地小叢書)

一册定價五 角

M. J. Newbigin著　王勤堉譯　內容評論地學上之最新學說，如地形的成立，風雨寒暑氣候之關係，動植物的分佈與其理由，礦物與人類的關係，勞及工業交通都市發達的原因等。

河北石徵

（第一集）

每册定價七角，外埠函購加郵費一角（掛號寄）。如以郵票代價，每册連郵費共收八十四分，幷以五分以內者爲限。

本編蒐集河北碑誌石刻佳本，分集印行，藉以宣揚文化。搨本均整幅影印，不事割裂，以存全神。篇幅極大（長四十五公分，寬三十公分），用上等宣紙影印，字迹清朗，神采畢現。附幷有極詳細之說明與考證，於考古臨摹兩有利焉。首集已經出版，茲將所收碑誌列下：

漢祀三公碑
漢封龍山碑
漢白石神君碑
北魏刁遵墓誌
東魏王僧墓誌
東魏李憲墓誌
東魏凝禪寺三級浮圖頌
北齊天統三年標異鄉石柱頌
北齊暴誕墓誌
北齊劉專造像記
大齊南宮令宋君爲勅建僧尼二寺碑記
唐劉洪墓誌
武周劉通墓誌
唐苑貞約墓誌

編輯者：河北月刊社

發行者：景明美術製版所　天津大胡同河北電影院大街

代售處：景山書社　北平景山東街十七號

漢代壙專集錄

夾連紙六開本

定價大洋三元

王振鐸著

考古學社專集第四種

壙專又名空腹專，或名琴專。河洛漢墓中出土極夥，素爲中外考古學者所珍，然尚無著錄之專書。著者極數年心力搜求，得二十餘種；益以前人著錄，並燕京大學，北京大學，河北第一博物院，北平中山公園，國立北平圖書館，清苑樊氏舊藏陸天池潘祖蔭拓本，東莞容氏藏拓本，都百數十方，汰其重複，選其精者六十餘種，付之景印，彙爲上卷。下卷則別其笵模，系類排比，爲人物，營造，車御，射獵等九門。如壙專之范造，壙墓之構造，圖案繪畫之解釋等，別爲附說，綴于編末。愛好漢代風俗，美術，浮雕，營造，畫版史者，當人手一編也。

代售處北平　琉璃廠　來薰閣　開明書局

隆福寺　修綆堂　文奎堂

考古學社

社刊第二期

目錄

一　考古學社之使命（劉　節）
二　日本考古學界最近之概況（鄭師許）
三　雲南昭通考古小記（張希魯）
四　擬編蒿里遺文著錄表例（羅福頤）
五　篆書各字糅合爲一字篆書一字隸分爲數字舉例（杜鎮球）
六　殷代銅器足徵說並論鄴中片羽（徐中舒）
七　尚書中台字新解（容　庚）
八　釋鏞（楊樹達）
九　明太祖象眞僞攷（金致淇）
十　讀容希白君古石刻零拾（楊樹達）
十一　答楊樹達先生書（容　庚）
十二　讀王靜安先生古史新證書後（孫海波）
十三　讀中島竦書契淵源後（嚴學宭）
第一期社員名續錄
續社員著作一覽表
社員通訊改正表
考古專集及考古叢書目錄
社員著作及印書介紹
社務報告
財務報告
本社啓事
考古學社簡章

新蒙古

月刊

第四卷第一期

編輯兼發行者　北平新蒙古月刊社
社址　北平旃壇寺西大街前當舖胡同二號
總代售處　北平和平門外民友書局
定價　每份大洋一角五分半年六期訂閱八角；郵費本埠三分外埠六分全年十二期訂閱一元五角；郵費本埠六分外埠一角二分五分以下郵票代洋十足使用

民國二十四年七月十五日出版

漢口商業月刊第二卷第七期(總第十九期)要目

每冊訂價二角五分。　編輯兼發行者漢口市商會

國內唯一之氣象刊物

氣象雜誌

創刊號

(中國氣象學會會刊十一卷一期)

七月廿五日出版

要目

定價
每期大洋壹角
半年六期大洋陸角
全年十二期大洋壹圓(郵費在內)

訂閱處南京北極閣氣象研究所

中國氣象學會

國立北平研究院總辦事處出版課出版史地圖書

一　北平金石目　定價每册一元二角　本院史學研究會編

北平內外城所有各廟宇中之現存金石鐫鑄物，凡有文字者，業經本院史學研究會派員一一搥拓。是書即錄其拓片之目，按年代之先後，將該拓物之原名，撰書人之姓名，及物之所在地，依次詳列，並附區域表，以便尋檢，足供考古家及治北平掌故學者參考之用。

二　北平史表長編　定價每部二元　前本院史學研究會編輯瞿宣潁先生纂

舉凡北平之史事，繫年繫月，並註出處，使讀者一目了然於千年以來盛衰之迹，及其遞嬗之關係，起自遼太宗會同元年（西曆九三六），訖清光緒二十五年（西曆一八九九）。內容所採事實，例如天災，地震，水旱，兵事之類，以至城垣，宮苑，衢路，溝渠，廨署，廟宇，倉庫，營舍之興廢，制度之變遷，人物之踪跡，無不採錄詳備。

三　太平天國詔諭　定價每册三元　本院史學研究會政治史料叢編第一種第一册　蕭一山先生編

太平天國滅亡之後，其遺存之文獻，除隨摺奏遞送於軍機處之附件外，當時民間有挾藏之罪，故多流於外邦，英國不列顛博物院東方部儲藏尤多。其詔諭批牘之類向未爲史家所見，而史料之價值實不亞於文書摺奏，蓋非此無以考證其立國之典章制度與政治軍情也。蕭一山先生有鑒於斯，特輯太平天國之詔旨，示諭，手批，路憑等，並附李鴻章之蘇州殺降文告，總凡二十一件。每篇均有考釋鉤提，如天地會與太平天國之關係，洪大全稱天德王之原因，戈登暗助太平軍之事實，均詳加考索，祛疑存眞，實爲太平天國重要史料之一大結集，凡研究近代史者不可不讀。

四　頤和園全圖　定價每幅一元　本院測繪事務所測製

此圖係本院測繪事務所測製，比例尺爲二千分之一，圖分六色精印。

總發行所　國立北平研究院總辦事處出版課　北平中海懷仁堂西四所

禹貢半月刊一，二，三卷著者索引

一